# ハイデガーと神学

# ハイデガーと神学

茂　牧人著

知泉書館

# 序　文

本書は、ハイデガー（Martin Heidegger　一八八九―一九七六年）の存在と神の思索をキリスト教神学の伝統の中において理解して、浮き彫りにするということを目的としている。

ハイデガーの思索は、多くの源泉や由来をもっている。古代ギリシアの思索家またヘルダーリンなどの詩人、カントやヘーゲルやニーチェといった哲学者から、自分自身の思索を導き出している。もちろんそれはただそこから影響を受けたということではない。それらと格闘して、対決している。彼の講義録の多くは、ただ哲学者の文献研究ではない。その哲学者との対決を通して、存在の思索を遂行しているのである。

従って、この対決は、その哲学者の思索を通して、その哲学者が理解していたよりもより深い源泉から理解するということを試みることになる。その源泉というのが、存在と神の思索である。存在者と区別された存在の思索を遂行すべく、もろもろの哲学者の思索を解体して、より深い源泉からその哲学者を理解しようとするのである。

今現在、存在という概念は、存在者として、あるいはもっと言えば事物存在者として理解されている。そのような理解を、存在の思索の源泉に遡って解体し、もっと深い源泉や由来からその概念を理解しようとするのである。そしてその由来・源泉からどのようにして事物存在者としての存在理解が発生してきたのかということを理解する。その作業によって、存在のもっている豊かさを取り戻すのである。ハイデガーは、この作業を何人かの哲学者や詩人との対決を通して遂行している。今回筆者は、その中からトラークルやゲオルゲ、またヘルダーリンなどの詩人やプラトンやシェリングといった哲学者と対決するハイデガーの姿を浮き彫りにしようと思う。そしてそのような対決が可能となったのは、キリスト教神学の源泉があったからであることを示そうと思う。しかし同時にその対決の相手の中にキリスト教神学も含まれる。キリスト教神学で一般的に用いられている神や存在といった概念も、やはり事物存在者から取り出された概念である場合が多い。そのような理解を解体して、もともともっていた神や存在の概念を取り戻す作業を行うのである。そしてその元々の存在や神の概念が、いかにして事物存在者として理解されていったかを理解する。

従って本書は、ハイデガーの思索が、キリスト教神学を源泉にしていることを取り出すだけでなく、さらにキリスト教神学との対決をどのように展開したのかということを明らかにする。つまりここでいうキリスト教神学とは、二義的である。キリスト教神学自身の懐の深さを意味している。キリスト教神学は、存在・神・論としての形而上学に陥った自分自身を解体していく原動力を、自分自身の中にもっている。それ故ハイデガーは、自分の思索を形而上学としてのキリスト教神学に批判的に向けると同時に、そのキリスト教神学解体の力をキリスト教神学自身からえている。

従って本書の目的は、ハイデガーのキリスト教との出会いという歴史的事実を探求することにはない。しかしながら、もともとハイデガーは、キリスト教圏の中で育ち、その中で思索してきたことは明らかである。(1) この事実だけで十分であろう。彼の思索は、絶えずキリスト教神学を源泉、由来にしており、当時の神学との対話と対決の中から遂行されていることがわかる。しかしそれは決してキリスト教を護教するという意味ではない。キリスト教神学が前提としていた存在・神・論としての形而上学と対決して、そこで用いられていた存在と神の概念を解体して、再度思索しぬくという作業を遂行している。筆者は、本書でこのハイデガーの神学との対決がどのようなものであったのか、またそこからどのような神学的思索が展開されうるのかということを明らかにしたい。そのようなハイデガーの対決の思索が、現在のキリスト教神学の行き詰まりを打破できる観点を提供できるのではないかと考える。その行き詰まりの打破の原動力は、キリスト教神学自身の中に潜んでいる。

従って、ここで述べる由来や源泉は、決して歴史的な事実の由来や源泉ではなく、思索自体の源泉である。それは、これまでの神学を解体した上で、さらにその神学の源泉としての神学的なるものを取り出すという作業になる。そして後世の形而上学的思索がいかにして発生してきたかを理解することになる。

現在の哲学界におけるハイデガー研究には、多くの意欲的な著作が出版されているが、その中で欠けているものは、神学との対決ではないだろうか。ハイデガーが哲学を遂行するときに、やはり背景としていつも問題としていたのは、キリスト教神学ではないだろうか。神学的観点を考慮にいれてハイデガーを研究していく作業が、日本の哲学界に欠けている。ハイデガーが、思索したヨーロッパの哲学の歴史の底には、神学の思索が流れている。そこからハイデガーの思索を探求するということが、本書のねらいである。

また逆に現今のキリスト教の世界は、哲学に無関心すぎるのではないか。ほとんどの神学が、存在・神・論としての形而上学を前提にしてしまってはいないだろうか。今その事態が、キリスト教思想の行き詰まりを生み出しているのである。このハイデガーの行った哲学の歴史の解体の作業を、神学も行うべきではないだろうか。時代に適した思索を展開できるような道を開くべきではないかと思う。

この研究は、哲学と神学との間で両者の関係を問い直す作業も行う。日本の哲学の世界また神学の世界は、あまりに相互の関係に無関心でありすぎた。両者のよりよい関係を模索することができないであろうか。本書は、形而上学の批判ということを軸にして、両者の共同作業の可能性を、哲学の側から探る道を模索してもいるのである。形而上学にからめ捕られているキリスト教神学は、もともと自分自身を克服・超克できる力を自分自身の中にもっているのである。

実は、そのような共同作業は、これまでのヨーロッパのキリスト教の思想史の中では繰り返し行われてきた。神学も哲学も双方とも、形而上学批判という仕方で、形而上学の超克という作業を遂行してきた。筆者は、その作業の遂行の原動力が、実はキリスト教神秘思想の伝統の中の否定神学と〈隠れたる神〉の神学との思索に潜んでいたこと、さらにいろいろな詩人や哲学者との対決の中でハイデガー自身が、この伝統へと立ち返ることで、形而上学の超克という作業を遂行できたことを論証するつもりである。それによって、神学と哲学は、新たなに共同作業のできる領域を獲得できると思われる。

この神学と哲学との共同作業は、存在と神と人間の思索との三者の関係を新たに問うことによって生まれてくるはずである。実は人間の思索は、存在と神の思索として、存在から生まれてくる。存在から生まれてくる存在と神の思索が、存在自身であるような思索なのである。ここに思索の有限性が示され、由来が示される。また他方、その思索によって示される存在や神は、単なる類概念でもないし、事物存在者や対象存在者でもない。では、その存在や神とはどのように思索されるべきか。それを示すことが、神学と哲学との共同作業であり、本書のねらいとなっている。

さらにこのような神学と哲学との共同作業は、新たな宗教哲学、キリスト教哲学の可能性を模索することを帰結する。しかもその新たな宗教哲学は、神秘思想の本来もっていた形而上学の超克というモチーフをもとに展開できる。それによって、存在と神と思索とのあり方が新たに思索される。本書の最後には、そのような新たな宗教哲学あるいはキリスト教哲学の可能性を探る論稿を掲載した。

現在ヨーロッパやアメリカの現象学は、神学的転回を経験している。現象学を用いてキリスト教神学を問い直す作業を行っている。それらの神学的転回を遂行している哲学者は、皆ハイデガーの思索を元にしている。今ハイデガーの思索を再度キリスト教神学の側から問い直すことは意味のあることであろう。さらに日本からそのような問題圏に何ものかを呈示できれば幸いである。

以下に簡単に各章がどのような意図で書かれているのかを紹介しておきたい。

第一部は、ハイデガーの思索が神学との対決の中で展開されてきたことを浮き彫りにする。

第一章は、初期ハイデガーが、現象学やルターなどのプロテスタント神学者からどのようなモチーフをえていたのかを述べる。そしてそのハイデガーのプロテスタント神学と現象学理解の中で、パウロの書簡を考察することによって信仰の具体的事実的生経験を取り出す作業を展開する。さらにアウグスティヌス研究とルター研究を通してギリシア哲学を基盤とするスコラ学における形而上学の歴史の解体を行う。最後にそのルター研究から得られた形而上学の超克のモチーフを取り出す。それはルターの〈隠れたる神〉の神学の理解から逆照射できるのである。

第二章は、マールブルク期にハイデガーが、神学者ブルトマンと積極的に対話を行い、神学との共同作業を行ったときに、先に取り出した信仰の具体的事実的生経験を取り出すモチーフとそれを覆い隠した形而上学批判とその歴史の解体というモチーフをどのように維持して、展開していたかを、『ブルトマン＝ハイデガー　往復書簡一九二五―一九七五年』の中のプロトコルを用いて検証する。その後マールブルク期の成果として「現象学と神学」の講演記録をもとに神学と哲学との共同作業のあり方を探る。

第三章は、初期ハイデガーが、哲学は無・神論であるべきであるという主張をしているので、それを検証して、その意図を探る。この無・神論とは、存在・神・論としての形而上学の批判であり、形而上学ではない神の思索の余地を残している。それが、『哲学への寄与』（一九三六―三八年）の出来事・性起としての存在と神と現存在の思索の展開となる。さらにそこで得られた神概念から「形而上学の存在・神・論的体制」（一九五七年）における「神なき思索」へと展開することをみる。この神なき思索とは、何を意味するのであろうか。このような神概念が、〈隠れたる神〉の神学の伝統の中に位置づけられることを論証する。

第四章は、後期のハイデガーの詩の言葉に関する分析へと移る。この言葉の考察は、決して言語哲学ではない。むしろ言葉の所在究明である。そして『言葉への途上』におけるゲオルゲとトラークルの詩の言葉を省察することによって、語のもつ否定神学的な働きを剔出する。それは痛みとしての救いへと繫がる。そこからさらに、「存在への問い」（一九五五年）の十字の抹消記号のついた存在という語の考察を行う。この標記の仕方こそ否定神学の伝統の中に位置づけられることを論証する。

第五章は、ハイデガーは、一九三〇年代以降詩人ヘルダーリンの詩を取り上げ、考察していた。ここでは『ヘルダーリンの詩作の解明』からいくつかの詩を取り上げ、ハイデガーがどのように考察しているかを論じる。彼は、ヘルダーリンが神の不在を謳う詩人であるという。その神の不在がどのようなものであるのかを考察する。さらに最後にヘルダーリンは、神の中の自然を謳っていることを取り上げ、その神の省察が、形而上学の超克を目指す否定神学的な考察であることを論証する。

第六章は、シェリングの自由論を論じる。ハイデガーは、一九二七年にヤスパースよりシェリングの小著作集を贈られ、その後その自由論との対決を遂行して、講義録『シェリング論』（一九三六年）を残す。ハイデガーは、まず第一にシェリングが体系と自由との相克の問題を汎神論の中で解決したことを取り上げる。さらにその汎神論の中で人間の自由の帰結として悪がどのように生じるかを、神の実存と根底の働きから説明する。最後にその神の実存と根底の元に絶対的無差別としての無底という働きがあることを述べる。ハイデガーは、このようなシェリングとの対決によって、存在の真理論のモチーフを得ていたことを論証する。さらにこのような神の省察が、否定神学の伝統の中から可能となったのであり、ハイデガーの存在の真理論も否定神学の伝統の中に置くときによりよく理解できるものとなることを明らかにした。

第七章は、ハイデガーが、マールブルク期以降たびたびプラトンの洞窟の比喩と対決して、そこから存在の真理論のモチーフをえていた。ハイデガーには、洞窟の比喩を論じた著作が六つある。その中でも特に一九三一／三二年冬学期講義と一九三三／三四年冬学期講義を用いて論証する。ハイデガーは、そこから真理と自由との関係また覆蔵性と非覆蔵性との運動としての真理のあり方を取り出す。次に『芸術作品の根源』の大地と世界の闘争としての真理論を考察する。さらに『パルメニデス』（一九四二／四三年冬学期講義）のプラトンの最終の神話における真理論を省察する。最後にまた洞窟の比喩の講義録に戻り、それらの覆蔵性と非覆蔵性との運動としての真理の元で真理を可能にしている善のイデアの働きを剔出する。このような真理論の理解も、やはり否定神学の伝統の中から生じてきたものであることを論証する。

第八章は、ハイデガーの存在と神とを結ぶ存在の働きとしての深淵・脱根底（Abgrund）を取り出す作業を行う。「根拠の本質について」（一九二九年）、『形而上学入門』（一九三五年）、一九三〇年代の真理論の諸著作、『根拠律』

（一九五五／五六年冬学期講義、一九五六年講演）から、存在の深淵・脱根底の働きを取り出す。それは「無」であり、「死」でもあった。そして『哲学への寄与』と『真存在の歴史』（一九三八／四〇年）の神の思索は、実はこの存在の深淵・脱根底に現れる。しかもその神は、過ぎ去りとしての神であり、貧しさとしての神でもあった。そのような存在と神の概念は、形而上学の超克を可能にする否定神学と〈隠れたる神〉の神学の伝統の中に位置づけられ、そこから可能になっていることを主張した。

第二部は、このようなハイデガーの思索から宗教哲学、キリスト教哲学の可能性を探る二つの論稿を掲載した。第九章は、ハイデガーの述べる具体的事実的生経験を聖書の二つの物語と宮沢賢治の『よだかの星』から取り出す。まず放蕩息子のたとえ話から、神の赦しの先行性という主張を取り出す。さらに『よだかの星』から、傷における赦しという逆説の救いと愛の論理について論じる。この逆説の論理は、初期ヘーゲルが見事に描いている。さらに弟子の漁りの話から赦されたものの未来への希望を取り出した。最後にこのような赦しの逆説の論理が可能となるのは、〈隠れたる神〉の神学における神によっていることを、パスカルなどを用いて論証した。

第一〇章は、第一章から第三章で述べたハイデガーの神学と哲学との関係が、最後には形而上学批判ということを軸に共同作業のできることを示し、しかもそれは、信仰の具体的事実的生経験の考察となることを主張する。実は、それはルターにおける十字架の神学やパスカルのアブラハム、イサク、ヤコブの神の省察の中に示されていることを明らかにする。そして筆者自身が、パスカルの「病の善用を神に願う祈り」と初期ヘーゲルの『キリスト教の精神とその運命』からその愛の逆説の論理を明らかにする。最後にその逆説の論理の背後には、シェリングの無底の神やハイデガーの存在の深淵・脱根底の働きがあることを論証する。

註

（1）　ハイデガーの思索には、キリスト教という由来がある。彼が、ドイツのバーデン＝ヴュルテンベルク州のメスキルヒというカトリック圏の村で生まれ、聖マルティン教会の堂守りの父をもつ家庭に育ったこと、ギムナジウム時代は将来聖職者となるべく奨学金をえて、厳格なカトリックの二つの学寮に所属していたこと、ギムナジウム卒業後は、一旦入った修道院を健康上の理由でやめ、すぐにフライブルク大学神学部に入学したことなどの事実を見れば、保守派のカトリックの圏域で育ったことはあきらかである。

またその後フライブルク大学哲学部へ移籍して、一九一五年に教授資格を取得した後、哲学部の第二講座の就職で失敗し、さらにプロテスタントのエルフリーデ・ペトリと結婚するなどという事実があり、ハイデガーは、カトリックから距離を取るようになる。一九一九年には、クレプスに宛てて、カトリシズムのシステムを受け入れがたいと手紙を送っている。この当時彼は、シュライアマッハー、ルター、キルケゴールといったプロテスタントの神学者を研究し、私講師としてシュライアマッハーについて講義するようにもなっていた。このような歴史的事実については、高田珠樹著『ハイデガー　存在の歴史』講談社、一九九六年またフーゴー・オット著『マルティン・ハイデガー　伝記への途上で』北川東子・藤澤賢一郎・忽那敬三訳、未来社、一九九五年（Hugo Ott, *Martin Hiedegger Unterwegs zu seiner Biographie*, Frankfurt am Main, New York, 1988.）に詳しく載っている。

# 目次

# ハイデガーと神学

# 第一部　ハイデガーと神学

# 第一章　初期フライブルク時代の神学的考察

ハイデガーは、「言葉についての対話より　日本人とある問う者との間の」（一九五三／五四年）において「この神学という由来がなければ、私は決して思索の道に入り込みはしなかったでしょう。ところで由来とは常にこれから将来するものでありつづけるのです」(GA12, 91)と述べている。ここから彼は、最初神学の研究からスタートしたという歴史的事実のみならず、彼の思索の原点は、神学にあるといえる。さらにその原点あるいは由来は、終生彼の目的（将来）にもなった。本章では彼のいうこの由来としての神学とはどのようなものなのかを初期フライブルク時代の著作を中心にして考察したい。

ハイデガーは、ドイツのシュヴァルツヴァルトの中にあるメスキルヒという町で生まれ、カトリックの文化圏の中で育った。また彼は、後に現象学の創始者フッサールと出会い、さらに、プロテスタント系の神学者たちの諸著作を研究し、そこからもいくつかの重要なモチーフをえることになった。

ハイデガーは、幾人かの指標となる思索家を梃子にして、自分の思索を展開するにようになった。彼は、『オントロギー（事実性の解釈学）』（一九二三年夏学期講義）において「探求における随伴者は若きルターであり、模範はルターの嫌ったアリストテレスであった。衝撃を与えてくれたのはキルケゴールであり、フッサールが私の目を開いてくれた」(GA63, 5) と述べている。ハイデガーにとっては、まず師のフッサールが、現象学という方法によって真理の捉え方を教えてくれていたのであり、またルターやキルケゴールから出来事としての具体的生経験の考察方法を取得したのであった。

## 第一節　若きハイデガーが獲得したモチーフ

今ここでハイデガーが、彼の青年時代に獲得したモチーフを三点指摘しておきたい。

まず第一に彼が、初めてギムナジウム時代に読んだ哲学書は、カール・ブライヒ『存在について――存在論』であったという(1)。ハイデガーは、この書のほかに『思索について』という著作のあるブライヒから近代主義批判を学ぶことになる。つまりシュライアマッハーの「絶対依存の感情」のように信仰の事柄を感情という心理の問題に置き換えてしまうということに対して批判する。ブライヒは、論理的な妥当性は、決して心理的なものから基礎付けられえない。人間の心理に先立って真理は前提とされている。「真理は、人間の生の機能ではない(2)」のであり、逆に人間の生は、真理を前提にする場合にのみ正しいあり方になるといわれる。従ってハイデガーは、ブライヒから、真理は、私たちの生から生み出されてくるのではなく、私たちの生自身が、真理から成立してくることを学んだ。

そこからさらにハイデガーは、『ドゥンス・スコトゥスの範疇論と意味論』という教授資格論文の中で「思弁文法」を論じることによってこのモチーフを表現する。彼は、フッサールの現象学の重要なモチーフとともに、スコトゥスが、論理的なものや範疇的なものをどのように考えていったのかを示した。彼は、スコトゥスも、心理学を基にする模写説は、心理的なものと実在的なものを区別する限り、無限背進することになると批判して（GA1,

273)、論理的なものは、心理的実在によっては基礎付けられないと言っていたという。意味などの範疇的なもの、論理的なものの真理性は、それ自身で基礎付けられるというのである（GA1, 278）。

さらにここから、第二には、ハイデガーは、言語形成体と論理的内実とを分離して、言語形成体は、「実在的に存在するものの世界に属し、時間の中に持続し、生成して、消滅する」（GA1, 292f.）という。そこから言語は、「発話者の具体的な状況の規定の絡み合いにおいて反映されている」[3]という観点を練り上げていくことができた。つまり、思索は常に単なる命題の論理学に従うのではなく、根源的に具体的生の歴史性また出来事性に根ざしているということを意味する。

第三に論理学の真理性の自存性の主張から、思索というのは、単なる命題へと還元されるのではなく、思索されるべき事柄への応答となるのであり、思索されるべきことへの感謝となるという観点である。思索は、「まず第一に応答である」[4]と述べられる。これらの観点、つまり、第一に真理はそれ自身で成立するという観念、第二に言語は常に歴史性や出来事性に根ざしているという観点、また第三に思索は思索されるべき事柄から生起してくるものであり、それへの応答となるという観点が既にこの当時獲得されていたことがわかる。

再度これら三つのモチーフの由来を考えてみるとさらに四つのモチーフに分類することができる。これらの観点の中には、フッサールの現象学に由来するものもある。第一にフッサールは、『論理学研究』第一巻で、その当時の論理学の基礎付け理論で優勢だった心理主義を批判して、範疇的なものの真理性は、単なる人間の心理には基礎付けられないことを主張していた。範疇的なものの真理性は、人間の心理に先立ってそれ自身で成立している。その後『論理学研究』第二巻第五研究、第六研究で、それらの真理性を有する論理的なものが、どのように人間の主観性と関わるのかを論じて、意識は常に「何物かについての意識」であるという志向性という意識の構造を取り出し、範疇的なものと主観性の意識の志向性との関係を範疇的直観として問う。ここでフッサールは、イデアールなものをレアルなものに基礎付けるのではなく、イデアールなものをイデアールなものとして直観できることを主張している。この観点は、ブライヒのいう、「真理は人間の生の機能ではない」というモチーフと一致する。

また第二にフッサールは、現象学の創始者として、与えられた現象をその通りに記述するという記述学を展開した。彼は、『イデーン』第一巻第二四節において「原理中の原理」としての直観を説く。「原的に与える直観」こそが、「認識の正当な源泉である」、なぜなら「直観において原的に（つまりありありとした現実性において）呈示されるものはすべて、それが自身を与えるとおりに、しかしまたただそれが自らをそこで与える限界内でのみ、端的に受け取られなければならないこと」(5)を意味しているからである。その態度は、主観の側から客観を構築するのではなく、あくまで与えられた現象を与えられたままに忠実にその通りに記述するという記述学の態度であった。

ハイデガーも、『存在と時間』において、「現象学」という概念の中の「現象」を意味するギリシア語のファイノメノンは、「自らを示すもの」を意味しており、「学」を意味するギリシア語、ロゴスは、「見えさせる」ことを意味しているといっている。結局、彼は、現象学が、「自らを示す当のものを、そのものが自らを自ら自身のほうから示すとおりに、自ら自身のほうから見させる」（SZ, 34）ことを意味していると述べることになる。この態度は、思索が対象を構築するのではなく、思索されるべき事柄から思索が生起してくることを主張する。そして後に思索は、思索されるべきものへの応答と感謝となるという。この点は、フッサールから受け継いだ重要な現象学的な態度であるといえる。このような現象概念のモチーフは、後の章で考察するように真理論として結実してくる。

しかし逆にハイデガーは、当時のフッサールの現象学にないモチーフを現象学に期待していたこともわかる。第三には、事実的生経験をいかに捉えるかという観点である。先述したとおり、真理は、生と深く関係しているからである。真理は、真理と関わる人間の生との関係の中にある。ここで真理の問いは、生というものをどのように捉えたらいいのかという問いとなる。生は歴史性や出来事性に現れてくるのであるから、生の歴史性や出来事性をどのように捉えるかという問いとなる。生の歴史性や出来事性は、決して客観的な理論的方法では捉えることはできない。ここに近代を支配していた主観性の形而上学批判がある。このようなモチーフは、ディルタイの生の哲学からの影響があったといえる。また当時のブルトマンなどのプロテスタント神学の中に、主観性の形而上学批判のモチーフがあったことも確かである。従って、ハイデガーは、現象学の方法に、そのような解釈学的な方法を組み合わせていくという仕方で問題を解決しようとする。

さらに第四には、これまで事実的生経験を捉え損ねていた形而上学の歴史を解体するというモチーフである。これは単なる歴史的考察ではない。形而上学の歴史の解体の作業である。ある哲学者の思索やある教説が、どこから由来するかを問い、その由来や源泉から理解するときに、その哲学者の理解やこの教説の理解よりもよりよく理解できるという解体の作業となる。ハイデガーは、このモチーフを初期フライブルク時代に獲得して以来、かなり後の時代まで、歴史的な源泉に遡って思索の由来を問う作業を行っている。ハイデガーは、以上のような歴史の中の生、出来事としての生というモチーフをこの当時大事にしようとしていた。

このモチーフは、その当時の神学への問いかけから生まれていた。つまり、神への問いを存在の問いと混同して、最高存在者を問う問いとしてしまう存在・神・論としてのスコラ学を批判するモチーフである。(6) 存在・神・論では、生の事実性という観点が脱落してしまう。そこから彼は、歴史性に根ざした出来事としての事実的生を考察できる神学と哲学を確立するために、ギリシア哲学によって形成された形而上学を批判し、根源的なキリスト教信仰の具体的な生経験を取り出す作業を行う。根源的なキリスト者の信仰の生を取り出す作業を新約聖書のいくつかの書簡を通して分析し、さらにそのようなキリスト者の信仰の生を覆い隠してしまったスコラ学の解体と批判を展開する。

この形而上学の歴史の解体のモチーフを展開できたのは、実をいうとハイデガーのルター研究によっている。この当時彼は、プロテスタント神学をかなり研究している。ルター、シュライアマッハーまたキルケゴールの研究をしていたといわれる。その中でも特にルター研究は、彼に多大な影響を与えた。実際一九二二年には、彼は、「後期中世人間論の存在論的基礎づけと若きルターの神学」という論文を公刊する予定であったようであるし、一九二三年夏学期には、「ルターのカントとドイツ観念論者への影響」という演習を開いていたようである。(7) この当時ルターと積極的に対決することによって、キリスト教信仰の生を取り出す作業、またそれを覆い隠してしまっている存在・神・論としての形而上学の歴史を解体する作業のモチーフを得ていたと考えられる。そのことも本章で詳らかにしたい。

彼は、以上のように初期フライブルク時代には、現象学のモチーフとキリスト教神学の影響圏の中で思索していたことがわかると思う。実際彼は、一九二一年八月一九日付けのレーヴィット宛の手紙で、「私は『キリスト教の神学者』であります。(8)」と述べている。これは、この時期に彼が自覚的にキリスト教信仰と対決して、キリスト教の信仰の事実的生経験を取り出す作業を行おうとしていたことを裏付ける文言である。

以上のようなモチーフを展開していたのは、一九二〇年ころから二三年ころまでである。この時期に事実的生経験を根源的なキリスト教信仰の生経験から取り出す作業をした著作が集中している。例えば、「宗教現象学入門」（一九二〇／二一年冬学期講義）や「アウグスティヌスと新プラトン主義」（一九二一年夏学期講義）などがある。以上の講義録は、『全集　第六〇巻　宗教的生の現象学』の中に収録されている。従ってこの講義録を中心に本章の考察を遂行しよう。

まず本章の第二節では、初期フライブルク時代のハイデガーが哲学するときの態度を剔出したい。そこでは、事実的生経験がどのような態度で取り出すことができるのかを明らかにしなければならない。これまでの自然科学的な客観化する理論的態度によっては、決してこの歴史性に根ざした生を取り出すことはできないからである。第三節では、「宗教現象学入門」と「アウグスティヌスと新プラトン主義」を中心にして、キリスト教信仰の事実的生経験とはどのようなものかという具体的考察を遂行する。そこでは原始キリスト教の信仰の生が、パウロの手紙から明らかにされ、さらに、それが後のギリシア哲学を基盤として、それを平板化してしまった中世スコラ学の理解によってなぜ隠蔽されてしまったのかということを明らかにする。第四節では、ハイデガーが、原始キリスト教の信仰の生を剔出し、それが後のスコラ学によってギリシア化され、平板化され、隠蔽されてしまったことを解明したことを明らかにする。それによって、形而上学の歴史を解体するモチーフを獲得する。それはルターの形而上学批判によっている。結びでは、そのルターの神学は、「十字架の神学」であり、〈隠れたる神〉の神学からきていることを明らかにする。そのルターの神学についても詳述しておこう。

## 第二節　事実的生経験を取り出す態度

ハイデガーは、「宗教現象学入門」において「哲学への道の出発点は、事実的生経験（die faktische Lebenserfahrung）である」（GA60, 10）と述べている。彼は、この当時現象学という方法を用いて「事実的なもの（das Faktische）」を考察しようとしている。ここで「事実的」ということは、「歴史的（historisch）」ということである（GA60, 9）。彼は、この事実的で歴史的な生というものは、決して自然科学のような客観的・理論的な態度によっては扱いえないとしている。この事象は、「遂行（Vollzug）」（GA60, 9）によってのみ捉えられうるのである。哲学の課題は、この客観的・理論的な態度では捉えることのできない事実的生経験をいかに捉えるかということにつきる。では、いかにしてその事実的生経験を捉えうるのであろうか。

まず第一に、事実的生経験を取り出す学は、どのような学であるのか。ハイデガーにとって、事実的生の考察は、世界の考察となる。つまり、環境世界（Umwelt）、共世界（Mitwelt）、自己世界（Selbstwelt）の考察である。これらの世界への思索から、世界は有意義性（Bedeutsamkeit）を有することが述べられる（GA60, 11）。彼は、それらの有意義性を析出するためには「事象論理学（Sachlogik）」（GA60, 14）が必要であるとする。彼は、この「事象論理学」の着想を現象学から得ている。しかしその態度は、客観的・理論的態度ではない。むしろ、事実的生経験自身を損なうことなく取り出しうる態度であり、対象化することのない態度である。事実的生の現象あるいは事象は、歴史的なものであり、主観に対する客観や対象ではなく（GA60, 30）、客観的理論化の態度を拒むものである。「現象は、今や客観でも対象でもない」（GA60, 35）。

ハイデガーは、このような事実的生経験を取り出す方法である「形式的告示（formale Anzeige）」（GA60, 55）という方法を新たにあみだしたのである。この形式的告示によって、理論化し客観化する以前の事実的生経験を取り出すことができる。生をその生動性において捉えるためには、客観的な理論化された方法では捉えることはできない。それ故、事実的生は、先理論的態度で析出しなければならない。

ハイデガーは、ここでフッサールにならって「普遍化（Generalisierung）」と「形式化（Formalisierung）」とを区別する（GA60, 57）。フッサールが、『イデーン』第一巻第一三節で両者の区別を述べている。普遍化は、類に即した普遍化である。例えば「赤」から「色」へ、さらに「色」から「感性的質」へという類に即した段階的な普遍化を意味する（GA60, 58）。それに対して、形式化とは、「事象内容を含んだものを純粋論理的に形式的なものへと普遍化するという関係、もしくは、逆に論理的に形式的なものを事象内容のあるものへ転化させるという関係である」[9]。ハイデガーは、「形式的なものの根源は、それ故連関意味（Bezugssinn）の中にある」（GA60, 59）と述べる。形式化は、生の生動性を残したまま本質を捉えることができる。形式的告示は、ただ類の普遍性の段階的秩序に関わるのではなく、生の事象内容を含んだ本質を射抜くことができる方法である。

従って第一にこの事象論理学の形式的告示は、対象や客観を主観が自由に処理できる仕方で把握する主観・客観・関係の態度を批判している。主観・客観・関係によっては、主観が客観を自分の眼前に置き、それを支配し、自由に処理するという関係しかでてこない。これでは、事実的生経験を十分に捉えることはできず、ただ単なる死んだ理論しか取り出せない。この批判は、その後ハイデガーが、『存在と時間』（一九二七年）において、道具的存在者（Zuhandenes）と事物存在者（Vorhandenes）を区別して、これまでの哲学が事物存在者に定位して、哲学してきたことを批判していたこと（SZ, 95ff.）や、さらに解釈学の説明において「として構造」を取り上げ、陳述の「命題的として」としては、「解釈学的として」から派生したものであると批判していたことへと発展する（SZ, 158）。またさらに後期ハイデガーにおいて、表象批判として展開されていくものでもある。

第二に事実的生経験を取り出す態度として重要なものは、過去の形而上学や神学が、人間の奥行きを示す事実的なもの、歴史的なもの、生というものを捉え損ねてきたことを解体する作業を展開できるようになることである。ハイデガーは、この作業を「現象学的解体（die phänomenologische Destruktion）」（GA60, 78）と呼んでいる。この解体の作業を通して、中世哲学が、ギリシアの形而上学や神学に取り込まれた時点でキリスト教信仰の事実的生の本質を失ってしまった由来を見通すことができ、存在・神・論としての形而上学に取り込まれる以前の事実的生をそのまま剔出することができる。このモチーフは、『存在と時間』で書かれることのなかった第二部の「存在論の歴史の現象学的解体」へ受け継がれるはずであったのであり、実際には、『現象学の根本諸問題』（一九二七年夏学期講義）でかなりの部分果たされることになった。さらに、このモチーフは、一九三〇年代に『哲学への寄与』において「第一の始源」と「別なる始源」との対決としての存在史の構想として受け継がれていった。

以上のような態度によって、ハイデガーは、事実的生経験を取り出そうとするのであるが、いかにそれを析出していくのかを以下で考察してみよう。

## 第三節　事実的生経験の考察

ハイデガーは、「宗教現象学入門」と「アウグスティヌスと新プラトン主義」において原始キリスト教信仰の生経験に焦点をあてて省察することによって、事実的生の意味を取り出そうとしている。

ハイデガーは、「宗教現象学入門」においては、具体的にパウロの手紙である「テサロニケの信徒への手紙一」と「テサロニケの信徒への手紙二」また「コリントの信徒への手紙二」の三つを中心に考察を進める。そこからいくつかの分析を取り上げよう。

彼は、この原始キリスト教の信仰の事実的生経験は、歴史的生である（GA60, 82）ので、この事実的生・歴史的生は、時間自身から理解されなければならないという。信仰の事実的生経験の根底には、時間がある。彼は、「原始キリスト教の宗教性は、事実的生経験の中にある」（GA60, 82）とか、「キリスト教の経験は時間自身を生きる」（GA60, 82）という。既にこの時代においてハイデガーは、存在や生を時間から理解するという構想を抱いていたことがわかる。それに即して、以下に彼が遂行した事実的生経験の考察を剔出してみよう。

まず第一に、パウロは、テサロニケの人々が、「既になったこと（Gewordensein）」を経験していたこと、また彼らが「既になったこと」の知をもっていることを経験していたことを挙げている。彼らのこの既になったことは、パウロの経験でもある（GA60, 93）。例えばハイデガーは、「テサロニケの信徒への手紙一」一章五節から七節までを取り上げている。

「わたしたちの福音があなたがたに伝えられたのは、ただ言葉だけによらず、力と、聖霊と、強い確信とによったからです。わたしたちがあなたがたのところで、どのようにあなたがたのために働いていたかは、ご承知のとおりです。そしてあなたがたはひどい苦しみの中で、聖霊による喜びをもってみ言葉を受け入れ、わたしたちに倣う者、そして主に倣う者となり、マケドニア州とアカイア州にいるすべての信者の模範となるに至ったのです」

この既になったことの経験は、単なる知識や回想とは異なり、キリスト教の生経験の状況連関から生じてくる。それは大いなる苦しみの中で、それと同時に聖霊からやってくる喜びを感じていた。キリスト教の生経験は、逆説的である。それは自分自身の固有の経験から動機づけられるものではなく、贈り物である。それはみ言葉を受け入れることであり、神への方向転換がある（GA60, 95）という。

また四章一節では、次のような言葉がある。

「さて、兄弟たち、主イエスに結ばれた者としてわたしたちは更に願い、また勧めます。あなたがたは、神に喜ばれるためにはどのように歩むべきかを、わたしたちから学びました。そして現にそのように歩んでいますが、どうか、その歩みを今後も更に続けてください」

ハイデガーは、この聖句を考察して、「君たちが、キリスト教の生の保持などの仕方（Wie）を受け取っていた。受け入れられたものは、事実的生における己れの振舞い方の仕方を意味している」（GA60, 95）と述べている。このようにパウロは、テサロニケの人々が、以前パウロから学んでいたことがら（既になったこと）を、保持し続けて、苦しみの中で主にある喜びを感じるように勧めている。既に学んだ事柄の内に、今現在をいかに生きるかという事実的生の仕方の知が潜んでいる。

M・ユングは、この既になったことであることの考察を「既になったことにおいて開かれた存在可能」「事実的生の時間構造によって露となった諸可能性の領域」(10)と呼んでいる。ハイデガーは、既にこの当時聖書の読解に当たって時間概念の理解から事実的生の考察を遂行していることがわかる。

第二に、「コリントの信徒への手紙二」における「肉のとげ」（一二・七）という表現である。自分の弱さを誇ろうとして、そのために自分の身体にひとつのとげが与えられているという。ハイデガーは、この箇所を、主の再臨（パルーシア）から理解しようとする。主の再臨の経験は、絶対的苦悩として経験される。つまり、困窮の内に入り込むことだとされる。彼は、弱いということ、主の困窮に耐えているということにおいてのみ、神との密接な関わりをもつことができた。ハイデガーの理解するパウロの経験の理解の中には、苦しみや弱さの中に真の喜びが見出せるとする見解があった（GA60, 98）。

ここから考えられることは、ハイデガーは、このパウロの苦しみ、不自由、危険、死に近いこと、刑罰、逮捕といった事柄から「不安（Angst）」という概念を練り上げた。パウロは、このような不自由さ、苦しみ、困窮の内に神との関係を感じ取り、使徒としての喜びをえていた。彼は、ここから不安が本来的生を導くものとする着想をえていた[11]。

第三に、ハイデガーは、「テサロニケの信徒への手紙一」を考察して、「いつ再臨（パルーシア）が遂行されるのか」という問いを呈示している。

ここでまさに事実的生は、時間から理解されることになる。しかしその時間とは、通常時計で測れるような時間ではなく、遂行によっている時間である。「いつパルーシアがくるか」という問いは、一見するとカレンダーや時計で測定できる日時を意味しているかのように捉えられるが、ここでは、そのような客観的に捉えることのできる時間が問題となっているのではない。だからハイデガーは、パルーシアに関して予想すること・期待すること（Erwartung）を問題にはできないとしている（GA60, 102）。予想なら単なる客観的な日付可能性が問題となってしまうのである。

ハイデガーは、パルーシアは、「主の日は盗人のようにやってくる」（五・二）とか「突然やってくる」（五・三）と述べる。パルーシアと人間との関係は、その人の生の遂行と関係する。キリスト者が生きる時間は、客観的な時間ではない。「いつ」は、カレンダーや時計で測れる時間ではないし、人間によって計算され、予測され、自由に処理されることはない。むしろ自分の実存的な態度が問われているのである。「主の日は盗人のようにやってくる」と言われることによって、人々は、本来的な不安の内に置かれる（GA60, 103）。レーマンは、このことが人々に決意性を促すものであるとしている。本来的次元へと連れ出されることが、この「いつ」ということの意味なのである。(12)

つまり、ここでは終末論が問題となっている。主の再臨に関する人々の態度決定が問題となっている。事実的生の根本特徴は、絶えざる不確実さ・不安定さなのである。従って「パルーシアがいつくるか」という問いに対するパウロの答えは、「目覚めていること」「冷静であること」の要請となる（GA60, 105）。それが、人間の決意性の次元、本来的な次元を指し示すことになる。

ハイデガーは、このような時間理解を、クロノスとカイロスというギリシアの時間概念を用いて説明している（GA60, 102）。クロノスは、今の点の系列としての時間であり、客観的に把握可能、計算可能、予測可能な時間である。つまり日付可能性をもっている時間である。それに対して、カイロスは、瞬間（Augenblick）としての時間であり、自分との関わりの中から自分が本来的な次元へと突然連れ出される時間である。パルーシアがいつくるかという問いは、カイロスとしての時間を要求することになる。

従って、例えばパルーシアを千年至福説（Chiliasmus）として捉えることは、パルーシアを客観的なものとしてしまい、人間に処理可能なもの、計算可能なもの、予測可能なものとしてしまうことになる（GA60, 110）。だからパルーシアの「いつ」は、決して何かの教説になるようなものではない。

このようにハイデガーは、原始キリスト教の信仰の事実的生経験をクロノスではなく、カイロスの時間から理解された終末論において不安の中に目覚めている生として理解している。彼は、事実的生をこのような時間から理解しようとしていた。この分析は、後に現存在の本来性の次元の分析へと展開されていく。

＊　＊　＊

さらにハイデガーは、「アウグスティヌスと新プラトン主義」において、この事実的生経験をどのように捉えているのであろうか。

アウグスティヌスは、この原始キリスト教の信仰の事実的生経験を確かに把握していた。カイロスに支えられた不安の中にある生、現実の生の不安を捉えていた。しかし彼は、「神の享受（fruitio Dei）」の概念によって、この事実的生経験を隠蔽してしまった。なぜなら、この神の享受においては、永遠不変のものをもつこと（GA60, 271）になるからである。つまりここでは、神は最高善（summum bonum）あるいは美（pulchritudo）自身となり、つまるところ静寂（quies）を目的とすることになるから、事実的生の本質である不安の中にある生経験を覆い隠してしまうことになる（GA60, 271f.）。

ハイデガーは、uti と frui の術語を区別する。uti は、利用するという意味であり、「生が私に運んでくるものと交渉する、これは気遣い（curare）の内部現象である」のに対して、frui は、享受するという意味であり、「美的な意味がある」（GA60, 271）と述べられる。享受の中には、永遠で不変なものをもつことになる。この態度によって結局不安の中にある生は見えなくなってしまうであろう。

こうなるのは、アウグスティヌスが新プラトン主義の影響のもとにあるからである。アウグスティヌスは、キリスト教のもともともっていた生経験の概念を、新プラトン主義の概念によって覆い隠してしまったのである。つまり生の事実性を、静寂主義によって取り除き、ギリシア的な永遠の存在の中での安住としてしまったのである(13)。

ハイデガーは、カイロスの時間がクロノスの時間に侵食されていること、また事実的生経験の概念が「神の享受」という概念によって侵食されることを原始キリスト教の「ギリシア化(Gräzisierung)」(GA61, 6)と呼んでいる。それによって事実的生経験自身が捉えられなくなっている(GA60, 104, 111, 164, 170f.,272,281)。キリスト教のもつ歴史的意味内容(受肉、十字架、再臨)が、客観的に手の届く最高善(summum bonum)とか最高存在者という概念に取って代わられてしまったからである。生のもつ不安定な状況が、客観的に理論化された美の享受という関係になってしまい、カイロスの時間が「とどまる今(nunc stans)」となり、死んだ永遠の現在の存在となってしまうのである。

## 第四節　形而上学批判のモチーフとルター

事実的生とは、理論的・客観的な態度、主観・客観・関係においては取り出すことのできないものであった。そのためハイデガーは、事象論理学をうちたて、形式的告示という方法を用いようとした。それと同時に事実的生を取り出すために、もう一つのモチーフがあった。それは、原始キリスト教の信仰の生の事実的生経験を取り出すために、その「ギリシア化」、つまり中世哲学におけるギリシア哲学の受容と平板化を批判するというモチーフである。原始キリスト教の信仰の生の事実性や歴史性は、中世の哲学によってギリシア化され、理論化され、隠蔽されてしまったので、それを解体し、取り除き、純粋なキリスト教の信仰の生に立ち戻って、取り出すという作業の遂行である。ハイデガーは、『アリストテレスについての現象学的解釈』（一九二一／二二年冬学期講義）において次のように述べている。

「既に原始キリスト教の生連関は、その生が表現される方向に関して特殊なギリシアの現存在の解釈及び概念（術語）によってともに規定されているような環境世界において熟した。パウロによってまた使徒の時代にまた特に『教父哲学』の時代においてギリシアの生活世界へ入り込んで形成するということが遂行された」(GA61, 6)。

このような考察によってギリシア哲学によって侵食され、もともとキリスト教の信仰の生経験の事実性・歴史性が覆い隠され、失われてしまったことを解体し、再度それを取り戻すという作業を行う。この形而上学批判のモチーフは、先述の通り「現象学的解体」と呼ばれる。それは一体どこから得られたのであろうか。

それは、ルターの読解から生まれた。つまり、ハイデガーは、ルターが「ハイデルベルク討論（Heidelberger Disputation）」（一五一八年）において過去の形而上学、とりわけアリストテレスと中世スコラ学の形而上学を批判していることから着想を得ている（GA60, 281f.）。それを考察しよう。ルターは、第一九のテーゼにおいて「神の『見えない本質が』、『造られたものによって理解されると認める』（ローマの信徒への手紙一・二〇）者は、神学者と呼ばれるにふさわしくない」と述べている。それに対して第二〇のテーゼでは、「だが、神の見える本質と『神のうしろ』（出エジプト記三三・二三）とが、受難と十字架とによって理解されると認める者は、神学者と呼ばれるにふさわしい」と述べる。前者の「神の見えない本質が、造られたものによって理解される」というのは、アリストテレスから由来するスコラ学によって主張されてきた哲学であり、後者のテーゼの〈隠れたる神〉が受難と十字架によって理解されるとするのが、ルターの神学である（GA60, 281f.）。

第一九テーゼは、「栄光の神学（theologia gloriae）」を代表しており、第二〇テーゼは、「十字架の神学（theologia crucis）」を指し示している。ルターは、前者の栄光の神学を、見ることのできない、計算不可能なものへの信仰を内容としておらず、神を最高善・第一原因とするとして、批判・解体する。栄光の神学は、いつも「最高善」「永遠の現在」「観想の享受」ということを中心としている。それは結局静寂主義へと陥り、神聖なる現在としての存在を享受することになり、不安の内に本来的な自己に目覚める生の事実性を隠蔽してしまう。それに対して、十字架の神学は、不安の中に目覚めている信仰の生経験であり、十字架における〈隠れたる神〉へと関係づけられる。そこでは、いつもカイロスの時間が問題とされるのである。

栄光の神学を十字架の神学へと移行させることは、言い換えると次のように整理される。論理学の問いから歴史の問いへ、フッサールの現象学から事実的生経験の解釈学的現象学へ、教義学の神学から新約聖書の神学への移行である。(14) また常住的な存在、最高善、最高存在者から〈隠れたる神〉への移行であり、永遠の現在、死んだ理論としての永遠からカイロスへの移行でもある。(15) この形而上学批判のモチーフによって、原始キリスト教のもっていた事実的生経験が、ギリシア化されずに取り出すことができる。ハイデガーは、現象学的解体のモチーフをこのルターの「ハイデルベルク討論」の解釈から得ている。彼は、次のように述べている。

「アリストテレスを受容することによって確定され、さらにスコトゥス主義やオッカム主義におけるさらなる形成を貫いて、また同時にその経験の生動性においてあったタウラーの神秘主義を変化させてしまったスコラ学に対して、今や宗教的にまた神学的にルターとの対立が遂行された」（GA61, 7）。

つまり彼は、ルターの神学が、過去の形而上学を解体できる批判のモチーフをもっていることを指摘して、それによって原始キリスト教の事実的生経験を取り出そうとするのである。（ただし、ハイデガーは、ルターが、アリストテレスを批判し、無にしてしまったとは考えていない。ルターは、哲学自身が悪いといっているのではなく、アリストテレスの誤読に対してアリストテレスの真の解釈を試みようとしている。アリストテレスの哲学は、中世哲学の受容によって硬直化されてしまった。ハイデガーの真意は、ルターの形而上学批判を梃子にして、アリストテレスを再解釈しようと試みたことにある。つまりピュシスやキネーシスやデュナミスというアリストテレスの実践哲学の概念を再検討して、事実的生経験の再解釈を試みようとしているのである[16]。このようにしてハイデガーは、単純に形而上学の歴史を批判して退けるのではなく、形而上学の由来と源泉を探ろうとしているのである。）

## 結び　ハイデガーの〈隠れたる神〉の思索

従ってハイデガーの原始キリスト教の信仰の生経験の哲学を支える神思想とは、〈隠れたる神〉の神学であるといえる。栄光の神学は、神を最高善、最高存在者、第一原因として、人間の理性によって把握可能な神を問題としていた。つまり、ギリシアの形而上学の概念を借りて神を表象している。その神は、理性の秩序の最高点に位置しており、そこに上っていく思弁の王国となる。それは理性の観想によって楽しむこと、享受することになり、その理性は、静寂主義へと陥ることになる。

それに対して十字架の神学は、そのような理性の秩序とは無縁である。「ハイデルベルク討論」の第二〇テーゼにあるように、十字架の神学は、〈隠れたる神〉が受難と十字架において顕わとなることを思索する。神の不在と人間の欠如において表現される。つまり歴史性と個別性において現れる神が問題となる。ルターは、ギリシア哲学の存在の秩序よりも、キリスト教の実践的な生の内に定位して、神学を遂行しようとしている。生をクロノスの時間ではなく、カイロスの時間から理解しようとする。彼は、パウロの不安や苦悩や不確実さの中にある生の事実性や歴史性を理解しようとする。不安の分析から、人間の本来の生の次元がみえてくる。「目覚めていること」「覚醒していること」が求められる。パウロの不安や不確実さを支えているのが、〈隠れたる神〉との共同作業となる。その神は、静寂主義に陥る最高存在者としての理性の神ではない。永遠に宿っている神ではなく、人間の理性には把握しきれない計算不可能、予測不可能な神である。

しかしここでこの〈隠れたる神〉の思想をもう少し詳しく考察しておきたい。というのは、ルターの〈隠された神（deus absconditus）〉は、〈現された神（deus revelatus）〉と対をなしており、〈隠された神〉は受難と十字架においてすべてが啓示されるとしているのではないかという点を留意しなければならない(17)。つまり、ハイデガーは、十字架において〈現された神〉については何も述べていないので、彼の神思想は、〈隠れたる神〉の神学としては欠けているのではないかという異論が成り立ちうるのである(18)。

この異論に対して、次のように述べることができるであろう。〈隠された神〉の思想には、二つの段階がある。一つは、「十字架の神学」に現れているように、「啓示において隠された神である」ということ、つまり、「我々人間にとって直接把握することはできないが、受難と十字架において啓示されうる」という思想である。この段階では、〈隠された神〉は〈現された神〉と相互媒介的になる。〈隠された神〉は同時に〈現された神〉である。それに対して、第二段階では、神自身は〈隠された神〉として、〈隠された神〉と〈現された神〉との対立を超えて「隠れている」という終末論的側面があるということである。キリストの背後に、キリストを超えて神自身が存在している。つまり、我々の認識がどこまでも及ばない次元があるということである。[19] ルターは次のように述べている。

「私たちに宣べ伝えられ、啓示され、提供され、礼拝されている神、あるいは神のご意志について論じるのと、宣べ伝えられておらず、啓示もされていない神について論じるのとでは、異なった論じ方をしなければならない、ということである。それ故に、神は自らを隠して私たちに知られないでおこうと欲したもう限りでは、神は私たちに関わりがないのである。……自らの本性の荘厳さにおいて在りたもうものとしての、礼拝もされておらず、宣べ伝えられてもいない神のうえには、何者も自らを高めることはできない」（『奴隷意志論』[20]）。

この段階の〈隠れたる神〉は、〈隠された神〉と〈現された神〉との対立を超えた〈隠れたる神〉である。このように〈隠れたる神〉の思想は、二つの段階を含んでいる。従って、〈隠れたる神〉は〈現された神〉と対になっている段階を超えて、どこまでも人間に隠れている神という意味もあることがわかるのである。

ハイデガー自身は、ルター研究から両者の区別を問題としてはいない。しかし〈隠れたる神〉の思想が、ただ〈現された神〉と対となり、十字架においてすべてが現されるとする思想だけではなく、どこまでも〈隠れたる神〉

であることを感じ取っていたのであろう。そこから生の不安、不確実さ、不安定さ、弱さというものを考察することができたのではないだろうか。決して理性の秩序としての最高存在者としての神からは、そのような生の考察はでてこない。従って、ハイデガーの事実的生を支える神思想とは、〈隠れたる神〉の神学に属するといえる。

またこの〈隠れたる神〉の思想には、ハイデガーの事実的生経験を取り出すもう一つの態度を含むことができる。彼は、事実的生を分析するのに、形式的告示という態度を用いていた。それは、主観・客観・関係に基づく客観化という態度を批判して出てきた方法であった。なぜなら、客観化という方法では、生を死んだ事物として扱うことになり、その生動性において生を捉えることができないからである。実を言うと神についても同じことがいえる。人間の対象化や客観化する態度では、神を捉えることはできない。人間が名づけるという仕方では神を名づけることはできない。そういう所作からは、神は隠れる。ハイデガーは、この初期の時代には明瞭には述べていないが、〈隠れたる神〉の神学には、人間の対象化し客観化する態度を乗り越える契機が含まれる可能性があるといえる。

以上でわかるように、ハイデガーの新約聖書の信仰の事実的生経験の考察の背後には、〈隠れたる神〉の思索が潜んでいる。そこには、形而上学批判のモチーフと対象化して事物を捉えることへの批判のモチーフが含まれていた。この神とは、人間の理性の営為から逃れ隠れる神であることがわかるのである。

註

（1） Richard Schaeffler, Heidegger und die Theologie, in: Annemarie Gethmann-Siefert und Otto Pöggeler (Hg.), *Heidegger und die praktische Philosophie*, Frankfurt am Main 1989, S. 291f. 邦訳は、A・ゲートマン＝ジーフェルト／O・ペゲラー編『ハイデガーと実践神学』

下村・竹市・宮原監訳、法政大学出版局、二〇〇一年、三七四頁以下。

（2）Ebenda, S. 294.

（3）Vgl. Ebenda, S. 296.

（4）Ebenda.

（5）Edmund Husserl, *Ideen zu einer reinen Phänomenologie und phänomenologischen Philosophie*, Erstes Buch, Karl Schuhmann (Hg.), Den Haag 1976, S. 51.

（6）Mattias Jung, *Das Denken des Seins und der Glaube an Gott. Zum Verhältnis von Philosophie und Theologie bei Martin Heidegger*, Würzburg 1989, S. 13ff.

（7）John van Buren, *The Young Heidegger. Rumor of the Hidden King*, Bloomington and Indianapolis 1994, p.156.

（8）Dietrich Papenfuss u. Otto Pöggeler (Hg.), *Zur philosophischen Aktualität Heideggers. Symposium der Alexsander von Humbolt-Stiftung vom 24.-28. April 1989 in Bonn- Bad Godesberg. Bd. 2. Im Gespräch der Zeit*, Frankfurt am Main 1990, S. 29.

（9）Husserl, a.a.O., S.31.

（10）M. Jung, a.a.O., S. 49. und Vgl. Günter Figal, *Zu Heidegger. Antworten und Fragen*, Frankfurt am Main 2009, S.131.

（11）Karl Lehmann, Christliche Geschichtserfahrung und ontologische Frage beim jungen Heidegger, in: Otto Pöggeler (Hg.), *Heidegger. Perspektiven zur Deutung seines Werkes*, Weinheim 1994, S. 144f.

（12）Ebenda. S. 149.

（13）Otto Pöggeler, *Der Denkweg Martin Heideggers*, Stuttgart $^{4}$1994, S.39. J. v. Buren, a.a.O., p.158, 186.

（14）John D. Caputo, *Demythologizing Heidegger*, Bloomington and Indianapolis 1993, p. 172.

（15）John van Buren, Martin Heidegger, Martin Luther, in: Theodole Kisiel and John van Buren, *Reading Heidegger from the Start. Essays in his earliest Thought*, Albany 1994, p. 165.

（16）J. v. Buren, a.a.O., p.169.

（17）ここで〈隠れたる神〉という表現と〈隠された神〉という表現を同時に用いているが、それには理由がある。旧約聖書のイザヤ書四五章一五節の〈隠れたる神〉の神学の伝統を意味するときは、〈隠れたる神〉という表現を用いた。それに対してルターの〈隠された神〉と〈現された神〉との対比を表現するときは、〈隠された神〉という表現を用いた。ドイツ語でも der verborgene Gott となるので、この過去分詞は〈隠された〉と翻訳すべきであるかもしれない。例えば金子晴勇著『ルターの宗教思想』日本基督教出版局、一九八一年には、両方の表記の仕方が用いられている。

（18）初期フライブルク期のハイデガーの思索が〈隠れたる神〉の神学の伝統の中に位置づけられるという指摘は、まず先述の J. v. Buren, *The young Heidegger* や Martin Heidegger, Martin Luther を挙げることができる。またハイデガーの思索全体が、「神の蝕」あるいは〈隠れたる神〉の神学の伝統に属すると主張するものに、Martin Buber, *Gottesfinsternis. Mit einer Entgegnung von C. G. Jung*, Weisberg 1994, S. 24f., S.27, S. 73f. 邦訳は、マルティン・ブーバー著『かくれた神』（「ブーバー著作集」5）三谷好憲・山本誠作・水垣渉訳、みすず書房、一九六八年、二九頁以下、三二頁、九六頁以下。またさらに同様のことをブルトマンも指摘している。Bultmanns〈Reflexionen〉zum Denkweg Martin Heideggers nach der Darstellung von Otto Pöggeler (1963), in: Andreas Großmann und Christof Landmesser (Hg.), *Rudolf Butlmann Martin Heidegger Briefwechsel 1925-1975*, Tübingen, 2009, S. 316.

（19）ルターの〈隠された神〉の神学の思索には、二段階あると指摘するものに、Paul Althaus, *Die Theologie Martin Luthers*, Gerd Mohn 1962, S. 240f. や武藤一雄著『宗教哲学の新しい可能性』創文社、一九七四年、一三八頁以下。がある。

（20）マルティン・ルター著「奴隷意志論」、松田智雄（責任編集）『ルター』（「世界の名著」23）中央公論社、一九九五年所収、二〇三頁以下。

# 第二章　哲学と神学
## ――マールブルク時代のブルトマンとの対話――

ハイデガーは、一九二三年一〇月一日よりマールブルク大学で教鞭を取るようになり、一九二八年一〇月一日にフライブルク大学へ移籍するまで、当地に滞在した。彼は、赴任するとすぐにブルトマンと親しくなり、一九二三年二四年冬学期のブルトマンの演習「パウロの倫理学」に員外メンバーとして出席していた。この演習では、終末論や義認論が論じられていた。とりわけ義認と罪との緊張関係が問題となっていた。一九二四年二月一四日と二一日にハイデガーは、この演習で「ルターにおける罪の問題」というタイトルの研究発表を行った。(1)その様子についてブルトマンは、ハンス・フォン・ゾーダンに以下のような手紙を送っている。(2)

「この演習は、今回特に示唆に富んでいた。なぜなら私たちの新しい哲学者で、フッサールの弟子であるハイデガーが、この演習に参加しているからである。彼はカトリック教会の出身であるが、しかし全くのプロテスタントである。そのことを彼はつい最近、ルターと中世に関するヘルメリンクの講演の後の討論において証明したのであった。彼は、スコラ学のすばらしい知識をもっているのみならず、またルターの知識ももっている、またヘルメリンクを相当当惑させたのであった。彼は、明らかにヘルメリンクよりも問いを深く把握していた」。

ハイデガーはこの演習に参加していたのみならず、ブルトマンとともに毎週土曜日定期的にヨハネ福音書の共同の読書会を行っていた。またハイデガーは、ブルトマンの研究会〈グレカ〉のメンバーであり、討論者であった。また例えばトゥルナイゼンなど外部の論客を招待して行われ、ガダマーがそれを〈神学の大宴会〉と称していた研究会の際の共同討論者でもあった（BH, X）。このようにハイデガーとブルトマンの共同研究は、この期間に密接にしかも集中的に行われていたのである。

これ以降ハイデガーとブルトマンは、親交を深めることになる。次のようなエピソードも残っている。ブルトマンとハイデガーがある時いっしょに演習を行っていた。すると管理人が、大学が火事だと叫んでいた。ブルトマンとハイデガーは、この火事が建物の反対側の翼で起こっていたのをみて、演習を続けた、というのである。これは、古い大学は燃えてしまうが、二人は神学と哲学の新しい方向を創造しようという意気込みのこもったエピソードだとペゲラーは、評価している(3)。

またハイデガーが、この二年後一九二五年一〇月一五日に故郷メスキルヒよりブルトマン宛に出した手紙から、両者の親密な文通が始まった。一九二八年以降この手紙の呼びかけは、Sie から du に変わっていく。この文通は、一九七五年九月二〇日前後の日付のない葉書をハイデガーがブルトマンに送るところまで続いた。ハイデガーのナチスへの関与を示す総長就任演説に関してブルトマンが、批判的な応答をしたこともあったが、生涯の間両者の信頼は、崩れることがなかった。ハイデガーは、ブルトマンから適切な判断力を学んだ。ブルトマンは、ハイデガーの『存在と時間』から解釈学的な理解のあり方を学び、自分の神学の方法論を彫琢していく（BH, IV）。

ハイデガーは、ブルトマンとの交流によって哲学と神学との関係を考え抜き、最終的に「現象学と神学」（一九二七年）の講演へとまとめあげていく。ブルトマンは、この講演を自分の「新約聖書における啓示の概念」

という論文といっしょに共同の成果として出版したかったようであるが、それは果たせなかった。結局このハイデガーの論文は、一九六九年になってようやくフランスで、また一年後にドイツで、ブルトマンへの献辞を付して刊行された。そしてブルトマンの執筆した「新約聖書の啓示の概念」は、『信仰と理解』という論文集に収められた。その論文集『信仰と理解』第三巻の扉には、ハイデガーへの献辞が述べられている（BH, XIV）。

今後日本における神学と哲学との関係が、このハイデガーとブルトマンとの出会いのように生き生きとした関係となることを願っている。そのために、二〇〇九年に刊行された『ルドルフ・ブルトマン＝マルティン・ハイデガー　往復書簡　一九二五―一九七五年』を用いて、両者が、二〇世紀の前半にどのように神学と哲学との関係を考えていたのかということを整理して示したいと思う。

中世以来この領域は、信仰と理性、神学と哲学との関係の問題として論じられてきた。アウグスティヌス、アンセルムス、トマス・アクィナスなどの哲学者たちは、常に信仰と理性、神学と哲学との緊張関係の中で思索してきたといってもよい。(4) しかし、今、近世哲学、とりわけニーチェなどの思想の後に、いかにして信仰と理性、神学と哲学との問題を論じなおすべきなのかは大きな問題である。その中にあって、マールブルクでのこの哲学者ハイデガーと神学者ブルトマンとの邂逅は、哲学と神学との関係を考える上で貴重な材料を提供している。ハイデガーとブルトマンの往復書簡には、補遺としてブルトマンの演習でのハイデガーの研究発表のプロトコルが付いていたので、今回はそれを検討したい。また一九二七年のテュービンゲンでの講演「現象学と神学」を読むことによって、この問題を哲学の側から取り上げていきたい。

そのために、以下のように論を進める。まず初期フライブルク時代、ハイデガーは、既にパウロのいくつかの書簡を用いて、事実的生経験を取り出す作業を行っている。この当時まず生あるいは信仰の生というものをどのように取り出していくのかということが大変問題であった。客観的・理論的態度では、この信仰の生を取り出すことはできないからである。そこにあるモチーフを取り出したい。それは生を分析する非客観的方法と、客観的・理論的態度の元にあるギリシア哲学・スコラ哲学の批判・解体というモチーフである（第一節）。さらに一九二四年二月にブルトマンの演習で行われたハイデガーの研究発表「ルターの罪の問題」のプロトコルから先の二つのモチーフがどのように継承されているかを考察したい（第二節）。さらに、一九二七年の「現象学と神学」という講演から、ハイデガーが神学という学問の学問性と哲学と神学との関係をどのように思索していたかを論じる（第三節）。そして最後に、神学と哲学との関係について総括する。

## 第一節　初期フライブルク時代の事実的生の考察

ハイデガーは、初期のころから既に宗教における生というものをいかにして取り出すのかという問題を集中的に思索していた。それは一九二〇年代後半になって実存論分析や解釈学的現象学として結実していく方法論である。そのことを『全集　第六〇巻　宗教的生の現象学』の中の、「宗教現象学入門」（一九二〇／二一年冬学期講義）「アウグスティヌスと新プラトン主義」（一九二一年夏学期講義）「中世神秘思想の哲学的基礎」（一九一八／一九年に行われなかった講義）の三つの論文から考察する。

もともとハイデガーは、宗教というものは、信仰を土台としており、その信仰の生を学問的・科学的な方法によって取り出すことはできないという主張を展開していた。つまり、主観・客観・関係に基づく客観的な方法によっては、宗教あるいは宗教的生を考察することはできない。従ってハイデガーは、宗教や宗教的生を考察するために、新たな方法を考えようとしていた。その非理論的方法、非体系的な方法を現象学に期待していたといえる。彼は以下のように述べている。

「それに対してただ現象学のみが、ただしもしその現象学が、その徹底した根源の瞬間に純粋に保持し、また直観が理論化されず、本質概念がある種の一般的な普遍妥当性理念に従って合理化されることがなく、本質が生き生きとした変転可能性と意味の充実を様々な価値と体験の体制に対応して保証され保たれる場合にのみ、哲学の窮状を救うのである」(GA60, 323)。

しかもここでハイデガーは、ただ普通に理解されている現象学をそのまま踏襲しているのではない。現象学といっても、単なる形相学というものではない。つまり、歴史を超えた超越的な本質領域へと進めばいいと考えるつもりはない。本質の変転可能性、生き生きとした本質の充実というものを含んだ上での本質が問題とされる。ハイデガーは、そのためには「事象論理学(Sachlogik)」(GA60, 14)が必要であると述べる。客観化・理論化することなく、生の事実性を取り出すことのできる方法的態度である。宗教や宗教的生の現象は、あくまで歴史的であり、客観化・理論化を拒むのである。「現象は、客観でも対象でもない」(GA60, 35)のである。

ハイデガーは、ここでフッサールにならって、「普遍化(Generalisierung)」と「形式化(Formalisierung)」を区別する(GA60, 57)。普遍化は、「赤」から「色」へ、また「色」から「感性的質」へというふうに、類に即した普遍化である。それは、一般的な論理学が用いる種から類への段階的な階層構造である。そして類は、非歴史的な超越的な本質領域ということになる。それに対して、形式化は、類の普遍性ではなく、連関意味(Bezugssinn)

から起こってくる。形式化は、生の生動性をそのままの形で残して、その中の本質を捉えることができるのである。この形式化から、ハイデガーは、「形式的告示（formale Anzeige）」（GA60, 55）という方法を用いて、宗教や宗教的生の現象を捉えようとする。この方法によって、理論化し、客観化する以前の先学問的・先科学的な次元を取り出すことができる。この方法が、生の本質を取り出す方法となる。

この方法は、歴史に根ざした方法である。従ってこの方法的態度は、フッサールの現象学的態度を超えて、解釈学的な現象学ということになる。ハイデガーにとって、主体はあくまで歴史の中で遂行される生である。この歴史の中で生きる生としての主体を分析するということから、後に実存として理解されてくる実存論的・解釈学的現存在分析が遂行されるようになってくる。そこでは、あくまで理解という解釈学的な方法が基本となっており、理論的・客観的な考察の方法は、理解という解釈学的な方法からの派生的な方法として捉えられてくる。

そして具体的にはパウロの手紙を分析することになる。ハイデガーは、原始キリスト教の宗教性は事実的生経験においてあるということと、さらにこの事実的生経験は、歴史的であること、そこからキリスト教の経験は時間自身を生きることであると述べている(5)。

そこから彼はいかにして再臨が遂行されるのかという問題を、「テサロニケの信徒への手紙一」第五章から考察する。彼は主の再臨であるパルーシアを「期待・予想（Erwarten）」の問題とすることを明らかな誤りだという（GA60, 102）。キリスト教の希望とは、期待や予想の問題ではない。パルーシアがくるというのは、「突然やってくる」（五・三）あるいは「主の日は盗人のようにやってくる」（五・二）といわれる。これは人間を不安の中へと突き落とす。しかし人間は、普段平和と安全のある場所として世界を探し求めている。人間は、このような不安を感じるときに、予想してそれを自分の手中に収めようとする。しかしパルーシアは、そのような人間の所作を超えて突然降りかかってくる。そのとき人間は、自分自身を忘却しているので、自分で自分自身を救うことはできない。このパルーシアに関して、私たちは、その「いつ」ということを問題にしてはいけない。日付や日時を予想して、確実にすることはできない。むしろ「目覚めていること」「冷静であること」という実存的態度が求められる。ここから『存在と時間』において実存の本来性が、問われることになっていった。

ここで問題となるのは、人間の生を時間から理解しているということである。しかも予想ということが問題となるのではなく、生き方・実存としての時間が問題となっているということである。パルーシアに対する態度は、いつやってくるかわからないがいつかくるという切迫した本来的な実存的態度を要求する。決して日付可能性が問題となっているわけではない。客観的・理論的な、あるいは科学的な理論による論証の次元が、問題となっているわけではない。生の全体を視野にいれて、今現在を生きる生を問題としている。その生を問題とするときいつも実存的な、歴史的な時間が、共に問題となるのである(6)。

終生ハイデガーは、このモチーフ、つまり生を歴史的・実存的・出来事的に理解するというモチーフを繰り返していた。例えば一九六四年三月一一日フライブルクで行った「『現代神学における非客観的に思索することと語ることの問題』に関する神学的対話のための主要な観点への若干の指示」という講演の記録が、『全集　第九巻　道標』所収の「現象学と神学」の補遺として付加されている。そこでもやはり神学において思索することと語ることに関して客観化するということがどのようなことを意味しているのかを問うている。結局ハイデガーは、神学は、哲学や諸学から借り物をきて語るのではなく、「事柄に対して適正に信仰から信仰のために思索し語る」(GA9, 69) べきであるという。しかし「現代では、科学的・技術的な思索の仕方が生のすべての領域に広がるという危険が存続して、増大している。それによって、あたかもすべての思索することと語ることが客観化するものであるかのような誤った仮象が強まってきている。……言葉は、報告の道具また計算可能な情報の道具へと誤って捉えられている。……存在が、科学的・技術的に客観として客観的に算出されまた立証されるものにのみ適しているると思うという一つの誤謬が留まり続けることを許すのであろう」（GA9, 76）。つまり、神学は、信仰の生というものを土台に思索しなければならないのであって、決して現代の自然科学・技術の語る客観化する仕方で思索し、語ってはいけないのである。

実はハイデガーが考える哲学も同じであろう。哲学も、決して自然科学や技術の語り方、考え方を模範にするものではなく、非客観的な仕方で思索することによって、その自然科学や技術の本質を洞察する思索を展開するのである。その思索は、決して単なる客観化作用ではない。以上のようなモチーフは、終生ハイデガーが持ち続けたものであることがわかる。

しかしハイデガーは、次の「アウグスティヌスと新プラトン主義」の講義において、ギリシア哲学がキリスト教の中に入り込んできて、アウグスティヌスは、この事実的生を非客観的に思索する仕方を知りつつ、隠蔽してしまったという。例えば神を思弁の対象とする。神や信仰の事柄を概念によって、理論的に思索できるとする。従ってアウグスティヌスは、二義的な存在となる。つまり、信仰の生というものを正しく捉えていたにもかかわらず、ギリシア哲学によってそれを隠蔽してしまったというのである。

もともとハイデガーのアウグスティヌス研究には、ハルナック、トレルチ、ディルタイの先行研究が大きな影響を及ぼしていた。ハルナックは、その『教理史教本』第三巻において、アウグスティヌスを、中世における「キリスト教の敬虔の改革者」（GA60, 163）としてみていこうとする。従ってハルナックは、アウグスティヌスを人格的な経験から教義を活性化させた人物として描く。それに対してトレルチは、『アウグスティヌス　キリスト教古代と中世「神の国」の著作と関連して』において、アウグスティヌスを一般的で普遍的な歴史研究に定位した文化哲学の視点のもとに見ようとしている（GA60, 160）。ハイデガーは、トレルチに基づいて、アウグスティヌスが、古代という文化の終わりであり、古代文化の完成者であり、最後にして最大の思想家とする。ハイデガーのアウグスティヌスの評価は、両者の評価のように絶えず二義的となる。つまり、信仰の生経験の洞察を改革した人物であると同時に古代の完成者でもあるのである。

さらにディルタイのアウグスティヌス研究もあった。ディルタイは、『精神諸科学入門Ｉ』において記述心理学を用いて内的知覚としての体験へ戻り、アウグスティヌスとキリスト教が精神科学の基礎のためにいかなる意義をもっているかを考えていた。神は、歴史において自らを啓示するという信仰によって、プラトンのように単なる理論的な超感性的なイデアへと超越することから救い出そうとした（GA60, 164）。ディルタイはこの信仰の生の中に、歴史意識の根源を考えようとした。こうした先行研究の中でハイデガーは、アウグスティヌスを研究しようとしている。

この講義では、ハイデガーは、アウグスティヌスの『告白』を分析して、人間の「日常の生への気遣い」つまり、cura を分析する。人間は、日常生活において好奇心にみちており、絶えず生を別様に考え、自分自身の生をより良くしようと気遣っている。さらに人間が、神を求めるのは、幸福な生を求めようとするからである。しかし生は絶えず分裂を繰り返していく。そんな中で我々にとって使用可能な確実な知識もつということが、幸福な生の条件となる。ギリシア哲学は、そのような普遍性のある確実な知識を与えてくれる。幸福な生とは、真なる生として真理に関する喜びとなる。(7) そして真理を美的に観照すること、真理を美的に享受することを求めていく。それは、美（pulchritudo）の享受（fruitio）へ向かう。ハイデガーは、結局人間の幸福な生は、神の享受（fruitio

Dei）にあるという。このような分析では、神は最高存在者あるいは最高善という対象となる。それは、恐れや不安のない静寂主義となる。ハイデガーは、このようにしてアウグスティヌスが、本来は原始キリスト教の信仰の生の事実性を理解していたにもかかわらず、ギリシア哲学へと巻き込まれて、本来の信仰の生を隠蔽してしまい、省察し損ねたというのである（GA60, 271ff.）。

ここに、形而上学の歴史への批判と解体のモチーフがある。つまり、原始キリスト教の信仰の生経験を取り出すために、アウグスティヌスなどが遂行した「ギリシア化（Gräzisierung）」（GA61, 6）を批判するというモチーフがある。原始キリスト教の信仰の生の事実性や歴史性は、中世の形而上学によってギリシア化され、理論化され、平板化され、隠蔽されてしまったので、それを取り除き、純粋なキリスト教の信仰の生を取り出そうという作業である。ハイデガーは、『アリストテレスについての現象学的解釈』（『全集第六一巻』）において次のように述べている。

> 「既に原始キリスト教の生連関は、その生が表現される方向に関して特別のギリシアの現存在の解釈及び概念（術語）によってともに規定されているような環境世界において熟した。パウロによってまた使徒の時代また特に教父哲学の時代においてギリシアの生活世界へと入り込んで形成するということで遂行された」（GA61, 6）。

ハイデガーは、このギリシア哲学の形而上学批判のモチーフを、当時「現象学的解体（phänomenologische Destruktion）」（GA60, 78）と呼んでいた。

さて、この現象学的解体のモチーフを洞察できたのは、ハイデガーのルター研究である。ルターは、とりわけアリストテレスの哲学とそれを継承して、平板化され、形骸化されて理解されたスコラ学を批判しながら、信仰の生経験また生の事実性を取り出そうとする。（後にハイデガーは、そこからアリストテレスの旧来の教科書風の整理を批判しながら、アリストテレスの新しい読みを展開していく。）この「アウグスティヌスと新プラトン主義」の講義録には、二つの補遺がついており、その中の「オスカー・ベッカーのノートからの補足」という補遺の中にハイデガーのルター研究の一部が残されている。ハイデガーは、次のように述べている。

「一般的な価値論の問題は、新プラトン主義と最高善の説と連関している。最高善に達することができるという説である。教父哲学全体のため、またギリシア哲学に基づくキリスト教の教説の形成の方向付けにとって基礎となっているのは、ローマの信徒への手紙の第一章二〇節のパウロの言葉の箇所である。そこからキリスト教の教義のギリシア哲学による下部構造と新しい構造のためのモチーフが得られるのである。それ故プラトン的なものをアウグスティヌスから単純に取り除いてはいけない。アウグスティヌスに戻れば本来のキリスト教的なものを獲得できると信じるのは誤解である」（GA60, 281）。

ローマの信徒への手紙の当該の箇所には、「世界が造られたときから、目に見えない神の性質、つまり神の永遠の力と神性は被造物に現れており、これを通して神を知ることができます」と書かれている。ハイデガーは、この聖書箇所が、教父哲学において、絶えず引用され、感性的な世界から超感性的な世界へと上昇して、最高善に達することができるというプラトンの哲学を立証するものとされてきた、という。パウロは、プラトンを補強していると解釈されてきた。

　しかしそれはパウロに対する誤解である。ルターが、ようやく初めてその誤解を理解した。ルターは、「ハイデルベルク討論」（一五一八年）において原始キリスト教の新しい理解を開示した。初期のルターの認識は、キリスト教の信仰の生経験とその後のキリスト教の形而上学との緊張関係を抉り出している。パウロは、決してプラトン主義の哲学を補強するための道具ではなく、原始キリスト教の信仰の事実的生経験を生きた人であった。ルターが、そのことを再発見して、パウロを正しく理解しようとしたのである。そして教会の教説としての形而上学を拒絶して、その由来を示した。

　そこからさらにハイデガーは、ルターの「ハイデルベルク討論」の第一九、二一、二二のテーゼを取り上げたことが記録されている。それらを取り上げた意図は、「栄光の神学（theologia gloriae）」と「十字架の神学（theologia crucis）」の区別をすることにある。「栄光の神学」は、神を最高善として最高存在者とする。それは静寂主義へといたり、原始キリスト教の信仰の生の事実性を隠蔽する。それは、ギリシア哲学を基にした中世哲学の形而上学の平板化された理解の歴史への批判である。それに対して「十字架の神学」は、不安の中に目覚めている信仰の生を現す神学であり、ルターが提唱する神学である。(8)

　以上のようにして、ルターは、アリストテレスに基づいて通俗的に理解されてしまったスコラ学を批判した。ハイデガーは、このようなルター研究を通じて、中世の形而上学が、ギリシア哲学を用いて、パウロと原始キリスト教の信仰の生の事実性と歴史性を取り逃してきたことを解体して、その信仰の生の事実性を取り出そうとするのである。

## 第二節　マールブルク時代のハイデガーのルター研究

第二章序論で述べたように、ハイデガーは、一九二三年一〇月一日よりマールブルクに移り、すぐに員外メンバーとしてブルトマンの「パウロの倫理学」という演習に参加する。そこでは、ルターの義認論などが検討されていたようである。そして一九二四年二月一四日と二一日に「ルターにおける罪の問題」と題して研究発表する。そのときのプロトコルが、今回の『ルドルフ・ブルトマン＝マルティン・ハイデガー　往復書簡　一九二五―一九七五年』に収録された。このプロトコルの前半部分は、知られていない学生によって残された。また後半部分は、ハインリッヒ・シュリアーによるプロトコルである。両者は、ヴィルヘルム・フォン・ローデンによって併せられて発表されたのである。本節では、このプロトコルの内容を紹介すると同時に、いかにその内容において、初期フライブルク講義のモチーフが継承されているかということを検討する。

このプロトコルの前半部分は、どのような議論であるのかをみておこう。ハイデガーは、罪の問題は、宗教的考察の対象ではなく、神学の問題であるので、ここではルターの神学を問題としなければならないという。神学の対象は、神であり、いかに人間が神の前に立てられてあるかということを省察することにある。しかし同時に人間の存在は、世界（この世）の中の存在である。人間は、神に対していると同時に世界（この世）の中にいる。ここから罪の問題が生じてくる。ルターは、神学の問題を人間の神への関係と人間の世界（この世）への関係との緊張関係として論究するときに、罪とは何を意味するのかという問いを立てているのである（BH, 263ff.）。

つまりここで問題となるのは、原義（iustitia originalis）の問い、つまり堕罪以前の人間の根源存在（Urstand）

である。人間は、創造において最高善として被造されていると同時に罪となることが可能であるように創造された。救済は、この罪の問題と深く結びついているので、罪の問題が誤解されればされるほど、救済の問題も弱められてしまう。ルターは、スコラ学では、これまで堕罪の問題が十分に検討されてこなかったという。そこからハイデガーは、ルターの「恵みによらない人間の力と意志とについて」（一五一六年）、「『スコラ神学反駁』討論」（一五一七年）、「ハイデルベルク討論」（一五一八年）の三つの初期の著作を検討する。

まずハイデガーは、ルターの「恵みによらない人間の力と意志とについて」（一五一六年）をどのように解釈するのであろうか（BH, 264f.）。ルターは、罪を過失の集積としてみるのではなく、この「世界への準備され整えられた存在（affectus）」としてみる。諸事物へと関わるように立てられてあることとしてみる。つまり人間は、本来神へと関わるべき存在であると同時に世界（この世）へと関わるように立てられている存在でもある。それ故罪とは、人間が神へと関わるべきときに、世界（この世）へと関わることへと摩り替えてしまうことにある。世界は、神への栄光を現すのではなく、神への反抗を意味する。そこでは、人間は、神を愛することを喪失する。人間は、元来神を愛すべき存在であるはずであったのに、世界と関わることの中で、自己自身の内に自らの義を求めようとする。しかしそれでは決して本来の義をえるには至らない。そのことが、罪であり、恐れ（horror）となるのである（BH, 264f.）。

次にハイデガーは、「『スコラ神学反駁』討論」（一五一七年）について論じる。まず第一七命題において、人間は、自分自身から、神が神であることを欲することはできない、という。むしろ人間は、自分が神であることを欲する。これはまさに罪の本質である。次に第二五命題においては、希望は、功績からではなく、受苦からやってくる、と述べられる。さらに第三〇命題においては、人間の側からは、まさに恩恵に先行して、恩恵に対する反抗がやってくる、という。人間の実存の可能性は、人間のうちにはない。次に第三七命題においては、あらゆる人間の行為は、不遜であり、罪のうちにある、という（BH, 265f.）。

この陳述を、ルターは、アリストテレスとギリシアの存在論全体から区別する。ルターにとって罪の問題は、人間の実存の問題であった。決してギリシア哲学のように本質のみを問題とするのではなかった。従って彼は、第五〇命題において、「要するにアリストテレスの全著作は、神学にとって光に対する闇のようなものである」といいうる（BH, 265f.）。ハイデガーは、ルターのこの命題において、アリストテレスに依拠してそれが平板化されて理解されたスコラの形而上学への批判、ギリシア哲学の存在論に対する批判、つまり現象学的解体のモチーフを学んでいる。それによって、ルターがみていた、キリスト教の信仰の事実的生経験を取り出す作業が可能となる。

さらに「ハイデルベルク討論」（一五一八年）においては、ハイデガーは、ルターが「栄光の神学」と「十字架の神学」を区別したことを取り上げる。第二二命題において、「栄光の神学」は、「神の見えない本質をわざによって理解しうると認めるような知恵」と述べる。さらに第二一命題では、「栄光の神学」は、「悪を善といい、善を悪という」とする。それに対して「十字架の神学」は、「それをあるがままの姿でいう」とする。ルターは、スコラ学者たちが、神と世界との存在を規定した後にようやくキリストの知識を受け取る、という。スコラ学者のこのようなギリシア哲学の考察方法は人間を誇らせるという（BH, 266）。ハイデガーは、ルターのこの著作で、ギリシア哲学に基づく存在論の歴史の解体、すなわち現象学的解体のモチーフを得ているといえる。それによって、ルターが「十字架の神学」としてみていた実存的な人間の姿を現象学的に取り出すことができるのである。

さて、後半のプロトコルはどういうことが述べられているのであろうか（BH, 267ff.）。それを要約しておこう。

ハイデガーは、スコラ哲学が、人間の創造時における根源存在（Urstand）、つまり原義（iustitia originalis）を主張していたことを考察する。原義という教説は、教会が、神によって創設されているのであるから、信仰の事柄において権威であることを主張することに依存しているという。原義の教説は、教会の権威と相即しているのである。そのために、教会は、神の存在と歴史的啓示の可能性を証明する必要があった。しかし同時に教会の権威が、原義を承認しているのである。このことを証明するために、人間は、神認識を、自らを出て、外から、つまり教会の権威をもってして、初めて神認識をもつことができると主張している。教会は、人間の本性自身は堕罪後も罪がないと述べていて、従って人間は、神を認識できるという。

これを詳しく述べると以下のようになる。つまり、人間は、堕罪以前には、別の、より高度な神認識を所有していたが、罪を犯すことによって、この「より高度な」神認識の部分を喪失した。しかし神の前に自然に立てられてあることを失ってはいないことが、決定的なのである。それによって、人間は、堕罪以後も神認識をすることができる。そこから教会は、神の権威を保つことができるといい、それによって、教会は、原義の教説を保証しているというのである。

それに対してルターは、激しく批判した。人間の本性は、腐敗しているのであり、人間の存在自身は、罪である、と主張する。彼は、決して原義を認めない。信仰が、神の前に立てられてあることであるとすると、罪とは、まさに信仰と対立するものとなる。罪とは、不道徳的な状態の集積ではなく、人間の本来の核である。罪とは、ルターにとって実存概念なのである。罪における不安が、人間の本来的な実存の姿である。

彼は、罪の運動性について省察する。一つの罪はさらに別の罪を生み出し、人間をますます深く引き裂く。本来の罪とは、不信仰を、神からの離反を意味する。人間は、神から離反しこの世（世界）へと立てられる限りで、戦慄・恐れを覚える。そこから逃避、憎悪、絶望、改悛しないことが続いてくる。

ハイデガーは、さらにここからルターの創世記講義（一五四四年）の考察に踏み込んでいく（BH,268ff.）。ここでは創世記第三章を取り上げる。それを要約しておこう。アダムとエヴァの堕罪の話である。ルターは、アダムとエヴァは、個別の特定の罪によって試みられたわけではなく、神と神の言葉に対して反抗した。彼らの罪とは、神の言葉ではない言葉に聞き従ったことにあり、彼らは神との論争へと入り込んでいったことにある。それとともに彼らは彼らの神の前に根源的にあることを喪失した。神は、この人間には耐えられなくなった。この人間は、木の葉の静かなそよぎの陰で肝をつぶしている。なぜならこの人間は、彼の本来の存在を揺さぶられているからである。愚行とおののきは、前奏曲にすぎない。逃走するものは、さらに逃走を重ねる。そして永遠に逃走を続ける。アダムは罪を犯したことを拒否して述べない、すると彼はエヴァに新しい罪を帰せようとする。そうして破滅するのである。罪人は、神を訴えようとする。エヴァは、蛇の創造者である神を告発しようとする。このような不信仰が、瀆神となり、改悛しないことが、創造者を誹謗することになる。

ここでローデンスのノートには、次のように書かれていたという。「ここから不安が生じる。世界（この世）での裂け目は、閉じることはできない。これはカオスに対する不安であろうか、無に対する不安であろうか。そうではなく、神に対する不安である。人間自身が作り上げた人間像は、崩壊するのである」(9)。

ハイデガーは、ルターが、全くスコラ学者たちとは異なった仕方で、実存概念としての罪に定位して、罪を信仰への根本的対立として把握したことをまとめている。スコラ哲学は、原義を認め、人間は、堕罪後も罪によって崩壊することのない部分をもつことを認め、それによって、神の前に立つことができ、神認識をもつことができるとしていた。それに対して、ルターは、人間は、根本的に罪を犯す存在であり、堕罪以後神の前に立つことができず、神から逃避し、悔い改めることなく、絶望に陥っているのであり、神の前に不安を抱く存在者であると省察するのである。

そしてハイデガーは、最後にキルケゴールの日記を取り上げ、プロテスタンティズムの原理は、人間が、死への不安の中にじっと座っており、恐れとおののきと多くの誘惑のうちに座しているという個別的で、具体的で、特殊な前提をもっていることを述べるのである（BH, 271）。ハイデガーは、哲学者として、このルターの罪の分析から、キリスト教信仰の事実的生経験の中でも特に不安の概念を練り上げていった。

ハイデガーは、以上のような研究発表をしていた。ここからわかることは、まず第一に初期ルターの研究によって、ギリシア哲学、特にアリストテレスに基づく、通俗化されて理解されたスコラ形而上学批判、その解体のモチーフをえていることであった。それは初期フライブルク時代に既に「アウグスティヌスと新プラトン主義」の補遺で述べていたことでもあった。とりわけ「ハイデルベルク討論」における「栄光の神学」と「十字架の神学」との区別であった。ハイデガーは、この現象学的解体のモチーフを、このマールブルク時代にも維持していたことが、明らかとなった。

しかも、その現象学的解体のモチーフの内容は、罪の問題の省察からわかるように、不安の概念の練り上げであった。つまりこの不安の概念は、決してギリシア哲学の本質の理論化によっては分析できるものではなく、つまり客観化・理論化の方法によっては獲得できない事実的生経験の次元のものであることが理解される。この不安の概念は、生の事実性の概念であり、実存概念でもあり、実存（論）分析、あるいは解釈学的な理解という方法によってしか省察できないことが明らかとなるのである。ここからも、マールブルク時代に、いかにハイデガーが、非客観的な方法、実存論的方法でしか取り出すことのできない人間の次元を問題にしていたかがわかるであろう。

以上の分析で、初期フライブルク時代において獲得されていた二つの方法論のモチーフが、マールブルク時代のハイデガーにも継続的に維持され、発展されていたことがわかる。ここからハイデガーは、神学においても、哲学においても、客観化されない生の事実性の次元をいつも問題にすべきだと考えていたことがわかる。

では、最後にこの神学と哲学との関係を、ハイデガーは、どのように考えていたのであろうか。またそこから私たちは、どのように神学と哲学との関係を考えていったらよいのであろうか。それが次節の課題となる。

## 第三節　「現象学と神学」における哲学と神学との関係

ここではマールブルク時代のブルトマンとの共同作業の成果として発表された「現象学と神学」という講演を検討したい。この著作は、一九二七年三月九日にテュービンゲンで行われ、その後一九二八年二月一四日マールブルクにて繰り返された講演の中の、特に神学の実証性・実定性と現象学の神学への関係を論じた部分を収録したとされている。最初に出版されたのは、一九六九年『哲学雑誌』におけるフランス語訳であるが、その一年後にドイツ語版が出版された。現在は、『全集　第九巻　道標』の中に収録されている。

まず初めにハイデガーは、ここで問われる哲学と神学との関係が、通俗的な哲学と神学との関係の理解とは異なっていることを述べる。通俗的な哲学とは、「啓示から離れ、信仰から自由になった世界と生の把握」を意味しているし、通俗的な神学とは、「信仰に即したキリスト教の世界と生の把握」と考えられている（GA9, 47）。しかしこのような平面的に二つの学を並列させている理解では、本来の哲学理解も神学理解もありえない。

ハイデガーは、まず哲学者であるから、諸学と対比させて哲学の規定を理解することから始める。彼は、神学を含めた諸学は、存在者を問うのに対して、哲学は、存在を問題とするという。神学を含めた諸学は、存在者的（ontisch）であるのに対して、哲学は、存在論的（ontologisch）であるとする（GA9, 48）。ここには、述べられていないのであるが、この存在論的ということで、カントの意味での超越論的という意味も含まれている。つまり、諸学が、あくまでその学の対象に専心して研究するのに対して、哲学は、その諸学がどこから由来しているのかという、諸学の起源を問う。それは諸学の根拠を問うという意味で超越論的でもある。この存在を問題とするというのは、存在者の根拠という意味での存在である。従ってこの存在論的というのは、超越論的という意味を含んでいるといえる。諸学と哲学との区別は、並列的関係ではなく、垂直の関係なのである。

ここからこの著作は、三つの節にわけて論じられる。第一に神学の実証性・実定性について。第二に神学の学問性について。第三にこの実証学としての神学の哲学への関係についてである。以下にこの順序に従って問題点を整理しておこう。

ハイデガーは、まず神学という学問の規定に向かう。諸学が、存在者を問うというのは、Positum を問うということである。ここでポジトゥムというのは、「措定されているもの」という意味であるが、平たく言えば「予め眼前に存在する存在者」（GA9, 48）という意味となる。つまり具体的な存在者を意味する。神学は、具体的な生における存在者を問題とする。従って神学は、実証性・実定性（Positivität）をもっている（GA9, 48）。しかも神学が実証学であるというのは、「信仰の具体的生・キリスト者性（Christlichkeit）」（GA9, 52）を省察するという意味である。Christlichkeit とは、信仰の具体的生を意味する。信仰とは、現存在である人間が生み出すものではなく、啓示されるものである。つまり信仰されているものから、時熟してくるものである。この信仰されているものとは、キリストであり、十字架にかけられた神である。神学は、まずキリストへの信仰、十字架にかけられた神への信仰、聖書に示されたキリストへの信仰を土台とする（GA9, 52）。

このような信仰の具体的生とは、ただ信仰的にのみ理解される。ここでは、決して理論的・客観的な方法は用いられない。信仰の具体的生は、決して理論的・客観的方法によっては理解されない。「内的体験を理論的には理解することはできない」（GA9, 53）。ここでは、決して神学が、思弁的な神認識、あるいは思弁的な形而上学に堕してはいけないという要請が働いている。つまり、この信仰の生の理解において、初期フライブルク時代に獲得された事実的生経験の省察方法、その非客観的方法の獲得と通俗的なギリシア哲学に基づくスコラ学批判とその解体の二つのモチーフが働いている。決して神学は、思弁的・理論的・客観的学問とはならない。信仰の事柄は、信仰的にのみ理解されなければならないのである。

信仰の内容は、「十字架にかけられたものとともに啓示されうる、つまり生起する歴史において信仰的に理解しつつ実存すること」（GA9, 54）である。ハイデガーは、再びここにルターの言葉を引用する。「信仰とは、私たちが見えない事柄へと自ら捉えられることである」（GA9, 53）という。信仰とは、再生（Wiedergeburt）である。このような理解は、決して客観的・理論的方法によっては捉えられないのであり、信仰的に理解されるのみなのである。

従って第二に神学とは、信仰の学である（GA9, 55）。神学は、信仰から発現するのであり、神学は、信仰がそれ自身から動機づけ正当化する学である。ここからハイデガーは、神学の三つの側面を整理する。第一に神学は、歴史学的な学である。信仰は、歴史において存在するあり方でもある。従って神学は、歴史学的な学となる。第二に、神学は、組織神学となる。組織神学の課題は、キリストの出来事を概念的に把握するからである。キリストの出来事自身を信仰のうちで信仰にとって証しすることを、概念的に把握することが、その課題となる。従って組織神学は、新約聖書の神学となる（これは聖書学という意味ではない）。つまり組織神学は、体系を生み出すのではなく、体系を避けること、つまりキリストの出来事に集中していくことが肝要なこととなる。しかしキリストの出来事へと集中すればするほど、体系的となりうるともいえる。また第三に実践的な学でもある。キリストへの信仰の生は、実存であり、行為であるから、実践的となりうる。また神学は、元来説教的でもあるという意味で、実践的である。以上のようにハイデガーは、神学は、歴史学的であり、組織神学的であり、実践的な学であるという。

こういう学問分類をすることは、どのような意味があるのであろうか。ここでハイデガーがいいたいことは、決して学問分類の話ではなく、神学があくまでもキリストへの信仰の具体的・事実的生に基づいているのであり、決して神の思弁的認識が問題ではないことがその中心的要点である。「神学は、思弁的神認識、宗教学、宗教心理学とそもそも一致することはないことを、今や認めうるであろう」（GA9, 59f.）。「教会史が、キリスト教という宗教へ制限された一個の宗教史を呈示していることがないように、組織神学は、キリスト教の宗教に関連づけられた一個の宗教哲学ではない」（GA9, 60）のである。あくまで神学とは、信仰に基づけられたものであり、信仰から発現するものである。ここでも、初期フライブルク時代の事実的生経験の理解とギリシア哲学批判・解体のモチーフが、繰り返されることがわかる。

では、最後に実証学としての神学と哲学は、いかに関わるのであろうか。信仰は、それ自身で根拠づけられるのである。信仰は、哲学による根拠づけを必要とはしない。また神学は、信仰の学であるので、信仰は、神学にも先立つものである。神学は、信仰を土台に遂行される。しかしハイデガーは、実証学としての信仰の学である神学は、哲学を必要とするという[10]。神学は、学問としてその学問性について哲学を必要とするのである。「信仰の実証学的学問は、その学問性を鑑みてのみ哲学を必要とする」（GA9, 61）。つまり、神学の学問の起源、由来について、哲学的省察を必要とする。哲学は、超越論的学として、あらゆる学の学問性に関して、その起源と根拠を呈示する。あらゆる学問・科学は、存在者的考察・解釈であるから、それらは「ある一つの存在論的な根拠の上で動いているのである」（GA9, 62）。存在者的次元は、その由来・根拠として存在論的な次元を必要とするのである。

ハイデガーは、信仰が、再生（Wiedergeburt）であるので、再生としての信仰の次元には、それに先立って現存在の先信仰的次元があったはずであるという。そして信仰の次元は、必ず先信仰的次元を止揚しているはずである。つまり不信仰の次元、先信仰の次元は、信仰という新たなる創造の次元へと克服される。これは、信仰の次元には、必ず超克されたキリスト者以前の信仰以前の現存在が、実存論的・存在論的にともに含まれているのである。

しかしここで注意しなければならないことは、この信仰以前の次元は、決して信仰の次元の隣に並列的に並んでいる次元ではなく、信仰の次元へと超克されるという意味で、信仰の次元に先行的に与えられている論理的に垂直の根源の次元である。この信仰に先立つ先信仰的次元は、信仰にとって存在論的・超越論的な根拠の次元である。しかも、それは具体的な生においては信仰の次元へと止揚され、超克される次元であり、垂直に下方に存在者的に留まり続ける次元ではなく、存在者的次元のもとにある存在論的次元である。

しかもこの超越論的次元、存在論的な根拠の次元は、それ自身実存論的なあり方をしている。決して理論的・客観的に考察できるものではなく、あくまで実存論的に生き方の遂行として与えられるのである。これは神学が、信仰の学として、存在者的な次元を非客観的に省察するのと同様に、哲学は、実存的生の遂行を実存論的・解釈学的に省察するのである。決して理論的・客観的方法が用いられるわけではない。

ハイデガーは、信仰の学としての神学が、罪（Sünde）を思索するのに対して、現象学は、負い目（Schuld）を分析するという。罪は、十字架にかけられた神への信仰の目をもって初めてみえてくるものである。それに対して、先信仰的次元において、一般的人間において、負い目は存在する。そのような一般的次元における負い目の構造を捉えることによって、神学的な罪の意義を思索するための準備ができるのである。「より根源的により適切にまた真正な意味において存在論的に、現存在の根本体制一般が光のもとにもたらされるのであれば、ますます根源的に例えば負い目の概念が把握されれば、より一義的に負い目の概念は、罪の神学的開陳のための手引きとして機能しうる」（GA9, 64）のである。ハイデガーは、このことを「修正（Korrektion）」（GA9, 64）という言葉で表現している。「存在論は、神学の根本概念の存在者的またしかもキリスト教的に先立つ内実の修正としてのみ機能する」（GA9, 64）という。さらに正確にいうためにハイデガーは、次のようにまとめている。

「哲学は、神学の根本概念の存在者的、しかもキリスト教に先立つ内実に関する、可能な、形式的に告示する、存在論的な修正である。しかし哲学は、哲学がこの修正として事実上機能しなくとも、それがあるところのものでありうる」（GA9, 66）。

哲学は、超越論哲学として、諸学の起源・根源を探る。そしてその諸学の起源、根拠を存在論的な仕方で呈示する。そのことによって、存在者的な次元での考察に先立つ根拠を示しうるのである。それをハイデガーは、修正という言葉で示そうとしている。

そして最後に彼は、信仰と哲学的遂行との関係について論じる。信仰は、神学に先立ってその根拠としてある生の事実性であり、生の遂行であった。信仰は、学問ではないので、あくまでそれ自身で根拠づけられる。あるいはもっと正確に言えば、信仰は、信じられている内容である十字架にかけられた神であるキリストから根拠づけられる。従ってそれは、学問に先立つ次元である。ハイデガーは、信仰と哲学に関して次のように述べる。

「信仰は、その最も内奥の核において一つの特殊な実存可能性として、本質的に哲学に属するまた事実上最も高度に変化しうる実存形態に対して宿敵であり続ける。……この信仰心と現存在全体が自由に自己を受け取ることとの間の対立は、既に神学と哲学に先立っており、諸学問としてのこれらによってようやく成立してくるものではないが、この対立は、もし別様に両者のコミュニケーションが、真正で、その都度の幻惑や弱い媒介の試みから自由であり続けることができるべきであるならば、まさに諸学問としての神学と哲学との可能な共同性を担っていなければならない」(GA9, 66)。

ハイデガーは、決して信仰と哲学を媒介しようとはしない。両者は、別の次元に属しているのであって、両者の次元を混同することは、かえって両者とも成立してこないことを意味する。信仰は、信仰の次元で扱うべきであり、神学は、あくまで実証学として、存在者的次元に留まる。それに対して哲学は、ハイデガーにとっては、存在論的・超越論的次元に定位している。哲学は、諸学の根拠、諸学の起源を問い続けるのである。決して両者を混同してはならない。混同しないことによって、かえって両者の共同作業が可能となるのである。

（しかしこの引用で言えることは、哲学が基盤としている実存的生の次元は、やはり生の次元として、信仰の生と共通性があるという指摘である。哲学に先立つ実存的生も、信仰の生の次元も、ともに非客観的・非理論的方法によってのみ省察される。そこに基づいて、神学と哲学との共同作業の可能性も指摘されている。）

そして最後にハイデガーは、決して「キリスト教哲学」というものは存在しない、あるいは、キリスト教哲学とは、「木製の鉄」であるというのである（GA9, 66）。その意味は、キリスト教という信仰の生と諸学の起源を問う超越論的学問としての哲学とを決して混同してはならないという警告である。両者を混同しないときにこそ、両者は、共同作業ができるのである。

## 結び

哲学者ハイデガーと神学者ブルトマンの二人は、終生その哲学と神学との関係を問い続けた。その内実は、一言でいうと、〈哲学と神学との混同（Mixophilosophicotheologia）〉（BH, VII）に対する拒絶である。徹底的に哲学と神学の役割を分離することにあった。一方に哲学があり、他方にキリスト教神学がある。両者を分離することによって、かえって神学と哲学との実り豊かな関係を構築できるという。従ってハイデガーは、「執拗に、神学の雑誌に哲学の仕事で共同作業をすることを拒絶した」（BH, VII）のである。

例えばハイデガーは、一九二八年一〇月二三日付けのブルトマン宛の手紙に「神学ルントシャウ」誌への共同執筆を取りやめたい旨を次にように書いている。（ただこの辞任の申し出にもかかわらず、実際は一九四四年まで「神学ルントシャウ」の共同執筆者としてハイデガーの名前が載っていたようであるが。）

「このような神学と哲学との原則上の問いにおいて同時にヨーロッパの精神史の根本運動との対決が問題となっているので、つまり二つの学問の境界づけが問題となっているだけではないので、私はただ相当根拠づけられまた原則的に把握された表明だけすることにしてそもそも意見を言うことを差し控えておきたいのです。―そしてそれ故雑誌での共同研究を取りやめたいのです。なぜなら結局はそれがいかにあるべきかという表明は、ただある種の攻撃となりうるのです、それはその攻撃がいつかはルントシャウの分裂を表明することになることを排除しません。

私の本に関して多かれ少なかれ表層的な批評しかないことで、私にはさらに、いかに人々にとって次のようなことを言うのは難しいかがより明らかになりました。つまり、キリスト教神学の間接的な精神史の機能への洞察また哲学にとってのキリスト教神学の間接的な成果は、神学と哲学との不明瞭な混同とはなんの関係もないということなのです。もし私がただ共同編集して神学ルントシャウにおいて刊行するのならば、この課題を明瞭にすることは、ほとんど見込みがなくなるでしょう、―実践的に受け取るならば」（BH, 63）。

以上でわかるように、ハイデガーは、神学の役割と哲学の役割を完全に区別しようとしていた。[11] そして実際ハイデガーは、その考えのもとで、神学者との実際の研究活動を行っていた。神学は、信仰の生の学として存在者的であり、哲学は、存在論的次元に定位して、神学も含めた諸学の起源と根拠を問うという意味で超越論的次元を扱っているのである。その意味で両者は、分離した上で、共同作業ができるという結論をえることができる。その結果『存在と時間』（一九二七年）における実存論的分析が成果として刊行されるのである。

註

（1） Otto Pöggeler, *Philosophie und hermeneutische Theologie. Heidegger, Bultmann und die Folgen*, München, 2009, S. 95.

（2） Andreas Großmann und Christof Landmesser（Hg.）, a.a.O.,S. X. 以下本書から引用するときは、丸カッコ内に BH の記号の後に、ページ数を記す。

（3） O. Pöggeler, a.a.O., S.100.

（4） 稲垣良典著『信仰と理性』第三文明社、一九七九年参照。

（5） O. Pöggeler, a.a.O., S.86.

（6） Günter Figal（Hg.）, a.a.O., S. 131.

（7） O. Pöggeler, a.a.O., S.90f.

（8） J. v. Buren, Martin Heidegger, Martin Luther, in: Theodole Kisiel and John van Buren, *Reading Heidegger from the Start. Essays in his earliest Thought*, Albany 1994, p. 165f.

（9） O. Pöggeler, a.a.O., S.98.

（10） 信仰と存在の思索との関係の問題についてハイデガーは、一九五一年のチューリヒ・ゼミナールにおいて、以下のように述べている。「信仰は、決して存在の思索を必要とはしません。もし信仰がそれを必要とするならば、それはすでにもはや信仰ではありません。このことをルターは理解していました。さらに彼の自分自身の教会においては、人々はこのことを忘れていたようなのです。私は、神の本質を神学的に思索するということを己れのものとすることを考慮しつつ、非常につつましやかに存在について思索しています。存在についてここで整理して述べることはできません。私は、存在はけっして神の根底や本質として思索されうることはないのですが、しかしそれにもかかわらず神とその開示性（それが人間に出会ってくる限り）の経験は存在の次元において性起してくることと思っています。このことは決して存在が、神の可能な述語として妥当しうるということを意味しません。ここでは全く新しい諸区別と様々な限界づけが必要なのです」（GA15, 437）。このインタヴューは、ハイデガーの信仰についての考えを知る上で重要な個所である。これは、一九五一年に行われているのであるが、基本的に「現象学と神学」の見解と変わらず、信仰の次元と存在の思索の次元を区別して、信仰の次元に存在の思索は必要ではないが、神の経験を語るには、存在の次元が必要とされることを述べている。この見解は、一九三〇年代の『哲学への寄与』においても維持されていると考えられる。

(11)　しかし最後に初期フライブルク時代からマールブルク時代にかけて培った二つのモチーフは、その後どのように展開するのであろうか。また別の可能性が開かれることはないのかということを検討しておきたい。

まず第一に、ハイデガーが、神学で扱う信仰の生の次元も哲学で扱う存在論的次元も同様に、自然科学を範にする客観的・理論的方法によっては分析できないとしていることは重要である。確かに哲学の次元は、神学も含めた諸学の根拠・起源を問うという超越論的次元を扱っている。しかしその超越論的次元も、客観的・理論的に解明されるのではなく、実存論的・解釈学的方法によってのみ解明されるのである。つまり、説明されるのではなく、あくまで理解されるのである。これは、生ということを扱うことがいかに困難な作業であるかを意味している。生は、時間的・歴史的な出来事として理解されるのである。一つの遂行であり、それは出来事となるのである。『存在と時間』（一九二七年）においてハイデガーは、存在理解の根拠を探って超越論的に現存在を遡って理解していくが、最終的には、現存在の時間性（Zeitlichkeit）へといたり、その時間性が、現存在の体制の諸構造を根拠づけていることを主張する。しかしそのもとにある時間性も、現存在（人間）によって実存論的に生きられた時間であった。また彼は、ここで理解という方法で現存在を分析しつつ、その理解という方法自身を現存在の実存というあり方に基づけようとしているのである。生の分析は、その分析の方法が生のうちへと位置づけられるのである。生は、生自身によって理解されるのである。

このように考えてくると、ハイデガーにとっては神学も哲学も、通俗的に平板に理解されたギリシア哲学とスコラ学による形而上学を批判・解体して、生きられた実存の生の次元を理解することによって営まれていることがわかる。確かに哲学は、神学という学問の根拠を問うという超越論的な次元が問題となっているのであるが、しかしやはりそれを生の理解ということで根拠づけようとしているのである。ここに神学と哲学の共同作業の可能性があるといえるであろう。その共同作業は、一九三六年以降『哲学への寄与』などにでてくる出来事・性起（Ereignis）の省察で実現していくといえないだろうか。

第二に、『存在と時間』の書かれなかった第二部「存在のとき性（Temporalität）の問題性を手引きとする存在論の歴史の現象学的解体の要綱」は、存在理解における時間性を扱っているのであるが、その時間性を取り出すために、現象学的解体という作業を行おうとしていた。この現象学的解体というモチーフは、初期フライブルクにおいて獲得され、マールブルク時代に継承されていたモチーフであり、彼のルター研究から着想されたモチーフであることは、以上の考察からも明らかである。

そしてさらに、『哲学への寄与』（一九三六―三八年）において、第一の始源（der erste Anfang）と別なる始源（der andere Anfang）の対決として存在史を考察するというモチーフは、これまでの存在を存在者あるいは事物存在者としてみてきた形而上学の歴史を第一の始源として批判・解体していくのである。その批判・解体の作業は、第一の始源として形而上学の起源・由来を問うという解体の作業であるが、この作業は、初期ハイデガーの現象学的解体のモチーフからえられているといえる。

またその対決の結果取り出される別なる始源における出来事・性起（Ereignis）の省察は、存在と存在者と神との対振運動（Gegenschwung）であるが、その存在と存在者と神との関係を出来事・性起として解明していくのは、生を非客観的方法である思索（denken）によって省察していく、初期フライブルクとマールブルク時代のモチーフの延長上にあるといえる。

この出来事・性起の省察をみていくと、一九三六年以降のハイデガーは、形而上学批判を軸にして、非常に神学に近い哲学を展開しているといえるであろう。もちろん、一九三〇年代には、ニーチェやヘルダーリンへの傾倒からの影響を見逃すことはできない。キリスト教神学への批判も展開される。また『存在と時間』の理解という解釈学的方法は、一旦は放棄され、超越論哲学的な方法も挫折を味わう。そしてそれ以降つまり一九三〇年代以降は出来事・性起としての存在の真理への思索という方法を確立していくという違いはある。しかしこの存在の真理の思索は、超越論哲学自身の根拠を探る思索でもあった。従ってこの両方の立場はともに、形而上学批判を軸にして、生による生自身の根拠への理解の展開であり、そこに神学と哲学は、共同作業を行うことができる次元があるともいえるであろう。ここから新たにキリスト教哲学の可能性を模索することはできないであろうか。それを九章と一〇章で展開する予定である。

# 第三章　神の思索

ハイデガーという哲学者のイメージも、時代とともに変遷してきた。彼は、初め無神論者として紹介された。しかし一九七五年以降『ハイデガー全集』が刊行され、殊に一九八九年に彼の「第二の主著」[1]といわれた『哲学への寄与』（一九三六―三八年）が出版されると、そこに神の思索が論じられていることに人々は驚いたのである。そこからも彼の思索は、神学的な思索が展開されているのではないかと思われたのであった。本章は、彼の神論に対する思索の仕方を検証していきたい。

ハイデガーが無神論者であるというイメージは、最初サルトルの紹介によって定着したといえる。サルトルは、『実存主義はヒューマニズムである』（一九四五年講演）（邦訳は『実存主義とは何か』）という著作で、以下のように述べている。

「実存主義者に二種類あるということである。第一のものはキリスト教信者であって、その中にカトリックを信じるヤスパースやガブリエル・マルセルを入れることができよう。第二は無神論的実存主義者で、その中にはハイデガーやフランスの実存主義者、そして私自身を入れなければならない。……私の代表する無神論的実存主義は一層論旨が一貫している。たとえ神が存在しなくても、実存が本質に先立つところの存在、なんらかの概念によって定義されうる以前に実存している存在が少なくともひとつある。その存在はすなわち人間、ハイデガーのいう人間的現実である、と無神論的実存主義者は宣言する」(2)。

ハイデガーを無神論者と論じるサルトルの紹介で、ハイデガーが、無神論者であるというイメージはすっかり定着してしまった。

しかしハイデガー自身は、自分の哲学が有神論的であるか無神論的であるかという問題について次のように考えていた。例えば、「根拠の本質について」(一九二九年)という論文において、「現存在を世界・内・存在として存在論的に解釈することによっては、神に対する可能的なあり方について、肯定的にも、否定的にも、態度決定は下されてはいない。そうはいってもしかし、超越の開明によってこそ、なによりもまず、現存在の十分な概念が獲得されるのであり、そうした現存在を念頭においてこそ、現存在のなす神への関わりについて存在論的に事情はどうなっているのかが、今や問われる」(GA9, 159)と述べる。つまり、ハイデガーは、現存在の構制を考察して、その中に潜む根本的な超越というあり方を取り出す作業をすることによってのみ、神との関わりを論じることができるとしている。だから自分の現段階での思索は、有神論でも無神論でもないといっているのである。「ヒューマニズムについて」(一九四六年)においても、ハイデガーは、「それ故人間の本質の実存論的規定をもってして、『神の現存在』について、あるいは神の『非 - 存在』について、まだ何も決定されていない、また同様に神々の可能性あるいは不可能性についても、まだ何も決定されてはいない」(GA9, 350)と述べる。彼は、自分の存在の思索が、有神論的でも無神論的でもないとするのである。だからそこからサルトルを批判して、「しかしその上さらに恣意的に分類することには、読解の注意・慎重さが欠けている」(GA9, 351)と述べるのである。

ハイデガーは、当時サルトルが自分を無神論者だと分類したことにかなり憤慨していたようである。しかしこうみてくると、ハイデガーは、サルトルの無神論者であるという分類を拒絶してはいるものの、自分の思索は、無神論ではないとしながらも、有神論でもないとしているのである。神の存在・非存在について決定しないという態度を貫いているかのように見える。筆者は、今回この未決定の態度について検討してみたいと思う。この姿の背後には、もっと根本的な態度が潜んではいないであろうか。むしろハイデガーは、神学との積極的な緊張関係の中で思索していたのではないだろうか。そのためにまず一九三六年から三八年までの草稿をまとめた『哲学への寄与』という著作を省察してみたいと思う。

## 第一節　方法的無・神論の立場から『哲学への寄与』の立場へ

サルトルは、単純にハイデガーの立場を無神論的実存主義者と分類した。しかしハイデガー自身は、それを批判して、自分の立場は、有神論でもなければ無神論でもないとするものであった。しかし筆者は、このハイデガーの自己弁明自身の背後に隠れている彼の神学的なモチーフについて論じていきたいと思う。『哲学への寄与』を深く読解することによって、彼が神学との緊張関係の中で存在を思索していること、また実際一時期であるが神の思索も展開していることを考察してみたいと思う。

そもそもハイデガーが初期の頃に、神の問題についてどう発言しているかを見ておこう。彼は、いわゆる「ナトルプ報告」において、「哲学は原則的に無神論的である」(DJ, 246)(3) と述べて、その「無神論」という言葉に註をつけている。その註は少し長いものであるが、ここに引用しておこう。

『無神論的』であるということは、唯物論の理論やそれに類する理論の意味で言っているのではない。それ自身において自分自身を理解している哲学はすべて、生の解釈の事実的相としてまさに、それがその際神への〈予感〉のようなものをまだもっているならば、その哲学によって遂行され生の己れ自身へと引き戻されることが、宗教的に言って、神に対して手を挙げることであることを知らなければならない。しかしながらそれでもってのみ、その哲学は、誠実に、つまり哲学自身にとって用いうる可能性に即して神の前にたつのである。無神論的というのは、ここでは次のことを意味している。つまり宗教性をただけなすだけの誘惑的な配慮から身を遠ざけておくという意味である。そもそもきっと宗教哲学という理念は、またそれが人間の事実性をぬきに考慮するならば、純粋な矛盾ではないだろうか？」（DJ, 246）

ハイデガーは、ここで哲学は、宗教とは区別されるという。しかも宗教と区別されることによって、かえって哲学は自らをうまく遂行することができるのであって、かつまた、うまく神の前に立つことができるのであるという。安易に宗教について論じることによってかえって哲学と宗教との間の区別がなくなり、両者が成立しなくなる。従って哲学はあえて無神論という立場をとるのである。逆にいうと、宗教も、安易に宗教哲学という形で論じてはいけない。宗教は、宗教の生の事実性に基づいていなければならないというのである。従ってここでハイデガーは、宗教と哲学、神学と哲学を明確に区別、分離するべきであると主張している。

また彼は、『アリストテレスに関する現象学的解釈　現象学研究入門』（一九二一／二二年初期フライブルク冬学期講義）において、「哲学は、その徹底的に己れ自身へと立てられてある問いを立てることにおいて原理的に無・神論的（a-theistisch）でなければならない」（GA61, 197）とも述べている。ここでも哲学は、原理上「無‐神論的」

でなければならないというのである。しかしここで無 - 神論的という言葉には、無と神論との間にハイフンが入っているのである。これは単なる無神論ということを意味してはいない。むしろ、そもそも神論というものを論じないという意味である。従って有神論でもなければ無神論でもない、そもそも神論（Theismus）を論じないということである。

以上のことをどのように解釈すればいいであろうか。ハイデガーは、神論ということで存在・神・論つまり形而上学を拒絶して、それを批判解体しようとしていると読めるであろう。つまり、ハイデガーは、哲学は、人間の事実的生経験を論じるのであって、決して形而上学の神を論じてはいけないというのである。そして存在・神・論としての形而上学の由来と起源を事実的生経験の哲学として探ろうとする。また神学も、決して「思弁的神認識」ではなかった。あくまで信仰の具体的生経験をもとに神学を展開すべきであるといわれたのである。ここでは、神学も哲学も、形而上学的な思弁的神認識を拒絶している。従ってその他の神の語り方がないといっているわけではない。信仰の事実的生経験を通して神を語る語り方を示唆することはできるのである。そしてその信仰の事実的生経験における神認識こそが、存在・神・論としての形而上学の神認識の源泉だというのである。従って、M・ユンクは、この無 - 神論のことを「方法的無 - 神論（der methodische A-Theismus）」(4)と述べている。

実際ハイデガーは、「私は、たとえ私が哲学者として宗教的人間でありえるとしても、哲学することにおいて宗教的に振舞わない」（GA61, 197）と述べるのである。この文を逆に読めば、哲学においては方法的無 - 神論を展開するが、宗教を捨て去って哲学をするということはなく、むしろ宗教との緊張関係の中で存在や生の思索をするといっているのであろう。

しかしこの立場からさらに積極的に宗教と哲学、神学と哲学との関係を読み解くことも可能であると思われる。

初期ハイデガーにとって、神学も哲学も両方とも思弁的な神認識である形而上学を批判しているのであった。その形而上学批判を軸に両者は、事実的生経験を考察するのであった。第二章で論じてきたように、神学は、キリスト教信仰の具体的・事実的な生に基づいて存在者的な学を展開する。また哲学は、不安の概念などの具体的な事実的生経験から存在論的な思索を展開するのであった。従って、ここで一旦分離されていた神学と哲学が、形而上学批判を軸にして、再び出会いうる可能性を秘めているのである。一九三〇年代のハイデガーの思索は、そのような神学と哲学の邂逅から、出来事・性起（Ereignis）の思索として出現してくる。その出来事・性起においては、存在と神と人間との三者の緊張関係が記述されてくるのである。

従って、ハイデガーは、決して単なる無神論者ではなく、学問上方法的無-神論の方法論を取っていたこともあるが、その背後で積極的に神の問題に取り組み、宗教と哲学、神学と哲学との緊張関係を維持しながら、存在の思索を展開していっていたといえる。そこから一九三〇年代に入り、特に『哲学への寄与』において、存在と神と現存在との三者の出来事・性起の思索が展開されてくるのである。

この『哲学への寄与』（一九三六―三八年）という著作は、断片的に書かれているのであるが、それは意図的である。彼は、「体系の時代は過ぎ去った」（GA65, 5）とか、「存在の思索は教説でも体系でもない」（GA65, 85）と述べて、体系的な教説を展開するつもりのないことを最初から意図している。従って彼は、この著作をフーゲ（接合）によって展開している。フーゲとは、音楽における遁走曲のことである。つまり、ゆるやかに複数の主題が追いかけあい、重なり合って、展開していくのである。この接合という構成によって、体系ではないが、存在という原理について論が展開されていくのである。この著作は、八つの接合によって構成されている。①先見（Vorblick）、②鳴り初め（der Anklang）、③投げ渡し（das Zupiel）、④跳躍（der Sprung）、⑤根拠づけ（die Gründung）、⑥将-来的なるものたち（die Zu-künftigen）、⑦最後の神（der letzte Gott）、⑧真存在（das Seyn）という八つの接合である。（一般的には、第二の接合の鳴り初めから第七の接合の最後の神までの六つの接合に対して、第一の接合先見と第八の接合真存在が付け加わったと言われている。）[5] ハイデガーは、特に⑦最後の神と⑧真存在という接合において、集中的に神について論じているのである。従って、この著作の最後の二つのフーゲから、ハイデガーがいかに神の思索を展開して、彼が積極的に神について論じたかを考察することによって、一九三〇年代の神学的な思索を剔出してみたいと思う。

## 第二節　形而上学の神への批判

ハイデガーは、『哲学への寄与』において存在史（Seinsgeschichte）を構想している。その思索（Denken）とは、形而上学の歴史を遡り、その起源を探り、由来を問い、存在の出来事・性起（Ereignis）をそのまま思索できる次元を開くという思索である。そこでは同時に、なぜその後の形而上学の歴史において存在の出来事・性起が問われることなく、ただ存在者が問われることになったのかという問い、つまり存在史における存在棄却（Seinsverlassenheit）による存在忘却（Seinsvergessenheit）を問うことになるのである。つまり形而上学における存在忘却の由来を問うことになる。

そこで見出されるのが、「第一の始源（der erste Anfang）」である。それはアナクシマンドロスからニーチェまでの形而上学の歴史であり、「存在とは何か」という問いを「存在者とは何か」という問いにすり替えてしまった歴史である。その結果存在忘却の歴史となるのである。これは、問いを発する人間の側の問題だけでなく、存在自身の命運でもある。しかしそれを見抜くことのできるのは、「別なる始源（der andere Anfang）」の思索があるからである。この始源の思索は、存在の出来事・性起の思索となるのであるが、その次元の思索ができるので、私たちはなぜ形而上学が存在忘却に陥ったかという根拠・由来を探ることができるのである。「始源の思索は、第一の始源と別なる始源との対決（Auseinandersetzung）である」（GA65, 58）と言われる。

この存在史的思索によって、どのようにハイデガーは形而上学の歴史を考察して、存在や神のことを思索しているのであろうか。

第一に形而上学は、プラトン以来最高存在者によって自らを基礎付けようとする意志をもつことになったという洞察である。プラトンは、そのイデア論によって、真の存在者であるイデアを恒常的現前（beständige Anwesenheit）と考えるようになる。イデアは、多くのものの中の共通のものであり、最も一般的なものであるから、一者となる。この一者の恒常的現前が、最高度に存在する存在者（das Seiendste）となり、それが類と呼ばれるようになる。しかし存在が類になることによって、存在は価値や理想となってしまった。しかも価値や理想としての存在が、その後のギリシア哲学とキリスト教に（あるいはキリスト教に反するものにも）枠組みを与えることになる。さらに存在は、最高存在者としての神と同義となり、神自身も価値となる。そしてこの神は、すべてを条件づけるもの、無制約者、絶対者と呼ばれることになる。この神は、形而上学の根拠づけの根拠自身となる。ここで存在・神・論が成立することになる。存在は、存在者となり、存在忘却が起こる。形而上学は、存在・神・論として、最高存在者を問い、最高存在者によって基礎付けられることになり、存在を問うことを忘却する（GA65, 115, 208f.）。

第二には、唯名論以降、実在性は、実存すること、現存在することを意味するようになる。しかもデカルト以降最も実在するものは、単独者となり、自我となる（GA65, 212f.）。つまり主観の意識による表象という能力が問題とされる。イデアは元来は、見られた姿（Anblick）であったのだが、ここで完全に見られたものとなり、対象となってしまった。これ以降、意識の哲学が支配し、主観・客観・関係のみの世界となり、意識としての主観が、表象や計算によって客観である対象を自分に処理可能なものとしてしまう。そこで表象や計算を支えているのは、因果関係である。しかし結局因果関係においては、最高存在者、絶対者としての神がすべての存在者の原因となり、他の存在者は、すべてこの最高存在者を原因とする結果となってしまう。神は、一切の存在者の原因の神に引き下げられてしまい、他の存在者は、主観による対象となってしまっている（GA65, 111, 208f.）。そこでは存在と最高存在者である神とが混同されてしまい、存在・神・論となり、存在棄却による存在忘却が起こると同時に、神が原因の神となり、本来の神を思索できなくなってしまっているのである。

以上のような存在史的思索によって、ハイデガーは、存在・神・論としての形而上学を存在忘却の歴史として捉えていることがわかる。この思索によって、形而上学は、第一に最高存在者によって根拠づける意志をもつ学問となることによって、第二にそれが表象によって遂行される学問であるということによって、存在と存在者とを混同してしまい、存在忘却に陥ることになったという洞察をえることになる(6)。

形而上学は、自らを最高存在者によって根拠づけるということによって、存在を思索できなくしただけでなく、なぜ存在を思索できなくなったかということ自体を思索できなくしてしまったのである。自らの存在忘却の由来・原因を探求できないでいる。今必要なことは、存在と存在者との存在論的差異を遂行することである。これまでの形而上学が、存在者を別の存在者によって根拠づけようとして、本来存在者の根拠としての存在を忘却してしまったのである。この差異の思索は、単に形而上学を斥けてしまうのではなく、形而上学の成立基盤自身を明らかにすることができるのである。存在史的思索は、形而上学と対立するのではなく、形而上学の根拠を明らかにすることができるのである。

そのためには、まず第一に神学的差異を遂行しなければならない。神学的差異とは、ミュラーが述べるように、存在、存在者と神との区別のことである。(7) ハイデガーの場合、神の本来の思索の場を開くためには、神は存在と存在者からも区別されなければならない。神が存在であれば、存在が最高存在者と混同されてきたように、神を最高存在者と同一視し、存在と存在者を区別できなくなる。また神が存在者であれば、事物存在者とされてしまうであろう。「生ける神」(GA5, 254) は、事物存在者ではなかったはずである。従って、神は存在でも存在者でもないとされるのである。(8)

このことに関してハイデガーは、一九五一年のチューリッヒ・ゼミナールにおいても次のように記している。「神と存在とは同一ではありません。……存在と神は同一ではありません。そして私は決して神の本質を存在によって思索することを試みようとはしないでしょう。幾人かの人々は、ひょっとしたら、私が神学の出身であり、神学に古き愛着をもっていることとそこからいくつかの事柄を理解していることを知っています。私がさらにある種の神学を書こうとするならば、それに私はときおり魅了されるのですが、その中には〈存在〉という言葉がでてくることは許されないでしょう」(GA15, 436f.)。つまり、彼は、存在と神とを混同してはならないことを述べているのである。それ故、ここで存在と存在者と神とを、明確に区別しなければならない。

また第二に生ける神を表象によって捉えることはできない。もしそうすれば、神は一切の存在者の原因の神となる。それは人間が作り出した神であり、生きた神とならない。いくら最高存在者としての神であるとしても、それは人間の手に届く神であり、人間が自由に処理できる神でしかないのである。それはニーチェが批判した神、つまり価値としての神に他ならない。この神は単なる哲学の神に過ぎず、生ける神とはならない。このような存在・神・論としての形而上学の神は、克服されなければならない。

つまりこの事態は、表象によっては捉えられず、思索によってのみ思索されるべき事柄なのである。表象によっては、結局主観が客観を構成する、つまり意味を付与する関係しかでてこない。つまり主観が客観である対象を計算や因果関係によって自分の意のままにしてしまう。存在も神も、人間が意のままにしてしまうことのできる関係の中には入ってこないのであり、そこからはいつも逃れ去るのである。「この思索は、従って、思索は、表象とは異なった能力であり、表象の起源と由来を問うことができるのである。表象や判断よりも根源的である」(GA65, 58) と述べられる。

## 第三節　ハイデガーの神

この節では、ハイデガーが、存在、現存在、神という三者についてどのような思索を展開していたのかを考察したいと思う。

まずここでの存在は、存在・神・論としての形而上学が思索してきたように、類概念であるとか、最高存在者であるというふうには理解できない。もしそうであるならば、存在は、存在者の第一原因となってしまい、対象の原因としてそれ自身が対象存在者となってしまう。それでは、存在と存在者とが混同されているということになる (GA65, 229)。ハイデガーは、ここで存在をこのような類概念として、第一原因として捉えることを避けるために、Sein と表記せずに、Seyn と記すようにしている (GA65, 429)。筆者は、便宜的に Sein を存在と、Seyn

を真存在と翻訳して区別することにするが、基本的には、ハイデガーは、存在を類概念と区別して捉えようとしているので、真存在に存在という術語を使っている場合もある。

真存在は、出来事・性起としての存在である。出来事・性起は、真存在の思索自身が、真存在であるような事態である。しかもその真存在の思索は、真存在自身から可能となるような事態のことなのである。存在の性起とは、存在の本質現成（Wesung）の投企のことであり、その投企は、被投的投企（geworfener Entwurf）として、存在自身から起こされるのである。「投企の投げる者は、被投された者として経験され、存在によって性起される」（GA65, 239）のである。

従って、存在の出来事・性起とは、存在と現存在との対振（Gegenschwung）のことである。存在と現存在とは、相互制約的である。「存在は、それが本質現成するために、人間を必要とする（brauchen）。人間は、現‐存在としての最も極端な規定を遂行するために、存在に属している（gehören）」（GA65, 251）。この相互制約は、存在に優位があるが、存在は、性起するために現存在としての人間を必要としている。人間は、現存在として存在に属するのである。

さらに、この存在と現存在との対振としての出来事・性起の場は、真存在の真理の場であり（GA65, 293f.）、その真存在の真理の場は、時‐空（Zeit-Raum）（GA65, 372）と呼ばれ、同時にこの時‐空は、深淵・脱根底（Abgrund）（GA65, 376）である。存在の出来事・性起とは、存在の現れの場であり、存在の真理の場であった。その場は、深淵・脱根底でもある。この深淵・脱根底としての存在の真理の場は、人間の自己根拠づけの及ばない場であり、存在から必要とされている現‐存在としての人間が、存在の真理の場としての存在に属している場でもある。

以上のように、存在は、出来事・性起として、もはや人間の自己根拠づけの及ばない次元をさしていて、逆に存在によってのみ人間の思索が可能とされる場である。だからもはや存在は、類概念とも、最高存在者とも言い換えることができない。では、存在と神との関係は、どのようになるのであろうか。

まず確認しておかなければならないことは、ハイデガーは、『哲学への寄与』において最後の神（der letzte Gott）と神々との区別を未決定にしているということである。単数か複数かという神の数を問題としないのである。彼は、「しかし〈神々〉という語り方は、ここでは唯一者に対する多数性という事物存在の決定的主張を意味してはいない。そうではなく一人であるか多数であるかという神々の存在について未決定にしていることへの示唆を意味している」（GA65, 437）という。神の数を問題にするということは、神を事物存在者にしてしまっていることになるのである。従って、ハイデガーは、神を単数形で語るか複数形で語るかを未決定にしている。

まず彼は、「なぜなら真存在は、決して神自身の規定ではないからである。そうではなくて、真存在は、本当にまた完全に神から区別されて留まるために、神が神となることが必要とするもののことである。存在は、（形而上学の存在者性のように）テイオン（θεῖον）またデウス（Deus）また〈絶対者〉の最高の最も純粋な規定でもない、……」（GA65, 240）と述べている。過去の形而上学では、存在とは神の規定であった。しかしハイデガーは、もはや存在を神の規定とすることはしない。彼は、また「真存在は、存在者より存在者的であるのでは決してなく、しかしまた存在は、神々より存在者的でないのでもない、なぜなら神々は、そもそも〈存在する〉ことはないからである。真存在は存在者と神々との只中の間〈である〉、そして全くあらゆる観点で比較不能であり、神々から〈必要とされ〉また存在者から脱去されるものである」（GA65, 244）とも述べている。つまり、存在とは、存在者より勝った存在者でもないし、神々より劣った存在者であるというわけでもないのである。存在は、神々の規定ではないし、存在者でもないからである。しかし存在は、神が神となるために必要なものであった。

神あるいは神々は、存在の真理の深淵・脱根底においてしか現れることはできない。「神は〈個人的な〉あるいは〈大衆的な仕方での〉体験において現れることはない、唯一真存在自身の深淵的・脱根底的〈空間〉において現れる」（GA65, 416）のである。存在の深淵・脱根底の空間とは、存在の真理の時‐空のことである。従って、神あるいは神々は、存在の真理においてのみ現れるといえるのである(9)。

さらにこの神は、過ぎ去り（Vorbeigang）として現れる。存在の真理とは、神の過ぎ去りの静けさの時‐空としてあるのである（vgl. GA65, 412）。この過ぎ去りとは、何を意味するのであろうか。この過ぎ去りとは、地図で測定できるような数量化できる距離を意味しているのではない(10)。神は拒絶する者として現れてくることを意味している。つまり、神は、不在という仕方で現れてくると言えるであろう。

この神の過ぎ去り、不在ということをどのように理解したらいいであろうか。ハイデガーは、「神々が真存在を必要とすることは、神々自身を深淵・脱根底（自由）へと動かし、あらゆる根拠づけや証明の拒絶を表明していることになる」（GA65, 438）と述べている。神が過ぎ去り、不在であるということは、人間の側からの神についての根拠づけや証明を必要としていないこと、それらを拒絶していることを意味している。神は、そのような人間の根拠づけや証明を拒絶して、その手から逃れていくのである。人間の営為、所作から逃れていくということ、つまり拒絶が、この過ぎ去りの意味なのである。

従ってハイデガーは、「形而上学的考察においては、神は、最高存在者、存在者の第一根拠また第一原因、無‐制約者、無‐限者、絶対者として表象されてはならない。これらすべての諸規定は、神の神的なものから発現しているのではなく、存在者自身の本質から発現しているのである。それはこの存在者が、常住的に現前する者、対象的なものとして端的にそれ自身で考えられ、また表象する説明において最も明晰なものが対象としての神へ帰されている限りにおいてであるが。」（GA65, 438）と述べる。つまり、ハイデガーの神は、存在・神・論としての形而上学が、神を名づけていた名称、最高存在者、第一原因、無制約者、無限者、絶対者という名称を拒絶するのである。それは、人間が神を名づけたさいに用いた名称であり、神を名づけることは人間が神を自分の手中にしている結果なのである。だから彼は、徹底的にこのような神の名称を拒否する。それは生ける神を取り戻すためである。

さらにこの「最後の神」の「最後（letzt）」という言葉についても以上の考察からある意味が見出される。つまり、この「最後」は決して「終焉（Ende）」を意味しているのではない。ハイデガーは、「我々がここで計算的に思索しこの『最後』を、最高のものについての最も極端で最も簡潔な決定の代わりに、ただ停止（Aufhören）や終焉（Ende）と受け取るならば、もちろん最後の神についての知はすべて不可能である」（GA65, 406f.）と述べている。この最後という言葉が、単に停止や終焉ということを意味するのであれば、それは意識や表象の対象となるのであり、計算や数量化できるものとなってしまう。しかしこの最後の神の最後は、そのような人間の根拠づけや証明を拒否し、そこからすり抜けてしまうことを意味している。

以上のように、ハイデガーの神は、形而上学の神とは異なって、形而上学を批判解体して、それを克服できる神である。この神は、存在の真理において出現してくる。ハイデガーの神は、存在の深淵・脱根底を必要としている。そのとき、人間は、存在に内属し、逆に現‐存在としての人間の思索自身が、存在として性起する。さらに彼は、「この出来事・性起が、人間を神へと奉げる（zueignen）限りで、神を人間へと譲渡する（übereignen）」（GA65, 280）と述べる。このような人間の神への奉献と、神の人間への譲渡のことを、ハイデガーは、「裂け目（Zeklüftung）」と呼んでいる。従って人間はここで現‐存在として、存在の探求者（Sucher）、存在の真理を保持する者（Wahrer）、また最後の神の過ぎ去りの静けさを見守る者（Wächter）（GA65, 294）となるのである。

さてここで、なぜハイデガーは、『哲学への寄与』において神の考察を遂行したのであろうかということが問題となる。存在はここでは、出来事・性起として、形而上学によって把握できるものではなかった。存在は、決して類概念ではなかった、つまり、決して表象の対象となるものではなかった。人間の意識や表象には、存在を語りだす基準はない。存在は、人間の思索の内に根拠づけられることはない。逆に存在から思索が始まるのである。このような人間の表象によっては捉えられない存在の次元を語るためには、そうであることを示す基準・尺度が必要となる。人間が思索することの限界、人間の思索の有限性を示す尺度が必要である。人間の思索は、人間の側に根拠があるのではなく、その思索しきることのできない思索すべき事柄自身から可能になるしかない。そのような思索のあり方、そのような次元の尺度を語る言葉は、人間の表象や記述する言語にはない。思索しえないが思索すべき事柄の尺度を示しうるのは、神によって示すことのできる聖性の次元[11]ということであろう。以上のような最後の神や神々によって示された次元こそ、存在の出来事・性起を語るに相応しい次元であることを保証する。それは存在自身によって語ることが可能とされるような次元であり、思索は、この聖性の次元において、これまでの主観・客観・関係による表象の思索から転換され、存在を探究して、存在の真理を保持し、神の静けさを見守る思索へと組み替えられる。従って、神の次元、聖性の次元は、人間の思索の有限性を示すものであり、思索は存在から可能となることを示しているのである。

ハイデガーは、「詩人のように人間は住まう」（一九五一年）において、人間が住まうべき天空と地上とに開かれた間を「次元（Dimension）」（VA, 189）と呼んでいる。そして、その次元に神性が宿っている。彼は、次のように述べる。「〈神性でもって人間は自らを測るのである〉。神性は、人間が、天空の下、地上の上に彼が住むこと、滞在することを測る〈尺度（das Maaß）〉である。ただ人間がこのような仕方で地上の上に住むことを測る限りにおいて、人間は自分の本質に従って存在することができる」（VA, 189）。しかしさらにハイデガーは、この神性のもとにある神は、「未知なるもの（dieser Unbekannte）」（VA, 191）であるという。つまり、尺度である神は、未知なるものとしての尺度なのである。「神はしかしながら、未知なるものである、そしてそれにもかかわらず尺度である」（VA, 191）。従って、地上に尺度はないし、人間の側に尺度があるわけではない。この神性、聖性の次元こそが、存在の思索の基準であり、尺度であることが明らかとなる。

しかしここで神性、聖性の次元という言葉を持ち出すと、それは俗に対する聖の次元という二元的な形而上学を展開することになるのではないかという反論があるかもしれない。つまり、聖性の次元、神の次元は、背後世界として俗の次元を抑圧することになるという反論である。しかしそれに対してハイデガーならば、ここでいう聖性の次元、神の次元とは、聖と俗という二元論の枠組みの中に入るものではなく、聖と俗という二元論の枠組みの由来を言い表すために用いられた聖なる次元、神の次元というであろう。つまり、ここでいう聖性の次元は、形而上学における聖と俗という二元的世界を批判解体して、その枠組みの源泉を思索しているという意味での聖性の次元なのである。もともと聖なる次元が、俗なる次元を抑圧することになるというのは、聖性の次元を対象化し、俗の次元と同じレベルで語ろうとしていることからくる。ハイデガーは、そのような聖性の次元を拒絶している。彼の語る聖性の次元とは、俗の次元を抑圧するものではなく、俗の次元と同じレベルで語ることのできるものでもない。ここで語られる存在と神と人間との出来事・性起の次元は、別なる始源であり、それは第一の始源の形而上学の歴史の次元ではないはずであろう。それ故、この神性、聖性の次元は、未知なるものであるといわれる。

従って、この聖性の次元は、例えばキリスト教の制度としての教会というような宗教の次元とも異なっている。つまりこの聖性の次元は、教会という制度が呈示する宗教の救済の次元が問題となっているのではない。ハイデガーは、「ここでは救済（Erlösung）が起こるのではない、つまり結局のところ人間を打ち負かすということが起こるのではない。より根源的な本質（現存在の根拠づけ）の真存在自身への組み入れ（Einsetzung）が起こるのである」（GA65, 413）と述べる。彼は、ここで存在忘却の歴史からの克服を考えているだけであり、制度としての教会が呈示する宗教的な救済を考えているわけではない。存在忘却からの脱却とは、形而上学の克服であり、存在の出来事・性起の次元、存在の真理の次元を守るということである。

結局『哲学への寄与』において示された神は、形而上学の神を批判解体してえられた神であった。形而上学は、神を表象においてとらえ、最高存在者としていたのである。それに対して、ハイデガーの神は、過ぎ去る神であり、形而上学の証明や根拠づけを拒み、形而上学が名づけた神の名前を拒絶する神であった。その神は、人間からのアプローチを拒絶して、そこからすり抜ける。またこの神は、未知なるものだと述べられていた。このような神の思索こそが、形而上学の神の思索の淵源を示すことができる。このような神は、〈隠れたる神〉の系譜に属するといえるのではないだろうか。〈隠れたる神〉の神学は、形而上学の流れを批判解体して、それを克服すべく、人間には捉えることのできない神を的確に捉えようとする試みである。つまり、人間の所作から隠れるという仕方において、つまり捉えられないという仕方で思索するのである。『哲学への寄与』における過ぎ去りの神は、〈隠れたる神〉の神学の伝統の中にある神であるといえるであろう。

## 第四節　「形而上学の存在・神・論的体制」における神論

最後に「形而上学の存在・神・論的体制」（一九五七年）（『同一性と差異』所収）から、形而上学の神についてのハイデガーの考察を見ておきたい。そうすることによって、『哲学への寄与』における形而上学の神批判とその後のハイデガーの形而上学の神に対する態度との継続性と相違を比較検討できると思う。

この著作においてハイデガーは、ヘーゲルと対話することによって、形而上学に対する態度を浮き彫りにしようとする。彼は、ヘーゲルと異なって、「歩み戻り（der Schritt zurück）」（ID, 39）という仕方で、形而上学から形而上学の源泉、由来へと遡ろうとする。その歩み戻りによってこれまで「思索されなかったもの（Ungedachtes）」（ID, 38,40）「思索すべきもの（das zu-Denkende）」（ID, 40）が探り当てられる。その思索されなかったものとは、存在と存在者との差異（Differenz）（ID, 40）のことである。

ハイデガーは、歩み戻りという仕方で、形而上学の始源がいつも神であったこと、形而上学は、いつも存在・神・論であったことの原因を探る。それによって形而上学の存在を忘却する誤りに気づき、形而上学の由来と本質を明らかにすることができるのである。例えばヘーゲルにおいては、形而上学を論理学として捉えることによって、存在を最も普遍的なものとして思索している。存在を最も普遍的なものと思索することは、存在を「根拠づける根拠（der gründende Grund）」（ID, 49）として思索することになる。つまり存在は、存在者の根拠としての存在となる。ここからその根拠は第一原因となり、第一原因であるものは、神となる。ここで存在は、神、つまり最高存在者となるのである。原因としての存在を思索する存在論と最高存在者としての神を思索する神学とが、ここで結合することになる。それによって、神学と存在論とが結合して、存在・神・論となる。結局ここでの問題は、存在と最高存在者との混同が生じてくることの内にある。つまり、存在論的差異が忘却されるという事態が生じてくるのである。

ハイデガーは、本来形而上学の本質においては、存在と存在者との区別、その「間（Zwischen）」（ID, 55,56）が思索されなければならないとする。この間とは、「存在が存在者を根拠づけ（gründen）、存在者が最高存在者として存在を基礎づける（begründen）」（ID, 62）という相互関係を意味する。この相互関係こそが、存在論的差異、つまり「区‐別（Unter-schied）」（ID, 56）を思索しているのであって、それこそが、形而上学であったのであるが、その差異を忘却して、存在を最高存在者として思索する存在・神・論としての形而上学となってしまう。存在・神・論としての形而上学とは、存在と存在者との差異、間、区別を無視し、忘却した形態であったといえる。

ハイデガーは、このような存在・神・論としての形而上学の神は、第一原因としての神であるので、「このような神には、人間は祈ることも、このような神に犠牲を奉げることもできない。自己原因の前には、人間は、畏れから跪くことも、このような神の前で音楽を奏でたり、踊ったりすることもできない」（ID, 64）と述べる。彼は、哲学の神、第一原因としての、最高存在者としての神を徹底的に斥ける。しかしだからといってただちにキリスト教の本来の信仰の生に根ざした神、啓示の神を斥けているわけではない。彼は、哲学の神、存在・神・論の神は、「神に相応しい神（der göttlicher Gott）」（ID, 65）とはならないことをいおうとしているだけなのである。ハイデガーにとっては、「哲学の神、第一原因としての神を棄却しなければならない、神なき思索（das gott-lose Denken）こそが、神に相応しい神にひょっとしたらより近いかもしれない」（ID, 65）ということになる。繰り返しになるが、ここでは、ハイデガーは、「第一原因としての神を放棄する神無き思索」と述べている。従って彼は、決して「生ける神」(GA5, 254)自身を否定しているわけではない。その生ける神とは、『哲学への寄与』における「最後の神」のことをさすといってもいいであろう。そのハイデガーの思索の神こそ、「神に相応しい神」「生ける神」であるといえるのである。

このハイデガーの思索の神である「最後の神」は、形而上学の神を批判した神であるので、制度としての教会の中で説かれている神とも異なる。それに対してこの神は、非制度的なもの、非形而上学的なもの、信仰の事実的生からでてくる神とは近しい関係にあるといえる。ハイデガーは、キリスト教の歴史を支配してきた哲学の神、形而上学の神を否定しているし、また制度としての教会の歴史からでてくる教説としての神学、存在・神・論としての神学を否定してもいる。『哲学への寄与』においても、形而上学の歴史を第一の始源として批判解体しているのに伴って制度としての教会をも批判している。彼は、「すべてのこれまでの祭式や教会やこのようなものはそもそも、真存在の中心における神と人間とのぶつかり合いの本質的な準備となりえない」(GA65, 416)と述べている。しかし彼は、それらと区別された非制度的、非形而上学的な信仰の神を掬い上げようとしている。信仰の事柄と形而上学の事柄とをはっきりと区別することによって、自分の遂行している存在の真理の次元にかかわる最後の神や神々の次元を、非制度的、非形而上学的な信仰の具体的事実的生経験の事柄との関係の中で思索しようとしており、その結果「生ける神」あるいは「神に相応しい神」を思索できるとしている。

ハイデガーは、『哲学への寄与』においては、形而上学を批判し、存在忘却を指摘して、存在と存在者との差異と、その存在の真理の次元に関わってくる神を思索していた。存在の真理の次元は、神の次元と交差していたのである。そしてそこで彼が積極的に語る神は、形而上学の神とは異なった存在でも存在者でもない神であった。それこそがここでのハイデガーのいう思索の神である。しかしさらに「形而上学の存在・神・論的体制」においては、存在・神・論としての形而上学を批判して、形而上学の本質に迫り、形而上学の神を取り除く作業をする。そしてその後神については沈黙をして、「神なき思索」を展開しようとしている。

しかし後者の著作における神無き思索は、決して無神論ということではない。むしろ、形而上学の神を捨て去ることによって、本来の神に相応しい神、生ける神を思索することができるとしているのであり、神の次元を確保するために逆に沈黙しているといえる。従って、この神についての沈黙も、神について安易に語らないという姿勢として、初期のころの無-神論的な態度と同じであり、〈隠れたる神〉の神学の伝統に属するといえる。その生ける神とは、『哲学への寄与』において思索された最後の神あるいは神々を意味する。この神は、非制度的、非形而上学的な信仰の神との関係の中にある神なのである。従って「形而上学の存在・神・論的体制」における思索は、『哲学への寄与』の神の思索の次元の延長にあるといえるのではないだろうか。従ってハイデガーの神についての思索は、〈隠れたる神〉の神学へと属するものとすることができるであろう。

## 結び

以上の考察をまとめてみよう。ハイデガーは、『哲学への寄与』において最後の神と神々との思索を展開する。その神は、過ぎ去りということが特徴であった。この過ぎ去りは、人間の根拠づけや証明の拒絶を意味している。従ってこの過ぎ去りは、絶対者や無限者、無制約者という形而上学の神の規定を拒否することになる。形而上学が神について名づけることを拒絶している。そうすれば、神を人間の手中に収めることになるからである。だからこの過ぎ去りの神、また未知なるものとしての神は、神の自存性（Selbständigkeit）を意味するのであり、〈隠れたる神〉の神学の伝統の中に位置づけられるのである。

その後彼は、「形而上学の存在・神・論的体制」において、存在・神・論としての神について語ることをやめ、沈黙して、神無き思索を展開することになる。これも神について安易に人間の側から何かを論評することはできないことを意味している。神について何かを論評するということは、それは本来の神を思索することができず、神の自存性を損なうことになるからである。従って、あえて神について沈黙することを選んでいる。だからこの立場もやはり〈隠れたる神〉の神学の思想圏内に位置づけることができる。この立場は、決して単なる無神論ではないのである。

こうみてくると、それは、彼が、初期フライブルク期に「方法的無‐神論」を遂行していたことも頷けるであろう。というのは、方法的無‐神論というのは、神の領域についてあえて人間の側から何も語らない、宗教と哲学の領域を区別するという方法であった。ハイデガーは、宗教と哲学また神学と哲学を分離することによって、存在・神・論としての形而上学を批判して、その批判を軸に神に相応しい神、生ける神を思索する次元を確保しようとしていた。

従って、この方法的無・神論は、後期の神無き思索と近いものであることがわかる。彼の思索は、このような哲学と神学、哲学と宗教を分離して、両者を混同しないという方法であった。それは存在・神・論的に神を語るとき、哲学も神学も生ける神に出会わないからであった。このような思索は、〈隠れたる神〉の神学の伝統の中にあるといえる。それは、人間の論証や証明によっては捉えることのできない神がいることを示すのであり、実際『哲学への寄与』において思索されていた最後の神の思索は、過ぎ去りを特徴としていた。それは〈隠れたる神〉の前に正しく立つということを問題としている。そこでは、存在・神・論としての神については沈黙するということが正しい態度となる。従ってハイデガーは、決して単なる無神論者でないだけでなく、彼自身が神を思索していたのであり、その神は、初期フライブルク期の信仰の具体的事実的生経験の考察の背後にあった神の思索と近いものがある。この態度によって、かえって〈隠れたる神〉の前に立つことが可能となる。

従ってサルトルが述べていた「ハイデガーは無神論者である」というテーゼは、誤りであるだけでなく、ハイデガー自身が述べている、彼自身の哲学が「有神論でも無神論でもない」という考えの背後で、彼が密接に神の思索との緊張関係の中で思索していたことがわかる。彼は、初期においては宗教と哲学、神学と哲学を厳密に区別して、哲学としては方法的無-神論をとっていた。また後期においては、存在・神・論としての神については沈黙していた。しかしそれは、神の前に正しく立つためであったし、生ける神、神に相応しい神を取り戻すためであった。その神とは、『哲学への寄与』で思索された過ぎ去る神であり、〈隠れたる神〉である。彼は、終生神学との緊張関係の中で存在を思索していたといえる。

註

（1） Friedrich -W. v. Herrmann, *Wege ins Ereignis. Zu Heideggers Beiträge zur Philosophie*, Frankfurt am Main 1994, S. 6, 29.

（2） ジャン＝ポール・サルトル著「実存主義はヒューマニズムである」伊吹武彦訳、『実存主義とは何か』所収、人文書院、二〇〇〇年、三九頁以下。

（3） 自分自身の翻訳であるが、邦訳としては、M・ハイデガー著『アリストテレスの現象学的解釈 『存在と時間』への道』高田珠樹訳、平凡社、二〇〇八年、三八頁がある。

（4） Matthias Jung, a.a.O., S. 64.

（5） F. -W. v. Herrmann, a.a.O., S.32f.

（6） Vgl. Heinrich Ott, *Denken und Sein. Der Weg Martin Heideggers und der Weg der Theologie*, Zollikon 1959, S. 94. 邦訳は、ハンリッヒ・

オット著『思考と存在―マルティン・ハイデッガーの道と神学の道』（現代キリスト教叢書14）川原栄峰・小川圭治訳、白水社、一九七五年、一四〇頁以下参照。

（7） Max Müller, *Existenzphilosophie im Geistigen Leben der Gegenwart*, Heidelberg 1949, S.73. 邦訳は、マックス・ミュラー著『実存哲学と新形而上学』大橋良介訳、創文社、一九七四年、七二頁。ミュラーは、三種類の差異を挙げている。

超越論的（transzendental）差異または狭義の存在論的差異、すなわち存在者の、その存在者性からの区別。

超越性的（transzendenhaft）差異または広義の存在論的差異、すなわち、存在者及び存在者性の、存在からの区別。

超越的（transzendent）差異または厳密な意味での神学的差異、すなわち、神の、存在者、存在者性、存在からのそれぞれの区別。

　彼は、この三つの差異を示した後、「しかし経験されることなく思弁的、実験的にいわば陳列されたものとして、この試み自体がなお『存在・神・論的』なものであるとして再び放棄された」と述べる。すなわち、この三つの差異は一旦は放棄されたのであった。しかし筆者は、ハイデガーは、『哲学への寄与』において神と存在と存在者（現存在）との区別をはっきりとしていることから、この神学的差異はその後も有効であったと思っている。例えばヘルマンもこの神学的差異という言葉を用いて神と存在との差異を述べている（Vgl. F.-W. v. Herrmann, a.a.O. S.61）。

（8） Otto Pöggeler, *Der Denkweg Martin Heideggers*, Stuttgart $^{4}$1994, S.263. 邦訳は、オットー・ペゲラー著『ハイデッガーの根本問題　ハイデッガーの思惟の道』大橋良介・溝口宏平訳、晃洋書房、一九八五年、三二二頁。

（9） 神と存在との関係は、このように神が存在の深淵・脱根底において現れてくるという一方向しかないのであろうか。この点に関しては議論があるようである。例えば、ハイデガー自身が、「（神の）目配せのこの本質現成化において真存在それ自身がその成熟へ至る。……ここに真存在の最も内的な有限性が露となる。つまり最後の神の目配せの内に」（GA65, 410）と述べている。つまり彼自身が、有限な存在は、神の目配せの内に現れると述べており、神が存在の現れの条件であるように考えている箇所があるのである。この文章を加味して考えれば、ハイデガー自身、神が存在の真理において現れてくるというふうに存在が神の現れのための制約になっているだけでなく、存在の現れのために神の目配せが必要であり、神の目配せが存在の現れのための制約になっていることを述べているというふうに解釈できる。つまり、神と存在とは相互制約であると考えることもできる。この立場に立つものとして、Richard Polt, *The Emergency of Being. On Heidegger's Cotributions of Philosophy*, Ithaca and London 2006, p.211. がある。それに対して、例えば、F.-W.v.Herrmann, a.a.O., S.38. においては、最後の神が真存在の真理から示されてくると述べる。また Paola-Ludovica Coriando, *Der letzte Gott als Anfang. Zur ab-gründigen Zeit-Räumlichkeit des Übergangs in Heideggers Beiträge zur Philosophie*, München 1998, S. 175. や Hans Hübner, „Vom Ereignis“ und vom Ereignis Gott. Ein theologischer Beitrag zu Martin Heideggers „Beiträgen zur Philosophie“, in: Paul-Ludovica Coriando（Hg.）, *„Herkunft aber bleibt stets Zukunft‘ Martin Heidegger und die Gottesfrage*, Frankfurt am Main 1998, S. 156. においても上記のハイデガーの言葉についての解釈が遂行されている。基本的にドイツの参考文献を読んでいると、最後の神が真存在の真理において現れてくるという一方向のみの解釈を取っているようである。またハイデガー自身、「ヒューマニズムについて」（一九四七年）において、「聖なるものは、しかしただようやく神性の本質空間であるにすぎないのであるが、それ自身再びただ神々と神とのための次元を守るものであるが、ただまずもって長い準備において存在それ自身が自らを明るみに出し切って、その真理において経験された限りにおいて、輝き出てくるのである」（GA9, 338f.）と述べている箇所があり、原則的には神が存在の真理において現れてくるという主張をしているようである。それ故筆者も今回は、この解釈に従っておいたが、今後の課題となると思われる。

（10） Joan Stambaugh, *The Finitude of Being*, New York 1992, p.142.

（11） 「聖性」という言葉は、『哲学への寄与』においてはあまりでてこない。しかし「なんのための詩人たちか」では、「聖なるもの（das Heilige）」（GA5, 272, 319）という言い方がでてくる。また「ヒューマニズムについて」においては「聖なるもの」（GA9, 351）という概念がでてくる。ハイデガーは、それ故絶えず存在の思索の次元を聖性の次元と捉えていたことがわかる。

# 第四章　言語論と痛みとしての否定神学

一般的に言語についての知は、言語学が担っていると考えられている。二〇世紀に入り、哲学の分野でも言語が主題となり、言語哲学が盛んになった。二〇世紀の哲学は、いわゆる「言語論的転回」を遂げたと言われている。(1)一般的にはハイデガーの「存在の家」としての言語の考察も言語哲学への転回の中に含まれうるといわれる。(2)従って『言葉への途上』で展開される後期ハイデガーの言語論も、二〇世紀における言語論的転回の一つの事象として扱われる。しかし彼の言葉への省察は、決していわゆる言語哲学というものではない。彼は、言語に関する客観的な知識を問題にはしていない。いったいハイデガーは、言語についての省察をどのように考えているのであろうか。

ハイデガーは、一九三〇年代に入り、芸術作品の分析を通して存在の真理の思索へと向かう。そこで考えられている芸術作品とは、美術であり建築であったが、彼はその芸術の本質は、詩作において一番よく現れると述べる。(3)彼は、一九三〇年代以降ヘルダーリンの詩の分析を数多く行っているのである。(4)しかし、そこからさらに一九五〇年代の彼の思索は、芸術作品としての詩の分析に留まらず、その中の言葉の分析へと赴くようになる。(5)

その言葉への分析は、単なる言語哲学ではない。言葉自身のもつ存在との関係が問題となる。だからその言葉自身は、単なる事物や対象を写し取るという記述言語ではない。言葉自身が存在を開く働きをするその存在論的言語のあり方を思索しようとする。それによって、彼は、最終的には形而上学的に思索されてきた存在論を超克し、形而上学が存在忘却に陥った由来と原因を探求できる場所を指し示し、本来の意味での存在の思索の場を開くことを目指す。筆者は、本章で言葉の分析によって開かれるその存在の思索の場が否定神学の伝統に属するのではないかということを論証したいと思う。

ここで言う否定神学とは、神あるいは存在は、事物存在者ではないので、人間の認識や言語によって捉えることはできないのであり、その捉えることができないことを否定的に表現する神学のことを指している。いわゆるカタファティズムの神学に対して、アポファティズムの神学である。例えばプラトンのイデアを超えたイデア、つまり善のイデアについての思索がある。さらにディオニシオス・アレオパギテースの『神名論』などにでてくる存在することに先立つ先存在者（ὁ προών）[6]としての神、あるいは彼は、『神秘神学』において、「光を超えた闇」として神を見るとき、「むしろ神はすべての欠如を超える原因として、すべての否定と肯定を超えて遥かにこれに先行するものと考えなければならない」[7]と述べる。単なる命題の肯定とその否定を超える否定神学である。その流れは、エックハルトのドイツ語説教集などにみられる無としての神、あるいは神の中に神の砂漠、神の根底、神の神性[8]を観る見方などへと受け継がれていく。筆者は、そのようなキリスト教の中では決して正統とは言えないが、キリスト教の教説に絶えず新たな生ける息吹を吹き込んだ神秘思想としての否定神学の流れの中にハイデガーの言語論も位置づけられるのではないか、むしろそうすることによって、ハイデガーの主張する形而上学を克服できる地点をよく理解することができるのではないかということを論証しようと思う。

そのためにここでは、一九五〇年代の諸著作、とりわけ『言葉への途上』に含まれている言葉の分析、また同時期の「存在の問いへ」（一九五五年）という著作の中の存在という言葉を取り上げて分析するつもりである。

従って第一節では、まずハイデガーの言語観はどのようなものであるのかを論ずる必要がある。いわゆる言語哲学の扱う領域とどのように違うのか。彼の言葉の分析がどのような領域を開くのかを詳らかにする。第二節において、ハイデガーが、言葉を語（Wort）として捉えつつ、とりわけゲオルゲの詩句の中の語の分析をして、その否定神学的働きを析出していることを明らかにする。第三節においては、トラークルの詩句の分析を通して、語の否定神学的働きが、さらに存在論的差異としての痛みとして現れてくることを取り出す。否定神学の意味内容は、実は痛みとしての救いにあるのではないかということを指摘したい。第四節においては、「存在の問いへ」において存在という語が、いったいどのように表記されるべきなのかということをめぐって考察していく。その表記の仕方が、否定神学の伝統に属することを闡明する。結びにおいてこのような言葉についての省察が、非制度的、非形而上学的知として形而上学の超克を可能にすることを主張したいと思う。

## 第一節　ハイデガーの言語観

まず、ハイデガーの言葉の省察がどのようなものであるのかということを明らかにしておかなければならない。彼は、自身の言語への省察を言語哲学の一種であるとする見解に与することはない。彼は、「言語について科学的また哲学的知識をもつことが一方にあり、他方に私たちの言語についての経験がある」（GA12, 151）と述べる。つまり、言語学や言語哲学の言語についての知見は、知識（Kenntnisse）の獲得であるが、他方ハイデガーが目指すのは「言葉について経験すること（mit der Sprache eine Erfahrung machen）」（GA12, 150）である。知識の獲得と経験することとの違いが重要なのである。彼は、「……二五〇〇年以来続いてきた言葉についての文法論理学的、言語哲学的、言語科学的表象は、言語についての知識が引き続き増加し、変転したとしても、固定され続けているのである」（GA12, 13）という。言語哲学によっては、言語についての知識は増加したとしても、言語についての経験は決してなされえない。両者は、決して交わることのない次元である。ハイデガーは、自らの言語の経験が言語哲学や言語学に属するものであることを拒絶する。

では、「言葉について経験する」とはどのような次元のことなのであろうか。それは、「言葉を所在究明する（die Sprache erörtern）」（GA12, 10）ことであり、そのことは「私たちを言葉の本質の場へと連れて行くこと（uns an den Ort ihres Wesens bringen）」（GA12, 10）であるという。言葉を所在究明すること（Erörtern）は、言葉というものを客観として観察するのではなく、場・所在（Ort）を開き、その場へと私たちを入り込ませることにある。言語学は、言葉を観察対象とする。しかしハイデガーは、言葉の開く場への参入ということを目指している。

だからハイデガーは、そもそも言葉を人間の活動と捉えない。「言葉は、その本質において人間の表現でも、活動でもない」（GA12, 16）のである。「言葉が語るのである（Die Sprache spricht）」（GA12, 17）。言葉は、人間が発するのではなく、言葉自身が語ることによって、言葉の本質からその言葉の世界が開かれる。そして私たち人間の作為というものの通用しない次元へと私たちを連れていく。つまり私たちのなすべきことは、「言葉を言葉として言葉へともたらす（die Sprache als die Sprache zur Sprache bringen）」（GA12, 230）ことである。言葉をただ単に人間の活動、人間の表現として捉えてはならない。大事なことは言葉が語る次元へと自らを連れて行くことである。彼は、言葉の次元への態度の取り方を特別に「応対（Entsprechen）」（GA12, 29）と呼んでいる。

そのような言葉の経験は、語（Wort）によってなされる。「語の中へと呼び入れる（in das Wort rufen）」（GA12, 18）ということによる。語というものは、「ものでもなく、存在者でもない」（GA12, 182）のであり、「ものに初めて存在を付与するもの（Das Wort verschafft dem Ding erst das Sein）」（GA12, 154）である。つまり、語は、存在を宿すもの、「存在の家」（GA12, 156）である。私たちは、この語の次元・存在の次元へと自らを応対していく。ハイデガーの言語論とは、決して言語を対象化し客観化する科学の一種ではなく、存在の次元を開く場の開示である。

## 第二節　語の否定神学的働き

ハイデガーの言語論は、私たちを言葉の経験へ、つまり語の次元へともたらした。その次元は、ものに存在を付与するという働きの次元である。彼は、『思惟とは何の謂いか』という著作の中で「もろもろの語とは泉である」（WD, 89）と述べる。語の次元とは、あらゆるものに存在を付与するという働きをしているのであって、あらゆるものの源泉・原初である。そこに存在自身の働きがある。

ハイデガーは、その消息をシュテファン・ゲオルゲの「語（Das Wort）」という詩を分析することによって闡明しようとする。そのゲオルゲの詩の翻訳をあげておこう。

　遠くからの奇蹟や夢を
　私は私の国の端までもたらした

そして待ち続けたのであった　老齢の女神が

その名を彼女の泉の中に見出すまで

そこで私はそれを手に取ることができた　もらさずまたゆるぎなく
今やそれは花咲きまた輝いている　この辺境の地方中に

かつて一度私は善き旅路の果てにここへ達したのである
豊かで繊細なひとつの小さな宝を携えて

女神は長い間探し求めて私にこう告げた
「それでここ深い水底には何も眠ってはいない」と

それは私の手中から零れ落ち
そして二度と私の国はこの宝物を得ることはなかった……

そのようにして私は悲しくもこれを諦めることを学んだ
語が欠けるところものはありはしない

そのゲオルゲの詩の最後の部分に「そのようにして私は悲しくもこれを諦めることを学んだ。語の欠けるところものはありはしない（So lernt ich traurig den verzicht: Kein ding sei wo das wort gebricht）」とある。詩の言葉の分析から、語の次元を開こうとする。語は、ものに存在を付与する働きであった。詩人は、存在としての宝の語（名）を求めて旅をしている。そして旅の果てに、ある宝（存在）を携えて女神のいる泉に到着する。しかし女神は、「ここ深い水底には何も眠っていないこと」を告げる。つまり、この宝には語が欠けているのである。そして語が欠落すると同時に、宝も失われるのである（GA12, 214）。

この詩を振り返ろう。語は、泉であった。語は「目の前にあるものに対して、その中で何か存在者として現出してくる存在を付与する」（GA12, 214）のである。そのようなものとして語は、ものをものたらしめること、つまり、ものとする条件（Bedingnis）（GA12, 220）となる。つまり語は、ものをものとして現前させる条件となる。そのような働きとして語は、泉である。

しかしその語は、「それ自身ものではあるはずはなく、なんらか存在するあるものでもないので、我々の手元から滑り落ちてしまう」（GA12, 181）。「唯一この語が言葉の本質としてはたらいているものにとって宝であるならば、それは詩人の手の上におかれているのであるから、詩人にとってまったく近いものである、それにもかかわらず零れ落ちてしまう。つまり零れ落ちてしまうものもまた決して手に入れることのできないものとして最も近い近さの中で最も遠いものであり続ける」（GA12, 223）のである。つまり、語は、詩人にすら決して手に入れることのできないものである。

語は、泉としてものに存在を与える条件であった。しかし「その語の本質の中には、この与えるものが隠されている」（GA12, 182）。つまり、「言（Sage）と存在、語とものとは隠されつつ、ほとんど考慮されず、考えつくされていない仕方で相互に属し合っている」（GA12，224）。つまり、語の中で働く存在の働き、ものをものたらしめる働きは、いつも隠されており、これまで思索されてこなかった。それはかろうじて詩人が知ろうとするのであるが、逃れていくものでもあった。

彼は、語の次元・存在の次元は泉であるという。その泉とは、「原初（Frühe）」（GA12, 50）でもある。詩人は、語の原初の次元を探ろうとする。しかし語は、その詩人の手をすり抜けてしまう。つまり、原初は泉のように隠されつつ保たれる。それはいつも思索されずにいた。泉は、その湧き出てくるところが知られずに、たえず水を湧き出させる。そのように語は、隠されつつ存在を付与している。

したがって語自身が、詩人の手中を逃れていくものである。語は、自らを隠し続ける本質を持ったものであり、そのようなものとしてものをものたらしめるのである。ハイデガーは、「言葉の本質は言葉にいたることをまさに拒む」（GA12, 175）という。言葉は隠れることを好む。詩人は、宝を携えて女神のところにくるが、語が与えられず、その宝は消えうせる。存在が思索されないのは、語が失われるからである。語が失われるという仕方で、宝が消えうせる。そのような仕方で「宝は、神秘に満ちた驚嘆させるものへと身を隠す」（GA12, 183）と述べられる。語は、「拒絶（Verweigerung）」（GA12, 183）という仕方で、ものをものたらしめる。ここに詩の中の語のもつ否定神学的働きがあるといえる。語は、隠れつつものをものたらしめ、ものに存在を与える条件となる。

さらに厳密に考えると、ここで存在と語との関連が問題となるであろう。現象の時間の順序からいえば、語が失われるから存在が隠れるといわれている。語がなければ存在を思索することも詩作することもできない。「語の欠けるところものはありはしない」とある。そのような意味で、語は存在の思索のある種の条件であるといえる。しかし根拠の順序からいうと、実は存在が隠れるから、語が失われる。ハイデガーは、語は「存在の家」（GA12, 156）であるという。詩人の語がかろうじて存在を捉えることに赴くことができる。しかしその語ですら存在を捉えつくすことはできない。問題は存在なのである。彼は、存在自身の隠れる働きによって、語が失われると考えているはずである。正確にいうならば、存在が隠れるので、語が自らを失いつつ、ものに存在を付与していく条件となっている。従って存在の隠れからくる語の喪失が、否定神学的働きであるといえる。

しかしここで一つ注意が必要なことは、この語の働きが否定神学的働きであるという場合、ただ語は、否定的働きをして否定的な雰囲気を作り出し、詩人は否定的・消極的態度であるということを意味しているのではないということである。ハイデガー自身がいうように、この詩人の「諦めは確かに否定的な面をもっているが、しかし同時に肯定的な面ももっている」(GA12, 219)。つまり、詩人は、何も諦めているという消極的な態度を取っているわけではなく、むしろ諦めという態度を学び取っている。この諦めは、断念ということ(Sichversagen)を意味しており、詩人はこの断念によって、私たちを語の次元へと連れ戻してくれる。否定神学は、何も否定的・消極的な態度を意味するのではなく、むしろ積極的に存在を語ろうとする態度である。諦め(Verzicht)は、Zeigenを語源とする語であり、隠れたものを見えさせるようにするものである(GA12, 210)。それは存在をただ単に記述言語によって写像のように写し取れるというものではなく、むしろ写し取れないという断念の態度の中にこそ、存在は隠れつつ現れてくるといえる。

ハイデガーは、このような詩人の存在の次元への導きのことを「道づけること(Be-wëgung)」(GA12, 186)と呼んでいる。私たちは、決して宝自身すなわち存在自身に到達することはない。語は、その本質を隠しているし、語自身が、詩人の手中からすり抜けてしまうものであるということは、存在はいつも隠れつつ働いているといえる。そのような次元へと、詩人は私たちを連れて行こうとするが、それはいつも道を歩んでいくという姿となる。そしてこの否定神学的歩みは、常に途上となる。泉は、その泉のもとを隠しつつ水を湧き上がらせる。語の泉は、汲めども尽きることのない泉として、隠れつつものに存在を付与しつづける。そのような意味で、この書は『言葉への途上（Unterwegs zur Sprache）』と呼ばれている。

## 第三節　痛みとしての否定神学

言葉のこのような経験は、「語のうちへと呼び入れる」ということから始まる。語は、隠れつつものに存在を付与する働きをする。語は、ものを存在の内へと呼び入れる。ハイデガーは、この呼び入れる働きを「命じること（Heißen）」（GA12, 19）あるいは「命令（Geheiß）」（GA12, 27）と呼ぶ。それは「ものは、ものとなりつつ世界を世界とする」（GA12, 20）命令であるのだ。

さて、その命令によってどのような次元が開かれてくるのであろうか。「ものはものとなりつつ世界を世界とする」。ものは、世界を開くのである。例えばハイデガーは、「もの」（一九五〇年）という論文によって甕というものを論究している。甕は、単に水を入れる容器、事物存在者ではない。甕というものによって世界が切り開かれてくれるのである。

ではものによって切り開かれる世界とはどのようなものであるのか。「ものはものとなりつつ地と天、神的なものと死すべきものという統一的な四者を宿させるのである」（VA, 170）。甕は、このようにしてものとなりつつ、存在の次元を切り開く。そこでは、空間が空間として熟してくる（Der Raum räumt）（GA12, 201）。また時間が、既在（Gewesen）、現前（Anwesen）また待ち受けること（Gegen-wart）の三様として時熟してくる（zeitigen）のである（GA12, 201）。彼は、この世界のことを、「言葉の本質」（一九五七年）という論文の中では、「時間－

遊動－空間」（GA12, 202）また「四つの世界領域（vier-Welt-Gegenden）」（GA12, 202）「世界四元（Weltgeviert）」（GA12, 204）「四つのものの四者連関（Geviert der Vier）」（GA12, 19）と呼んでいる。また「もの」という論文では、この甕に現れてくる世界を地と天と神的なものたちと死すべきものたちの現れる「四方域（Geviert）」（VA, 166）と呼んでいる。

この領域にある地と天と神的なものたちと死すべきものたちとの四者は決して、事物存在者ではないので、存在者の次元で語られているのではない。これは存在が現れる現れ方なのである。従って決して表象的な思惟によって、主観に対する客観として捉えられるものではなく、語のうちに出来事として性起してくるものとして捉えられなければならない。これは語の内に出来事として性起してくる存在の次元が切り開かれてくるという事態である。

しかしここで、ものによってこのような四者連関が開かれてくるという場合に問題なのは、ものと世界との区別である。世界は、存在者ではなく、存在の次元であった。語は、隠れつつものに存在を付与する。そのものから、存在の世界が切り開かれてくるのであった。ハイデガーは、ここで重要なのは、このものと世界との区別であるという。彼は、この区別を「間（Zwischen）」（GA12, 22）と呼ぶ。「世界とものとの親密性は、間の分離において本質現成する、つまり区－別（Unter-schied）において本質現成する」（GA12, 22）と述べる。つまり、存在と存在者との区別、存在論的差異をここでは「間」「区－別」と呼ぶのである。

さらにハイデガーは、そのような区－別を、トラークルの詩「冬の夕べ」という詩を考察することによって捉えようとする。まずそのトラークルのこの詩を紹介しよう。

雪が窓辺に落ちるときに、
長く夕べの鐘がなり、
多くの人々のところに食卓が準備され
そして家は十分に整えられるのである

さすらいの途上にある何人かの者が
小暗き細道をたどって入り口へとやってくる
恵みの木が黄金に咲き乱れる
大地のひんやりとした樹液から。

さすらう人は静かに中へ入っていく
痛みが敷居を石と化する。
そのとき純粋な清聴さの中に輝いている
机の上のパンとぶどう酒。

この詩の中の「痛みは敷居を石と化する（Schmerz versteinerte die Schwelle）」という詩句の分析からこの「区‐別」を痛みとして捉えるのである。ここで存在者と存在の区別、存在者と世界との区別としての痛みを「感覚から表象しようという思いは、痛みの本質から閉ざされたままである」（GA12, 58）と述べられる。ここでいう痛みとは、単なる心理的な現象でも、医学的な症状でもない。痛みは、まさに存在の次元に関わる現象である。だから痛みは、語の中で捉えられなければならない（GA12, 59）。

元来、痛みは、引き裂かれたときに起こる。「痛みは、引き裂くものである。痛みは裂け目（Riß）である」（GA12, 24）。この場合の裂け目とは、存在と存在者との区別、存在論的差異を意味している。トラークルの詩句の中の「敷居（die Schwelle）」は、まさにこの裂け目、存在論的差異の痛みを意味している。彼は、「この敷居が間（Zwischen）を担っている」（GA12, 24）と述べる。さらに彼は「石の中において痛みは隠されている。痛みは石と化しつつ自らを石の閉じられたところへと守る」（GA12, 59）とも述べる。まさにこの敷居において痛みが守られる。つまり、存在論的差異である裂け目が守り保たれるのである。

しかしこの痛みは、裂け目であると同時に集摂するものでもある。「痛みは確かに互いに引き裂く、しかし痛みは同時にすべてを己に引き込み、己に集摂する（in sich vesammeln）仕方で引き裂く」（GA12, 24）のである。痛みは、分裂状態を分裂したままひとつに集摂する。痛みは、分かたれたものを相互に結び合わせるのである。「痛みは、裂け目の接合なのである（die Fuge des Risses）」（GA12, 24）。痛みは、存在と存在者との区別をその区別のままに一つにするのである。

従ってハイデガーは、「喜びが喜びにあふれていればいるほど、喜びの中に眠っている悲しみはますます純粋になるのである。悲しみが深ければ深いほど、悲しみの中でとどまっている喜びが一層強く呼びかけるのである。悲しみと喜びは互いに戯れあう。両者が互いに符丁を合わせる戯れそれ自身は、遠さを近づけさせ、近さを遠ざけさせる限り、痛みである。それ故最高の喜びと最高の悲しみの両者は、それらの仕方に従ってその都度痛みをともなうものである」（GA12, 222）と述べる。痛みは、元来悲しみである。しかしその悲しみの中に喜びがある。

逆に喜びの中に悲しみの契機のない喜びは本来の喜びとはいえない。裂け目であり、区別である痛みは、痛み自身のうちに救いの契機を含んでいる。

またさらに彼は、「痛みに対応する心情、つまり痛みによって痛みに基づいて気分づけられる心情は、沈鬱である。沈鬱は、心情を滅入らせることはできる、しかしまた負荷をかけるものを無くさせ、心に〈ひそかな息吹〉をはめ込み、心に装いを与える」（GA12, 222）と述べる。確かに痛みは、人の気分を滅入らせ、沈鬱にする。しかしその沈鬱の内に新たな息吹を吹きかけ新たな装いを与える。痛みは、ただ単に否定的な側面だけをもつ心情ではなく、その否定的な側面の内に肯定的な側面を現すことになる二重の働きを含んでいる。一見すると痛みは、人間の傷であるが、その傷において救いが芽生えるともいえる。

ただし悲しみの中に喜びを感じる、沈鬱の中にひそかな息吹を感じるとき、そこでは決して痛みが消え去ることはない。ハイデガーにとって、この存在論的差異は、決して失われることはない。痛みが消え去り、まったくの喜びのみになるとか新たな装いですべてが覆われるということはありえない。その中に、消え去ることのない痛みが残る。その差異、つまり痛みによってのみ救いが可能となる。

この痛みは、直接には悲しみであり、沈鬱であった。それは直接には、存在と存在者との自己分裂の痛みである。それは詩人たちが、語に宿る宝を求めるときに味わう語の側からの拒絶（GA12, 183）であった。さらに言えば語が失われるときに味わう存在からの拒絶なのである。そこから詩人は、諦め（Verzicht）、断念（Sichversagen）（GA12, 215）を学び取る。この諦めや断念は、ある種の痛みをともなうものとなる。

だからさらに、この痛みとは、同時に存在忘却であるとも言える。存在と存在者との区別は、区別であると同時にその区別の忘却となる。区別であると同時に区別が捉えそこなわれ忘却されるという痛みである。存在は、いつも断念されている。従っていつも存在は、存在者と混同されてしまい、決して存在それ自身が思索されることが「ない」。また存在と存在者との区別も、思索されることが「ない」。この「ない」が、詩人たちのある種の諦め、断念、痛みとして感じ取られる。したがってハイデガーは、ただ忘却を忘却としてのみ受け取るのではなく、その忘却の根底に痛みがあることを指摘する。その痛みによって、忘却から救われる可能性が秘められる。痛みは、その忘却が忘却から解放される契機となるのである。

さらに、この痛みに現される区‐別は、先の四者連関とどのように関係するのであろうか。四者連関は、存在者と区別された存在の次元であった。そこにこの区‐別は、かかわってくる。両者は、決して同じものではない。しかしこの存在論的差異と四者連関との交差する中心が、出来事・性起であるといえる。(9) 存在の次元は、ただ存在の次元として漂っている場ではない。その存在の次元は、必ず存在者では「ない」というその区‐別としての痛みを含んでいる。その痛みを通して、存在は人間に恵みを贈る。「痛みは不都合なものでもなく、役に立つというものでもない。痛みはあらゆる本質的に存在する存在者の本質的なるものの恵み(Gunst)なのである」(GA12, 60)。そしてそこが語によって現されているのであろう。

さらにハイデガーは、この裂け目と集摂としての区‐別の呼びかけが、「鐘の響き（Läuten）」（GA12, 27）であるという。ものと世界との区別としての親密さ（Innigkeit）の中で、言葉は語るのである（Vgl. GA12, 27）。その「言葉は、静寂の響き（das Geläut der Stille）として語るのである」（GA12, 27）。区別としての痛みは、静寂としての響きとなる。存在の拒絶、詩人の諦め、断念は、恵みとして静寂の響きとなる。さらに彼は、この「静寂の響きは、人間のものではない」（GA12, 27）という。言葉は人間が語るのではなく、言葉が自ら語ることへと人間の本質が委ねられていることを意味している。この区‐別の領域は、決して人間の作為によっている領域ではなく、人間の諸活動の根拠としての原初であり、泉である。ここから人間は、言葉が自ら語る次元、語の次元、存在の次元に耳を澄ませ、聴くということ（Hören）が求められる。そこからその次元への聴従（Gehören）（GA12, 29）という態度が生まれてくる。この聴従するということが、先述した応対（Entsprechen）という態度となってくる。

実は、語と宝（存在）との関係は、痛みとしての区-別であった。しかしそれは主観に対する客観として理論的に把握できるものではなかった。語は、失われやすく、隠れている。語は、隠れつつものに存在を付与している。そのような語の働きを否定神学的働きと呼んでいた。

しかしその否定神学的働きは、実は痛みによる救いということが含まれていることがわかる。なぜ否定神学が、否定神学となるかといえば、それは区-別、存在論的差異があるからであった。その差異は、裂け目であり、痛みであった。存在者をもって常に存在を捉え損ねているという痛みである。しかしそこに痛みが感じ取れる限り、否定神学的に存在を語る可能性が隠されている。それによって存在忘却からの解放・救いということが可能になるのではないだろうか。

## 第四節　存在という語

今までゲオルゲとトラークルの詩における語の働きを、ハイデガーの分析を通してみてきた。そこには、語の否定神学的働きがあり、それは痛みとして現象してくるのであった。これらの分析は、『言葉への途上』におけるいくつかの論文に基づいている。それらの論文は、いずれも一九五〇年代の著作である。今、その五〇年代のもう一つ別の論文「存在の問いへ」（一九五五年）を通して、この存在を宿す語のあり方を探っていきたいと思う。

この論文は、エルンスト・ユンガーの『線を越えて』という著作への応答の書である。ユンガーは、労働者とその痛みとを扱い、ニヒリズムを超克する、つまり「線を越えること」を主張している。しかしハイデガーは、ニヒリズムの克服は、形而上学の克服でなければならないと返答する。彼は、形而上学が、これまで存在を存在者と混同し、存在忘却に陥っていることを指摘し、今後存在は、存在（Sein）と表記されなければならないとする。

今問題なのは、この存在という表記である。この「十字に交差した抹消の標（die kreuzweise Durchstreichung）」（GA9, 411）は、何を意味しているのであろうか。第一に、これは、存在を主観・客観・関係の客観として捉えることを禁止する意味がある。存在を対象存在者、事物存在者として捉えるならば、存在をある種の存在者として捉えてしまっていることを意味する。私たちは、決して表象能力によって、存在を捉えることはできない。そうすれば、必ず存在は、事物存在者となってしまい、存在忘却となる。それを禁止するという意味がある（GA9, 411）。

しかし第二に、この十字に交差した抹消の標は、存在自身が自らを隠していることを意味している。ハイデガーは、「存在は、自己を隠している。存在は、自ら自身を隠すある一つの覆蔵性のうちに自己を保っている」（GA9, 415）という。つまり、この十字に交差した抹消によって、存在自身が自らを隠しつつ保っていることを意味している。存在は、いつも捉え損なわれるのであり、詩人たちによってすら捉えることはできない。そこから存在忘却の歴史である形而上学の歴史が展開してくる。彼は、「しかしながらそのように隠されることのうちに、ギリシアで経験された忘却の本質が基づいている」（GA9, 415）と述べている。

第三に、この十字に交差する抹消の標は、「むしろ四者連関の四つのものの領域と交差（Durchkreuzung）の場所におけるその集摂（Versammlung）を指し示す」（GA9, 411）。つまり、存在は、四者連関と存在論的差異の交差する場所を指し示しているのである。そこは詩人によって詩作されまた思索されようとして、しかし拒まれていた場所であった。

以上の考察からわかることは、まさにこの存在、十字に交差された抹消の標をともなった存在は、先に分析した詩人たちが、詩作し思索しようとした場所である。決して言語哲学的に理論化できない場所であり、表象能力によって、計算する理性によっては捉えることのできない領域が問題となっていたのである。さらにそこでは存在は、いつも隠されてしまうものであり、存在という語はいつも失われているのであり、いつも捉え損なわれ、忘却される地点なのであった。

しかし逆に、そこは、存在という語の意味が、わきでてくる泉であり、汲めども尽きない原初である。つまり、四者連関の存在の次元なのである。その世界は、決して事物存在者のように対象的に捉えられることはなく、いつも否定神学的にしか捉えることはできない。従ってハイデガーは、この存在を「無（Nichts）」（GA9, 411）ということもできるとする。まさに存在は、無としてのみ捉えることができる。この無としての把握は、決して表象によっては捉えられないという意味だけでなく、存在が自らを隠すという意味も含まれているといえるであろう。そういう意味で、まさにハイデガーが、存在を存在と表記することは、否定神学の伝統の中に位置づけられるといえる[10]。

しかしさらに、この十字に交差する抹消の標は、その十字の故にまさに存在論的差異の痛み自身を意味しているのではないだろうか。ハイデガーは、「存在の問いへ」においてユンガーの労働と痛みを批判しつつも、ギリシア語のアルゴス（ἄλγος）の概念がレゴー（λέγω）を意味することから、痛みは「最も内奥的なものへと集摂するもの」（GA9, 404）という規定を与えている。つまり、痛みは、まさに十字に交差した抹消の標の場における四者連関の集摂する働きを意味しているのではないだろうか（GA9, 411）。そうであれば、まさにこの十字の抹消の標は、痛みの場所、つまり、存在論的差異の場所であり、存在が拒絶して、隠れる場所でもあるであろう。

このような分析から言えることは、まさに存在が、詩人の求めていた語ではないだろうかということである。詩人は、語の中に宿る存在を求めて、逸していたのであった。しかしそれはまさに捉えた瞬間に捉え損なうものであった。そうであれば、この十字に交差する抹消の標も、このように捉えた瞬間にもう既にある種の知識となってしまい、捉え損なってしまうのかもしれない。

## 結び

以上で語の否定神学的働きについて論じてきた。しかしこのような分析は、ある種の神秘主義なのであろうか。語の否定神学的働きの場所は、「静寂の響き」の場所であるというのであるから。しかしハイデガーは、一度自分の思索の道が「根拠なき神秘主義」「有害な非合理主義」「理性の否定」（SD, 79）ではないか、と自問したことがある。確かに以上のような詩の中の語を使った分析は、決して理論的で客観的な分析であるとはいえない。しかしだからといってそれが非合理的主義であるとはいえないであろう。なぜならもともとこのような分析は、理性というものの根拠になる次元、つまり形而上学的思索の行き詰まりの根源や由来の次元を扱っているからである。表象能力による理性の把握の由来の次元を指示しているのであり、合理的か非合理的かという判断を下す根源の次元が問題となっているのである。

だから神秘思想は、ただ単なる根拠なき神秘主義ではない。神秘思想は、形而上学が存在忘却に陥り、形骸化した地点、原因、由来を探求できる次元を示唆してきた。つまりハイデガーの意図は、存在忘却としての形而上学を超克できる地点を示して、キリスト教思想にたえず新たな息吹を与え続けるということである。神秘思想は、キリスト教思想の傍流にありつつ、非制度的、非形而上学的な知あるいは経験として、形而上学の克服の次元を示すことができた。だから今ハイデガーをこの否定神学という神秘思想の伝統の中に置くときに、ハイデガーの形而上学の超克というモチーフがよりよく理解できるのである。

ハイデガーは、過去の形而上学がめぐっていた次元がどこからでてきているのかという源泉を問うのである。そのような次元が、まさに芸術作品の分析であり、詩作を問題にする次元であり、語の次元であるといえる。ハイデガーは、「存在の問いへ」において、はっきりと存在という表記が、存在忘却の源泉を問う次元であることを指摘している（GA9, 414,416）。そこでは、十字に交差する抹消の標が、表象能力としての理性の届かない次元であること、存在が自らを隠す次元を意味していることを指摘している。それは教会という制度としての知にはならないし、形而上学の知にもならないことを意味する。そこでこそニヒリズムの超克、すなわち存在忘却としての形而上学の超克（Verwindung）を問題とできる。それは単なる形而上学の修復ではなく、形而上学の解体（Destruktion）でもある（GA9, 417）。すなわち形而上学の脱構築である。ハイデガーは、一九五〇年代にこの形而上学の超克ということをこの詩における言葉である語の分析を通して行っていたといえる。それは、まさに語の否定神学的働きによるのではないだろうか。

註

（1）アーペルは「言語コミュニケーションの超越論的構想と第一哲学の理念」（カール＝オットー・アーペル著『哲学の変換』二玄社、一九八六年所収）において、「広い意味での言語分析は、かつて意識分析がデカルト以後そうであったように、またずっと以前にはものの本質の分析がアリストテレスの時代以後そうであったのと似たような仕方で、現代哲学の方法論的優位の地位を占めているという事実について、現代の哲学者たちの間では多分意見が一致するだろう」（三頁）と述べている。これは広い意味で、言語論的転回のことをさしているといえる。つまり、古代、中世の時代は、ものを中心に思索していた。近世以降意識を中心に哲学を遂行する。それらに対して現代哲学は、言語を中心に思索するというのである。（さらに、『岩波哲学・思想事典』岩波書店、一九九八年の「言語論的転回」の項目参照。）

（2）アーペルは同書の続きに「ハイデッガーの「存在の家」としての言語の考察」（四頁）をこの潮流の中に含めているのである。

（3）ハイデガーは、『芸術作品の根源』において芸術作品の分析を行い、そこに存在の真理の運動があることを指摘する。そして、芸術作品の本質は、詩作（Dichtung）において一番よく現れると述べる（Vgl. GA5,59f.）。

（4）例えば、*Erläuterungen zu Hölderlins Dichtung*（GA4）における諸論文を参照すること。

（5）Hans Jaeger, *Heidegger und die Sprache*, Bern und München 1971, S. 79. 邦訳は、H・イェーガー著、赤松宏訳、『ハイデガーと言葉』木鐸社、一九八〇年、一一九頁。

（6）ディオニシオス・アレオパギテース『神名論』（『キリスト教神秘主義著作集1　ギリシア教父の神秘主義』熊田陽一郎訳、教文館、一九九二年所収）、二一一頁参照。

（7）同掲書、二六六頁。

（8）拙論「非覆蔵性における覆蔵性と神における神の神性について――後期ハイデガーからエックハルトへ」（『青山国際政経論集』第六二号　二〇〇四年所収）、一四三頁以下において神の根底、神の砂漠、神の神性について論じて、ハイデガーの存在の真理の思索をこのエックハルトなどの否定神学としての神秘思想の中におくとよく理解できることを論証した。

（9）Hans Jaeger, a.a.O., S.87.

（10）十字に交差する抹消の標による存在、存在が、言葉の問題になることを指摘しているものに、Jaeger, a.a.O. S., 105. がある。また、否定神学とは、人間の世界を超越したものについて肯定的に述べると、それを事物存在者あるいは対象存在者として自分の手中に収めてしまうことになるので、超越については否定的にしか語れないとする立場である。Jacques Derrida, How to Avoid Speaking, in H. Coward & T. Foshay（ed.）, *Derrida and Negative Theology*, New York 1992. においてデリダは、その否定神学の伝統の中にある哲学者として、プラトンの「善のイデア」や「コーラ」の概念、ディオニシオスやエックハルトの神概念また最後にハイデガーが含まれることを指摘している。ハイデガーにおいては、「形而上学とは何か」における「無」の概念（p.122）や『形而上学入門』や『思惟とは何の謂いか』におけるコーラ概念（p.123）、「存在の問いへ」の十字に交差する抹消の標の存在（p.126）や『言葉への途上』における言葉の分析（p.130）が否定神学の伝統とそれを超えるモチーフを表現していることを指摘している。デリダは、自分自身の立場は決して否定神学ではないという（Derrida, a.a.O. p.77）。さらに例えばマーク・テイラーは、その„nO, nOt, nO“（a.a.O）において、デリダ自身は、キリスト教でもなくギリシア思想でもない第三のものを思考しようとしており、それは否定神学ではなく、脱神学（Atheology）であるという（p.195）、と指摘している。またカプートは、ジョン・D・カプート編、ジャック・デリダ著『デリダとの対話　脱構築入門』（法政大学出版局、二〇〇四年）において、否定神学においては「事態は上方から、〈上に〉と〈超えて〉という回帰線において叙述される。事態は善なるものでもって始まる。この善なるものは、感性的諸事物の最高度に現実的な、超‐本質的な、超‐現実的な源泉であり、不滅の光である。……他方［デリダの脱構築］では、事態は下から、〈下に〉と〈達せずに〉という回帰線において説明される。事態はほとんど完璧に非英知的ないし無規定的な起源、もしくは非‐起源、あるいは前‐起源でもって始まり、そうした起源のなかに感性的事物は永遠のパターンに従って書き込まれるのである」（一四三頁）（括弧は筆者の加筆）と述べ、否定神学とデリダの立場の違いを闡明する。しかしこの脱神学の立場も、大きな枠組みの中で言えば、否定神学の伝統の中に位置づけられるのではないか、あるいは否定神学の一種ではないかと主張できると思うが、その論証は今後の課題としたい。

さて、ハイデガーの哲学的な思索を否定神学の伝統との近接と相違について検討している参考文献に以下のものがある。David R. Law, Negative Theology in Hiedegger's *Beiträge zur Philosophie*, in: *International Journal for Philosophy of Religion* 48, pp. 139-156. またハイデガーの思索が否定神学の伝統の中にあることは疑わしいが、検討する余地があると参考文献に以下のものがある。David Crownfield, The Last God, in: Charles E. Scott, Susan M. Schoenbohm, Daniela Vallega-Neu, and Alejandro Vallega（ed.）, *Companion to Heidegger's Contributions to Philosophy*, Bloomington and Indianapolis 2001, p.219. Ben Vedder, *Heidegger's Philosophy of Religion. From God to the God”*, Pittsburgh 2007, p.214. Rischrd Polt, a.a.O., p.212.

# 第五章　ヘルダーリン論と神を超える自然

ヘルダーリンの詩は、祖国への回帰を求めていて、最終的にはギリシアに源流のある詩である。(1)ハイデガーは、いくつかの講義録でヘルダーリンの詩作の源流をギリシアに求めている。(2)しかしヘルダーリンの詩作は、キリスト教の伝統からでてきたものであることも疑い得ないことである。例えば、ヘルダーリンには、「宥和するもの」や「唯一者」などのいくつかのキリスト教思想の内容を含んだ詩があるだけでなく、若いころ敬虔主義の伝統の中に身をおき、親しくしていた副牧師ナタナエル・ケストリンに「今こそ自分は真のキリスト教徒なのだと思いました」と述べている。(3)この例からもヘルダーリンの詩作の源には、キリスト教の思索が流れていることがわかる。ヘルダーリンの詩は、ヘレニズム思想の伝統とヘブライズムの伝統との両方を受け継いでいる。

あるいは、ハイデガー自身の思索は、もちろんギリシア時代の思索に淵源を求めることができるが、それにとどまらず、筆者はハイデガーがヘブライズムの伝統に深く根ざしていることをこれまでの章で論じてきた。ここでいうヘブライズムの伝統とは、単なるキリスト教思想をさすのではない。ハイデガー自身は、形而上学を基底とするキリスト教思想を徹底的に批判している。しかし前章まででも筆者は、彼の思索をキリスト教思想の傍流である神秘思想の中の否定神学の流れの中におくと彼をよく理解できるのではないかと論じてきた。

ここでいう否定神学とは、ディオニシオス・アレオパギテースを嚆矢とする神学のことである。彼は肯定神学

（theologia kataphatike）に対して否定神学（theologia apophatike）をより高い段階におく。神は人間をはるかに超越したものであり、認識や言語によって捉えることができない。そのパラドックスを否定によって何とか言語化しようとする運動のことである[4]。それは形而上学が形骸化したときに、その由来を示し、それを突破できる地点を指し示すことができる。この否定神学の伝統は、その後エックハルトやクザーヌスまた近世においてシェリングなどの哲学に受け継がれていく。本章では、ハイデガーのヘルダーリン論もこの伝統の中においてみるとよく見えるのではないかということを論証しようと思う。

ハイデガーは、一九三〇年代以降晩年まで繰り返しヘルダーリンの詩を論じている。彼は、ヘルダーリンの詩の中に、存在や神への思索が展開していることを主張している。ここで論じられている神は、一見するとギリシアの神々のことをさしているようである。しかし実はその思索の中にキリスト教神学的な要素、詳しく言えばキリスト教思想の傍流としてキリスト教思想に息吹を吹き込んできた否定神学の契機が潜んでいるのではないだろうかということを論証してみたい。

というのは、一九八九年に刊行された『全集　第六五巻　哲学への寄与』においても、その「将‐来的なものたち」の接合（Fuge）の中でヘルダーリンが言及され、またその後の「最後の神」の接合へと接続していくのである。そこで展開されているのは、ハイデガーがヘルダーリンに存在と神への思索の源を見ていることである。『哲学への寄与』を解き明かすためには、最後の神、存在と将来的なものたちを代表するヘルダーリンという三者の関連を解き明かすことが重要になってくる。この章ではとりわけその中の神と詩人との関連を問題にしたいと思う。その思索には、ギリシア的な思索のみならず、否定神学の果たしている役割が大きいと思われる。

そこで、まず『哲学への寄与』におけるヘルダーリンの位置づけを見て、なぜハイデガーは、存在や神の思索にとってヘルダーリンを必要としているのかを問う（第一節）。そこから、『ヘルダーリンの詩作の解明』からハイデガーのヘルダーリン論を検討する。「帰郷／つながりのある人たちに宛てて」（一九四三年）と「詩」（一九六八年）において、「神の不在」という事態がどのようなものであるのかを明らかにする（第二節）。さらに「あたかも祝日のように」（一九三九年）において、ハイデガーがヘルダーリンの神を超える自然について分析していることを剔出する。このような神論が、実は否定神学に属していることを論証したい（第三節）。結びでは、そのような神論から、形而上学の超克というモチーフが得られるのではないかということを主張したい。

## 第一節　なぜヘルダーリンか

『哲学への寄与』の「将‐来的なるものたち（die Zu-künftigen）」という接合では、この将来的なるものたちとは、探し求めるものたちのことである。「探し求めること（Suchen）」（GA65, 398）は、将来に関わることである。探し求めることは、まだもっていないことの中に、つまり探し求められていることの中に、入り込んでいるのである。探し求められているものから、探し求めることが生起してくる。ここで探し求めることと探し求められているものとの循環が起こるのである。ではその探し求められているものとは何であろうか。

将来的なものたちとは、「真理のこの本質をゆっくりと長く聞き従いつつ根拠づけるもの」（GA65, 395）であるという。彼らは、真理に関わるものであるが、その真理とは、存在の真理である。真理の本質への問いは、同時に真存在（Seyn）の本質現成を問うことである（GA65, 397）。ここで探し求められているものとは、存在の真理である。その圏域の中で、探し求めるものは問い続けるのである。従ってハイデガーは、「探し求めることは、それ自身において将来的であり、存在の近くへと来ることである」（GA65, 398）と述べる。

またさらにハイデガーは、この将‐来的なものたちを「没落するものたち（die Unter-gehenden）」（GA65, 397）ともいう。その没落とはここで何を意味するのであろうか。没落とは、「到来するもの、神々の到着と欠在とに関する決定がくだされる瞬間と場所を、秘密を守りながら準備する行程」（GA65, 397）のことである。この将来的なものたちとは、存在の真理へと関わるものであった。それと同時に神々の到来と欠在との決定にも関わるもののたちのことである。ハイデガーは、ここで存在の真理の場は、神々がやってくるかこないかということを決定できる場であるとみなしている。

さらにハイデガーは、将‐来的なものたちを「最後の神の将来的なものたち」とも呼ぶ。『哲学への寄与』においてしかでてこないこの「最後の神」という表現について、この将‐来的なものたちが関わってくる。彼は、この最後の神という単数形の言い方と神々という複数形の言い方について、「しかし〈神々〉という言い方はここで唯一なるものに対する多数という事物存在の決定的な主張を意味しているのではなく、それが一者であるか多数者であるかという神々の存在を未決定にしておくということを示唆していることを意味する」（GA65, 437）と述べ、神について単数形で述べるか複数形で述べるかということについて論じることを事物存在者の語り方だと批判し、未決定にしている。いずれにせよこの将‐来的なるものが、存在の真理と神々あるいは最後の神という聖性の場の決定に臨むものであることを指摘するにとどめよう。

しかし、この接合の最後にハイデガーは、ヘルダーリンこそこの将‐来的なものたちの中で最も将来的なものであるという（GA65, 401）。「ヘルダーリンは、最も将来的なものである、なぜなら彼は最も遠くからやってきてこの遠さの中で最も偉大なものを測りぬき、変容させるからである」（GA65, 401）。では、なぜここで彼は、ヘルダーリンこそ最も将来的なものであるというのであろうか。そのことを『ヘルダーリンの詩の解明』から論じてみたい。

ハイデガーは、この中の「あたかも祝日のように」（一九三九年）において「〈詩人たち〉は将来するもの（die Künftigen）」（GA4, 55）であると述べる。もちろんdie Zukünftigenとdie Künftigenとの違いはあるが、両者とも将来に関わるものであることは否定できない。やはり『哲学への寄与』の書かれた時期と同じ時期には、詩人を将来的なものたちと呼んでいる。詩人は、存在の真理と神々の到来と欠在の決定に関わるのである。彼は、この中にヘルダーリンを含めているのである。

しかもハイデガーは、「ヘルダーリンの詩作は詩作の本質を固有に詩作するという詩作の天命によって担われている。ヘルダーリンは、最も卓越した意味で詩人の中の詩人である」（GA4, 34）と述べる。「ヘルダーリンの詩作においてわれわれは、詩作的に詩を経験する」（GA4, 182）のである。それはなぜだろうか。彼は、詩人が必要とされているものに従うという。その必要とされている先は、詩の本質であり、神々であった。だから彼は、「詩人は……神々に必要とされているものである」（GA4, 191）からだともいう。

しかしなぜハイデガーは、このように半ば独断的にヘルダーリンを「神々に必要とされているもの」だといえるのであろうか。彼は、ヘルダーリンが、「神々の名が彼の詩作中に見出されるゆえにではなく、彼が神の不在を経験しているゆえに、最も傑出した意味でいまや確かに聖なるものの詩人だからである」と考えているようである。つまりヘルダーリンは、ただ単に神を詠う詩人であるからではなく、神の不在を詠っている詩人であるからだという(5)。今が神の不在の時代であることを感じ取り、しかしそこに耐えて、神聖なるものの痕跡を求める詩人であるからである。

「なんのための詩人たちか」においてハイデガーは、「神の欠如（Fehl Gottes）」（GA5, 269）による「乏しい時代」（GA5, 270）を指摘する。そして「救済は退いている。世界は、救いがたくなっている。それによってただ神聖なるものが神性の痕跡として覆蔵されてい続けるだけでなく、神聖なるものへの痕跡、健やかなるものが消えてしまっているように見える。いまだ少数の死すべきものたちのみが、救いがたさを救いがたさとして脅かしてくるのを見ることができることを除いて」（GA5, 295）と述べる。「少数の死すべきものたち」とは、ここでは詩人のことであり、この段落では特にヘルダーリンのことを指している。世界は、救いがたい、それは神聖なるものへの痕跡すら消えてしまっているかのように見えるからである。しかし幾人かの将来的なものは、その救いがたさの中に救いがたさを見ることによって、救いへと転じる契機をみようとする。そのような詩人の中の詩人が、ヘルダーリンだからである。

## 第二節　神の不在

### （1）「帰郷／つながりのある人たちに宛てて」における神の不在

しかしなぜヘルダーリンは、ただ存在の真理と神を詩作するというのみならず、さらに神の不在を詠う詩人だといえるのであろうか。神の不在を詩作するとは、どういう事態なのであろうか。それがここでの主要な問題である。まず「帰郷／つながりのある人たちに宛てて」（一九四三年）におけるハイデガーの解釈をみてみよう。そこにおいてどのようにヘルダーリンは神の不在を詩作しているといわれるのであろうか。

まず帰郷（Heimkunft）とはどのようなことをさすのであろうか。ハイデガーは、ここでヘルダーリンの讃歌「旅

〈Wanderung〉」の中の「根源の近くに住むものは、その場を去りがたい」という詩句を取り上げ、ヘルダーリンの「帰郷」を、「根源の近くへの帰還である」（GA4, 23）という。故郷、ここではシュワーベンの故郷こそ、根源の近くなのである。そこにおいてこそ、「最も喜ばしいものへの隣人関係が根拠をもつのである」（GA4, 23）。

しかしここで注意しなければならないのは、帰郷は、根源にたどり着くということではない。あくまで根源の近くに帰還するというだけである。そしてその根源の近くに帰還するとは、「根源への近さにおいて慣れ親しむこと」（GA 4, 24）を意味するのみである。根源を、悟性的に分解して説明しつくして、自分の所有物にすることができるわけではない。私たちは、根源という「秘事を秘事として守る（hüten）こと」（GA4, 24）ができるだけである。詩人ですら、帰郷を語りつくすことはできないのである（GA4, 26）。

今詩人は、帰郷して、根源の近くに住まおうとする。しかしその神聖なるものを語りつくすことはできない。ヘルダーリンは、この神聖なるものを語るには、悲しみにある最高の悦びが必要だというのであるが、この「帰郷」の中の詩句では、「神を捉えるには、私たちの悦びはあまりに小さすぎる。私たちはしばしば黙していなければならない。神聖な名が不在なのである」（GA4, 26f.）と述べる。この神聖なるもの、つまり根源は、人間の認識能力また言語能力では捉えがたいのである。従って神聖なるものの名が欠けている、不在であるという。

しかしハイデガーは、さらに神聖なるものの名が不在であるのはなぜかと問う。彼は、「神聖なるものは確かに現れ出る。しかし神は遠く離れたままである。蓄えられた発見の時代は、神が不在の時代である。神の〈不在〉は〈神聖な名〉の不在の根拠である」（GA4, 27f.）と述べる。つまり、確かに詩人は、根源の近くへと帰還し、根拠である神聖なるものを探し求めようとするが、神聖なるものの名は欠けていることがわかった。しかしさらにこの神聖なるものの名が欠けているのは、実は神自身が不在であるからだったのだ。今神が不在である故に、詩人が呼ぼうとする名が欠けたままとなっているのである。

ハイデガーは、このような事態を次のようにも表現している。「これは逃げ去った神々の時代であり、到来しようとしている神の時代でもある。これは乏しい時代である、なぜならこの時代は二重の欠如と非の中に立っているからである。つまり逃げ去った神々のもうないと到来しようとする神のまだないの二重の非の中に」(GA4, 47)。つまりもう過去へと去ってしまった神の「もうない」とまだ到来していない神の「まだない」の二重の不在の中におかれているというのである。この時代は、神の不在の時代であり、神の名が欠けている。

しかしハイデガーは、この「〈神の不在〉(Fehl Gottes)は、また欠乏(Mangel)ではない」(GA4, 28)とも述べる。つまり神が不在であることは、何か神の欠陥であるとか、不足であるわけではない。ハイデガーも、ヘルダーリンも、神に何か欠損があるとか問題があるといっているわけではない。不在は、欠陥ではないのである。

だから続けて彼は、「それ故国民はまた、策略によって神自身を作成したり、力ずくで推測上の欠陥を取り除こうとしたりしようとすることは許されない。人々はしかしまた慣れ親しんだ神をよりどころにすることに安住してもならない。……見かけ上の神喪失に対する恐れなしに神の不在の近くにとどまりつつ、不在の近くに準備しつつ待ち望むこと、このひとつのことのみが詩人が気遣うべきことである」(GA4, 28)と述べる。つまり、私たちは、神の不在を取り除こうとして代わりのものをもってきたり、死んでしまった神を拝んだりすることをやめ、神の不在に耐えるということ、この神の不在に耐えることによって、そこから「神聖なるものの痕跡」(GA5, 295)を見出すことが求められている。詩人の中の詩人、ヘルダーリンは、この神の不在を見つめ、そこに耐えた詩人であったといえるであろう。ハイデガーは、「この思慮深く慎重な人々の中から神のまだ続く不在を持ち堪えることを自身でもう一度学ぶ根気のいる勇気をもった、ゆったりとした人々が生じてくる」(GA4, 29)という。

ハイデガーがよく引用する讃歌「パトモス」は、「神は近くまた捉えがたい。しかし危険のあるところまた救うものも育つ」（GA4, 21）という詩句で始まる。神は、捉えがたい。神聖な名は欠けている。詩人ですらその言葉を見出すことはできない。それは神自身が不在だったからである。そしてその神の不在を耐え抜くことが求められている。ヘルダーリンの稀有なところは、その神の不在のうちに神聖なるものの痕跡を求めたことにある。まさにそのような危険の只中においてのみ救いが成立してくるからである。そこから眼をそらしてはいけないのである。

### （2）「詩」における神の不在

以上の事態をもっと詳しく見てみたい。「詩」（一九六八年）からこの神の不在はどのようなものであるのかを考えてみよう。

詩人は、帰郷することによって根源の近くに到来することになる。しかしこの近さは、「二つの場所の距離をできるだけ短い距離として測ることとして理解」（GA4, 24）されてはならない。この近さとは、二点間の最短距離ではない。そうではなく、近さの本質は、「近さが近いことを遠ざけておくという仕方で、近いことを近くするということのうちにある」（GA4, 24）といえるであろう。近さとは、根源に対する適切な距離のことである。根源を悟性的に分析して、自己の所有物にすることはできない。根源に近づくとは、根源を根源としてそのまま守るということである。根源は、神の不在として、神の名の欠けとして現れてくるものである。従って、根源に対する適切な距離とは、神の不在をそのまま耐えるという秘事となる。

しかしさらに今ハイデガーは、ヘルダーリンの「多島海」という詩に付け加えられた詩句を思索する。それは「しかし現前する神々はそんなにも近くにいる神々なので、私は神々が遠く離れているかのように、また雲の中に暗くいるかのように、いなければならない」(GA4, 185)となっている。ここで問題なのは、「神々がそんなにも近くにいる」という事柄である。

しかしハイデガーは、先の「帰郷」においては、「しかし神は遠く離れたままである」(GA4, 27)と述べていたし、「ヘルダーリンの詩作の本性」においては、「逃げ去った神々」の「もうない」と「到来する神」の「まだない」を論じていたのではないだろうか。神は遠く離れているので、神は不在であるといわれていたのではないだろうか。あるいは神はもう過ぎ去った、または神はまだ到来しないので、神は不在であったのではないであろうか。この「詩」におけるヘルダーリンの詩句「現前する神々はそんなにも近くにいる」というのは先の詩句と矛盾するのではないだろうか。

ここでハイデガーは、もう一度このヘルダーリンの使っている「近さ」と「遠さ」という言葉の意味を吟味する。それは測量によって測ることのできる距離ではなかった。不在を不在として耐え抜くことのできる適切な態度のことを意味していた。ハイデガーは、さらにこの「そんなにも近い(so nah)」という表現を注意深く読み取る。この「そんなにも近い」は、実を言うと「あまりにも近い(zu nah)」を意味しているのではないかというのである(GA4, 186)。つまり、神は、あまりに近すぎて、神の不在すら不在として適切に理解することができなくなっているのである。つまり、不在を理解できないという意味では、近すぎることも遠すぎることも同じ事態になる。(6)つまり焦点があっていないのである。

先ほどあげたパトモス讃歌は「神は近くまた捉えがたい」(GA4, 186)という詩句であった。つまり、ここで言えることは、この場所は、神があまりに近くにいるので、かえって遠くにいるという事態のことである。「詩人が神々を呼ぶ（nennen）べき場所は、詩人にとっては名を呼ばれるべきものたちがその到来の現前において遠くにおり、まさに到来するものたちであり続けるという仕方である」（GA4, 187f.）。この近さは、まさに神々を捉えがたいという意味で遠くにいることを意味している。詩人は、この神々の遠さを遠さのままに捉えなければならない。「この遠さが遠さを開示するためには、詩人は、神々の差し迫ってくる近さから撤退しなければならず、また神々を〈ただ静かに〉呼ばなければならない」（GA4, 188）。詩人にとっては、神々の不在を不在として守ることが重要なのである。

詩人は、神を不在のまま呼ばなければならない。この呼ぶということは、「経験させつつ示すこと」（GA4, 188）である。さらに「しかしこの呼ぶということが、呼ぶべきものの近さから遠ざかりつつ起こらなければならないならば、遠くにいるものをこのように言祝ぐことは、遠さへの言祝ぎとして叫びとなるのである」（GA4, 188）という。詩人は、神々の遠さ、神の不在を遠さと不在として呼びかける。この呼ぶという行為は、遠さを遠さとして、不在を不在としてそのまま守るという働きをするのである。「名は、覆い隠す（verhüllen）ものでなければならない。この呼ぶことは、露現する呼びかけとして同時に覆蔵するものである」（GA4, 188）といえるであろう。つまり、詩人の詩の言葉、それは不在を不在として呼びかける名であるが、その名は、神の到来と不在を明るみにすると同時に隠し保つのである。このようにして神の不在は、保たれるのである。

神聖な名は、覆い隠しつつ露にする名であった。それによって神々の「到着（Ankunft）と近さ（Nähe）、また逃亡（Flucht）と脱去（Entzug）」（GA4, 189）を示すことができるのであろう。

以上のような詩人の詩作、詩作の言葉（名）の働きによってこそ、神の不在は不在として保たれており、詩人はそこに耐え続けるということができる。しかしハイデガーは、さらに続けて以下のように言う。「近づいてくる神の遠さが、詩人たちにその現存在の地域への方向を示す。そこでは詩人の現存にとって、地盤がつまり自分たちを支えている根拠が離れ沈んでいる。この根拠の不在をヘルダーリンは〈深淵・脱根底（Abgrund）〉と名づける」（GA4, 190）。詩人は、神の不在に耐える。しかしその耐える姿勢を、支えるものはない。神の不在とは、自分たちを支える根拠すら不在であることを示している。その拠り所のなさを〈深淵・脱根底・脱根拠〉というが、その深淵・脱根底の中に耐えることが求められている。

私たちは、このような事態を、ある種の否定神学の伝統の中に位置づけることが許されるのではないかと思う。詩人は、神を名づける名をもたない。それは神自身が不在であったからであった。詩人は、そのような根拠不在の中で耐えつつ、神聖なるものの痕跡を求め続けている。詩人こそ、今「神から必要とされているもの」（GA4, 191）であるといえる。

## 第三節　神を超える自然

さて、これまでの考察は、ハイデガーがみたヘルダーリンの神の現れに関する考察であった。つまり詩人の側からみられた限りでの神の考察であった。その考察自身が、否定神学の伝統に属することは明らかであるが、さらにヘルダーリンは、神自身をどのように詩作しているのであろうか。この神自身の不在というのは、どのような事態であるのだろうか。その省察を「あたかも祝日のように」（一九三九年）からみてみようと思う。

ここにおいては、自然が思索される。自然とは、ドイツ語ではNaturであるが、その元になっているギリシア語は、ピュシスである。ピュシスは、ギリシア語では成長を意味する（GA4, 56）。成長とは、量的な増加のことではなく、現れ出ること（Hervorgehen）であり開き出ること（Aufgehen）である。それは、自己開示しながら自らを閉じる働きをする。ピュシスとは、「現れ出つつ自らに戻ること（das aufgehende In-sich-zurück-Gehen）」(GA4, 56) である。ハイデガーは、ヘルダーリンがこのピュシスとしての自然が、「一切の命（Allebendige）」の源であり、「万物の創造者（Allerschaffende）」であるといっている（GA4, 57)。

ヘルダーリンは、この自然を〈神聖なるもの（das Heilige）〉としている（GA4, 58)。これまでの考察では、神聖なるものとは、神や神々のことであった。しかしここでのハイデガーの思索では、自然をこそ〈神聖なるもの〉としている。では、この神と自然とはどのような関係になっているのであろうか。

ヘルダーリンは、この詩の中で「そして西洋や東洋の神々を超えて、自然は今や武器の響きとともに目覚めた……」と詠っている。ハイデガーは、ここから「自然は人間たちや諸民族や諸事物に割り当てられた諸時代よりも古い」（GA4, 59）と述べる。自然は、一切の命の源であり、そこからすべてのものが成長してくる。この「古い」は、ただ時間的に古いというよりも、根拠の順序として一切に先立っているということを意味しているはずである。人間の歴史の根拠として、自然がある。

またハイデガーは、「この〈自然〉は、最も古い時代であるが、また決して形而上学的に考えられた〈超時間的〉ということでもなく、まったくキリスト教的に思索された〈永遠なるもの〉でもない」（GA4, 59）と述べる。この自然は、人間の歴史の根源であるが、しかし何か超時間的であるとか永遠とかというキリスト教神学的な形而上学で考察される表象では捉えられない。彼は、ここで形而上学的な思弁を批判している。むしろ形而上学的な思弁がでてくる源泉と由来を指し示そうとしているのである。

自然は、ここでは「あらゆる現実的なものや働きに先立ち、神々にさえも先立っている」（GA4, 59）のである。

ハイデガーは、「自然は〈これらの〉神々を超えている。自然、〈この力のあるもの〉は、さらに神々とは異なったものでありうる」（GA4, 59）と述べる。ここでいう自然は、形而上学的に思弁された神や神々を超えている。そのような神の根拠となる自然を意味している。ピュシスから神々が成長してくるとさえいえるのである。

これまで述べてきた「神聖性」とはどのような意味だったのであろうか。ヘルダーリンは、自然を神聖なるものと呼んでいる。それは自然が諸時代よりも古く、神々を超えているからであった（GA4, 59）。自然は、神々の根拠なのである。ハイデガーは、「それ故〈神聖性〉は決して固定している神から借りてきた特性などではない」（GA4, 59）という。この神聖性とは、決して形而上学的に永遠の超時間的な存在者である天使や神に付与される属性ではない。そのような形而上学の源泉がどこにあるかを指し示すことができる故に神聖なのである。「この神聖なものは、それが神々しいから神聖なのではなく、神々しいものが神々しいのは、それがその仕方で〈神聖〉であるゆえ」（GA4, 59）。

しかし問題は、この形而上学的ではない神聖なるものである自然とは何であろうかということである。神を超えた自然とは何をさしているのであろうか。この続きの節には、「そしてエーテルから深淵・脱根底（Abgrund）まで下って、定められた掟に従って、昔のように、神聖な混沌から生み出され……」と続いていく。ハイデガーは、ヘルダーリンがこの〈神聖な〉自然をエーテルから深淵までと表現していることを、エーテルが「すべてに生命を与えて光を送る空気、光の父の名前であるとし、この深淵・脱根底はすべてを閉じ込める（das alles Verschließende）」ことを意味しているという（GA4, 60f.）。すなわち、彼は、ここで自然は、存在を現しつつ閉じ込める働き、つまり露現と覆蔵との働きであるとみている。彼は、この露現と覆蔵との働きの中に神性を見るのである（GA4, 61）。

しかもこの露現と覆蔵との働きを混沌とも呼ぶ。この混沌は、単なる無秩序ではない。そうではないが、しかしそこには、決して人間の悟性によって分解整理でき、捉えつくすことのできる働きはないと考える。そうではなく、すべての存在の根源としてそのような人間の営みの一切の根拠・根底となっている働きなのである。従ってそこからあらゆる神論がどうしてでてきたかという由来も潜んでいる。ハイデガーは、「これらの諸力は神々から由来するのではなく、神々がこれらの諸力によって存在するのである。これらの諸力は、〈すべてに生命を与え〉すべてをまた神々をもその〈生命〉の中に保つのである」（GA4, 65）と述べる。ここでこそ形而上学の源泉を探ることのできる場所を確保できるのであろう。そのような意味で、神を超える自然を追求する神論は、否定神学の伝統の中に位置づけられるといってもいいのではないであろうか。

このような神と神を超えた自然を語ることは、詩人でも容易ではない。「詩人でさえ決して自分自身の感覚で神聖なるものに到達することはできないし、あるいはまた決してその本質を汲みつくすことはできないし、このような問いによって自分自身に迫ることもできない」（GA4, 66）といわれる。もちろんヘルダーリンのような詩人しか、このような神や自然を詩作することはないであろう。しかしその詩人ですら、神や神を超えた自然を語ることは稀有なことである。

しかしこの詩作の語（Wort）の中に神と神を超えた自然が、宿るのである。「神聖なるものは語（Wort）を贈る、そして自身がこの語の中に到来する。語は神聖なるものの性起である」（GA4, 76f.）といわれる。そしてこの語の働き（Wort-Werk）（GA4, 69）の中に神と人間の共属が起こりうるのである。ハイデガーは、ヘルダーリンの詩作の中に、このような語の働きを見ている。決して神聖な名は与えられないのであるが、その中で神聖な名の痕跡を求めて詩作する中で神と人間の出来事・性起が起こりうることがあるのであろう。

## 結び

ヘルダーリンの詩作の淵源は、もちろん古代ギリシアに求められる。しかし以上のような神論は、単純にギリシアのものではない。ハイデガーは、「このような仕方で到来しようとしている現前するものたちは、もちろん古代ギリシアの再びやってくる逃げ去った神々ではない」（GA4, 184）と述べる。従ってヘルダーリンは、ただ単純にギリシア時代の神々を詩作しているわけではない。

しかしだからといってキリスト教の神をそのまま詩作しているのでもない。ハイデガーは、一般的なヘルダーリンの解釈を覆して、讃歌「唯一者」の後年の変更箇所は、「キリスト者の神だけがまさに唯一者ではないということをいおうとしている」（GA4, 74）という。一般的な解釈に従えば、この詩はキリストを詠っていると言われるのであるが[7]、ここでハイデガーは、そのような解釈を覆そうとする。そしてヘルダーリンは、もっと深いところから詠おうとしているというのである。

その是非はともかくとして、彼が、ヘルダーリンの詩作を思索するのは、ただ単なるギリシアの神々とかキリスト教の神を問題にしているのではないということである。そうではなく、そのような一般に流布している、存在・神・論としての形而上学を前提にした神についての思索を批判しており、むしろその存在忘却に陥ってしまっている形而上学の由来と源泉を示そうとしているのである。

そのような形而上学の由来と源泉を指し示すことのできる場所とは、詩人が詩作しようとしてかろうじて示唆することのできた神であった。その神とは、近すぎてかえって遠くに離れている神であり、不在の神である。その神の不在の故に神聖な名が欠如するのであった。またその神自身は、神を超えた自然に根拠をもつ、あるいは無根拠・脱根底をもつ神であった。その深淵・脱根底とは、混沌であり、露現と覆蔵との運動なのである。このような思索は、否定神学の伝統の中に位置づけることが許されるであろう。[8] そのような場こそ、形而上学の淵源であるといえるのではなかろうか。「この詩作的なるものは、それ自身形而上学の観点からはもはや十分に思索されえないあの計り知れぬ深みへと引き下がっていく[9]」ことによって、形而上学の克服[10]が可能となる。

従って『哲学への寄与』に即して言えば、ヘルダーリンとの対話こそ、「始源的思索（das anfängliche Denken）」（GA65, 395）を遂行するものである。つまり、第一の始源の歴史、つまり近代の自然科学・技術を基礎にした作為の世界に至る形而上学の歴史を批判し、その源泉を探ることのできる場を見出すのである。その場こそ、別なる始源と呼ばれる場所である。ヘルダーリンこそ、そのような場に気づき、詩作していたといえる。[11]

ハイデガーのヘルダーリン論とは、決して文芸批評ではない。[12] 彼自身、『哲学への寄与』において「あらゆる〈文芸的〉また詩作的・歴史的比較は……克服されなければならない」（GA65, 422）と述べている。そうではなく、彼はヘルダーリンの神の詩作を通して、形而上学の超克を目指している。その地点とは、詩人によってかろうじて届きうる否定神学的な場なのであろう、そしてそこからこそ形而上学の超克が可能となる。

註

（1）　Vgl. Beda Allemann, *Hölderlin und Heidegger*, Zürich und Freiburg im Breisgau 1954, S.14. 邦訳は、ベーダ・アレマン著『ヘルダリーンとハイデガー』小磯仁訳、国文社、一九八〇年、二九頁参照。また「祖国への回帰」のドイツ語は、》Die vaterländische Umkehr《である。

（2）　たとえばMartin Heidegger, GA 52, *Hölderlins Hymne »Andenken«*,Frankfurt a. M. 1992 ₂, S. 128（邦訳『ヘルダーリンの讃歌「回想」』

三木正之、ハインリッヒ・トレチアック訳、創文社、一九八八年、一六七頁）では、「南国と、詩人の故郷の国、ギリシアとゲルマーニエン、その両方がその覆蔵された関連を開顕する。この関連は、両者の〈文化〉の精神史といった、史学的に物語られうる関係において尽きてしまう底のものではない。この関連自体が、一個の詩人的建立による言葉のなかに基づけられているのである」と述べられるように、ハイデガーもヘルダーリンの詩作の中にゲルマーニエンとギリシアの密接な関連を見出している。

（3） Ulrich Häussermann, *Friedrich Hölderlin*, Reinbeck bei Hamburg 1961, S. 29ff.（邦訳は、ウルリッヒ・ホイサーマン著『ヘルダーリン』野村一郎訳、理想社、一九七一年、三六頁以下参照。）また、ヘルダーリンは、母親の意志であったが、ヘーゲルとシェリングとともにテュービンゲン大学で神学を研究する。さらにその後ヘルダーリンは、ヘーゲルにあてて「神の国」の思想を開陳する。その「神の国」とはルター、カント、ヘルダーによって育まれた「見えざる教会」の思想であった（Hässermann, ebenda, S. 73）。これらの例からも、ヘルダーリンの詩作の圏域の源流に、キリスト教思想が流れていることは明らかである。

（4） P・ディンツェルバッハー編『神秘主義事典』植田兼義訳、教文館、二〇〇〇年、三四四頁。

（5） Allemann, a.a.O., S.121. また Emil Kettering, *NÄHE Das Denken Martin Heideggers*, Pfullingen 1987, S. 203.（邦訳は、E・ケッテリング著『近さ——ハイデッガーの思惟』川原栄峰監訳・小柳美代子・関口浩他訳、理想社、一九八九年、一九七頁以下）には「ハイデッガーと同様私も、ヘルダーリンの詩作の根源的な衝撃を神々の逃亡の経験という点に見る」と述べられる。

（6） 坂本堯著『宇宙精神の先駆　クザーヌス』春秋社、一九八六年、二一九頁において、坂本氏は、神秘思想には、三つのタイプがあると述べる。第一のタイプは、神の超越を求めるもので、それは無神論的世界と同様になる。第二のタイプは、神の内在を説くもので、これは神性と人間性が一体となってしまう。それ故第三のタイプ、神の超越と内在を同時に説くタイプの神秘思想のみ成立しうる。例えば、アウグスティヌスは、『告白』において、「あなたは、私のもっとも内なるところよりもっと内にましまし、私のもっとも高きところよりもっと高きにいられました」（3・6・11）（アウグスティヌス著『告白』山田晶訳、山田晶〈責任編集〉『アウグスティヌス』（「世界の名著」14）中央公論社、一九七五年所収）と述べているものなどは、この第三のタイプに属する。ハイデガーが、神の不在を神の遠さだけでなく、あまりに近すぎるという神の近さにも見ていることは、神の超越と内在との両者に求めているとも理解できると思われる。

（7） Häussermann, a.a.O., S.133. また加藤泰義著『ハイデガーとトラークル』芸立出版、一九九三年では、この讃歌「唯一者」は、「ヘラクレス、ディオニュソス、キリストの三者を兄弟として捉えるとともに、なおキリストを特別切望する根拠を求めた歌である」

（一七七頁、二五四頁）と述べられる。加藤氏は、ではなぜハイデガーは、「ヘルダーリンがこの讃歌で言おうとすることはキリスト教徒の神が唯一者ではないということだとする」のかと問い、ヘルダーリンはそこでキリストに傾きすぎたことを行き過ぎとしているからだという。ヘルダーリンは、キリストと神々との間のバランスをとろうとしている、と。加藤氏は、このようなハイデガーの解釈には無理があるとして、やはり、ヘルダーリンは、「唯一者」という詩で、キリストを最後の神としていると述べる。

さらに彼は、『哲学への寄与』における「最後の神」もキリストのことをさしているという（二六四頁）。しかし筆者は、ハイデガー自身が最後の神をキリストだと述べていないことや、『哲学への寄与』という著作には、形而上学の超克というモチーフが色濃くでていることから、あくまで哲学的な思索の領域に留まっているのではないかと思い、そのような解釈を取らない。

（8）否定神学とは、一般に人間の認識の有限性によって神の認識ができないので、否定的に近づいていくという運動のことをさしているので、ハイデガーの「逃げ去った神々」とか「神を超える自然」というふうに一見すると神を相対化してしまう言説が否定神学の伝統に属さないという主張もあるかもしれない。しかしそのような表現によって神が相対化されてしまうのではなく、そのような否定的な語り方によってかえって神の自存性が主張され、存在忘却に陥った形而上学の原因を探る地点を神のうちに見出すことができるのである。

（9）Allemann, a.a.O., S. 205.

（10）GA 52, 143. ここでハイデガーは、ニーチェの力への意志の思想が、近代形而上学に根ざしているのに対して、ヘルダーリンの詩作は「あらゆる形而上学の克服（Überwindung aller Metaphysik）」の先触れとして理解しなければならないことを指摘している。

（11）Kettering, a.a.O., S. 203.

（12）ハイデガーのヘルダーリン解釈が、単なる文芸学（Literaturwissenschaft）ではないということは、ケッテリングも述べている。「まさにハイデガー自身が自らの諸解釈に対していかなる文芸学的自負も持っていなかったのであり、自分を意識的に文献学の外に置いたのであるから、そのような分析はわれわれの問題性の事象内容にわずかの寄与もしないであろうからである」（Kettering, a.a.O., S.184）。

# 第六章　シェリング論と無底の神学

ハイデガーは、多くの講義録を残しており、それらは一九七五年以来全集として刊行されている。ニーチェやヘルダーリンに関するものだけでなく、カントやヘーゲルなどの講義録も多く存在する。それらは一人の詩人や哲学者についての講義録であるが、その著作に関する文献学的な講義ではない。ハイデガーは、そのような講義を行うつもりはなく、一人の詩人、一人の思索者と向き合い、「対決（Auseinandersetzung）」（vgl. GA65, 58）して、対話を行い、その本人が意図せざるもっと深い観点から、つまり存在の問いという観点からその著作を抉り出すという作業を行っている。「『正しく理解すること』は、『よりよく理解すること』」（GA25, 4）なのである。

本章はハイデガーのシェリング論を取り上げるが、ハイデガーがただ単にシェリングの自由論の著作を文献学的に正確に読みこなしているかどうかを吟味するつもりはない。そのようなことを期待しても裏切られるだけである。それよりもハイデガーが、いかにシェリングの自由論の著作と対決して、対話を行い、自分自身の思索に取り込んでいったのかを検証しようと思う(1)。

ハイデガーは、一九二六年四月ごろヤスパースからシェリングの小著作集を贈ってもらっている。彼は、同年四月二四日付けのヤスパース宛の手紙に、その感謝の意を表している。「このシェリング小著作集のことについて、私はあなたに本日さらにもう一度明白に謝意を表さなければなりません。シェリングは、哲学的には思い切ってヘーゲルよりずうっと先へと進んでいます。たとえ彼が概念的にはより無秩序であるとしても。自由論を私はただ読み始めただけです。この本は私にとってあまりに価値が高いので、私はそれをただ一度読むだけで知ってすませたいとは思いません」(HJ, 32)。[2]彼は、特にシェリングの自由論を高く評価して、それを何度も読み、深く理解したいと申し述べている。

さらに一九二七年九月二七日付けのヤスパース宛手紙で、この気持ちの変わっていないことを確かめることができる。そこには、「あなたが私にシェリングの小著作集を贈ってくださって以来、自由論はもはや私を離しません」(HJ, 80)と述べられている。この自由論の本は、ハイデガーを虜にしているのである。このとき以来、彼は、シェリングの自由論を徹底的に読みこなし、そこから自分自身の思索へと活かすことのできる思索を取り出していくのである。

ハイデガーのシェリングに関する講義録は、五つある。一つは、全集二八巻にある『ドイツ観念論(フィヒテ、シェリング、ヘーゲル)と現在の哲学的問題状況』の中の第二部「初期シェリングに関する中間的考察」である。そこではシェリングと自然哲学との関係を問うている。しかしその記述はあまり多くなく、しかも自然哲学に関する考察であり、この章の目的からは外れるので、この著作を扱うことはしない。

またハイデガーは全集八八巻の『演習　一九三七/三八年と一九四一/四二年』においてもその中の「一　西洋の思索の形而上学的基礎」においてシェリングの同一哲学及び消極哲学と積極哲学との違いについて論じているが、自由論についての記述はない。さらに全集八六巻『演習　ヘーゲル―シェリング』が最近刊行されたが、これについては今回は参照することができなかった。

第四は全集四二巻にある『シェリング　人間的自由の本質(一八〇九)』(一九三六年夏学期講義)であり、もう一つは全集四九巻にある『ドイツ観念論の形而上学　シェリングの新たなる解釈―人間的自由の本質とそれに連関するもろもろの対象に関する哲学的探究（一八〇九）』（一九四一年夏学期講義）である。この両者はシェリングの自由論を考察しているのであるが、両者の講義では、ハイデガーのシェリングに対する見方はかなり異なっている。一九三〇年代の前者の著作においてハイデガーは、シェリングを積極的に評価して、その自由論の本質的な論点を掬い上げ、自分の思索の源泉として理解しようとしているのに対して、一九四〇年代の後者の著作においては、タイトルにもあるように、シェリングを形而上学の完成者としてみて、それを乗り超えなければならないものとしている（GA49, 1f., 131）。本章の意図は、ハイデガーがシェリングと対決して、いかにシェリングの自由論がハイデガーの思索の源泉となったかを検証するのであるから、前者の著作のみを取り上げたいと思う。ハイデガー自身が、前者と後者の間でどのような解釈上の変化があって、シェリングへの対決仕方が異なっていったのかは今後の課題としたい。

従って筆者が本章で目指すのは、一九三六年の講義で、シェリングの自由論が、ハイデガーの存在の真理への思索の源となり、その裏づけとなっていること、さらにシェリングの自由論とハイデガーの真理論はヨーロッパの思想史の中の神秘思想の否定神学の伝統の中に位置づけられること[3]、ハイデガーはそこから形而上学の超克のモチーフを得ていることを論証することにある。

ここでいう否定神学とは、ディオニシオス・アレオパギテースの『神名論』や『神秘神学』[4]を嚆矢とする神秘思想である。これらの書では、例えば「神は善である」という肯定命題で神に接していく肯定神学に対して、例えば「神は存在ではない」という否定命題を通して神に接していく否定神学を区別している。後者は、まったく認識できない、言語化できない超越者（神）に対して「～でない」という否定をもって接していく方法のことを意味しており、彼は、この否定神学をより高い段階であるとする。それは後にエックハルトやクザーヌス、またヤコプ・ベーメに継承されていく。(5) 筆者はその否定の道が、シェリングの自由論を通してハイデガーの真理論の思索の中へと深く刻まれていることを論証したいと思う。(6)

従ってまずハイデガーによって講義された限りでのシェリングの自由論をまとめたい。そしてそのまとめに従ってそれぞれどのようにハイデガーの真理論の源泉となっているかを論証していきたい。第一にシェリングの自由論は体系と自由、必然性と自由、汎神論と自由の相克という問題設定となっていることを明らかにし、そこにハイデガーの真理と自由の関係の源泉をみる（第一節）。さらに悪がどのように体系の中に位置づけられるかという問題を神の実存と根底という関係の中で解決しようとしたシェリングの試みを詳らかにし、その試みとハイデガーの真理論との関係をみる（第二節）。そしてシェリングの自由論における最大の問題である「無底（Ungrund）」をめぐるハイデガーの議論を取り上げたい（第三節）。結語では、ハイデガーが神秘思想をどのように位置づけていたか、さらに一九三〇年代において形而上学の歴史をどのように考えていたかを明らかにしたい。

## 第一節　体系と自由との相克

ハイデガーは、シェリングを論じるにあたって、自由の問題から出発する。それは単に何をしてもよいというような人間の恣意的な自由ということではなく、人間の自由の根拠となっている存在者全体に対する自由である（GA42, 15）。「いかに人間の自由と自由であること（Freisein）が存在者全体と共に立ち存在者の全体に組み込まれる（sich einfügt）か」（GA42, 33）を示すということが問題となっているという。単独の人間の自由を論じるのではなく、存在者全体との関係における自由を論じる。その自由論こそ、本来の意味での自由を論じることになるのである。

従って、ハイデガーは、シェリングの問題設定は、「自由の体系」（GA42, 37）が可能であるかということにあるとする。存在者全体の問題とは、体系の問題となるからである。しかしここから、果たして自由と体系とは矛盾せずに両立するのであろうかという問題が生じる。「自由の概念は、そもそも体系と両立しない」（GA42, 37）のではないだろうか。体系は、すべてが必然性によって張り巡らされているのであるから、自由の入る余地はないのではないか。ハイデガーは、シェリング自身が発しているこの問いを正面から受け取り、論じようとする。

そこからハイデガーは、そもそもここにおいて体系とは何を意味しているのであろうかと問う。彼は、体系といってもそこには真の体系と真ならざる体系を区別できるという。例えば「西洋哲学の端緒は、体系（System）のないままであった。しかしそれにもかかわらず、いやまさにそれ故にこの哲学することは徹底的に〈体系的（systematisch）〉であった」（GA42, 47）という。それは単に知の組み合わせや集積としての体系ではなく、一つの根拠となる原理とそれに基づく接合性格（Fugencharater）を要求するのである。従って、「あらゆる［真なる］哲学は体系的である、しかしあらゆる哲学が体系［的］であるとは限らず、しかも単にそれが完結していないという理由で体系［的］でないというわけでもない」（GA42, 51）（括弧内は筆者が付加した）といわれるのである。

ハイデガーは、この自由と体系との関係を、人間と存在者全体との関係と捉えなおす（GA42, 80）。しかし彼は、観念論においては、両者の関係の知は、感性的な経験とはならないのであり、非対象的なものである絶対者の知として考えなければならないとする。人間の認識においては、すべてが感性的で対象的な知となってしまうからである。観念論においては、存在者全体の問題は、まず絶対者の問題として問われていたのであるから、人間と存在者全体との関係の問いは、絶対知（神の知）へと向かう道となるのである。この絶対知において、初めて自由と世界全体とが両立するのであるから、「体系は、少なくとも、まず最初にそこにあるので、あらゆる真存在〈Seyn〉の根拠において、つまり〈根源存在（Urwesen）〉において、つまり神においてなければならない」（GA42, 86f.）のである。

さらにハイデガーは、この体系と自由との関係を、「必然性と自由との相克」とする。「哲学はそれ自身において必然性と自由との相克である」（GA42, 100）。哲学の醍醐味は、この必然性と自由との相克をどのように解決できるかということにある。

体系は、存在者全体、つまり世界全体に関する体系であった。しかも存在者全体の知は、観念論においては、絶対知であった。従って、存在者全体の知は、必然性の知として神の中の問題となるので、体系の問題は、汎神論の問題となる。世界全体の必然性を問うことは、世界全体と一致した神を問うという問題となるからである。ここから体系と自由との問題は、神の無制約性と人間の自由の無制約性との相克の問題となる。体系と自由の問題は、必然性と自由との問題であり、同時に汎神論と自由の問題となるのである。しかしここから、汎神論は、そもそもすべてが必然的に決定されているという宿命論ではなかったのか、そうであるならば、自由は許容できないのではないかという問題が生じてくる。汎神論の体系の中にどのように人間の自由がありうるのであろうか。

ハイデガーは、シェリングがこの問題に果敢に取り組んだ真意を明らかにしようとしている。彼は、シェリングと共に決して汎神論と自由は背反しない、汎神論と自由が背反するのは、その汎神論の捉え方がおかしいからだという。そしてハイデガーは、「今や根源存在もわれわれの自由の事実も取り除かれないならば、それでもってそもそも両者が存在し、一方が他方とともに存在し、それ故このわれわれの自由が端的に根源存在の無制約性に対立しえないのであるから、人間が神の〈横に並んで（neben）〉、神の〈外に（außer）〉あるのではなく、人間が神に〈対立する（gegen）〉のでなく、神〈へと（zu）〉あること、人間が何らかの仕方で根源存在に属し、根源存在の中にある場合にのみ、人間がこのようなものであるということを認識する以外に逃れる道は存在するのか」（GA42, 122）と述べる。つまり、真の体系であれば、真の必然性であれば、真の汎神論であれば、人間の自由は、根源存在としての神に従属するはずであることを告げる。必然性としての神と両立するぎりぎりの自由こそ本来の自由である。あるいは人間の自由と両立する限りでの必然性こそ、本来の必然性である。このような自由は、「有限な無制約性（endliche Unbedingtheit）」、あるいは、「依存的非依存性（abhängige Unabhängigkeit）」（GA42, 122f.）と呼ばれるのである。

またハイデガーは、シェリングにならって「万物は神である」「おのおのの個物は神である」「神は万物である」（GA42, 148）という三つの命題を論じている。彼は、最初の二つの命題は、汎神論の命題として相応しく無い、第三の命題こそ汎神論の命題として妥当するという。しかもそこで使われているコプラは、「一様性（Einerleiheit）」（GA42, 133, 148）を意味しているのではなく、「主語が述語であるということは、主語が述語の存在可能性を根拠づけていることを、つまり述語の元に存在している根拠のことを意味している」（GA42, 135）という。すなわち、例えば、「神は万物である」という汎神論の命題におけるコプラの同一性は、述語が主語に従属している関係を意味していて、万物の根拠は神であるということを意味している（vgl. GA42, 150）。従って、「汎神論が必然的に自由を否定することに導くことはなく、逆に自由の根源的な経験は汎神論を要請することを示そうと試みている」（GA42, 128）といえる。

さて、ハイデガーは、ここで自由を単に人間の恣意的な意志能力として考えていない。彼は、シェリングに沿って、体系と自由、必然性と自由、汎神論と自由との相克関係を問題としている。そしてシェリングの自由論を存在論として読み込もうとしている。「汎神論と自由との両立可能性の問いの基礎またそれ故自由の体系の可能性への問いの基礎は、存在論的なものである」(GA42,147)。つまり、前述のようにハイデガーは、両者の関係を存在者全体と自由であること(Freisein)との関係と読み込み、さらに体系の原理は、真存在そのもの(Seyn selbst)ではないかと自問する(GA42, 110)。汎神論の問いは、「存在者全体の根拠への問い」(GA42, 112)であるから、存在者全体と人間の自由との関係の問いとなる。しかもハイデガーは、この問いは、「真存在の本質への問い」であり、「この本質の真理への問い」であるという(GA42, 112)。なぜなら真存在が、人間へと現れてくるという、真存在と人間との間の関係が問題となるからである。従って、真存在の問題とは、現れ、隠れなさとしての非覆蔵性(Unverborgenheit)としての真理の問題となるのである。存在者全体と自由の関係は、真存在と自由の関係の問いとなるのである。ハイデガーは、シェリングの自由論を自らの存在論への基盤として読み込もうとしていることがわかる。彼にとっては、存在論は真理論であるのだ。

ハイデガーの一九三〇年代の真理論においては、真理と自由との関係が鋭く問題となっていた。『真理の本質について』(全集三四巻)(一九三一/三二年冬学期講義)においても、「存在を理解することは、存在者それ自身に自由を与える」(GA34, 60)と述べられ、存在の真理(光)と現存在の自由との相克が述べられているのである。普通自由は、人間の恣意的意志という一能力と考えられれば、真理に従属することは考えられない。しかし、ハイデガーは、シェリングの自由が神の必然性へと組み込まれるように、自由を真理へと「拘束させよう」(GA34, 59 参照)とする。「自由を与えるものへの(zu)(光への(zu))態度がそれ自身自由となることである」(GA34, 58f)と述べる。[7] 真理は自由の根拠なのである。このような意味においてハイデガーのシェリング論は、彼の存在の真理論の源泉となっているのである。

## 第二節　悪の起源――実存と根底

ではこの自由の体系とはどのようなものとなるのか。存在の本質は自由であった。ハイデガーは、シェリングの「意欲は根源存在である」という言葉を引いて、「根源的真存在は意欲（Wollen）である」（GA42, 164）という。自由の体系の問題は、この意欲を必然的な体系にどのように組み込むことができるかという問題となる。

さらにシェリングは、意欲は自由の問題となるのであり、「人間の自由とは、善と悪への能力である」（GA42, 167）という。「悪は人間の自由であること（Freisein）の一つの仕方である」（GA42, 192）。そこから悪というものが体系の中にどのように位置づけられるのかという問題が生じてくる。必然的な体系であれば、悪の入り込む余地はないではないか。ハイデガーは、シェリングとともに「悪を体系に組み込む様々な可能性を究明する」（GA42, 170）のである。

この体系と自由の問題は、汎神論と自由の問題であった。世界全体という必然的な体系は神が世界全体と一致しているから汎神論の問題となる。そして世界全体が神と一致する汎神論の中に自由はありえるのかという問題となる。さらに汎神論の中に、自由を組み込むということは、汎神論という体系の中に悪の問題をどのように組み込むかという問題となる。しかも神の体系の中に悪がどのように生じてくるのか、あるいは神の中に悪の根拠はないはずであるのに、そこにどのようにして悪が生じてくるのかという哲学史上弁神論といわれた問題を扱うことになる。もちろんシェリングも悪の起源を神のうちに認めることはできない。あくまで悪の原因は、人間にあるのだ。「悪はそれ自身やはり人間の自由によって措定されるのである」（GA42, 177）。

しかし悪の起源が人間にあるとしても、その人間は神との関係においてのみ存在する。自由は必然性との関係の中において初めて本来の自由であるからである。従ってハイデガーは、「しかし悪への能力としての自由が神に依存しない根をもっていなければならないとしても、他方でしかし神自身が存在者のただ一つの根でありつづけなければならないのであれば、この神から独立した悪の根底はただ神の内にありうる」（GA42, 179）と述べる。つまり、悪の起源は人間にあるが、人間という存在者は神に根拠があるのであるから、悪の可能性の起源もそういう意味で間接的に神に起源があるのではないかと問うのである。

そこからハイデガーは、シェリングが、神において「実存（Existenz）」と「実存の根底（der Grund von Existenz）」とを区別していたという（GA42, 186）。ここでいう実存とは「自らから歩み出てくるもの（das aus sich Heraus-tretende）」（GA42, 187）を意味している。それに対して、神のうちなる根底とは、「神のうちにあるあのものであるが、それは本来神自身ではないものである」（GA42, 191）といわれる。換言すれば、根底とは、「神の内なる自然」（GA42, 194）であるともいえるのである。

この実存と根底との関係はどのようになっているのであろうか。普通神の内では、根底は、「歩み出るものを担い、自らに引きつけて結び付けようとするものであり」、実存は、「それ自身をその根底の上に根拠づけまた明らかにその根底をその根底として根拠づけるものである」という。そしてこの「実存と根底とは共属しあっている」（GA42, 198）のである。言い換えれば、根底は重力（Schwerkraft）であり、実存は光（Licht）である（GA42, 199）[8]。両者は〈自然〉という領域の中に共属しているのである。

この事情をさらに詳しく問おう。神の根底の本質は、憧憬（Sehnsucht）といわれる。憧憬は、根底の力であるが、自ら離れて広がっていく努力でありつつ自らに引き戻す努力という二重の背反する運動なのである（GA42, 217）。従ってこの憧憬の働きによって根底としての重力は、実存としての光へと広がっていきつつ、自らの元へ引き戻るという重力の運動になる。遠心力と求心力である。「自然の諸形態がより光るようになりまたより規定されるようになると、根底はより反抗的となり我意となる」（GA42, 231）といわれる。ここでハイデガーは、実存と根底との矛盾背反する力を強調して語っている。さらに「根底は、悟性との本質的な統一においていっそう自らへと引き戻り、また自ら離れて光へと高まっていく限りで、この本質的な統一は、まさに個別化する個別者を生成させることになる」（GA42, 250）と述べられる。つまり、この重力と光、根底と実存との背反する力が、個別者の生成の根拠となっているのである。

悪の起源はあくまで人間の自由にあった。しかしそれはどのように体系に組み込まれることになるのか。人間は、憧憬をもつ。その人間の内に閉じ込められた憧憬は、神の内の神ならざる根底が意欲しているのである（GA42, 245）。その人間の根底の意志が、悟性の光へと高められ言葉となる。それは、「我欲が普遍的意志となる」という状態である。つまり、人間の意志が、神の普遍的意志に合致するのである（GA42, 244）。この場合は、我欲が悟性と言葉となり、必然性と自由との統一、汎神論と自由との統一が生じる。

しかしこの我欲（Eigensucht）が、我意（Eigenwille）として自由に普遍意志（Allgemeinwille）に反抗することがある（GA42, 245）。そこから「我意が、普遍意志を超えて自分を高めることによって、我意がまさに普遍意志そのものであろうと意欲する」（GA42, 247）ことが生起しうる。これはまさに「二つの意志の転倒」（GA42, 247）である。これまで憧憬は、神の普遍意志と一致しており、調和を保っていたが、我意が普遍意志を乗り越え、普遍意志を支配しようとすると、神と人間が転倒することになる。まさにここに悪が生じることになる。

以上で、悪は、人間の自由意志に原因があるのであるが、人間自身が神に根拠をもつのであり、神の根底はこのような意味で間接的に「悪の可能的な原理」(GA42, 262) となることが理解できた。しかしここで彼が、悪の可能性の問題を論じるのにかなりの紙幅を使っているのはなぜであろうか。それは、彼の真理論との関係が問題となっているからではないだろうか。

シェリングの自由は、神に従属するものであった。両者は、相克すると同時に自由が神に従属することによって両立する関係であった。その自由はどのように必然性である神に拘束されるのであろうか。そこで問題となるのは、神の内の実存と根底、光と重力の関係であった。ハイデガーは、シェリングのこの実存と根底との関係とそれへの自由との関係によって、二つの問題を受け継いでいるのである。

一つは、ハイデガーは、シェリングの論じる神の根底を「自らを閉じ込めるもの (das Sichverschließende)」と、実存を「規定するもの (das Bestimmende)」(GA42, 236) と捉えていた。そして遠心力と求心力である両者は、自然の中に共属していた。神自身は、その相互関係によって顕現してくる。それはハイデガーの真理論の淵源となっているのではないだろうか。ハイデガーは、存在の真理を非覆蔵性 (Unverborgenheit) としてとらえていた。しかもその非覆蔵性は、覆蔵性 (Verborgenheit) との関係のうちにある。「覆蔵性への問いの仕方と様式の中に非覆蔵性への問いの根拠と起源と真正性のための基準がある」(GA34, 124)。真理は、真理と非真理との運動すなわち非覆蔵性と覆蔵性との運動として捉えられていた。存在の運動自身が、真理論となるのであった。「存在者の非覆蔵性は、まさに覆蔵性から奪い取られるものであり、覆蔵性との抗争において獲得されるものであるからである」(GA34, 125)。ハイデガーは、彼の真理と非真理との運動としての真理論の淵源をシェリングの実存と根底との緊張関係の中にあるとみているのではないだろうか。

第二にシェリングにとって自由は、神に従属すると同時に善と悪への能力であり、従って神のうちの実存と根底との関係に関わる。自由が、実存と根底の調和へと関係するとき善への能力となるが、根底の力が我意となり、根底と実存の調和である普遍意志を支配してしまうときに悪となった。ハイデガーにとっても、自由は、真理と関わり、真理のうちに基づく限りで本来の自由となることができる。しかし真理と非真理との運動のうちにある限り、自由は迷い、存在を忘却するという事態に陥る。

ここで問題なのは、ハイデガーは、『哲学への寄与』（一九三六―三八年）において存在忘却（Seinsvergessenheit）の原因を存在棄却（Seinsverlassenheit）にみていることにある（GA65, 111）。存在忘却は、ただ現存在に原因が帰せられるのではなく、存在の真理の運動・歴史自身の中に、つまり存在が離れ去ることにある。さらに言えば存在の覆蔵性のうちに原因がある。ハイデガーは、存在の覆蔵性を彼の思索の中心問題に含みいれているのである。その点も、シェリングの自由論を源にしているのではないだろうか。つまり、悪の原因はあくまで人間にあるという点は異なるが、しかしその人間の自由意志は、間接的・可能的に神の根底に由来している。ハイデガーは、存在忘却の淵源を存在の覆蔵性の内にみている。そのようにハイデガーは、自らの真理論の源をシェリングの自由論に探っていたのではないだろうか。

## 第三節　無底（Ungrund）について

シェリングの自由論において最後に問題となるのは、無底（Ungrund）である。ハイデガーは、この無底について、シェリングの言葉を引用しつつ次のように述べる。「しかし神は常に根底と実存によって規定されているもの、つまり〈根源存在（Urwesen）〉である。それは自身あらゆる根底とあらゆる実存者に先立ち、そもそもあらゆる二元論に先立ってある本質存在そのものである。[9] シェリングはそれを〈根源的根底（Urgrund）〉あるいはむしろ〈無底（Ungrund）〉と名づけている。それは〈絶対的無差別（absolute Indifferenz）〉でもある……」（GA42, 213）と述べている。

実は、根底と実存とからなる神の働きは、それ自身無底によっている。つまり、そこには根拠がない、底がないという意味での無根拠によって支えられているということになる。それは、基礎付けられないということを意味している。つまりシェリングの神は、自己原因でもなく、自己根拠づけの神でもない。ハイデガー自身は、この神の無底の働きを掬い上げ、自らの真理論の源泉にしようとしているのではないだろうか。

ハイデガーは、この無底のことをシェリングが呼んだように「絶対的無差別」として、次のように言っている。「この統一はそれ故また根底と実存との二元性以前にある。……この統一は〈絶対的無差別〉である。この統一に帰せられうる唯一の述語は、述語できないということである。この絶対的無差別は、それに対していかなる存在言表もありえないという意味で無（das Nichts）である」（GA42, 280）。つまり、この無底は、いかなる命題も言表も届かない地点であり、無であるという。そのような述語不可能性としての無底、絶対的無差別こそ、実存と根底の働きが生じてくる源泉なのである。その場については、言表することが不可能である。

ハイデガーが、このようにシェリングと同様に無底について述べるのは、やはりそこに彼の真理論を見通しているからである。例えば、『哲学への寄与』の「根拠づけ（Gründung）」の接合において真理論が展開されるが、そこでは、深淵・脱‐根底（Ab-grund）としての時・空が述べられている（GA65, 371f.）。つまり、ハイデガーの真理論の展開する地点とは、実は、覆蔵性と非覆蔵性との関係以前の根拠・根底のない場、根拠・根底を名指すことのできない場を意味している。覆蔵性と非覆蔵性との真理の運動の根底には、深淵・脱－根底の働きが潜んでいる。その意味で、ハイデガーは、このシェリングの自由論の無底の議論に、自身の真理論の深淵・脱－根底（Ab-grund）の議論の源を見出そうとしていると思われる。

しかもハイデガーは，シェリングの神の無底を無であるという。なぜならそこはいかなる命題も言表も届かない場所であるからである。このように神を無であるというのは、否定神学の伝統のうちに置くことができるであろう。[10] さらにそこからハイデガーが、真理論において深淵・脱根底の議論を引き出しているのであれば、ハイデガーの真理論自身も否定神学の伝統の中に置くことができるであろう。この真理論も、決して人間の言葉で捉えつくすことのできない場所であったはずである。

この否定神学の伝統のうちに置くことによって見えてくることの一つは、このシェリングの無底概念とハイデガーの深淵・脱－根底という概念は、結局アルキメデス的点というものを否定していることになるということである。[11] 何か行き止まりになる固定された点からすべてを導き出すというアルキメデス的点はありえない。神の底は抜けている、存在の真理の底は抜けており、どこまでも人間の認識能力によっては捉えつくすことはできないことを意味していることになる。

従ってこの地点こそ、体系と自由、必然性と自由、汎神論と自由の相克の問題の解決の示唆できる地点となることができる。この問題とは、両者の相克が単なる相克でしかなくなるように形而上学が平板化されてしまうときにいつも問題となるものであった。今ハイデガーは、シェリングと共にそれを打破できる地点を見出したということになる。この否定神学の最終的な場所は、形而上学の超克のモチーフを含みうる地点なのである。

## 結び

ハイデガーは、この自由論でシェリングの思索が働きだすのは、マイスター・エックハルトやヤコプ・ベーメの神秘思想の伝統の中においてであると述べる。「それはマイスター・エックハルトにおいて始まり、ヤコプ・ベーメのもとで比類のない展開を遂げる思索的態度を共に遂行することにおいてのみである」（GA42, 204）。

しかしハイデガーは、シェリングの思索を神秘主義と語ったとしても、彼の精神的な出来事を何も言い表してはいないという。「シェリングは、人々がこのようなケースで考える言葉の意味で〈神秘思想家〉なのではない」（GA42, 204）。ハイデガーは、根本的な思索をした思索者のことを教科書風に整理して、棚にしまってしまうことは、その人の思索の出来事の重要性を何も理解しないと考えている。従ってハイデガーは、シェリングを単に神秘思想家に分類して、それで理解したかのように振舞う態度に批判的である。

さらにハイデガーは、神秘思想という言葉に対して拒絶感をもっている。神秘思想家という名称は、普通の意味では「暗がりの中でよろめき、ごまかしで満足する頭の混乱した人」（GA42, 204）を指しているとして、拒絶する。『思索の事柄』において、神秘思想は、「有害な非合理主義」（SD, 79）ともいわれる。ハイデガーの思索した時代には、神秘思想という言葉自体に積極的な意味を見出しにくかったともいえるであろう。

しかしここでハイデガーが言いたいことは、エックハルトやベーメは、神秘思想家に分類されることを意図して思索したわけではなく、それよりも原理上存在の本質に遡って思索した人物であり、シェリングもそれに匹敵するほど根本的な問題を思索しぬいた人物であることである。しかもシェリングがそのような思索を展開できたことは、やはり、エックハルトやベーメといった思索者の伝統の中に身をおいてその問題を汲み取り、それと対決できたからであったということであろう。

従って、ハイデガーは、存在史（Seinsgeschichte）を語るときに、第一の始源として、存在忘却の歴史としての形而上学の歴史を語り、それを克服しなければならないとして、その形而上学者を切り捨てる場合（GA65, 111f. 115, 208f.）もあるが、それ以前にこのように詩人や哲学者一人ひとりと対決して、そこから自分自身の思索の源泉となるような観点を獲得していたともいえるであろう。一九三〇年代のハイデガーの講義録においては、そこで対決している思索者について、批判的に切り捨てるのではなく、かなり積極的に評価して、自分自身の思索の淵源としていたことがわかるのである。

筆者は、シェリングの思索が神秘思想の中の根本的な思索と対峙することにおいて生じているのと同じように、ハイデガーもやはり神秘思想の否定神学の伝統との対決において思索してきたように思えるハイデガーの思索は、その伝統の中に返してやるときに生き生きと甦るように思える。従ってハイデガーの思想の伝統の中でシェリングとの対決を通して展開している。それでこそ必然性と自由、真理と自由との相克関係を思索できないように形而上学が平板化して、力を失うときに、その原因と由来を探り、それを超克できる観点を提供できるのである。

註

（1）シェリングとハイデガーとの関係について論じた著作、論文で参照したものを列挙しておく。辻村公一著「無底――シェリング『自由論』に於ける」、上田閑照編『ドイツ神秘主義研究　増補版』創文社、一九八六年。大橋良介著『放下・瞬間・場所

――シェリングとハイデッガー』創文社、一九八〇年。大橋良介著「理性――あるいはシェリングの「無底」の射程」、大橋良介編『ドイツ観念論を学ぶ人のために』世界思想社、二〇〇六年所収。寄川条路著「根底から無底へ――ハイデガーからシェリングへ」、『構築と解体――ドイツ観念論の研究』晃洋書房、二〇〇三年所収。渡邊二郎、山口和子編『シェリング論集3モデルネの翳り――シェリング『自由論』の現在――』晃洋書店、一九九九年。C.-A. Scheier, Die Zeit der Seynsfuge. Zu Heideggers Interesse an Schellings Freiheitsschrift, in: H. M. Baumgartner u. W. G. Jacobs（Hrsg.）, *Schellings Weg zur Freiheitsschrift Legende und Wirklichkeit. Akten der Fachtagung der Internationalen Schelling-Gesellschaft 1992*, W. E. Ehrhardt im Auftrag der Internationalen Schelling- Gesellschaft（Hg.）, Schellingiana Bd. 5, Stuttgart-Bad Cannstatt 1996. Friedrich, H.-J., *Der Ungrund der Freiheit im Denken von Böhme, Shellug und Heidegger*, Schellingiana Bd.24, Stuttgart und Bad Cannstatt, 2009.

（2）邦訳のW・ビーメル／H・ザーナー編『ハイデッガー＝ヤスパース往復書簡』渡邊二郎訳、名古屋大学出版会、一九九四年を参照した。

（3）今回ハイデガーの真理論については、全集三四巻の『真理の本質について』と全集六五巻の『哲学への寄与』を参照した。後者については一九三六年から三八年に執筆されているが、前者については、一九三一／三二年冬学期の講義であるので、このシェリング論の講義が、一九三六年に行われていることから、シェリング論の方が後になり、時期が合わないのではないかという指摘があるかもしれない。しかし実はハイデガーが、シェリングの自由論を読み出したのは、本章の序に記したように、一九二六年以降であり、一九三〇年代には既にシェリングの自由論との対決を遂行していたと考えられる。従って、一九三〇年代から顕著に現れてくるハイデガーの真理論は、事柄の順序としてシェリングの自由論の読解によっても支えられていることを示すことができると思う。

（4）ディオニシオス・アレオパギテースの『神名論』と『神秘神学』については、熊田陽一郎訳『キリスト教神秘主義著作集1　ギリシア教父の神秘主義』教文館、一九九二年に所収されている。

（5）P・ディンツェルバッハー編、前掲書、三四四頁参照。

（6）例えばC. Yannaras, *On the Absence and Unknowability of God. Heidegger and the Areopagite*, London and New York, 2005 においては、ヤナラスは、ハイデガーの思索がアレオパギテースの否定神学の伝統に属することを述べるが、ギリシア正教会のアポファティズムが人格神に関する神学であるのに対して、カトリック教会の否定神学の伝統は本質の神学でしかないと批判して、アレオパギテースの否定の道やハイデガーの思索はギリシア正教会のアポファティズムの伝統においてこそよく理解できると述べているが、その正否については今後の課題としたい。

(7)　ここでハイデガーは、プラトンの「洞窟の比喩」を論じて、イデアの光によって存在者は存在者として存在しうる根拠を与えられること、存在者の自由とは光へと拘束されることによって始めて積極的な自由となることができることを述べている。しかしハイデガーは、その後プラトンのイデアの光が、自分の空け開け（Lichtung）の概念に通じることを述べつつも、プラトンのイデアがハイデガーの言う真理から逸脱するとも述べる。なぜなら、プラトンは、真理は覆蔵性と非覆蔵性との抗争であることに触れつつ、しかし同時にその覆蔵性の働きを徹底して思索せず、この真理を命題の正当性の真理にしてしまっていたからであるという（GA34, 123f.）。ハイデガーにとって、プラトンの真理論はアンビバレントである。しかし筆者は、真理と自由の相克の問題が、ここでイデアの光（真理）と存在者の自由の問題として先取りされており、またこの『真理の本質について』という一九三一／三二年の講義録は、一九三〇年に講演が行われ、一九四三年に決定稿として世に問われ、その後『道標』に収録された「真理の本質について」と同時期に書かれたものであり、後者においてこの問題は、真理と自由の問題として詳述されていること（GA9, 192）から、この段落においてハイデガーの真理論の重要な議論として真理と自由の問題があったこと、しかもそれはシェリングの読解にも淵源があるのではないかということを指摘したのである。

(8)　ハイデガーは、この実存の「光（das Licht）」について、それは「明るいもの（das Lichte）」であるとする。彼は、ここで光のイメージを取り出して、自分自身の真理論にも光のイメージを用いる。例えば、「空け開け（Lichtung）」という概念もそうである（GA42, 199）。従ってハイデガーは、このシェリングの概念を自身の真理論に引き付けて考えようとしている。また根底の力を、「根底の引き締め（Anziehen des Grundes）」（GA42, 261）と述べて、真理の覆蔵性の運動を暗示している。

(9)　この文は、ハイデガーがシェリング自由論を典拠にした文である。Schelling, F. W. J., *Über das Wesen der menschlichen Freiheit*, Philosophische Bibliothek Bd. 503, Hambung, 1997, S.78.

(10)　シェリングの自由論を否定神学の伝統の中に置くということについて、やはりカール・ヤスパースが、Karl Jaspers, *Schelling Grösse und Verhängnis*, München, 1955, S.176f.（邦訳は、カール・ヤスパース著『シェリング』那須政玄・山本冬樹・高橋章仁訳、行人社、二〇〇六年、二三〇頁以下を参照）において述べている。そこではシェリングが、否定神学の伝統に属するだけでなく、現在旧来の形而上学が不可能になっており、シェリングのこの新たな形而上学が否定神学によって可能になるということ、つまり、形而上学の超克が否定神学によって可能になることが述べられる。

(11) H. Schmitz, Was bleibt von Gott? Negative Theologie heute, in: A. Blume (Hg.), *Was bleibt von Gott? Beiträge zur Phänomenologie des Heiligen und der Religion*, Freiburg/München, 2007, S.22 f.

# 第七章　真理論と否定神学

哲学の始まりは、驚きによっている。これはプラトンやアリストテレスの述べた言葉である。プラトンは、「実に驚き（θαυμάζειν）の心こそ智を愛し求める者の心なのだからね。つまり哲学（智を愛すること）の始まりはこれよりほかにはないのだ」（『テアイテトス』155D）(1)、と述べている。またアリストテレスは、「驚くことによって人間は、今日でもそうであるがあの最初の場合にもあのように、智恵を愛し求め（哲学し）始めたのである」（『形而上学』982b12）(2)と述べている。そのように驚きこそ哲学、つまり知を愛し求める始まりであるというのである。

我々は、普段ある特定の枠組みを通して世界や人間をみている。世の中がその固定観念で順調に動いているときはそれでいいのであるが、その固定観念で見えなくなってしまっている側面というものが必ずある。そのような固定観念が打ち破られるとき、我々は驚き、別の側面から見直すことができるようになる。哲学には、一つの常識となっている枠組みを解体・破壊して、新たなものの見方を呈示するという働きがある。ハイデガーは、これまでの形而上学が前提としていた真理観を解体・破壊し、その根底に遡ってその真理観がどこからきたのかという由来と源泉を省察しようとしていた。その道筋を考察してみたい。

その考察にとって重要な哲学者がいる。それはプラトンである。プラトンは、イデア論を説いた哲学者である。つまり例えば我々が見ているいろいろな机は、机という一つの本質・理念つまりイデアが原因となって初めて存在できるという説である。我々が使っている机は、何十年も立てば使えなくなるが、イデアとしての机は、永遠に存在する。そしてその机というイデアを分有することによって初めて個々の机が存在できるという説である。そのイデア論は、中期のプラトンの『国家』という著作の中に、三つの比喩を通しても語られている。太陽の比喩、線分の比喩、そして洞窟の比喩である。

ハイデガーは、このプラトンの洞窟の比喩を分析して、そこからヨーロッパの形而上学を支配してきた真理観を検証する。実はプラトンのこの洞窟の比喩において、もともとギリシア哲学の根底にあった根源的な真理論を取り出すことができると同時に、その根源的真理論を隠してしまい、忘却して、それ以降通用するようになった別の真理観つまり「真理はものと知性との一致である（veritas est adaequatio rei et intellectus）」という真理観へと転落する契機があることを洞察できるのである。

私たちは、この「ものと知性との一致」という真理観を元にして絵画をみるときに、実は絵画という芸術作品の本質を見逃すことになる。それが私たちの固定観念になっているからである。しかしその固定観念を打ち破り、より根源的な真理論の元で絵画を見るときに、よりよく絵画を見るということができるのである。

従って、まず第一節において、ハイデガーが、プラトンの洞窟の比喩を分析しいている文献を整理して、洞窟の比喩を紹介し、さらにその洞窟の比喩からどのような真理論を取り出そうとしているのかをみる。それは真理と自由との関係の問題となる。第二節において、この洞窟の比喩から「ものと知性との一致」の真理観の根底にある隠れ（覆蔵性）と現れ（非覆蔵性）との運動としての根源的真理論を取り出し、そこからどのようにして一致の真理観へと転落するのかを説く。第三節では、ハイデガーの『芸術作品の根源』の中にでてくるゴッホの靴の絵を分析しながら、「ものと知性との一致」の真理観から根源的真理論への転換を図る。第四節では、『パルメニデス』という講義録にでてくるプラトンの『国家』の最終の神話の分析から根源的真理を剔抉する。第五節において、再びプラトンの洞窟の比喩の分析に戻る。その中の善のイデアの分析が、根源的真理論における深淵・脱根底（Abgrund）として受け継がれていくことを分析する。結びにおいて、以上のような根源的真理論は、ドイツの神秘思想の中の否定神学の伝統の中に位置づけられ、そのような真理論において形而上学の克服というモチーフを展開できることを論証する。

## 第一節　プラトンの洞窟の比喩とハイデガーの真理論

### （1）プラトンの洞窟の比喩を論じたハイデガーの文献

さて、ハイデガーは、主著『存在と時間』（一九二七年）を出版する以前から、プラトンの洞窟の比喩を論じている。そしてそこから彼の真理論を練り上げていっている。それを跡付けようと思う。そこでまずハイデガーが、プラトンの『国家』にでてくる洞窟の比喩をどこで論じているかを年代順にあげてみよう。

一『全集　第二二巻　古代哲学の根本諸概念』（一九二六年夏学期講義）第三四節

二『全集　第二四巻　現象学の根本諸問題』（一九二七年夏学期講義）第二〇節　b）「実存的に理解すること、存在の理解、存在の投企」

三『全集　第二八巻　ドイツ観念論（フィヒテ、シェリング、ヘーゲル）と現在の哲学的問題状況』「アカデミー研究序説」（一九二九年夏学期講義）

四『全集　第三四巻　真理の本質について——プラトンの洞窟の比喩と『テアイテトス』』（一九三一・三二年

冬学期講義）第一部「アレーテイアの「本質」への目配せ　プラトンの『国家』における洞窟の比喩の一解釈」

五　『全集　第三六・三七巻　存在と真理』「真理の本質について」（一九三三／三四年冬学期講義）第一部「真理と自由　プラトン『国家』における洞窟の比喩の一解釈」

六　『全集　第九巻　道標』「真理についてのプラトンの教説」（一九三一／三二年、一九四〇年）

ハイデガーは、以上の六つの著作の中でプラトンの洞窟の比喩を論じているが、それぞれに特徴がある。一つ目の『古代哲学の根本諸概念』においてと、二つ目の『現象学の根本諸問題』においては、あまり詳しく論じられていない。プラトンの洞窟の比喩の段階性について論及されているが、しかしそれを詳しく論じてはいない。また全体的に分量が少ない。『現象学の根本諸問題』においては「善のイデア」についての論究が中心である。

三つ目の「アカデミー研究序説」では、大学での研究活動が本質的なものを見失っている（GA28, 348）ことを指摘して、学問が本質的なものを取り戻すために、プラトンの洞窟の比喩の教説から学ぶことがあるという問題設定の中で論じられている。確かに、洞窟の比喩を真理の問題と関連づけて論じてはいるが、一九二九年の講義らしく、超越（Transzendenz）の問題もでてきており、つまり超越の問題を論じることによって形而上学を立て直すというモチーフの中で論じている。従って一九三〇年代以降の真理の問題として論じられていない。もちろんハイデガーは、『存在と時間』においても真理論を展開しているが、本書ではその問題に立ち入ることはしない。むしろ本書では、一九三〇年代以降の真理論を主題にしてみようと思う。つまりその一九三〇年代以降の真理論の形成に、プラトンの真理論がいかに影響を与えているかということがここで論じるべきことなので、この著作からは適宜必要なところのみを引用する。

第六番目の「真理についてのプラトンの教説」は、一九四〇年にかなり加筆されてできている。従って、プラトンの洞窟の比喩が、ハイデガーの真理論へ本質的な影響を与えたことを述べるよりも、プラトンの洞窟の比喩説が、本来の意味での真理論を覆い隠したことを強調している。ハイデガーは、「しなしながら、プラトンはある仕方で真理をなお存在者の性格として固定しなければならないのである。なぜなら、存在者は現前するものとして、現れ出ることのうちにおいて存在をもっており、そして存在はそれ自身とともに非覆蔵性をもたらすからである。しかし同時に非覆蔵的なものを問うことは、見られた姿の現れ出ることへ移動し、従って見られた姿に秩序づけられた見ることへ、そして見ることの正当さと正しさへ移動する」（GA9, 231）と述べる。つまり、プラトンが、ハイデガーのいう意味での根源的真理を見出しつつ、それを隠蔽してしまい、正当性の真理に移行させてしまった張本人であるというのである。この著作においては、既にハイデガーが、プラトンの洞窟の比喩を分析して、そこから自分自身の真理論を取り出してしまった後、振り返ってプラトンを批判的にみていることがわかる。

それに対して、第四番目の一九三一／三二年の冬学期講義においては、プラトンの洞窟の比喩について詳しく論じており、いかにハイデガーがプラトンの洞窟の比喩と対決して（auseinandersetzen）、そこから自分自身の真理論を形成していったかということがよくわかる。本章は、いかにしてハイデガーの根源的真理論がプラトンの洞窟の比喩と対峙して着想されたかということを論じるのであるから、この一九三一／三二年の冬学期講義を中心にして論じようと思う。また一九三三／三四年の冬学期講義は、ほぼ三一／三二年の講義と同じ内容を含んでいるのであるが、それも参照しながら論じることにしたい。

## （2）洞窟の比喩の物語

では、ハイデガーは、一九三一／三二年の冬学期講義では洞窟の比喩をどのように紹介しているのであろうか。まずは、ハイデガーが紹介する限りでの洞窟の比喩の物語を簡単にまとめておこう。彼は、この洞窟の比喩を四つの段階にわけて論じる。

第一段階（514a2-515c3）は以下のような話となる。地下の洞窟の住居に人間（囚人）がいる。彼らは子供のころから手足を縛られ、さらに頭も動かすことができない。つまり洞窟の入り口から反対の方向にある壁しかみることができないように束縛されている。そして彼らの背後に壁があり、その壁の上に石や木でできた立像や彫刻作品などが突き出ていて、その背後からある火によって照らされている。すると手足を束縛されている囚人たちは、火によって照らされた立像や彫刻作品や道具などの影が奥の壁に映っているのを見る。つまり第一段階は、囚人たちが、奥の壁に映っている影しか見ることができないという段階である。その影を本物だと思っていることになる。後に述べるが、ハイデガーは、この段階を覆蔵的なもの（隠れているもの）しか知らない段階だとしている。

第二段階（515c4-515e5）は、洞窟の中の囚人の手足の縛めが解かれる、束縛からの解放の段階である。つまり一人の囚人が解放され、立ち上がって首の向きを変え、火に照らされている立像や彫刻作品や道具を見ることになる。しかし、彼はこれまで長い間壁の方向しか見てこなかったので、この洞窟の中の火の光さえまぶしさのために苦痛を感じる。彼は、壁に映っている影よりも立像自身、彫刻自身をより非覆蔵的なものとみなすであろうが、しかし苦痛に耐えかねて顔を壁の方向へ戻してしまうであろう。

ハイデガーは、この第二段階を束縛からの解放と位置づける。つまり影よりも真なるものを見ることができる段階とする。これは、影と立像自身との区別ができるということである。第一段階では、影しかみてなかったので、影以外に何か実在するものがあるとは考えられなかった。しかしこの第二段階で、影と実物とを区別することができるようになる。後に述べるように、ここである意味で非覆蔵性（現れ）の段階へと進んでいくのである。しかしこの段階の非覆蔵性は、まだ洞窟の中での非覆蔵性でしかなく、完全な解放ではない。またハイデガーは、同時にこの束縛からの解放は失敗するという。この光を直視することが突然生起するので、束縛へ戻ろうとする。解放は完全には果たされない。

解放が完全に果たされるのは第三段階（515e5-516e2）である。ある人が強制的に洞窟の外へと引きずりだされ、太陽の光の下へといたる。そこでは、立像や彫刻ではなく、本物を見ることになる。そして最後には太陽自身を見るという段階になる。ここにいたって最高の段階となる。この第三段階は、プラトンにとってイデアの段階である。第二段階での解放は、まだ洞窟内での解放であった。つまり、それはこの地上での生成消滅する事物を見ている段階に過ぎなかった。しかしこの第三段階は、イデアという普遍的な本質・形相の支配する世界であり、真実在の存在が語られる次元である。プラトンはそのようなイデアの世界が、この現実の生成消滅する世界よりも真に実在する世界であると述べる。今、囚人は、真に解放されて、洞窟（現実の世界）からイデアの世界へと強制的に引きずりだされている。そしてその光の世界に慣れるように迫られている。

このイデアの世界の中でも特に、太陽に当たるものは、イデアの中のイデアである善のイデアということになる。ハイデガーは、このイデアの世界を存在者の存在の真理の世界であるとみなす。ここからイデアの世界は、ハイデガーにとって真理論となってくるのである。彼は、この真理（イデア）があるからこそ人間の自由が成立するという。また彼は、真理はもともとギリシア語でアレーテイアであったと主張していた。ここでレーテは、覆蔵性・隠れを意味しており、アは否定辞なので、真理とは、覆蔵性・隠れを取り除くことである。つまり、真理とは、非覆蔵性・現れ・隠れなさ（Unverborgenheit）を意味している。そしてこのイデアの世界と洞窟の中の世界との行き来の関係を、非覆蔵性（現れ）と覆蔵性（隠れ）との関係とみる。さらに、善のイデアを、この真理つまり非覆蔵性を超えたものとみるのである。

しかし話はこれで終わらず、第四段階（516e3-517a6）がある。太陽の光を見たものが、また再び洞窟の中へと戻っていき、そこに束縛されているものと影について論じることになる。しかし彼は、いったん目を太陽の光に慣らしてしてまっていたため、元に戻ると目をだめにしてしまい、洞窟内の囚人たちから「目をだめにして戻ってくるためにのみ登っていったのか」と問われ、「それならば上に行くことには価値がない」と言われるだろう。そして彼を殺してしまうのではないかという。

ハイデガーは、「哲学者はこうしてまったく黙って殺され、つまり無害で危険のないものにされるであろう。生きながら彼は洞窟の中で自分の死を死ぬだろう」（GA34, 85）という。ハイデガーは、もちろんソクラテスのことを念頭において語っているのであるが、哲学の無力を示す例としている（GA34, 83f.）。

### （3）イデアと個物、真理と自由

ハイデガーは、プラトンとともにこの洞窟の比喩の第三段階を中心にイデアの問題を考える。私たちは、普通事物を見るときにどうしているのか。私たちの感覚は赤褐色、灰白色、黒などを感覚している（GA34, 49）。決して本を認識してはいない。知覚を通して始めて本を認識する（GA34, 50）。私たちの知覚が、本を認識することを、ハイデガーは、「見抜く（an-sehen）」という。それは、そのものの本質、つまりそのものの「何であるか」

を、つまり本という本質・イデアを見抜くのである。イデアとは、「存在者がそれとして自己を呈示するものの見られた姿・見え方（An-blick）」（GA34, 50）なのである。私たちは、決して赤色とか青色とか灰色という色や柔らかいとか堅いということを感覚しているのではなく、そのものの何であるかという見え姿である本質・イデアを見抜いている。つまり、赤色や青色を感覚しているのではなく、本という本質を認識している。ハイデガーは、この本質・イデアのことを、「存在者の存在」（GA34, 52）であるという。なぜならイデアが、「ものがそれであるもの」、つまり存在を与えるからである（GA34, 51）。

またさらにイデアを見ることが最終段階になるのであるが、イデアを見ることとは、何存在と如何存在を理解することを意味する（GA34, 52）。私たちは、この何存在つまり本質存在とそれが如何にあるかという如何存在をみることによって、存在者を見るということが可能になっている。イデアの存在が、私たちの事物の存在の認識を可能にしているといえる。

さて、第三段階では、太陽の光のもとでイデアを見るのであった。太陽の光は、イデアの中のイデア、善のイデアを意味している。この善のイデアは、太陽の光のような明るみ（Helle）を意味している。つまりこの明るみによって可視的なものを知覚することができる、知覚の可能性の制約なのである（GA34, 54）。太陽の光、明るみは、透視的であり、見ている視と見られている対象とを貫き通し、それによって私たちが対象を認識することができる。ハイデガーは、イデアは存在であるとしていて、この存在が、存在者を存在せしめ、存在者の認識を可能にする。存在は、存在者を透過させるものである（GA34, 57）。

さて、この第三段階は、洞窟の中での束縛からの解放という意味をもっていた。だからプラトンにとっても、ハイデガーにとっても、それは自由を意味している。プラトンは、『パイドン』において、この世において人間は、身体に拘束されており、イデアを見ることができない状態にあるといい、「哲学者の仕事とは、まさにこのこと、すなわち魂の身体からの解放にほかならない(3)」(67d) という。死は、魂がこの牢獄である身体から解放されることであるから、「真に哲学者は、死ぬことを心がけている者であり、彼らはだれよりも死を恐れない者である(4)」(67e) といっていた。従って、洞窟（現実）からイデアの世界へ登ることは、解放であり、自由なのである。

しかしハイデガーによれば、この自由であれば、単なる「〜から単に自由であること (nur- freisein-von)」に過ぎない。これは消極的な自由にすぎない。彼は、そこから本来の自由は、「〜へ向けて自由であること (freisein für〜)」がもっと重要な積極的な自由であるという。「本来的に自由になることは、投企しつつ自己を拘束すること (ein entwerfendes Sich-binden) である」(GA34, 59) という。つまり、人間の自由とは、単に束縛から解放されるという消極的なものではなく、太陽の光あるいは諸イデアへと自らを拘束することにあるという。太陽の光、つまり善のイデアへあるいは諸イデアへと従うことによって、本来の自由になるというのである。光の内へと溶け込んでいくことのうちに本来の自由があるといってもよい。

この拘束という言葉は、「アカデミー研究序説」では、次のように述べられている。「見ることは、明るさのもとに軛につながれること (Unterjochung) である。明るみの軛が、初めて見る能力また見られることの可能性を可能にする」(GA28, 357)。つまり光への拘束は、光という軛につながれることという表現を用いている。軛につながれることとは、普通自由とは逆に束縛されることを意味するが、ハイデガーは、ただ欲求の趣くままにしたいことをするという恣意的な自由を自由とは認めず、光という真理のもとにつながれることによって、むしろかえって自由が可能になると考えているのである。

従ってハイデガーは、「自由になることは、本来的に明け開き、自由にさせつつ透過させるものに、つまり光に自己を拘束することを意味している」（GA34, 60）といい、その光とは、存在のことであったので、存在そのものを理解することが「初めて存在者を存在者として存在せしめる」（GA34, 60）という。もっとはっきりといえば、存在が存在者を存在せしめるともいえるであろう。従って自由とは、ここで単なる人間の欲望や恣意性を意味するのではなく、存在そのものへと自己を拘束することによって、本来の自由となること、そしてその存在そのものが、存在者を存在せしめ、存在者に自由を与えることができるということを述べているのである。

これを言い換えれば、存在の現れは、存在の真理であるから、真理が自由を可能にするといえる。ここで真理と自由との関係を詳しく述べておく必要がある。ハイデガーは、この真理は、「人間を超えてどこかに（妥当性自身として）あるのでも、心理的な主観としての人間のうちにあるのでもない」（GA34, 75）としている。真理は、単に人間と関係のないものでも、人間の主観が捏造したものでもない。むしろ「人間が真理の内にある」（GA34, 75）のである。この人間の自由は、真理への自由であるといえる。従って、人間は、『存在と時間』で述べられていたように実存（Exsitenz）なのではなく、そこへと脱出していくという意味で「脱‐存する（ex-sistere）」（GA34, 77）ものであり、存在者全体に、つまり真理に「さらされている（ausgesetzt）」（GA34, 77）といえるのである。つまり、真理の内に組み込まれているときに初めて人間は自由となる。その自由は、真理へ脱‐存することを意味しているのである。

この当時ハイデガーは、「真理の本質について」という別の講演を行っており、それは後に加筆されて『全集第九巻　道標』に一九四三年の論文として収められているが、そこでは最初に「自由が真理の本質である」と述べていながら、しかし分析を進めていくうちに、人間の自由である実存（Existenz）は、存在の真理へとさらされており（ausgesetzt）、実際は脱‐存（Ek-sistenz）であるという（Vgl. GA9, 189）。つまり、真理が自由の本質であるという命題へと逆転することになるという。その経緯を、この一九三一／三二年冬学期講義は述べていることになる。ハイデガーは、プラトンの洞窟の比喩の分析から、存在者を存在させる存在自身の働きを剔抉し、その存在の真理が人間に自由を得させていることを主張するようになるのである。

## 第二節　非覆蔵性としての真理

### （1）覆蔵性と非覆蔵性の抗争としての根源的真理論

ハイデガーは、これまでの真理観は、「ものと知性との一致」という真理観であったという。一致の真理観は、正当性（Richtigkeit）を主張する。つまり、「パソコンが机の上にある」という命題（知性）が、現実に机の上にパソコンがあるという事態（もの）と一致していれば、その命題は正しいとする真理観である。だから真理とは、陳述からでてくるものであり、「真理とは一致である」（GA34, 2）「真理は正当性である」（GA34, 2）という。この真理は、ものの本質、何であるかということを前提としている。

しかしハイデガーは、この真理観は元からあったものではないという。元来ギリシアにおいて「真理に対するギリシア語はアレーテイア（ἀλήθεια）、非覆蔵性である」（GA34, 10）。つまり、隠れていたもの（覆蔵性・レーテ）からもぎ取られたもの、奪い取られたものである。つまり真理とは、元来は隠れ（覆蔵性）と現れ（非覆蔵性）との運動である。隠れているものから奪い取られて、現れてくることが、真理である。それ故、アレーテイア（Unverborgenheit）は、レーテ（隠れ）が取り除かれる（ア）という事態となる。従って今から、この真理論はどのように獲得されてきたのかということ、またさらにアレーテイアの真理論がどのようにして正当性の真理観へと変化してしまったのかということを論じなければならない。

ハイデガーは、この真理論をプラトンの洞窟の比喩の第三段階と第四段階から、つまり太陽の光を見たものが洞窟の中へと戻り、皆から批判され、殺されるという段階から考える。このイデアの世界から洞窟の中（この現実の世界）へと戻るということを、ハイデガーは、「絶えず覆蔵すること（ein ständige Verbergen）」（GA34, 89）という。つまり非覆蔵性は、必ず覆蔵の克服でなければならず、「覆蔵は本質的に非覆蔵性に属する」（GA34, 90）のである。洞窟からイデアの世界の中へ出るということは、ある種の束縛からの解放であった。だからこの非覆蔵性としての真理を獲得するのは解放の歴史の中で生起することである（GA34, 91）。

非覆蔵性（Unverborgenheit）は、覆蔵性（Verborgenheit）から奪い取られるときにおきる。つまり非覆蔵性という真理は、覆蔵性を本質的に含んでいて、覆蔵性と非覆蔵性との運動が、真理であるといえる。これを別の言葉でいえば、「真理の本質に非真理が属している」（GA34, 92）ということになる。つまり、真理には、非真理が属している。非真理を奪い取ることによって真理となる。真理とは、非真理と真理との運動である。ここでいう非真理は決して虚偽や誤謬や非正当性ということではない。隠れているという意味である。真理は、現出や現象と関わっているとされる。

従って、ハイデガーは、この覆蔵性から奪い取ることによって非覆蔵性が現れること、また非真理から真理が現れてくることを「根源的な抗争（ein urspüglicher Kampf）」（GA34, 92）といっている。自らの内へと引き込む力と自らの外へと引き出す力との抗争である。あるいは両者の運動を「橋」（GA34, 92）とも呼んでいる。「他方の岸に抗して一方の岸へと橋をかけることである」（GA34, 92）ともいう。さらに一九三二年夏学期講義では、「真理は、立てふさぎ（Verstellen）と隠蔽（Verdecken）という意味の覆蔵性との最も内的な対決において生起する」

ている。この両者の運動の緊張関係の内に真理が成り立っているといえるのである。（GA36/37, 184）と述べる。つまりこの覆蔵性と非覆蔵性との抗争のことを「対決（Auseinandersetzung）」ともいっ

## （2）根源的真理から正当性の真理への転化

しかしこの真理論から、いかにして「ものと知性との一致」の真理観へと下ってしまうのであろうか。それをハイデガーは、プラトンのこの洞窟の比喩、イデア論の中に見ようとする。イデアは見られた姿（Anblick）であり、見られたもの（Gesichtete）であった。それは、見ることのうちにある。ハイデガーは、プラトンがここから出ることができなかったという。見る、見られるという関係から、隠れと現れとの関係へと進むことができなかった。そして転化がおこり、「それ以来イデアの問題全体が誤解された方向へ押し込まれた」（GA34, 71）という。つまり、見ると見られるという関係が、主観と客観という枠組みを規定して、そこから表象作用によって見る働きと見られる対象という関係が築かれ、正しさの真理観へと落ち込んでいったのである。

従ってハイデガーにとって、プラトンは二義的である。プラトンは、真理と自由の関係また真理を隠れと現れの運動、覆蔵性と非覆蔵性との運動の真理として捉えることもできていた。しかし彼はこの覆蔵性ということを明確に問うことがなかった。「真理の本質が非覆蔵性であるならば、覆蔵性への問いのあり方のうちに、非覆蔵性への問いの根拠と起源と真正性に対する基準がある」（GA34, 124）のである。しかしプラトンは、この覆蔵性と非覆蔵性の関係の問題を問うてはいない。「非 - 覆蔵性についてこのようであるから、存在者の覆蔵性の表立った解明もなされていないのである。それどころかまさに覆蔵性そのものへの問いが問われていないことは、厳密な意味で非覆蔵性が既に力を失いつつあることへの決定的な証拠である」（GA34, 125）という。プラトンにおい

て、一旦問いかけられていた覆蔵性の問題はついに突き詰められることはなく、そこから正当性の真理観、ものと知性との一致の真理観へと転落することになる。ハイデガーは、最後にプラトンを断罪して以下のようにいう。「プラトンのもとですでに進行しているもの、つまり根本経験の喪失、即ち存在者に対する人間の一定の根本的立場の喪失、そしてアレーテイアという語がその根本意義において無力となること、こうしたことは単にある歴史の始まりに過ぎない」(GA34, 120)。

## 第三節　『芸術作品の根源』における真理論

### (1) ゴッホの靴の絵の分析

さてここで、ハイデガーがプラトンの洞窟の比喩をもとに語る真理論を離れて、同じく一九三〇年代に論じられた『芸術作品の根源』における真理論を論じようと思う。とりわけゴッホの靴の絵をもとに論じられる真理論は有名であるだけでなく、物議をかもした問題の真理論である。しかしそれをよく整理してみるとやはり「ものと知性との一致」という真理観を批判し、その真理観の源泉にある非覆蔵性としての真理論が述べられていることがわかる。

この著作は、一九三五年フライブルクで行われた講演原稿とこの講演以前に書かれた手稿を組み合わせて、さらに大幅に改訂して、一九三六年にフランクフルト・アム・マインの自由ドイツ高等神学校で三回にわけて行われた「芸術作品の根源」という講演の原稿である。この原稿は、一九五〇年に『杣径』という単行本に収められ、その後『全集　第五巻　杣径』に収録されることになる。この講演の中でいくつかの芸術作品が分析されるのであるが、とりわけ人口に膾炙されているのがゴッホの靴の絵の分析である。

ハイデガーがこの著作を書いた時期に展示されたカタログによると、ゴッホは、八つの靴の絵を描いたことが記録されている。メイヤー・シャピロが「私物としての静物　ハイデガーとファン・ゴッホについてのノート」という論文の中で、ハイデガーがこの「芸術作品の根源」で論じているゴッホの靴の絵は八点中どの絵であるかを探っている。ハイデガー自身が述べたところによると、それは一九三〇年のアムステルダムの展覧会に出品されたものであり、ゴッホが一八八六年から一八八七年の間にパリに滞在中に描いた絵だということになる。(5)

ハイデガーは、このゴッホの絵の中に描かれている靴を農婦の靴として分析している。農婦の一日の辛い農作業を終えて脱がれ、農婦の靴の存在の本質が現れている絵として分析している。しかしシャピロの推測があたっているとするとこの「古い靴」という作品は決して農婦の靴ではなく、ゴッホ自身の靴であり、「町に住んでいる都会生活者の靴」であるということになる。もしこの分析があたっているならば、あのハイデガーの『芸術作品の根源』という著作は、ひどい事実誤認をしており、論文自体がまったく意味をなさない代物になってしまうのではないだろうかという疑問がわくのである。

この問題をめぐっては、デリダが『絵画における真理』に収められている「返却（もろもろの復元）、絵画における真理の」において論じている。(6)また日本でも高階秀爾氏が『ゴッホの眼』(7)において、小林康夫氏が『起源と根源』(8)においてこの問題を論じている。

## （2）模写説を支える「ものと知性との一致」の真理観

さて、筆者にはこの絵をめぐる事実問題よりもハイデガーがこの絵を通して真理について思索しているそのことのほうが問題であると思えるのである。その事情を以下に述べよう。この絵は、実際ゴッホが自分の靴を描いたとして、それは自分の靴の模写なのであろうか。ゴッホの絵は、実物を正確に描ききる模写であるのだろうかという疑問である。もしそれが真実であるならば、これはゴッホ自身の都会生活者の靴であり、農婦の靴であるという前提は崩れる。そしてハイデガーの論拠は完全に崩れてしまい、論として成り立たないことになってしまうのである。

実をいうとこの模写説というのは、ある特定の真理観を前提にしている。ハイデガー自身、「たしかに、事物存在者の再現は、存在者との一致を、すなわち存在者との適合を要求する。そのような合致を、中世は一致（adeaquatio）といい、アリストテレスは既に合致（ὁμοίωσις）といっている」（GA5, 22）と述べる。つまり、模写説とは、中世哲学で定式化されていた「真理とはものと知性との一致である」という真理観を前提にしている。まさに模写するという考えと同じである。これまで私たちは、普通このような真理観に基づいていた。

しかしこの真理観は、ある一つの立場にすぎない。ハイデガーは、先述した「真理の本質について」という一九三〇年に行った講演原稿に大幅に手を加え一九四三年の論文として『道標』に収められた論文において、この真理観は、キリスト教の形而上学を前提とした創造説に根拠をもつ考え方にすぎないと批判する。つまりもの（被造物）も知性もともに神によって創造されたものであるから、人間の知性は被造物に適合できるという説であり、神の保証のもとに成立する真理観にすぎないというのである（GA9, 180f.）。

ハイデガーのこの真理観への批判の真意は、単なるキリスト教批判ではない。この真理観の最大の問題点は、このような観点に立てば、私たちはいつも自分たちを主観とみなし、相対する客観を見るという構図を取ることになる。それでは、いつも主観と主観の前に立たせた（つまり表象した vorstellen）客観との関係が問題となるということになり、道具から開かれてくる世界、また芸術作品から開かれてくる世界について何もわかってこないことになるからである。

今ものをものとして、道具を道具として理解し、芸術作品を芸術作品として理解するためには新しい真理論が要求されている。私たちは、ハイデガーとともに、それによってものを客観としてみている古い真理観を解体して、新しい真理論によって新たなものの見方、新たな現実の把握の仕方を獲得しなければならない。そのような作業は、形而上学の歴史の解体（Destruktion）といえる。

### （3）「ものと知性との一致」の真理観から大地と世界との闘争としての真理論へ

ハイデガーは、芸術作品とは、「真理がそれ自体を作品のうちへと据えている」ものであり、芸術の本質とは、「真理がそれ自身を作品へと据えること」（GA5, 25）であるとする。つまり芸術作品とは、存在の真理の現れなのである。しかし同時に彼は、この芸術作品においてこれまでとは違った真理が現れていると主張する。では、この真理とはどのようなものであるのだろうか。この芸術作品の真理とは、決して「ものと知性との一致」という真理ではないはずである。この新しい真理論においてこそ初めて芸術作品が芸術作品として開示してくるのであり、そこにこそ芸術の本質が顕現するのである。

ハイデガーは、この靴の絵を通して、「労働の歩みの労苦」「荒涼とした風の吹く畑」「ゆっくりとした行程の強靭さ」「暮れて行く夕べを貫く畑道の寂しさ」（GA5, 19）が現れているという。それこそ芸術作品の本質であった。さらにいえば、そこにはこの農婦の靴という道具の絵から、「農婦の世界（Welt）の開き」と「大地（Erde）への帰属」が開示するのである。道具は、その信頼性の中に世界と大地を顕現させる。従ってこの真理とは、実は世界と大地との闘争のことなのである。

「世界を開けて立てること（aufstellen）」（GA5, 32）は、農婦の辛苦の多い畑仕事、季節に翻弄される苦労、寒さにかじかむ体、また実りを刈り取る喜び、その収穫の感謝などの世界が開かれてくることを意味している。逆に「大地は現れてきつつ－保蔵する（das Hervorkommend-Bergende）」（GA5, 32）のである。つまり、大地は、世界を開けて立てることを世界の内側へと引き込み、保持し、保蔵するのである。「作品は、一つの世界を開けて立て（aufstellen）つつ、大地をこちらへと立てる（herstellen）。……作品は、大地そのものを一つの世界という開けたところの内へ引き込み、保持する」（GA5, 32）。世界と大地とは、相互的な緊張関係となっている。「世界と大地は、本質的に互いに異なっており、またしかし決して分離されることはない。世界は大地の上に自ら根拠づけられ、また大地は世界を貫いて突き出る。」（GA5, 35）。

いわば、「世界と大地の闘争（Streit）」（GA5, 35）とは、真理の現れと隠れとの運動を元にして成立する運動である。つまりハイデガーは、哲学的に真理とは非覆蔵性（Unverborgenheit）と覆蔵性（Verborgenheit）との運動である、また真理とは真理と非真理との運動であるという。世界と大地との闘争は、非覆蔵性と覆蔵性との抗争の上に成立する闘争である。覆蔵性と非覆蔵性との運動は、「根源的抗争（ein ursprüglicher Kampf）」といわれていた事柄である。この『芸術作品の根源』において世界と大地との闘争（Streit）が述べられる。

しかし筆者はこの覆蔵性と非覆蔵性との抗争は、単なる対等な抗争ではないのではないかと思う。つまり覆蔵性が、一番最初の根源となり、そこから非覆蔵性がでてくるのではないだろうか。ハイデガーは、「拒絶としての覆蔵は、まず第一にそしてただ、認識のそのつどの限界なのではなく、空け開かれたところの空け開け（Lichtung）の始源（Anfang）なのである」（GA5, 40）と述べる。つまり覆蔵性こそが、真理の始まりであり、真理の運動の根源であるといえる。

しかもその根源は、二重に覆蔵されている。「覆蔵はそれ自体を覆蔵し、立てふさぐ」(GA5, 41)。隠されているということすらわからないように隠されている。この覆蔵性自身が覆蔵している二重の覆蔵こそが、真理の根源であるといえるであろう。

いずれにせよここにおいて初めて「ものと知性との一致」とは異なる新たな根源的な真理論が呈示されるのである。この真理論において、模写説ではない本来の意味での芸術の本質が開示されうるであろう。しかもこの「ものと知性との一致」という真理観は、ただ隠れと現れ、覆蔵性と非覆蔵性との真理論に取って代られたというだけではない。もともと後者の真理論が根源にあり、そこから派生的に「ものと知性との一致」の真理観が導出されてきたといえる。ハイデガーは、隠れと現れとの真理論を、ギリシア人たちがピュシス(φύσις)と名づけたといっている(GA5, 28)。ピュシスは、覆蔵性から立ち現れてくることを意味している。ギリシアの世界において、この根源的真理が生起していたことを告げている。そしてそのギリシアの世界においてすでに、この根源的真理が、主観が客観を見るという表象関係に取って変ったとされるのである。「アレーテイアとしての真理の本質は、ギリシア人の思索において、そして後続する哲学においてはまさに、思索されないままに留まった。……真理は今日そして長い間認識と事物との一致を意味しているのである。……命題の真理は常にまた常にただこの正しさである。……一般によく知られた真理の本質、表象の正しさは、存在者の非覆蔵性としての真理次第なのである」(GA5, 37f.)。

## 第四節　『パルメニデス』における真理論

### （1）最終の神話

では、さらにここでハイデガーが、同じくプラトンの分析をしている著作からその真理論を取り出してみたいと思う。彼は、『パルメニデス』（一九四二／四三年冬学期講義『全集　第五四巻』）において、プラトンの『国家』における最終の神話であるエルの神話を分析して、真理論を展開している。

ハイデガーは、ここでもプラトンを二義的に解釈する。一方でプラトンの思索は、覆蔵性と非覆蔵性との運動としての真理を説きながら、しかし他方でその真理論を忘却してしまっているともいう。ここで覆蔵されることは忘却することと捉えなおされる。「プラトンの思索は、後のいわゆる『形而上学』のために、始源の思索を廃棄しようとしている、しかしそれにもかかわらず、まさにこの開始しつつある形而上学的思索は、始源への思索への想起（Erinnerung）を保持しているはずである」（GA54, 145）という。つまり、確かにプラトンは、ギリシア時代に思索された根源的な真理論を忘却している。存在の真理の忘却を存在忘却（Seinsvergessenheit）という。それが後代の形而上学の歴史の批判となるのである。しかし他方プラトンはまだ始まりの思索への志向をもっているのである。そして特にこの神話・物語においては顕著であるとしている。

この最終の神話は、エルという戦士の物語なのであるが、アレーテイアのレーテ（隠れ・覆蔵性・忘却）の本質を述べている。エルが最後に戦死をとげ、一二日目に葬られようとしたときに、生き返り、あの世でみてきたことを報告するという物語である。彼の魂は、あの世で旅をし、多くの魂とともに「ダイモーンのいる場所」に到達した（GA54, 146f.）。遍歴者たちが、最後にいたるのは、「忘却（λήθη）の野」（GA54, 175）である。そこはすべてを焼き尽くす灼熱をぬけ、すべてを窒息させる大気をぬけて到達する場所で、ピュシスに対立するレーテの場所である。この場所に「放念（Ἀμέλης）の河」がある。すべての魂はこの河の水を一定量飲まなければならない（GA54, 178）。救われないものたちは、その一定量より多くの水を飲んでしまう。しかしこの世にもどる人間たちは、適量の水を飲む。後者は、覆蔵から覆蔵しないものを救い出す思索家である。エル自身は、このようにして思索家としてこの世に戻ってきたのである。

以上のような物語について、二点の特徴を述べておかなければならない。まず第一になぜ神話なのか。なぜ神々の場所が問題となるのか。ハイデガーは、「ギリシアの神々に関する『擬人化的な（anthropomorph）』情報と、ギリシアの人間たちに関する『擬神化的な（theomorph）』情報、つまり、神を擬人化するかまた人間化するか、同時に人間を神へ神化させるそうした情報は、両方とも同時に不十分な問いに対する根拠のない回答なのである」（GA54, 163）と述べる。つまり、ギリシアの神々は、人間の擬人化によった主観や人格ではない。そうではなく、ギリシアの神々の場は、「存在の本質に住みつつ、その本質の立ち現れへの固有の出立を規定する争いなのである」（GA54, 164）。ギリシアの神々が問題となる場所は、存在の本質が現成する場所である。だから、「テイオン（τὸ θεῖον）とダイモニオン（神的なもの）（τὸ δαιμόνιον）は、非覆蔵性のうちへ入り込んでみるもの、みなれたもののうちへ現れてくるみなれないものなのであり、それ故この神話は、その神話の本質が、テイオンやダイモニオンが露現から規定されるのと同様に、現れる存在への関連の唯一適切な仕方である」（GA54, 165）といえる。従って後代の「無神論」は、存在忘却の根本特徴にすぎないという（GA54, 166）。

この神話・物語の第二の特徴は、ここで働いている観るというはたらきである。つまり、ここでは、近代以降の表象による見るという働きではない。それならば、主観が客観を自分の前に立てるという働きとなる。ギリシア人たちは、そのような見るという働きを知らない。ギリシア人にとってテイオン（神的なもの）に関連する観る（テアオン θεᾶον）は、「見られた姿（Anblick）を呈示すること、つまり観るもの自身がそれである存在者の存在の見られた姿を呈示すること」（GA54, 153）である。観るということは、存在それ自身を覆蔵から示すことにあり、人間の能力によるものではない。だからこの神話の領域は、近代の人間の能力の場所から理解されてはならないのであって、存在の非覆蔵性と覆蔵性の領域から理解すべきものである。

非覆蔵性と覆蔵性との領域は、最終の神話、エルの物語によって語られた。この物語は、放念の河において、一定量の水を飲むものはこの世に戻ってくる思索家になるという。この放念の河の水こそ、覆蔵性のはたらきを意味しているのである。

## （2）覆蔵性の働き

ここから非覆蔵性と覆蔵性とのはたらきの関係が詳らかになる。その特徴を三点あげようと思う。まず第一に、この放念の河は、この世とあの世の境に位置しているのであった。これは、アレーテイアとレーテとの境であり、存在の非覆蔵性と覆蔵性とのはたらきの接点を意味している。両者の関係は、「何ひとつ媒介するものはなく、また移行ということもない。というのは、両者は、それ自身その本質上、直接互いに属し合っているからである」（GA54, 185）といわれる。だから「一方から他方への移行は、いつもただ即座（Nu）で、瞬間（Augenblick）のうちである『突然のもの（Plötzliche）』でありつづける」（GA54, 185）という。アレーテイアとレーテとは、相即しているといえる。両者は、存在の本質に属している（GA54, 182）。存在の本質に属するものとして、「根源的な本質の統一」（GA54, 186）を形成している。だから覆蔵性から非覆蔵性へといたるのは、ただ隠れているものの覆いを取り除くだけという関係ではない。両者は二つに分離できる別個の領域ではなく、ひとつの統一した本質なのである。

第二に、特に覆蔵性は、どのようなはたらきをするのであろうか。覆蔵性は、非覆蔵性の根拠といえるのである。ハイデガーは、「レーテ、つまり出現させない、したがってまた奪い取る、にもかかわらず露現の本質根拠を用意する、そうした覆蔵としてのレーテが、非覆蔵性のうちで支配している」（GA54, 183）と述べる。つまり、覆蔵性は、存在の奪い取りとして、存在の現れ、存在の真理、非覆蔵性の根拠となっている。彼はさらに、「脱去する覆蔵であるレーテ、忘却は、それによってはじめて、まさしくアレーテイアの本質が保持されることができ、そのようにして忘却されず、忘却されないまま留まる、そうしたあの脱去なのである」（GA54, 189）と述べる。ハイデガーは、存在の覆蔵性こそが、存在の真理の根拠であり、真理の本質を保持することができるという。つまり、隠れ（忘却）は、隠されずにいる（忘却されずにいる）ための根拠という仕方で現れの根拠となるのである。また、彼は「おのれを脱去する覆蔵は、最高の仕方で人間の本質を保持することへと、そしてまた忠実であることへと調えるものである」（GA54, 189）とも述べる。つまり、その覆蔵性から人間の本質を保持することもできるという。存在の覆蔵性は、非覆蔵性の根拠なのである。

だから、非覆蔵性の非は、単に覆蔵性を除去したものであるわけではない。アレーテイアのアは、「決してたんに、無規定的に普遍的な「非 -」や「無」のことをいうのではない」（GA54, 183）。覆蔵性は、非覆蔵性の「救いと保持」（GA54, 184）なのである。覆蔵性は非覆蔵性の根拠となるものである。

第三には、しかし存在の真理は、ただちに直接この存在の歴史にありありと現れ続けるわけではない。真理は、もともと非覆蔵性であり、それは覆蔵性との関係の領域で語られなければならないのに、中世の世界に入ると、「ものと知性との一致」の真理、正しさの真理となり、ただちに真理と虚偽という関係に変形してしまった。ハイデガーは、しかし同様にギリシアの世界だけが無垢で、完全な思索が展開したともいっていない。彼は、プラトンの思索においてすでに存在の非覆蔵性と覆蔵性との関係が脱落することをみている。「ギリシア人たちは、始源の始源的なものを見逃すのである」(GA54, 202) といわれる。ギリシアの世界、プラトンの世界において、すでに存在は聞き逃されてしまうのである。

その原因はどこにあるのであろうか。それは、存在の覆蔵性のはたらきのうちにあるのである。ハイデガーの言葉を引用してみよう。

「この点にこそ、始まりつつある形而上学を特徴づけ、その形而上学をそのものたらしめている、独特に揺れ動く過渡的移行の性格の根拠が隠されているのである。つまり、始源に関して、第一の始源の最後の光であり、他方、進行に関して、始源の忘却とその覆蔵との第一の開始であるという過渡的移行の性格の根拠が隠されている」(GA54, 207)。

ここにまさに存在の覆蔵性と非覆蔵性との抗争の場面、前者が後者になる現場があることがわかる。存在は現れる瞬間に覆蔵されつつ現れる。存在は、覆蔵されつつという仕方でしか現れることができない。だから根源的な真理はすぐに隠され、忘却されてしまう。ハイデガーは、ギリシアの始まりにおいて始源の思索があったにもかかわらず、それがすぐに覆い隠されてしまったことを指摘する。そして「後世は、ギリシア人たちの思索を単に後の形而上学の根本態度から、つまりプラトン主義やアリストテレス主義の光でみている」（GA54, 207）という。存在の真理つまり現れは、隠れつつ現れるのであるからいつも過渡的・移行的にならざるをえない。存在の覆蔵性と非覆蔵性との争いは、存在忘却としての存在史の展開の原動力なのである。

以上で、一九三一／三二年冬学期講義において展開されていたプラトンの洞窟の比喩の分析は、さらに最終の神話の分析へと発展して、覆蔵性と非覆蔵性との運動としての真理が、いかに「ものと知性との真理」、正当性の真理へと転換されてしまい、存在を思索できなくしてしまっているのか、さらにそれが後の形而上学の歴史を存在忘却の歴史としてきたのかがわかる。ハイデガーは、かなり長い期間プラトンと対決して、そこから自分の根源的真理を取り出す作業をしていることがわかるのである。

## 第五節　善のイデアと深淵・脱根底

さて第二節から第四節までで、ハイデガーの真理論、つまり覆蔵性と非覆蔵性との抗争としての根源的な真理論が、いかに「ものと知性との一致」の真理観、正当性の真理へと堕してしまうかということをみてきた。『真理の本質について』（一九三一／三二年冬学期講義）、『芸術作品の根源』（一九三六年講演）、『パルメニデス』（一九四二／四三冬学期講義）それぞれにおいて分析している対象は、プラトンの洞窟の比喩、ゴッホの靴の絵、プラトンの最終の神話と異なっているが、同じく根源的真理について、覆蔵性と非覆蔵性との抗争としての真理論を論じているのである。

## (1) 善のイデア

しかしここでまた『真理の本質について』(一九三一／三二年冬学期講義) に戻って、さらにこの覆蔵性と非覆蔵性との抗争としての真理論のさらに深みに、ある次元が潜んでいることを指摘することができると思う。それは善のイデアの分析であった。洞窟の比喩の第三段階において、囚人は洞窟からでて太陽の光の下で真実在のイデアをみることになる。それらはイデアの世界における諸イデアであるといえる。机の本質、勇気の本質など、いろいろな本質としてのイデアである。しかしそれらを超えて太陽の光として、イデアの中のイデアとして善のイデアがある。

ハイデガーは、ここで善のイデアについて論じようとする。しかし「善のイデアについて何かをいうことは、なおさらに難しい」(GA34, 96)。つまり善のイデアとは、「言表しえないもの (das Un-sagbare)」(GA34, 97) である。ここでその言表しえないものを述べようとしている。

この善のイデアについては次のように述べられている。「善自身は、一つの存在であるのではなく、存在を超えており、存在を位階と力においてぬきんでている」(GA34, 107)。筆者は、これまで覆蔵性と非覆蔵性との抗争としての真理を論じてきた。その真理とは存在の覆蔵性と非覆蔵性なのである。つまり真理とは、ここで存在の真理である。しかし今その存在自身を超えている善のイデアを見出しているのである。この善のイデアは、ただ単に存在を超えているだけではない。「善は、アガトン (ἀγαθόν) は、それに従って存在そのものと非覆蔵性とを可能にするものである」(GA34, 109) のである。つまり、善のイデアは、存在と存在の真理を超えて、さらにその存在そのものと存在の真理を可能にする根拠・原理であるという。「善とは、権能を授けること」であり、「存在と非覆蔵性とをその本質において可能にすることである」(GA34, 111)。善のイデアは、その他のあらゆる諸イデアが透過させる力を超えつつ、その諸イデアに力を授けることができる。諸イデアがイデアとして働くことができるのは、善のイデアが可能根拠となっているからといえる。「最高のイデアはほとんど見て取られえないものであり、それはそもそも存在と非覆蔵性を共に‐可能にするもの、つまり存在と非覆蔵性それ自身を、それらがそれらであるものへと権能を授けるものである」（GA34, 99）ということである。

しかし先ほども述べたように、この善のイデアは、存在を超えたものとして、言表しえないものであった。それは言語化できない次元のものであるという意味である。つまり、人間の認識や言語の届かない次元であるという意味である。しかしそのような次元こそが、存在や存在の真理を可能にしている。

（2）『根拠律』における深淵・脱根底

この善のイデアの次元は、後に「深淵・脱根底・脱根拠（Abgrund）」として語られるようになる次元である。その深淵・脱根底の分析を集中的に行っているのは、『根拠律』（一九五五／五六年冬学期講義、一九五六年講演）という著作においてであるので、それを最後に考察しておきたい。

この著作は、ライプニッツの根拠の命題「いかなるものも根拠なしにあるのではない（Nihil est sine raitione.）」（SG 13）を元に思索を始める。これは二重否定文であるが、肯定文に直すと「すべてのものは、根拠をもっている（Omne ens habet rationem.）」（SG 16）となる。この命題が発見されるまでに哲学の歴史は二三〇〇年かかっている。その間、我々は根拠について思索しない「休眠期（Incubationszeit）」（SG 15）をすごしてきた。さらに今もまた近代以降の自然科学と近代技術の発展によって「原子時代（Atomzeitalter）」（SG 57）となり、この命題の真意を問うことを忘れた休眠期となっている。

さて、この命題における根拠とは何をさしているのであろうか。現代で、根拠というと自然科学のいう原因・結果の原因をさすことが普通である。しかしハイデガーは、「あらゆる原因は、確かにある種の根拠である。しかしあらゆる根拠が、結果を帰結としてもつ原因という性格を示すわけではない」（SG 43）という。つまり原因・結果あるいは因果関係という枠組みは、近代以降の人間の認識能力に即した表象作用をもとにした、見る主観と見られた客観・対象という関係の中からでてきた根拠の一種に過ぎないのである。それによって、「……存在者が如何にあるかという〈仕方〉は、対象の対象性のうちにある」（SG 46）ということになる。存在は、対象の対象性にあることになる。このような表象作用が、人間のものの見方を規定している時代を「原子時代」あるいは「惑星的なエポック」（SG 60）と名づける。

しかしハイデガーは、表象作用に支えられた因果関係の原因というのは、ある種の根拠であるが、それはある種の根拠に過ぎず、根拠の本来の意味を逸しているという。「第一は根拠の命題の領域の内に達し、その地域の内部において何事かをえるためには、我々の周知の科学・技術的表象は十分でないということであり、第二は、諸々の最高位の根本命題を直接に明瞭な原理とする哲学上の教説もまた思索の諸々の決定的な問いを回避している」（SG 66）とする。つまり、表象作用に支えられた因果関係の原因では、根拠の本来の意味をくみ尽くせないのであり、これまでの哲学はその本来の意味を見出してこなかったのである。

ここでハイデガーは、神秘思想家のアンゲルス・シレジウスの『ケルビムのごとき遍歴者』の中の「薔薇は何ゆえなし（ohne warum）に咲く。薔薇は、咲くが故に（weil）咲く」という詩句を取り上げて考察を進める（SG 68f.）。薔薇が咲くのは、「何ゆえなし（ohne warum）」であるが、「なぜならなし（ohne weil）」ではない。ここで何ゆえ（warum）となぜなら（weil）は区別されている。薔薇が咲くのは、なるほど何ゆえ（warum）なしにあるが、根拠なしではないのである。

薔薇が、表象作用の対象となり、因果関係の原因として究明される限り、薔薇として見えてこない。そのような因果関係としての原因によって薔薇が咲くわけではない。薔薇は、何ゆえなしに咲くのである。薔薇が、表象作用の対象になっている限り、薔薇として咲いてくる理由は見当たらない。しかし薔薇が咲くことに、根拠がないわけではない。根拠はあるのである。

ここでハイデガーは、「いかなるものも根拠なしにない（*Nihil* est *sine* ratione）」というふうに、「なしに〜ない」ということを強調して読む読み方から、「いかなるものも根拠なしにないのである（Nihil *est* sine *ratione*）」というふうに、「根拠はある」というふうに音調を変えて読むことを薦める（SG 86）。ここで我々は、因果関係の原因としての根拠ではない根拠があることが示唆されるのである。それは est と ratio が同一であるというあり方である。つまり、根拠（Grund）と存在（Sein）とが同一のあり方をしている根拠である。「根拠と存在は、同一のものである」（SG 93）という。

もともと根拠とは、存在それ自身のことをさしていたのである。薔薇は、存在としての根拠をもっている。薔薇は、存在としての根拠をもつ故に、咲くことができる。しかし、そのような存在としての根拠は、休眠期の時代においては、「脱去（Entzug）」（SG 97）している。つまり、存在としての根拠は、覆蔵されているのである（SG 97）。そのように存在としての根拠が覆蔵されていることから考えると、存在は根拠（Grund）であるが、それは「深淵・脱-根底（Ab-Grund）」（SG 93）というあり方をしている。存在は、普通対象の対象性として考えられている限り、それは因果関係の原因としての根拠・根底となってしまう。しかし存在とは、そのような根拠ではないのであるから、存在は深淵・脱-根底なのである。

存在は、ここで深淵・脱‐根底として捉えられた。それは、我々の惑星的エポックでは、つまり表象作用によ る因果関係においては捉えることができないということを意味している。対象の対象性としての存在であれば、人間の認識能力や言語能力で捉えることができる。しかし今存在が脱‐根底としてとらえられているとき、それは、対象の対象性としての存在ではなく、「言表することのできない」ものであり、人間の認識によって捉えることのできないものとなっているのである。しかしそのような存在の真理こそが、我々の人間と世界の根拠となっているということなのである。

従ってこの深淵・脱‐根底という捉え方は、プラトンの洞窟の比喩の中にでてくる善のイデアと対応している。つまり、善のイデアは、太陽の光の比喩となっていた。それは人間の目にはまぶしすぎて見ることができないのである。「言表することのできないもの」なのである。善のイデアは、存在を超えていた。しかしその善のイデアは、我々の見るという働きの根拠となっている。『根拠律』においては、存在が、対象の対象性としての存在であれば人間の認識能力に捉えることができる。しかし今深淵・脱‐根底としての存在は、このような対象の対象性としての存在を超えている。この脱根拠としての存在は、人間の認識能力によっては捉えられない。実は人間の認識作用によっては捉えることができないものでありながら、人間の言語と認識の根拠となっているものなのである。

ただし、プラトンの善のイデアとこの『根拠律』の深淵・脱‐根底の思索との間には、共通点もあるが、相違点もある。両者が存在と存在の真理を超えて、存在と存在の真理を可能にするものであるという点は、共通している。存在の真理である、覆蔵性と非覆蔵性との緊張関係のもとに、それを超えた次元を見出していることは、共通である。しかし、善のイデアは、真理を可能にする真理自身、真理を超えた真理であるのに対して、存在の深淵・脱‐根底は、真理の可能根拠として真理を超えた深淵であった。この点は、違いとして残ると思われる。

## 結び

これまでの考察の道筋を捉えなおしてみよう。我々は、一九三〇年代以降のハイデガーの真理論をプラトンの洞窟の比喩の分析を通して考察した。そこではまず最初にイデアと囚人との関係から、真理と自由との関係を取り出すことができた。それは、真理への自由とも表現できる自由であった。さらにその真理は、覆蔵性と非覆蔵性との抗争としての真理であることがわかった。この分析は、さらに『芸術作品の根源』においては、大地と世界の闘争という真理論に、またプラトンの最終の神話の分析でも、「放念の河」を境にして覆蔵性と非覆蔵性との緊張関係として分析された。さらに最後に洞窟の比喩における太陽の光つまり善のイデアが、存在を超えた言表しえないものでありながら、諸イデアの根拠となっているという分析が、後の『根拠律』の存在を深淵・脱‐根底（Ab-Grund）としてみる分析へとつながっていったことを指摘した。

ここでこのような真理論は、まさにヤコプ・ベーメやマイスター・エックハルトの神秘思想の流れの中に位置づけられ、その否定神学の伝統から着想していることを指摘しておきたい。

ここでいう否定神学とは、ディオニシオス・アレオパギテースの『神秘神学』を嚆矢とする神秘思想の伝統である。つまり、神という存在は人間の言語や認識では捉えることができない故、人間の言語では、「神は存在ではない」というふうに否定命題で語っていこうとする説である。さらにディオニシオスは、『神秘神学』において肯定命題と否定命題の対立を超える否定を語っている。この神秘思想の流れは、クザーヌスやエックハルトまたヤコプ・ベーメへと引き継がれ、近世哲学においては、シェリングの『人間的自由の本質』において、神のうちに実存（光）と根底（重力）の二重の働きを見、さらにその二つの力の底に無底（Ungrund）を見る思索へと引き継がれていくのである。

ハイデガーは、真理を覆蔵性と非覆蔵性として捉えていた。しかしその覆蔵性と非覆蔵性とは対等な関係ではなかった。覆蔵性が、非覆蔵性の根拠となっていたのであり、「非覆蔵性への問いの根拠と起源と真正性に対する基準」なのであった。言い換えれば、大地は「明け開け（Lichtung）の始源（Anfang）」なのであった。つまり覆蔵性こそが、真理の根拠となっていたといえる。

さらに、この存在の真理は、対象の対象性という意味での存在を意味しているのではなく、深淵・脱‐根底としての真理を意味していた。脱‐根底としての存在の真理は、人間の言語や認識能力では捉えることができない次元を意味している。つまり「言表しえないもの」を意味している。しかしただ言表しえないだけでなく、そのような深淵・脱‐根底としての存在の真理こそが、人間の認識や言語行為の根拠となっている。従ってこの覆蔵性と非覆蔵性の抗争として捉える真理論の中でまさに覆蔵性こそが真理の根拠となっているという点、またこの真理論自身が、深淵・脱‐根底（Ab-Grund）から由来するという点は、ドイツの神秘思想の中の否定神学の伝統の中で思索されてきたといえるのではないだろうか。

ハイデガーは、『根拠律』の中で、「真正にして大きな神秘思想には、思索の極度の鋭さと深さとが属している。そしてそのことはまた真実である。マイスター・エックハルトは、そういう真実を証している」（SG 71）と述べている。ハイデガー自身、ベーメやエックハルトまたシェリングを高く評価して、自分の思索の淵源がそこにあることを述べているのである。

このような覆蔵性や脱‐根底という現象は、我々が認識や言語行為を行うときにある有限な観点をもっていることを見抜く洞察を与えてくれる。脱‐根底は、底がないことを意味しており、ある特殊な観点、パースペクティヴを有限な観点であると見抜くことができるのである。従って「ものと知性との一致」という真理観が、ある特殊な真理観でしかない由来を洞察できるといえる。あるいは、プラトン以降の形而上学が存在忘却の歴史となる由来を洞察できるのである。このような神秘思想の否定神学の流れの中で、形而上学の超克という使命が果たされることは間違いないことだといえるであろう。

註

（1）プラトン著『テアイテトス』田中美知太郎訳、岩波文庫、一九七六年、五〇頁参照。
（2）アリストテレス著『形而上学』上　出隆訳、岩波文庫、一九七五年、二八頁参照。
（3）プラトン著『パイドン』池田美恵訳、田中美知太郎（責任編集）『プラトンⅠ』（「世界の名著」6）中央公論社、一九七五年所収、五〇七頁。
（4）同掲書、五〇八頁。
（5）Meyer Schapiro, The Still Life as a Personal Object - A Note on Heidegger and van Goch, in : D. Preziosi,（ed.）, *The Art of Art History: A Critical Anthology*, Oxford New York, 1998.
（6）ジャック・デリダ著『絵画における真理』下　阿部宏慈訳、法政大学出版局、二〇〇五年、三二五頁。
（7）高階秀爾著『ゴッホの眼』青土社、二〇〇四年。
（8）小林康夫著『起源と根源　カフカ・ベンヤミン・ハイデガー』未来社、一九九一年、一八五頁以下。

# 第八章　存在と神を結ぶもの

## ――Abgrund の思索――

ハイデガーは、『カントの純粋理性批判の現象学的解釈』（一九二七／二八年冬学期講義）において、プラトンやアリストテレスやカントが凌駕されているということは意味のないことであり、外面的な進歩などというものは哲学にはないと述べた後、カント自身が『純粋理性批判』B370で述べた言葉を引用しながら、しかし今や「カントを、彼が自分自身で理解していたよりもよりよく理解するという要求」（GA25, 3）について論じている。つまり、カントを正しく源泉に遡って理解するときに、私たちはカントが自分自身を理解していたよりもよりよく理解できるのではないかと。

今私たちの時代において、存在や神という概念は、意味を失っている。そのようなときに、存在や神の概念の源泉や基盤に遡って正しく理解するという解体の作業を行う必要がある。それによって、その概念が今語られているよりも、よりよく理解できるようになる。そのような解体の作業を繰り返し行うことによって、その概念の由来と源泉を理解するのである。

中世哲学以来一般的に神は、存在として捉えられている(1)。しかしハイデガーは、その存在の思索において旧来の通俗化された存在概念を克服しようとした。存在は、存在者ではないし、ましてや事物存在者（Vorhandenes）でもない。またニーチェ以来旧来の形而上学で前提とされてきた神は、死んでしまった(2)。神は、もはや絶対者あるいは無限者として事物存在者のように表象されてはならないのである。ここでもう一度存在と神について思索しなおす必要がある。ハイデガーは、まさにこの課題に取り組んだ。今存在と神と人間とは、どのように思索されなおされなければならないのか。そのとき彼は、聖書に示された信仰の事実的生経験やドイツのキリスト教神秘思想に立ち返り、その伝統の中から新たな思索を開始した。それが一九三〇年代の彼の思索に結実していくのである。今回は、その一九三〇年代を中心に展開された彼の思索の見取り図を描きたいと思う。

従って第一節で、まずハイデガーが、存在を深淵・脱根拠・脱根底（Abgrund）として捉えていった思索を年代順に追っていきたい。取り上げる著作は、「根拠の本質について」（一九二九年）、『形而上学入門』（一九三五年）、一九三〇年代の真理論の諸著作、さらに『哲学への寄与』（一九三六—三八年）、最後に『根拠律』（一九五五／五六年冬学期講義、一九五六年講演）である。そこで存在が深淵・脱根底として思索されてくる。第二節において、その深淵・脱根底としての存在に関わる神の思索を論じる。そこでは『哲学への寄与』と『真存在の歴史』（一九三八／四〇年）を用いて、ハイデガーの神の思索の意図を解明する。結びで、その存在と神との思索の位置づけと意義について論じようと思う。

## 第一節　ハイデガーの深淵・脱根底について

### （1）「根拠の本質について」における深淵・脱根底について

本書において、ハイデガーは、まだ存在自身の思索を展開してはいない。存在論的差異を、現存在の超越（Transzendenz）に基づけようとしている。存在者が命題の内に現れる根拠として、存在者が前述定的に開示されている存在者的真理（ontische Wahrheit）とその存在者の現れを可能にする存在の真理を思索する存在論的真理（ontologische Wahrheit）の区別を現存在の超越に基づけようとする。つまり現存在の超越とは、現存在自身が世界へと超投（Überstieg）することであり、この超投において現存在が存在者全体の中に入り、存在者と交渉できることを意味している。

しかしこの超越は、自由として根拠への自由となる。しかもこの根拠への自由は、基づけること（Gründen）として、一　建立すること（Stiften）、二　地盤を受け取ること（Bodennehmen）、三　根拠づけること（Begründen）の三つの働きとなる。ここでは第一の建立することと第二の地盤を受け取ることとの関係が重要となる。両者は、『存在と時間』の内・存在の投企（Entwurf）と被投性（Geworfenheit）の契機に相当するといえる。本書は、存在論的差異を、現存在の世界への超越に基づけていた。その超越は、世界への超越として根拠への自由であった。従って第一の投企にあたる建立することの働きが、より重要であったはずであり、それを徹底化していくことで、存在論的差異を根拠づけることができるはずであった。

しかしハイデガーは、この論考の最後で以下のように述べる。「しかし現存在は、世界を投企する、存在者の超投において自己自身を超投しなければならない。それによって自己をこの高まりから真っ先に深淵・脱根底として理解することになる」（GA9, 174）。この超投つまり投企の徹底化の果てに、自己の足元に深淵・脱根底を覗き見ることになる。現存在の世界への超越に一切を基づけようとするときに、その試みは破れをみるといっているのではないだろうか。超越論哲学の徹底化の果てに、その挫折を意味しているともいえる。

さらにその次の段落で、ハイデガーは、「しかし根拠への自由の意味での超越が最初にして最後に深淵・脱根底と理解されるならば、それとともに現存在の存在者の内でのまた存在者による捕捉と名づけられることの本質が先鋭化される」（GA9, 174f.）と述べる。つまり、根拠への自由の第一の契機の建立することと第二の契機の地盤を受け取ることとの相反する緊張関係、投企と被投性との力のせめぎあいの根源に深淵・脱根底が潜んでいることを意味している。投企を徹底化するときに、被投性の力が増し加わってくる。「すべての世界投企は、それ故被投的なものである」（GA9, 175）といえる。そしてその源として深淵が広がっている。投企と被投性とのせめぎあいの緊張関係の元に破れを見ることになる。つまり深淵・脱根底が潜んでいる。従ってこの深淵・脱根底は、「無力（Ohnmacht）」（GA9, 175）といえるのである。

ただハイデガーは、この深淵・脱根底が、投企と被投性とのせめぎあい、緊張関係を出現させるとは言っていない。深淵・脱根底は、根拠への自由を出現させる根拠であるという積極的な論述はない。しかし少なくとも、二つの相反する力の緊張関係の淵として深淵・脱根底をみていることは確かであろう。

この一九二九年の段階では、ハイデガーは、この投企と被投性の緊張関係とその源にある深淵・脱根底とを現存在の世界・内・存在あるいは超越の中に見て取っている。つまり、存在の真理の問題は、まだ現存在の世界・内・存在の場面で理解されている。ここでの深淵・脱根底は、現存在自身の足元に広がる深淵であるといえるであろう。

## (2)『形而上学入門』における深淵・脱根底について

では次に『形而上学入門』（一九三五年夏学期講義）においては、どうであろうか。まず形而上学の問いは、存在の問いとなることが述べられる。そこからハイデガーは、存在の語源が三つあるという。第一にゲルマン語の ist に当たるもので、これは生を意味する。第二にゲルマン語の bin や bist に当たるもので、光の中に発現する、現象することを意味していた。第三にゲルマン語の wesen に当たるもので、これは住むや滞在することを意味している（GA40, 74f.）。

さらに「存在と生成」「存在と仮象」「存在と思索」「存在と当為」という存在に対抗する語義を考えることによって存在を限定しようとする。ハイデガーが、深淵・脱根底を論じるのは、その中でも「存在と思索」の節である。思索（denken）とは、もともとロゴスのことであった。ロゴスは、「集めること（sammeln）」（GA40, 132）、「集約態（Gesammeltheit）」（GA40, 136）を意味する。そこからハイデガーは、ロゴスとは、「互いに離れようとするものを根源的に一つにする統一」（GA40, 140）であるという。つまりロゴスは、互いに分離し対抗して争っているものを一つの従属性へ齎すことになる（GA40, 142）。

さらにそこからパルメニデスの「思索（noein）と存在とは同一である」という言葉を解釈して、ノエイン（νοεῖν）は聴き取ること（vernehmen）を、つまり引き受けること（hinnehmen）を意味しているという（GA40, 146）。この聴き取ることとしてのノエインは、存在と同一なのである。ここで思索と存在を主観と客観という近代の図式で考えてはならない。そうすると主観が、自分の外に立てた対象を観察することになってしまう。そうではなく、存在とは、プュシス（φύσις）として、現象すること、非覆蔵性の中に踏み入ることであるから、そこにはその現象を聴き取り、受け入れるものが帰属しているはずである（GA40, 147）。それ故、存在が支配するところには、聴き取ることも生起する。聴き取るという知が働くのである。従って存在には、聴き取る人間が従属していることになる。存在と思索は、相互制約する。存在と人間は、相即するのである。人間とは、存在から規定されなければならない。しかも存在とは、まさに「ポレモス（πόλεμος）、つまり存在の相互‐抗争においてのみ、神々と人間との相互分離・出現（Auseinandertreten）がでてくる」（GA40, 153）ことを意味しているのであるから、その神々と人間との相互分離・出現を一つにする集約態を聴き取ることによって、人間は存在に従属し、本来の姿となるのである。

ハイデガーは、ここからソフォクレスの『アンティゴネー』の「不気味なものはいろいろあるが、人間以上に不気味にぬきんでて働くものはない」(GA40, 155)という言葉を論究する。そこで彼は、人間を不気味なもの、つまり「深淵・脱根底(Abgrund)」(GA40, 158)として捉えるのである。これは何を意味しているのか。人間とは、単なる理性の能力をもった動物と規定できはしない。そうではなく、人間にとってははなはだしく居心地の悪いもの、つまり「根底において海や大地よりももっと離れ遠くにあり、もっと制圧的なもの(überwältigender)」(GA40, 165)こそが、「そもそも人間がようやく自分自身で人間としてありうるための根底」(GA40, 166)であることを意味する。

つまり、人間は、この存在の相互抗争(Auseinandersetzung)、ポレモスによって本質を規定されているのであり、そこに聴き従うときに始めて本来の人間となるのである。ここから考えられることは、この神々と人間との相互抗争を集約し、そこに聴き従うことが、人間の本質であるということである。

しかもこの相互抗争の根源として、深淵・脱根底が潜んでいるという。ここでも、神々と人間との離脱・出現(Heraustreten)という相反する働き、緊張状態を集める存在の思索の源に深淵が口を空けていることが示唆されるのである。

しかもこの深淵・脱根底は、「無」(GA40, 161)と述べられ、さらには「死」(GA40, 167)とも呼ばれる。「人間は、死ぬようになったとき初めて逃げ道なく死に対しているのではなく、常住的にしかも本質的に死に対しているのである。人間は存在している限り、死の逃げ道のなさの中に立っている。そのようにして現・存在は、生起する不気味さ自身である」(GA40, 167)と述べる。この深淵・脱根底は、たえず無や死として人間の根底であることがわかる。

ここでハイデガーは、存在を人間の本質として述べている。しかもその存在は、神々と人間との離脱・出現としての相互抗争である。さらに、その根源には無あるいは死としての深淵・脱根底が広がっているのである。

（3）一九三〇年代の真理論における深淵・脱根底について

一九三〇年七月一四日カールスルーへにおいて、同年一〇月八日ブレーメンで、同年一二月一一日フライブルクにてハイデガーは、「真理の本質について」にあたる講演を行った。（この講演は、一九三二年夏にはドレースデンにおいても行われた。）一九三〇年九月二日付けのブルトマン宛の手紙には、これらの講演のヴァリアント版の講演をマールブルクでも行うことを告げていて、そのテーマは、「哲学することと信仰すること」の予定であると述べている。[3]当時ハイデガーは、ブルトマンから講演を依頼されていた。その内容は、真理の本質を扱っている。ハイデガーは、当時神学と哲学の役割をはっきりとわけるべきだと考えていたようであるが、この真理を省察する中で哲学者としての神学への応答を考えていたといえる。

さて、今現在『全集　第九巻　道標』に収められている「真理の本質について」は、これらの講演の原稿をもとにして書き改められ、一九四三年の論文として刊行されたものである。その書はまず、命題の真理は、自由に基づくことを押さえた上で、しかしその自由は、存在者を存在させることを意味しているのであり、脱存しつつ真理にさらされていることを主張している。ここで初めて真理が自由を得させると述べるのである。さらにハイデガーにとってその真理は、アレーテイアとして捉えることにあった。つまり覆蔵性（Verborgenheit）を取り除くこととして真理を捉えるのである。ここで真理は、覆蔵性と非覆蔵性との運動として捉えられることになる。

ただハイデガーは、一九三〇年の講演の版では、「この存在者全体の覆蔵性は、露現しつつ既に覆蔵されつつ留まっている、そのような存在者自身を存在させることと同じくらい古いし、まただ同じくらい古い」[4]とある箇所は、一九四三年の版では、「この存在者全体の覆蔵性は、露現しつつ既に覆蔵されつつ留まっている、そのようにして覆蔵へと関わっている存在させること自身よりも古い」（GA9, 194）と述べられている。ハイデガーは、講演から出版までの一三年間に真理の覆蔵性と非覆蔵性との運動、両者の緊張関係について何度も問い直し、検討している様子が伝わってくる。一九三〇年版では、覆蔵性は、存在者を存在させることと同じレベルで捉えられているのに対して、一九四三年版では、覆蔵性は、存在者を存在させることより古く、その根拠であることが示される。つまり一九四三年には、存在の覆蔵性が、真理の根拠であると主張する。言い換えれば、非真理が、真理の本質であるという主張へと至るのである。

ここで記された真理の緊張関係、覆蔵性と非覆蔵性とのせめぎあいについては、『全集　第三四巻　真理の本質について――プラトンの洞窟の比喩と「テアイテトス」』（一九三一／三二年冬学期講義）や『全集　第三六／三七巻　存在と真理』所収の「真理の本質について」（一九三三／三四年冬学期講義）においても生き生きと記述されている。両者においてプラトンの『国家』にでてくる洞窟の比喩を用いて、真理論が論じられる。囚人が、洞窟から引きずりだされて、太陽の輝く地上にでてくる第三段階が、覆蔵性から非覆蔵性へと導かれる段階である。しかしその後その囚人が、洞窟に戻り皆を説得しようとするときに、殺されてしまう第四段階は、非覆蔵性から覆蔵性へと戻っていく段階となる。つまり、真理の覆蔵性と非覆蔵性との運動は、洞窟の中と外との行き来の運動として捉えられる。従って一九三一年三二年冬学期講義では、この事態を「根源的抗争（Kampf）」（GA34, 92）と呼んでいるし、さらには「橋をかけること（Brükenschlagen）」（GA34, 92）とも呼んでいるのである。さらには一九三三年三四年冬学期講義では、「最も内的な対決（Auseinandersetzung）」（GA36/37, 184）と考えられている。この当時非真理と真理との運動、覆蔵性と非覆蔵性との運動を最も強力な緊張関係・抗争として思索していることが理解できると思う。

以上の事態は、さらに『芸術作品の根源』（一九三五／三六年）においても継続して思索されることになる。物議をかもしたゴッホの靴の絵やギリシア神殿という芸術作品において、存在の真理が現れているという。芸術の本質は、「真理がそれ自体を作品へと据えること」（GA5, 25）である。その真理は、「世界と大地の闘争（Streit）」（GA5, 35）である。ここでは、覆蔵性と非覆蔵性との抗争の上に世界と大地との闘争が述べられていることがわかる。

しかしさらにハイデガーは、この著作で覆蔵性と非覆蔵性との抗争の緊張関係自身を問うている。両者の関係は、対等であるのか、それともどちらかが根拠となっているのであろうかと。そして「拒絶することとしての覆蔵は、……明け開かれたものの明け開きの始源である」（GA5, 40）という。つまり、真理の運動は、単なる対等な運動なのではなく、覆蔵性が、非覆蔵性の根拠となっており、非真理が、真理の本質であるということを結論するのである。

さらにこの書では、「それなら真理は無から成立してくるのであろうか。実際この無で存在者の単なる否定が思念され、また、その際その存在者があの通常の事物存在者として表象されるのであれば、またそのすぐ後ただ真実の存在者と思われている作品がそこにあるということが、白日にさらされるのであり、また揺さぶられるのであれば、そうである」（GA5, 59）と述べる。つまり、ここでもハイデガーは、真理が「無」から生起してくると述べる。この「無」とは、結局「深淵・脱根底（Abgrund）」のことなのではないだろうか。無としての深淵・

脱根底から覆蔵性と非覆蔵性との運動としての真理が成立してくるのである。

さらに『哲学への寄与』（一九三六―三八年）の「基づけ（Gründung）」のフーゲにおいても真理の問題が論じられている。ここで存在の真理は、存在から可能となった現‐存在の存在の思索自体が存在であるような存在と現存在との対向振動の出来事・性起（Ereignis）として、また時‐空として捉えられた後、その根源として深淵・脱‐根底（Ab-grund）が潜んでいると思索される。「真理は、出来事・性起の真理として基づける。この出来事・性起は、それ故根拠としての真理から概念把握される。つまり根源‐根底（Ur-grund）。この根源‐根底は、自己を覆蔵するものとしてただ深淵・脱‐根底（Ab-grund）として開示されてくる」（GA65, 380）と述べられる。真理は、覆蔵性と非覆蔵性との緊張関係の運動であったが、そこには無としての深淵・脱‐根底が開けているのである。

しかしここで注意しておかなければならないことは、この深淵とは、ただ穴が空いているということを意味しているのではない。それは、深淵・脱‐根底という根拠・根底なのである。ハイデガーは、「なんのための詩人たちか」（一九四六年）において以下のように述べている。「深淵・脱根底は、根源的に地盤と根底を意味している。その最下層の根底としての根底に、その傾斜に沿って何ものかが固着している。以下ではしかしながら、この深淵・脱根底の脱（Ab）は、根底の完全な不在として考えておこう。根底は、根ざすことと立つことのための地盤なのである。根底が現れない世界時代は、深淵・脱根底のうちにかかっている」（GA5, 269f.）。この深淵・脱根底は、不在としての根底を意味している。そして現代という時代は、根底が不在となった深淵・脱根底という時代なのである。さらに彼は、「〔痛みと死と愛との〕共属の領域が存在の深淵・脱根底である限り、覆蔵性がある」（括弧内は、ハイデガー自身が前の文で述べたことであり、それを筆者が加筆した）（GA5, 275）とも述べる。つまり、この存在の深淵は、痛みと死と愛の共属する領域であり、真理の運動が出現してくる根底なのである。従ってそれは単なる穴のようなものなのではなく、根源-根底（Ur-grund）としての脱-根底（Ab-grund）なのである。つまり、一つの根底の場であると同時に、根底自身が脱落していることを意味している。根底が脱落しつつ根底という場を形成している。このことから、存在の真理は、判断中止を迫るアルキメデス的点のようなものにはならないことがわかる。深淵・脱根底の場は、覆蔵性と非覆蔵性との対抗運動、せめぎあいが出現してくる場であり、痛みと死と愛との属しあう領域であり、そのような根底・根拠として深淵・脱-根底なのである。

一九三五年までは、現存在としての人間の超越の足元に、あるいはまた、人間の本質として深淵・脱根底をみていた。一九三五年の『形而上学入門』では、存在と存在を聴き取る知としてそこに帰属している思索との関係が問われつつ、存在は神々と人間とのポレモスとして捉えられていた。そしてその根源として深淵・脱根底が開けていることが指摘された。しかるに一九三〇年代以降ハイデガーは、人間の思索の契機が存在の中に帰属し、存在の真理を問うていた。存在の真理は、覆蔵性と非覆蔵性との抗争であった。しかも一九三六年以降では、その覆蔵性と非覆蔵性との抗争としての存在の真理に根拠・根底としての深淵・脱-根底（Ab-grund）があることが省察されるのである。ここで深淵・脱根底の本来の姿が現れてきたといえるであろう。いずれにせよ、この深淵・脱根底は、投企と被投性の緊張関係、神々と人間のポレモス、覆蔵性と非覆蔵性との抗争とが出現してくる根拠・根底として深淵・脱根底なのである。

## （4）『根拠律』における深淵・脱根底について

この深淵・脱根底の思索が頂点に達するのは、『根拠律』（一九五五／五六年冬学期講義、一九五六年講演）においてであるので、この項目の最後に省察しておきたい。

この著作は、ライプニッツの根拠の命題「いかなるものも根拠なしにあるのではない（Nihil est sine ratione）」の考察から入る。それは二重否定文であるが、肯定文に直すと、「すべてのものは根拠をもっている」というふうになる。しかしこの根拠すなわちラチオは、近代以降の原子時代、惑星的エポックでは主観・客観関係において見られた因果律としての原因とみなされる。しかし実は、そのような因果律の原因は、根拠のある一つの側面でしかない。そこでアンゲルス・シレジウスの『ケルビムのごとき遍歴者』の中の「薔薇は何故なし（ohne warum）に咲く。薔薇は咲くが故に（weil）咲く」という詩句を取り上げ、実は薔薇が咲くのは、何故なしにではあるが、なぜならなし（ohne weil）ではないという。つまり、因果律の原因という意味では、何故なしではある。しかし実をいうと因果律の原因とは異なる根拠がある。今ライプニッツのNihil est sine rationeという命題を、nihilとsineを強調して読む読み方から、raitoとistを強調して読む読み方へと転換する。そうすると根拠と存在が同一である読み方ができる。しかしその根拠とは、因果律の原因ではなかった。従って存在としての根拠（Grund）は、脱去しており、覆蔵しているのであるから、深淵・脱‐根底（Ab-Grund）なのであるという。

ここでハイデガーは、存在を深淵・脱根底としての根拠として思索する。私たちは、これまで存在をアルカイ（ἀρχαι）、アイチア（αἰτία）、ラチオ、ウアザッヘ、プリンチピエンとして捉えてきたが、それらはすべて存在を捉え損なっている。つまり理性が、自らを根拠づけしようとする限り、その根拠づけからは、存在は抜け出てしまうのであり、従って、根拠は、深淵・脱‐根底となるのである。

この著作において、ハイデガーは、完全に存在を深淵・脱根底として捉えるに至る。しかし考えてみれば、「根拠の本質について」において超越論哲学が挫折する瞬間を深淵として捉えた考え方は、この『根拠律』においても生きている。つまり、主観性が自らを根拠づけようとするときに、その試みが挫折するのは必然であることを述べている。深淵・脱‐根底としての存在は、主観性が理性の能力を使って作り出すことも、捉えつくすこともできない。むしろ逆に思索がそこから可能となる場なのである。思索は、存在からの命運としてやってくるのである。

さらにその深淵・脱根底としての存在は、「死」として捉えなおされる。「遊びの本質が事象に即して根底としての存在から規定されるであろうか。あるいは我々が存在と根底を、深淵・脱‐根底としての存在を、遊びの本質から思索しなければならないのであろうか。この場合の遊びとは、我々が、現存在の最も極端な可能性として最高のものを存在とその真理の明け開けにおいてよくする死の近くに住む限り、我々がただそれ自身であるような、我々死すべきものたちがそこへともたらされる遊びであるのだが」（SG, 186f.）という。存在は、決して自然科学の因果律で究明されるものでも、主観性という人間の理性的能力によって根拠づけられるのでもなく、死としての深淵なのである。『根拠律』のここで深淵・脱根底は、死であることが告げられる。存在は、死という人間を圧倒するもの、人間の手の届かないところにおいて示される。存在は、人間の理性の支配を逃れるもの、人間の認識や言語の届かないところでありつつ、同時にそこから人間の思索が出現してくる根源なのである。それ故存在は、深淵であるのだ。

## 第二節　神の思索

ハイデガーは、以上のように一九三〇年代以降存在を深淵・脱根底として思索してきた。投企と被投性との緊張関係、神々と人間とのポレモス、非覆蔵性と覆蔵性との抗争という相反する力の働きの淵源として深淵・脱根底が広がっていることが明らかとなった。それら自身が存在を意味しているのである。今や存在は、深淵・脱根底として捉えられる。しかもそれは死を意味していた。死が圧倒的に迫ってくるときに、我々人間は、人間の本質を知ることになる。ハイデガーにとっては、そのような神秘の次元に初めて神が関わってくるのである。その神は、最後の神あるいは神々と呼ばれるが、今回は『哲学への寄与』と『真存在（Seyn）の歴史』においてみていこうと思う。（ハイデガーの神は、神を事物存在としないために単数形で語るか、複数形で語るかを未決定にしている（GA65, 437）。）

ハイデガーの思索する最後の神は、存在に現れる。「存在は決して神自身の規定ではない、存在とは、神の神になること（Götterung）が必要としているもののことである。完全に神から区別されたままで留まるために。存在とは（形而上学の存在者性のように）テイオン（θεῖον）やデウスまた〈絶対者〉の最高で最も純粋な規定でもなく、……」（GA65, 240）と述べられる。また「真存在（Seyn）とは、神々によって必要とされているものである」（GA65, 438）と述べられる。ハイデガーは、神を語るとき必ず存在の次元で語ろうとするのである。

『真存在の歴史』においても、「真存在〈の〉語において神性は――人間存在に向かい合って――人間存在とともに大地と世界との闘争にやってくる」（GA69, 31）と語られ、また「あらゆる神よりも真存在は、始源的である」（GA69, 132）とも述べられる。つまり『真存在の歴史』においても、存在の思索が根本にあり、そこに神が現れるという構造を取っていることがわかる。(5)

しかしその存在とは、深淵・脱根底なのである。従って、神あるいは神々が現れるのは、その深淵・脱根底としての存在においてであるといえる。『哲学への寄与』においても「〈個人的な〉また〈大衆的な〉体験において神が現れることはまだない、唯一真存在自身の深淵・脱根底の〈空間〉においてのみ現れる」(GA65, 416)と述べられる。また「〈神々〉は真存在を必要としていることが、神々を深淵・脱根底(自由)へ動かし、あらゆる根拠づけや証明を拒絶することを表現している」(GA65, 438)と語られる。また『真存在の歴史』においても、真存在が深淵・脱根底であることが度々述べられ(GA69, 61, 108 ,119, 134)、さらに「神々は、〈存在する〉というのではない、むしろ神々は神々自身に戻され投げ返されることの深淵・脱根底としての真存在を必要としているのである」(GA69, 105)と述べられる。

以上からもわかるように、ハイデガーにとって、神あるいは神々は、深淵・脱根底としての真存在において現れるのである。ここからさらに神あるいは神々は、深淵としての死において現れるともいえる。(6)

この神は、先に述べたように「あらゆる根拠づけや証明を拒絶する」、従って「最高の存在者、存在者の第一の根拠、原因、また無 - 制約者、無 - 限者、絶対者として」(GA65, 438)表象されてはならないのである。あらゆる形而上学また自己根拠づけまたあらゆる客観化やあらゆる数量化を拒絶する神であるといえる。

ハイデガーは、以上のような特徴をもつ神を「過ぎ去り(Vorbeigang)」(GA65, 412)の神として思索する。形而上学を拒絶する神、主観性による自己根拠づけを拒絶する神、死としての深淵・脱根底の存在に現れる神、存在と現存在の出来事・性起において現れる神、このような神は過ぎ去りの神としてのみ相応しい。

この過ぎ去りは、旧約聖書のいくつかの神のイメージから着想したといわれている。例えば出エジプト記一二章一三節の過ぎ越し(Vorübergehen)の神のイメージ。つまり、神がエジプトの民を打つとき、イスラエルの民の家を過ぎ越すという。また出エジプト記三三章二二節には、モーセが、神に神の栄光を示すように求めたときに、「わが栄光が通り過ぎる(vorübergehen)とき、わたしはあなたをその岩の裂け目にいれ、わたしが通り過ぎるまで、わたしの手であなたを覆う。わたしが手を離すとき、あなたはわたしの後ろを見るが、わたしの顔は見えない(7)」と神から言われるという物語。さらに列王記上の一九章一一節では、預言者エリヤがイゼベルの手から逃れる道で出会った主の言葉は、「主は、『そこを出て、山の中で主の前に立ちなさい』と言われた。見よ、そのとき主が通り過ぎて（vorübergehen）いかれた」というものであった(8)。

確かに、この旧約聖書にでてくる過ぎ越す vorübergehen という概念とハイデガーが用いている過ぎ去り vorbeigehen とはニュアンスが異なる。詳しく言えば、vorbeigehen は、立ち寄りそして過ぎ去っていくという意味を含んでいる。さらに言えることは、ハイデガーの過ぎ去りの概念は、決して地図上で測れる距離を意味してはいない(9)。決して測定できる距離が問題となっているのではない。

しかしポルトも述べるように、ハイデガーは、確かに vorbeigehen という言葉を用いながら、旧約聖書にでてくる過ぎ越しの神のイメージを用いて、人間が支配できる、人間が把握できる神、また主観性によって自己根拠づけする神、自己原因の神を拒絶し、人間の手をすり抜ける出来事としての神を思索しているといえるであろう。従ってこの最後の神は、過ぎ去りの神として「貧窮化（Verarmung）の贈与」（GA69, 28）を遂行する。ハイデガーは、形而上学を批判して、対象性としての存在の理解から、また主観性による自己根拠づけから存在を解放して、深淵・脱根底の存在理解を示した。この存在は、形而上学が示す絶対や無限を意味してはいない。この存在は、深淵・脱根底として有限な存在である。しかもこの有限な存在とは、既に形而上学が示してきた無限と有限との対立の内にはない。この深淵・脱根底としての有限な存在理解は、それ自身貧しさ（Armut）の思索である（GA69, 106）。「貧しさとは、出来事化・性起化としての真存在の本質現成である」（GA69, 110）。貧しさは、深淵・脱根底と深く、密接に関わっている。

従ってこの最後の神自身が、貧しさの神であるともいえる。つまり、この神は、過ぎ去りとして一地点に君臨することはない。すべての人間の根拠づけや証明を拒み、形而上学の神として絶対者、無限者というふうに命名されることもない。そのような人間の認識や言語化を拒み、そこから抜け出てしまう。そういう意味でこの過ぎ去りの神自身、貧しさの神であるともいえる。

しかもここでは、現存在としての人間は、沈黙という語りを選ぶ。「ここから現‐存在のあらゆる言葉は、その根源を獲得する、またそれ故現‐存在のあらゆる言葉は、沈黙（Schweigen）の本質にある」（GA65, 408）と述べられる。この存在と現存在との出来事・性起とそこに関わる過ぎ去りとしての神の出来事を、人間は沈黙という仕方でのみ表現できる。また『真存在の歴史』の一〇六ページの図表において、「深淵・脱‐根底、無、貧しさ」の欄の下に「静けさ（Stille）」と書かれている。つまり、この深淵・脱‐根底としての存在の思索、過ぎ去りの神の思索には、ただ人間は静けさを通して接しうることを示している。この沈黙と静けさの思索は、貧しさの思索であるといえる(10)。

ただこの貧しさは、ただ単なる貧しさではない。ハイデガーは、ヘルダーリンの詩句を引用して、この貧しさは、「豊かになるため」の貧しさであることを述べる（A, 5f.）。この貧しさは、不要なものを捨て去る貧しさである。つまり存在からのみ人間が規定されることである。人間は、一切を捨て、存在へと集中していく。そのときにこそ本来的な意味で、貧しくなり、同時に豊かになる。そのために神は、貧しさを贈ってくるのであろう。

## 結び

ハイデガーは、一九三〇年代以降このように存在を深淵・脱根底として捉えていった。それは、存在を単なる類概念として捉える存在理解、あるいは客体存在者、対象存在者として捉える存在理解を拒絶するとともに、主観性による自己根拠づけを拒み、逆にそのような超越論哲学の自己根拠づけが発生してくる現場を分析していたといえる。これは結局主観性の形而上学の破れを示し、それを克服する場を確保していたのである。近代の主観性の形而上学が、いったいどこから発生してくるのかという由来の場を示すことでもあった。このような存在の思索は、「形而上学に反対する考えもない。比喩を用いて語れば、哲学の根を抜き去ることはしない。それは形而上学のために大地・根拠を掘り、形而上学のために大地を耕すのである」(GA9, 367)。それができるのは、ハイデガーが、存在をなんらかの判断中止を迫るアルキメデス的点として捉えるのではなく、深淵・脱根底として捉えているからである。

さらに同時に、その深淵・脱根底としての存在の場というのは、無であり、死とも言われた。またその場は、貧しさの場でもあった。従ってその場は、神秘の場であり、聖性の場であるともいえる。

ハイデガーは、ここにこそ神が関わってくると述べる。深淵・脱根底としての存在という神秘の場においてこそ、神が関わってくる。ハイデガーの神は、従って形而上学が思索する神とは異なって、形而上学の術語で捉えることのできない「過ぎ去る」神であった。そのような神は、存在を深淵・脱根底と捉えるのと並行して、形而上学の手をすり抜ける。そして逆に形而上学の発生の現場を押さえることが可能となる。

また以上のような深淵・脱根底としての存在と過ぎ去りの神の出来事・性起の場は、人間の認識や言語の届かない場であった。ハイデガー自身、その場を「言表し得ないもの」と述べていた。それは例えば、シェリングの無底（Ungrund）の概念から受け継がれているといえる。さらにこのような場は、ドイツのキリスト教神秘思想の流れの伝統を受け継いでいるといえる。彼は、シェリング論において、シェリングの思索が展開するのは、マイスター・エックハルトやヤコプ・ベーメの思索の共遂行があったからだと述べる（GA42, 204）。また『根拠律』においては、マイスター・エックハルトの神秘思想に思索の鋭さと深さが潜んでいることを高く評価しているのである（SG, 71）。

また実はハイデガー自身、初期のころにはルターの「ハイデルベルク討論」を詳細に研究している（Vgl. GA60, 281f.）。さらに彼は、一九二四年にマールブルクでブルトマンの「パウロの倫理学」に関する演習に出席して、「ルターにおける罪の問題」というタイトルの研究発表を行っている(11)。そこでもルターの「恵みによらない人間の力と意志とについて」（一五一六年）、「『スコラ神学反駁』討論」（一五一七年）、「ハイデルベルク討論」（一五一八年）、さらに「創世記講義」（一五四四年）を分析している。さらに一九六一年にはゲルハルト・エーベリンクのルターの「人間についての討論」（一五三六年）に関する演習に出席している。ハイデガーは、エーベリンクの人間理解に影響を与えた。以上のようにハイデガーは、終生ルターの神学との緊張関係の中で思索しており、それとともに神学やキリスト教神秘思想の理解を深めていったと考えられる。

以上のようなドイツのキリスト教神秘思想や神学の伝統の中に身をおいていたからこそ、深淵・脱根底としての存在と過ぎ去りとしての神の思索が展開できたのであり、そこから形而上学の克服が可能となったといえるであろう。

詳しく述べると、このドイツ神秘思想の淵源には、二つの流れがある。一つは、プラトンにまで遡ることのできる否定神学の流れである。[12] それはディオニシオス・アレオパギテースの『神秘神学』をへてエックハルトやベーメへと注がれる流れである。それは、神という言語化できない超越者をどのように名づけるかという問題を扱っている。普通神は、その特定の性質を語られる。これは肯定神学と呼ばれる。それに対してそれより高次の次元に否定神学がある。神は、全く認識できないもの、人間の言語によっては名づけ得ない超越者である故、肯定的に語る神学は不可能になる。そのパラドクスを解決するために否定的に名づけようとする神学である。例えば「神は存在ではない」と言うふうにして神を否定的に名づけていく神学である。この否定神学は、単なる肯定神学に対する否定神学ということだけでもなく、その肯定神学と否定神学とを超えるという意味での否定神学へと展開していく。[13] このような試みは、人間の言語には捉えられない神を、いかにして語ろうとするかという試みであり、神に対する生き生きとした接し方でもある。[14]

もう一つは、〈隠れたる神〉の神学であり、それがルターの思索へと流れ込んでいった。イザヤ書四五章一五節「まことにあなたはご自分を隠される神、イスラエルの神よ、あなたは救いを与えられる」という聖句に遡ることのできる神学であり、それがルターの神学に流れ込んでいる。ルターの〈隠れたる神〉の神学においては、[15] 私たちの神は、形而上学的に思弁できる神ではなく、宗教的体験として荘厳の中に隠された神であるという点が含まれている。神の現れの背後にある隠れた神自身であるともいえる。これは、〈啓示された神〉と〈隠れたる神〉との対立を超えたところに存在する〈隠れたる神〉である。[16] このルターの神秘思想は、神の現れと隠れを忠実に捉えている。ハイデガーは、終生ルターの神秘思想及び神学を研究しており、その研究が、彼の思索へと影響を与えたことは間違いないといいえる。[17]

ハイデガーは、以上のような否定神学と〈隠れたる神〉の神学に由来するドイツのキリスト教神秘思想の伝統の中で思索していた結果、存在の深淵・脱根底に現れる過ぎ去る神を思索できたのであろう。このような存在と神との思索の試みは、「神に相応しい神（der göttliche Gott）」（ID, 65）、「生ける神（der lebendige Gott）」（GA5, 254）を求め、探そうとしている試みであると思われる。

註

（1）E. Coreth, *Gott im philosophischen Denken*, Stuttgart Berlin Köln, 2001, S.106. 例えば、トマスは、「神は自存する存在そのものである（ipsum esse per se subsistens）」（『神学大全』（I.4.2））と述べている。

（2）F. Nietzsche, *Sämtliche Werke. Kritische Studienausgabe*, Bd.3, München, 1980, S.480f.

（3）A. Großmann u. C. Landmesser（Hrsg.）,a.a.O., S.136. この講演は、結局一九三〇年一二月五日に行われた。

（4）A. Rosales, *Transzendenz und Differenz. Ein Beitrag zum Problem der ontologischen Differenz beim frühen Heidegger*, Den Haag, 1970, S.311.

（5）神と存在との関係に関しては、いろいろと議論があるようである。そのことについては第三章の註（9）を参照のこと。

（6）「なんのための詩人たちか」においても、「神の欠如とともに世界のために根拠づけるものとしての根底・根拠が現れることがない」（GA5, 269）、と述べられ、また「この深淵・脱根底が、詩人にとって逃亡した神々の痕跡なのである」（GA5, 271）と述べる。つまり、この存在の深淵・脱根底の中に神々の不在が出現してくるというのである。そして詩人こそ、この神の欠如や不在の現れる存在の深淵を謳うことができるというのである。

（7）聖書からの引用は、共同訳聖書実行委員会編、『聖書』新共同訳、日本聖書協会、一九九七年を用いた。ドイツ語は、*Lutherbibel Erklärt. Das heilige Schrift in der Übersetzung Martin Luthers mit Erläuterungen für die bibellesende Gemeinde*, Stuttgart, 1964 を参照した。

　ハイデガーは、『宗教的生の現象学』（全集六〇巻）の Anhang II において、ルター研究の成果を報告していて、その中でルターの「ハイデルベルク討論」に言及している。その第二〇のテーゼには、この旧約聖書の言葉「神のうしろ」（出エジプト記三三章二二節）という言葉がでてくる。ハイデガーは、若いときから、聖書のこのような記述に慣れ親しんでいたようであり、この出エジプト記三三章二二節の聖句を知っていたようである。

（8） Vgl. R. Polt, a.a.O., p.210 において、これらの旧約聖書の表現が、ハイデガーの過ぎ去りの概念に影響を与えたことが述べられている。

（9） J. Stambaugh, a.a.O., p. 142.

（10） 以上の貧しさの思索については、J. Greisch, The Poverty of Heidegger's „Last God“, in: D. Pettigrew and F. Raffoul（ed.）, *French Interpretations of Heidegger. An Exceptional Reception*, New York, 2008, pp.256f. を参照した。

（11） A. Großmann u. C. Landmesser（Hrsg.）, a,a,O., S.263ff

（12） ハイデガーの思索が、否定神学の伝統の中に位置づけられるとしている哲学者にデリダがいる。デリダは、プラトンの善のイデア、エックハルトの神、ハイデガーの存在の思索が、この否定神学の伝統に属することを述べる。ただしデリダは、本人の哲学は、決して否定神学ではないとしている。第四章の註（10）を参照のこと。

（13） Vgl. T. A. Carlson, *Indiscretion. Finitude and the Naming of God*, Chicago and London, 1998, p.157f.

（14） しかし例えば David R. Law は、上掲論文において、否定神学とハイデガーの思索の違いを以下のように述べている。第一に否定神学の神は時間を超えているが、ハイデガーの最後の神は、時間的である。時間に触れている。第二に、否定神学は、神と存在とを同一視するが、ハイデガーは神と存在とを区別する。第三にハイデガーは、否定神学をまだ存在者のレベルであるとしている。ハイデガー自身は、存在者のレベルと存在論のレベルを区別する。第四に否定神学においては、例えばエックハルトの神は、「愛の神」であるのに対して、ハイデガーの神は「存在の出来事・性起」に関わる神である。これはカプートも述べていることである（John D. Caputo, *The Mystical Element in Heidegger's Thought*, New York 1986, p.161f.）第五に、否定神学は、形而上学の中で思索するのに対して、ハイデガーは、形而上学の超克を問題としている。キリスト教は、現代の神の不在の経験が、神は大切ではないという確信から由来しているとするが、ハイデガーは、神の不在を現代の重要な経験だとして、そこから省察を開始する。存在忘却を形而上学の超克の省察へと活かしていく。ロウは、以上のような違いがあるいという。（David R. Law, a.a.O., p.150ff.）。

（15） ルターの〈隠れたる神〉の神学には、実は三つの要点がある。そのことについては、金子晴勇著『ルターの宗教思想』、日本基督教団出版局、一九八一年に詳しい。この書には、〈隠れたる神〉は、まず第一に神の恩恵が、神の愛の内に現れるが、神の怒りの内に隠されるという意味での隠れを意味する。第二にはキリストにおいて隠される神であるという。つまり十字架上のキリストは、人間的には恥辱と卑賤な姿において神の人間性を現している。ここにおいて神は隠れた仕方で現れる。そして第三に上に記した形而上学を超えた宗教経験としての隠れたる神、〈啓示された神〉と〈隠れたる神〉とを超えた〈隠れたる神〉がある。今回筆者がハイデガーの神の特徴として指摘したことは、第三の意味の〈隠れたる神〉の神学であった。

また、否定神学と隠れたる神の神学の区別については、二〇〇七年に開催されたハイデガー・フォーラム第二回大会にいらしてくださった、グレーシュ先生より教わった。もっともグレーシュ先生自身は、このハイデガーの思索は、否定神学の伝統にはないとおっしゃっておられるが（J. Greisch, ebenda. p.257）。

またエックハルトが、否定神学とユダヤ教の〈隠れたる神〉の神学から影響を受けているとしているものに、H. Bornkamm, *Eckhart und Luther*, Stuttgart, 1936, S.7f. がある。筆者は、以上のいくつかの文献から、ハイデガーは、デリダなどともに両方の伝統の中に身をおいて思索していると思われることを論証した。

（16）　P. Althaus,a.a.O., S. 240f.

（17）　ルドルフ・ブルトマンは、一九六三年にO・ペゲラーの『マルティン・ハイデガーの思索の道』についての短い解説を書いている。その中で、ブルトマンは、ハイデガーは、神の問いを『存在と時間』においては括弧にくくっていたが、その問いはハイデガーの思索の中で一定の役割を演じていること、ハイデガーが、神を最高存在者とする存在・神・論としての形而上学を批判していることは、プロテスタント神学にも通ずるものであること、ハイデガーが存在を深淵・脱根底と思索していることは、キリスト教の「神の意志は、理由（warum）をもっていない」という命題と対応すること、深淵・脱根底としての存在は無とも言い表されること、また出来事・性起としての真理の思索が、キリスト教の啓示の概念と並行関係にあること、真理の露現と覆蔵との関係は、〈啓示された神〉と〈隠れたる神〉との関係に対応することなどを述べている。当時既にハイデガーの真理の思索が、〈隠れたる神〉の神学に類似していることが述べられていることがわかる。A. Großmann u. C. Landmesser（Hg.）, a.a.O., S. 314ff.

また日本のおいても武藤一雄氏が、『神学的・宗教哲学的論集　二』創文社、一九八〇年、五三頁以下において、以下のように述べている。「ハイデッガーの哲学も、なんらかの意味と仕方で、ニーチェの思想を継承しつつ、非神化（entgöttern）された世界――神性を剥奪されるとともに神が姿を消して、文字通り「隠れた神」（Deus absconditus）になっているような世界――における世界——人間の自覚に根ざした哲学であるといいうる。そのようなハイデッガー哲学とキリスト教神学との関係が、今日の神学界においても真摯な問題として取り上げられていることは周知の通りである」。つまり、ハイデガーの思索は、〈隠れたる神〉の神学の伝統の中にあると述べられている。

さらにRichard Rojcewicz, *The Gods and Technology. A Reading of Heidegger*, Albany 2006, p. 148. には、「存在の覆蔵性、神々の隠れ（The absconding of the gods）は、ハイデガーにとって真理の覆蔵性と等価である」と述べられている。この指摘も、存在の真理の思索が、〈隠れたる神〉の神学と深く関係していることの指摘である。

ただし、例えばPero Brkic, *Martin Heidegger und die Theologie. Ein Thema in dreifacher Fragestellung*, Mainz 1994, S. 292f. では、ハイデガーの神の欠如、不在（Fehl Gottes）の思索は、キリスト教信仰の神学の意味での〈隠れたる神〉の伝統には属さないと指摘している。その理由は、ハイデガーは、神の欠如あるいは不在を神の存在の無限性からくる神の把握不可能性と関係づけていないからである。ハイデガーは、被造物としての人間の有限の認識能力によっては神をとらえることはできないという意味では述べていないのである。〈隠れたる神〉の神学は、人間の認識能力の有限性との関連でみられなければならないのであるから、この神の不在は、〈隠れたる神〉の神学の伝統には属さないと述べる。さらにハイデガーは、神自身が世界から身を引く、脱去することを述べるのであるが、〈隠れたる神〉の神学は、そのようなことは述べない。むしろ、この〈隠れたる神〉の神学は、神の隠れが、歴史の啓示において現れる。つまりイエス・キリストの受難と死における栄光の隠れである。つまり、〈隠れたる神〉の神学は、究極的には十字架の神学となると述べる。さらにハイデガーの神は、未着の神となっているが、キリスト教の神は、この世の歴史のうちに到着しているのである。ブルキックは、結局ハイデガーの神の欠如や不在は、存在の真理の創設に従って現出する神にしかすぎないのであるから、人間の制約の手中にある神でしかないと結論づける。ハイデガーの神学の次元は、神話やグノーシスの神学の次元にすぎないのであるという。

# 第二部　ハイデガーの思索から宗教哲学へ

# 第九章　傷による赦しの宗教哲学

信仰を論ずるということには、ある種の矛盾がつきまとう。というのは、信仰とは、目に見えない神秘への信仰であり、また私たちが実際に生きているその事実性と切り離すことはできないからである。それはある種言語化・理論化を拒むものであり、観察によって対象化して分析しつくすということができないものでありながら、私たちが生きることの根拠となるような神秘なのである。

もともと宗教哲学という営みには、信仰の具体的生経験が先行する。信仰の具体的生経験という神秘があってこそ、それに対する省察としての宗教哲学が、可能となるのである。これまで哲学の歴史の中では、形而上学的思弁が中心であった。しかしそれは、信仰の具体的生経験を粉砕してしまってきたのである。今私たちは、その信仰の具体的生経験をできるだけそのままで客観化・理論化させずに剔出しなければならない。それが宗教哲学の課題となる。

ハイデガーは、若いときにパウロのいくつかの書簡を読み、新約聖書の信仰の具体的生の事実性を取り出そうとしている。その分析は、一つには、後に『存在と時間』（一九二七年）の不安や死や良心の実存論的分析へと活かされていく。しかしまたそれとは異なった分析ももたらした。新約聖書の信仰の生経験は、後にギリシア哲学によって理論化されてしまったときに一旦失われてしまうことになるという分析である。ここからハイデガーは、形而上学批判とその超克のモチーフを得たと考えられる。私たちは、今信仰を思索するときに大事なことは、信仰とは決して人間の言語と認識によって対象化して分析しつくすことのできないものであり、理論化しない仕方でその信仰の具体的生の事実性を取り出せるようにしておかなければならないということである。

従って、信仰とは、目に見えない神への信仰が、究極的な信仰といえるが、その神は、決して哲学によって論証できるような、あるいは第一原因としての神ではありえない。つまり哲学者の神への信仰ということはありえないのである。ハイデガーもいうように「このような神には、人間は祈ることも、このような神に犠牲を奉げることもできない。自己原因の前には、人間は畏れから跪くこともできないし、このような神の前で音楽を奏でたり、踊ったりすることもできない」(ID, 64) のである。

しかし同時にハイデガーは、ニーチェの言葉「神は死んだ」を論じて、ニーチェのキリスト教理解には二つの意味があると言っている。一つは形而上学を基礎とするキリスト教の教説、教会という制度としてのキリスト教であり、二つ目はキリスト者の信仰の具体的生経験のことであるという。ニーチェが批判したのは、前者の形而上学を前提とするキリスト教の教説であり、制度としての教会としてのキリスト教であった。彼は決して信仰の具体的生の事実性あるいはキリスト者の信仰の具体的生つまりキリスト者性 (Christlichkeit) を批判したわけではない。ハイデガーも、後者の信仰の具体的生・キリスト者性というものを掬いだそうとしている。「この意味でのキリスト教と新約聖書の信仰の具体的生・キリスト者性とは同じではない」(GA5, 219f.)。筆者は、今回この言葉に従って決して形而上学を前提とした教会の教説を問題とするのではなく、新約聖書またその他日本の小説などにおいて現れている生きた信仰のキリスト者性というものを取り出そうと思う。言い換えれば、正当な教会の教説から見れば、逸脱・誤読と言われてもしかたのない仕方で新約聖書と日本の物語を読もうと思う。それによって信仰の生の事実性といわれるものを生き生きとした形で取り出すことができるかもしれない。それは傷による赦しの救いの神秘を信じる信仰の省察である。

その信仰を、時間の軸に沿って論じていくことを試みよう。第一節では、私たちが今現在存在するために既に起こってしまっていること、すなわち現在完了形で語れる既に起こったことが継続して有効であること、つまり「既に赦されてあること」という事実性である。それを新約聖書の物語から取り出そう。第二節では、今現在私たちが赦されていることを経験できること、傷による赦しという救いの神秘を論じる。しかもここでは、ある種冒険であるが、新約聖書ではなく、宮沢賢治の「よだかの星」の物語を分析することによってそれを取り出したいと思う。第三節では、その赦されてある存在者は、未来へと希望をもって、そこへと自分を賭けていく姿となる。信仰は、将来への希望と関係しているからである。最後に結びとして、そのような神秘の源としての神とはどのようなものであるかを述べたい。

## 第一節　「既に赦されてあること」への信仰

筆者は、この信仰があってこそ人は今生きることができるのではないかと思う。しかも罪から赦されるというよりも、その人の存在自身が刻々と与えられ、既に存在することを赦されているという意味での神秘への信仰である。そのことを新約聖書のルカによる福音書一五章一一節から三二節までのいわゆる「放蕩息子のたとえ話」(1)を参照にしながら説いてみたい。

この話は、以下のようなものである。ある人に息子が二人いたが、弟が父親に譲り受けることのできる財産をわけてもらい、それを金に換え、遠い国にいって放蕩の限りを尽くし使い果たしてしまう。そのときその地方に飢饉が起こり、彼は食べるものにも困り果て、豚の世話をするほどになった。そこで彼は我に返って父親のところに帰り、罪の告白をして雇い人にしてもらおうと思い、帰郷する。しかし父親は、彼がまだ遠くにいるときに見つけ出し、憐れに思い、駆け寄り、接吻する。そして彼の告白に対して、良い服を着せてやり、子牛を屠って祝宴をする。「この息子は、死んでいたのに生き返り、いなくなっていたのに見つかったからだ」といった。

実は話は、ここまででは前半に過ぎないのであり、後半は兄の批判に対する父親の言葉が続くのであるが省略する。もちろんここで父親とは、神のことをさしている。そして息子たちとはこの世に生きる人々のことである。ここで筆者が重要だと思うのは、この父親は、息子が家を出て行ってから絶えず息子のことを考え、憂慮しており、帰郷してくる前に既に彼が存在することを赦してしまっているということである。

この話の前提となっているのは、父親である神の赦しの先行性ということである。(2) それがあるからこそ息子は、告白する勇気を得ることができたのである。それは、彼が帰郷するときに、「まだ遠く離れていたのに、父親は息子を見つけて、憐れに思い、走り寄って首を抱き、接吻した」という父親の態度に現れている。普通父親は、家の中にいて、息子が家に入ってきて、赦しを請うまで待っているものであるが、彼は、息子がいつ帰ってくるかといつも待ち続けていたのである。彼は、息子の放蕩を最初から赦すつもりでいたのであろう。これは神の人間への赦しの先行性を意味している。

それに基づいて息子は父親に対して「お父さん、私は天に対しても、またお父さんに対しても罪を犯しました。もう息子と呼ばれる資格はありません」と告白する。私たちは、神の赦しがなければ、告白することすらできない。赦される見込みがなければ、言い訳や弁明を考えようとする。父親が駆け寄ってくださり、接吻してくださったので、つまり先に赦されていたので告白することができたといえよう。

しかしここで何が赦されたのであろうか。筆者はただ倫理的な罪が赦免されたということだけではないのではないかと思う。あるいは法律上の罰則を受けて償ったという意味での罪が赦されたというのでもないのではないか。そうではなくて、存在が失われていたことから快復したということ、死から復活したということではないかと思う。あるいはここで言う罪とは、法律上の罪でもなく、倫理上の罪でもない。この物語で息子は、法律に触れるような罪を犯したわけではない。親の言うことを聴かず、勝手に財産を使い果たして困り果てているということだけである。ここで聖書が罪だといっているのは、父親と息子の関係が切れてしまったことにある。親子関係に亀裂が入ったということである。それは父親と息子の存在が毀ち、傷がついたということであり、存在自身が失われてしまったということである。それはまさに死ということではないか。赦しというのは、その死から再生し、復活するということではないか。だから父親は、息子のために祝宴を催すときに、「この息子は死んでいたのに生き返り、いなくなっていたのに見つかったからだ」という。それは存在が喪失されていたところ、存在が傷ついていたところに、その存在が存在として甦ってくるということではないのかと思う。

その存在の復活とは、決してマジックのようにあったものを消し去り、また取り出すという話ではない。傷ついた存在、壊れた存在それ自身を受け入れてくださるという赦しによって初めて復活するのである。その傷は決して消えることはない、壊れ傷ついたその痕は決して消し去られることはない。私たちの傷痕が決して消え去らないように。しかしその傷のついたそのままの存在を受け入れていただけるという赦しによって存在は再生するのである。そのとき傷は癒されるのである。

私たち人間は、有限な存在であり、能力がなかったり、失敗を犯したり、判断を誤ったり、挫折したりする。

また自分自身によらない不条理な原因によって、存在自身が傷ついてしまうこともある。知人から誤解を受ける。不慮の事故にあう。病気にみまわれる。地震や災害に巻き込まれる。あるいは生きているということ自身に悲しみを感じることもある。そのような存在の傷、毀壊について、それにもかかわらず存在することが赦されてあるということがいえるのではないか。それは、ただ罪という倫理上の問題だけでなく、存在自身の傷に先行して、私たちはそれでも生きていることを赦されているのであり、生きていることに意味があるのである。この息子は、そのような父親の赦しの中に生きていたゆえに立ち直って生きなおすことができたといえるであろう。

存在の傷がそのままで赦されているということは、何にもまして、存在するということに先立って生起してしまっている。私たちが、正しく生きるから、赦されるのではない。そのような神秘の中に生かされるときに、その神秘を信じる信仰の内に生かされるときに、私たちは正しく神との関係を修復することができるし、人間関係を快復できる。その赦されてあることの先行性は、過去に既に起こってしまっており、そして今なおそれが継続しているのである。

## 第二節　傷による赦しの逆説

さて、このように赦されてあることの赦しの内容をもっと考えてみよう。赦しというのはどのように起こるのであろうか。それを宮沢賢治の「よだかの星」(3)という作品から考えてみたい。宮沢賢治は、浄土真宗、キリスト教それもプロテスタントとカトリック両方にも触れ、最後に法華経に入信したが、「特定の宗派や宗教を超えた宇宙的な世界」を表現していたといわれる(4)。そのような中から日本人の生きた信仰の具体的生の事実性に触れる内容を取り出すことを試みたい。

この話は次のようなものである。あるところによだかという醜い鳥がいた。顔は味噌をつけたようにまだらで、くちばしがひらたく耳までさけている。他の鳥から「鳥の仲間のつらよごしだ」と蔑まれていた。よだかは鷹の兄弟ではなかった。蜂すずめの兄であったが、蜂すずめが花の蜜を食べるのに対して、よだかは羽虫を取って食べるのであった。ある日鷹から「おまえは一蔵という名前にかえろ」と文句を言われる。鷹はよだかが鷹の一種であることを拒絶し、よだかを排斥しようとするのである。「そんなことはできない」と応じるが、よだかは、自分は何も悪いことをしたことがないのになぜこんなにいやがられるのだろうと思った。それからよだかは夜の空を飛び立った。いっぱい口の中に羽虫が入ってくる。それを飲み込む。彼は、「ああカブトムシやたくさんの羽虫が毎晩僕に殺される。そして今度は僕が鷹に殺される。僕はもう死のう。遠くの空の向こうへいってしまおう」と思う。

よだかは、次の朝お日様に向かって飛んでいき、「焼け死んでもかまわない、醜いからだも焼けるときには小さな光を出すでしょう」といったが、お日様からは「夜空を飛んでごらん。お前は夜の鳥だからな」といわれる。よだかは、夜オリオンの星、大犬座の星、大熊座の星、鷲座の星のところにそれぞれ飛んでいくが、どの星からも連れて行くことを拒まれ、よだかは地に落ちていく。そこから彼はキシキシといって飛び立ち、まっすぐ空を上がっていった。彼の羽は寒さのためにしびれた。涙ぐんだ目を上げてもう一度空をみた。それがよだかの最後になった。昇っているのか落ちているのかわからなくなった。彼は微笑んでいた。自分の体が今燐のように美しい光となって静かに燃えているのをみた。よだかの星は今も燃え続けている。

このような話である。筆者はこの話から傷による赦しということを考えたいと思う。よだかは醜い鳥であった。

彼には多くの劣等感があった。それは彼の心の傷であり、彼の存在しにくさであり、存在の傷であった。それは彼自身に過失があるとか責任があるという傷ではない。生まれつきの問題であった。そのように私たちには、生まれた後の自分の責任では負いきれない、先天的な部分で既に心に亀裂が入り、傷となってしまっていることが多くある。後天的な罪責と先天的な問題とは切り離すことはできない場合がある。

よだかは、鷹からいろいろな誹謗中傷、罵詈雑言を浴びせかけられる。それが彼にとっては、つらく、悲しい出来事となった。私たちの世界においても、自分の行為というよりも、その存在自身においていわれのない選別が行われ、誤解が生じることがある。また人から評価されないということは、それ自身でつらいことである。

よだかは、そのように自分の先天的な醜さの故に劣等感を持ち、他の鳥たちから侮蔑と中傷を受けていたのである。これは、よだかの存在自身の亀裂であり、傷であり、痛みであった。誰からもその存在を赦されることなく、自分自身の存在の意義を否定されているのである。

しかし他方で、兄弟の蜂すずめが花の蜜を食べるのに対して、よだかは飛びながら口をあけて入ってくる羽虫を食べるのである。彼は、その食物連鎖に耐えることができない。彼は、自分が鷹や他の鳥からまったく評価されず、意義を否定されていると同時に、今度は自分が生きていくために他の昆虫を食べずにはいられないのである。それは、他の生物の犠牲の上に自分の生が成り立っているということである。よだかにとっては、それは世界の存在の傷として、裂開として、痛みとして響いてくるのである。

よだかは、単に自殺をしたのではない。彼は、お日様のところにいったときに、「お日様、お日様、どうぞ私をあなたのところへ連れて行ってください。焼け死んでもかまいません。私のような醜い体でも焼けるときには小さな光をだすでしょう」といっている。彼は、自分の命を投げ出すことによって、人々の灯火になろうとする。

よだかは、自分自身の存在と世界の存在の傷と痛みと裂開とを自分の身の上に引き受けようとする。そして、犠牲となって、死んで星になるのである。命を投げ捨て、死ぬことによって自己と世界の傷と痛みをすべて引き受けるのである。そしてその傷によって、星となったよだかは、人々の世界に光を放つのである。この自己犠牲によって、自分自身の存在の傷と痛み、また世界の存在の傷と痛みを贖うのである。よだかは星となったときに、微笑むことができた。自己の存在をやっと肯定できたのではないか。それは贖いのしるしなのではないか。星となったよだかは、その光によって自己と世界の傷と痛みに赦しを与えるのである(5)。

しかし自分が死んで星になることによって、赦しを与えることになるのであろうか。死は、様々な傷が収斂する先である。だから問題は、傷の意味である。傷は、小さな死である。よだかの傷は他者の傷と触れあい、共鳴するということである。傷は、傷ついた人同士を結びつけるのである。傷を受けた者は、その傷によって自己を無にすることができる。自分自身の事柄をまったく犠牲にすることができるようになる。そうして傷ついたものと共鳴して、傷ついたものの存在を赦すことができるようになる。無となった自己は、他者を受容できるようになるのである。筆者はその他者の受容、他者との結びつけを共鳴と呼びたい(6)。共鳴とは命の交換である。そして傷の共鳴によって、傷の否定的な意味が、存在の肯定へと転じるのである。体あるいは心の傷が、本来の意味での生命をもたらす契機となるのである。初期ヘーゲルは、この事態を「不幸があまりに大きくなって、彼の運命がつまり生命を放棄する自己滅却が彼を駆り立て、彼が完全に空無へと引き戻らなければならなくなることがある。しかしその人間は完全な運命自身に対立し、同時にあらゆる運命を超えて自己を高めたのであった(7)」と述べる。第一章で示したように初期ハイデガーも、パウロの書簡を分析して、事実的生経験の逆説的論理を剔出していた。そして、他者の赦しは、自己自身の過失の赦しとなる。それによって自己の存在が肯定されることになるのである。「自分の命を得ようとするものは、それを失い、わたしのために命を失う者は、かえってそれを得るのである」（マタイ福音書一〇・三九）。つまり傷による喪失によって、かえって本来の命をえることになるのである。

このようにして人は癒され、意義を見出すことができる。傷は、共鳴することによって転じて、癒しとなるのである。しかもその癒しは、存在してもいいという赦しを与えるということによっている。傷は、共鳴し、赦し、そして癒す。人々を照らす灯火となるのである。それによって自己自身も癒される。これはヘーゲルがいうように、人々は生命という深いところでつながっているからである。「最も高い負い目の無さと最も高い負い目とが、あらゆる運命を超えた状態と最高の最も不幸な運命とが合一しうるのである」(8)。傷による救いの神秘は、逆説の神秘である。

しかし決して傷が消えてなくなるということはない。あるいは自分の体がそれによってかっこよくなったりしないし、食物連鎖がなくなるということもない。自己の傷の問題、世界の傷の問題がそのような形で解消してしまうということはない。傷痕が消去されるという仕方で問題が解消するわけではない。しかし傷は、その傷痕によって人々の傷と共鳴し、その人々の存在に赦しを与えるのである。

筆者は、この物語に深い感謝の念を感じる。ただこの物語が美しいからではない。よだかの傷によって、人々は、自己の傷と共鳴し、存在を赦されるという経験をする。よだかの死と星になって光を放っていることは、私たちの存在に赦しを与えている。今その赦されてあることによって、私たちの人生を灯す光、世界を灯す光となっている。そしてそのことに感謝の念が起こる。この傷の悲しみが静かな喜びへと転じているのである。

傷によって、共鳴し、赦され、癒され、感謝の念を感じるのは、全く自分自身の力によってできるものではない。必ず他の傷との共鳴を必要とする。また傷というものは、否定的なものであり、それは克服されなければならないものであるといわれる。しかし単純に傷というものが悪であるということではなく、傷というものが否定的なものでありながら、その傷自身によって傷が癒されるということがあるのである。ここに傷のもつ逆説的な意味がある。傷は、傷によってこそ癒されるのである。そこに傷という感覚的なものが、感覚によっては捉えられない生命、存在を与えるという神秘と繋がっていることを示唆するのである。

そこには神の愛が先行して宿っているのではないだろうか。存在するのに苦しみを覚えているその場、そこに神自身が傷を負ったその神の宿る場所がある。神は、そのような場所を絶えず探しておられるのではないか。神の傷が、私たちの傷に先行してあり、それへと共鳴するのである。その結果傷は、神の存在を知る契機となるのではないか。そこにこそ本来の意味での赦しと救いがあるのではないだろうか。それは信じる信仰によってしか理解することのできない神秘なのである。

ここには報復とか因果応報という考えはない。傷を受けたら、傷つけたものに報復するという論理はない。またこの世で悪いことをしたから罰を受けるために傷つけられたという論理はない。ここには常識とか論理というものでは割り切れない逆説がある。つまり傷を受けた者が、他の傷に共鳴して、お互いの存在を修復するという逆説的な神秘があるということを告げている。

このことが成立するためには、やはり人間を超えた人格的な存在者による赦しということが先行していなければありえないのではないだろうか。さらにその方が、今も私たちと共にいてくださっているということがなければ、理解できないことであるかもしれない。というのは、よだかの場合は、まだ自分が他の甲虫を食べて殺してしまっており、先天的に他の虫の存在を否定しなければ自分が生きていけないということが残るが、神ご自身には、人間の存在を否定するということが考えられないからである。そのような方の傷による傷からの赦しと救いという神秘が究極的に前提となっていなければ、人間同士の傷による傷からの救いは生じないからである。

それを理解するためには、やはりキリスト教で言われている、イエス・キリストの十字架での受難と死が必要とされるのである。彼は、一切人の存在を否定することなく、十字架に架けられ、わき腹を刺され、血と水が流れ出た（ヨハネ一九・三四）という傷とその死を経験している。そして「彼の受けた傷によって、私たちは癒された」（イザヤ五三・五）という出来事が必要とされるのである。このような神秘を信じる信仰が、私たちの生に先行しているときに、私たちは既に存在することを赦されて生きることができるといえるであろう。そのときに私たちにも、お互いを赦しあい、お互いの存在を肯定するという救いが起こりうる可能性があるのではないだろうか。

## 第三節　未来への信頼

さらにこのように赦された存在としての信仰者は、どのようになるのであろうかということを考察してみたい。そのためにマタイによる福音書四章一八節から二二節までのイエスが漁師を弟子にするといういわゆる「漁り」といわれている箇所を読解してみよう。

これはイエスが、公生活に入ろうとするときに弟子を獲得するという話である。彼はガリラヤ湖を歩いておられたときにペトロとその兄弟アンデレという漁師が湖で網を打っているところに出会う。そして「わたしについて来なさい。人間を取る漁師にしよう」といわれ、二人はすぐに網を捨てて従った。またさらに進んでいくとヤコブとその兄弟ヨハネと出会う。彼らも漁師であった。そして彼らを呼ぶと、二人とも舟と両親を残してイエスに従った。

ただこれだけの話であるが、ここにはいくつかの事柄がポイントとなる。まずイエスは、やはり神の子であるという自覚があったということである。彼には、人を赦すことができるという権威があった。彼の呼び声は、神の呼び声と等しかったのである。第二にこの四人は、イエスから声をかけられると、すると「すぐに網を捨てて従った」といわれる。彼らは、遅疑逡巡していない。「すぐに従った」のである。さらに第三に「網を捨てて従った」あるいは「舟と両親を残してイエスに従った」のである。つまりこれまでの自分の親族、身の回りの事情、財産、職業をすべて捨てて、あるいはあとに残して、イエスに従ったのである。

彼らは、未来がどうなるかという心配をしていない。イエスに従った場合、将来がどうなるのか、このまま漁師の仕事をしていたほうがいいのかどうかということについて逡巡していない。彼らは、端的にイエスの声に従ったのである。このような事態をどのように説明したらいいであろうか。

私たちは、普通自分の人生を自分の責任で切り開いていく。自分で受験する学校を選び、自分で就職する先の企業を選び、自分で結婚を決断する。そして十分に下調べをして、情報を集め、尋ね、調べる。しかし自分の人生すべてを見通してから進んでいくことはできない。そこには自分の力によらない部分が必ずある。決断をして、進んでいった先に何が待ち受けているかということは計り知れない。病気になる、不慮の事故にあうといったことから中断を余儀なくされるときもある。また出会った人の助言や忠告によって、あるいは上司との関係によって、進路を変更せざるをえなくなるときもある。また自分が読んだ本や聴いた話によって考えが変わるときもある。従って、人生というものは、自分の意図による部分と自分が意図せざる部分によって成り立っているということになる。(9)

しかしここで私たちは、やはり未来へと生きる希望をもつことを赦されていることを知る。私たちの人生では、判断の誤りや能力のなさによって、あるいはいろいろな事柄によって自分の人生をうまく運べなくなるということもある。しかしそのような場合でも、私たちの人生には、なんらかの意義があり、生きていることを赦されてあるといえる。信仰は、そのような未来への信頼を現している。やはり神から私たちが存在することを赦されてあるということによって、私たちは、未来に対して希望を持つことを赦されているということを意味している。ここで赦しは、贈与となる。フランス語の pardon（赦し）が、don（贈与）から成り立つ言葉であったように、英語の forgiveness が give から成り立ち、ドイツ語の Vergebung が、geben から成立してくる言葉であるように(10)。

この四人の弟子たちは、イエスから声をかけられたときに、これまでの人生で最大の赦しを与えられたのではないか。これから先の人生をイエスに賭けることを決断させるだけの赦しが与えられていたのではないだろうか。その声に従って進むことが、自然に決断できたのではないだろうか。その場合、その先にどのような苦しいことや、悲しいことあるいは傷つくことがあったとしても、そこで自分の存在を肯定できるイエスの赦しがあるという信仰をもつことができたのではないかと思うのである。

このように考えてくると、やはり私たちが、なんらか自分たちの存在を超えた方からの赦しを信じる信仰があるときに、あるいは未来への信頼があるときに、私たちが本来的な自由な決断ができるといえるかもしれない。私たちにとって、神からの赦しを信じるときに、またその声に聴き従うときに、初めて自由になることができるといえるであろう。

## 結　び

最後に筆者は、このような赦しを与えることのできる神というものがどのような方であるのかということを述べておきたい。筆者はこれまで形而上学を前提とした哲学によって理論化された限りでの信仰の事柄を扱ったことはないつもりである。ここでは、そのような理論ではなく、信仰の具体的生の事実性をその事実性のまま取り出すことができるように心がけたつもりである。そのために聖書や小説の物語を分析してきた。それはハイデガーが区別した、形而上学を前提としたキリスト教ではなく、信仰の具体的生・キリスト者性という意味でのキリスト教であった。単なる理論ではなく、愛の逆説の論理ともいえる。

これまで述べてきた神秘が成立するためには、まったく人間の存在を否定したり、傷をつけたりすることのないような存在者を源泉にしなければならないであろう。自らは傷をつけることなく、人々の傷を受け取り、共鳴してくださる方が存在しなければならない。このような方としての神がなければ、私たち人間同士が存在を赦し、希望を与えることはできない。人間を超えた自由の神は、人間の傷や苦悩や痛みを引き受け、共鳴してくれる神なのである。その神は、共苦（Mitleid）[11]する神であるといえる。それは決して哲学によって理論化できる神ではなく、愛と信仰のもとにある生きた神であるといえる。

筆者は、そのような神秘の源となる神というのは、〈隠れたる神〉ではないかと思う。ただ人間の認識能力によって捉えつくすことのできる神、絶対者、無限者、全能者といった名称で現すことのできる神、形而上学の神ではなく、人間の認識能力によっては、捉えつくすことのできないという意味での神、それは人間の手からすり抜け、逃がれ去ってしまう神、隠れてしまう神ではないだろうか。

私たちは、そのような神を思索した思索者を挙げることができる。ルターもその一人である。彼は、「ハイデルベルク討論[12]」（一五一八年）において、アリストテレス以降の哲学の神を批判して、第二〇のテーゼで「だが、神の見える本質と『神のうしろ』とが、受難と十字架とによって理解されると認める者は、神学者と呼ばれるにふさわしい」と述べる。彼は哲学の神についての理論化を「栄光の神学」と呼び、自分の神学を「十字架の神学」と呼ぶ。この神は、十字架においてすべての人の傷を引き受け、赦しを与えた神である。従ってルターは、人々の傷と共鳴することのできる神、赦しを与えることのできる神を、〈隠れたる神〉であるといっている。

さらにパスカルもそのような神を思索した人である。「預言者たちは、イエス・キリストについてなんと言っているか。彼はあらわに神であるとか。否、彼は真に〈隠れたる神〉である。彼は無視されるであろう。この人が彼であると、人は思わないであろう」（『パンセ』751）。パスカル自身が、イエスのことを〈隠れたる神〉であり、人々から無視されると書いている。彼は、哲学者の神に対して、アブラハムの神・イサクの神・ヤコブの神を明確に対立させ、信仰者の神は後者でしかないことを述べていた（『パンセ』556）が、後者の神は、「彼らに〔人間に〕自分の惨めさと神の無限のあわれみとを内的に感知させる神である。彼らの魂の奥底で彼らと結びつき、彼らに謙虚と喜びと信頼と愛とを満たし、彼らをして神以外の目的をもつことができないようにさせる神である」（同・括弧内は筆者の加筆である）といわれる[13]。パスカルの言う〈隠れたる神〉は、傷に共鳴し、存在することを赦すような神であるといえよう。

以上のようにただ単に哲学で捉えられた神ではなく、活ける信仰の神は、このような神であるはずであり、このような神こそ、十字架の上で自ら傷を受け、その傷が人々の傷と共鳴し、その人々が存在することを赦し、未来へと希望をもつことを赦す神なのである。私たちが今、この世の中で生きるときに信じる信仰とは以上のような信仰ではないかと思う。

註

（1）聖書の翻訳はすべて、共同訳聖書実行委員会編『聖書　新共同訳』日本聖書協会、一九八八年を用いた。

（2）神の赦しの先行性というモチーフについては、関根清三著『旧約聖書の思想　24の断章』岩波書店、二〇〇〇年、一一八頁以下。同著『倫理思想の源流――ギリシアとヘブライの場合』、放送大学教育振興会、二〇〇一年、二八六頁以下を参照した。関根氏は、神の赦しの先行性ということを、ダビデのバテシュバ事件を通して見事に描いている。

（3）宮沢賢治著「よだかの星」『新編　銀河鉄道の夜』新潮文庫、一九九五年所収。

（4）山折哲雄著『デクノボーになりたい　私の宮沢賢治』小学館、二〇〇五年、六〇頁以下。

（5）この節の思索には、千葉一幹著『『銀河鉄道の夜』しあわせさがし』みすず書房、二〇〇五年の「第3回自己犠牲」、芹沢俊介著『死の講義Ⅰ　経験としての死』雲母書房、二〇〇三年の「第5講　キューブラー・ロスの「死の五段階」説について」が参考になった。また二〇〇四年八月一日から三日にかけて青山学院宗教センターによって開催されたサマー・カレッジで塩谷直也講師によって行われた講演も参考になった。

（6）小松美彦著『死は共鳴する　脳死・臓器移植の深みへ』勁草書房、二〇〇〇年を参照した。

（7）G. W. F. Hegel, *Frühe Schriften* Werke 1, Frankfurt a.M. 1986, S.350. ヘルマン・ノール編『ヘーゲル初期神学論集　Ⅱ』久野昭・中埜肇訳、以文社、一九七四年、一七六頁。

（8）Ebenda. 同掲書、一七六頁。

（9）K・リーゼンフーバー著『超越に貫かれた人間　宗教哲学の基礎づけ』長崎純心レクチャーズ第6回、創文社、二〇〇四年、一二九頁以下参照。

（10）J. Derrida, To Forgive, The Unforgivable and the Imprescriptible, in: J. D. Caputo, M. Dooley & M. L. Scanlon（ed.）, *Questioning God,*

Bloomington & Indianapolis, 2001, p. 21f.

（11） J. Moltmann, *Der gekreuzigte Gott. Das Kreuz Christi als Grund und Kritik christlicher Theologie*, München, 1972, S.263. モルトマン著『十字架につけられた神』喜田川信他訳、新教出版社、一九七六年、三七七頁を参照した。

（12） M. Luther, *D. Martin Luthers Werke. Kritische Gesamtausgabe*□*Weimarer Ausgabe*□, Bd. 1, Graz, 1966, S.354f. M・ルター著「ハイデルベルクにおける討論」（一五一八年）久米芳也訳、『ルター著作集　第一集　第1巻』聖文社、一九六四年、一〇一頁以下所収。ルターは、この〈隠れたる神〉を〈現された神〉と対にして用いているが、『奴隷意志論』において、そのような〈隠れたる神〉と〈現された神〉との対を超絶したまったくの〈隠れたる神〉を主張している。

（13） パスカル著『パンセ』前田陽一・由木康訳、前田陽一（責任編集）『パスカル』（「世界の名著」29）、中央公論社、一九七八年所収。

# 第一〇章　キリスト教哲学の可能性

今日本の哲学の世界において一般的に行われている作業は、形而上学的な真理自身の源泉を探り、その真理を解体することにある。例えば、ニーチェ（一八四四―一九〇〇年）は、『力への意志』において「まさに事実なるものはなく、あるのはただ解釈のみである。私たちはいかなる事実『自体』も確かめることはできない」(1)と述べる。ニーチェは、ここで真理や価値が「個人や社会、時代などの視点に相対的な思い込みにすぎない」といっているだけではなく、「さまざまな真理や価値が生み出されるメカニズム」(2)を探っているのである。結局彼は、真理は〈力への意志〉が捏造したものだという。このニーチェの影響力は、日本においても二〇世紀以降において決定的となっており、形而上学とその真理の解体という作業は日常の作業となっている。

二〇世紀以降日本の哲学の状況は、このようにして真理自身を語ることが大変難しい状況となっている。真理は破壊・解体され、主体概念自体も、破壊・解体されていく。このような中でキリスト教がどのようなメッセージを語ることができるのかということを真剣に考えることは大事なことである。あくまでキリスト教が主張しなければならないことは、イエス・キリストが救い主であり、真理であるということに尽きるであろう。しかしその語り方は、十分に熟慮しなければならないであろう。ただ単に過去の形而上学、つまりプラトニズムによって補強されたキリスト教の形而上学を鸚鵡返しに語っていていいわけではない。そういうキリスト教の教説は、既に過去のものとなっている。ポスト形而上学の時代において、ニーチェ以降のキリスト教は、それ自身語り方自身を変えていかなければならないのである。本章はその努力の跡であるともいえる。

さてキリスト教の歴史は、いつもその時代の世界に対しての弁証の歴史であった。中世スコラ学の神学者・哲学者たちは、口角泡をふくほど議論をした。また命を賭して神のために闘っていたともいえる。今私たちも、この世俗化し、真理である神を喪失してしまったポスト形而上学の時代にキリスト教のメッセージを語るために戦略を考えなければならない。そして日本の哲学の世界に対して弁証していかなければならないと思われる。

弁証学の歴史を振り返れば、それはキリスト教が始まってからすぐに起こっている。つまりキリスト教は弁証学とともに歴史を歩んできたともいえる。神学にとって弁証学は、神学の横に並んでいる学問分野ではなく、本質的に内在的な学なのである。古代キリスト教の弁証学は、ユダヤ教とギリシア思想に対して行われてきた。またプロテスタント教会の歴史においても、一九世紀のシュライアマッハー以降の神学者たちは、キリスト教信仰を世俗化の進む近代社会と調停するという課題を考え抜いた。シュライアマッハー自身は、それを教義学と哲学との調停の問題として考えていた。そして宇宙という超越に対する「絶対依存の感情」を説いた。トレルチは、産業革命による社会の変化にともないプロテスタンティズムと教養人のみならず労働者も含む文化との調停の問題として感じ取っている。彼は、ドイツ観念論的なキリスト教の思想と宗教を価値体験としてみる歴史的・心理学的方法とを綜合して、宗教的アプリオリを主張している。さらに二〇世紀に入りティリッヒは、キリスト教のメッセージが近代人に対して適切に表現されていないことを痛切に感じ取り、そこから諸問題を論じている。彼は、人間の理性の内にある問いと啓示に現れた答えとの相関の方法を用いている。従って人間の実存の内に問われる限りで、啓示の答えを受け取ろうとした。彼は、既に聖書の諸命題を繰り返すことには意味を見出さない。

時代の状況に生きて実存する人間のための福音を考えたのである。あるいはまた神学的人間学の伝統もある。パスカルやキルケゴールなどは、人間の理性は、神の生命に敵対する誤りを犯しうるとともに同時に神への憧憬を持ちうるものであると考える。その伝統はブルトマンへと流れ込む。彼は、人間はその実存において福音と理性との結合点になりうるとするのである。そこに神学と哲学が結合できる点を見出そうとする。(3)

総じて近代の弁証学は、「キリスト教と批判者との間に対話を可能にする共通基盤(4)」を構築する必要を感じ取っている。同じ土俵の上で相手の思想の矛盾を指摘する。あるいは、批判者自身の内の主張の成就はキリスト教によって元来果たされることを述べようとするのである。

筆者は、ここでポスト形而上学時代におけるキリスト教哲学を構築しようとしている。それはやはり信仰と理性との間に共通の地盤を作り出すことを目的とする。つまり弁証学としてのキリスト教哲学である。現代という時代においても哲学的な真理を追い求めるときに、それはキリスト教の主張する真理と重なるのではないかと思われる(5)。そして真理を破壊・解体する立場の哲学に対して、ある種の真理の可能性について論証し、弁証していくという課題を担っているのではないかと思うのである。その際私たちキリスト教哲学を論じる者は、ニーチェが批判した形而上学を前提にすることはできない。そうではない仕方で共通の真理の地盤を呈示しなければならないであろう。その作業を行うにあたって二〇世紀の最大の哲学者のハイデガーなどの思索を用いながら弁証していきたいと思う。

では組織神学とキリスト教哲学との違いは、どこにあるのであろうか。その目指すところは、キリスト教の弁証ということで同じであろう。しかし組織神学は、あくまでも啓示の福音について神学的に弁証する。信仰の生の事実性に基づく実証学である。逆に一般の哲学は、一般的な人間や世界について理性的に根拠を問う。それらに対して、キリスト教哲学は、信仰の内容をできる限り一般的人間の理性的論証の領域において弁証するということになるであろう。キリスト教哲学は、一般の哲学と神学との間で弁証学を遂行する。つまり信仰を哲学的に基礎付ける作業を遂行する。それによってできるだけ多くの信仰を前提にしない人々への弁証というものを行うことができる。

従って第一節でハイデガーの初期の諸著作や「現象学と神学」（一九二七年）で述べていたキリスト教信仰を基にしたキリスト教神学と哲学との緊張関係をもとに、キリスト教哲学のあり方を示す。それは形而上学批判ということを軸にして神学と哲学が出会う場所を設定する。さらに第二節で、初期ハイデガーに遡り、そのような哲学は、歴史的で事実的な生経験を扱う哲学としてこれまでのギリシア哲学の理論化を拒み、さらに近代の主客対立の構図によっては扱いえないことを論証する。実をいうとこれがハイデガーの遂行したギリシア哲学の形而上学の解体の作業であり、現象学的解体と呼ばれている作業である。しかもそれは実を言うとルターの『ハイデルベルク討論』の読解から着想したことを論証する。今私たちは、ルターが、栄光の神学として古代ギリシアの形而上学批判を行い、十字架の神学を主張したことを思い起こすのである。ここから信仰の事実的生経験の分析としてのキリスト教哲学を遂行する課題を見抜く。第三節では、その十字架の神学の中の十字架での赦しの分析を哲学的に論理化する作業を行う。十字架の赦しは、逆説の論理、弁証法的論理によって支えられている。その逆説の論理をパスカルや初期ヘーゲルの神学論集から跡づけてみたい。第四節では、このような信仰の事実的生経験の分析の背後また逆説的な論理の背後に、否定神学的な神が存在していることを論証したい。ここで否定神学の歴史に遡り、シェリングの神の無底（Ungrund）やハイデガーの存在の深淵・脱根底（Abgrund）の概念を分析していく。この分析作業によって、私たちが単なる一つのパースペクティヴに陥ってしまう形而上学を乗り越える地点を指し示すことができると思われる。結びにおいて私たちは、キリスト教哲学の特徴と問題点を整理して、今後の課題を指摘しておきたい。

## 第一節　神学と哲学の区別またキリスト教哲学の役割

ハイデガーは、初期のころから、神学の役割と哲学の役割を明確に区別しようとしていた。例えば「アリストテレスに関する現象学的解釈」(『全集』第六一巻(一九二一／二二年冬学期講義))において、「哲学は、その徹底した、自己自身へと立てられた問うこと(Fraglichkeit)において原理的に無・神論的(a-theistisch)でなければならない」(GA61, 197)と述べている。彼は、「哲学の問いは、無神論でなければならない」というが、それはどういう意味であるのか。ここで注意しなければならないことは、a-theistischという言葉にハイフンが入っている点である。これは、ただ単なる無神論を意味しているのではなく、有神論であろうと無神論であろうとそもそも神論(Theismus)というものを拒否しているという意味である。[6]つまり存在・神・論である形而上学を否定するのである。

さらに彼は、いわゆる「ナトルプ報告」(一九二二年秋)において、「哲学は原則的に無神論的である」と述べ、以下のように注釈をつける。

「『無神論的』であるということは、唯物論の理論やそれに類する理論の意味で言っているのではない。それ自身において自分自身を理解している哲学はすべて、生の解釈の事実的相としてまさに、それがその際神への〈予感〉のようなものをまだもっているならば、その哲学によって遂行され生の己れ自身へと引き戻されることが、宗教的に言って、神に対して手を挙げることであることを知らなければならない。しかしながらそれでもってのみ、その哲学は、誠実に、つまり哲学自身にとって用いうる可能性に即して神の前にたつ。無神論的というのは、ここでは次のことを意味している。つまり宗教性をただけなすだけの誘惑的な配慮から身を遠ざけておくという意味である。そもそもきっと宗教哲学という理念は、またそれが人間の事実性をぬきに考慮するならば、純粋な矛盾ではないだろうか？」(7)

つまり、ハイデガーにとって哲学が無神論でなければならないとは、哲学が、神を最高存在者とする形而上学であってはならないという意味であって、決して神についてほかの論じ方があるということを否定するものではない。このような無・神論のことを、M・ユングは、「方法的無・神論（der methodische A-Theismus）」(8)と呼んでいる。

ここでハイデガーは、哲学の論究する範囲と宗教の論究する範囲を分離しようとしている。哲学が宗教の領域について安易に論じようとするときに、つまり形而上学のように最高存在者として神を論じようとするときに、かえって存在も神もうまく論じることができないという。しかし、哲学が人間の具体的生の事実性を論じるときには、宗教を論じる哲学が可能であることを意味する。だから哲学は、方法的無・神論であるのだ。つまりここでは、ハイデガーは、形而上学の神を否定しているだけであり、決して生ける信仰の神や信仰の具体的生経験を否定しているわけではない。

従ってハイデガーは、別の箇所で、「私は、哲学をしている限り宗教的にふるまわないが、哲学者としては宗教的な人間でありうる」（GA61, 197）といっている。これは、哲学と宗教、哲学と神学は別個の領域であり、両者を混同してはならないが、人間の生の事実性を論じる哲学に徹するときには信仰の生経験というものを論じうるし、そのとき神の前によくたちうるということを意味しているととってもいい箇所である。

初期のころのハイデガーは、すでに形而上学批判を行っており、存在（生）と神とを混同して、神を存在（最高存在者）として客観的に論じる存在・神・論を禁じている。つまり彼は、この当時プロテスタントの神学の影響を受けて、ギリシア哲学を基盤とする形而上学的な思弁を行う哲学を拒否して、それによらない人間の生の事実性、信仰の具体的生の事実性を論じる哲学を展開しようとしている。

従ってハイデガーは、神学は、形而上学のように思弁の王国にしてしまってはいけないという。神を存在と混同することによって、神を最高存在者としてしまう。これでは、生ける神とはならない。信仰の神は、哲学の神と区別されなければならない。神学は、聖書にもどって信仰の具体的生経験のことがらを忠実にえがかなければならない。

哲学も、最高存在者としての神を論じることをやめるべきである。哲学は、無・神論でなければならない。それに代わって、事実的生経験を取り出す作業を行う。それは、主観性の形而上学に支えられた客観的理論的な態度では取り出すことのできないものである。ここからハイデガーは、アリストテレスの実践的な概念を借りて事実的生経験を分析することになる。

従ってハイデガーがここで考えていることは、まず形而上学的な思弁を否定し、また形而上学に支えられた主観・客観・関係による理論構築を否定し、本来の神学は聖書の信仰の生経験へと戻り、哲学は事実的生経験の分析へと戻るべきであるということである。両者は、形而上学へと陥らないために、その領域をはっきりと区別しておくべきであり、そのためには哲学は、無・神論あるいは方法的無・神論でなければならなくなる。しかしそれによってかえって、本来の神、本来の存在を論じる場所を確保できると考えていると思われる。だから形而上学批判ということを軸にして、神学と哲学はかえって緊密な関係をえがきうる可能性を残している。

さらに言えば、神学の議論をより人間の具体的・事実的生経験の普遍的な構造を論じる哲学に基礎付けることができる。こうして人間の事実的生経験を論じる哲学は、神学と哲学、キリスト教と世俗世界とを調停して、そこでキリスト教の教義を一般的な次元で論証し、弁証する次元を確保できるようになる。

「現象学と神学」（一九二七年）においても、この立場はかわらない。神学は、信仰の具体的生・キリスト者性（Christlichkeit）を扱うので存在者的であるのに対して、哲学は、存在論的また超越論的であり、両者ははっきりと区別されなければならない（GA9, 52f.）。神学は、決して思弁的な神学であってはならず、信仰を土台とした実証学でなければならない。哲学は、存在論的に、しかも超越論的に実証学としての神学の由来と源泉を問いうる。そして、哲学が神学を修正しうるというのは、ただ神学が思弁的な神学へと堕しているときに、それを本来の信仰の実践を土台とした思索へと修正するという意味である。従って、当時ハイデガーは、神学と哲学の役割を明確に区別して、両者の混同を極力避けようとしていた。

このような立場、すなわちギリシア哲学に基づく形而上学を批判しつつ、その形而上学批判という軸をもとにして、神学は信仰の生の事柄を、また哲学は一般的な人間の生の事実性を探求するということで、神学と哲学は共同作業ができる立場となる。例えば「現象学と神学」では、罪（Sünde）という概念がただ信仰を前提とする神学の中で問題とされるのに対して、哲学は負い目（Schuld）という概念を明らかにすることができると述べる。つまり、「より根源的により適切にまた真正な意味において存在論的に、現存在の根本体制一般が光のもとにもたらされるのであれば、ますます根源的に例えば負い目の概念が把握されれば、より一義的に負い目の概念は、罪の神学的開陳のための手引きとして機能しうる」（GA9, 64）というのである。このようにして、哲学はより一般的な形で、キリスト教の教えの内容を弁証しうるであろう。

ハイデガーは、先ほど論じた信仰の具体的生・キリスト者性（Christlichkeit）という言葉をその後もよく用いている。例えば彼は、「ニーチェの言葉『神は死んだ』」（一九四三年）でも、「ニーチェにとって、キリスト教は、西洋の人間とその近代文化の形成の内における教会と教会の権力要求の歴史的、世界的‐政治的現象である。この意味でのキリスト教と新約聖書の信仰の具体的生・キリスト者性（Christlichkeit）とは、同じものではない」（GA5, 219f.）と述べて、教会という制度を支える形而上学的な思弁的な神学や哲学を拒絶する。しかしそれでキリスト教すべてを拒絶しているわけではなく、信仰の事柄であるキリスト者性・信仰の具体的生の事柄というものを掬い上げようとしているのである。一言付け加えるならば、その思索が、一九三〇年代以降出来事・性起（Ereignis）の思索となるのである。

実をいうと信仰の生の事実性が、あらゆる神学や哲学の営みに先立っているのである。神学もキリスト教哲学も信仰の生の事実性に基づいてこそ本来の作業を営むことができるのである。従って形而上学批判ということを軸にして、神学と哲学の親縁性を述べることができるのである。それによってハイデガーのいう哲学は、一般的な人間の生の事実性の構造を示すことによって、キリスト教のこの世に対する弁証の一翼を担いうると思うのである。ここにキリスト教哲学の可能性があるといえるのではないだろうか。

## 第二節　信仰の生の事実性の省察としてのキリスト教哲学

では、ハイデガーはいかにして人間の生の事実性を獲得しようとしていたのであろうか。第一節で引用した「アリストテレスに関する現象学的解釈」(一九二二／二三年冬学期講義）や「ナトルプ報告」(一九二二年秋）の前の年に行われた「宗教現象学入門」(一九二〇／二一年冬学期講義）と「アウグスティヌスと新プラトン主義」(一九二一年夏学期講義）の講義録においてそれが判明する。そこで新約聖書とりわけパウロの書簡を用いた信仰の生経験の分析において明らかとなる。さらに後者の講義録においてその信仰の生経験がギリシア哲学によって覆い隠されてしまったことを剔出できる。その考察については、既に第一章において行ったのでここでは簡単にまとめておきたい。さらにハイデガーがキリスト教の信仰の生経験をギリシア哲学と分離しようとするモチーフを得たのは、実はルターの研究によっていることがわかるのである。ここでは、その十字架の神学の性格について論じておこう。

第一章においてハイデガーが、パウロの書簡を用いて信仰の具体的・事実的生経験の考察を行ったことを取り出した。パウロの生々しい証言から、信仰の具体的生の事実性を取り出すことができた。しかもそこから、ハイデガーは、不安という概念を練り上げていったのである。

ここで当時のハイデガーには、思弁的認識に対する批判があることがわかる。このような信仰の具体的生経験は、決して思弁によって取り出すことのできるものではない。しかも、主観・客観・関係による理論化・客観化によっては、このような生の生動性を考察することはできない。それ故彼は、「形式的告示」という方法を編み出していく。

しかし、このような具体的・事実的生経験を取り出すことは難しい。一旦取り出すとすぐに硬直した理論となってしまうのである。これまでの西洋の哲学の歴史は、この具体的生を取り出しては、その生経験が理論化されて死んでしまうことの繰り返しであったことを証明している。ハイデガーは、それをアウグスティヌスの内に見ている。生ける神の考察が、すぐに最高存在者の思弁となり、理論化され、生ける神の生き生きさを喪失するのである。その存在・神・論としての形而上学の歴史の解体を、「現象学的解体」の作業と呼んでいたのである。

しかし実はこの現象学的解体という作業は、ルターの「ハイデルベルク討論（Heidelberger Disputation）」（一五一八年）の研究から着想したといわれている。ルターは、その第一九テーゼで「神の『見えない本質が』、『造られたものによって理解されると認める』（ロマ一・二〇）者は、神学者と呼ばれるにふさわしくない」と述べ、さらに第二〇のテーゼで「だが、神の見える本質と『神のうしろ』（出エジ三三・二三）とが、受難と十字架とによって理解されると認める者は、神学者と呼ばれるにふさわしい」と述べる。「見えない本質が造られたものによって理解されると認める」哲学・神学とは、「栄光の神学（theologia gloriae）」であり、アリストテレスに由来するスコラ学によって主張されてきた哲学である。ルターは、この哲学を徹底的に批判した。ハイデガーも、このルターの考えから現象学的解体の作業を着想した。それに対して「神のうしろ」を受難と十字架で理解する神学は、「十字架の神学（theologia crucis）」と呼ばれる。ハイデガーは、この神学こそ、信仰の具体的生つまりキリスト者性（Christlichkeit）を扱う神学となるという。ハイデガーは、ルターとともに、このようにして徹底的に中世哲学と中世哲学によるアリストテレス受容を批判する。そしてハイデガーは、十字架の神学の立場にたって自らの信仰の事実的生経験の省察を遂行するのである。(9)

この栄光の神学と十字架の神学との区別は、後にパスカルによっても区別されることになる。『パンセ』の五五六の断章には以下のように書かれている。

「キリスト者の神は、たんに幾何学的真理や諸元素の秩序の創造者にすぎないような神ではない。それは異教徒とエピクロス派との見解である。……それに反して、アブラハムの神、イサクの神、ヤコブの神、キリスト者の神は、愛と慰めとの神である。みずからとらえた人々の魂と心情とを満たす神である。彼らに自分の惨めさと神の無限のあわれみとを内的に感知させる神である。彼らの魂の奥底で彼らと結びつき、彼らに謙虚と喜びと信頼と愛とを満たし、彼らをして神以外の目的を持つことないようにさせる神である」[10]。

ここでパスカルは、やはり哲学者の神とキリスト教の神とを区別する。そして、決してキリスト教の神は、思弁の対象となるのではなく、人間の心情の奥底に至り、その惨めさを救う神であることを述べるのである。ここでいうキリスト教の神こそ、ルターの述べる十字架の神である。そして信仰の具体的生の事実性を支える神であるといえる。今神学は、決して神の思弁的認識を遂行するのではなく、このような信仰の具体的生経験を支える神を考察する必要がある。

以上でわかることは、ハイデガーは、通俗的に理解されたギリシア哲学を基盤にした存在・神・論としての形而上学をルターとともに徹底的に批判する。その批判は、パスカルにもあった。それによって信仰の事実的生経験を取り出そうとする。神学は、そのような信仰の事実的生経験を考察する学とならなければならないとする。また哲学は、その信仰の事実的生の基盤にある一般的な人間の事実的生経験の構造を取り出す作業を遂行しなければならないとする。今私たちの課題は、キリスト教哲学の構築であるから、このような神学と哲学との間にある十字架の神学としてのキリスト教哲学として、信仰の事実的生経験の一般的・普遍的構造を取り出すことを目的としなければならない。そこで筆者は、信仰の事実的生経験の二つの一般的・普遍的側面を取り出したいと思う。そのためここから少しハイデガーを離れ、もっと広く哲学・神学の歴史の中からその構造を照らし出したい。一つは、十字架の神学の中にある十字架の罪の赦しの逆説という構造である。さらにもう一つは、十字架の神学の中にある「神のうしろ」という概念の根本となる哲学的な構造である無底（Ungrund）という構造である。

## 第三節　十字架の赦しの逆説的論理

信仰の具体的生の事実性をより一般的に語ろうと思う。そしてルターに倣って、十字架の赦しの逆説をより普遍的な形で呈示していきたい。そのためにまずパスカル（一六二三―一六六二年）の『病の善用を神に求める祈り』(11)の分析から考察しよう。この著作は、メナール版によると、パスカル晩年の四年間の病気の間、さらに限定すれば、病気が小休止して活動を開始した一六六〇年秋以降の作品であり、聖書、アウグスティヌス、神秘思想の三つの伝統の中に位置づけられる作品とされている。この小品は、パスカル自身がつけた一五の断章からなる。

病気の中にあって少し快復した晩年のパスカルは、自分の病の中に神の恩恵を感じ取っている。神の恩恵のみによって生きようとするパスカルの信仰の生の息遣いの聴こえてくる小品である。自分がこれまでの健康な体をただ世俗の愉楽のために用いてきたことを懺悔している。この世のすべてのことは、罪の赦しという神の恩恵を知るきっかけにはならない。あるいは教会の中の洗礼を受けた人たち、聖餐に預かる人たちも、健康をこの世の楽しみに用いている。今パスカルが病の中にいるのは、この世に関わるすべての事柄を放棄して、神のみ前に進み出るための準備である。この病の苦しみは、キリストの十字架での苦しみを感じる契機となっているのであるから、神の憐みなのである。この病と傷と苦しみをきっかけにして、神の恩恵を感じ取ろうとして、この病と傷を嘉してくださるように祈るのである。それが病の最善の用い方であり、それを神に祈る小品である。

ここでパスカルは、病という普通否定的にしか評価できないものを契機にして、神の恩恵を知ろうとする。つまり病を善用しようとする。この逆説は、信仰の生経験によってしか理解しえない逆説的・弁証法的論理である。つまり、十字架にかかったイエス・キリストの苦しみと受難によって、罪の贖いと赦しが与えられるという逆説とリンクしているといえる。

パスカルは、第Ⅹ節で、「私の罪のための自然の痛みと、あなたの恩恵によるあなたの霊の慰めを合わせて感じたいのです。それがキリスト教の本来の状態だからです。慰めなしに痛みを感じたりするのではなく、私の痛みと、あなたからの慰めをともに感じますように」と祈る。ここでパスカルは、自分の病の痛みや苦しみの内に、神の恩恵と慰めを感じ取ろうとする。人間の病や痛みや苦しみと神の恩恵と慰めとが、表裏一体となって相即しているといっている。人間のそのような否定的・消極的な、避けて通りたい病という様態こそ、神の恩恵と慰めを感じ取る必要条件なのである。これは逆説的な信仰の論理でしか理解しえない事柄である。

なぜ信仰の論理は、逆説的な論理となるのか。それには二つの理由がある。一つは、神の恩恵自身が、逆説的であるからである。つまりなんの罪もない神の一人子であるイエス・キリストが十字架で苦しみ・痛み・受難するということのうちに、人間の罪を贖い、赦すという働きがある。ここには罪のない者が、罪人として十字架にかかるという逆説があり、その逆説つまり罪のないものが、十字架で受難と死を迎えるという逆説の故に人間すべての罪を贖い、赦しうるという働きを遂行できるという逆説である。第二にその元には、イエス・キリスト自身が、全く神であり、同時に全く人間であるという神性と人間性を同時にもっている逆説がある。そこに与る形で、人間は、病の中に、苦しみや痛みの中に神の恩恵と慰めを感じ取ることが可能となるのである。

さらに第二に、パスカルは、第Ⅲ節で、次のように祈る。「この世から離れ、ただひとりあなたのみ前に進み出るように、主よ、この病の中にあって、一種の死の中に自分がいるようにみなし、あなたの哀れみによって私の心が回心することを願うために、この世から離れ、私の執着のすべての対象を失い、ただひとりあなたのみ前に進みださせてください」、と。つまりここでパスカルが省察しているのは、病が、自分がこれまで執着してきたこの世のものをすべて放棄するきっかけになるということである。この世への執着をすべて取り除き、神の前に立つときにのみ、神の恩恵を感じることができる。つまり、自分が無になるときに、神が自分自身を満たしてくれるのである。そのように病を善用したいと祈るのである。

ここにも、ある種の逆説がある。病によって自分のこの世への関心をすべて放棄できる、その瞬間に神の恩恵を感じ取ることができるのではないかという逆説である。これがパスカルが感じ取った神の恩恵を感じ取る信仰の事実的生経験の逆説的論理である。確かに私たちは、病に陥ったとき、自分では支配してきたものを支配できなくなり、それらを放棄せざるをえなくなる。しかしそのとき本来の自分の姿を取り戻すことができる可能性が開かれる。

このようなパスカルの病を善用するという逆説の論理は、確かにイエス・キリストの十字架の死における赦しと和解の逆説の論理に負っている。このキリストの十字架の和解の赦しと和解の論理については、初期ヘーゲルが、『キリスト教の精神とその運命』[12]において見事に描き出している。

ヘーゲルは、「罪と赦しの間には一つの超えがたい裂け目、人間にとって異質無縁の法廷があった」(H. 355)と述べる。つまり罪の赦しは、人間自身のなせる業ではない。やはりそれは全き神であり、同時に全き人であるイエス・キリストというお方によってのみなせる業である。ただイエスのみが、赦しと和解とを自らの「愛と生命の充実」(H. 354)の内に置くことができた。ただヘーゲルは、それを信じる人間の内に神的なものがあるからこそ、神的なものに対する信仰が可能になるとも述べるのであるが(H.382)。

ところでこのキリストにおける十字架の罪の赦しというのはどのような論理なのであろうか。彼は、キリストの愛と生命に注目しているのであるが、それを一般的な生命という概念の考察を元にして語ろうとする。彼は、次のように言う。

「犯罪者の妄想とは、自分が相手の生命を破壊して、それをもって自分自身を拡張したと思っていることであるが、それは、すぐに雲散霧消する。そして毀損された生命から切り離された霊が、犯罪者に向かって現れてくるのである。バンコォーが、友人としてマクベスにやってきたように、彼の死において滅ぼされ尽くされずに、その瞬間に、会食の仲間としてではなく、悪霊として座席につくのである」(H.342f.)。

つまり、「犯罪者は、他人の生命に関わったと思っていた。しかし彼は、自分自身の生命のみを破壊したのである。なぜなら生命は生命から区別されない。なぜなら生命というものは固有の神性の内にあるからである」(H. 343)。マクベスは、バンコォーを殺した後、バンコォーの霊に苦しみ続けることになる。このようなことが起こるのは、人間の命が奥深いところで他の人間の命と繫がっているからである。さらにそもそも生命とは、神の内にあるものだからである。ヘーゲルは、このような命が神のもとに繫がっている事実を元に罪の赦しということを考える。

罪の赦しというのはどこで可能であるのか。それは命と愛の内でのみ和解しうる。ここでヘーゲルは、人間同士を結びつける命ということと人間の罪を赦す愛ということを同じ深みで語ろうとする。イエス・キリストは、自ら十字架にかかり、自分の命を奉げることによって、他の罪を引き受けるのである。つまり、命を投げ出すということで、自分の所有物、自分のこの世での位置づけ、この世との関わりすべてを放棄する。その苦しみと痛みの中に、他者の苦しみや痛み、また罪を引き受けることができるようになる。神の生命の中でイエスの苦しみと痛みが、他者の苦しみと痛みと共鳴する。しかもキリスト自身は、何の罪をも犯したことがなかった。その何も罪を犯したことがなかった神性が、今受難と死を引き受けることによって、自分自身を全く犠牲にして、放棄するときに、他者のすべての命に関わるすべてのことを引き受けることができるようになる。神の命の犠牲により、人間の命が赦され、救われることを意味している。

ヘーゲルは、ここでキリストのことを次のように述べる。「最高の自由とは、魂の美の消極的・否定的な属性である。すなわち、自己を維持するために一切を放棄する可能性である。『自分の命を愛する者は、それを失う〔が、この世で自分の命を憎む者は、それを保って永遠の命に至る〕』（ヨハネ一二・二五）。こうして最も高い負い目のなさと最も高い負い目とが、あらゆる運命を超えた状態と最高の最も不幸な運命とが合一しうる」（H. 350）（括弧内は筆者が付加した）。十字架におけるキリストの受難と犠牲と死とは、自らの一切を放棄することによって、他者の命と通じ、受け容れ、自らと他者に永遠の命を授けることになる。人間のこの世の命を捨てることによって、神の永遠の命に与ることが可能となる。命は、こうして愛のうちにあるときに神に通じる。これこそ逆説の論理といえるであろう。

さらにヘーゲルは、ここで次のように述べる。

「不幸がはなはだしく大きくなって、彼の運命すなわち生命を放棄することによるこの自己滅却が彼を駆り立てて、彼が完全に空無の中に退かなければならないほどにすることもある。しかし人間はこうして最も完璧な運命をも自分で自分に対立することによって、彼は同時にあらゆる運命を越えたことになる」（H.350）。自分自身を無にするときに、他者の命と神の命とともにあることを得させる。キリストは、十字架において一切を失った。

そのとき神と一致することができたのであり、そのときに人々の命と結びつくことができたといえる。

このような考察は、実はパスカルが、病の分析の中で、自らのこの世での執着を一切捨て去ることができ、そこで神の慰めと恩恵を感じることができるということの根拠となっている。つまり神であり人であるキリスト自身が、自らの命を放棄するときに、神と一致し、人々に永遠の命を授けることのできる権能をもつのである。

これは、人間にとって「異質の法廷」である。つまり人間の存在と神の存在とは全く異質である。しかし同時に人間には、神的なものを宿してもいる。「いかなる人間そのものの中にも光と命があり、人間はすべて光の所有である。……こうして神的なものに対する信仰は自分の本性の神性から由来する」(H. 382) ともいえる。ただしこのような神の赦しの逆説の論理は、思考によって捉えきれるものではない。むしろ愛の内にある。「考えられたものは愛せられたものではありえない」(H. 362) のであり、この赦しと和解の原理は、概念の統一ではなく、精神の合一なのである。

今パスカルと初期ヘーゲルの思索を考察して、そこに愛による逆説の論理を見ることができた。これは、決して哲学あるいは形而上学の論理ではなく、愛の論理、精神の論理なのであり、信仰の事実的生経験の息遣いなのである。

## 第四節　無底としての神

今ここでキリスト教哲学は、逆説の論理に支えられた信仰の生の機微を扱わなければならない。キリストの十字架上の死によって罪が贖われる構造は、パスカルの病気における一切の放棄による神の慰めの受容という構造と基本的に一致する。つまり、キリスト教の信仰の内容を人間の一般的な構造から説明できるようにしている。まさに神学と哲学の間としてのキリスト教哲学である。

しかしさらにここからこの信仰の生の事実性を支える神自身の考察を行いたいと思う。しかもその神の考察は、これまでのギリシア哲学を元にする形而上学的、存在・神・論的な考察ではなく、つまり神を自己原因（causa sui）としてみる近代の形而上学の見方でもない。もしそうであれば、第三節で示したような信仰の生の息遣いを明るみに齎すことはできないであろう。そうではなく、私たち人間を神への信仰へと導き、私たちを神へと向かわせるように導く恩恵を賜る神理解でなければならない。筆者は、そのような神の考察として無底（Ungrund）として神をみるシェリングの考察を取り上げたい。

シェリングは、『人間的自由の本質』(13)という著作の中で、悪の起源を論じている。これは近代哲学の中では弁神論といわれる伝統の中での議論である。なぜ神が創造したこの世界に悪があるのか。この神は悪の原因でありうるのか。シェリングももちろん神に悪の原因があるとはいわない。それは人間にある。しかし人間は神によって創造されたものであるから、間接的・可能的に悪の根拠は神のうちにあることになる。

そこでシェリングは、神の中の二つの働きをみて、その働きから悪の間接的な起源を探ろうとする。その二つとは、「実存する限りでの存在者」（S. 29）と「たんに実存の根底である限りでの存在者」（S. 29f.）である。簡単に言って「実存」と「根底」である。あるいは「光」（S. 30）と「重力」（S. 30）ともいいうる。この実存とは、神自身が顕現してくる側面を言い表している。それに対して、根底とは、「神から確かに切り離すことのできないものであるが、しかしやはり神とは区別される一存在者である」（S. 250）といわれる。つまり、神の中にある神ならざるものであり、神の内にある自然である。実存の力は、神が顕現してくる力であり、根底は、神が深淵へと引き入れられる力であり、我意でもある。この我意である根底の力と実存の力、重力と光が調和して、普遍意志を形成するときは問題がない。しかしこの根底の力である我意が、普遍意志を支配して、根底を高みにあげようとするとき、つまり普遍意志の意図に逆らうように働くとき悪が生じるという。

例えば北森嘉蔵氏は、この実存と根底の働きの中に十字架の業をみようとする。(14) つまり実存は神の愛であり、根底は神の怒りである。両者が十字架の上で働くことによって苦悩する神、痛みとしての神が現れてくるという。従って北森氏にとって、キリスト教に最も近い哲学者としてシェリングを挙げるのである。ただし、シェリングは、あくまで哲学者であり、結局十字架の神学まではいたらなかったというのであるが。

しかしながら筆者は、ここからさらにシェリングが、この実存と根底の働きの内奥に無底をみることを考察してみたい。彼は「一切の根底に先立って、また一切の実存するものに先立って、従っておよそ総じて一切の二元性に先立って、一つの存在者が存在しなければならない。この存在者を、根源的根底（Urgrund）もしくは無底（Ungrund）と名づける以外に、我々としてはほかにどう名づけることができようか。……従ってその存在者は、二つのものの同一性として言い表されることはできず、それはただ、二つのものの絶対的無差別としてのみ言い表されることができる」（S.78）と述べる。つまり、この実存と根底にはさらにその内奥に無底があるというのであり、深淵が潜んでいるという。つまり、実存と根底の相反する弁証法的な働きの背後には、無底という深淵が潜んでいる。その深淵からこそ、愛と怒りの二つの働きの綜合としての苦悩や痛みが生じてくるのである。十字架の神学の背後には、その十字架の神学が出現できる無底という根源が潜んでいるといえるであろう。

その無底は、「まさに無述語性という述語以外にはなんらの述語ももたず、それでいてだからといって無や荒唐無稽なものであるのでもない」（S. 78）ともいう。この無底は、単なる無ではないし、何もないということでもない。この無底こそ、実存と根底の二元性がでてくる根源である。この「無差別がなければ、すなわち無底がなければ、諸原理の二面性も全く存在しないであろう」（S. 79）という。つまり、この無底こそ、実存と根底の起源である。無底という根源である。シェリングは、この無底から、生命と愛の働きが生じてくるという。「無底が分かたれるのは、ただひとえに生命と愛の働きが存在し、こうして人格的実存が存在するようになるためである」（S. 79）。

神を単なる自己原因としてみない。単なる因果律の原因としてみない。神を形而上学的に考察するのではなく、無底として思索するというのは、キリスト教の神秘思想の伝統の中においてみるということになる。このような生命と愛の根源としての深淵をみることから、愛の業である赦しの逆説的な論理が理解できてくるのではないだろうか。しかもこの無底の場は、決して名づけることのできない、言語化できない場所である。まさに無述語性の場所である。そういう意味でも神秘思想の否定神学の伝統の中にあるといえる。

さてハイデガーの思索の中には、このような信仰の生の機微のような分析、つまり赦しの逆説の省察などは残念ながらない。また神の思索もわずかしかない。彼は、もっぱら存在の思索へと赴いた。しかし彼の『存在と時間』以降の思索には、たびたび深淵を覗くような思索が展開されてくる。例えば「根拠の本質について」（一九二九年）という著作においてまとまった形で深淵について論じられる。それ以降最後には『根拠律』（一九五五／五六年冬学期講義、一九五六年講演）においても深淵・脱‐根底（Ab-Grund）の思索が中心的主題として論じられる。そのことはやはり彼が、存在の思索を繰り返して行うときに、その元にその存在の思索を可能にしている深淵・脱根底を窺っていたことを告げるものであろう。しかもそれはキリスト教の神秘思想の伝統の中から理解できるものであり、またシェリングの自由論の理解からも着想していることは間違いないと思われる。(15) それを最後に見ておこう。

ハイデガーは、一九三〇年代に入り独自の真理論を展開する。真理という言葉は、もともとギリシア語でアレーテイアという。この言葉は、レーテという隠れていること、隠蔽性、覆蔵性を現す言葉と、アという否定辞からなる。つまりアレーテイアとは、隠れなさ、つまり非覆蔵性を意味している。もっと簡単に言えば、現れである。つまり、真理とは、隠れを取り除いて現れにするという運動のこと、つまり覆蔵性と非覆蔵性との運動のことを意味している。

彼は、存在のこの覆蔵性と非覆蔵性との運動が、存在者が存在者として現れてくることの可能根拠であるという。つまりペンがペンとして現れてくるのは、存在の真理のこの運動があるからであるという。

さて、ハイデガーは、『哲学への寄与』(一九三六—三八年)という「第二の主著」と呼ばれる著作の中で、この非覆蔵性としての真理の背後に深淵・脱根底(Abgrund)が潜んでいるという。ここで存在の真理の場は、時‐空(Zeit-Raum)と捉えられる。この時‐空というのは、単なる時間・空間ではなく、通俗的な時間理解や空間理解が可能となる根拠としての時と空であり、存在の真理の枠組みのことである。さらにその時‐空の元に深淵・脱根底が潜んでいる。「深淵・脱根底とは、第一の本質的な明け開ける隠蔽であり、真理の本質現成である」(GA65, 380)という。

実は、存在の真理とは、覆蔵性という匿う働きと非覆蔵性という開かれてくる働きであった。両者は、対立する反対方向の働きあいであった。引き込む働きと外へと拡散する働きである。その弁証法的な力の働きの元に実は深淵・脱根底という淵がある。もっと言えば、この深淵・脱根底から存在の真理の運動、つまり覆蔵性と非覆蔵性との逆説的な運動が出現してくるともいえる。ハイデガーも、そのような現象の成立の元に深い淵を覗きみていたといえるのではないだろうか。

以上でいえることは、シェリングの神においては無底（Ungrund）が、またハイデガーの存在の真理においては深淵・脱根底（Abgrund）が思索されている。これは偶然ではない。つまり、シェリングは、神を哲学の神としてみていない、あるいは因果律の原因の神としてみていない。またハイデガーは、存在を事物存在者とは区別しようとする。やはり出来事・性起（Ereignis）としての存在を省察しようとするときに、その元に無底や深淵・脱根底を覗き見ることになるのであろう。つまり、信仰の生きた生、あるいは一般的な生ける事実的生経験の分析、こういう省察は、キリスト教の神秘思想の伝統の中に位置づけられるときによりよく理解されるのであり、そこで初めて存在・神・論あるいは形而上学を克服できる場を確保できる。なぜなら人間の理性の及ばない場からこそ形而上学の克服が可能になるからである。そこにこそ信仰の生の逆説的論理という機微を支える神を見出すことができるようになるであろう。従って、第三節で述べていた十字架の神学としての信仰の具体的生のあり方、つまり愛と生命との逆説の論理の元にも、このような形而上学では扱えない無底としての神が控えているといえるのではないだろうか。つまり、キリスト教哲学は、人間の理性の営みで完結することはなく、逆にこのような理性の及ばない場からこそ支えられていることがわかる。

## 結　び

さて、以上でキリスト教哲学の内容の一端を示しえたのであるが、その内容は、どのような特徴を備えているであろうか。

第一に、このキリスト教哲学の内容は、近代の主観・客観図式に支えられた理性によって捉えられうるような哲学的な内容ではなかったということである。キリスト教の信仰の生経験の内実は、ある種神秘である。キリストにおける神の啓示においてのみ示される内容であり、人智の及ばないところである。しかしその神秘の内に潜む逆説性という論理については、パスカルや初期へーゲルにおいて示すことができたであろう。キリスト教哲学は、できる限りその神秘の内容を愛と命の論理によって指し示す努力を惜しまない試みであるといえる。このような神秘への信仰の生の事実性の論理は、形而上学に支えられた単なる哲学的な洞察を拒むのであり、逆にこの神秘への信仰の生というものに支えられて初めて愛の論理による思索が可能となる。

また第二にシェリングにおける神の無底の省察またハイデガーにおける深淵・脱根底の省察は、近代以降の人間が生の内奥に感じ取る淵であるとともに、同時にそこから逆説の神秘が出現してくる根底であるともいえる。逆説の論理は、実は神の無底に支えられている。従ってキリスト教哲学は、それ自身で完結することはなく、絶えず人智の及ばない無底の神へと突破し、逆にそこから可能とされ、遂行される。

第三にそれによって、できるだけ多くの人にキリスト教の意味内容を伝える努力がなされることになる。一般の文化の中にあるキリスト教は、文化を無視して存在することはできない。一般の文化の中でできる限り普遍的に共通して語れる場所を見出していく努力が必要である。シュライアマッハー以降の神学者たちが、文化と福音、哲学と神学との調停を試みた努力は、今後も続けていかなければならない。また上記の哲学者たちは、信仰の生の内容をできるだけ思索によって一般的・普遍的な形で示そうとしている。キリスト教哲学を構築する場合も、このような例に倣って遂行する必要がある。愛の論理を示すことによって、人間が自己自身では完結しないという一般的・普遍的な構造を示すことが可能となるように努力しなければならない。

第四には、現代における真理の主張ということも考慮に入れておかなければならない。既に形而上学的に語ることはできなくなっているからである。しかしだからといってある種の真理性というものがなくなってしまうということはないと思われる。真理性のない主張というもの自身ありえない。今問われているのは、その真理性の語り方なのである。現代という時代に相応しい真理性の語り方が必要ではないだろうか。単なる形而上学ではなく、愛と精神の論理であるといえる。そのような努力を怠らないことが大事であろう。

私たちは今キリスト教の優位性を主張することはできない時代である。しかし、キリスト教の信仰が生きている限り、その信仰の事実的生経験はあり続ける。そしてその信仰の生経験に基づく神学や哲学が可能であると思われる。キリスト教哲学は、そのような真理性を説き続けなければならないのではないだろうか。今後も以上のような努力が必要となってくるであろう。

註

（1） *Friedrich Nietzsche Sämtliche Werke. Der Wille zur Macht. Versuch Umwertung Aller Werte.* Ausgewählt und geordnet von Peter Gast unter Mitwirkung von Elisabeth Nietzsche, Stuttgart,1996, S. 481.

（2） 貫成人著『真理の哲学』ちくま新書、二〇〇八年、八頁。この著作自身、真理の解体を目指しており、ニーチェ、フッサール、メルロ＝ポンティ、フーコーを、真理を解体する哲学者として読み込もうとしている。

（3） Vgl.*Die Religion in Geschichte und Gegenwart*, 3. Auflage, Bd. 1, Tübingen,1986, S.486f.

（4） 芦名定道著『ティリッヒと弁証神学の挑戦』創文社、一九九五年、二七頁。

（5） このような弁証学の立場に対してカール・バルトは、「キリスト教の啓示の外側には弁証学者が拠り所にすることができ、敵対者と共通の地盤、接点とすることのできるものなど存在しない」（A・リチャードソン／J・ボウデン編『キリスト教神学事典』古屋安雄監修、佐柳文男訳、教文館、一九九五年、五三五頁）と述べる。キリスト教は啓示宗教であり、理性によって他の立場と共通する基盤を求めることはできないというのである。確かに哲学は、啓示を語ることはできない。しかし筆者は、あくまで理性や思考の立場にたってキリスト教という啓示宗教が語る真理と世俗の哲学が語る真理との共通の地盤を形成できると思う。

（6）M. Westphal, *Overcoming Onto-Theology. Toward a Postmodern Christian Faith*, New York 2001, p.38

（7）*Dilthey-Jahrbuch für Philosophie und Geschichte der Geisteswissenschaften*, Bd. 6. Göttingen, 1989, S. 246. M・ハイデガー著『アリストテレスの現象学的解釈　『存在と時間』への道』高田珠樹訳、平凡社、二〇〇八年、三八頁に邦訳があるが、翻訳は筆者独自のものである。

（8）M. Jung, a.a.O., S. 64.

（9）Vgl. J. v. Buren, Martin Heidegger, Martin Luther, in: T. Kiesiel und J.v.Buren（ed.）, *Reading Heidegger from the Start. Essays in His Early Thought*, Albany, 1994. また、ここでハイデガーは、アリストテレスとそれを受容した中世哲学を批判しているが、その後はアリストテレスを再解釈するという作業を行っていくのである。

（10）パスカル著『パンセ』前田陽一・由木康訳、前田陽一（責任編集）『パスカル』（「世界の名著」29）中央公論社　一九七八年、二八三頁以下。

（11）支倉崇晴訳『病の善用を神に求める祈り』赤木昭三・支倉崇晴・広田昌義・塩川徹也編『メナール版　パスカル全集　第二巻　生涯の軌跡2（1655～1662）』白水社、一九九四年所収を参照した。

（12）G. W. F. Hegel, *Frühe Schriften Werke 1.*, Frankfurt am Main, 1986. 翻訳はヘルマン・ノール編『ヘーゲル　初期神学論集　Ⅱ』久野昭・中埜肇訳、以文社、一九七七年を参照した。頁数は、引用した文の文末にH.の略号の後に記した。

（13）Schelling, F. W. J., *Über das Wesen der menschlichen Freiheit*, Philosophische Bibliothek Bd.503, Hamburg, 1997. 引用ページ数は、引用した文の文末にSの記号の後に記した。また翻訳は、渡辺二郎訳『人間的自由の本質』、岩崎武雄（責任編集）『フィヒテ／シェリング』（「世界の名著」続9）中央公論社、一九七四年を参照した。

（14）北森嘉蔵著『聖書と西洋精神史』教文館、二〇〇六年参照。

（15）D. O. Dahlstrom, Heidegger and German Idealism, in: H. L. Dreyfus & M. A. Wrathall（ed.）, *A Companion to Heidegger*, Malden, Oxford, Carlton, 2007, p.74.

# あとがき

本書は、二〇〇一年から様々な学会や研究会などで発表した論文をもとに大幅に書き直したものである。各章の初出の論文のタイトルと掲載雑誌や論文集などを挙げておく。

第一部

第一章　事実的生を支える神思想――初期ハイデガーの神学的考察（「青山国際政経論集」五七号、二〇〇二年）

第二章　哲学と神学　――マールブルク時代のハイデガーの思索（日本組織神学会講演原稿、二〇一〇年）

第三章　哲学ブームが示唆するもの――ハイデガーは無神論者か（支倉寿子・押村高編『二一世紀ヨーロッパ学――伝統的イメージを検証する』ミネルヴァ書房、二〇〇二年。この論文は、「形而上学の神とハイデガーの神――『哲学への寄与』についての思索より」、実存思想協会編『実存思想論集　一六　ニーチェの二一世紀』理想社、二〇〇一年をもとに書き直したものである。）

第四章　ハイデガーの言語論と否定神学（日本基督教学会編『日本の神学』四四号、教文館、二〇〇五年）

第五章　ハイデッガーのヘルダーリン論と否定神学（ハイデッガー研究会編、『ハイデッガーと思索の将来――哲学への〈寄与〉』理想社、二〇〇六年）

第六章　ハイデガーのシェリング論と否定神学（ドイツ観念論研究会編『思索の道標をもとめて――芸術学・宗教学・哲学の現場から』萌書房、二〇〇七年）

第七章　ハイデガーの真理論と否定神学　（海津忠雄・東方敬信・茂牧人・深井智朗著『思想力　絵画から読み解くキリスト教』キリスト新聞社、二〇〇八年）
第八章　存在と神を結ぶもの――ハイデガーの Abgrund の思索　（『電子ジャーナル　Heidegger Forum vol.4.「いま、神はどこに」』ハイデガー・フォーラムＨＰ掲載、二〇一〇年）

第二部

第九章　傷による救いの神秘への信仰　（『理想　信仰の哲学と思想』六七八号、理想社、二〇〇七年）
第一〇章　なぜ日本にキリスト教哲学が必要なのか　（『聖学院大学総合研究所紀要』二〇〇九年、四七号　二〇一〇年）

筆者としては、今後ハイデガーから出発して、本書の第二部で扱った宗教哲学の可能性を追求していていきたいと願っている。とりわけ神の神秘と人間の自由について思索して、宗教哲学を構築していきたいと思っているのである。

最後に本書成立のためにお世話になった方々に謝辞を述べておきたい。多くの先生方や友人に恵まれたことを幸せだと感じ、ありがたく思っている。まず大学と大学院時代の恩師であり、数本の論文について原稿の段階で読んでいただき、貴重なご意見を賜った上智大学名誉教授のクラウス・リーゼンフーバー先生に感謝したい。またその後筆者は、法政大学や東洋大学で開催されたハイデッガー研究会に参加して、『哲学への寄与』の読解に取り組んだ。その折、論文の段階での原稿に多くのご意見をいただき、情報を得ることができた。特に森一郎氏、関口浩氏、相楽勉氏、山本英輔氏、小柳美代子氏、齋藤元紀氏、古荘真敬氏、皆見浩史氏とは、活発な意見交換ができたことにお礼を申し上げたい。この研究会を通して、実存思想協会やハイデガー・フォーラムとの関わりもできたのであった。

また実存思想協会の事務局をお引き受けして以来親しくさせていただき、本書の校正について的確な指摘をいただき、索引項目もチェックしていただいた学習院大学や青山学院大学などで講師をしておられる渡邉和典氏にも感謝したいと思う。

最後に次の方々には特にお世話になった。まず筆者がまだ学会発表をしだしたころ、日本基督教学会で筆者の発表を支えてくださり、励まして下さっていた小田垣雅也先生にお礼申し上げたいと思う。その出発がなければ、これだけの論文を書く事はできなかったと思う。またその後筆者をキリスト教の世界にひきとどめてくださり、日本基督教学会の若手の研究者と引き合わせてくださった聖学院大学総合研究所教授の深井智朗先生に感謝したいと思う。今後もいっしょに良い緊張関係の中で神学と哲学の共同作業をしていきたいと願っている。またヴッパタール大学のクラウス・ヘルト教授の縁で知り合った学習院大学教授の酒井潔先生には、日ごろから哲学の発表の機会を与えて下さったり、筆者を励まして下さっていたご恩を忘れられない。また本書の刊行を知泉書館に推薦してくださったのは酒井先生であった。深甚なる感謝の意を申し上げたい。さらにハイデガー理解から始まり、自分の哲学を形成しつつある筆者と意見を交わし、徹底的に議論してくださり、また論文の段階で本書のすべての原稿について的確な指摘をしてくださった明星大学准教授の村井則夫先生にも特にお礼申し上げたい。

二〇一〇年二月に、酒井先生から紹介のあった知泉書館の編集長の小山光夫氏とお会いした。筆者の思いをお伝えして、論文を読んでいただいた結果、刊行を許可していただけたことは大変幸いなことであった。小山氏からは、知泉書館の方針などをお聞きしたのであるが、このような志の高い出版社から拙著を出版できることを心から嬉しく感じた。本当にありがとうございました。
本書は、妻典子に奉げたいと思う。彼女が筆者の日常生活を整えてくれなかったら、本書は成立していなかったであろう。

二〇一一年八月　世田谷にて

＊本書は、二〇一一年度青山学院大学総合文化政策学会の出版助成を受けて成立したものである。記して感謝申し上げる。

茂　牧人（しげる・まきと）

1958年京都市生まれ。1986年上智大学大学院哲学研究科哲学専攻博士後期課程単位取得修了。現在青山学院大学総合文化政策学部教授

〔主 要 業 績〕Die Theologie des 》verborgenen Gottes《 bei Heidegger. Für Klaus Held zu seiner Emeritierung 2001, in: Tadashi Ogawa und Hisashi Kashiwa, Kyoto University (Hg.) *Interdisziplinäre Phänomenologie* vol.3. 2006.「傷による救いの神秘への信仰」(『理想』第678号, 理想社, 2007年)。「存在と神を結ぶもの――ハイデガーのAbgrundの思索」(『電子ジャーナル Heidegger Forum vol.4.「いま，神はどこに」』, 2010年)。『ハイデッガーと思索の将来――哲学への〈寄与〉』(ハイデッガー研究会編, 共著, 理想社, 2006年),『思索の道標をもとめて　芸術学・宗教学・哲学の現場から』(ドイツ観念論研究会編，共著，萌書房，2007年)。『思想力　絵画から読み解くキリスト教』(海津忠雄・東方敬信・茂牧人・深井智朗著，キリスト新聞社，2008年)

〔ハイデガーと神学〕　ISBN978-4-86285-116-1

2011年9月25日　第1刷印刷
2011年9月30日　第1刷発行

著　者　茂　　牧　人
発行者　小　山　光　夫
製　版　ジ　ャ　ッ　ト

発行所　〒113-0033 東京都文京区本郷1-13-2
電話03(3814)6161 振替00120-6-117170
http://www.chisen.co.jp
株式会社　知泉書館

Printed in Japan　印刷・製本／藤原印刷

# Heidegger und die Theologie

Makito SHIGERU

Chisenshokan  Tokyo
2011

# Zusammenfassung


Ziel der vorliegenden Arbeit ist es, das Denken des Seins und Gottes bei Martin Heidegger in der Tradition der christlichen Theologie herauszustellen.

Heideggers Denken hat verschiedene Ursprünge. Er erörtert die griechischen Denker, viele Dichter, z. B. Hölderlin, moderne Philosophen, z. B. Kant, Hegel und Nietzsche. Aber das bedeutet nicht nur, dass diese Philosophen und Dichter einen Einfluß auf Heidegger ausgeübt hätten, sondern dass sich Heidegger mit ihnen auseinandergesetzt hat. Daher sind Heideggers Vorlesungen und Vorträge nicht bloße Philologie, vielmehr denkt er das Sein und Gott in der Auseinandersetzung mit diesen Denkern und Dichtern.

Heidegger sagt, er verstehe einen Philosophen besser, als dieser sich selbst verstanden habe (vgl. GA 25, 3). Er versucht, auf den Ursprung des Denkens eines Philosophens zurückzugehen und es aus seiner Wurzel zu verstehen. Heidegger destruiert die traditionelle Philosophie und versteht so ihre Philosophen besser, als sie sich selbst verstanden haben. Urspung des Denkens ist das des Seins und Gottes.

Der Begriff des Seins wurde einst als Seiendes, als Vorhandenes verstanden. Heidegger versucht, dieses Verständnis auf den Ursprung des Denkens des Seins zurückzuführen und zu destruieren und den Begriff des Seins aus seiner tieferen Herkunft zu verstehen. In der Auseinandersetzung mit diesen Philosophen und Dichtern kann man den Reichtum des Seins zurückgewinnen. Heidegger setzt sich auch mit der christlichen Theologie auseinander, weil man die Begriffe Sein und Gott in der Theologie auch meistens aus dem Vorhandenen denkt. Man muss dieses Verständnis destruieren und Sein und Gott aus ihrem tieferen Ursprung verstehen.

In dieser Arbeit soll Heideggers Auseinandersetzung mit der christlichen Theologie erörtert werden. Das Ziel ist kein historischer Tatsachenbericht, wann er die Theologie studiert hat. Es handelt sich vielmher um eine Auseinandersetzung mit Heideggers Denken. Er sagt in „Aus einem Gespräch von der Sprache", „Ohne diese theologische Herkunft wäre ich nie auf den Weg des Denkens gelangt" (GA12, 91). Es soll genügen, dass ich zeige, dass Heidegger in 1889 Messkirch geboren wurde und in einem katholischen Gebiet aufgewachsen ist, und dass er dann evangelische Theologen (z.B. Luther, Schleiermacher und Kierkegaard) studiert und in der Marburger Zeit mit Bultmann zusammengearbeitet hat. Diese Tatsachen zeigen, dass er aus der christlichen Theologie gedacht und sich immer mit der christlichen

Theologie auseinandergesetzt hat. Das heißt nicht, dass er das Christentum verteidigt, sondern dass er die Metaphysik als Onto-Theo-Logik, die die Theologie vorausgesetzt hat, destruiert, insbesondere ihren Begriffe des Seins und Gottes. Diese Destruktion zeigt einen neuen Ausweg aus der Sackgasse der Metaphysik finden kann.

D. h. diese christliche Theologie ist yweideutig. Einerseits sie als Onto-Theo-Logik von Heidegger und ihr tiefere Ursprung gerfunden wurde. Andereseits gehört dieser Ursprung zur christlichen Theologie als solchen.

In der gegenwärtigen japanischen Philosophie werden viele hervorragende Arbeiten über Heidegger veröffentlicht. Es fehlt aber noch eine Auseinandersetzung mit der christlichen Theologie, obwohl in der europäischen und amerikanischen Philosophie, besonders in der Phänomenologie viele Bücher über die Beziehung zwischen Heidegger und der christlichen Theologie publiziert werden. Vor dem Hintergrund, in dem Heidegger sein Denken des Seins und Gottes vollzieht, verbirgte es sich ein Motiv der Theologie. Ein Ziel dieser Arbeit ist, das Motiv der Theologie im Denken Heideggers herauszuarbeiten.

Andererseits scheint sich die heutige japanische christliche Theologie nicht um ihre Begründung in der Philosophie zu kümmern.Die Theologie setzte die Metaphysik als die Onto-Theo-Logie voraus. Ich denke, dass diese Situation die Ursache der Aporie des christlichen Gedankens ist. Sollte also auch die Theologie die Destruktion der Metaphysik nicht vollziehen, wie sie Heidegger im Denken vollzogen hat?

Diese Studie versucht, wieder nach der Beziehung zwischen der Theologie und der Philosophie zu fragen. Es gäbe eine Möglichkeit, auf der Ebene der Kritik der Metaphysik nach einem Weg einer Zusammenarbeit zwischen Theologie und Philosophie zu tasten. Kann man nicht eine neue Religionsphilosophie versuchen?

Tatsächlich haben in der europäischen Philosophiegeschichte die Theologie und die Philosophie immer wieder zusammengearbeitet und eine neue Religionsphilospohie gesucht. Beide Wissenschaften haben immer die Verwindung der Metaphysik versucht. Diese Arbeit zeigt, dass sich das Motiv der Verwindung der Metaphysik de facto in der Tradition der negativen Theologie im christlichen Gedanken verbirgt, auf die Heidegger wiederum in der Auseinandersetzung mit einigen Dichtern und Denkern zurückkommt. Die Überwindung der Metaphysik kann ein Gebiet der Zusammenarbeit zwischen Theologie und Philosophie werden.

Beide Wissenschaften können dadurch zusammenarbeiten, dass man neu nach der Beziehung zwischen Sein, Gott und Mensch fragt. Hier ist der Begriff des Seins kein Gattungsbegriff, der Begriff Gottes weder Seiendes noch Vorhandenes und der Begriff Mensch bedeutet nicht einfach animal rationale. Also ist ein Ziel dieses

Werkes eine Neudefinition dieser Begriffe.

Die Zusammenarbeit beider Wissenschaften bahnt den Weg für eine neue Möglichkeit der Religionsphilosophie oder der christlichen Philosophie auf der Basis des Motivs der Verwindung der Metaphysik, die wiederum in der Geschichte der christlichen mystischen Tradition auftritt. Hier kann man wieder neu Sein und Gott denken, wie einige Denker in der Phänomenologie, (z. B. Emmanuel Levinas, Jacques Derrida, Jean-Luc Marion und Michel Henry) zeigen, die die „Theologische Kehre" erfahren haben. Diese Phänomenologen kehren immer wieder zum Denken Heideggers zurück und übernehmen es kritisch. Es wäre bedeutungsvoll, dass man im Denken Heideggers eine neue Religionsphilosophie versucht.

## Im folgenden fasse ich diese Arbeit zusammen:

Im ersten Teil versuche ich, das Denken Heideggers in der christlichen Tradition herauszuarbeiten.

Im ersten Kapitel wird gezeigt, welche Motive der frühe Heidegger aus der Phänomenologie oder von protestantischen Theologen, wie z. B. Martin Luther, bekommen hat. So analysiert Heidegger die paulinischen Briefe und versucht, ihnen die konkrete faktische Lebenserfahrung des Glaubens zu entnehmen. Hier kann man diese Lebenserfahrung nicht mit der Vorstellung oder der Subjekt-Objekt-Beziehung beobachten, sondern sich mit der „formalen Anzeige" lebendig auf die Lebenserfahrung besinnen. Dann destruiert Heidegger mit dem Studium Augustinus' und Luthers die Geschichte der Metaphysik aufgrund der griechischen Philosophie und er versucht, die Metaphysik zu überwinden. Das Motiv stammt aus der Theologie des „verborgenen Gottes" bei Martin Luther.

Im zweiten Kapitel schreibe ich, dass Heidegger in der Marburger Zeit aktiv mit dem Theologen Rudolf Bultmann im Gedankenaustausch stand und wie zwei Motive, nähmlich dass man die faktischen Lebenserfahrungen nicht in der Subjekt-Objekt-Beziehung beobachten kann, und dass man die Geschichte der Metaphysik destruiert, im Briefwechsel zwischen Bultmann und Heidegger entwickelt werden. Hier ist u.a. auch dokmentiert, dass Heidegger 1924 ein Referat über „Das Problem der Sünde bei Luther" in einem Seminar von Rudolf Bultmann gehalten hat. Danach versuche ich, Heideggers „Phänomenologie und die Theologie" (1927) als Ergebnis seiner Marburger Zeit und der Zusammenarbeit zwischen Theologie und Philosophie zu erklären.

Im dritten Kapitel zeige ich, dass der frühe Heidegger behauptet, dass die Philosophie „A-theismus" sein soll. Meiner Meinung nach ist dieser A-theismus die Kritik der Metaphysik als Onto-Theo-Logik, und man kann anders als durch

Metaphysik das Denken Gottes vollziehen. In „Beiträge zur Philosophie"(1936-38) hat Heidegger das Denken des Seins, Gottes und des Menschen als Ereignis vollzogen. Aus diesem Verständnis Gottes hat er das gottlose Denken in „Die onto-theo-logische Verfassung der Metaphysik"(1957) entwickelt. Ich denke, dass dieses gottlose Denken in die Theologie des verborgen Gottes gestellt werden kann.

Im vierten Kapitel erörtere ich die Sprache der Dichtung beim späten Heidegger. Diese Besinnung ist nie die Sprachphilosophie, sondern Erörterung der Sprache. Die negative-theologische Tätigkeit des Wortes ist dadurch herausgeschoben, dass Heidegger in „Unterwegs zur Sprache" über das Wort der Dichtung bei Georg Trakl und Stepfan George nachsinnt. Diese Tätigkeit heißt das Heil vom Schmerz. Dann denkt Heidegger den Sinn des ~~Seins~~ mit der kreuzweisen Durchstreichung. Dieses Sein kann gerade in die Tradition der negativen Theologie gestellt werden.

Im fünften Kapitel zeige ich, wie Heidegger seit den 30er Jahre die Gedichte von Hölderlin erörtert. Hier einige Gedichte in „Erläuterungen zu Hölderlins Dichtung" analysierend, stelle ich heraus, dass Heidegger Hölderlin für den Dichter hält, der die Abwesenheit Gottes dichtet. Es wird klar, wie der Dichter nach dem Fehl Gottes fragt und darüber nachdenkt. Schließlich beweise ich, dass Hölderlin die Natur in Gott dichtet und dass diese Dichtung zur Tradition der negativen Theologie gehört.

Ich behandele im sechsten Kapitel die Vorlesung über die Freiheitsschrift von Schelling. Das Schellingbändchen hat ihm Karl Jaspers 1927 geschickt und Heidegger hat danach intensiv über die Freiheitschrift von Schelling geforscht. Darin ist das Problem erstens ein Streit zwischen System und Freiheit, der im Pantheismus gelöst wird. Zweitens wird danach gefragt, warum Böses im Pantheismus geschehen kann. Schelling kann das Problem dadurch erläutern, dass er die Funktionen der Existenz und des Grundes in Gott denkt. Schließlich zeigt Heidegger, dass Schelling einen Ungrund als Indifferenz unter dieser Dualität der Existenz und des Grundes in Gott erörtert. Man kann beweisen, dass diese Betrachtung Heidegger zur Wahrheitstheorie führt und dass die Gottesbesinnug bei Schelling und die Wahrheitstheorie bei Heidegger in der Tradition der negatigen Theologie möglich gemacht wurden.

Im siebten Kapitel beweise ich, dass sich Heidegger seit seiner Marburger Zeit oft mit Platons Höhlengleichnis auseinandergesetzt und daraus ein Motiv der Wahrheitstheorie des Seins entnommen hat. Sechs Werke Heideggers behandeln das Höhlengleichnis Platons. In ihnen denkt Heidegger über eine Beziehung zwischen Wahrheit und Freiheit und hält die Wahrheit für eine Bewegung zwischen Verborgenheit und Unverborgenheit. In „Der Ursprung des Kunstwerkes" (1935-36) besinnt Heidegger die Wahrheit als einen Streit zwischen Welt und Erde und auf

die Wahrheitstheorie in dem Schlussmythos der „Politeia“ Platons in „Parmenides“ (1942-43). Zum Ende zeige ich die Tätigkeit der Idee des Guten in Heideggers Vorlesung im Wintersemester 1931-32, die hinter der Bewegung zwischen Verborgenheit und Unverborgenheit wirkt. Meiner Meinung nach kann man diese Wahrheitstheorie bei Heidegger in die Traditon der negativen Theologie stellen.

Im achten Kapitel versuche ich zu zeigen, dass Heidegger den Abgrund als eine Verbindung zwischen Gott und Sein herausgehoben hat. In „Vom Wesen des Grundes“ (1929), „Einführung in die Metaphysik“ (1935), einigen Werken der Wahrheitstheorie der 1930er Jahre und in „Der Satz vom Grund“ (1955-56) stellt Heidegger wiederholt den Abgrund des Seins dar, der auch das Nichts und den Tod bedeutet. In „Beiträge zur Philosophie“ (1936-38) und „Die Geschichte des Seyns“ (1938-40) erscheint der Gott als Vorbeigang und Armut im Abgrund des Seins. Dieses Denken des Seins des Abgrundes und Gottes als Vorbeigang kann in die Tradition der Theologie des verborgenen Gottes und der negativen Theologie gestellt werden und so die Verwindung der Metaphysik ermöglichen.

Im zweiten Teil stehen zwei Aufsätze, die aufgrund dieses Denkens Heideggers eine neue Religionsphilosophie oder eine neue christliche Philosophie versuchen.

Im neunten Kapitel versuche ich, eine neue Religionsphilosophie über eine Vergebung aufgrund einer konkreten Lebenserfahrung bei Heidegger zu stiften. Zuerst stelle ich im Gleichnis vom verlorenen Sohn die Behauptung heraus, dass die Vergebung Gottes ihm vorangeht. Dann stelle ich von Kenji Miyazawas „Yodaka no Hoshi“ das Paradox der Liebe als Vergebung einer Verletzung dar, das auch Hegel in der „Frühen Schriften“ erläutert. Dann arbeite ich in der Geschichte der Berufung der Jünger die Hoffnung auf die Zukunft heraus. Schließlich beweise ich, dass die Theologie des verborgenen Gottes dieses Paradox der Liebe ermöglichen kann.

Im zehneten und letzten Kapitel zeige ich zuerst, dass in der neuen christlichen Philosophie die Theologie und die Philosophie auf der Achse der Kritik der Metaphysik aufgrund des Denkens der konkreten faktischen Lebenserfahrung des Glaubens zusammenarbeiten können, was in der theologia crucis bei Luther und der Besinnung auf den Gott von Abraham, Isaak und Jakob bei Pascal gezeigt wurden. Ich zeige das Paradox der Liebe der Versöhnung und der Vergebung in „Prière pour demander à Dieu le bon usage des maladies“ von Pascal und in „Der Geist des Christentums und sein Schicksal“ von Hegel. Schließlich beweise ich, dass die Wirkung des Ungrundes des Gottes bei Schelling und des Abgrundes des Seins bei Heidegger hinter dem Paradox der Liebe verborgen ist.

# 索　引

## ア　行



## カ　行

サ　行

## タ　行

## ナ　行



## ハ　行

## マ　行

## ヤ　行



## ラ　行



## ワ　行

# 参考文献

## 1. ハイデガーの著作

（ハイデガー全集からの引用は下記のように，全集 Gesamtausgabe の略称ＧＡの後に巻数と頁数を括弧にいれ本文中に記した。以下にその巻のタイトルと発行年を挙げておく。また他の単行本や書簡については，下記の略称の後に頁数を文中に記した。略号のタイトルと出版社，発行地，発行年を挙げておく。）


ハイデガー全集　(Gesamtausgabe, Vittorio Klostermann, Frankfurt am Main)

GA1: *Frühe Schriften,* 1978.

GA4: *Erläuterungen zu Hölderlins Dichtung*, 1981.

GA5: *Holzwege*, 1977.

GA9: *Wegmarken*, 1976.

GA12: *Unterwegs zur Sprache*, 1985.

GA15: *Seminare*, 1986.

GA20: *Prolegomena zur Geschichte des Zeitbegriffs*, ²1988.

GA22: *Die Grundbegriffe der antiken Philosophie*, 1993.

GA24: *Die Grundprobleme der Phänomenologie*, ²1989.

GA25: *Phänomenologiesche Interpretation von Kants Kritik der reinen Vernunft*, ²1987.

GA28: *Der deutsche Idealismus (Fichte, Schelling, Hegel) und die philosophische Problemlage der Gegenwart*, 1997.

GA34: *Vom Wesen der Wahrheit. Zu Platons Höhlengleichnis und Theätet*, 1988.

GA36/37: *Sein und Wahrheit*, 2001.

GA40: *Einfühlung in die Metaphysik*, 1983.

GA42: *Schelling: Vom Wesen der menschlichen Freiheit (1809)*, 1988.

GA49: *Die Metaphysik des deustschen Idealismus (Schelling)*, 1991.

GA52: *Hölderlins Hymne ≫ Andenken ≪*, ²1992.

GA54: *Parmenides*, ²1992.

GA58: *Grundprobleme der Phänomenologie (1919/20)*, 1993.

GA59: *Phänomenologie der Anschuung und des Ausdrucks*, 1993.

GA60: *Phänomenologie des religiösen Lebens*, 1995.

GA61: *Phänomenologische Interpretationen zu Aristoteles. Einführung in die phänomenologische*

*Forschung*, 1985.
GA63: *Ontologie (Hermeneutik der Faktizität)*, 1988.
GA65: *Beiträge zur Philosophie (Ereignis)*, 1989.
GA69: *Die Geschichte des Seyns*, 1998.
GA86: *Seminare Hegel—Schelling*, 2011.
GA88: *Seminare (Übungen) 1937/38 und 1941/42*, 2008.

## 2. 単行本

ID: *Identität und Differenz*, Pfullingen, $^{9}$1990.
SG: *Der Satz vom Grund*, Pfullingen, $^{7}$1992.
SZ: *Sein und Zeit*, Tübingen, $^{14}$1977.
VA: *Vorträge und Aufsätze*, Pfullingen, $^{6}$1990.
WD: *Was heißt Denken?*, Tübingen, $^{4}$1984.
SD: *Zur Sache des Denkens*, Tübingen $^{3}$1988.
DJ: Phänomenologishche Interpretationen zu Aristoteles (Anzeige der hermeneutischen Situation), Hans-Ulrich Lessing (Hg.), in: Dilthey Jahrbuch Bd. 6, Frithjof Rodi (Hg.),Göttingen, 1989.
A: Die Armut, in: *Heidegger Studies*, Vol.10. Berlin, 1994, pp. 5f.

## 3. 書　簡

BH: Rudolf Bultmann/ Martin Heidegger, *Briefwechsel 1925-1975*, Andreas Großmann und Christof Landmesser (Hg.), Frankfurt am Main und Tübinegn, 2009.
HJ: Martin Heidegger/ Karl Jaspers, *Briefwechsel 1920-1963*, Walter Biemel und Hans Saner (Hg.), Frankfurt am Main und München, 1990.

## 4. 邦　訳

基本的に翻訳は，自分のものであるが，以下の訳書を参照した。ハイデガー全集の邦訳は下記のものを参照した。『ハイデッガー全集』（創文社）のものについては，巻数とタイトル，訳者，発行年を記しおく。

第 1 巻『初期論文集』岡村信孝，丸山徳次，ハルトムート・ブフナー，エヴェリン・ラフナー訳，1996 年。
第 4 巻『ヘルダーリンの詩作の解明』濱田恂子，イーリス・ブフハイム訳，1997 年。
第 5 巻『杣径』茅野良男，ハンス・ブロッカルト訳，1988 年。
第 9 巻『道標』辻村公一，ハルトムート・ブフナー訳，1985 年。

第 12 巻『言葉への途上』亀山健吉，ヘルムート・グロス訳，1996 年。
第 20 巻『時間概念の歴史への序説』常俊宗三郎，嶺秀樹，レオ・デュペルマン訳，1988 年。
第 22 巻『古代哲学の根本諸概念』左近司祥子，ヴィル・クルンカー訳，1999 年。
第 24 巻『現象学の根本諸問題』溝口競一，松本長彦，杉野祥一，セヴェリン・ミュラー訳，2001 年。
第 25 巻『カントの純粋理性批判の現象学的解釈』石井誠士，仲原孝，セヴェリン・ミュラー訳，1997 年。
第 34 巻『真理の本質について　―プラトンの洞窟の比喩と『テアイテトス』―』細川亮一，イーリス・ブフハイム訳，1995 年。
第 40 巻『形而上学入門』岩田靖夫，ハルトムート・ブフナー訳，2000 年。
第 52 巻『ヘルダーリンの讃歌『回想』』三木正之，ハインリッヒ・トレアチック訳，1989 年。
第 54 巻『パルメニデス』北嶋美雪，湯本和男，アルフレド・グッツオーニ訳，1999 年。
第 61 巻『アリストテレスの現象学的解釈　現象学的研究入門』門脇俊介，コンラート・バルドゥリアン訳，2009 年。
第 63 巻『オントロギー（事実性の解釈学）』篠憲二，エルマー・ヴァイン・マイアー，エベリン・ラフナー訳，1992 年。
第 65 巻『哲学への寄与論稿』大橋良介，秋富克哉，ハルトムート・ブフナー訳，2005 年。
別巻 3『思惟とは何の謂いか』四日谷敬子，ハルトムート・ブフナー訳，1986 年。

単行本の翻訳を以下に記す。

『ハイデッガー選集　2　ニーチェの言葉「神は死せり」 ヘーゲルの「経験」概念』細谷貞雄訳，理想社，1989 年。

『ハイデッガー選集　5　乏しき時代の詩人』手塚富雄・高橋英夫訳，理想社，1989 年。

『ハイデッガー選集　9　形而上学入門』川原栄鋒訳，理想社，1988 年。

『ハイデッガー選集　10　同一性と差異性』大江精志郎訳，理想社，1979 年。

『ハイデッガー選集　11　真理の本質について　プラトンの真理論』木場深定訳，理想社，1980 年。

『ハイデッガー選集 22　有の問いへ』柿原篤弥訳，理想社，1977 年。

『存在と時間　世界の名著 74　ハイデガー』原佑・渡辺二郎訳，中央公論社，1991 年。

『根據律』辻村公一，ハルトムート・ブフナー訳，創文社，1962 年。

『思索の事柄へ』辻村公一，ハルトムート・ブフナー訳，筑摩書房，1973 年。

『シェリング講義』木田元・迫田健一訳，新書館，1999 年。

『「ヒューマニズム」について　パリのジャン・ボーフレに宛てた書簡』渡邊二郎訳，ちくま学芸文庫，1997 年。

『芸術作品の根源』関口浩訳，平凡社，2002 年。

『アリストテレスの現象学的解釈　「存在と時間」への道』高田珠樹訳，平凡社，2008 年。
W. ビーメル／ H. ザーナー編『ハイデッガー＝ヤスパース往復書簡　1920-1963』渡邊二郎訳，名古屋大学出版会，1994 年。

伊藤哲夫，水田一征編『哲学者の語る建築　―ハイデガー，オルテガ，ペゲラー，アドルノ』中央公論美術出版，2008年。

## 5．ハイデガー以外の著者による著作

引用したものと引用しなかったが参考にしたものも含めて掲載する。

Allemann, B. , *Hölderlin und Heidegger*, Zürich und Freiburg im Breisgau, 1954, S.14. 邦訳は，ベーダ・アレマン著『ヘルダリーンとハイデガー』小磯仁訳，国文社，1980年。

Althaus, P. , *Die Theolgie Martin Luthers*, Gerd Mohn, 1962.

Bornkamm, H. , *Eckhart und Luther*, Stuttgart, 1936.

Brasser M. , *Wahrheit und Verborgenheit. Interpretation zu Heideggers Wahrheitsverständnis von ,Sein und Zeit' bis ,Vom Wesen der Wahrheit'*, Würzburg, 1997.

Brkic, P., *Martin Heidegger und die Theologie. Ein Thema in dreifacher Fragestellung, Mainz*, 1994.

Buber, M. , *Gottesfinsternis. Mit einer Entgegnung von C. G. Jung*, Weisberg, 1994. マルティン・ブーバー著『かくれた神』（『ブーバー著作集』5）三谷好憲・山本誠作・水垣渉訳，みすず書房，1968年。

Bulhof I. N. And kate, L. T. (ed.), *The Flight of the Gods. Philosophical Perspectives on Negative Theology*, New York, 2000.

Buren, J. v. , *The young Heidegger. Rumor of the Hidden King*, Bloomington and Indianapolis, 1994.

———, 'Martin Heidegger, Martin Luther', in: Theodole Kisiel and John van Buren, *Reading Heidegger from the Start. Essays in his earliest Thought*, Albany, 1994.

Caputo, J. D. , *The Mystical Element in Heidegger's Thought*, New York, 1986.

———, *Demythologizing Heidegger*, Bloomington and Indianapolis, 1993.

Caputo, J. D. and Vattimo, G. , *After the Death of God*, Robbins J. W. (ed.), New York, 2007.

Carlson,T.A. , *Indiscretion. Finitude and the Naming of God*, Chicago and London, 1998.

Coreth, E. , *Gott im philosophischen Denken*, Stuttgart Berlin Köln, 2001.

Coriando, P.-L. , *Der letzte Gott als Anfang. Zur ab-gründigen Zeit-Räumlichkeit des Übergangs in Heideggers „Beiträge zur Philosophie"*, München, 1998.

Crownfield, D. , The Last God, in:Charles E. Scott, Susan M. Schoenbohm, Daniela Vallega-Neu, and Alejandro Vallega (ed.), "*Companion to Heidegger's Contributions to Philosophy*„ Bloomington and Indianapolis, 2001.

Dahlstrom, D. O. , Heidegger and German Idealism, in: H. L. Dreyfus &. M. A. Wrathall (ed.), *A Companion to Heidegger*, Malden, Oxford, Carlton, 2007.

David, P. , Heideggers Deutung von Schellings Freiheitsschrift als Gipfel der Metaphysik des deutschen Idealismus, in: Herald Seubert (Hg.), *Heideggers Zwiegespräch mit dem deutschen*

*Idealismus*, Köln/ Weimar/ Wien, 2003.

Denker, A., Gander, H.-H.,Zaborowski (Hg.), *Heidegger und die Anfänge seines Denkens*, Hiedegger- Jahrbuch 1., Fraiburg/ München, 2004.

Derrida, J. , How to Avoid Speaking, in H. Coward &. T. Foshay (ed.), *Derrida and Negative Theology*, New York, 1992.

———, Faith and Knowledge: the Two Sources of ,Religion' at the Limites of Reason Alone, in: Derrida, J. And Vattiomo, G., Religion, Stanford, 1996. ジャック・デリダ著「信仰と知　たんなる理性の限界内における「宗教」の二源泉」,『批評空間』第Ⅱ期 11 号, 1996 年。

———, To forgive. The Unforgivable and the Imprescriptible, in: Caputo, J. D., Dooley, M. and Scanlon, M. J. (ed.), *Quetioning God*, Bloomington and Indianapolis, 2001.

Feher I. M., Der göttliche Gott. Hermeneutik, Theologie und Philosophie im Denken Heideggers, in: Barbaric D. (Hg.), *Das Spätwerk Heideggers. Ereingis – Sage – Geviert*, Würzburg, 2007.

Figal, G. , Philosophie als hermeneutische Theologie. Letzte Götter bei Nietzsche und Heidegger, in: Hans Helmuth Gander (Hg.), *Verwechselt mich vor allem Nicht. Heidegger und Nietzsche*, Frankfurt am Main, 1994.

———, *Zu Heidegger. Antworten und Fragen*, Frankfurt am Main, 2009.

Fischer N./ Herrmann F.-W. v. (Hg.), *Heidegger und die christliche Tradition*, Hamburg, 2007.

Fräntzki, E. , *Die Kehre. Heideggers Schrift ,Vom Wesen der Wahrheit'*, Pfaffenweiler, 21987.

Friedrich, H.-J., *Der Ungrund der Freiheit im Denken von Böhme, Schelling and Heidegger*, Schellingiana 24, Stuttgart, Bad Cannstatt, 2009.

Gethmann- Siefert, A. , *Das Verhätnis von Philosophie und Theologie und Theologie im Denken Maritn Heideggers*, München, 1974.

Greisch, J. , The Poverty of Heidegger's „Last God", in: D. Pettigrew and F. Raffoul (ed.), *French Interpretations of Heidegger. An Exceptional Reception*, New York, 2008.

Hanley, C. , *Being and God in Aristotle and Heidegger. The Role of Method in Thinking the Infinite*, Lanham, Boulder, New York Oxford, 2000.

Häussermann U. , *Friedrich Hölderlin*, Reinbeck bei Hamburg 1961, S. 29ff. 邦訳は, ウルリッヒ・ホイサーマン著『ヘルダーリン』野村一郎訳, 理想社, 1971 年。

Hegel, G. W. F. , *Frühe Schriften* Werke 1, Frankfurt a.M. , 1986. ヘルマン・ノール編『ヘーゲル初期神学論集　Ⅱ』久野昭・中埜肇訳, 以文社, 1974 年。

Hemming L. P. , *Heidegger's Atheism. The Refusal of a Theological Voice*, Notre Dame Indiana, 2002.

Herrmann, F. –W.v. *Wege ins Ereignis. Zu Heideggers Beiträge zur Philosophie*, Frankfurt am Main, 1994.

Hübner, H. , „Vom Ereignis" und vom Ereignis Gott. Ein theologischer Beitrag zu Martin Heideggers „Beiträgen zur Philosophie", in: Paul-Ludovica Coriando (Hg.), „*Herkunft aber bleibt stets Zukunft*" Martin Heidegger und die Gottesfrage, Frankfurt am Main, 1998.

Husserl, E. , *Logische Untersuchgen*, Ⅰ , Ⅱ /1,2, Tübingen, 1968. エドムント・フッサール著『論

理学研究』Ｉ－Ⅳ，立松弘孝訳，みすず書房，1976-78 年。
———, *Ideen zu einer renen Phänomenologie und phänomenologischen Philosophie*, Erstes Buch, Karl Schuhmann (Hg.), Den Haag, 1976. エトムント・フッサール著『イデーン　Ｉ－Ｉ』渡辺二郎訳，みすず書房，1979 年。
Jäger, A., *Gott. Nochmals Martin Heidegger*, Tübingen, 1978.
Janicaud, D. , Courtine, J.-F., Chretien, J. L., Henry, M., Marion J.-L.and Ricouer P., *Phenomenolgy and the ,Theological Turn'*. The French Debate, New York, 2000.
Jaeger, H. , „*Heidegger und die Sprache*", Bern und München, 1971, S. 79. H. 邦訳は，イェーガー著『ハイデガーと言葉』赤松宏訳，木鐸社，1980 年。
Jaspers, K. , *Schelling Grösse und Verhängnis*, München, 1955, S.176f. 邦訳は，カール･ヤスパース著『シェリング』那須政玄・山本冬樹・高橋章仁訳，行人社，2006 年。
Jonkers, P. & Welten, R. (Hg.), *God in France. Eight Contemporary French Thinkers on God*, Leuven, Paris, Dudley, MA, 2005.
Jung, M. , *Das Denken des Seins und der Glaube an Gott. Zum Verhältnis von Philosophie und Theologie bei Martin Heidegger*, Würzburg, 1989.
Kettering, E. , *NÄHE Das Denken Martin Heideggers*, Pfullingen, 1987, S. 203. 邦訳は，Ｅ．ケッテリング，『近さ　―ハイデッガーの思惟―』川原栄峰監訳･小柳美代子･関口浩他訳，理想社，1989 年。
Kovacs, G. , *The Question of God in Heidegger's Phenomenology*, Evaston, 1990.
Law, D. R. , Negative Thelogy in Hiedegger's *Beiträge zur Philosophie*, in: International Jounal for Philosophy of Religion 48, pp. 139-156.
Lehmann, K. , ,Christliche Geschichtserfahrung und ontologische Frage beim jungen Heidegger', in: Otto Pöggeler (Hg.), *Heidegger. Perspektiven zur Deutungh seines Werkes*, Weinheim, 1994.
Luther, M. , „*D. Martin Luthers Werke. Kritische Gesamtausgabe (Weimarer Ausgabe)*", Bd. 1, Graz, 1966. M・ルター著「ハイデルベルクにおける討論」（1518 年）久米芳也訳，『ルター著作集　第一集　第 1 巻』聖文社，1964 年所収。
*Lutherbibel Erklärt. Das heilige Schrift in der Übersetzung Martin Luthers mit Erläuterungen für die bibellesende Gemeinde, Stuttgart*, 1964.
Macquarrie, J. , *Heidegger and Christianity*, Continuum New York, 1994.
Moltmann, J. , *Der gekreuzigte Gott. Das Kreuz Christi als Grund und Kritik christlicher Theologie*, München, 1972. モルトマン著『十字架につけられた神』喜田川信他訳，新教出版社，1976 年。
Müller, M. , *Existenzphilosophie im Geistigen Leben der Gegenwart*, Heidelberg, 1949, S. 73. 邦訳は，マックス・ミュラー著『実存哲学と新形而上学』大橋良介訳，創文社，1974 年。
Nietzsche, F., *Sämtliche Werke. Kritische Studienausgabe*, Bd.3, München, 1980. ニーチェ著『悦ばしき知識』（ニーチェ全集 8）信太正三訳，ちくま学芸文庫，1993 年。
———, „Friedrich Nietzsche Sämtliche Werke. *Der Wille zur Macht. Versuch Umwertung Aller Werte*. Ausgewählt und geordnet von Peter Gast unter Mitwirkung von Elisabeth Nietzsche",

Stuttgart, 1996. ニーチェ著『権力への意志』上・下（『ニーチェ全集』12・13）原佑訳，ちくま学芸文庫，1993 年。

Noller, G. (Hg.), *Heidegger und Theologie. Beginn und Fortgang der Diskussion*, München, 1967.

Ott, H. , Denken und Sein. *Der Weg Martin Heideggers und der Weg der Theologie*, Zollikon, 1959, S. 94. 邦訳は，ハンリッヒ・オット著『思考と存在　―マルティン・ハイデッガーの道と神学の道』（現代キリスト教叢書 14）川原栄峰・小川圭治訳，白水社，1975 年。

Ott, H. , *Martin Heidegger Unterwegs zu seiner Biographie*, Frankfurt am Main, New York, 1988. 邦訳は，フーゴ，オット著『マルティン　ハイデガー　伝記への途上で』北川東子・藤澤賢一郎・忽那敬三訳，未来社，1995 年。

Papenfuss, D. u. Pöggeler, O. (Hg.), *Zur philosophischen Aktualität Heideggers. Symposium der Alexsander von Humbolt-Stiftung vom 24.-28. April 1989 in Bonn- Bad Godesberg. Bd. 2. Im Gespräch der Zeit*, Frankfurt am Main 1990.

Pattison, G., *The Later Heidegger*, New York 2000.

Pöggeler, O. , *Der Denkweg Martin Heideggers*, Stuttgart, [4]1994, O. ペゲラー著『ハイデッガーの根本問題　―ハイデッガーの思惟の道―』大橋良介・溝口宏平訳, 晃洋書房, 1985 年。

————, *Philosophie und hermeneutische Theologie. Heidegger, Bultmann und die Folgen*, München, 2009.

Polt, R. , *The Emergency of Being. On Heidegger's Cotributions of Philosophy*, Ithaca and London, 2006.

Richter, E. (Hg.), *Die Frage nach der Wahrheit*, (Martin –Hiedegger Gesellschaft Schriftreihe Bd. 4.) Frankfurt am Main, 1997.

Robinson, J. M. and Cobb, J. B. (Hgg.), *Der spätere Heidegger und die Theologie*, Stuttgart, 1964.

Prudhomme, J. O. , *God and Being. Heidegger's Relation to Theology*, New Jersey, 1997.

Rischrdson, W. J. , *Heidegger. Through Phenomenology to Thought*, The Hague, 1974.

Rojcewicz, R. , *The Gods and Technology. A Reading of Heidegger*, Albany, 2006.

Rosales, A. , *Transzendenz und Differenz. Ein Beitrag zum Problem der ontologischen Differenz beim frühen Heidegger*, Den Haag, 1970.

Schaeffler, R. „Heidegger und die Theologie', in: Annemarie Gethmann-Siefert und Otto Pöggeler (Hg.), *Heidegger und die praktische Philosophi*", Frankfurt am Main, 1989, S. 291f. 邦訳は，A. ゲートマン＝ジーフェルト／ O. ペゲラー編『ハイデガーと実践神学』下村・竹市・宮原監訳，法政大学出版局，2001 年。

Schalow, F. , *Heidegger and the Quest for the Sacred. From Thought to the Sanctuary of Faith*, Dortrecht/ Boston/ London, 2001.

Schapiro, M., The Still Life as a Personal Object - A Note on Heidegger and van Goch, in：D. Preziosi, (ed.), *The Art of Art History: A Critical Anthology*, Oxford New York, 1998.

Scheier, C.-A. , „Die Zeit der Seynsfuge. Zu Heideggers Interesse an Schellings Freiheitsschrift", in: H. M. Baumgartner u. W. G. Jacobs (Hrsg.), *Schellings Weg zur Freiheitsschrift　Legende und Wirklichkeit.　Akten der Fachtagung der Internationalen Schelling-Gesellschaft 1992*, W.

E. Ehrhardt im Auftrag der Internationalen Schelling- Gesellschaft (Hg.), Schellingiana Bd. 5, Stuttgart-Bad Cannstatt, 1996.

Schelling, F. W. J. v. , *Über das Wesen der menschlichen Freiheit und die damit zusammenhängenden Gegenstände*, Philosophie Bibliothek Bd. 503, Hamburg, 1997. シェリング著『人間的自由の本質』渡辺二郎訳, 岩崎武雄（責任編集）『フィヒテ／シェリング』（「世界の名著」続 9）中央公論社, 1974 年。

Schmitz, H. , Was bleibt von Gott? Negative Theologie heute, in: A. Blume (Hg.), *Was bleibt von Gott? Beiträge zur Phänomenologie des Heiligen und der Religion*, Freiburg/München, 2007

Shakespeare, S. , *Derrida and Theology*, London/ New York, 2009.

Sikka, S. , *Forms of Transcendence. Heidegger and Medieval Mystical Theology*, Albany, 1997.

Stagi, P. , *Der faktische Gott*, Orbis Phenomenologicus Würzburg, 2007.

Stambaugh, J. , *The Finitude of Being*, New York, 1992.

Vedder, B. , *Heidegger's Philosophy of Religion. From God to the Gods*, Pittsburgh, 2007.

Westphal, M. , *Overcoming Onto-Theology. Toward a Postmodern Christian Faith*, New York, 2001.

Yannaras, C. , *On the Absence and Unknowability of God. Heidegger and the Areopagite*, London and New York, 2005.

関西学院大学研究叢書 第156編

# 財産開示の実効性

## 執行債権者と執行債務者の利益

内山衛次

関西学院大学出版会

# 財産開示の実効性

## 執行債権者と執行債務者の利益

# はしがき

本書は、筆者が「民事執行」に関してこれまでに発表した九本の論稿に加筆し、修正を加えてまとめたものである。

民事執行は、民事上の権利の強制的な実現手続である。実体私法上権利として保障された利益は、実体私法の定める本来の内容及び態様に従って権利者に与えられなければならない。したがって、民事執行では、執行債権者の権利は執行債務者の財産の摑取・換価により精確で完全に実現されるべきである。しかし、そのために執行債務者の基本的人権を侵害し、その身体及び自由に苛酷な拘束を加えて、最低生活の保障さえも剝奪することは許されない（憲法二五条一項）。この限りでは、民事執行の手段や限度に謙抑が要求される。このように、民事執行では、迅速で確実な執行を求める執行債権者の利益と執行による侵害からの保護を求める執行債務者の利益とは対立し、立法及びその運用において双方の利益の調整が必要となる。したがって、これを適切に調整することは民事執行における重要な課題である。本書は、この課題に取り組み、正義に適った執行の実施について研究した成果をまとめたものである。

本書のタイトルである「財産開示の実効性」は、二〇〇四年に民事執行法に導入された財産開示手続が、その目的である金銭執行の実効性確保のための債務者の財産情報の取得を十分に果たすことができず、債権者の利益が保護されていないことから、財産開示手続がより実効性を挙げるためにはどうすべきかについて検討するものである。著者は、財産開示手続が立法化される以前から、ドイツの立法を手がかりとして、わが国への導入の必要性を主張してきた。この研究が本書の中心をなす。そこで、本書はこれを第一編として、その第一章において、わが国の財産開示制度の現状と問題点を指摘し、わが国の財産開示手続の実効性の向上について、これまでの学説及び最近のドイツの立法を手がかりに検討を行う。この論稿は、同名の論稿（関西学院大学「法と政治」六二巻四号二九頁。二〇一二年）

を基にするが、そこで引用したドイツの「強制執行における事案解明の改革についての法律」が二〇一三年から施行されたことから、その内容を一部修正した。第二章の「財産開示制度の発展」は、前章の検討に際して参考とされたドイツの財産開示制度の成立及びその発展について検討したものであり、財産開示制度の基礎的な研究である。この論稿は、「強制執行における債務者の財産開示（一）」大阪学院大学法学研究二五巻一号八五頁（一九九八年）及び「強制執行における債務者の財産開示（二・完）」大阪学院大学法学研究二五巻第二号三三頁（一九九九年）に基づくが、ドイツにおけるその後の立法の改正にともない、構成を変更し、内容も一部修正した。

第二編は、財産開示制度以外で、執行債権者と執行債務者の利益の調整について研究した七本の論稿から成る。第一章の「法人格否認の法理についての手続法上の問題」は、同名の論稿（関西学院大学「法と政治」五七巻二号三九頁。二〇〇六年）を一部修正したものである。第二章の「執行官による分割弁済の許容」は、「執行官による分割弁済の許容――ドイツ法を手がかりとして」福永有利先生古稀記念『企業紛争と民事手続法理論』五五一頁（二〇〇五年・商事法務）に基づくものであるが、先に述べたドイツの「強制執行における事案解明の改革についての法律」により、規定が大きく変更したことから、私見も含めてかなりの部分を加筆し、修正した。第三章の「将来債権の被差押適格」は、同名の論稿（阪大法学一五三・一五四号九一一頁。一九九〇年）によるが、その後のドイツの立法及び学説の展開を取り込んだ。第四章の「給料債権の差押制限」は、「給料債権の差押制限について」（大阪学院大学法学研究二〇巻一・二号一頁。一九九四年）を基とするが、ドイツにおける二〇〇一年の「差押禁止限度の変更に関する第七法律」による新規定の制定などその後の展開を取り入れて、かなり修正した。第五章の「預金債権の差押制限――ZPO八五〇条kを手がかりとして」は、同名の論稿（大阪学院大学法学研究一九巻一・二号一頁。一九九三年）によるが、ZPO八五〇条kが二〇〇九年の「口座の差押制限の改正についての法律」により全面的に改正され、さらに二〇一二年から新しいZPO八五〇条lが施行されたことにともない、私見も含めてかなりの部分を加筆し、修正を行った。第六章の「継続的給付債権の差押えにおける配当要求と配当の実施」は、同名の論稿（大阪学院大学法学研究二一巻一・二号一一九頁。一九九五年）を一部修正したものである。第七章の「債権執行における執行債務者の報知義務」は、「債権執行における執行債務者の報知義務――ドイツ法を手がかりとして」佐々木吉男先生追悼論文集『民事紛争の解決と手続』六二七頁（二〇〇〇年・信山社）に基づくが、ドイツにおける「強制執行における事案解明の改革についての法律」による関連諸規定の改正、さらにわが国に財産開示制度が導入されたことにともない、私見を含めて加筆・修正を施した。

本書の上梓にあたっては、多くの先生方の御指導を賜った。とりわけ、中野貞一郎先生（大阪大学名誉教授・日本学士院会員）には、大阪大学大学院法学研究科入学以来、今日まで変わらぬ御指導を頂いており、この場を借りて改めて感謝の意を表したい。また、本書は、筆者が大阪学院大学在職中に行った研究の成果が相当部分を占めており、ドイツでの在外研究を含めて、そのような研究環境と機会を与えてくれた大阪学院大学に感謝を申し上げる。

本書は、「関西学院大学研究叢書」の一冊として公刊される。関西学院大学の優れた先達により積み重ねられた伝統ある叢書に加えて頂くことを嬉しく思い、また出版に際して関西学院大学から助成を受けることができたことを深く感謝する。

おわりに、本書の出版に際してお世話くださった関西学院大学出版会の田中直哉氏と浅香雅代さんに心よりお礼を申し上げる。そして、筆者が研究者となることを支援して頂き、また研究者としては先輩である父に感謝したい。

二〇一三年一月

内山　衛次

# 目次

## 第二章　財産開示制度の発展　73

## 第二章　執行官による分割弁済の許容　187

# 第一編

# 財産開示の実効性

# 第一章　財産開示手続の実効性

## 第一節　はじめに

平成一六年四月一日から施行された新担保・執行法（「担保物権及び民事執行制度の改善のための民法等の一部を改正する法律」平成一五年法律第一三四号）により、民事執行法に財産開示手続が導入された（一九六条～二〇三条）。この手続により、勝訴判決等を得た債権者は債務者の財産状況について情報を取得できるようになり、金銭執行の実効性が確保されることになった(1)。金銭執行は、債権者が債務者の財産状態を十分に認識する場合に、その成果を上げることができる。したがって、債権者の自力救済を禁止する国家は、このような財産開示制度を設ける必要があり(2)、実際にもドイツをはじめ諸国の立法例にその制度は存在する(3)。しかし、わが国は、当初の立法がこの種の制度を継受することなく、その後の改正においても見送られて来たことから、一部の学説はわが国にも財産開示制度を導入すべきであると主張してきた(4)。このような状況において、近年になり、権利実現の実効性をより一層高め、社会・経済情勢の変化に適応しうる法制の必要が高調されるに至り、平成一三年に法制審議会において、この制度の創設についての審議が開始された(5)。そして、平成一五年に新担保・執行法により、民事執行法に財産開示手続が規定されることとなった。

新たに導入された財産開示手続は、全国で平成一六年度に七一八件、翌一七年度は一一八二件、一八年度は七八九件、一九年度は六六三件、二〇年度は八八四件、二一年度は八九三件、そして二二年度は一二〇七件の申立てがあった(6)。わが国の財産開示は、それに続く金銭執行の実効性を挙げるための準備執行であることを考えれば(7)、同年度内において年間平均で一〇万件を超える債権執行の申立て、ほぼ同数の動産執行の申立て、あるいは約六〇〇〇件の不動産執行の申立てと比較しても(8)、その数は決して多くない。もちろん創設からまだ一〇年も経過していない草創の立法であるが、同様な制度をもつドイツで二〇〇八年に約二九〇万件の申立てがあったことを見ると(9)、わが国の財産開示手続が十分に利用されているとは言い難い。おそらく、創設されたこの制度に何らかの問題があり、それにより、この制度に期待された役割が十分に果たされていないことが原因であると思われる。

そこで本稿では、日本弁護士連合会が二〇〇八年に実施した「財産開示に関するアンケート」の結果を基にこの手続の問題を明らかにし、さらに財産開示手続の実効性についてのこれまでの学説、そして財産開示手続に関する最近のドイツの立法を手がかりとして、わが国の財産開示手続がより実効性を挙げ、その役割を十分に果たすにはどのようにすべきかについて検討を行う。

---

(1)　谷口園恵＝筒井健夫編『改正担保・執行法の解説』一三五頁以下、中野貞一郎『民事執行法』〔増補新訂六版〕八三一頁以下参照。

(2)　Vgl. Gaul, Zur Reform des Zwangsvollstreckungsrechts, JZ 1973, S. 473ff. なお、本書第一編第二章第二節（二）（1）及び本書第一編第二章第三節（一）（3）（a）参照。

（3）谷口ら・前掲一三六頁以下参照。
（4）石川明『ドイツ強制執行法研究』五頁以下、本書第一編第二章第三節（一）参照。
（5）立法までの詳しい経緯については、道垣内弘人＝山本和彦＝古賀政治＝小林明彦『新しい担保・執行制度』三頁以下参照〔道垣内弘人〕。
（6）最高裁判所司法統計検索システム（http://www.courts.go.jp/search/jtsp0010?）による。
（7）中野・前掲八三二頁参照。
（8）最高裁判所司法統計検索システム（http://www.courts.go.jp/search/jtsp0010?）による。
（9）Vgl. DGVZ 2010, S. 136.

## 第二節　わが国における財産開示手続の問題
### ――日弁連の「財産開示手続に関するアンケート」から

日本弁護士連合会は、二〇〇八年に、「財産開示に関するアンケート」を実施してこの手続の運用状態を調査した(1)。これによると、一〇一〇件の回答数のうち、この手続を利用したことがあるとする三四パーセントの回答において、その四四・五パーセントにおいて債務者が出頭せず、また債務者が出頭した場合でも虚偽の開示を受けたとの回答が一三パーセントあり、そもそも開示を受けていないとする回答も四〇パーセントに上った。また、この手続を利用しても債権の回収ができなかったとする回答は七五パーセントに及んでおり、今後もこの手続を利用するとの回答は四七パーセントに留まっている。その理由として、回答の七四パーセントが、この手続では効果が期待できないことを挙げており、多数の回答者がこの手続の実効性に疑問をもっていることが分かる。もっとも、回答者の多くはこの手続をより効果的なものにする必要があると考えており（現状維持で良いとの回答は六パーセント）、その方法として、回答者の六〇パーセントは債務者が期日に出頭しない場合、あるいは虚偽の陳述をした場合の罰則の強化を挙げている。

このアンケートでは、質問の最後に財産開示制度に関する意見を自由に記載する欄を設けており、そこではこの制度の問題点及びその実効性を高めるためのいくつかの方策が指摘されている。意見の多くは、先ほどのアンケート項目にもあった債務者の不開示に対する制裁の問題と、さらに次の二つの問題に集約できる。第一は、財産開示手続の実施要件の簡略化の問題である。この意見によれば、執行裁判所は法文の要件をきわめて厳格に理解し、過重な添付書類等を要求していることから、より簡略にすべきであるとする。次に、執行裁判所による債務者の財産状況についての調査権限の問題である。この意見は、財産開示手続の執行機関である執行裁判所に、債務者の銀行口座についての情報を金融機関あるいは税務署などから入手できるような権限を与え、また金融機関あるいは税務署はこれに回答することが義務づけられるべきであるとする。

日弁連のアンケートが指摘したこのような財産開示手続の問題は、すでに学説においても指摘されており(2)、また後述するドイツにおける財産開示手続の改革の契機となったものである。そこで以下では、学説及び判例、さらにわが国の財産開示手続と類似の手続をもつドイツ法を参考にして、これらの問題が財産開示手続の実効性に影響を及ぼしていることを明らかにする。

## （一）財産開示手続実施の要件

### (1) わが国における財産開示手続実施の要件

財産開示手続は、債務者の財産に関する情報を開示させる手続であり、債務者のプライバシーを侵し、ダメージを与えかねない性質の手続であることから、いきなり財産開示を求めることは許されず、この手続を行う必要がある場合に限り、執行裁判所は開示手続実施の決定を行うことができる。(3)

#### (a) 執行不奏功（民執法一九七条一項一号・二項一号）

債権者は、すでに執行手続を試みたがそれが不奏功に終わった場合に財産開示を求めることができる。条文は「配当等の手続において、申立人が当該金銭債権の」又は「当該先取特権の被担保債権の完全な弁済を得ることができなかったとき」としており、現在の実務は、この「配当等の手続」を民事執行法八四条三項にいう「配当又は弁済金の交付」手続であると理解する。すなわち、東京地方裁判所民事執行センターは、本条一号に基づいて申立てを行う場合には、その旨を主張するとともに、証拠書類として配当表又は弁済金交付計算書の謄本を提出し、またこれらから、それが財産開示手続における債務者に対するものかどうかが判断できないとして、債務者の氏名・住所の記載がある当該事件の不動産競売開始決定正本、債権差押命令正本又は配当期日呼出状等も併せて提出することを要求する。(4)

このような解釈は、東京高等裁判所平成二一年三月三一日の決定においても示されている。(5) この事件は、債権者が債務者の預金債権等について差押えをしたものの、その額が少なく執行債権の完全な満足を得られなかったとして、一九七条一項一号による財産開示の申立てを行ったものである。執行裁判所は、この申立てを同項一号の要件を満たさないとして却下し、東京高裁も、次の理由から債権者の抗告を棄却した。すなわち「財産開示の必要性について、同項一号は、これに該当する事実があれば、それだけで当該必要性があるとみなされる形式的な要件であり、（中略）その要件は明確な一義的基準であることが必要であって、その解釈は形式的・制限的に行うべきものと解されるところ、法八四条三項において「配当又は弁済金の交付」をもって「（以下「配当等」という。）」と明示していることからすれば、同項一号にいう「配当等」とは、「配当又は弁済金の交付」をいうものと解される。また、そう解することが、濫用防止のための財産開示の必要性の要件として、迅速性・公平性を図り、かつ、定型性・画一性を旨とする民事執行法の法構造と調和するというべきである」。

このように「配当等の手続」を狭く限定的に解する場合には、先行した執行の不奏功として、例えば動産執行を申し立てたが執行不能で終了した場合、あるいは不動産執行において無剰余等の理由で手続が取り消された場合、さらには債権執行において取立てをしたが請求債権額に満たなかった場合、あるいは第三債務者の供託はあったが、競合する債権者が多数であったことから配当額がかなり少なくなることが予想され、債権差押命令の申立てが取り下げられた場合などは、一号に該当しないことになる。(6) このような解釈は立法担当者も採っており、債権者が債務者の銀行預金債権を差し押さえたが、預金口座不開設により空振りとなり、配当等の手続が行われなかった場合は、一号には該当しないと説明している。(7)

もっとも、このような実務の立場に対しては、学説から批判がある。すなわち、条文の文理に固執することが制度の趣旨ないし機能範囲を害することになるのではないか、また一号と二号とを総合的に見る必要があるのではないかとの指摘である。(8) 先の東京高裁決定は、一号を限定的に解しても執行が不奏功に終わったことは二号の有力な疎明資料となることは明らかだから、開示の途が閉ざされるわけではないとする。しかし、このような理解は、財産開示を求める債権者の利益を十分に考慮しないものである。

### （b）執行不奏功の見込み（民執法一九七条一項二号・二項二号）

本条一項二号及び同条二項二号によると、知れている財産に対する強制執行又は担保執行を実施しても、中立権者がその金銭債権の完全な弁済を得られないことの疎明があったときは、執行裁判所は開示手続実施の決定を行う。これは、債権者に知れている範囲の債務者の財産を差し押さえても不奏功に終わることが確かだという場合には、それにもかかわらず強制執行の実施を強いるのは意味がなく、不奏功の見込みの疎明をもって補充性に代える趣旨である(9)。

すでに述べたように、現在の実務は一号の要件について限定的に解釈していることから、財産開示手続の申立てのほとんどはこの二号に基づく(10)。この場合に、債権者は知れている債務者財産の評価を疎明し、かつ、それが自らの請求債権額を満たさないことを疎明しなければならない。また、債権者が安易にこのルートによることは相当ではないとして、財産が「知れている」かどうかについては、債権者に一定の調査義務が認められている(11)。したがって、債権者にとっては、財産開示手続の開始のために、債務者の財産を事前にどの程度調査しておかなければならないのかが問題となる。

裁判例によると、A銀行がBに対する貸付金約一〇億円及びこれに対する遅延損害金について取得した確定判決に係る債権を承継取得したXが、この債務をBから二分の一の割合で相続したYに対して、この判決を債務名義として、二号に基づいて財産開示手続の実施を求めた事件で、東京高裁は(12)、Xの作成した「財産調査結果報告書」によれば、Yが相続した不動産に対してA銀行が強制競売を申し立てたが(13)、この不動産には抵当権者のために債権額二億円の抵当権が設定されており、また他の債権者も競合して差し押さえているところ、この不動産の評価額は約二億四四〇〇万円であってYの持分はその二分の一にすぎず、さらにXはYに対して動産執行の申立てをしたが執行不能により終了し、その他の債権、動産類の存在も明らかではないことから、知れている財産に対する強制執行を実施しても、当該債務名義に係る金銭債権の完全な弁済を得ることができないことについて疎明があるとした。また、貸金業者Yに対する約三五〇万円の不当利得返還請求権について執行力ある判決を有するXが、二号に基づいて財産開示を申し立てた事件で、大阪高裁は、(14) Xの「財産調査報告書」及び「添付資料」によれば、Yの本・支店の所在地の土地及び建物はYの所有ではなく、Yの二つの預金口座の預金債権については他の債権者がすでに差し押さえており、さらに動産については執行が行われたが成就しなかった経緯があり、また数千人の弁護士が参加するメーリングリストにおいて受信した電子メールによる情報交換によっても、他にYの財産を発見することができなかったことなどから、知れている財産に対する強制執行を実施しても、金銭債権の完全な弁済を得ることができないことにつき疎明があるとした。

債権者のこのような調査義務の範囲については、東京地裁民事執行センターが、二号による申立てについての『疎明資料の例』を作成しており、債権者がその金銭債権の完全な弁済を得られないことを疎明するには、そこに掲げる資料の提出を求めるようである。(15) この資料例によると、債務者所有の不動産が無剰余であることの疎明には、「民間調査会社等の不動産評価書」「取引業者の査定書」などが挙げられており、債権については、勤務先を調査したが不明であること、あるいは給料等のみでは完全な弁済を得られないことの疎明として、「債権差押命令正本」「第三債務者の陳述書」「第三者の陳述書、聴取書」などが挙げられている。また、動産については、それが価値がないこと、あるいは調査したが不明であることの疎明として「動産執行不能調書正本」と「調査結果報告書」が挙げられている。

しかし、ここで予定されている債権者による調査は、債権者が通常行うことができる程度を超えているのではないかと思われる。とくに、不動産について費用や時間がかかる民間調査会社を専ら利用したり、あるいは債権について第三者の陳述書や聴取書が挙げられ、また先の裁判例において、動産執行の不能調書の他に、その他の動産の存在が明らかでないこと、あるいはメーリングリストによる情報交換で他の財産が見つからなかったことについての調査報告書も必要というのであれば、これは債権者に過重な負担を強いることになる。

## （2）ドイツにおける財産開示手続実施の要件

一八七七年公布のドイツ民事訴訟法（Civilprozeßordnung 以下ではＣＰＯと略す）は、わが国の強制執行法の立法化にあたり範とされ、そこに規定される財産開示手続は、わが国の当初の立法には継受されなかったものの、現在のわが国の財産開示手続と類似する。

ＣＰＯ七一一条は「債権者が差押えにより完全な満足を受けなかったとき、または債権者が差押えにより完全な満足を受けることができないことを疎明するときは、債務者は、申立てにより、その財産の目録を提出し、その有する債権につき原因と証拠方法を表示し、かつ、次の開示宣誓をなすべき義務を負う。」と規定した。[16] 立法理由書によれば、この制度は、強制執行を確実に実施するための最後の手段として債権者には必要不可欠であることから導入された。立法者が執行摑取前の債務者の財産状態の解明を許さなかったのは、執行官により債権者の権利が迅速かつエネルギッシュに保護されることから、これによる直接強制を財産開示手続よりも重視し、またこのような財産開示が債務者の負担となることを恐れたからであった。[17] 財産開示手続のこのような補充性は、わが国と共通するものであり、ドイツにおいても、後述する二〇一三年施行の「強制執行における事案解明の改革についての法律」により、これが撤廃されるまでは、一九九七年に公布された「第二次強制執行改正法」により、それまでのドイツ民事訴訟法（Zivilprozeßordnung 以下ではＺＰＯと略す）八〇七条の財産開示規定の中に、補充性を緩和する規定が新たに追加されたこと以外には、その文言にほとんど変更はなかった。[18]

もっとも、ドイツにおける財産開示手続は、その条文の民事訴訟法典の中での位置がわが国と異なっており、立法当初から、二〇一三年施行の改正法による変更に至るまで、「民事訴訟法典　第八編　強制執行」の中の「第二章　金銭債権についての強制執行」における「第一節　動産に対する強制執行」（の「第一款　総則」）の中に規定されていた。これにより、条文中の「差押えにより」は、動産に対する執行を意味し、不動産執行の実施を必要としない。当初の立法理由書によれば、不動産執行は債権者に即時の満足を与えられないことを理由とする。[19]

### (a) 動産執行の不奏功（ZPO旧八〇七条一項一号）

二〇一三年施行の改正法による変更前のZPO旧八〇七条一項は、「債務者は、（中略）次に掲げる場合において、その財産の目録を提出し、かつ、その有する債権につき原因と証拠方法を表示する義務を負う。」と規定し、一号として「債権者が差押えにより完全な満足を受けなかった場合」を挙げる。したがって、債権者は、動産に対する強制執行により完全な満足を受けなかったことを証明しなければならない。動産に対する強制執行は物の換価に失敗したか、あるいはそれにより完全な満足を受けなかった場合に不奏功に終わるが、通常は、執行官が作成する特別な「不奏功証明書（Fruchtlosigkeitsbescheinigung）」により証明される。[20] これは、強制執行において差押可能な物を発見できなかった、あるいは差押物が満足をもたらすのに十分ではなく、執行が不奏功に終わった場合に作成される。その他にも、ZPO七六二条による執行官の執行調書の提出によることもできる。[21] もっとも、動産執行の不奏功と開示手続の開始との間には時間的間隔があることから、動産執行の不奏功は、原則として執行不奏功の日から六カ月以内に不奏功証明書などにより証明されることになる（執行官事務処理規則 Geschäftsanweisung für Gerichtsvollzieher 以下ではGVGAと略す。一八五条a第二号a）。[22]

### (b) 動産執行の不奏功の見込み（ZPO旧八〇七条一項二号）

ZPO旧八〇七条一項二号は、「債権者が差押えにより完全な満足を受けることができないことを疎明する場合」を挙げており、債権者は、自ら差押えをしなくとも、動産に対する執行により完全な満足を得られないことを疎明すれば十分である。もっとも実務では、すでに差押えがなされていて、その後の差押えには見込みがなく、[23] あるいは他の債権者による差押えがすでに不奏功に終わっているなど、執行官が強制執行は不奏功に終わるとの根拠のある手がかりをもつ場合には、執行官から債権者に遅滞なく交付される「差押不能証明書（Unpfändbarkeitsbescheinigung）」（GVGA六三条一号）の提出により、疎明がなされている。[24] また他の事件における不奏功証明書又は執行調書の提出によっても疎明は可能である（GVGA一八五条a第二号b）。[25][26]

　ところで、「動産執行」には民事訴訟法典の構成上債権執行も含まれるが、ドイツでは債権者に債務者の債権調査を求めることをせず、債権者が債務者の債権について認識している場合に（例えば、その使用者またはその他の第三債務者）、その差押えが不奏功に終わったことを証明するか、あるいはその差押えには見込みがないことを疎明しなければならない。それというのも、債権者は、債務者の債権については通常は財産開示により初めて得ることができるからである。[27]

### （c）第二次強制執行改正法による要件の拡大（ZPO旧八〇七条一項三号・四号）

　一九九七年に公布された「第二次強制執行改正法」により、財産開示手続実施の要件が拡大され、ZPO旧八〇七条一項に三号と四号が追加された。すなわち、「債務者が捜索（七五八条）を拒絶した場合」又は「執行官が、少なくとも二週間前に執行を一回通知した後、債務者にその住居において繰り返し出合わなかった場合」にも、債務者は財産開示をする義務を負い、これにより財産開示手続の補充性は緩和されることになった。

　すでに述べたように、ドイツでは、当初の立法者は、債権者の執行摑取の前に債務者の財産状態を解明するという財産開示手続の先行を許さなかった。しかし、「ZPO一九三一年草案」[28]が、執行裁判所による執行方法の決定のために財産開示手続を強制執行手続の最初に置いたことを契機として、動産執行の不奏功を要件とすることなく財産開示手続を先行させて債務者の財産状態を迅速かつ広範囲に明らかにし、強制執行の実効性を挙げようとするいくつかの改革提案が現れた。その詳細は次章で述べるが、[29]ガウルの提案によれば、[30]債務者が執行手続の間、そしてそれが無駄に終わって財産開示のために呼び出されるまで何も協力する義務がないことは、ドイツ執行制度の欠陥であり、財産開示手続の先行により、初めて効果的で合理的な執行が可能になる。そして、強制執行では債権者の権利は名義によりすでに確定しており、判決手続においてさえ両当事者に協力義務が課せられることを考慮すれば、債務者はその受動的地位に留まることなく、当初から積極的に協力すべきであり、また開示手続が先行すれば、執行官が訪れたことにより警戒した債務者が財産開示期日の前に差押可能な財産をどこかに運び去り、そして未回収債権を回収することもなくなるとされる。

財産開示手続の先行により強制執行の実効性を挙げようとするこのような提案は、支持も受けたが[31]、これに対する批判もある。すなわち、財産開示手続の先行はドイツ連邦共和国基本法（Grundgesetz 以下ではＧＧと略す）二〇条に規定される法治国家の要請に由来する「相当性の原則（Grundsatz der Verhältnißigkeit：比例原則ともいう）」に違反するのであり、それというのも債務者の財産開示は債務者の自由で私的な取引領域への特に厳しい侵害であるから、これを動産執行というより負担の少ない手段よりも先行させてはならないからである[32]。たしかに、強制執行は、一方では債権者の債権すなわち財産権という基本権の実現であるのに対して（ＧＧ一四条）、他方では債務者の一連の基本権を侵害する危険があることから、両者の利益の調整が必要となる。これについてドイツの連邦憲法裁判所は、とくに一九七〇年代以降、この「相当性の原則」を用いて調整を図ってきた[33]。すなわち、相当性の原則によれば、執行はそれが必要であって、かつ、相当性があるものでなければならない[34]。そして、この必要性とは、執行の種類及び方法が執行債権の実現のために有用な手段であり、債務者に必要以上の負担をかけないものでなければならず、要するに「寛容的執行」、「よりマイルドな執行方法」が採られねばならない[35]。したがって、これにより債権者の執行の可能性は制限されることになるが、明文の規定に違反する場合以外にも、この原則に違反する場合は執行が違法になるとする[36]。

もっとも、強制執行においてこの原則を適用することについては学説の中にも強い批判がある。例えば、実体法に存在しない原則を、実体権の強制的実現方法である強制執行についてまで適用すべきではなく、あるいはこの原則により執行が終局的に妨げられるのは当を得ないとする。(37) さらに、財産開示の先行が相当性の原則に違反するとの見解に対しては、財産開示は、たしかに差押えの実施とは異なり債務者の協力が必要であるが、債権者は債務者だけが持っている情報を取得できなければ著しい不利益を被ることから、債務者の利益よりも財産開示を求める債権者の利益が絶対的に優先するのであり、財産開示はより厳しい処分ではないと批判する。(38)

財産開示手続の先行については、このように従来から批判はあるものの、ZPO旧八〇七条一項に三号・四号が新たに規定されたことで、それに向けて一歩踏み出すことになった。しかしながら、これらの要件が規定されたのは、動産執行に際して債務者の住居を捜索する際に、GG一三条二項の住居不可侵を求める基本権に基づき、債務者が捜索に同意しない場合には裁判官の捜索命令を必要とするとのドイツ連邦憲法裁判所の判断が原因である。(39) つまり、この決定により、債権者はまず初めに裁判官の捜索命令を取得しなければならず、その後に動産執行が不奏功に終わって財産開示をさせることになるが、それでは債務者による財産の隠蔽の危険が増し、また執行裁判所は債権者による大量の捜索命令発令申立てを処理しなければならない。そして、執行官も捜索命令発令後に、再度動産執行を実施しなければならないことから、改正法は、主に、債務者による捜索拒絶の件数を減らし、執行機関の負担を軽減するために、この要件を追加した。したがって、この規定は、強制執行を促進するために債務者の財産状態を迅速かつ確実に開示させることを目的とするものではなかった。(40)

## (二) 執行裁判所の調査権限の拡大

日弁連のアンケートによれば、財産開示手続の執行機関である執行裁判所は、債務者の財産情報を金融機関あるいは税務署などの第三者からも取得できる権限をもつべきであるとする。その背景には、アンケートに示されるように、債務者が財産開示期日に出頭せず、出頭しても虚偽の開示を受ける場合の多いことが挙げられよう。たしかに、執行裁判所の調査権限が拡大すれば、これにより債務者の財産状況の開示が進み、金銭執行の実効性はかなり向上することになる。実際にも、このような「財産照会手続」は、わが国の立法過程における「要綱中間試案」において検討の対象とされていた(41)。しかしながら、この中間試案の「補足説明」では(42)、わが国には債務者の預金口座に関する情報を収集するための集権的な情報管理システムが存在せず、各金融機関（支店）に対して債務者の預金口座の有無を照会する他ないことから、現行の債権執行の実務と比べて大きなメリットはなく、また債務者の給料債権の差押えに必要な債務者の勤務先の調査については、例えば、税務署への照会という案が考えられるが、税務署のもつ情報をその目的外に利用することについては批判が予想され、さらには、このような制度の創設にあたっては照会を受ける第三者の守秘義務との関係も明らかにするべきとの意見もあったことが指摘され、結局この手続は立法化されなかった。

もっとも、学説の中には、すでに財産開示手続の制定前に、預金保険法附則一四条の二が預金保険機構の職員による債務者財産占有者や第三債務者、資産譲受人等に対する質問権・帳簿提示請求権等を認めていることに着目し、このような情報取得制度は、理論的には金融機関の不良債権の回収時に限定する合理的な根拠はなく、このような調査について、特に公的な機関の協力を求めることができるとする見解があった(43)。たしかに、執行裁判所が債務者の財産について第三者の開示を求めてこれを取得する権限をもつことができれば、債務者の財産状況はより一層開示され、金銭執行の実効性は挙がる。しかし、立法過程において示された問題などがあり、執行裁判所にこのような権限は与えられなかった。

このことはドイツにおいても同様であり、一八七七年公布のＣＰＯ以降、後述する二〇一三年施行の改正法による変更までは、執行機関はこのような権限を有していなかった。

## (三) 制裁

### (1) わが国における制裁

債務者の不開示件数が多いことから、制裁を強化すべきとする意見は日弁連のアンケートにおいて多数見られる。わが国の財産開示は非強制の執行であり、債務者の不開示に対して、開示じたいを強制するための手続は規定されていない。民事執行法は、開示義務者が正当な理由なく財産開示期日に出頭せず、または宣誓を拒んだ場合、あるいは財産開示期日において宣誓した開示義務者が、正当な理由なく陳述すべき事項について陳述せず、または虚偽の陳述をした場合に、三〇万円以下の過料に処せられると規定する（二〇六条一項・二項）。したがって、このような過料が開示をしないことに対する制裁であり、さらに財産開示執行に欠けている強制手段に代わる機能をもつ。[44]そして、秩序罰としての過料は強制機能をもつ必要があることから、不開示に対する過料の制裁は、裁判所の裁量に委ねられたものではなく、開示義務者は、その不開示に「正当な理由」があるときに限って、過料の制裁を免れることができる。[45]

しかし、過料金額の上限は低く、これでは財産開示を強制する機能を果たすことはできない。[46]アンケートの中で、制裁を強化し、懲役刑や罰金刑を導入すべきとする意見が多いことも当然であろう。もっとも、わが国のように開示じたいを強制する手続をもたない国は特異なことから制度構成の欠陥との指摘もある。[47]

## (2) ドイツにおける制裁

### (a) 刑事罰

ドイツでは、故意により虚偽の内容を有する財産目録について開示保証を行った債務者は「虚偽の宣誓代替保証罪」(刑法 Strafgesetzbuch 以下ではＳｔＧＢと略す。一五六条)に問われ[48]、法定刑は三年以下の自由刑又は財産刑である。また、過失により虚偽の内容を有する財産目録について開示保証を行った債務者は「過失による虚偽の宣誓代替保証罪」(ＳｔＧＢ一六一条)に問われ、法定刑は一年以下の自由刑又は財産刑である。ドイツでは自由刑は、法律に終身刑の定めがない限り、一月以上一五年以下である(ＳｔＧＢ三八条)。また、罰金刑は、ドイツではわが国と違って日数罰金刑(ＳｔＧＢ四〇条)であり、わが国のように犯罪ごとに規定された罰金の上限の枠内で、責任に応じて一定の罰金額が言い渡されることはなく、犯罪ごとに罰金額の下限や上限は定められていない。具体的には、まず第一段階として、犯罪行為の責任の重さに応じて「日数」を決め、第二段階として、行為者の収入に応じた「一日分の金額」を決め、両者を掛け合わせることで算出される。第一段階の「日数」の下限は五日、上限は三六五日であり、「一日分の金額」の下限は一ユーロ、上限は三〇〇〇〇ユーロである。判決では「日数」と「一日分の金額」が示される。つまり、「日数」によって行為に対する罪の重さを示し、それに「一日分の金額」を掛け合わせることで、経済力のある行為者にも、また経済力のない行為者にも、その経済力に応じた同様の重さを負担させることを実現しようとする[49]。

### (b) 拘留

ドイツでは、刑事罰による制裁以外にも、債務者による財産開示を強制するための手段としてＣＰＯの立法当初から拘留手続を設けている。すなわち、債務者が期日に出頭せず、あるいは出頭したが開示保証をする義務を争うことなくこれを拒絶する場合には、[50] 執行裁判所は、債権者の申立てにより、開示保証をさせるために拘留命令を下さなければならない（ZPO八〇二条g第一項）。この拘留命令は、執行官により債務者が拘留されることで執行される（ZPO八〇二条g第二項）。

財産開示の強制手段としての拘留は、立法理由書によれば、開示宣誓をする義務がCPO七七四条の不代替的作為の特別な場合であり、この不代替的作為義務の執行についての規定を特別に用いたことによる。[51] もっとも、ドイツでは当初から財産開示と拘留が結びつけられており、CPOにおいても第八編第四章で「開示宣誓及び拘留」として一緒に規定されたことから、債務者の財産状態の解明という本来の目的よりも、その手段である強制拘留が強調されることになった。[52] しかし、支払能力のない又は支払意思のない債務者に金銭的制裁を課しても効果はないことから、拘留は債務者自らによる開示を強制するための適切な強制手段であると解されている。[53] たしかに、強制拘留は債務者にとって厳しい手段に思われるが、ドイツ連邦憲法裁判所は、債権者と債務者との利益を慎重に衡量した上で、拘留の命令はGGの「相当性の原則」や「人身の自由」には違反しないと述べている。[54]

拘留は、六月の期間を超えてはならず、六月の満了後は、職権で債務者の拘留は解かれる（ZPO八〇二条j第一項）。それ以外にも、債務者はいつでも開示保証をすることにより拘留を終了させることができるのであり、その申立てにより、拘留地の区裁判所において管轄を有する執行官により、そのための期日が遅滞なく指定される（ZPO八〇二条i第一項）。債権者はその期日に参加することはできるが、その場合に債権者は申立てを行い、そして開示保証がそれにもかかわらず遅滞なく行われうる場合でなければならない（ZPO八〇二条i第一項三文）。開示保証をした後は債務者は拘留を解かれ、これについては債権者に知らされる（ZPO八〇二条i第二項）。債務者が、必要な資料が手元にないことから完全な供述をなすことができない場合には、執行官は新期日を指定し、そして拘留命令の執行をそれまで中断することができる（ZPO八〇二条i第三項）。

### （c）債務者表

ドイツでは、刑事罰及び拘留の他にも、執行裁判所は、後に述べる二〇一三年施行の改正法による変更までは、執行官がその管轄区域でZPO旧八〇七条による開示保証をさせた者、あるいはZPO旧九〇一条により保証の実施を強制するために拘留が命じられた者について、いわゆる債務者表を作成していた（ZPO旧九一五条一項一文）[55]。このような表の作成は、一八九八年の改正法により財産開示手続に導入された[56]。当時の理由書によれば、この表は「取引の安全」のために作成されると説明されており、それというのも債権者及び何人も、この表により債務者には財産がないことを知ることができると考えたからであった[57]。したがって、この表により、契約の相手方の支払能力及び支払意思を迅速かつ安価に判断できることから、債務者表はその後のドイツ取引社会において大きな役割を果たしている。

もっとも、従来は、何人も、申立てにより、特定の登録の存在又は不存在について報知を受けることが可能であり、また債務者表の閲覧も許されていたが、一九九〇年の連邦データ保護法（Bundesdatenschutzgesetz）の要請を受けて、一九九四年の改正法により、債務者表における個人情報の取得及び利用については一定の制限が設けられた。すなわち、債務者表による個人情報は、強制執行の目的のため、経済的な信頼性を審査する法律上の義務を果たすため、公的給付の供与の要件を調査するため、債務者の支払義務不履行から生じうる経済的不利益を回避するため、あるいは刑事訴追の目的のためにのみ取得し、これを利用することができる（ZPO八八二条f）。また、債務者表の複製は、承認手続を経た上で、商工会議所などの公法上の団体、シューファ（Schufa）と呼ばれる個人信用調査機関などの特定の者だけが取得可能である（ZPO八八二条g）。なお、債務者表への登録は、改正法による変更までは、開示保証が行われ、拘留が命じられ、または六月間の拘留の執行が終了した年の末日から三年が経過したときに、職権により抹消された（ZPO旧九一五条a第一項一文）[58]。

ところで、債務者表がその後の取引の安全のために作成されるというのであれば、財産開示が行われた、あるいは拘留が命じられたという事実ではなく、財産開示が行われたが執行は不奏功に終わったという事実が重要なはずである。この点については、当時の立法者に誤解があったとされているが、[59]これにより、債務者表は、支払う意思がなく、かつ信用のおけない債務者の登録簿となっており、「ブラックリスト」とも呼ばれていることから、そこへの登録は債務者の信用の決定的な失墜を意味する。したがって、債務者は債務者表への登録の回避に努めねばならなくなり、すなわち、財産開示を行わずに、必死になってその債務の弁済に尽くすことになった。

これにより、ドイツでは、財産開示制度は債務の弁済のための圧力手段となっており、学説の中には、財産開示本来の目的である強制執行のための債務者の財産状態の解明ということが不明確となっており、内部に矛盾を抱えた手続となってしまったことから、債務者表を改革し、債務者表には財産開示が行われたが執行は不奏功に終わり、債務者には支払能力がないことが登録されるべきであるとする提案があった。[60]そして、後述するように、改正法は、債務者表への登録原因を変更することにより、このような提案に沿った改革を行った。

(1)　アンケートの結果については日弁連のホームページで公開されている。(http://www.nichibenren.or.jp/library/ja/jfba_info/publication/data/zaisankaiji-enquete.pdf)。

(2)　山本和彦「強制執行手続における債権者の保護と債務者の保護」竹下古希『権利実現過程の基本構造』二八四頁以下、中野・前掲八三二頁以下。なお、本書第一編第二章第三節（一）（3）（b）参照。

(3)　谷口ら・前掲一三九頁、中野・前掲八三六頁参照。

(4)　東京地方裁判所民事執行センター「債権執行書記官室の紹介（その4）財産開示係」金法一八八一号三八頁。

(5)　判タ一二九六号二九八頁。

(6)　東京地裁民事執行センター・前掲三八頁、中野・前掲八三六頁参照。

(7) 谷口ら・前掲一四二頁。
(8) 中野・前掲八三八頁。
(9) 中野・前掲八三七頁参照。
(10) 例えば、東京地裁では平成一七年と一八年で財産開示の申立てが合計二八四件あったが、このうち一号による申立てはわずか三件であった。飯塚宏「東京地裁執行部における民事執行センター開庁前後の執行事件の動向と新しい執行制度の運用状況及びその分析」判タ一二三三号六七頁参照。
(11) 道垣内ら・前掲一四五頁〔山本和彦〕。
(12) 東京高決平成一七年一一月三〇日判タ一二八七号二六八頁。
(13) その後Xが差押債権者の地位を承継している。
(14) 大阪高決平成二二年一月一九日判時二〇九六号七九頁。
(15) 飯塚宏「東京地方裁判所執行部における財産開示の運用状況」金法一八〇四号三〇頁参照。
(16) ドイツにおける財産開示制度の成立の経緯については、本書第一編第二章第二節（一）参照。
(17) 詳細については、本書第一編第二章第二節（一）(1) 参照。
(18) これについては、本書第一編第二章第二節（一）(1) 及び本書第一編第二章第二節（三）(2) 参照。
(19) 本書第一編第二章第二節（一）(1) 参照。
(20) 本書第一編第二章〔参考〕（一）参照。
(21) Vgl. Gaul/Schilken/Becker-Eberhard, Zwangsvollstreckungsrecht, 12. Aufl. § 60 Rdnr. 13; Schnigula, Das Offenbarungsverfahren, S. 8. なお、動産執行を実施した執行官が開示保証も委任されている場合には、それらの提出の代わりに執行官の記録の引用だけで足りる。Vgl. Zöller/Stöber, Zivilprozessordnung, 28.Aufl., § 807 Rdnr.16; Schnigula, a.a.O., S. 9.
(22) もっとも、裁判例では三か月しか認めないものから三年まで認めるものまで幅広いようである。Vgl. Schnigula, a.a.O., S. 9.
(23) ZPO八二六条の附帯差押え（Anschlußpfändung）の場合である。Vgl. Schnigula, a.a.O., S. 10.
(24) 本書第一編第二章〔参考〕（一）参照。

(25) 学説には、債務者が国内に住居を持っていないこと、あるいは債務者の行動がその住居を隠蔽するつもりであると認められること、さらには債務者が社会扶助の受給者であることの疎明で十分であるとの指摘がある。これについては、本書第一編第二章〔参考〕(一) 参照。なお、動産執行を実施した執行官が開示保証も委任されている場合には差押不能証明書は交付されず、執行官はこの要件を記録により証明する（GVGA六三条一号）。

(26) 疎明のためのこれらの文書の作成時期については前述の動産執行の不奏功の場合と同様である（GVGA一八五条a第二号b）。

(27) 本書第一編第二章〔参考〕(一) 参照。

(28) 本書第一編第二章第二節 (二) (1) (d) 参照。

(29) 本書第一章第二章第二節 (二) (2) 参照。

(30) Gaul, Grundüberlegungen zur Neukonzipierung und Verbesserung der Sachaufklärung in der Zwangsvollstreckung, ZZP 108. Bd. S. 20. 及び JZ 1973, S. 481. なお、本書第一編第二章第二節 (二) (2) 参照。

(31) 本書第一編第二章第二節 (二) (2) 参照。

(32) 本書第一編第二章第二節 (二) (2) 参照。

(33) これについては、石川明『ドイツ強制執行法と基本権』が優れた研究書であり、本稿もこれに負うところが多い。ここではとりわけ、同書一七五頁以下参照。

(34) 石川・前掲『ドイツ強制執行法と基本権』一四頁参照。

(35) 石川・前掲『ドイツ強制執行法と基本権』五二頁以下参照。

(36) 石川・前掲『ドイツ強制執行法と基本権』五五頁以下参照。

(37) 石川・前掲『ドイツ強制執行法と基本権』五七頁以下参照。

(38) その他の批判も含めて、本書第一編第二章第二節 (二) (2) 参照。

(39) 本書第一編第二章第二節 (三) (2) 参照。

(40) 本書第一編第二章第二節 (三) (2) 参照。

(41) 平成一四年四月一五日付の法務省民事局参事官室「担保・執行法制の見直しに関する要綱中間試案について（依頼）」によると、「金銭債権について債務名義を有する債権者の申立てにより、執行裁判所が、債務者の有する財産に関し第三者に対して照会する等の制度を設けるかどうかについて、なお検討する」とされていた。
(42) 「担保・執行法制の見直しに関する要綱中間試案補足説明」五四頁参照。
(43) 山本・前掲二八五頁。
(44) 中野・前掲八四三頁。
(45) 中野・前掲八四三頁。
(46) 中野・前掲八三三頁。
(47) 中野・前掲八三三頁。
(48) ＺＰＯ旧八〇七条の「宣誓に代わる保証」は「開示保証」とも呼ばれ、債務者が自分の財産を財産目録に記載してこれを提出し、その内容の正確さ及び完全さを宣誓に代えて調書上に保証することを意味する。なお、これについては、石川・前掲『ドイツ強制執行法研究』一頁以下参照。
(49) これについては、永田憲史「罰金刑の量定（二・完）」関西大学法学論集五七巻三号六〇頁以下参照。
(50) 詳しくは、本書第一編第二章〔参考〕（二）参照。
(51) 本書第一編第二章第二節（一）（1）参照。
(52) 本書第一編第二章第二節（一）（1）参照。
(53) Vgl. Gaul/Schilken/Becker-Eberhard, a.a.O., § 60 Rdnr. 68.
(54) 本書第一編第二章〔参考〕（三）参照。
(55) この表には、拘留の執行も六カ月継続したときには付記されていた（ＺＰＯ旧九一五条一項三文）。
(56) 本書第一編第二章第二節（一）（2）参照。
(57) 本書第一編第二章第二節（一）（2）参照。
(58) その他、債務者表の複製及び抹消の詳細については、本書第一編第二章〔参考〕（四）参照。
(59) 本書第一編第二章第二節（一）（2）参照。
(60) 債務者表の改革については、本書第一編第二章第二節（二）（3）参照。

## 第三節　ドイツにおける財産開示手続の改革

ドイツでは、従来から、財産開示手続の補充性により、さらに開示手続の強制手段及び制裁手段（拘留・債務者表への登録など）の強調により、執行手続における事案解明という財産開示本来の役割が十分に果たされていないとの批判があった(1)。たしかに、これまでの強制執行法は、一九世紀の経済及び社会状況に基づいて創られており、それ以降債務者の財産構成も基本的に変化している。二〇〇九年のドイツ連邦議会法務委員会の勧告によると(2)、とりわけ金銭債権のための強制執行についての規定は、執行目的、手続、利用可能な補助手段並びに制裁に関してもはや時代に即しておらず、いくつかの重要な問題があると指摘する。すなわち、債権者が債務者の情報を動産執行の不奏功の後に初めて取得できることは遅すぎるのであり、また、債務者の情報が債務者自身による供述に制限されることも問題である。さらに、財産目録及び債務者表は紙媒体で作成され、そして各執行裁判所において管理されているが、このことは各裁判所に高額な管理費用をもたらし、また債権者の執行処分の実効性を妨げている。そして、債務者表は、現在の形式では動産執行が不奏功に終わった後に開示保証をした者、あるいは拘留を命じられた者が登録されるが、これでは支払能力が欠如する者に対する法取引を警告するために適しているとは言えない。

そこでドイツでは、これらの問題が強制執行の実効性を広く侵害しているとして、より効果のある情報を債権者に取得させることを主な目的とする新たな法律、すなわち「強制執行における事案解明の改革についての法律」を二〇〇九年に公布し、これによりＺＰＯ八〇七条を含む強制執行の諸規定は大きく変更された(3)。

この法律は二〇一三年一月一日から施行されたが、立法理由書によれば(4)、次の三点について重要な変更がなされた。まず第一に、執行開始時における債権者の情報取得であり、これには第三者からの情報の取得も含まれる。次に、財産開示手続の現代化であり、財産目録の電子記録としての作成と中央執行裁判所による管理が挙げられる。そして三番目は債務者表の新しい構想である。そこで以下では、これらの変更により、とりわけわが国の財産開示手続の問題として挙げた財産開示手続実施の要件、執行裁判所の調査権限の拡大、そして制裁がドイツではどのように変わったのかについて明らかにし、わが国の財産開示手続の実効性向上のための参考としたい。

## （一）債務者の早期の財産開示

### (1) 早期の財産開示

それまでのZPO旧八〇七条一項における規定とは異なり、債務者の財産開示義務は、もはや動産差押えの試行が不奏功に終わったこと、ないしそれに代わることを要件とすることなく、執行官はすでに執行手続の初めに債務者に対して財産開示を要求することができる（ZPO八〇二条c）[5]。立法理由書によると、従来からの財産開示規定が動産執行の不奏功を要件としてきたことは、執行の目的は第一には動産の差押えと換価（動産執行）であるという観念に従うものであり、それは歴史的には一九世紀においてまだ多くの市民の間で価値のある財産がもっぱら動産から成り立っていたということから説明される。しかし、動産執行は実際にはしだいに満足を見込めなくなって来ており、今日では、収益が見込まれるのは主として（とりわけ、労働関係及び銀行口座からの）債権執行並びに不動産執行にすぎない。そうであれば、債務者の財産開示のために常に動産差押えの試行を求める現行法は、債権者に権利実現のさらなる遅滞並びに費用の追加をもたらすだけの措置を強いるものである[6]。また、債務者が執行手続の初めに自分の財産状態を解明する義務は、一般的な執行要件が存在するにもかかわらず債務者が給付をしないという状況から正当化されるのであり[7]、開示義務の要件は、債権者の申立て及び金銭債権のための強制執行の一般的要件の存在であると

する。(8)

これにより、名義化された金銭債権の債権者は、執行官を通じて執行処分の開始の前にすでに債務者の財産状況について開示を得る可能性が与えられた。そして、第二次強制執行改正法により一九九九年から開示保証を管轄する執行官は、(9)引き続きその権限を有することになり、ZPO八〇二条aの「執行官の所定権能」では、通常の執行経過に従って規定された執行官の権限の二番目である同条二項二号において、つまり同項四号の「動産の差押え及び換価を行うこと」の前に、財産開示を求める権限が規定された。(10)したがって、債務者は、金銭執行のためにZPO八〇二条eにより土地管轄をもつ執行官の求めに応じて自分の財産について情報を付与することが義務づけられることになり、(11)このような債務者の協力義務により、執行官は債権者と共にその後の措置について判断することができる。(12)このように、もはや事前に執行が不奏功に終わったことを要件としない債務者の財産開示義務は、前述した財産開示手続の先行を主張する学説により歓迎されている。(13)

しかし、財産開示の受領手続を規定するZPO八〇二条f第一項によると、執行官は債務者が債務を処理するための二週間の期間をまず最初に定め、同時にこの期間が徒過することに備えて財産開示の供述をする期日を定めておき、その期日に債務者を呼び出すことになる。(14)理由書によれば、そのような最後の寛容な期間は、それまでのZPO旧八〇七条一項四号でも規定されているということであるが、(15)すでに一九八〇年に公表されたドイツ司法補助官連盟の強制執行法改革案においても、ZPO旧八〇七条一項を「債務者が、執行官による支払命令の送達後二週間の間に執行債権を支払わなかったならば、債務者は、申立てにより、その財産の目録を提出し、そしてその有する債権につき原因と証拠方法を表示する義務を負う」と変更すべきであるとしていた。(16)

もっとも、学説は、このような二週間の猶予期間の設定は、法治国家上要請されるものではなく、債務者は、弁済することでいつでも開示手続を回避することができるし、またこの期間内に自分の財産を隠匿することで債権者に不利益を及ぼすことができることから、旧法と比べてたしかに財産隠匿の可能性は拡大されないものの、可能な限り実

効性のある規定であることを妨げる要因であると指摘する。(17)

## (2) 従来型の財産開示

債権者は、申立てにより、動産差押えを即時に実施する可能性を有することから、動産執行の不奏功に引き続いて財産開示を求めることがある。したがって、ZPO八〇七条は、差押え試行後の財産開示の実施を規定しており、(18)これによれば、財産開示は、債務者が捜索（ZPO七五八条）を拒絶した場合、または差押えを試行するが債権者の完全な満足に至らないであろう場合に、申立てにより、不奏功に終わった差押えの実施に引き続いて、その場所で行われる。本条一項一号及び二号で挙げられる特別な要件はそれまでのZPO旧八〇七条一項一号と三号に相応するものであり、これらの場合に財産開示実施のための二週間の支払期間や期日の呼出しは要求されない。(19)なお、本条一項の変化型であるZPO旧八〇七条一項二号及び四号に相当する規定は、新たなZPO八〇二条cを考慮すれば不要であるとされた。(20)

債務者は、準備期間がないことを理由に即時の実施に異議を述べる権利を有し（ZPO八〇七条二項）、このような異議はそれまでのZPO旧九〇〇条二項二文の規定に相応するが、(21)この場合には、執行官は、支払期間を定めることなく、ZPO八〇二条fによる通常の手続を実施する。

# (二) 執行官の開示権

立法理由書によると、従来の財産開示手続では債権者は債務者の供述からその情報を取得する他なく、これでは満足のゆく結果を得ることはできない。債務者は、たしかに自分の財産について開示しなければならず、そしてこれは宣誓により強化されねばならないことから、その限りで法は強制手段も規定する。しかし、実務の経験では、この種の自己供述の正確さと完全さは、それにもかかわらずほとんど信頼のおけないものであることを示している。そして、現行法は、その他の信頼できる、そして得るところの多い情報源を債権者に利用させておらず、債権者の権利実現のチャンスは当初から少ないのであり、このことはまた債務者に真実に即した供述をしようとする気を促していない。したがって、立法により、他者の持つ情報を補充的に取得させることで、財産開示手続が著しい効果を挙げられるようにすべきであるとする。[22]

このような理由から、改正法は、執行官に債務者の財産について第三者の開示を求めて得ることができる権限を付与した（ZPO八〇二条a第二項三号参照）。そして、その立法化にあたり、家事事件手続における扶養料算定のための裁判所の開示権を定めたZPO旧六四三条の規定が範とされた。[23] この規定によると、裁判所は当事者に対して、その所得について、そして扶養料算定にとって重要な限りで、その財産及びその人的並びに経済的な状況について開示を義務づけることができるが、当事者が定められた期間内に裁判所のこの要求に従わないときは、必要な限りで、その所得額について、その使用者、社会保障の給付主体などから開示を求めることができる。[24] そして、この規定を参考にして、ZPO八〇二条lにおいて執行官の開示権が定められた。[25]

本条一項一文によると、第三者の開示の取得は、債務者が自ら財産開示を行わないとき、あるいは財産開示により財産目録に記載された債務者の財産に対して執行しても、恐らく債権者の完全な満足が期待できないときに、それに続いて許される。つまり第三者の開示の取得は、債務者自らの開示の取得を補充するものである。立法理由書によると、この補充性は、債務者のもつ「情報についての自己決定権」を斟酌し、そして、遅滞なく、かつ実効性のある執行についての債権者の利益並びに一般の利益との比較考量から生じる。[26] 債権者は、この要件が満たされるならば、適切な執行対象を見出すために、公正な情報源から債務者の財産状況を再調査することができる。このことは同時に、ZPO八〇二条cによる債務者の財産開示の際に、真実どおりの供述を促すことから、刑事罰の威嚇が強調されることになる。[27] なお、この要件が満たされる場合に、第三者の開示の取得は執行官の裁量におかれるのではなく、ZPO七五三条二項一文及びZPO八〇二条a第二項三号により、執行官は債権者の申立てに拘束される。[28]
ZPO八〇二条l第一項一文は、第三者の開示によって聞き出すことができる情報及び問い合わせができる機関を詳細に挙げる。立法理由書によれば、債務者の「情報についての自己決定権」を保護するために、開示を受けることができる範囲は、執行にとって重要である典型的な範囲、すなわち労働所得である給与（同条一項一号）、口座関係の存在（同条同項二号）、そして自動車の保有（同条同項三号）に制限される。[29]

## （1）債務者の使用者の調査（一号）

本条一項一号は、債権者による債務者の賃金差押えを可能にするために、債務者の使用者の調査を可能にする。債務者は雇用関係にある限り、通常は社会保険料の支払義務をともなう。そして、このような保険加入義務のある雇用関係の際には、使用者は、総合社会保険料（Gesamtsozialversicherungsbeitrag）として、年金保険、失業保険、疾病保険、そして介護保険の各保険料を一括して徴収機関である疾病金庫（Krankenkasse）に納付する。[30] 疾病金庫は、一括徴収した保険料のうち、年金分は年金保険情報局を介して各年金保険者に、失業保険分は連邦雇用エージェンシーにそれぞれ配分し、残りを疾病金庫が本来管轄する疾病保険及び介護保険に充てる。[31] つまり、疾病金庫は、年金保険者などから保険料の徴収及び配分の委託を受けており、[32] さらに社会保険に関する登録申請業務も一元的に引き受け、使用者は被用者の個人情報などの登録のために、新規採用者分をまとめて疾病金庫に連絡する。[33] そして、これらの情報を得た年金保険情報局は被用者に年金保険番号を付与する（社会法典 Sozialgesetzbuch 以下ではSGBと略す。第六編一四七条一項）。この年金保険番号は、被用者の個人情報及び所轄の年金保険者の情報などから構成されており、被用者並びに所轄の年金保険者に通知される（SGB第六編一四七条二項・三項）。

執行官による債務者の使用者の調査については、二〇〇八年七月三〇日の草案では現在のZPO八〇二条lとは異なり、三段階の開示手続が予定されていた。すなわち、執行官は、まず初めに年金保険情報局において債務者の年金保険番号を聞き出し、この番号から債務者を管轄する年金保険者について情報を得る。次に、その年金保険者に対する問い合わせにより、所轄の徴収機関（疾病金庫）を調査することができる。そして最後に、この徴収機関への問い合わせで債務者の使用者が調査されるというものであった[34]。

しかし、この規定は改正され、現在のZPO八〇二条l第一項一号では、従前の三段階の開示手続に代わって一段階手続が導入された。すなわち、執行官は、本条一項一号により、その要請を法律上のあらゆる年金保険者に向けることができることから、最初に所轄の年金保険者を調査する必要はなく、必要な資料がどこに管理されているかを知らない場合に実用的である[35]。そして、要請を受けた年金保険者は、債務者の情報を知っており、これを執行官に対して回答するか、あるいは、要請を受けた年金保険者が、この要請を所轄の年金保険者に転送し、そしてこの年金保険者が問い合わせを受けた情報を執行官に伝えるかのいずれかとなる[36]。

もっとも、このように情報が執行官に伝達されることは、正当な方法による社会的情報の秘密への介入となる[37]。たしかに、保険加入義務のある雇用関係を秘密にしておくことは債務者にとって重要ではなく、債権者は債務者の使用者の調査が可能でなければならない。しかし、社会的情報は基本的には高度に保護される必要があり、その関係が問題となる。これについて、立法理由書は、社会的情報の伝達は、すでに社会保障の給付主体がその任務の遂行のためにこれを必要とする場合に制限されず、SGB第一〇編六八条一項一文によれば、公法上の請求権の実現のために社会的情報を伝達することは可能であるとされる。そして、国家は、GG一四条により、債権者にその債権の実現のために実効性のある方法を用いることが義務づけられることから、伝達権限は公法上の債権者の執行に制限されることはできず、私法上の債権の実現も重要な公の利益であり、したがってこの利益は、SGB第一〇編六七条d以下により定められる社会的情報の伝達が許容される場合と比べて後れることはないと述べる[38]。

なお、本条一項一号の発効にともない、SGB第一〇編に新たに七四条aが追加され、法律上の年金保険の担当者は、執行官の要請に応じることができる旨規定された。

### (2) 金融機関における債務者の口座の調査（二号）

本条一項二号は、債権者にとって特に重要な執行対象である金融機関における債務者の口座の調査を可能にする。二号に規定される公課法九三条b第一項によると、金融機関は、信用制度法（Kreditwesengesetz）第二四条c第一項により管理されるべき情報ファイル（Datei）を公課法九三条七項及び八項による呼出しのためにも管理しなければならない。信用制度法二四条c第一項によれば、金融機関は、口座の番号並びにその開設日及び解約日、そしてその所有者及び処分権者の名前などを含むデータを記憶するファイルを管理する義務を負う。そして、公課法九三条八項によれば、行政庁は請求権の諸要件の存在を調査するために必要な限りで、金融機関にあるそれらの情報を呼び出すことを連邦中央税務庁（Bundeszentralamt für Steuern）に要請することができる。また同条同項によれば、別の目的のためであっても、これが連邦法により明確な許可がある場合に限り、これらの情報について連邦中央税務庁に呼出しを求めることが許される。したがって、今ではZPO八〇二条l第一項二号により、執行官は、連邦中央税務庁を通してこれらの情報を取得し、そしてこれにより今までは知られていなかった債務者の口座を調査することが可能である。

ところで、このような執行官による債務者の口座の調査については、一号による債務者の使用者調査と同じく、二〇〇八年七月三〇日の草案では別の規定となっていた。すなわち、当初はこれらの情報の取得を連邦中央税務庁ではなく、ドイツで二〇〇二年に新しく金融監督機関として設立された連邦金融監督庁に要請するというものであった。[39] たしかに、信用制度法二四条c第二項によれば、連邦金融監督庁はこれらの情報を信用制度法による監督任務の遂行のために必要な場合などに限り呼び出すことができるとされている。しかし、立法理由書によれば、連邦金融監督庁にこのような新たな任務を課すことは、金融市場の監督の範囲ではなく、また信用制度法及び連邦金融監督庁に関する法律において監督権があるとされるその他の任務とも一致しないことから、改正されることになった(40)。

立法理由書によれば、この規定は、連邦憲法裁判所の示す口座の基本情報の呼出しについての基準を遵守するものであるとする(41)。連邦憲法裁判所によると、呼出しが憲法上許容されるためには、規範の明確性と特定性が必要であるが、立法理由書によれば、本条では、呼出しをする権限のある機関（執行官）及び呼び出される情報の利用目的（強制執行）が示されれば十分であるとする(42)。それというのも、この規定は、もっぱら一項の特別な要件を満たした、具体的な執行手続における口座呼出しを可能にするものであり、つまり呼出しは、債権者が執行力ある名義を持っており、そして債務者がそれに優先する自らの開示を拒絶するときに、あるいはこの開示から得るところが少ないときにのみ可能となる。そして、憲法上疑問のある「目的のない」呼出しが行われることはなく、正当な目的である私的な執行請求権の実現について許されるからである(43)。

さらに立法理由書は、この規定は債務者自らによる開示という、より穏やかな手段が常に優先的に利用されることから「相当性の原則」の要請にもかなうとする(44)。そして、債務者自らの開示の優先は、口座呼出しが関係者の知らないところで行われることはないということを保障し、財産開示を要求されるあらゆる者は口座呼出しが実施されることを考慮しておかなければならないことを指摘する(45)。

### （3）自動車情報の調査（三号）

最後に、本条一項三号は、債務者に関して登録された自動車の情報を中央自動車登録簿から呼び出すことを可能にする。道路交通法（Straßenverkehrsgesetz 以下ＳｔＶＧと略す）三三条一項によれば、中央自動車登録簿には、「自動車情報」として自動車の状態・装備・検査などについての情報と、「保有者情報」として保有者の氏名・出生地・住所などの情報が記録される。そして、これらの情報は、道路交通法三六条により連邦自動車庁における自動化された手続で呼び出すことができる。道路交通法三九条三項一文一号ａによれば、すでにこのような呼出しは道路交通に関与しない公法上の請求権の実現のために可能となっているが、私人である債権者は、道路交通への関与から生じる請求権の実現のためだけに開示を求めることができる（ＳｔＶＧ三九条一項）。立法理由書によれば(46)、私人である債権者のこのようなより劣った立場は正当化されず、自動車の登録が、通常はその所有権を示し、自動車は債権者にとって重要な執行対象であることから、そのために必要な情報が提供されることになる。

なお、本条一項三号の発効にともない、ＳｔＶＧなどの法規が変更され、ＳｔＶＧ三五条には連邦自動車庁は要請に基づき執行官に所有者情報を伝達するなどの規定が挿入された。

## （4）執行官の開示権の制限（ＺＰＯ八〇二条l第一項二文）

本条一項二文は、確認または要請が「執行のために必要」である限り許されると規定する。立法理由書によれば、債務者の「情報についての自己決定権」への不相当な侵害を回避するために、執行官の開示権は、第三者からの追加的な情報により得られる知識が執行のために期待される場合に限られるとする(47)。例えば、債務者がその財産を明らかにする際に、すでに保険加入義務のある雇用関係を供述しており、さらに別の保険加入義務のある雇用関係が存在することは時間的に見ても不可能であることが明白であれば、本条一項一文一号による情報の確認は必要ではなく、もしもこれが行われる場合は、二文のこの文言が阻止することになる(48)。

次に、二文は、開示の要請は「執行されるべき請求権が五〇〇ユーロ以上である場合に限る」と規定する。したがって、この金額に達しない場合には、債務者の社会的情報、口座情報など情報についての利益は、債権者の金銭執行についての利益を上回ることになる。たしかに、このような規定はすでに存在しており、ＳＧＢ第一〇編六八条一項一文における「公法上の請求権の実現のための社会的情報の伝達」の場合には、その請求権の額は六〇〇ユーロ以上、またＳｔＶＧ三九条三項一文一号における「道路交通に関与することなく生じる公法上の請求権の執行のための中央自動車登録簿からの情報の伝達」については、その請求権の額は五〇〇ユーロ以上とされている。立法理由書によれば、債務者に対する侵害を正当化するためには、第三者の開示の取得は基本的には少なくとも五〇〇ユーロの債権についてのみ許されるとする。(49)

しかし、このような金額を設定したことに対しては学説から批判がある。すなわち、これにより少額の債権者は法律上及び事実上不利益を受けることになり、これはＧＧ三条一項の「法の下の平等」に違反し、執行を予防することになる。(50)また、執行官はすでに第三者からの開示で得た知識を五〇〇ユーロに満たない新たな執行事件において利用して良いかについて明確ではない。(51)

さらに、立法理由書によれば、執行官が年金保険者などから債務者についての情報を取得するにあたり、要請を受けたこれらの機関は、その情報の伝達のための諸要件が個々の場合に存在しないと解する場合にはこれを拒絶することが可能であり、それに対して特別な法的救済を設ける必要はないとする。(52)

### (5) 確認または要請の結果の債務者への通知（ＺＰＯ八〇二条l第三項）

債権者は、第三者からの情報により債務者が自ら明らかにしなかった執行対象を知ることができる。債務者の労働関係または口座関係が知れるならば、債権者はそこから明らかとなる債務者の債権を債権差押えの方法で摑取することになる。しかし、この摑取は、執行裁判所による処理に時間がかかると、その間に債務者が自分の口座について債権者が情報を得たことを知り、差押えが奏功する前に、その預金残高を引き出すことにもなりかねない。そこで、本条三項は四週間という期間を設定し、債権者の執行が不奏功に終わる危険を防ぐ。[53] なお、債務者の「情報についての自己決定権」の侵害は、情報の確認が秘密に行われる場合に大きくなることから、債務者の権利を保護するために、債務者への事後の通知は法律上義務づけられる。[54]

## (三) 債務者表の改革

ドイツでは罰則による制裁は、「虚偽の宣誓代替保証罪」（ＳｔＧＢ一五六条）及び「過失による虚偽の宣誓、過失による宣誓代替保証罪」（ＳｔＧＢ一六一条）であり、拘留も、旧法の手続とほとんど変わるところはない。拘留は、今でも債務者自らの開示を強制するための適切な強制手段として、金銭的制裁では効果のない支払能力のない、または支払意思のない債務者に発令されうる。[55]

これに対して、改正法は、財産開示の先行による基本構造の変更に適合するために、債務者表における登録、そしてこの表からの情報付与について多くの変更もたらした。[56] 立法理由書によると、債務者表は、これまでの形式では支払能力のない者に対して法取引を警告するために適しているとは言えず、それというのも登録は動産執行が不奏功に終わり開示保証をしたこと、あるいは拘留命令の発令があったことに基づくからである。[57] そこで、これからは、債務者表が支払能力のない者の登録簿として機能を果たすために、その登録原因を変更すべきであるとした。[58]

ＺＰＯ八八二条ｃ第一項によると、執行官は、以下の場合に、職権で債務者表への登録を命じる。すなわち、債務者が財産開示の供述をする義務を果たしていない場合（同条同項一号）、財産目録の内容による執行をしても、その申立てによって財産開示が得られ又は得られた供述を送付された債権者が完全な満足を得るのに適しないことが明らかな場合（同条同項二号）、債務者が執行官に、財産開示の供述又は第八〇二条ｄ第一項第二文による送付の通知後一月内に、その申立てにより財産開示が与えられ又は与えられた開示が送付された債権者の完全な満足を証明しない場合（同条同項三号）である。

一号による登録は、債務者が財産開示手続に協力しない場合に行われる。債務者の義務違反行為により財産開示に至らない場合には、債務者表への登録という圧力手段がとられる(59)。例えば、財産開示期日に欠席し、その弁解ができない場合、あるいは財産開示またはその宣誓に代わる保証を理由なく拒絶する場合である(60)。

二号により、財産目録の内容から、そこに記載された財産に執行をしても債権者の完全な満足を得られないことが明らかな場合には、債務者は登録される。本号の要件は、財産目録から差押可能な財産がおよそ見当たらない場合だけでなく、記載された財産の価値を考えれば執行により債権者の完全な満足がおそらく得られない場合も含む(61)。執行官には、それゆえ執行不奏功の見込みを予測することが求められるが、その権限は執行財団不足の明白な場合に限られるべきであり、それというのも複雑な評価を回避し、そしてこの評価の結果予想される裁判所による再審査にかかる費用を回避するためである(62)。疑わしい場合には、本号による登録命令は実施されてはならない(63)。

三号による登録は、債権者の完全な満足が当初から見込めないとは思われないが、その満足が早い時期に実現されない場合に実施される。二号の場合とは反対に、ここでは財産開示の内容から、債権者の完全な満足が当初は可能であるように思われるのであり、それというのも、ここでは一定の価値をもち、そして換価可能な財産が供述されたからである(64)。しかし、明確に時間的制約が置かれることにより、実際に支払が可能である財産を持っている債務者だけが登録を免れる。例えば、供述された債権のように、すでにその存在が疑わしく、または第三債務者が外国に居る場合のように、その存在が時間内に明らかにされないとき、あるいはその換価に予測できないほどの時間や費用がかかるときは、その債務者は少なくとも現時点では支払能力はないとみなされねばならず、それゆえ経済取引において警告される(65)。そして、本号における債権者の完全な満足とは、実体法上の請求権が満足されることであり、それについては既判力ある給付判決を受けた債務者に責任があり、債務者自らの義務違反により給付をしないことが執行手続の契機となったことから、債権者の完全な満足について主張・立証する責任を負うことは正当であるとされる(66)。また、全く財産がないわけではない債務者が、ここに至るまで手続を進行させており、その者が債務者表への登録を回避したいのであれば、完全な支払いをしたことを証明するだけでなく、執行官に対しても法定期間内にこれを証明しなければならないとする（例えば、債権者の領収書またはその他の適切な資料による）[67]。ただし、三号は、ZPO八〇二条bによる支払計画が確定されており、失効していないときは登録は行われないと規定する[68]。

ところで、登録原因には、執行を実施したが不奏功に終わった場合（ZPO旧八〇七条一項一文一号）が明確に規定されていない。これについて学説は、これは二号の勿論解釈から明らかであり、また三号の一月の期間経過後にも該当すると指摘する[69]。

なお、登録命令には簡潔な理由が付けられ、債務者に送達されるか、あるいは調書上に記載された上で知らされる（ZPO八八二条c第二項）。ZPO八八二条d第一項は、登録命令に対する法的救済として、債務者が告知を受けてから二週間以内に所轄の執行裁判所に提起できる異議（Widerspruch）を設ける。この異議は執行を停止しないが（ZPO八八二条d第一項二文）、執行裁判所は、債務者の申立てにより、登録を仮に停止することを命じることができる（ZPO八八二条d第二項）。なお、ZPO八八二条d第一項及び第二項による法的救済については債務者に教示される（ZPO八八二条d第三項一文）。

債務者表には、執行官がZPO八八二条cによりその登録を命じた者などが登録される（ZPO八八二条b第一項）。また、これにはZPO八八二条b第二項により、債務者の氏名及び旧姓並びに会社名及び商業登記簿における登記ページの番号（同条同項一号）、債務者の生年月日及び出生地（同条同項二号）並びに債務者の住所又は居所（同条同項三号）が記載される。さらに、ZPO八八二条b第三項は記載に関する詳細な基準を示す。

債務者表における登録は、三年を経過した後に、ZPO八八二条h第一項に規定する中央執行裁判所により抹消される（ZPO八八二条e第一項一文）。その他、改正法は、債務者表の自動化と集中化を各州の中央執行裁判所における司法行政部の所管として規定し、その結果、債務者表の内容については、中央及び州にわたる検索を通じてインターネット上での検索が可能である（ＺＰＯ八八二条ｈ）。

なお、債務者表の閲覧及び複製の付与についてはＺＰＯ八八二条ｆとＺＰＯ八八二条ｇが規定する。閲覧はＺＰＯ旧九一五条三項を範として規定されており、複製の付与についてはＺＰＯ旧九一五ｄ以下を範として詳細に規定された。

ところで、改正法によるこのような債務者表の改革は、とりわけ登録原因について、先に述べたように、従来からの改革提案が[70]、債務者表には財産開示が行われたが執行は不奏功に終わり、債務者には支払能力がないということが登録されるべきであるとしていたことに沿うものである。これにより、債務者表は支払能力のない者のリストとして「取引の安全」に役立つことになったが、財産開示手続と債務者表が結びつく限りで、債務者表は債務者に財産開示をさせるための手段となる一方、そこへの登録の回避のために任意弁済をさせる圧力手段であることに変わりはない。

---

（1）　Vgl. Gaul/Schilken/Becker-Eberhard, a.a.O., § 60 Rdnr. 5.
（2）　BT-Drucksache 16/13432, S. 1.
（3）　Gesetz zur Reform der Sachaufklärung in der Zwangsvollstreckung, BGBl. I. S. 2258. この法律により、ＺＰＯ第八編第四章の八九九条から九一五条ｈは完全に削除される。
（4）　Vgl. BT-Drucksache 16/10069, S. 20f.
（5）　ＺＰＯ第八〇二条ｃ［債務者の財産開示］
①　債務者は、金銭債権の執行の目的のために、執行官の求めに応じて自己の財産に関する情報を以下の規定に従って提供し、自己の出生時の姓・生年月日・出生地をも供述する義務を負う。

② 債務者は、開示をするために、自己に属する総ての財産対象を供述しなければならない。債権については、原因および証拠方法を示さなければならない。さらに、次の事項を供述しなければならない。

1．債務者が緊密な関係を有する者（倒産法第一三八条）に対してした有償の譲渡で、第八〇二条f第一項の期日に先立つ二年内かつ財産開示をなすまでに行ったもの。

2．債務者がした無償の給付で、第八〇二条f第一項の期日に先立つ四年内かつ財産開示をなすまでに行ったもの。ただし、安価で慣例上の贈り物に向けられたものを除く。

第八一一条第一項第一号および第二号により明文上差押えに服しない動産は、供述することを要しない。ただし、交換差押えが考慮される場合を除く。

③ 債務者は、前項による供述を誠実に正しく完全に行ったことを、宣誓に代わる調書で保証しなければならない。第四七八条ないし第四八〇条、第四八三条の規定を準用する。

(6) Vgl. BT-Drucksache 16/10069, S. 20.

(7) Vgl. BT-Drucksache 16/10069, S. 25.

(8) Vgl. BT-Drucksache 16/10069, S. 25. なお、現行法の要件については、本書第一編第二章〔参考〕（一）参照。

(9) これについては、本書第一編第二章第二節（三）（1）参照。

(10) Vgl. BT-Drucksache 16/10069, S. 24.

ZPO第八〇二条a［執行の諸原則、執行官の所定権能］

① 執行官は、金銭債権の迅速・完全で費用を抑えた取立てに努める。

② 執行官は、当該の執行申立ておよび執行力のある正本に基づき、それ以上の管轄にかかわりなく、次の権限を有する。

1．事件の和解的解決（第八〇二条b）を試みること。

2．債務者の財産開示（第八〇二条c）を求めること。

3．債務者の財産についての第三者の開示（第八〇二条l）を求めて得ること。

4．動産の差押えおよび換価を行うこと。

5．先行差押え（第八四五条）を行うこと、この場合には執行力ある正本の事前の付与および債務名義の送達を要しない。

これらの措置は、執行申立てにおいて表示されなければならないが、前文第一号の措置は、申立てがこれに限定される場合に限る。

(11)　ＺＰＯ第八〇二条ｅ［管轄］
①　財産開示および宣誓に代わる保証をさせるについては、委任のときに債務者がその住所を有する地またはそれがないときはその居所を有する地の区裁判所の執行官が管轄する。
②　委任を受けた執行官に管轄権がないときは、債権者の申立てにより、事件は管轄権がある執行官に移送される。

(12)　Vgl. BT-Drucksache 16/10069, S. 25.

(13)　Vgl. Gaul/Schilken/Becker-Eberhard, a.a.O., § 60 Rdnr. 61.

(14)　ＺＰＯ八〇二条ｆ［財産開示の受領手続］
①　財産開示の受領には、執行官は、債務者が債務を処理するための二週間の猶予期間を定める。同時に、執行官は、債務が期間満了後も完全に処理されていない場合のために、猶予期間の満了後ただちに財産開示の申告をする期日を定めておき、その期日に債務者を事務所に呼び出す。債務者は、その期日に、財産開示の申告に必要な資料を提供しなければならない。

(15)　Vgl. BT-Drucksache 16/10069, S. 26.

(16)　これについては、本書第一編第二章第二節（二）（2）参照。

(17)　Vgl. Gaul/Schilken/Becker-Eberhard, a.a.O., § 60 Rdnr. 61.

(18)　ＺＰＯ八〇七条［差押え試行後の財産開示の実施］
①　債権者が債務者への差押えの実施を申し立て、
1、債務者が捜索（第七五八条）を拒否した場合、または
2、債権者が差押えを試行するも恐らく完全な満足に至らないであろう場合には、
執行官は、債権者の申立てにより、第八〇二条ｆにかかわらず直ちに債務者に財産開示を実施させることができる。第八〇二条ｆ第五項・第六項を準用する。
②　債務者は、即時の実施に異議を申し立てることができる。この場合には、執行官は、第八〇二条ｆにより手続を行

う。弁済猶予期間の設定を要しない。

(19) Vgl. BT-Drucksache 16/10069, S. 34. 理由書によれば、このことは特に論理的に矛盾はないとされる。

(20) Vgl. BT-Drucksache 16/10069, S. 34.

(21) これについては、本書第一編第二章第二節（三）（1）参照。

(22) Vgl. BT-Drucksache 16/10069, S. 20; BT-Drucksache 16/13432, S. 2.

(23) Vgl.BT-Drucksache 16/10069, S.21.

(24) なお、このような扶養事件の手続などが規定されていたＺＰＯ旧第六編は、二〇〇九年九月一日に施行された「家事事件および非訟事件における手続に関する法律（Gesetz über das Verfahren in Familiensachen und in den Angelegenheiten der freiwilligen Gerichtsbarkeit: FamFG）」（BGBl. 2008 I, S. 2586）により全部削除されており、現在はこの法律の二三六条に同様な規定が設けられている。なお、新規定では、あらたに税務署に開示義務が拡張されている。この法律の制定過程については、高田昌宏『自由証明の研究』二四三頁以下が詳しい。

(25) ＺＰＯ八〇二条l［執行官の開示権］

① 債務者が財産開示をする義務を履行せず、または財産開示で挙げられた財産対象に対する執行をしても恐らく債権者の完全な満足が期待できない場合には、執行官は、次のことができる。

1. 法律上の年金保険の担当者のもとで、債務者の保険加入義務のある雇用関係の現時の使用者の氏名または商号およびその所在地を確認すること。

2. 連邦中央税務庁（Bundeszentralamt für Steuern）に対して、金融機関のもとにある公課法（Abgabenordnung）第九三条b第一項に掲げる情報を呼び出すことを要請すること（公課法第九三条第八項）。

3. 債務者が保有者として登録されている自動車に関する、道路交通法（Straßenverkehrsgesetz）第三三条第一項による自動車及び保有者の情報を連邦自動車庁（Kraftfahrt-Bundesamt）のもとで確認すること。

確認または要請が許されるのは、それが執行のために必要であり、執行されるべき請求権が五〇〇ユーロ以上である場合に限る。その計算では、強制執行の費用および付帯債権は、それらが専ら執行申立ての対象である場合に限り参入される。

② 執行の目的のために必要でないデータは、執行官が遅滞なく抹消または閉止しなければならない。抹消は、調書に

記録する。

③　第一項の確認または要請の結果については、執行官は、債権者に、第二項の規定に従い遅滞なく通知し、債務者には受領から四週間以内に通知する。第八〇二条d第一項第三文および第二項を準用する。

(26)　Vgl. BT-Drucksache 16/10069, S. 31.

(27)　Vgl. BT-Drucksache 16/10069, S. 32.

(28)　Vgl. BT-Drucksache 16/10069, S. 32. なお、ＺＰＯ七五三条二項一文は「債権者は、強制執行を委任するために、書記課の協力を求めることができる」と規定する。

(29)　Vgl. BT-Drucksache 16/10069, S. 32.

(30)　社会法典（Sozialgesetzbuch）第四編二八条iを参照のこと。なお、ドイツにおける保険料徴収制度の仕組みについては、労働政策研究・研修機構「諸外国における労働保険及び社会保険の徴収事務一元化をめぐる実態と課題に関する調査研究」六八頁以下〔大島秀之〕、長坂光弘「ドイツにおける社会保障制度の特徴と保険料徴収の仕組み」税大ジャーナル１一三〇頁以下、安田純子「欧米諸国（独・仏・米・瑞）における社会保険料徴収の仕組み――滞納対策のあり方の参考として」ＮＲＩパブリックマネジメントレビュー四五巻六頁以下参照。疾病金庫は二〇〇七年四月現在で二四一金庫ある。労働政策研究・前掲七五頁参照。

(31)　年金保険情報局（Datenstelle der Träger der Rentenversicherung）については、ＳＧＢ第六編一四五条参照。なお、労働政策研究・前掲七四頁、長坂・前掲一三〇頁、安田・前掲七頁参照。

(32)　長坂・前掲一二九頁参照。

(33)　労働政策研究・前掲七四頁、安田・前掲七頁参照。

(34)　Vgl. BT-Drucksache 16/10069, S. 32.

(35)　Vgl. BT-Drucksache 16/13432, S. 44.

(36)　Vgl. BT-Drucksache 16/13432, S. 44. なお、理由書によると、この規定により手続は実効性が挙がり、効率が良くなるとする。Vgl. BT-Drucksache 16/13432, S. 44.

(37)　Vgl. BT-Drucksache 16/10069, S. 32.

(38)　Vgl. BT-Drucksache 16/10069, S. 32.

(39) 連邦金融監督庁（Bundesanstalt für Finanzdienstleistungsaufsicht）の設立については、重田正美「ドイツの新しい金融監督機関について」レファレンス六四一号八九頁以下参照。

(40) Vgl. BT-Drucksache 16/13432, S. 44.

(41) BVerfG, NJW 2007, 2464. Vgl. BT-Drucksache 16/10069, S. 32.

(42) Vgl. BT-Drucksache 16/10069, S. 32.

(43) Vgl. BT-Drucksache 16/10069, S. 32. 立法理由書によると、この呼出しにより債務者の解明義務違反が予防される。

(44) Vgl. BT-Drucksache 16/10069, S. 32.

(45) Vgl. BT-Drucksache 16/10069, S. 32.

(46) Vgl. BT-Drucksache 16/10069, S. 33.

(47) Vgl. BT-Drucksache 16/13432, S. 45.

(48) Vgl. BT-Drucksache 16/13432, S. 45.

(49) Vgl. BT-Drucksache 16/13432, S. 2. なお、二〇〇八年七月三〇日の草案では、金額は五〇〇ユーロではなく六〇〇ユーロとされていた。立法理由書によると、開示権は社会的情報も中央自動車登記簿からの情報にも関係することから、より高額な金額を指針とすることが要請され、それゆえ執行されるべき債権の総額は最低六〇〇ユーロとしなければならないとしていた。Vgl. BT-Drucksache 16/10069, S. 33. しかし、当初草案の二文の文言が変更され、その価額については名義化された債権額だけが問題となり、執行費用は五〇〇ユーロの限度には算入されず、また従たる債権としての利息が増加しても同様に価額限度に影響を及ぼすことはなくなったことから、それに対する措置として、金額はStVG三九条の五〇〇ユーロに定められた。立法理由書によれば、このことは開示可能性が債権者にとって重要な意義をもつことを考慮したためであるとされる。Vgl. BT-Drucksache 16/13432, S. 45.

(50) Vgl. Fischer, Welche prozessualen und materiellen Neuregelungen zur Vermeidung und Verminderung von Mietausfällen sind rechtsstaatlichen sinnvoll?, DGVZ 2007, S. 115.

(51) Vgl. Seip, Zum Entwurf eines Gesetzes zur Reform der Sachaufklärung in der Zwangsvollstreckung, DGVZ 2008, S. 4.

(52) Vgl. BT-Drucksache 16/10069, S. 33.

(53) Vgl. BT-Drucksache 16/10069, S. 33.

(54) Vgl. BT-Drucksache 16/13432, S. 45.
(55) Vgl. Gaul/Schilken/Becker-Eberhard, a.a.O., § 60 Rdnr. 68.
(56) Vgl. Gaul/Schilken/Becker-Eberhard, a.a.O., § 60 Rdnr. 70.
(57) Vgl. BT-Drucksache 16/13432, S. 2.
(58) Vgl. BT-Drucksache 16/10069, S. 37.
(59) Vgl. BT-Drucksache 16/10069, S. 37.
(60) Vgl. BT-Drucksache 16/10069, S. 37. なお、立法理由書によれば、財産開示に必要な資料を持参せず、財産開示を失敗させる債務者も登録により威嚇される。
(61) 実務では、後者の場合がほとんどである。Vgl. BT-Drucksache 16/10069, S. 37.
(62) Vgl. BT-Drucksache 16/10069, S. 37.
(63) Vgl. BT-Drucksache 16/10069, S. 38.
(64) Vgl. BT-Drucksache 16/10069, S. 38.
(65) Vgl. BT-Drucksache 16/10069, S. 38.
(66) Vgl. BT-Drucksache 16/10069, S. 38.
(67) Vgl. BT-Drucksache 16/10069, S. 38. なお、立法理由書によると、一か月の期間についてはＺＰＯ八四五条の先行差押えの規定が範となった。
(68) ＺＰＯ八〇二条ｂは、ＺＰＯ旧八〇六条ｂ、八一三条及び九〇〇条三項を統合したものであり、和解的解決は財産開示の申立てから債務者表への登録まで可能である。Vgl. BT-Drucksache 16/10069, S. 24. なお、これについては、本書第二編第二章第二節（３）を参照のこと。
(69) Vgl. Gaul/Schilken/Becker-Eberhard, a.a.O., § 60 Rdnr. 71.
(70) 債務者表の改革については、本書第二編第二章第二節（二）（３）参照。

# 第四節　わが国における財産開示手続の実効性の向上

金銭執行は、財産開示手続の実効性が向上されることで債権者が債務者の財産状態を十分に認識することが可能となり、その成果を挙げることができる。したがって、財産開示手続の実効性を挙げるための努力は、財産開示制度について長い歴史をもつドイツにおいても絶えず行われて来ており、先に述べた改正法による改革に繋がっている。わが国は、近年になりようやく財産開示制度を採りいれたが、すでに述べたように、その利用率は高くなく、いくつかの問題も指摘されている。そこで以下では、先に挙げた三つの問題をドイツ法を参考にしながら検討を行うことで、わが国の財産開示手続がより実効性を挙げ、その役割を十分に果たすにはどのようにすべきかについて考察する。

## (一)　財産開示手続実施の要件

わが国の財産開示手続実施の要件は、ZPO旧八〇七条一項一号及び二号の「動産執行の不奏功」の場合とは異なり、執行が「配当又は弁済金の交付」手続まで至って不奏功に終わったこと、あるいは債権者に債務者の財産状況の広範囲な調査義務を課し、その上で、知れている財産に対する強制執行を実施しても金銭債権の完全な弁済を得ることができないことについて疎明があることを要求する。したがって、財産開示手続が実施されるまでに費用と時間がかかり、財産開示により債務者の財産状況について情報を取得して金銭執行の実効性を挙げるとする制度趣旨が十分に生かされてない。ドイツにおいて、当初の立法理由書が、不動産執行の実施は債権者に即時の満足を与えないことを理由に、これを財産開示手続の要件としなかったこと、さらに動産執行の不奏功の証明または疎明が容易であることとは対照的である。財産開示は準備執行であり、国家により自力救済を禁止された債権者にその請求権の実現及びそのための前提として開示により得られる差押可能な財産が明示されねばならず、これについては公の利益が存在する。(1) 債権者の財産開示を求める権利は国家に対する民事執行請求権の中に在り、この権利は憲法三二条で保障された司法行為請求権の一つの発現形態と捉えることができる。たしかに、債務者のプライバシー権の保護は重要であるが、ドイツにおいても、債務者の情報についての自己決定権への侵害は、司法許与請求権(Justizgewährungsanspruch) 及びGG一四条から導かれる強制執行における効果的な満足を求める債権者の権利並びに効果的な権利保護についての公の利益により憲法上正当化されている。(2) また、わが国の憲法上のプライバシーの権利は、自己情報コントロール権を中核的内容とし、そこには「自己情報を収集されない権利」、すなわち本人の同意なくして、または正当な理由なくして、他者に自己情報を収集されない権利を含むが、(3) すでに述べた財産開示手続の制度趣旨及び憲法三二条に基づく債権者の財産開示を求める権利、さらには憲法二九条による債権者の財産権の保障などを考慮すれば、執行裁判所が財産開示手続により収集した情報を債権者が得ることについては正当な理由が存在すると思われる。

したがって、現行法の解釈としては、民執法一九七条一項一号及び二項一号の「配当等」の要件を限定的に捉えてはならず、また同条一項二号及び二項二号の「知れている財産」の調査については通常の程度を超える調査を要求してはならない。二号において不動産について専ら民間調査会社を利用したり、あるいは債権について第三者の陳述書又は聴取書を要求することは不要と思われる。

それでは、ドイツの現行法のように財産開示手続を先行させることは可能であろうか。たしかに財産開示手続の先行は、債権者に適切な執行を判断させるために必要な情報を早期に取得させることから、財産開示の実効性は挙がる。ドイツの立法理由書によれば、債務者の開示義務を執行手続の最初に置くことは、一般的な執行要件が実現されるにもかかわらず債務者が給付をしないという状況から正当化されるとする。また、補充性のあったZPO旧八〇七条の下での「債務者の情報についての自己決定権」への侵害に対する先の論拠は、開示手続の先行においても妥当するとの見解もある。(4) さらに、財産開示の先行が相当性の原則に違反するとの見解に対しては、財産開示はたしかに差押えの実施とは異なり、債務者の協力が必要であるが、債権者は債務者だけが持っている情報を取得できなければ不利益を被ることから、債務者の利益よりも財産開示を求める債権者の利益が絶対的に優先し、財産開示はより厳しい処分ではないとの批判もある。

わが国の場合は、ドイツ法とは異なり「執行不奏功」が動産執行に限定されないこともあり、開示手続が先行すれば、債権者による「知れている財産」の事前調査は不要となる。したがって、現在の実務を考えれば、これによる実効性の向上はドイツの比ではない。ドイツにおいては、従来から財産開示手続の先行を求める提案が出されており、(5) そこでは開示手続の補充性はドイツ執行制度の欠陥であり、先行により初めて効果的で合理的な執行が可能になるとされていた。ドイツの改正法による改革は、わが国にも必要ではないか。開示手続の先行による債務者のプライバシー権の侵害は、先に述べた財産開示手続の制度趣旨及び憲法三二条に基づく債権者の財産開示を求める権利などを考えれば、生じないと思われる。なお、ＺＰＯ八〇二条f第一項は二週間の猶予期間を設けているが、このような猶予期間の設定には反対説もあり、特に必要としなければならない根拠はないように思われる。

## （二）執行裁判所の調査権限の拡大

執行裁判所の調査権限が拡大すれば、これにより債務者の財産状況の開示が進み、金銭執行の実効性はかなり向上することになる。債権者が債務者の財産状況を債務者自身から十分に取得できないままでは、多くの場合に執行は奏功する見込みが全く立たずに開始されないか、あるいは不奏功のまま終わってしまう。実際にも、ドイツでは、債務者の供述からその情報を取得するだけでは満足のゆく結果を得ることはできず、この種の自己供述の正確さと完全さはほとんど信頼のおけないものであるとされている。すでに述べたように、ドイツ法はわが国よりも厳しい制裁手段をもつが、それにもかかわらず他の有効な情報源を債権者に利用させていないことが債権者の権利実現のチャンスを小さくしており、また債務者に真実に即した供述をしようとする気を促していないとする。そうであれば、わが国のように、過料の制裁しかなく、それにより債務者が財産開示期日に出頭せず、出頭しても虚偽の開示を受ける場合が多いところでは、債権者に第三者の持つ情報を取得させて財産開示手続の実効性を挙げる必要があろう。債務者のプライバシー権の侵害については、債務者の情報を債務者自身から収集するのか、あるいは第三者から収集するのかという方法の違いは、個人情報の他者による取扱いの態様であり、他の要因と総合的に判断され(6)、財産開示手続の制度趣旨などからして、第三者がその情報を正当な目的で収集している限りは、執行裁判所がこの情報を収集し、さらにこれを債権者が取得することはプライバシー権の侵害には当たらないと考える。

## (1) 補充性

ZPO八〇二条l第一項一文では、第三者の開示の取得は、債務者が自ら財産開示を行わないとき、あるいは財産開示により財産目録に記載された債務者の財産に対して執行しても債権者の完全な満足が期待できないときに、それに続いて許される。立法理由書によると、この補充性は、債務者のもつ「情報についての自己決定権」を斟酌し、そして、遅滞なく、かつ実効性のある執行についての債権者の利益並びに一般の利益との比較考量から生じるとする。債務者の情報を第三者から先に収集することが債務者の負担になり、「相当性の原則」を考慮する場合にそれを侵害するか、債務者の財産状況を最も認識しているのは債務者自身であり、基本的にはその供述が最も充実していることから、こちらを優先するかは問題であるが、実効性を考えれば、補充性は不要であると考える。

## （2）開示権の制限

ＺＰＯ八〇二条ｌ第一項二文では、第三者への開示の要請は「執行されるべき請求権が五〇〇ユーロ以上である場合に限る」と規定する。立法理由書によれば、債務者に対する侵害を正当化するためには、第三者の開示の取得は基本的には少なくとも五〇〇ユーロの債権について許されるとする。しかし、すでに述べたように、このような金額を設定したことに対しては学説から批判があり、このような制限を設ける必要はないと思われる。

## （3）開示範囲

ドイツでは、債務者の「情報についての自己決定権」を保護するために、開示を受けることができる範囲は、執行にとって重要である典型的な範囲、すなわち労働所得である給与、口座関係の存在、そして自動車の保有に制限される。もっとも、債権者に第三者の持つ情報を取得させることで財産開示手続の実効性を挙げるというのであれば、開示範囲を厳しく制限する必要はなく、第三者がその情報を正当な目的で収集している限りで、より拡大することは可能であると思われる。

それでは、わが国においてどのような手続を設けるべきであろうか。具体的な立法提案を示すには至っていないが、例えば、債務者の使用者を知るために、執行裁判所は「日本年金機構」から情報を収集することが考えられるのではないか。日本年金機構法三八条四項によると、日本年金機構は、法律の規定に基づき、年金個人情報を自ら利用し又は提供しなければならない場合を除き、利用目的以外の目的のために年金個人情報を自ら利用し又は提供してはならないと規定する。したがって、民事執行法において執行裁判所の開示権が規定されれば、日本年金機構に開示を求めて得ることは可能であると思われる。

また、債務者の金融機関の口座情報の取得は金銭執行にとって特に重要である。たしかに、わが国でも検討された財産照会手続試案では、わが国には債務者の預金口座に関する情報を収集するための集権的な情報管理システムが存在せず、各金融機関（支店）に対して債務者の預金口座の有無を照会する他ないことから、現行の債権執行の実務と比べて大きなメリットはないと説明されていた。しかし、債務者の住所地近くの金融機関に当てもなく債権執行を申し立てることは効率が悪く、また実際にそうしても債務者の口座を発見できるとは限らない。たしかに、ドイツの信用制度法二四条cのように、一般に金融機関は顧客の口座情報のデータファイルを作成してこれを管理することが義務づけられてはいないが、預金保険法五五条の二によれば、預金保険機構は保険事故の発生時に当該金融機関に対する預金債権額を把握しなければならず、そのために金融機関に対して預金者の個人情報及びその債権の内容についての資料の提出を求めることができることから、金融機関はそのために必要な預金等に関するデータベースの整備を講じておかなければならない（同条四項）。したがって、執行裁判所は金融機関からその顧客である債務者の口座情報を迅速に取得することは可能であり、民事執行法が金融機関に対する執行裁判所の開示権を規定するならば、債務者の口座情報を取得することは可能であると思われる。

その他にも、税務機関や金融監督機関を通して債務者の情報を取得するという方法も考えられる。税務機関の徴収職員は国税徴収法一四一条により滞納者の財産調査を行うことができる。また、金融監督機関として、銀行法の二四条及び二五条では内閣総理大臣は職員に銀行の業務調査をさせることが可能であり、必要があると認めるときは銀行に質問できるとしているが、顧客の口座情報が調査に含まれるかは疑問であり、情報取得は難しいと思われる。(7)

なお、ドイツと同様に、第三者の開示の取得は執行裁判所の裁量にはおかれるのではなく、執行裁判所は債権者の申立てに拘束されるべきである。そして、執行裁判所から要請を受けた機関は、その情報の開示のための要件が満たされるならばこれを拒絶することはできない。

### (4) 開示結果の債務者への通知

ドイツ法と同様に、債務者への開示結果の通知は法律上義務づけられねばならないが、債権者が第三者の開示により得た債務者の財産に対する強制執行が不奏功に終わらないために、債務者に対する通知には一定の期間を設定する必要がある。

## (三) 制裁

わが国は、財産開示じたいを強制する手段をもっておらず、三〇万円以下の過料が開示をしないことに対する制裁であり、強制手段に代わる機能をもつ。学説及び先のアンケートが指摘するように、過料金額の上限は低く、これでは財産開示を強制する役割を果たすことはできない。財産開示手続がその機能を十分に果たすためにも、制裁の強化は必要である。たしかに、執行裁判所による財産開示手続は当事者尋問の性質をもつ証拠調べ手続と考えられることから、(8)民事訴訟法二〇九条と同じく過料による制裁は適切と考えられる。しかし、財産開示手続では、債務者の供述が唯一の証拠資料であり、かつ自分に不利になることから信頼できない証拠資料でもあり、また尋問の拒絶の効果も主張された事実を証明されたものと認めることはできないことから、債務者には宣誓をした上での財産開示が義務づけられている。したがって、制裁規定として必ずしも民訴法二〇九条だけを範とする必要はなく、より強力な制裁も可能と思われる。

財産開示を強制する手段としての拘留については、わが国の執行法は人的執行を廃止しており、開示手続の場合にだけ拘留を取り入れることは適切ではないように思われる。しかし、強制拘留の制度をもたないスイスにおいて、債務者にその財産を報知させるためには強制拘留こそが最も適切で、唯一の手段であるとする見解もあり、検討すべきであろう(9)。

これに対して、ZPOが規定する債務者表は財産開示制度と直接の関係はない。ドイツの改正法は、債務者表が支払能力のない者の登録簿として機能するために従来の登録原因を変更したことから、当初の目的である「取引の安全」に役立つことになる。これにより、債務者表は債務者に財産開示をさせるための手段となるが、これに登録されることは債務者の信用の決定的な失墜を意味することに変わりはないことから、債務の弁済のための圧力手段であり続ける。しかし、財産開示手続は、その後の強制執行のために債務者の財産状態を明らかにすることを目的とし、取引の安全のために債務者の支払能力の欠如を広く知らしめることとは直接関係しない。債務者表が導入されれば、債務者が財産開示義務を果たさず、あるいは開示された財産に対する執行が不奏功に終わった場合にその債務者の個人情報が登録されることになる。たしかに、東京高裁は個人信用情報センターにおけるブラック情報（延滞情報等）の登録は憲法一三条等に違反しないと述べる(10)。しかし、債務者表は、ドイツでは長年にわたり取引社会において大きな役割を果たして来ているが、わが国において、国家が新たに取引の安全のためとしてこれを作成する必要があるかは疑問である。また、債務者表は債務の任意弁済を促す圧力手段であり、これにより強制執行の重要な目的である債権者の満足を図ることができるとするのであれば、財産開示手続とは異なる「債務者表への登録手続」として、執行が不奏功に終わる場合に債務者を債務者表に登録するということで十分である(11)。したがって、わが国の財産開示手続に債務者表を導入する必要はないと思われる。

（1）本書第一編第二章第三節（一）（3）（a）参照。
（2）Vgl. Schuschke/Walker/Walker, Vollstreckung und Vorläufiger Rechtsschutz, 4. Aufl. § 807 Rdnr.3; Schnigula, a.a.O., S. 107ff.
（3）竹中勲「憲法上のプライバシーの権利と最高裁判所」阿部喜寿『現代社会における国家と法』三五頁以下参照。
（4）Vgl. Schnigula, a.a.O., S. 115f.
（5）本書第一編第二章第二節（二）（2）参照。
（6）竹中・前掲三四頁以下参照。
（7）その他にも、生活保護法二九条によれば、保護の実施機関及び福祉事務所長は要保護者又はその扶養義務者の資産及び収入につき銀行に報告を求めることができるとされている。
（8）本書第一編第二章第三節（一）（3）（b）参照。
（9）本書第一編第二章第三節（一）（3）（b）参照。
（10）東京高判平成一〇年二月二六日金法一五二六号五九頁。
（11）本書第一編第二章第二節（二）（3）参照。

## 第五節　おわりに

平成一六年から始動したわが国の財産開示手続は、未だ利用率が高くなく、実務からその実効性について重い問題が提起されている。本稿ではとくに重要と思われる財産開示手続実施の要件、執行裁判所の調査権限の拡大、そして制裁についてドイツ法を参考にして検討した。ドイツの改正法は、強制執行の実効性を高めるために債権者に有効な情報を取得させることが必要であるとし、財産開示手続の先行、第三者の開示制度、さらに本稿では論じなかった財産目録の電子化及び中央集中化を導入する。これらの改革は今後のわが国の手続を考える上できわめて重要である。本稿では、第三者の開示及び強化されるべき制裁の具体的な内容についての提案には至っていないが、ドイツの改正法の運用及びそれについての議論を基にして今後検討したい。

なお、わが国の財産開示手続に対してはこの他にも問題は指摘されており、例えば、債権者の有する債務名義の種類による制限がある（民事執行法一九七条一項括弧書）。立法担当者の解説によれば、[1]財産開示手続により債務者の財産に関する情報がいったん開示されると、この情報が開示されなかった状態に回復することができないことから、債務名義については暫定的な裁判所の判断である仮執行宣言付のものを除外し、また、誤った執行がなされても原状回復が容易であることを理由として金銭債権に限って債務名義性が認められている執行証書及び支払督促も除外されるとする。しかし、財産開示は、金銭執行の実効性を挙げるための手段として用意された準備執行であり、いずれも独立に強制執行ができる債務名義でありながら、その種類によって財産開示の申立てができるものを限定することは筋が通らず、立法論として当を得たものではない。[2]ドイツにおいてもそのような制限はなく、金銭の支払いを命じる仮処分により、また仮差押えであっても、その後の満足の見込みがないことが疎明されれば、これにより財産開示の申立てを行うことができるとされている。[3]債務名義の種類による制限は不要とすべきである。

わが国の財産開示手続は草創の立法であり、このように今後に残された課題は多い。ドイツをはじめ同様な制度をもつ国々の状況を参考にしながら、その実効性の向上を図っていく必要がある。

（1）谷口ら・前掲一四二頁参照。
（2）中野・前掲八三五頁。
（3）Vgl. Gaul/Schilken/Becker-Eberhardt, a.a.O., § 60 Rdnr. 9.

# 第二章　財産開示制度の発展

## 第一節　はじめに

第一章では、わが国の財産開示制度の現状と問題を指摘し、わが国の財産開示手続がより実効性を挙げ、その役割を十分に果たすにはどのようにすべきかについて、わが国のこれまでの学説及び最近のドイツの立法を手がかりに検討を行った。

本章は、前章の検討に際して参考とされたドイツの財産開示制度が、そもそもどのようにして成立し、その後二〇一三年に施行された改正法による改正まで、どのように発展してきたのか、またわが国では財産開示制度が立法化される前に、どのような議論があったのかについて述べるものである。

そして、前章では、すでに本章で述べるかなりの部分を引用していることから、これらの部分は前章の検討にあたってその基礎をなしたものであり、本章は、財産開示制度の基礎的な研究である。以下では、最初に、ドイツにおける財産開示制度の発展として、その成立から、二〇一三年の改正以前の一九九七年第二次強制執行改正法による改正までの展開を述べる。そして次に、わが国における立法化前の見解として、私見を含めた当時の学説を指摘する。

なお、最後に、〔参考〕として、一九九七年第二次強制執行改正法による改正前のドイツにおける財産開示制度の状況について述べることとする。これは、当時のドイツ法では、財産開示手続の管轄が、わが国と同様にまだ執行裁判所であり、執行官ではなかったことから、わが国の現行制度と比較がし易いことによる。(1)

（1）　本章における研究は、筆者がわが国で財産開示制度がまだ立法化される前に公表した論文に基づくものである。内山衛次「強制執行における債務者の財産開示（一）」大阪学院大学法学研究二五巻一号（一九九八年）八五頁以下、同「強制執行における債務者の財産開示（二・完）」大阪学院大学法学研究二五巻第二号（一九九九年）三三頁以下。

# 第二節　ドイツにおける財産開示制度の発展

## (一) 財産開示制度の成立

### (1) 一八七七年ドイツ民事訴訟法における開示宣誓

ZPO八〇二条cの債務者の財産開示は、一九七〇年の改正法の前は、その実施についてすべて裁判官の権限とされており[1]、債務者は、裁判官の面前で財産目録の正確と完全とを宣誓していたことから開示宣誓(Offenbarungseid)と呼ばれていた。この開示宣誓の歴史は古く、一般には、ローマ法における相続人による財産目録の作成に関する規定等がその起源とされている[2]。これがローマ法の継受(Rezeption)の後に、ドイツ普通法(Gemeines Recht)の実務によりドイツで発展し、多数の地方特別立法(Partikulargesetzgebung)の中に採り入れられ[3]、一八七七年公布のドイツ民事訴訟法(Civilprozeßordnung 以下CPOと略す)に導入された[4]。

CPO七一一条は、「債権者が差押えにより完全な満足を受けなかったとき、又は債権者が差押えにより完全な満足を受けることができないことを疎明するときは、債務者は、申立てにより、その財産の目録を提出し、その有する債権に関して原因と証拠方法を表示し、かつ、次の開示宣誓をなすべき義務を負う。

債務者はその財産を完全に供述し、かつ、故意に何も隠さなかった旨を誓う。」と規定した。

このような開示宣誓は、理由書によると[5]、債権者の摑取から自分の財産を引き離そうとする悪質な債務者に対する権利追求に適する手段としてすでに実証されており、また、債務拘禁(Schuldhaft)及び賃金差押えが廃止され、そして、新たな差押禁止規定の導入により、強制執行を確実に実施するための最後の手段として、債権者には必要不可欠であることから導入された。そして、開示宣誓が、事前に不動産執行の実施を必要としないのは、それが債権者に即時の満足を与えることができないからであるとされた。

立法者は、このように、強制執行において、債務者の財産を開示させる制度を設けて、強制執行が効果的に行われるように努めたのであるが、立法者は、執行摑取の前に債務者の財産状態について審理してこれを解明することを許さず、まず最初に、強制執行の実施を要求し、開示宣誓は、強制執行を成功させるための最後の手段であると把えた。これは、執行官制度の導入にともない、執行手続が裁判官の行為から分離されて反訴訟的で形式的なものとなり、執行官により債権者の権利は迅速でエネルギッシュに保護されることから、このような直接強制を開示宣誓による事案解明よりも重視したこと[6]、そして、このような財産開示が債務者の負担となることを恐れたことによる[7]。この債務者の負担の軽減については、CPOが、現行のZPO八〇二条c第二項で求められる取消対象となりうる一定の譲渡行為の供述をまだ求めておらず、さらに、CPO七九二条において、その後廃止となった債権者の拘留費用の予納義務を、この手段の安易な利用を防止し、債務者を保護するために設けていたことからも明かである[8]。

また、債務者は、開示宣誓の期日に出席せず、又は理由なしに開示宣誓を拒絶する場合には、裁判所によって拘留を命じられる（CPO七八二条）。理由書によると[9]、開示宣誓をする義務はCPO七七四条の不代替的作為の特別な場合として、この不代替的作為義務の執行についての規定が特別に用いられる。債務者は、開示宣誓をすることでいつでも拘留を免れることから、拘留の執行により健康を著しく害する危険がない限り[10]、人格を侵害されることはない。もっとも、開示宣誓をする義務は、特別な名義なしに強制力を有することから、CPO七八一条二項において、その義務の存在は判決手続に類する手続において確定されることになる[11]。このように、開示宣誓が拘留と結びつき、CPOの構造上も、第八編第四章で「開示宣誓及び拘留」として一緒に規定されたことから、本来の目的である債務者の財産状態の解明よりも、その手段である強制拘留が強調されることになった[12]。

このようにして、開示宣誓は、一八七七年のＣＰＯに導入されたのであるが、現行のＺＰＯ八八二条ｂ以下の債務者表については当時はまだ存在していなかった。

## (2) 一八九八年改正法による債務者表の導入

債務者表がＣＰＯの開示宣誓制度に導入されたのは一八九八年改正法による。[13] ＣＰＯ九一五条は、「執行裁判所は、その面前において八〇七条に掲げる開示宣誓をした者又は宣誓の拒絶により拘留を命じられた者の表を作成しなければならない。拘留の執行は、六月間継続したときには表に付記する。九〇三条二項又は九一四条二項に定める期間が経過したときは、登録は、氏名を認識できなくして抹消する。何人も表の閲覧が許される」と規定した。

しかし、開示宣誓をした者又は拘留を命じられた者の表を作成して、これを一般に閲覧させることは、開示宣誓の本来の目的、すなわち、その後の強制執行のために債務者の財産を開示することと直接の関係はない。[14] また、理由書は、[15] 債務者表は取引の安全のために作成されると説明するが、後で改めて述べるように、そのためには、単に執行が不奏功に終わったという事実だけで十分である。[16] それにもかかわらず、立法者がこのような債務者表を導入したのは、立法者が、開示宣誓には「積極的開示宣誓（positiver Offenbarungseid）」と「消極的開示宣誓（negativer Offenbarungseid）」という二つの異なる形式があることを十分に理解していなかったことが原因であるとされている。[17] すなわち、ＣＰＯが規定した開示宣誓は積極的開示宣誓であり、債務者が自分の財産を開示して、その完全性と正確性について宣誓することから、その意義は、債務者が正確で完全にその財産を表示することにある。これに対して、消極的開示宣誓では、すでに自分には財産がないことを告白し宣誓しなければならないことから、この宣誓を威嚇される債務者は、宣誓の前に、任意に支払をなすか、あるいは、任意に自分の財産を表示することになる。すなわち、この宣誓をすれば、一応は債務者には財産がないことになる。このような消極的開示宣誓は、ローマ法の継受の前にすでにドイツに存在していた。[18] ところが、ＣＰＯの委員会審議で強調されたことは、開示宣誓の重要な意義は、宣誓を威嚇される債務者が、任意に支払をなすか、あるいは、任意に対象を表示することであり、[19] また、一八九八年改正法についての帝国議会の全員総会における第一回審議の中で、[20] 政府委員は、開示宣誓により、債務者には財産がないことを債権者により迅速かつ確実に知らせることになると発言した。おそらく、彼らは、積極的開示宣誓をすることは財産がないことを告白することであると考えていたのであり、消極的開示宣誓の典型的な効果である債務者による任意の支払や任意の財産の表示を積極的開示宣誓の意義と思っていたのである。このようなことから、開示宣誓に債務者表への登録を結びつければ、債権者及び一般の人もこの債務者には財産がないことを知ることができるので、取引の安全に役立つと考えたのであった。[21]

ところで、このような形で債務者表が導入されたことにより、債務者表には、支払能力のない債務者というよりも、支払う意思がなく、かつ信用のおけない債務者が登録されることとなり、債務者表はブラックリスト（schwarze Liste）と呼ばれることとなった。[22] そして、これに登録されることは、債務者の信用の決定的な失墜を意味することから、債務者はこの登録の回避に努めねばならなくなり、すなわち、開示宣誓を行わずに、必死になってその債務の弁済に尽くすことになった。しかし、このことは、債務者が開示宣誓の手続目的である財産開示を回避することを考えねばならないことから、開示宣誓の目的は不明確となり、内部に矛盾を抱える手続となった。[23]

しかしながら、債務者表は、その後のドイツの取引社会において大きな役割を果たしており、今でもこの財産開示制度は、債務弁済のための圧力手段となっている。[24] たしかに、これにより、開示宣誓及び宣誓に代わる保証の手続は、債務者の財産開示という直接的な目的ではなく、執行手続のすべてにおいて重要な目的である債権者の満足、すなわち、金銭の回収のための手段となるが、学説は一般にこれを認めており、開示手続が支払のための圧力手段として用いられてはならないとの見解はこの法目的に違反すると主張する。[25]

## （二）財産開示制度の発展

一八七七年のCPOにおいて導入された開示宣誓制度は、このように強制執行を確実に実施するための最後の手段として期待されたのであるが、この制度は、その後、学説により多くの批判を受けるようになった。すなわち、この手続はあまりに形式的で時間がかかったことから、(26)これでは債権者の利益が十分に保護されず、債務者には手続の引き延ばし及び財産隠蔽の可能性が多く与えられること、(27)CPO七八四条及び七九五条によれば、開示宣誓が行われた場合、あるいは、これが拒絶された場合に、債務者は、その後に財産を取得したことが疎明されない限り、再び開示宣誓を行い、あるいは、再拘留されることを免れたが——その後、一八九八年の改正法は、このようなCPOの規定では債務者が優遇されるとしてこの免除期間を限定したがそれも五年と長期であった(28)——、これでは債権者の利益が十分に斟酌されないこと、(29)CPOが現行のZPO八〇二条c第二項が規定するような過去の譲渡行為についての供述を求めなかったこと、さらには、CPO七九二条の拘留費用の予納が一か月分と長期に及んだことなどである。(30)これらの批判は、現行法の規定は債務者の財産状態を開示させて強制執行を効果的に行うという財産開示制度の目的には十分に応えられないと強く主張したことから、その後、この規定の不備を是正するための多くの改革案が公表され、(31)開示宣誓の規定も一部変更された。しかしながら、これらの改革案は、欠陥のある個々の諸規定に向けられたものか、あるいは、行き過ぎた債務者保護を一般的に批判するに過ぎないものであった。(32)

これに対して、一九二〇年代に入ると、強制執行における債務者の財産開示制度の本質及びその役割を検討し直した上で、開示宣誓制度は、個別的な改革ではその欠陥をもはや除去することはできず、根本的に変更を加えて新しい手続にすべきであるとするいくつかの提案が現れた。これらの提案は、開示宣誓の基本的な手続原則及び構造を改革することで、債務者の財産状態の迅速で確実な開示をもたらそうとするものであり、その見解は強制執行における債務者の財産開示制度についての議論を発展させただけでなく、その後の法改正にも大きな影響を及ぼした。以下では、これらの改革提案がとりわけ強調した次の三つの点、すなわち「当事者主義から職権主義へ」「財産開示手続の先行」そして「債務者表の改革」について順次述べることとし、これらの提案が、その後の一九九七年の「第二次強制執行改正法」及び二〇〇九年の「強制執行における事案解明の改革についての法律」により大きく改革された財産開示制度に強い影響を及ぼしたことを明らかにしたい。

## (1) 当事者主義から職権主義へ

これらの提案は、まず第一に、債務者の財産開示手続には、弁論主義のように主導権を当事者に委ねる当事者主義が妥当するのではなく、国家、すなわち、裁判所の主導による職権主義が妥当すると主張する。一八七七年のCPOの立法者は、開示宣誓手続を、債権者の申立てにより、債務者はその債権者に対してだけ開示宣誓を行う義務を負い、それが執行裁判所において履行され、そのための特別な名義を必要とせずに強制されるものと理解した。[33] しかし、改革提案によれば、国家は自ら債務者の財産状態の解明に努めねばならず、そのためには裁判所に支配的な地位が与えられねばならないとする。強制執行においては、判決手続のように、当事者が対等な権利をもって対立し、その固有の利益保護に努めるのではなく、債務者の財産から満足をうけることができるという債権者の権利は名義に基づいて既に確定しており、また、債権者は債務者の財産については通常なんの知識も持っていないことから、財産開示手続においては主導権を当事者に与えるのではなく、職権主義が妥当すると主張する。

### (a) フレプの改革提案

一九二二年に、初めてこのような改革提案を行ったフレプ（Fraeb）は、強制執行が不奏功に終わったならば、自力救済を禁止した国家がすべての執行可能性を利用させるために債務者の財産状態を明らかにしなければならず、そのための手続は、現行法のように当事者主義によるのではなく、国家が職権により介入しなければならないとする。[34]すなわち、強制執行が不奏功となったことで、強制執行を任務とする国家がすべての執行可能性を利用させるように努めるという公の利益が前面に現れ、そのために必要な手続には職権主義が妥当する。

フレプによれば、強制執行が不奏功となれば、債務者に対して事実に即した報知を求める国家の請求権が発生し、この請求権は、もっぱら国家による調査行為により実現されることになる。[35]フレプの提案では、この財産開示手続は職権により開始される。すなわち、執行官は、差押えが債権者の完全な満足をもたらさなかったならば、債務者にその財産状態を開示させてその財産目録を調書に記載し、これを遅滞なく執行裁判所に交付する。執行裁判所は、自ら作成する開示表に債務者を登録し、同時に、債務者に対してその供述が完全である旨を宣誓に代えて保証することを命じることができる。債務者が財産開示を拒絶する場合は、その旨調書に記載され、その交付を受けた執行裁判所は、債務者がそれにより処罰されたときに、執行裁判所において宣誓に代わる保証をさせなければならない。債務者が虚偽の宣誓に代わる保証をしたことで処罰されたならば、すぐに開示宣誓をすることが義務づけられる。宣誓に代わる保証又は開示宣誓をすることを正当な理由なく拒絶する債務者に対しては、申立てを必要とすることなく、一定の期間の拘留刑に処されるか、又は強制的な勾引が命じられる。それでもまだ拒絶する債務者に対しては、債権者の申立てにより、それを強制するために拘留が命じられる。

このように、フレプは財産開示手続を全く新しい基盤の上に置いて形成し、従来の開示宣誓手続の改革を求めた。しかしながら、彼は、債務者の財産状態の調査によって国家の任務は終了せず、国家は、この調査の結果をすぐに利用しなければならないと主張した。[36]すなわち、執行裁判所は、開示の後に、財団が費用を償える場合には記録を破産裁判所に提示しなければならず、その他の場合には、債務者及び債権者との討論を通じて債務の分割弁済の可能性を調査し、可能な場合には特別な「債務取立手続」を開始する。これにより、財産開示手続は、その後に予定される特別な強制手続と融合して一つとなり、もはや、摑取対象財産を調査するための手段としてではなく、その後の特別な手続、とりわけ、「債務取立手続」の開始のための必要な要件となる。したがって、開示の結果はこの特別な手続のためだけに意味を持つことになるが、この特別な手続は、直接強制の方法では執行目的が達成されない場合に初めて現れるものであり、財産開示手続とは目的及び性質を異にすることから、この両者が密接に結びつくことは、調査手続の本来の目的を損うことになると批判された(37)。

### (b) シュヴァルムの改革提案

シュヴァルム（Schwalm）は、一九三〇年の著書「執行宣誓」の中で、現行法は、手続目的である財産開示自体を前面に出す代わりに、そのための手段である宣誓による保証を規律の中心に置いていると批判する(38)。そして、財産開示自体を手続の目的とする新しい開示宣誓手続を提案する。

シュヴァルムは、フレプと同様に、国家は債務者の財産状態を開示して摑取可能性を明らかにすることに最大限努めることで、その任務を果たすことができるのであり、そのための手続においては、現行法のような当事者主義ではなく、裁判所に支配的な地位が与えられねばならないとする(39)。

シュヴァルムの提案では、開示宣誓手続は、債権者の申立てによって開始する。しかし、そこから先の手続はもっぱら裁判所が実施することになり、債権者は受動的な立場にとどまる。すなわち、裁判所は、債務者の財産状態の解明のために、必要な調査を命じる権限及び義務を持ち、開示期日を指定して債務者を呼び出し、その財産目録を提出させ、また、債務者に対してその商業帳簿等の提出を求めることができる(40)。そして、債務者は、取消可能な一定の過去の処分についても開示しなければならず、さらに、開示の時に債務者の財産に属することが確認できなかった対象については、これを調査して遅滞なく裁判所に知らせることを約さねばならない。裁判所は、債務者の開示が真実であると考えるならば、宣誓による保証をしないことができる。債務者が財産開示を拒絶する場合には、裁判所は職権により債務者の拘留を命じなければならない。開示が行われ、あるいは、最長の拘留執行が行われた後に、開示手続は取消決定により終了し、債務者表が作成される。

シュヴァルムは、このように、裁判所の主導による債務者の財産開示手続を提唱したが、フレプとは異なり、国家の任務は債務者の財産開示に制限されるとした。

## (c) ベバーの改革提案

ベバー（Weber）は、一九三九年の著書「強制執行における事案解明と開示宣誓」において、[41] フレプ、シュヴァルムの改革提案を引き継ぎ、それを基礎にして職権主義による開示宣誓手続をさらに発展させた。ベバーは、財産開示手続の本質及びその任務を検討し直し、現行の開示宣誓手続を鋭く批判した上で、自らの改革提案を打ちだした。その提案は、今日でもガウル(Gaul)などにより高く評価されており、[42] その後の学説及び立法にも大きな影響を及ぼした。

ベバーは、フレプ、シュヴァルムと同様に、国家は債権者の自力救済を禁止して執行権を独占したことから、国家による強制執行が無力であってはならず、自ら現在ある債務者のすべての財産を即時に、そして、広範囲に解明しなければならないと主張する。そして、開示手続は執行機関による調査手続であり、執行機関は債務者の財産状態を調査し、その一つとして債務者にその財産の開示を求める。強制執行では、判決手続と異なり、債務者の財産から満足が受けられるという債権者の権利はすでに確定しており、債務者は強制執行におけるその受動的な地位から抜け出して、その知るところを執行目的の達成のために利用させねばならないが、債務者の任意な協力は期待できないことから、法により必要な協力をすることが強制される。そして、開示手続においては、債務者の経済的な生存を確保するための債務者保護の利益について斟酌する必要はなく、これは、調査結果に基づいてさらなる執行処分が行われるときに初めて考慮される。これらのことから、この手続では当事者の地位が対等であることに基づく当事者主義は妥当しないと述べる。

ベバーによれば、開示手続は、債権者の特別な申立てを必要とすることなしに、差押えが不奏功に終わった後に、職権により、これに連結して開始される。それというのも、差押えが不奏功に終われば、債権者は、通常、摑取可能なその他の財産が調査されることについて利益を有するからであり、当初の動産執行の申立ては、その不奏功の際には債権者は財産調査についての利益を持つことを明らかに示すからである。したがって、債権者が、明確に、開示手続は開始されるべきではないと述べる場合にだけ、手続は開始されないことになる。執行官は、差押えが不奏功に終わった後に、[43]債務者にその財産を開示することを要求し、その財産目録を提出させる。その際に、債務者は、その供述の正当性と完全性を宣誓に代えて保証しなければならない。債務者が取消可能な一定の過去の処分に関わることを供述する場合、あるいは、財産状態が複雑である場合、さらに、債務者が不正確で不完全な供述をしたとの疑いがある場合には、この手続は執行裁判所の手続へと移行する。[44]債務者が開示を拒絶する場合も同様である。[45]ベバーは、執行官が差押実施に続いて、債務者にその財産目録を提出させることにより、差し押さえうる対象が存在する場合に、迅速に執行を続行することができるし、執行官に提出される財産目録のほとんどは単純な状況についてであって、例えば債権者にとって、債務者の使用者・賃借人を知ることだけが重要な場合には、裁判官の手続から外れた方が裁判官の負担の軽減にもなると考える。[46]ベバーによれば、開示手続において裁判所に委ねられねばならないことは、宣誓をさせること、そして人物に対する開示の強制のための強制手段を命じることである。[47]

執行裁判所は、強制執行開始の一般的要件、開示手続の特別要件、そして、裁判所での手続開始のための要件について職権で調査し、それが満たされるならば決定により開示手続の開始を命じ、同時に、開示のための期日を指定して債務者を呼び出す。[48]財産開示は当事者尋問の一種であり、尋問に際して、裁判官は、適切な質問により債務者とその財産状態について十分に論じ、それが正確かつ完全に開示されるように努めねばならない。[49]債権者に質問権は与えられない。[50]債務者は、要求された供述を誠意を尽くして正確かつ完全にしたことを宣誓しなければならない。なお、債務者の供述は、訴訟において尋問される当事者が唯一の証拠方法である場合と同一視できることから、ZPO

四五二条の自由な宣誓の規定は適用されない[51]。

債務者には、現行法の異議制度のような特別な法的救済手段は必要ではなく、一般的に規定されている手段によることで十分である[52]。すなわち、開示手続の特別要件及び裁判所での手続開始のための要件は、債務者保護のための要件ではなく、この場合に、執行目的達成のための債務者の財産開示についての公の利益が発生するのであるから、そのための要件が存在しないという理由で、債務者が異議を提起することはできない。また、債務者は、債権者が開示手続の実施を放棄するとの合意も異議の理由とすることはできず、それというのも、財産開示は国家に対する債務者の義務であり、国家が債務者に開示を要求する場合に発生することから、当事者の合意は、開示義務の発生及び存続には関係ないからである。もっとも、債権者は手続の実施について利益を有し、これがなければ公の利益も存在しないことから、手続の促進を考慮して、債権者が自ら財産開示を要求しないことを明確に陳述した場合に限り、この利益は存在しない[53]。

債務者が財産開示を拒絶する場合には、勾引又は拘留により開示が強制される[54]。開示の拒絶は、国家の命令に対する不服従を意味することになるので、強制手段の命令及びその執行は国家のなすべきことであり、債権者ではない。したがって、勾引又は拘留の命令の申立て、さらにその執行も職権により行われる。また、ZPO九一一条は、この執行手段の安易な利用を防止し、債務者を保護するために債権者に拘留費用の予納義務を課しているが[55]、国家の開示要求に対する債務者の抵抗は法秩序の維持のために排除されねばならないので、これを債権者のさらなる費用負担の用意に委ねるのではなく、拘留費用は国庫の負担とすべきである。

なお、債務者の財産状態を即時に、広範囲に解明するためには債務者自身による財産開示は合目的で有効であるが、それにとどまる必要はない[56]。執行機関は、債務者の供述の正当性を調査することができるのであり、とりわけ、債務者が完全な解明をなすことができなかった場合、例えば、疑問のある譲渡行為、相続分、あるいは、その他の財産権の価値についての調査は重要である。そして、債務者は、執行裁判所の要求により、帳簿類を閲覧のために提出し、必要とあればその記載について報知することが義務づけられる。また、執行裁判所は、証人及び鑑定人を尋問できる。調査の必要性、時期及び方法については執行機関の裁量に委ねられ、債権者には調査を求める権利は与えられないが、費用のかかる調査の際には、債権者の了解が求められる。

ベバーによれば、債務者の財産開示手続は国家、すなわち、執行機関が、公の利益のために職権により債務者の財産を調査する手続であり、執行機関には債務者の財産状態を明らかにするための調査権が与えられる。そして、シュヴァルムとは異なり、執行機関は、債務者の財産調査の結果、債権者の満足がもたらされない場合には、執行目的の達成及び債権者の利益のために、債務者と債務の分割弁済の可能性について論じなければならず、その際には、債務者の所得の状況及びその他の債務についても調査される。そして、債務者による分割弁済の提案が債権者に受け入れられるものであれば、これを債権者に伝えて当事者間での合意が得られるように努める。[57] ベバーは、財産開示手続においては、債務者の利益の保護について斟酌する必要はないにもかかわらず、これが今日までの法規及び多くの提案に取り込まれ、その結果、この手続が本来の目的を十分に果たすことができないことに大きな誤りがあると指摘する。[58] しかしながら、職権主義による財産開示手続を提案するとしても、ベバー自身が述べるように、[59] 債権者の意思が手続の経過に一定の影響を及ぼすことは当然であり、避けられないことから、債権者はこの手続にどの程度の影響を及ぼすのかについて考慮しなければならず、まさにこの点にこのような改革提案の問題がある。

### (d) ZPO一九三一年草案

債務者の財産開示手続を当事者主義的手続から職権主義的手続へと変容させようとする提案は、一九三一年に帝国司法省により公表された民事訴訟法草案の中にも取り入れられた。[60]

ZPO一九三一年草案は、執行機関の執行裁判所への一元化及び執行裁判所の権限の拡大を図り、[61] 強制執行は、債権者の執行裁判所への申立てにより開始するが、執行方法については、特別な申立てがない限りで、執行裁判所が決定する。裁判所は、債権者が最も迅速、簡潔、公平な方法により満足できるように、そして、債務者にとって不必要な苛酷とならないようにこれを決定する（草案七七一条）。そのために、裁判所は債務者の財産状態を把握する必要があるが、草案によれば[62]、債務者は債権者に弁済を怠ったのであるから、少なくとも自分の財産関係を明示する義務を負うのは当然であり、裁判所も、強制執行は当事者だけでなく共同社会全体に関係することから、債務者の財産状態を強制的に把握してその任務を果たさなければならず、債権者が十分な満足を受けることができないという非難は自力救済を禁止した国家にとってきわめて深刻な意味をもつとする。そして、そのための手続は、当事者主義を排除した職権による国家の調査手続となる。すなわち、執行裁判所は、広範な陳述要求権を持ち、手続のいかなる状態においても、債権者及び債務者並びに関係する第三者を出頭させ、あるいは、書面による陳述を求める権限を有する（草案七七二条）[63]。また、執行裁判所は、従来の開示宣誓手続で得ることのできた結果をより迅速に獲得するために、書証・人証を利用できる広範な探知権を有し、債務者に「宣誓に代わる保証の下になす財産に関する書面」を要求できる（草案七七四条）[64]。この場合に、債権者の特別な申立ては必要ではなく、また、債務者に引き延ばしの可能性だけを提供する特別な異議手続も問題にならない。さらに、執行裁判所は、この書面による財産陳述では財産開示が不十分と考えるならば、いかなる手続段階においても、従来型の開示宣誓を命じることができる。しかしながら、この場合でも、債権者の申立て及び執行が不奏功に終わったことなど開示宣誓手続の特別要件は必要ではない。裁判所は、職権で期日を指定して債務者を呼出し、これを債権者に通知する（草案七七六条）。債務者には延期をもたらす異議権ではなく、延期的効力を伴わない執行抗告だけが認められる。財産目録には、債務者の行った過去二年間の無償譲渡、親族に対する譲渡のすべてを記載しなければならず[65]、必要に応じて、最近二年以内の通例ではない処分行為も追加して記載する（草案七七五条）[66]。債務者が十分な弁明もなしに財産開示期日に出頭せず、あるいは、開示を拒絶する場合には、執行裁判所は、決定により、秩序罰金又は六週間以下の秩序罰拘留を命じなければならない（草案七七七条）。この刑罰の執行にもかかわらず、いまだ開示義務を履行しない債務者は、債権者の申立てにより、決定により強制拘留が命じられる（草案七七八条）。拘留された債務者は、いつでも拘留地の執行裁判所に対して財産の開示を受理すべき旨の申立てをすることが可能であり、この申立ては、債権者を呼びだした上で遅滞なく認容される（草案七七九条）。

このように、ＺＰＯ一九三一年草案は、財産開示手続を特別な手続ではなく、執行裁判所の裁量に委ねられた特殊な内部の調査手続と規定した。そして、この草案の強制執行における債務者の財産開示の本質及びその任務についての認識は、その後の学説にも影響を及ぼしたが、この草案は、執行制度を執行裁判所の下に集中させ、当事者の主導を抑えて裁判所の広範囲な裁量を伴う、あまりに強力な国営化傾向にあり、これでは司法は認識可能で予測可能であるとする要請と一致せず、強制執行の実行性が官僚の手中に置かれることになると批判されている[67]。

## (e)　ガウルの改革提案

戦後になって、職権主義による財産開示手続を提案するのはガウル（Gaul）である[68]。ガウルは、ＺＰＯ一九三一年草案及びベバーの改革提案を考慮に入れた上で、現行の開示宣誓手続が依然として当事者主義による手続であることを批判する。

ガウルによれば[69]、強制執行では、判決手続とは異なり、債務者の財産から満足が受けられるという債権者の権利は名義によりすでに確定しており、債務者は強制執行におけるその受動的な地位から抜け出して、その知るところを執行目的の達成のために利用させねばならない。そして、この財産開示は国家が自ら引き受けなければならないことであり、それというのも、執行権を独占する国家により自力救済を禁止される債権者に、その権利の実現及びそのための前提として差し押さえうる対象財産を明らかにすることについては公の利益が存在するからである。したがって、財産開示手続には職権主義が妥当し、この手続は完全に執行裁判所の責任の下で行われる。

ガウルによれば[70]、債務者の財産開示を債権者に対する義務にすぎないとした基本概念が誤りであり、これにより、反対に債務者の保護が強化されてしまい、開示手続に対する信用が失墜した。債務者は、債権者に対して開示義務を負うだけでなく、国家に対しても負うのであり、この開示義務は公法上の執行法律関係に組み入れられる。[71]財産開示を求める債権者の権利は、国家に対する執行請求権の中に既に存在しており、債務者の開示義務は、法により、二次的に、動産執行の不奏功という段階で、債権者の特別な申立て及び裁判所による期日への呼出しによって発生する。債務者は、開示期日においてその財産状態を供述し、さらにこれを宣誓に代えて保証しなければならず、[72]債務者がこれを拒絶する場合に裁判所により命じられる強制手段は、開示義務がいわゆる侵害関係にもかかわることを示す。そして、財産開示手続は、期日における債務者の供述から一定の事実、すなわち、債務者の財産状態を解明するものであり、ZPO八〇七条〔宣誓に代わる保証〕により、宣誓の実施及び保証についてZPO四七八以下が準用されていることから、これは当事者尋問の性質を持った独立した証拠調べ手続であるとする。[73]

ガウルは、また、今日までの逐次の法改正により、財産開示手続は純粋な当事者主義による手続から裁判所の責任の下で行われる手続へと変容していると指摘する。[74]その例として、一九五三年の執行措置法による開示宣誓の要件の職権による調査（ZPO九〇〇条二項）及び一九七九年の改正法による拘留費用の予納の廃止を挙げる。しかし、ガウルは、さらなる改革として、債務者による財産開示の拒絶の場合に、ZPO一四一条三項及び三八〇条を範として、債権者の特別な申立てを必要としない職権による拘留命令の発令を求める。これにより、自由剥奪の決定権（GG―Grundgesetz 基本法―一〇四条）が債権者に委ねられることはなく、法治国家の観点からも問題はなくなる。[75]また、ZPO九〇〇条五項〔債務者が宣誓に代わる保証をすべき義務を争うときは、裁判所は異議について決定で裁判する〕の特別な異議手続は、多くの場合に、債務者が開示手続を引き延ばすためだけに提起していることからこれを廃止し、法的救済はZPO七六六条の執行方法の異議に委ねるべきであるとする。[76]しかし、ガウルは、執行裁判所での財産開示手続は費用負担も考えて申立手続のままにすべきであると主張する。[77]そして、それゆえ、開示義務は国家に対しても発生することを考慮しても、債権者が開示手続の実施を放棄するとの合意は、執行請求権自体が放棄できるように認められるとする。[78]

### (f) 職権主義による財産開示手続の提案に対する批判

職権主義による財産開示手続は、その後もベール（Behr）[79]、アイクマン（Eickmann）[80]、そして、一九八〇年に公表されたドイツ司法補助官連盟（Bund Deutscher Rechtspfleger）の強制執行法改革案[81]においても提案されている。これらは、ベバー、ＺＰＯ一九三一年草案及びガウルの改革提案に基づいて、職権主義による財産開示手続を提案するのであるが、債権者がこの手続を開始するのか、あるいは、職権により開始されるのかなど手続の具体的な内容については見解が分かれている。

これは、そもそも強制執行は私人の権利を実現することから、債権者の影響力を完全に抑え込むことはできないことによる。そして、このことが職権主義に基づく財産開示手続に対する批判として主張されている。すなわち、強制執行では私人の権利の実現が重要であり、権利を主張する債権者が手続の主体にとどまらなければならない。[82]当事者主義を排除し、職権主義による手続となれば、実際には、手続の進行が遅れ、執行エネルギーは衰退し、その結果、当事者の利益が十分に斟酌されないこととなる。[83]かえって、債権者が、執行裁判所の不適切な執行処分により成果を挙げられなかったとして国家に対して責任を追求することになる。[84]また、今日しばしば行われている債権者と債務者との間の猶予、分割弁済等の合意は職権主義とは相入れないものである。[85]また、ガウルの提案では財産開示手続は債権者の申立てにより開始されるのであり、これでは現在の実務をほとんど変更するには至らない。

このように、職権主義による財産開示手続に対しては批判がある。しかし、ガウルが指摘するように、立法はすでに財産開示手続を職権主義的手続へと徐々に変更させているし、また、連邦憲法裁判所も、一九八二年一〇月一九日の決定で[86]、国家により自力救済が禁止されている執行債権者に、その請求権の実現及びそのための前提として開示により得られる差押可能な財産を明らかにすることについては公の利益が存在すると述べている。もっとも、財産開示手続に職権主義が妥当するとしても、債権者の意思が手続の経過に影響を及ぼすことを考えれば、ガウルの提案のように、職権主義による財産開示手続は、その内容において現行の当事者主義による手続に近づくことにもなる。

## (2) 財産開示手続の先行

財産開示制度の改革提案は、次に、開示手続の特別要件である動産執行の不奏功を必要とせずに、開示手続を先行すべきであると主張する。この提案は、ZPO一九三一年草案が、執行裁判所による執行方法の決定のために、財産開示を強制執行手続の最初に置いたことにその源を発する。この見解は、CPOの立法者が[87]、執行摑取の前に債務者の財産状態を解明することを許さず、執行官による迅速でエネルギッシュな執行活動を重視してこれを先行させ、債務者の負担ともなる開示宣誓による財産状態の解明を最後の手段と把えたことに対して、基本的に変更を加え、債務者の財産状態の迅速で確実な開示をもたらそうとするものである。

### (a) ガウルの改革提案

ガウルは[88]、債務者が執行手続の間、そして、それが無駄に終わって財産開示のために呼び出されるまでなにも協力する義務がないということは、ドイツ執行制度の欠陥であり、財産開示が先行してこそ効果的で合理的な執行が行われうると主張する。すなわち、開示手続が先行すれば、執行官が訪れたことにより警戒した債務者が開示期日の前までに差押可能な財産をどこかに運び去り、そして、未回収債権を回収することもなくなる。強制執行においては債権者の権利は名義によりすでに確定しており、判決手続においてさえ両当事者に協力義務が課せられることを考慮すれば、債務者はその受動的地位に留まることなく、当初から積極的に協力すべきであるとする。

しかし、ガウルは、ZPO一九三一年草案は当事者の主導を抑えてあまりに強力な国営化傾向にあり、執行裁判所だけが債務者の財産状態を事前に正確に把握できるとするのは極めて楽観的であるとして、執行裁判所での債権者の申立てによる事前の財産開示手続と、執行官による動産執行の際の事案解明という二つの選択肢を提案する。執行官による事案解明は、執行裁判所での証拠調べの性質を持つ形式的な財産開示手続とは異なり、執行官が差押えに際して債務者にその財産状態の報知を求める。債務者は執行官に報知をすることが義務づけられ、これを拒絶する場合には、執行裁判所での形式的な開示手続の開始の理由となる。ガウルによれば、執行官の債務者に対する報知要求は、証拠調べの性質を持つ尋問ではなく、事案解明の手段に過ぎないのであり、債務者はその供述を宣誓に代えて保証することはないし、また、報知の拒絶が強制拘留と結びつくこともない。債権者はこの二つの方法を選択できるが、執行官による動産執行を選択する場合には、予備的申立てとして裁判所での財産開示を求めることができるとする。[89]

ところで、執行官による事案解明というガウルの提案は、一九九〇年の司法簡素化法により新たに導入されたZPO八〇六条aにより、その一部が受け入れられた。この規定は、[90]従来から行われてきた執行官実務に法的な基礎を与えたものである。これによれば、執行官には、執行の開始の際に、すなわち、差押えが功を奏さず、又はその見込みがないことが明かとなった後ではなく、すぐに質問権が与えられ、債権者はそれにより債務者の金銭執行について情報を得ることができる。しかし、執行官は債務者に対して質問をする権利及び義務はあるものの、執行官に対して報知をする債務者及び第三者の義務は存在しない。草案の段階では、執行官に対して報知を拒絶する債務者は、債権者の申立てにより、裁判所により強制拘留が命じられると規定されていたが、執行官に対する報知義務とZPO八〇七条による開示義務との関係が明確ではないなどの批判があり、立法には至らなかった。[91]従って、ガウルは、[92]この規定では財産開示が著しく改善されることはできないと批判している。また、実際の統計を見ても、この規定の導入により、宣誓に代わる保証の申立件数は減少しておらず、執行裁判所の負担の軽減という立法目的は達成されていない。

### (b) ドイツ司法補助官連盟の強制執行法改革案

一九八〇年に、ドイツ司法補助官連盟は、(93) 新しいZPO八〇七条一項として「債務者が、執行官による支払命令の送達後二週間の間に執行債権を支払わなかったならば、債務者は、申立てにより、その財産の目録を提出し、そして、その有する債権につき原因と証拠方法を表示する義務を負う」という改革案を公表した。司法補助官連盟は、ZPO一九三一年草案及びガウルの改革提案を基礎として、執行裁判所への執行機関の一元化による執行裁判所の権限の拡大を図り、執行裁判所の職権により行われる開示手続を執行の最初に移動する。連盟によれば、執行官による物の差押えは、今日、僅か一〜二パーセントの事例で成功しているだけであり、まさにこれは、宣誓に代わる保証の実施のためのアリバイ機能をもつに過ぎない。現行の財産開示手続が動産執行の不奏功の後になされると規定されたことにより、この手続は財産開示手続から債務弁済のための心理的並びに人的な圧力、強制手段となったと指摘する。

### (c) リュケの改革提案

ヴォルフガンク・リュケ（Wolfgang Lüke）は、(94) ZPO一九三一年草案及びガウルの改革提案とは立場を異にし、執行手続においても執行債権者及び執行債務者が決定的な影響を及ぼすとして、執行債務者に対する執行債権者の実体法上の報知請求権を提案する。

リュケによれば、債権者には、執行力ある名義が存在し、そして、執行開始の一般的要件が存在するならば、債務者に対する実体法上の報知請求権が与えられる。この請求権は執行法律関係にその基礎を置く。債権者は、この請求権により債務者に対してその財産目録の提出を求めることができるので、早期に、適切な執行を判断するための必要な情報を獲得できる。債務者がこの要求に従わないならば、債権者は、執行裁判所に、債務者を供述させるために呼び出すことを申し立て、裁判所は報知請求権の要件が存在するならば債務者に供述させる。債務者が供述を拒絶する場合には、ZPO九〇一条〔拘留の命令〕により請求権は拘留をもって実現されることになる。また、債務者が虚偽の供述をするとの理由のある嫌疑が存在する場合には、債権者は債務者に対して宣誓に代わる保証を求めることができる。さらに、債務者は、報知義務を履行しない場合には損害賠償義務を負うことから、これにより完全で、正確な供述が促されるとする。

## (d) 開示手続の先行に対する批判

開示手続を先行させて債務者の財産状態を迅速かつ広範囲に明かにし、強制執行の効果を上げようとするガウル及び司法補助官連盟型の提案は、この他にもシルケン（Schilken）(95)、ツァイス（Zeiss）(96)、ベールら(97)によって支持されている。

しかし、開示手続先行の提案に対しては批判もある。すなわち、まず第一に、債務者の財産開示は債務者の自由で私的な取引領域への特に厳しい侵害であり、これを動産執行というより負担の少ない手段よりも先行させることは基本法（Grundgesetz 以下ではＧＧと略す）の相当性の原則（Grundsatz der Verhältnismäßigkeit）に違反するという見解である(98)。しかし、この批判に対しては、財産開示の実施とＺＰＯ九一五条の債務者表への登録という結びつきをなくすか、あるいは、登録の効果を弱めること、さらに、財産開示は差押えの実施とは異なり債務者の協力が必要ではあるが、連邦憲法裁判所が一九八一年一月一三日の決定で述べたように(99)、債権者は債務者だけが持っている情報を得ることができなければ著しい不利益を被ることから、債務者の利益よりも財産開示を求める債権者の利益が絶対的に優先することを考えれば、財産開示はより厳しい処分ではないとする反論がある(100)。

次に、開示手続が先行しても、債務者は呼出しと開示期日ないし拘留又は引致の間に財産隠匿及び債権回収は図ることは可能であり(101)、財産隠匿の可能性が虚偽の宣誓に代わる保証をする可能性よりも大きいということも、両者とも過罰行為であることを考えれば(102)、根拠がないとする(103)。

さらに、司法補助官連盟の提案では、動産執行は財産開示のための要件を取得するための手段に過ぎないとされる

務を分割弁済している。(104)

が、統計によれば、執行官は連邦全体で年約一五億マルクを取り立てており、その際に、事件の二〜三パーセントにおいて物は換価されたに過ぎないが、債務者は差押えがあったので、ZPO八一三条a又は私的な合意に基づいて債務を分割弁済している。(104)

また、リュケの提案では強制執行の経過は当事者が国家の執行機関の関与なしに直接的に対立するかのように考察されるが、これは一九世紀の観念への逆戻りであり、実体法上の報知請求権が執行法律関係に内在することはなく、執行法律関係は公法上の法律関係として国家との関係が基礎となる場合にだけ考えられる。すなわち、執行法律関係は名義の存在によってではなく、執行機関に執行の実施を求める債権者の申立てによって初めて発生する。そして、実体法上の義務が強制執行によって直接実現できることはなく、さらに、報知義務の不履行の際に通常の判決手続で実現されるはずの損害賠償義務を認めることも異常であるし、そもそも、このような債務者にはもはや取れるものは何も残っていないと指摘する。(105)

## (3) 債務者表の改革

財産開示制度の改革提案は、一八九八年改正法により導入された債務者表にも向けられた。債務者表は、既に述べたように、(106)取引の安全のために導入され、これにより、契約の相手方の支払能力及び支払意思を迅速かつ安価に判断できることから、その後のドイツの取引社会において大きな役割を果たしている。そして、債務者表に登録されることは債務者の信用の決定的な失墜を意味することから、債務者はこの登録の回避に努めねばならず、必死になってその債務の弁済に尽くすことになった。

しかしながら、財産開示は、その後の強制執行のために債務者の財産状態を明らかにすることを目的とするものであり、取引の安全、すなわち、資産がないゆえに取引関係に入ることに適さないと思われる債務者についての知識を得るという信用取引上の利益にとっては、宣誓に代わる保証が行われたこと、又は拘留が命じられたという事実は重要ではない。これは、立法者が「積極的開示宣誓」と「消極的開示宣誓」という二つの形式を十分に理解していなかったことが原因と考えられるが、この債務者表により、今日、財産開示制度は債務弁済のための圧力手段となっている。

### (a) ZPO一九三一年草案

ZPO一九三一年草案は、[107] 債務者が財産開示制度に債務者表が結びついたことで、財産開示を回避して債務の弁済に努めねばならなくなったことは財産開示の目的とは一致せず、財産開示が行われたかどうか、及び拘留が命じられたかどうかは債務者表への登録にとって重要ではないとして、初めて、財産開示制度から債務者表を切り離した。すなわち、草案は、強制執行が不奏功に終わったという事実こそが重要であるとして、債務者表には、債務者に対する金銭執行が目的を達成しなかったときに、その債務者について、弁済されずに残っている債権額と債権者が満足を得た部分が記載される（草案八六七条一項）。これにより、債務者表には債権者の満足なしに終了するあらゆる強制執行が登録されることになり、債務者は自分が宣誓した債権者を満足させたが、その宣誓を引用したその他の債権者に弁済しないときでも、継続する信用不能にもかかわらず債務者表の登録が抹消されるとするZPOの規定から生じる危険は回避されることになる。また、草案によれば、債務者は、債務者表への登録の後であっても、債権者を満足させた場合にはその登録は抹消される（草案八六七条二項）。この規定により、債務者は債務者表への登録の後であっても、債権者に弁済をするための努力を払うことになる。草案では、さらに、登録は、登録がされた年の終結後一〇年を経過したときに抹消される（草案八六七条二項）。この期間は、当時のZPOの五年と比べるとかなり長期であるが、草案によれば、[108] 債権者に未だ満足を与えられない債務者の登録を長期間維持することは、債権者の保護にとって合目的であり、不公正ではないとする。また、特定の登録の存在又は不存在に関しては、何人も、申立てにより、報知を受けることは可能であり、その代わりとして、債務者表の閲覧も許される（草案八六八条）。

## (b) べバーの改革提案

べバーは、ZPO一九三一年草案が、財産開示制度と債務者表を切り離したことを高く評価し、債務者表の導入が開示宣誓の目的を不明確とし、内部に矛盾を抱える手続となったことから、これを改革しなければならないと主張した。(109)

べバーは、債務者表は、まず第一に、経済的な利益、すなわち、資産のない債務者についての知識を得るという信用取引のために導入されるとする。(110) そして、債務者表への登録にとっては、開示が行われたこと又は拘留が命じられたことではなく、債務者に対する強制執行が不奏功に終わるという事実が重要であるとして、債務者表には、弁済されずに残っている債権額並びに強制執行が開始された金額が記載されるとする。(111)

べバーによれば、執行裁判所は、債務者の財産についての供述及び行われた調査から、強制執行により債務者の財産から債権者を満足させることは不可能であることが明らかであり、あるいは、調査された財産に対する強制執行が債権者の満足をもたらさなかったときに、職権により、決定で債務者表への登録を命じる。しかし、執行裁判所は、この命令の前に、分割弁済により債権者を徐々に満足させる可能性が存在するかどうかについて債務者と議論しなければならない。そして、裁判所は、債務者がその債務を自分の将来の所得と相応する分割弁済により弁済すると約束し、その支払期間が遵守されると思われるか、あるいは、債権者が提供された分割弁済に同意する場合には、決定により、債務者表への登録を一時的に中止する。それというのも、この場合は、債務者は信用取引の見地から支払不能な債務者とは見られないからである。(112)

登録は、ZPO一九三一年草案と同様に、債務者がその後に債権者に満足を与えることで抹消される。また、登録がされた年の終結後五年を経過したときにも抹消されるとするが、これは登録は信用取引のために必要な限りで維持されねばならないが、表が大部にならないためには五年の期間が相当とされるからである。(113) そして、何人にも債務者表の閲覧が許され、特定の登録の存在又は不存在に関して報知を受けることができる。(114)

### (c) ガウルの改革提案

ガウルは、ZPO一九三一年草案及びベバーの提案と同様に、財産開示の本来の目的及び信用取引のためには、執行が不奏功に終わったという事実だけが重要であるのに、財産開示が行われた、又は拘留が命じられたという事実が登録されることによって、債務者表は、支払う意思がなく、かつ、信用のおけない債務者の登録簿となったと述べる(115)。そして、債務者がこの登録による差別的効果を恐れることにより、今日の財産開示制度は債務弁済のための圧力手段、すなわち、直接強制後の間接的な執行手段として、債務者の履行意思になおも影響を及ぼす最後の執行手段となっていると指摘する(116)。ガウルは、債務者表を財産開示制度の目的と一致させてブラックリストという汚名を返上するためには、債務者表には債務者の支払不能が登録されるべきであり、具体的には、ZPO一九三一年草案の八六七条を範とした債務者表の改革が行われねばならないとする(117)。そして、これにより、本来の財産開示目的が前面に現れて、ZPO九〇〇条四項〔弁済による猶予規定〕のような債務者保護の規定は異質なものとして再検討されると主張する(118)。

### (d) 債務者表の改革に対する批判

債務者表を改革して、財産開示制度の本来の目的であるその後の強制執行のための債務者の財産状態の解明の実現を求める見解に対しては批判が強い。すなわち、財産開示手続が債務の弁済のための圧力手段となっているとしても、これにより、執行手続における重要な目的である債権者の満足が図られるのであるから、この圧力手段を放棄することこそ法の目的に違反するとの見解である(119)。

しかし、財産開示手続を圧力手段と考えるならば、一九三一年にシュプリンツ（Sprinz）が提案したように(120)、財産開示手続を債務者表への登録手続に変更して、債権者が差押えにより満足を受けることができない場合に、申立てにより、執行裁判所が債務者を審尋した後に、債務者を債務者表に登録するということで十分なはずである。法が財産開示手続を設けている限りは、その後の強制執行のための債務者の財産状態の解明を重視すべきであると思えるが、学説は一般に、立法者の誤解により導入された債務者表が今日まで取引社会に果たしてきた役割を考慮してその維持に努めている。

## (4) 小括

このように、財産開示制度に対する改革提案は、債務者の財産状態の迅速で確実な開示をもたらすために、開示制度の手続原則及び構造を変えようとするものであった。そして、これらの提案はその後の法改正に大きな影響を及ぼした。

すなわち、職権主義による財産開示手続への変更を主張する提案において示された執行機関による調査権限は、二〇〇九年の「強制執行における事案解明の改革についての法律」により新たに導入された執行官の開示権（ZPO八〇二条l）につながり、また財産開示手続の先行は、一九九〇年に導入されたZPO八〇六条aによりその道が開かれ、次に述べるように、「一九九七年第二次強制執行改正法」によって財産開示要件の拡大へとつながった。そして、本書第一編第一章で述べたように、二〇〇九年の改正法はついに財産開示の補充性を廃止した。さらに、債務者表については、一時期そこへの登録が免れることもあったが[121]、個人情報保護を目的とする一九九四年の改正以外は大きな変更は行われなかった。しかし、第一章で述べたように、二〇〇九年の改正法は、ようやく改革提案に沿った改正を行うに至った。

## (三)　一九九七年第二次強制執行改正法による改正

財産開示制度は、このような改革提案が公表される中で、一九九七年一二月一七日に公布された第二次強制執行改正法により、[122]その基本的な手続構造に変更が加えられた。

この第二次強制執行改正法は、強制執行法の規定の多くが時代に適合しておらず、法律の状態と執行の実情が一致していない上に、強制執行手続は複雑で遅く、そして、分かりにくいとされていたことから、手続の簡素化と迅速化を図り、執行裁判所の負担を軽減して執行官の権限を拡張することを目的とした。[123]そして、宣誓に代わる保証については、まず第一に、その実施を司法補助官から執行官の権限へと移動して、債権者の債権の今までよりもより迅速な現実化を図った。すなわち、執行官による動産執行と区裁判所における司法補助官による宣誓に代わる保証という二元制度では、時間が浪費されて債権者に不利益となり、また、債務者にも不必要な負担となることから、執行官が、ZPO八〇七条の要件が存在する場合に、直接、宣誓に代わる保証をさせることで、このような負担を回避した。[124]そして、執行官へのこのような権限の移動により、一九九九年から施行された倒産法（Insolvenzordnung）により任務が増大する司法補助官の負担の軽減を図った。[125]

次に、この改正法は、ZPO八〇七条の宣誓に代わる保証の要件を拡大して、動産執行の不奏功を必要としない開示手続の開始を初めて認めた。これは財産開示の先行を求めてきた改革提案に沿うものであり、強制執行の迅速化及び執行裁判所並びに執行官の負担の軽減を図るものであった。[126]

この法律により、二つの重要な改正を受けた財産開示制度は、一九九九年から施行され、第一節で述べた二〇〇九年の新法が二〇一三年に施行されるまで適用された。以下では、この重要な改正点を中心に述べることにする。

## （1）執行官による宣誓に代わる保証の実施

改正法により、宣誓に代わる保証の実施については、執行官の管轄となった（ＺＰＯ八九九条一項）。管轄についてのこの変更は、一九九四年及び一九九五年に公表された改正草案のいずれにも予定されておらず[127]、立法化の最終段階で新たに採り入れられた。もっとも、ドイツ執行官連盟（Bund Deutscher Gerichtsvollzieher）は、以前から執行官による開示保証（宣誓に代わる保証）の実施を要求しており、執行官が差押えの不奏功に続いて、その場所において、そこにある資料に基づいて財産目録を債務者とともに完成することができるならば、これにより、迅速な強制執行が可能となり、裁判所の負担も軽減されて費用の節約にもなると主張していた[128]。しかし、この提案は強く批判されてきた。それというのも、開示保証手続は、執行摑取と同視することのできない争訟手続として形成されており、エネルギッシュな執行機関として、執行の外面的な任務を行う執行官による侵害処分と、中立な裁判機関として執行の内面的な任務を行う執行裁判所の裁判機関としての処分及び裁判とは明確に区別されねばならなず、開示保証手続においてしばしば争われる、手続の許容性、その延期及び債務者の異議は執行裁判所の権限であり、これらを執行官に委ねることは手続の持つ司法形式性が崩れることになり、また、このような執行官の地位の基本的な変更は、個別的な管轄の変更によってもたらされるものではないとされたからである[129]。たしかに、この点について、一九九四年の改正草案の理由書も、この草案は執行官に債権者と債務者との関係についての裁判、すなわち、手続の許容性、その延期及び異議を委ねることはないと述べていた[130]。しかし、改正法では、債務者の異議についての裁判（ＺＰＯ九〇〇条四項）及び拘留命令の発令（ＺＰＯ九〇一条）は依然として裁判所に委ねられたが、手続の許容性（ＺＰＯ九〇〇条一項二項）並びに手続の延期（ＺＰＯ九〇〇条三項）は執行官により判断されることになった。

改正法は、初めに、ＺＰＯ九〇〇条一項で、債権者が執行官に宣誓に代わる保証をさせるための期日の指定を求める場合、すなわち、その執行官による物の差押えと接続しない場合について規定する。執行官は職権で管轄（ＺＰＯ八九九条一項）及び宣誓に代わる保証の要件を調査し、それが満たされるならば期日及び場所を指定し、債務者を呼び出す[131]。呼出しの送達は執行官自らが行うことができる[132]。

次に、改正法は、ＺＰＯ九〇〇条二項により、動産執行が不奏功に終わり、そして、債務者及び債権者が異議を主張しなければ、執行官は、開示保証の期日の前でも、あるいは、期日指定の前であっても、即時に開示保証をさせることができると規定した。これにより、執行官は、動産執行の不奏功の後に引き続いて開示保証をさせることができるので、強制執行の実効性は上がり、手続の迅速化が図られることになる。なお、債権者は、動産執行が不奏功に終わる場合に執行官の即時の開示保証を可能にするために、物の差押えを求める執行委任（ＺＰＯ八〇八条）と同時に期日指定の委任も行うことができる[133]。債権者又は債務者が即時の開示保証の実施に対して異議を主張する場合には、執行官は開示保証の実施の期日及び場所を指定する。ただし、この期日は、開示保証の効果について債務者に考慮時間を与え、そして、債権者にもその他の満足の可能性を損なわせないために[134]、差押えの実施の後二週間を経過する前及び四週間を超えて指定されるべきではない（ＺＰＯ九〇〇条二項四文）。

ところで、ＺＰＯ九〇〇条二項が規定する即時の開示保証は、動産執行の不奏功という要件はあるが、強制執行の早い段階での執行官による財産開示という点では、ＺＰＯ八〇六条ａ及びガウルの提案と軌を一つにする。もっとも、ＺＰＯ八〇六条ａやガウルの提案では、執行官に財産を開示しても債務者表に登録されることはないが、即時の開示保証は登録されることから、学説の中には、当初から、債務者が債権者にその他の財産の迅速で効果的な摑取を可能にさせるために、自らの財産状態を即座に開示する用意があるとは考えられず、反対に、執行を妨害し、あるいは、遅延させるための行動にでるであろうとの指摘があった[135]。

## (2) 宣誓に代わる保証の要件の拡大

改正法のZPO八〇七条は、開示保証の要件を拡大し、債務者が捜索(ZPO七五八条)に同意しなかった場合(ZPO八〇七条一項三号)及び執行官が、執行の少なくとも二週間前に一度通知した後で、[136]債務者にその住居において繰り返し出会わなかった場合(ZPO八〇七条一項四号)にも、債務者は開示保証をする義務を負うと規定した。開示保証の要件のこの拡大は、すでに一九九四年と一九九五年の二つ改正草案においても規定されていた。この規定により、動産執行の不奏功を必要とすることなく開示保証が実施されることになり、改革提案が主張してきた開示手続の先行にさらに一歩踏み出すことになった。

もっとも、改正法がこのように開示保証の要件を拡大したのは、連邦憲法裁判所が、一九七九年四月三日の決定により、[137]動産執行に際して債務者の住居を捜索するためには、基本法(GG)一三条二項による住居不可侵を求める基本権があるゆえに、債務者が捜索に同意しない限りで、原則として裁判官の捜索命令を必要とすると判断したことが原因である。[138]この決定により、債権者は、債務者が自分の住居の捜索に同意しない場合、あるいは、執行官がその住居で繰り返し債務者に出会わない場合に、まず初めに、裁判官の捜索命令を得なければならず、その後、動産執行が不奏功に終わってようやく開示保証をさせることができる。これにより、開示保証手続は遅れることになり、その間に債務者が財産を隠蔽するという危険が発生し、また、執行裁判所は債権者による大量の捜索命令発令の申立てを処理しなければならず、[139]執行官も捜索命令の発令後もう一度動産執行を実施しなければならない。[140]そこで改正法は、強制執行の促進及び執行機関の負担を軽減するためにこの規定を導入した。

たしかに、この規定により、財産開示手続は、改革提案が要求してきたように、動産執行の不奏功を必要とせずに開始されることになる。しかし、改正草案の理由書は、この規定により債務者の捜索拒絶の件数が減少すると述べており、これは、債務者の財産状態の迅速で確実な開示をもたらそうというのではなく、開示保証を前面に出すことで債務者を威嚇して捜索に同意させようとする意図が見えることから、結局、財産開示手続を圧力手段として用いるだけだのと批判が当初からあった。(141)

## (3) その他の改正点

改正法は、この二つの重要な改正の他にも、それまでの開示保証手続をいくつかの点で変更した。

まず第一に、ZPO八九九条二項は、債務者の住所又は居所が執行官の属する区裁判所に存在しない場合に、裁判所は、債権者の申立てにより、事件を管轄のある裁判所へ移送すると規定した。この規定により、手続の迅速化が図られることになった。(142) もっとも、二項が「管轄ある裁判所に移送する」というのは誤りであり、「管轄ある執行官に移送する」と修正されるべきとの批判があり、(143) 二〇〇九年の改正法ではそのように変更された（ZPO八〇二条e第二項参照）。また、債務者が、債権者の執行官への委任の時点で住所を有していたが、その後、開示保証が行われる前に転居した場合には、その執行官の管轄は維持されるものの、開示保証をしたことは新しい住所地を管轄する裁判所の債務者表にも登録されることになった（ZPO九一五条二項）。これにより、管轄を有する執行官は、新たな開示保証の委任を受ける際に、開示保証の再施（ZPO九〇三条）との関係で不適法な期日指定やそれに伴う債務者の異議（ZPO九〇〇条四項）を回避することが可能となった。(144)

さらに、第二次強制執行改正法は、それまでのZPO九〇一条を変更して拘留の命令（Haftanordnung）を削除し、これを拘留命令（Haftbefehl）に一本化して、従来から争いのあったその執行の前の拘留命令の送達を不要とした。(145)

（1）一九七〇年六月二七日の「司法補助官法・公証文書法の改正及び開示宣誓を宣誓に代わる保証に改めることに関する法律 Gesetz zur Änderung des Rechtspflegergesetzes, des Urkundungsgesetzes und zur Umwandlung des Offenbarungseides in eine eidesstattliche Versicherung vom 27. Juni 1970, BGBl. I, S. 911.」により、それまで裁判官の面前で行われていた開示宣誓が廃止されて、以後は、「宣誓に代わる保証」としてその履行に関する権限は司法補助官に属することとなった（司法補助官法 Rechtspflegergesetz 以下ではＲｐｆｌＧと略す。二〇条一七号）。これは司法補助官の権限を拡大することでその地位の向上をはかり、また、量的に多い開示宣誓事件から裁判官の負担を軽減しようとするものである。これについては、石川明『ドイツ強制執行法研究』一二九頁以下、同書一六九頁以下が詳しい。

（2）Vgl. Endemann, Das deutsche Zivilprozessrecht, 1868, S. 817; Wetzell, System des ordentlichen Civilprocesses, 3. aufl., 1878, S. 294f. ローマ法全典（Corpus iuris）の中に、相続債権者及び受遺者は、相続人により作成された財産目録が不完全であると推定される場合に、相続人に対して、自らは何も秘匿しておらず、あるいは、何も取り除いていないことの宣誓を求めることができる旨の規定（L. ult. § 10C. de jure delib. (6, 30)）があり、それ以前の他の二つの規定（L. 2 pr. C. quando et quibus quatra paras (10, 34); L. 6 § 4C. de his qui ad eccl. conf. (1, 12)）と共に、開示宣誓(Manifestationseid)の起源とされている。しかしながら、この宣誓は、強制執行の対象を表示することを債務者に促すための強制手段ではなく、せいぜい、相続債権者及び受遺者に対する相続人の義務の範囲を調査するための一つの証拠方法に過ぎないし、この宣誓は、相続人の義務ではなく権利であり、また、相続人により任意に提出される財産目録に関することから、この宣誓を起源とすることに反対する見解もある。Vgl. Fraeb, Der Stand der Lehre vom Offenbarungseidesverfahren in der Rechtswissenschaft und der Rechtsprechung, Rechtsgang Band 2, S. 44.

（3）例えば、一七九三年のプロイセン諸国家の一般裁判所法（Allgemeine Gerichtsordnung für die preußischen Staaten）第二三章第二九条は、債務者の下で執行可能な財産が何も発見されない場合に、その債務者は宣誓を義務づけられると規定した。また、プロイセンの一八三四年三月四日の民事事件における執行についての条例（Verordnung über die Exekution in Civilsachen）の一一条は、開示宣誓の申立ては、動産に対する執行が不奏功に終わったか、又はそれが妨害された場合には、即時に行われ、あるいは、債権者が現在ある動産から満足を得られないことが明らかな場合には、裁判官の裁量により、行われると規定した。

（4）　Vgl. Motiv zur CPO, S. 426.（Hahn, Die gesamten Materialien, I S. 452）. なお、開示宣誓手続の歴史については、Fraeb, a.a.O., S. 42ff. が詳しい。

ＣＰＯの制定に至るまでの、草案過程における開示宣誓についての規定は以下のとおりである。

一八七〇年の北ドイツ草案（Norddeutscher Entwurf）第一〇三二条

「動産に対する差押えの際に、差押えに服する有体動産が見いだされなかったか、あるいは、見いだされた物が債権者の満足のために十分ではなく、あるいは、有体動産の差押えにより債権者が完全な満足を受けることができないことが疎明されるならば、債務者は、その財産の目録を提出し、そして、自分はその財産を完全に供述し、かつ、故意に何も隠さなかった旨の開示宣誓を行う義務を負う」。

一八七一年の第一ドイツ草案（Erster deutscher Entwurf）第六二七条

「債権者が差押えにより完全な満足を受けなかったとき、又は債権者が差押えにより完全な満足を受けることができないことを疎明するならば、債務者は、申立てにより、その財産の目録を提出し、そして、自分はその財産を完全に供述し、かつ、故意に何も隠さなかった旨の開示宣誓を行う義務を負う」。

一八七二年の第二ドイツ草案（Zweiter deutscher Entwurf）第六四七条

「債権者が差押えにより完全な満足を受けなかったとき、又は債権者が差押えにより完全な満足を受けることができないことを疎明するときは、債務者は、申立てにより、その財産の目録を提出し、その有する債権に関して原因と証拠方法を表示し、かつ、次の開示宣誓をなすべき義務を負う。債務者はその財産を完全に供述し、かつ、故意に何も隠さなかった旨を誓う。」

一八七四年の第三ドイツ草案（Dritter deutscher Entwurf）の六六〇条の文言は第二ドイツ草案六四七条と完全に一致しており、また、一八七七年のＣＰＯ七一一条もこの文言である。

（5）　Motiv zur CPO, S. 426.（Hahn, Die gesamten Materialien, I S. 452）.

（6）　Vgl. Gaul, Grundüberlegungen zur Neukonzipierung und Verbesserung der Sachaufklärung in der Zwangsvollstreckung, ZZP 108, S. 6ff. ガウルによれば、立法者が開示宣誓による事案解明よりも、直接的な執行を重視したことは、ＣＰＯが、執行官による動産執行を、執行裁判所による債権執行及び不動産執行よりも前に規定したこと、動産執行の際に、執行官は、債務者の所持する有体動産を差し押さえることで、その財産が債務者に帰属するかどうかを調査することなく、これを第三者の異議に留保して、とりあえず、迅速な行動をとることが執行の成功を導くとしたことからも明かであると指摘する。Vgl. Gaul, ZZP 108. S. 7.

（7）Vgl. Gaul, ZZP 108. S. 9.

（8）Motiv zur CPO, S. 447.（Hahn, Die gesamten Materialien, I S. 469）.

（9）Motiv zur CPO, S. 446.（Hahn, Die gesamten Materialien, I S. 468）.

（10）CPO七八七条において、現行ZPO八〇二条h第二項に相当する拘留の猶予について規定されている。

（11）一八七七年のCPO七八一条二項は、「債務者が宣誓をすべき義務を争うときは、裁判所は、異議について判決で裁判する。宣誓は、判決が確定した後においてなされる」と規定していた。この規定は、債務者が、法律により自らに課せられ、そして特別な名義なしに強制力を有する開示義務の存在を、判決手続に類似する対席による手続において確定される機会を与えられねばならないとの考慮から設けられた。Vgl. J. W. Planck, Lehrbuch des Deutschen Civilprozessrechts, Band II, 1896, S. 772ff. しかし、この異議は、悪質な債務者によりしばしば手続の引き延ばしのために濫用されたので、一八九八年の改正法は、この異議の裁判について決定手続を導入した。Hahn/Mugdan, Materialien, Bd. VIII. S. 170.

（12）Vgl. Gaul, ZZP 108. S. 10.

（13）RGBl. I. S. 2. 一八七五年の帝国議会の委員会は、執行裁判所は開示宣誓の行われたことを即時に公にするという提案を拒絶した。Vgl. Struckmann/Koch, Civilprozeßordnung, Band 2, 1901, S. 326. その理由は、債務者が公衆の面前で非難に晒されるからであった。Vgl. Gaul, ZZP 108. S. 10.

（14）Vgl. Weber, Sachaufklärung und Offenbarungseid in der Zwangsvollstreckung, 1939, S. 20; Gaul, ZZP 108, S. 11.

（15）Hahn, Die gesamten Materialien zu den Reichsjustizgesetzen, Band 8, S. 170.

（16）Weber, a.a.O., S. 20f. Gaul, ZZP 108, S. 11. なお、この点については（二）（3）で論じる。

（17）Vgl. Weber, a.a.O., S. 21.

（18）ランゴバルトの封建法（langobardisches Lehnrecht）は、破産債務者の息子について次のような規定（Edict. Liutpr. c. 57）、すなわち、この息子は、父親の債務ゆえに自分に圧力を加える債権者に対して、自分は父親の財産については何も所持しておらず、また、他人に預かってもらうためにこれを与えたり、あるいは、隠したりはしなかったことを宣誓することが義務づけられる、を含む。この場合、もしもその後に父親の財産を所持していることが明らかになれば、窃盗をした者と同様に、横領の追放罰（Achtfache）を受ける。Vgl. Fraeb, a.a.O., S. 46, 48.

(19) Vgl. Weber, a.a.O., S. 21.

(20) Vgl. Hahn, Die gesamten Materialien zu den Reichsjustizgesetzen, S. 193.（Erste Berathung im Prenum des Reichstags. a）14. Sitzung am Dienstag den 11. Januar 1898. S. 354）.

(21) Vgl. Weber, a.a.O., S. 21.

(22) Vgl. Gaul, ZZP 108. S. 11.

(23) Weber, a.a.O., S. 22; Gaul, ZZP 108, S. 11.

(24) 本書第1編第1章第三節（三）参照。

(25) Vgl. Stein/Jonas/Münzberg, ZPO., 22. Aufl., § 900 Rdnr. 77.

(26) Vgl. Schwalm, Der Vollstreckungseid, 1930, S. 109. なお、ベバーは、大都市では、差押えが不奏功に終わってから実際に財産開示が行われるまで1か月以上経過すると指摘した。Vgl. Weber, a.a.O., S. 47.

(27) Vgl. Schwalm, a.a.O., S. 93.

(28) Hahn, Die gesamten Materialien zu den Reichsjustizgesetzen, Band 8, S. 170.

(29) Vgl. Schwalm, a.a.O., S. 93.

(30) Vgl. Schwalm, a.a.O., S 93f.

(31) これについては、Fraeb, a.a.O., S. 39ff., 216ff., 462ff. 及び、Fraeb, a.a.O., Rechtsgang Band 3, S. 93ff. を参照。

(32) Vgl. Weber, a.a.O., S. 7f.

(33) Vgl. Gaul, Zur Reform des Zwangsvollstreckungsrechts, JZ 1973, S. 481.

(34) Fraeb, a.a.O., Rechtsgang Band 3, S. 200ff.

(35) Fraeb, a.a.O., Rechtsgang Band 3, S. 202.

(36) Fraeb, a.a.O., Rechtsgang Band 3, S. 203ff.

(37) Vgl. Weber, a.a.O., S. 32ff.

(38) Schwalm, a.a.O., S. 113.

(39) Schwalm, a.a.O., S. 114.

(40) Schwalm, a.a.O., S. 116ff. なお、債務者は、債権者の申立てが送達されたときから一週間以内に、手続の開始についての異議を提出しなければならず、遅れた異議は、職権調査事項を除き、もはや提出することはできない。従って、開示手続の開始は、同時に、債務者の開示義務の確認を含むことになる。Vgl. Schwalm, a.a.O., S. 115f.

(41) Weber, a.a.O., S. 1ff.

(42) Vgl. Gaul, JZ 1973, S. 481.

(43) ベバーは、開示手続の特別要件として、差押えの実施後に、差押可能な物が発見されなかったか、あるいは、十分な個数発見されなかったこと、又は差押可能な物が十分な個数発見され、そして、差し押さえられたが、債務者が、これらの物に対する強制執行はこれらが差押えに服さないので、あるいは、これらには執行を妨げる第三者の権利が付着していることから不適法であると主張し、その他の差押可能な物は十分な個数存在していないことを挙げる。Vgl. Weber, a.a.O., S. 46.

(44) これらの場合には、執行官は、自ら必要と思う調査をした後に、記録を職権で報告書とともにその勤務地の執行裁判所に提出する。債権者もこれらの場合に裁判上の手続の開始を求める権利を有する。Vgl. Weber, a.a.O., S. 52.

(45) 債務者が開示を拒絶する場合、あるいは、債務者が差押えの実施に立ち合わなかったために、その財産を陳述するために執行官の下への出頭が求められたが、出頭しなかった場合に、執行官は、それを調書に記し、自らの見解を付してこれを即時に執行裁判所に提出する。Vgl. Weber, a.a.O., S. 53.

(46) Weber, a.a.O., S. 47ff.

(47) Weber, a.a.O., S. 47.

(48) 債務者が執行官の面前で開示を拒絶した場合には、債務者が自らの拒絶に理由を述べ、それが認められるのであれば、裁判所は決定により開示を行わない。認められない場合には、異議を排斥した上で、即時に期日が指定される。債務者が、執行官に理由を供述することなしに、あるいは、明らかに引き延ばしのために理由をつけて開示を拒絶するならば、裁判所は、期日指定をせずに、即時に勾引を命じることができる。また、債務者が取消可能な一定の過去の処分に関わることを供述する場合、あるいは、財産状態が複雑である場合、さらに、債務者が不正確で不完全な供述をしたとの疑いがある場合には、執行裁判所は、それらについて新たに事後調査をすることなしに、手続を開始する。Vgl. Weber, a.a.O., S. 54f.

(49) Weber, a.a.O., S. 66f.

(50) Weber, a.a.O., S. 67.

(51) Weber, a.a.O., S. 69.

(52) Weber, a.a.O., S. 74ff.

(53) もっとも、財産開示を債権者が契約により放棄することは債務法上は適法であり、履行できるが、債権者による合意の遵守は、開示手続自体においてもたらされることはできず、履行しなかったことによる損害賠償請求だけが求められる。Vgl. Weber, a.a.O., S. 81f.

(54) 開示期日に十分な理由なしに出頭しなかった債務者を拘留しても、実際には、債権者はすぐに開示をさせるための勾引を申し立てるので、このような債務者に対しては、まず第一に、強制的な勾引が命じられるべきである。また、債務者が、明らかに理由がなく、又は引き延ばしのために、執行官に対する開示を拒絶する場合に、この債務者は裁判所の開示期日への呼出しに応じないことが推定されるので、すぐに勾引が命じられる。これに対して、拘留の命令は、期日に出頭した債務者が財産開示を拒絶する場合、あるいは、勾引された債務者が財産開示を拒絶する場合に命じられる。Vgl. Weber, a.a.O., S. 105f.

(55) これについては、前述第二節（一）（1）を参照。

(56) Weber, a.a.O., S. 113ff.

(57) Weber, a.a.O., S. 115ff.

(58) Weber, a.a.O., S. 42.

(59) Weber, a.a.O., S. 42f.

(60) Entwurf einer Zivilprozeßordnung, veröffentlicht durch das Reichsjustizministerium, Berlin 1931.

(61) Vgl. Entwurf einer Zivilprozeßordnung, a.a.O., S. 410.

(62) Vgl. Entwurf einer Zivilprozeßordnung, a.a.O., S. 400, 410, 432ff.

(63) この場合に、債務者が、債権者に不利益を及ぼすために、執行機関に対して不実の陳述をする場合には、秩序罰金又は六週間以下の秩序罰拘留に処せられる（草案七七三条）。
(64) この要求に応じないときは、開示宣誓を拒絶した場合と同様に処罰される（草案七七七条二項）。
(65) 親族に対する譲渡については期間の制限はない。
(66) 最近二年以内の通例ではない処分行為は無償行為に限定されない。
(67) Vgl. Gaul, ZZP 108. S. 5; Schilken, Reform der Zwangsvollstreckung, S. 323. ＺＰＯ一九三一年草案の規定する財産開示手続について、ベバーは、債務者が作成する財産に関する書面（草案七七四条）は通常は不十分なものであり、ほとんどの場合に次の従来型の開示宣誓手続に進むはずであるから、この書面による財産陳述は手続を遅らせるだけであること、そして、草案七七七条の刑罰は草案七七八条によるその後の強制拘留と同じ効果を持ち、これが連続することは余剰であるし、また、草案が拘留費用及び賄料の関係で、強制拘留に債権者の申立てを必要とすることを批判する。Vgl. Weber, a.a.O., S. 48f., 103ff.
(68) Gaul, JZ 1973. S. 473ff. 及び ZZP 108. S. 3ff.
(69) Gaul, JZ 1973, S. 481. 及び ZZP 108. S. 22.
(70) Gaul, JZ 1973. S. 481.
(71) Gaul, ZZP 108. S. 22.
(72) ガウルによれば、債務者による財産状態の供述はその正当性及び完全性を宣誓に代えて保証することから、債務者は真実義務にも服する。真実義務は、判決手続では、ＺＰＯ一三八条一項により、当初からすべての事実の提出に妥当し、裁判所及び相手方当事者に対して存在する義務であるが、強制執行では、この義務は、ＺＰＯ八〇七条〔宣誓に代わる保証〕・八九九条以下による開示手続において二次的に妥当する。そして、裁判所に対する宣誓に代わる保証によって、事実の供述を証拠方法のように保証することを目的とする限りで、アクセントは裁判所に置かれ、それゆえに、虚偽の宣誓は、刑法（Strafgesetzbuch 以下ではＳｔＧＢと略す）一五六条・一六三条により、司法に対する不法行為として制裁を受ける。Vgl. Gaul, ZZP 108. S. 23f.
(73) ガウルは、このように、財産開示手続を独特な特色を持つ独立した証拠調べ手続であると位置づける。すなわち、たしかに、証明を必要とする一方当事者は、証明されるべき事実について主張しなければならないが、強制執行では、債権者は、執行官に債務者の差押可能な財産を指摘する必要はないし、開示手続は、今まで知らなかった債務者の財産を債権者に認識させるのであるから、その性質上、債権者には原則としてなんらの説明責任も課せられない。また、証明を行う者が必ずしも証明されるべき事実について主張する必要がないことは、概念上は、模索的証明、あるいは、解明義務についての議論により明かである。また、財産開示が当事者尋問であるとすると、ZPO四四五条一項により、当事者が自己の義務に属する証明を他の証拠方法により行うことができないことが要件となるが、財産開示を申し立てる債権者は、この場合、開示をする義務を負わない。そこで、職権による当事者尋問の勧試と考えるとしても、ZPO四四八条ではすでに実施した弁論の結果及び証拠調べの結果が不十分なときに、証明すべき事実について真実又は不真実であることについての確信を得るために用いられるが、財産開示では債務者の財産状態が執行裁判所の面前で初めて明らかにされ、それにより確信をもたらすことから、直接的に当事者尋問の規定が適用されることはない。しかし、当事者尋問についてのZPO四五五条一項及び二項の規定は従来から開示保証に類推適用されており、それというのも、開示手続は結局は証明手続であり、一定の事実を当事者の供述により探り出すこと以外に何も目的とはしないからである。また、債務者の供述は唯一の証拠方法であり、そして、自分に不利になることから信頼できない証拠方法であって、さらに、真実を保証するために、当事者尋問の場合における自由な宣誓（ZPO四五二条）に代えて宣誓に代わる保証が強制されていると考えられ、尋問の拒絶の効果も、主張された事実を証明されたものと認めること（ZPO四四六条）ができないので、法は、債務者に財産開示を義務づけているのである（ZPO八〇七条）。さらに、ZPO九〇〇条五項〔債務者が宣誓に代わる保証をすべき義務を争うときは、裁判所は異議について決定で裁判する〕の異議手続は、開示手続に特殊なものと考えられるが、概念上、基本的には、ZPO三八六条以下の証言拒絶についての中間の争いと全く同じ中間的争いである。従って、現行法上の財産開示手続は、規定の内容から客観的に見れば、当事者尋問の性質は有するものの、独特な特色を持った独立した証拠調べ手続である。Vgl. Gaul, ZZP 108. S. 12ff.

(74)　Gaul, ZZP 108. S. 24f.

(75)　Gaul, ZZP 108. S. 42f. ガウルは、拘留費用を国家の負担とはせず、債権者がZPO八〇七条による財産開示の申立てをする際に、発生する可能性のある拘留費用についても計算に入れなければならないとする。

(76)　Gaul, ZZP 108. S. 42f.

(77)　Gaul, ZZP 108. S. 42f.

(78)　Gaul, ZZP 108. S. 21f.

(79) Behr, Reform der Zwangsvollstreckung, Rpfleger 1981, S. 421f.

(80) Eickmann, Die Rationalisierung der Zwangsvollstreckung und ihre Auswirkungen auf den Gerichtsvollzieher, DGVZ 1977 S. 106ff.

(81) Reform des Zwangsvollstreckung, RpflBl 1980, S. 10ff., 44f.

(82) Vgl. Gilleßen, Zur Reform des Vollstreckungsrechts—Auseinandersetzung mit dem Vorschlag des Bundes Deutscher Rechtspfleger e.V.—, DGVZ 1981, S. 162; Brehm, Aktuelle Fragen einer zeitgenössischen Reform des Vollstreckungsrechts, DGVZ 1983, S. 102.

(83) Vgl. Noack, Die Vollstreckungstätigkeit des Gerichtsvollziehers im Verfahren auf Abnahme der eidesstattlichen Versicherung nach §§ 807, 889, 900ff ZPO, DGVZ 1981, S. 164; Brehm, Möglichkeiten der Reform der Zwangsvollstreckung, DGVZ 1986, S. 98.

(84) Vgl. Brehm, DGVZ 1986, S. 98.

(85) Vgl. Gilleßen, a.a.O., S. 162.

(86) BVerfGE 61, 126.

(87) これについては、前述第二節（一）（1）を参照。

(88) Gaul, JZ 1973, S. 481. 及び ZZP 108. S. 26ff.

(89) ガウルによれば、債権者は思いがけない摑取の機会を奪われるべきではないとして、ＺＰＯ一九三一年草案のように、一般的に執行裁判所による財産開示を先行して行うことに反対する。また、執行官に財産開示手続を委ねることは、手続の持つ司法形式性（Justizförmigkeit）を崩壊させて財産開示手続の価値を下げることになり、さらに、エネルギッシュな執行機関と中立な裁判機関との役割分担も維持できなくなるし、法が裁判所に留保する証拠調べを執行官の面前で行うことは制度に違背すると述べる。Vgl. Gaul, ZZP 108. S. 39ff.

(90) ＺＰＯ八〇六条ｂ〔執行官による通報と質問〕

①　強制執行に際して執行官が債務者の尋問により、又は文書の閲覧により債務者の第三者に対する金銭債権を了知し、かつ、差押えは有効に実施できなかったか、あるいは実施した差押えが恐らく債権者の完全な満足に導くことができない場合には、執行官は、第三者の姓名と住所ならびに債権の原因とその債権のために存する担保を債権者に通報す

る。

②　執行官が債務者に住居で出会わず、かつ、差押えは有効に実施できなかったか、あるいは実施した差押えが恐らく債権者の完全な満足に導くことができない場合には、執行官は、債務者の所帯に属する成年者らに債務者の使用者を尋ねることができる。この者らには、情報を与える義務はなく、執行官によって陳述が任意であることを指示される。執行官は、その知得したことを債権者に通報する。

なお、ＺＰＯ八〇六条ｂについては、内山・前掲「強制執行における債務者の財産開示（一）」一一九頁以下を参照のこと。

(91)　ＺＰＯ八〇六条ａ（当初はＺＰＯ八〇八条ａの予定であった）の制定までの草案の内容及びそれに対する学説の批判については、Brehm, DGVZ 1986, S. 102ff. が詳しい。

(92)　Gaul, ZZP 108. S. 28.

(93)　Reform des Zwangsvollstreckung, RpflBl 1980, S. 10ff., 44f.

(94)　Wolfgang Lüke, Der Auskunftsanspruch des Vollstreckungsgläubigers gegen den Vollstreckungsschuldner, ZZP 105. S. 432ff.

(95)　Schilken, Reform der Zwangsvollstreckung, S. 324f.

(96)　Zeiss, Aktuelle vollstreckungsrechtliche Fragen aus der Sicht des Gerichtsvollziehers, JZ 1974, 566f.

(97)　Behr, Rpfleger 1981, S. 421f.

(98)　Vgl. Münzberg, Reform der Zwangsvollstreckung in das bewegliche Vermögen, Rpfleger 1987, S. 275f; Seip, Ist die Offizialmaxime in der Zwangsvollstreckung als Reformziel erstrebenwert?, Rpfleger 1982, S. 258f; Brehm, DGVZ 1986, S. 101; Gilleßen, DGVZ 1981, S. 162f.

(99)　BVerfGE 56, 41ff.

(100)　Vgl. Gaul, ZZP 108. S. 30ff.

(101)　Vgl. Seip, Die Feststellung der Erwerbsquelle des Schuldners im Wege der Zwangsvollstreckung – Überlegungen zur teilweisen Vereinfachung des Offenbarungsverfahren –, DGVZ 1983, S. 145f; Münzberg, a.a.O., S. 276.

(102)　虚偽の宣誓に代わる保証に対しては三年以下の自由刑（ＳｔＧＢ一五六条）、執行妨害行為に対しては二年以下の自由刑（ＳｔＧＢ二八八条）が科せられる。
(103) Vgl. Seip, DGVZ 1983, S. 146.
(104) Vgl. Münzberg, Rpfleger 1987, S. 276; Gilleßen, DGVZ 1981, S. 163.
(105) Vgl. Gaul, ZZP 108. S. 29f.
(106) 前述第二節（１）（２）を参照。
(107) Entwurf einer Zivilprozeßordnung, a.a.O., S. 512f.
(108) Vgl. Entwurf einer Zivilprozeßordnung, a.a.O., S. 513.
(109) Weber ,a.a.O., S. 21.
(110) Weber ,a.a.O., S. 121ff.
(111) Weber, a.a.O., S. 126ff.
(112) Weber, a.a.O., S. 124ff.
(113) Weber, a.a.O., S. 127f.
(114) Vgl. Weber, a.a.O., S. 158.
(115) Gaul, ZZP 108. S. 11.
(116) Gaul, ZZP 108. S. 11.
(117) Gaul, ZZP 108. S. 44f.
(118) Gaul, ZZP 108. S. 43.
(119) Vgl. Stein/Jonas/Münzberg, a.a.O., § 900 Rdnr. 2.
(120) Sprinz, Abschaffung des Offenbarungseides, DRZ 1921, S. 123.
(121) 一九三三年から一九五三年までは、一九三三年五月二六日の強制執行令（Verordnung über Maßnahmen auf dem Gebiete der Zwangsvollstreckung, RGBl.I, S. 302）第一九条ｄで、債務者は、その財産の開示を即座に誠実に行ったならば債務者表への登録を免れることができた。すなわち、債務者は、期日において、自分はその財産を良知に従い為し得る限り完全に供述したことを保証すれば宣誓を避けることができたのであり、これにより開示宣誓を行ったのと同じ効果（五年間は再び開示する必要はない）を得て、さらに、債務者表への登録を免れることができた。このような変更は、当時の経済危機の時代に、債務者が自らの責任ではないのに、実際には支払をすることができずに、債務者表への登録によって名誉が侵害されることを防ぐために行われた。しかし、結局は、不誠実な債務者が、不正確で不完全な供述をして、刑罰を恐れることなく五年間の平穏を手に入れるだけだとの批判が強まり、債権者保護を強化した一九五三年の執行措置法によりこの規定は廃止された。Vgl. Weber, a.a.O., S. 23ff.

(122) Zweites Gesetz zur Änderung zwangsvollstreckungsrechtlicher Vorschriften (2. Zwangsvollstreckungsnovelle), BGBl. I, S. 3039.

(123) Vgl. BT-Drucksache 13/9088, S. 1.

(124) Vgl. BT-Drucksache 13/9088, S. 22.

(125) Vgl. BT-Drucksache 13/9088,S. 22.

(126) Vgl. BT-Drucksache 13/341, S. 22.

(127) 改正法の草案は、まず初めに、一九九四年二月九日に連邦参議院に提出され（BR-Drucksache 134/94）、若干の変更を経て一九九四年七月二一日に連邦議会に提出された（BT-Drucksache 12/8314）。しかし、この第一二被選期間（Wahlperiode）ではこの草案はこれ以上論じられることはなく、一九九五年一月二七日に新たに草案が連邦議会に提出された（BT-Drucksache 13/341）。

(128) Vgl. Brehm, DGVZ 1986, S. 100; Schilken, Reform der Zwangsvollstreckung, S. 320.

(129) Vgl. Gaul, ZZP 108, S. 39f.; Brehm, DGVZ 1986, S. 100f.; Otto, Reform des Zwangsvollstreckungsrechts: Abnahme der eV durch den Gerichtsvollzieher bei der Verhaftung, DGVZ 1994, S. 18f.

(130) Vgl. BR-Drucksache 134/94, Stand 9. 2. 1994, S. 162. ところで、一九九四年のこの草案では、今回の改正法により新たにＺＰＯ九〇二条一項に規定された拘留後の債務者の宣誓に代わる保証の執行官による受理についての規定があった（草案九〇九条三項）。すなわち、執行裁判所により拘留を命じられた債務者は、執行官の面前で宣誓に代わる保証をすれば拘留を回避することができる。これは、債務者の開示義務については執行裁判所により命じられた拘留命令によりすでに裁判がなされているし、ＺＰＯ九〇二条一項二文による遅滞のない申立ての認容の要請を考慮すれば、たとえ債権者の出席が保障されなくとも、債務者は拘留の執行から保護されるべきであるとの理由である。たしかに、開示の用意がある債務者が、裁判所までの距離や交通手段という外的な要因、さらには、裁判所内の事務処理に関する内部的な要因により開示保証ができずに拘留されることは憲法上も問題となることから、草案のこの規定については学説も支持していた（Vgl. Schilken, Zur Abnahme der Offenbarungsversicherung durch den Gerichtsvollzieher nach Haftanordnung, DGVZ 1990, S. 99ff; Uhlenbruck, Das Bild des Gerichtsvollziehers, DGVZ 1993, S. 101; Noack, DGVZ 1981, S. 168f; Otto, DGVZ 1994, S. 18f.–ガウルは、これにより、債務者の供述は証拠方法となり、法が裁判所に留保する証拠調べを執行官の面前で新たに行うことになって制度違反であるが、債務者の保護の点から例外的に認められるとしていた。Vgl. Gaul, ZZP 108. S. 40.）。しかし、この規定はこれ以降の草案においては削除されていた。

（131）Vgl. Gaul/Schilken/Becker-Eberhard, Zwangsvollstreckungsrecht, 12. Aufl., § 60 Rdnr. 21ff.

（132）Vgl. Gaul/Schilken/Becker-Eberhard, a.a.O., § 60 Rdnr. 25. たしかに、ＺＰＯの規定では、執行官は当事者のなす送達は行うことはできるが、職権による送達は事務課が行わねばならないので（ＺＰＯ二〇九条）、この点を問題にする見解がある（Schmidt, Das Verfahren zur Abgabe der eidesstattlichen Versicherung nach der 2. Zwangsvollstreckungsnovelle, InVo 1998, S. 92.）。しかし、開示手続においても執行に関係するのであり、執行手続ではＺＰＯ八二六条二項、八二九条二項及び八四五条一項二文により執行官自身による送達が規定されていることから、開示保証の場合の執行官による送達も特に目新しいことではないとする指摘がある（Seip, Vermögensoffenbarung beim Gerichtsvollzieher, InVo 1998, S. 215）。

（133）Vgl. Stein/Jonas/Münzberg, a.a.O., § 900 Rdnr. 20.

（134）Vgl. BT-Drucksache 13/9088, S. 24.

（135）Vgl. Schmidt,InVo 1998, S. 92.

（136）この期間が必要とされるのは、債務者が週末だけ自分の住居に滞在することが考えられるからである。また、債務者は、通知された期日では都合が悪い場合には、執行官に自分の住居で出会う期日を知らせることができる。債務者が長期間病院に入院するなど相当な理由があれば開示保証を免れることができるが（ＺＰＯ八〇七条一項四号）、そのためには、債務者はＺＰＯ九〇〇条四項の異議手続においてその理由を疎明しなければならない。Vgl. BT-Drucksache 13/341, S. 23. なお、通知の時期については見解が分かれていた。Vgl. Gaul/Schilken/Becker-Eberhard, a.a.O., § 60 Rdnr. 16.

（137）BVerfGE 51, 97, 106ff.

(138) 連邦憲法裁判所のこの判断は、改正法によりＺＰＯ七五八条ａとして明文化された。
(139) 一九九五年の改正草案の理由書によれば、実務では、債権者により申し立てられた捜索命令の発令は、ほぼ例外なく認められていた。Vgl. BT-Drucksache 13/341, S. 22.
(140) Vgl. BT-Drucksache 13/341 S. 22.
(141) Vgl. Gaul, ZZP 108. S. 37.
(142) Vgl. BT-Drucksache 13/341, S. 42; Gilleßen/Polzius, Die eidesstattliche Offenbarungsversicherung in der Hand des Gerichtsvollziehers, DGVZ 1998, S. 99.
(143) Vgl. Gaul/Schilken/Becker-Eberhard, a.a.O., § 60 Rdnr. 22; Stein/Jonas/Münzberg, a.a.O., § 899 Rdnr. 12.
(144) Vgl. BT-Drucksache 13/341, S. 52.
(145) これについては、後述の〔参考〕（三）参照。

## 第三節　わが国への財産開示制度の導入についての見解

ドイツでは、これまで述べてきたように、執行債務者の財産開示制度は、強制執行の補助手段として長い歴史を経て発展しており、今日でも、学説や判例、さらには立法により改革を続けている。これに対して、わが国は、明治二三年の旧々民事訴訟法典の立法化当初から、ドイツ法のこの部分を全く継受せず、昭和五五年に施行された民事執行法にも採り上げられることはなかった。その理由として、わが国は、当初から、強制執行において債務者が協力するという事態を基本的に考えておらず、そして、執行方法として間接強制をできる限り排除しようとしたことが挙げられている。(1)たしかに、ドイツの開示宣誓制度は、間接的に債務者にその債務の弁済を促すという間接強制の思想と直接及び間接に結びつく面があるが、わが国は、不代替的作為義務の強制執行においても、罰金や拘留に進むことはなく、強制金は法定の違約金として債権者に帰し、債務不履行による損害の補塡に資するとされている。(2)また、裁判所での宣誓という形式が、わが国の国民感情から見て縁遠いと感じられたことも理由として挙げられている。(3)そのためにこの制度はわが国に継受されることはなく、また、学説において論じられる機会も少なかった。

## (二) 学説の状況

わが国に財産開示制度が導入された平成一六年以前において、ドイツの財産開示制度を紹介し、わが国への導入について論じた主な見解は、私見を含めて三説であった。

### (1) 沖野説

開示宣誓制度を初めて本格的に紹介したのは沖野威判事である。(4)沖野判事は、わが国においても、強制執行に際して債権者が差し押さえうる財産を発見すること、すなわち、その所在の確認、本人の財産と配偶者の財産との識別又は個人所有財産と会社所有財産との識別などは非常に困難であり、わが国においてもこのような開示宣誓制度の必要性は否定できないと主張された。

しかし、沖野判事は、実際にこの制度をわが国に導入することには反対する。すなわち、わが国では宣誓の持つ心理的強制力がドイツほどではないし、強制手段としての拘留はわが国の法体系上異例であって、人身の自由と債権の実現との関連について果てしない議論を呼び、到底その実現を期待しえないこと、そして、ドイツでは多数の少額訴訟が提起され、そのうち執行不能となったものの大部分について債権者が開示宣誓の申立てをしており、これにより債務者表への登載人員が多数となることから、それが信用調査に役立っているが、わが国では少額訴訟自体が少数であり、開示宣誓を導入しても、その申立件数は少なく、債務者表は信用調査に役立たないと思われることを理由とされた。(5)

## (2) 石川説

石川明教授は、ドイツの開示宣誓制度及びその後の開示保証制度を研究された上で、(6) わが国にドイツ型の財産開示制度を導入することは可能であると述べられた。(7)

石川教授は、その理由として、沖野判事が指摘するように、わが国では宣誓に宗教的感情が伴わず、その心理的強制力がドイツほどではないとしても、民事訴訟においては宣誓制度があり、刑法一六九条の偽証の制裁によりその実効性は期待できること、そして、財産開示を強制するための拘留及び債務者表を財産開示制度から切り離し、財産開示の強制手段として、証人の証言に準じ、正当な理由のない開示期日への不出頭及び財産開示の拒絶に対しては一定の秩序罰、あるいは、刑事罰による制裁を課すならば、導入に対する障害は除去されることを挙げられた。

石川教授の試案によれば、(8) 債権者は、強制執行が不奏功に終わる場合に、申立てにより、債務者に開示宣誓をさせるための期日の指定を執行裁判所に求めることができる。債務者は執行債権を三か月以内に弁済することを疎明すれば、開示宣誓期日を三か月まで延期することができるし、宣誓をする義務を争うときには、ドイツのZPO九〇〇条五項と同様な異議を提起できるとされた。(9) また、債務者が開示宣誓を拒絶する場合には、強制拘留ではなく、旧民事訴訟法二七七条、二七七条の二及び二七八条の準用による制裁が課せられるとされた。そして、開示宣誓の再施についてはZPO九〇三条と同様な規定を設けるとされたが[10]、債務者表は、それが意識的に間接強制の手段として用いられることは弊害を生じることから[11]、作成しないことを提案された。

## (3) 私見

私は、わが国への財産開示制度の導入の前において、そもそもこの制度をわが国に導入するにあたり障害はあるのか、そして導入されるべき財産開示制度はどのようなものであるべきか、について次のように考えていた[12]。

### (a) 財産開示制度の導入に対する障害

わが国への財産開示制度の導入については見解は分かれるが、沖野判事も述べるように、債権者が債務者の財産状態について情報を入手することが難しい現状では、財産開示制度を設けて金銭執行の実効性を挙げることができれば、この制度の導入を考えるべきである。わが国は立法当初からドイツの開示宣誓を継受せず、今日に至るまで債務者による財産開示についての制度を持っていない。しかし、そもそも、この制度の導入に対して大きな障害は存在するのであろうか。たしかに、わが国は、執行方法として直接強制のできる債務については間接強制を許さず、また、間接強制の方法についても拘留のような人的執行を認めていない。しかしながら、財産開示は、その後に行われる強制執行のために債務者の財産状態を明らかにすることを目的とするものであり、これにより直接強制の代わりに債務者から債務を取り立てる制度ではない。たしかに、ドイツでは、債務者表の導入により、債務者はそこへの登録を避けるために必死になって債務の弁済に尽くしており、財産開示制度は債務弁済のための圧力手段となっている。しかし、ドイツの改革提案が指摘するように、債務者表は財産開示とは直接関係はなく、財産開示が行われたことは信用取引上の利益にとって重要ではないことから、これは切り離して考えるべきである。

もっとも、その場合でも、債務者は自ら強制執行に協力して自分で自分の財産状態を開示しなければならないのであり、これが債務者の意思を圧迫して債務の弁済を間接的に強制するという面はある。しかし、それでは債務者の財産状態の開示は、自分の権利実現を図るために強制執行を申し立てた債権者が興信所を頼んでその調査活動により行うべきことであろうか。もしそうであるとすれば調査に失敗した債権者は、事実上強制執行を利用できなくなり、自分の権利の実現はできなくなる。これにより法的平和及び法秩序が脅かされるという事態も考えられる。

ドイツの改革提案が述べるように、財産開示は自力救済を禁止した国家が自ら取り組まねばならないことであり、国家が財産開示制度を設けて債権者に債務者の財産状態を明らかにさせた上で権利の強制的な実現が達成される。すなわち、強制執行手続に財産開示制度が組み入れられて初めて法的平和及び法秩序の維持が確保されるのである。ドイツ連邦憲法裁判所は(13)、国家により自力救済が禁止されている執行債権者にその請求権の実現及びそのための前提として開示により得られる差押可能な財産を明かにすることについては公の利益が存在すると指摘する。債権者の財産開示を求める権利は、国家に対する民事執行請求権の中に存在するのである(14)。この制度により、債務者は、強制執行に際して受動的な地位にとどまらずに積極的に協力することが義務づけられるのであるが、このことは、債権者はすでに債務名義により自分の請求権はほぼ確定しているのに、債務者によるその財産状態の開示がなければ著しい不利益を被るのに対して、債務者は、自らの財産状態を解明することは困難なことではなく、責任財産の原則を考えても財産開示に協力すべきであり、たとえこれが債務者の意思を圧迫するとしても、財産開示制度の意義及びその重要性を考えればこの程度の圧迫は甘受すべきである。

したがって、わが国においても財産開示制度を導入することは可能であり、積極的に採り入れなければならないと考える。また、沖野判事は、わが国では少額訴訟自体が少数であり開示宣誓を導入してもその申立件数は少なくなるとするが、一九九八年から施行された新民事訴訟法により新たに少額訴訟手続が導入されたことから、これにより財産開示制度が利用されることも考えられる。

### (b) 導入されるべき財産開示制度

わが国に財産開示制度を導入することが可能であるとして、それでは、いかなる形式及び内容を持った制度であればその実効性が上がるのであろうか。これについて、今まで述べてきたドイツの財産開示制度の発展を参考にして、わが国の財産開示制度の基本的な手続構造について考慮すべきと思われる点について指摘したい。

#### ①開示手続の先行

債務者の財産開示は、動産執行の不奏功を要件とすることなく、これに先行することで、その後の強制執行の実効性を高めることができる。ドイツの改革提案及びドイツ連邦憲法裁判所が主張するように[15]、財産開示は強制執行に比べて債務者に対する特に厳しい侵害ではなく、また、債務者に当初から積極的に協力させることも、強制執行においては債権者の権利は名義によりすでに確定していることから要求することができる。CPOの立法当時とは異なり、現在では動産執行に多くの成果は期待できないことから、財産開示手続を先行させて債務者の財産状態の迅速で確実な開示の途を開くべきである。すでに述べたように、ドイツの改正法も開示保証の要件を拡大しており、開示手続の先行に対しては大きな問題はない。

#### ②執行官による事案解明と執行裁判所による開示宣誓

財産開示制度は、執行官が動産執行に際して債務者からその財産状態について報知を受けるという執行官による事案解明と執行裁判所における開示宣誓という二つの制度を併用することでその実効性を高めることができる。

執行官による動産執行に際しての開示手続は、ＺＰＯ八〇六条ａ及びガウルの提案、さらに、第二次強制執行改正法のＺＰＯ九〇〇条二項においても規定されている。執行官が、債務者の手持ちの資料に基づいて迅速に債務者の財産状態を知ることができるならば、その後の強制執行も迅速に行われ成果も期待できる。この場合、ＺＰＯ八〇六条

ａのように、債務者に報知義務がないとするとその実効性が問題となるので、報知義務を課して義務違反の場合には制裁が加えられねばならない。また、改正法のＺＰＯ九〇〇条二項のように、従来、司法補助官が実施していた開示保証をそのまま動産執行の場面に移動させてこれを執行官に委ねることは、後述のように、それ自体に問題があるし、また、この規定により債務者が異議を主張すれば財産開示が行われないことは、ＺＰＯ八〇六条ａと同様な批判を受ける。執行官による開示手続は、ガウルの提案のように、執行裁判所での形式的な証拠調べ手続とは別個な、執行官による単なる事案解明手続として、債務者が容易に報知できる自分の財産状態について債権者にいち早く知らせるように形成すべきである。そして、この場合の制裁を執行裁判所での開示宣誓期日の指定とすれば、債務者は、開示宣誓を回避するために、通常は、差押可能な財産を挙げることになろう。(16)

執行官による開示手続と並んで執行裁判所における開示宣誓により債務者の財産状態は開示される。債権者は、強制執行の申立ての前に、債務者の財産開示を執行裁判所に申し立てることができる。そして、執行裁判所は、強制執行の要件が存在するならば、債務者を期日に呼び出してその財産状態を供述させ(17)、さらに宣誓させる。債権者のこの財産開示請求権は、国家に対する民事執行請求権の中に存在する。(18)また、この手続は、ガウルの言うように当事者尋問の性質を持つ証拠調べ手続と考えられる。たしかに、ドイツでは、改正法により開示保証の実施は今後は執行官の管轄となるが、すでに述べたように、執行の外面的な任務を行う執行官が開示保証を実施することに対しては批判が強い。ベバーも、執行官による開示手続は、債務者が取消可能な一定の過去の処分に関わることを供述する場合、又は財産状態が複雑である場合、あるいは、債務者が不正確で不完全な供述をしたとの疑いがある場合には執行裁判所の手続へと移行すると提案する。さらに、債務者は、執行官の面前での開示保証よりも執行裁判所の面前で宣誓することで、より正確で完全な供述をすることが期待できる。従って、私は、執行官による財産開示手続が、改正法の理由書が述べるように、強制執行の迅速化をもたらし、その実効性を上げるのか疑問であり、裁判所による開示宣誓の導入を提案するが、これについては今後のドイツの状況を見て再検討したい。

なお、債務者には、第二次強制執行改正法によるZPO九〇〇条四項及びZPO九〇〇条三項に規定される特別な法的救済手段である異議及び開示期日の延期を認める必要はない。これらの規定は、開示手続の引き延ばしのためだけに利用されており、また、債務者表を開示手続から切り離せば債務者保護の必要もない。そもそも、財産開示手続においては債務者の利益の保護を斟酌する必要はなく、これはその後の強制執行において考慮すればよいことである。

### ③強制拘留

債務者が開示宣誓期日に出席せず、あるいは、正当な理由なく開示宣誓を拒絶する場合には、証言拒絶に対する制裁の規定（民事訴訟法二〇〇条）を準用して過料及び罰金による制裁が課せられる。ドイツでは、ZPO九〇一条により、開示保証を強制するために裁判所により拘留が命じられるが、わが国の執行法は人的執行を廃止しており、開示手続の場合にだけ拘留を採り入れるのは適切ではない。しかしながら、同じく強制拘留の制度を持たないスイスにおいて、債務者にその財産を報知させるためには強制拘留こそが最も適切で、そして、唯一の手段であるとして、ドイツの財産開示手続を範とすべきとする見解がある。[19]また、ドイツ連邦憲法裁判所は、債権者と債務者との利益を慎重に衡量して、拘留の命令は基本法（GG）の相当性の原則や人身の自由に違反しないと述べていることから、[20]今後、強制拘留について考察する余地はあろう。

### ④債務者表

すでに述べたように、債務者表は財産開示制度とは直接の関係はなく、債務者が財産開示をしたという事実は信用取引上の利益にとって重要ではないことから、これは切り離して考えるべきである。ドイツの改革提案は、取引の安全のために債務者に対する強制執行が不奏功に終わったことを登録すべきであると主張するが、このような登録も、その後の強制執行のために債務者の財産状態を開示するという財産開示制度の目的と直接結びつくものではないので、債務者表を導入する必然性はない。

---

(1) 三ケ月章『民事訴訟法研究』二巻一六六頁以下参照。
(2) 三ケ月章・前掲一六九頁以下参照。
(3) 三ケ月章・前掲一七〇頁参照。
(4) 沖野威「ドイツ民事訴訟法上の開示宣誓 Offenbarungseid 監置 Haft 及び債務者名簿について」松田在職四十年『会社と訴訟（上）』一〇六九頁以下。
(5) 沖野・前掲一一〇一頁以下。
(6) 石川明『ドイツ強制執行法研究』一頁以下、同書一六九頁以下、同書一九一頁以下。
(7) 石川・前掲五頁以下。
(8) 石川・前掲一一頁以下。
(9) 「債務者が宣誓をなすべき義務を争う場合には、裁判所は異議に対し決定により裁判をなし、宣誓の履行は右裁判の確定後になすべきものとすること。但し執行裁判所は、従前の異議が確定裁判により排斥されたとき又は第四項による延期後に最初の延期の申立の時期までにすでに生じた事実を理由として異議のあったときは確定前に宣誓をなすべきことを命じうるものとすること。」石川・前掲一三頁。
(10) 「第一に掲げた開示宣誓をなせる債務者は、宣誓の履行ありたる後最初の三年に於いては債務者が後に財産を取得したる旨又は従来存在せる債務者との労務関係が解消された旨の疎明あるときに限り、債権者に対し再度開示宣誓をなす義務を負う。」石川・前掲一四頁。
(11) 債務者表が、債務弁済の間接強制の手段として用いられると、経済取引において資力なしと考えられ、そのために当然表に登録されるべき債務者が、債権者と長期の割賦弁済を約して開示保証の申立てを取り下げてもらい、その結果、債務者表への登録を免れることになるからである。石川・前掲七頁。

(12) 内山・前掲「強制執行における債務者の財産開示（二・完）」七四頁以下。

(13) BVerfGE 61, 126.

(14) Vgl. Gaul/Schilken/Becker-Eberhard, a.a.O., § 6 Rdnr. 17.

(15) BVerfGE 56, 41ff.

(16) Vgl. Gaul, ZZP 108, S. 35.

(17) 債務者は、期日において自分の内国及び外国にある財産の目録を提出する。ドイツのように、債務者の呼出しの際に、財産目録の提出を促すための書式が添付されることが望ましい。石川教授は、さらに債権者取消権により取り消されうる債務者の法律行為も明らかにすることを求めるが（石川・前掲一二頁）、債務者自身に自らの詐害の意思を供述させることは要求できないことから、ＺＰＯ八〇七条のように、債務者の主観的意思を必要としない、債権者取消権による取消しが可能と考えられる法律行為をいくつか列挙することが良いであろう。なお、期日において債権者は債務者にその提出した財産目録について質問し、裁判長は、自ら債務者に質問することで債務者の供述が正確で完全に行われるように努める。また、開示宣誓の再施についてはＺＰＯ九〇三条の規定が参考となろう。

(18) この場合は、債権者が財産開示の申立てを行い、そして、裁判所が債務者を期日に呼び出すことで債務者の開示義務は発生する。債務者の開示義務は執行法律関係の中に組み入れられる。債務者は債権者に対してだけでなく、国家、すなわち、裁判所に対しても開示義務を負う。

(19) Vgl. Gaul, JZ 1973, S. 482.

(20) BVerfGE 61, 126. 連邦憲法裁判所によれば、拘留の制裁それ自体は債務者にとって重大であるが、法はこの制裁を債務者がなんの困難もなく履行できる義務の不履行と結びつけており、債務者は自分の財産状態だけを解明すれば良く、債務者が現実になんの財産を持っていなくてもなんら不利益を被ることはないとする。

## 〔参　考〕ドイツにおける財産開示制度の状況（一九九七年第二次強制執行改正法による改正前）

はじめに述べたように、以下では一九九七年第二次強制執行改正法による改正前のドイツにおける財産開示制度の状況について指摘する。

### （一）宣誓に代わる保証の要件

債権者が動産に対する強制執行により完全な満足を受けなかったとき、又は完全な満足を受けることができないことを疎明したときに、申立てにより、執行裁判所において、債務者にその財産の目録を提出させて財産を開示させ、その際に、債務者は、その目録の正確と完全とを宣誓に代えて調書上に保証する（ＺＰＯ八〇七条）。

この宣誓に代わる保証の要件は、（1）強制執行開始の一般的要件—債務者に対する執行力ある名義の正本・送達等、（2）一般的訴訟要件—管轄・債務者の訴訟能力等、（3）執行障害の不存在、（4）開示手続の特別な要件—申立て・債務者表における登録の存在の調査（ＺＰＯ九〇〇条二項）・強制執行の不奏功の証明又はその見込みのないことの疎明、（5）権利保護の必要—債権者が債務者のすべての又は十分な財産を知っている場合や[1]、債権者が差押可能な財産を所持していないことを知っている場合には[2]、権利保護の必要は存在しない[3]、である。

この中で、中心となる要件が、強制執行の不奏功の証明又はその見込みのないことの疎明である。動産に対する強制執行は、物の換価に失敗したか、あるいは、それにより完全な満足を受けなかった場合に不奏功に終わる。しかしながら、通常は、執行官の「不奏功証明書 Fruchlosigkeitsbescheinigung 」を提出することで、執行の不奏功は証明される。不奏功証明書の用紙には、既に、通常、次の三つの例が印刷されており—①強制執行は、その住居—事務所―において差し押さえうる物が発見されなかったので不奏功に終わった、②強制執行は、債務者の家事に使用されている家具がその換価によりその価格に釣り合わない売得金しか得られないであろうことから不奏功に終わった（ZPO八一二条）、③差し押さえられるべき物を換価しても強制執行の費用を超える剰余を得る見込みがないので、差押えが行われなかった（ZPO八〇三条二項）―、該当する箇所にチェックをすれば良く、さらに、用紙には、「あなたがZPO八〇七条による宣誓に代わる保証をさせるために債務者の呼出しを申し立てることを望む場合に限り、あなたは、この通知を、この差押えによりあなたが完全な満足を受けなかったことを証明するために提出することができます」との記述も印刷されている。

また、債権者は、自ら差押えをしなくとも、差押えにより完全な満足を得られないであろうことを疎明すればそれで十分である。(4) その場合に、実務では、もっぱら、執行官が、その他の債権者のためにした以前の差押えが不奏功に終わった等の理由から、強制執行は不奏功に終わるとの根拠のある手がかりを持つ場合に、執行官事務処理規則（Geschäftsanweisung für Gerichtsvollzieher 以下ではGVGAと略す）第六三条一号に基づき、債権者に交付する証明書、すなわち、いわゆる「差押不能証明書 Unpfändbarkeitsbescheinigung 」によってこの疎明がなされている。(5)

債権又はその他の財産権に対する強制執行が不奏功に終わったことを証明する必要はない。それというのも、債権者は、通常、そのために必要な知識をこの財産開示により初めて獲得するからである。しかしながら、債権者がある権利を良く認識している場合、あるいは、それを差し押さえた場合には、差押えが不奏功に終わったことを証明するか、あるいは、この権利が債務額の全額の支払に足る程度にはないこと、又は即時に充当可能でないことを疎明しなければならない。このことは、ZPO八〇七条の文言、目的及び民事訴訟法典におけるこの規定の位置から明かであるとされる。(6) しかし、債権差押えにおいては、常に債権者の申立てによるにすぎない債権が差し押さえられることから、この場合にも差押えを実施する必要はないとする見解もある。(7)

不動産に対する強制執行が不奏功に終わったことは財産開示のための要件ではなく、また、不動産執行手続の係属が開示要求を妨げることもない。ただし、仮差押えに基づく保全抵当権が登記された場合に（ZPO九三二条）、動産の開示は、債権者が保全の目的はまだ十分に達成されていないことを疎明した限りで求めることができる。(8)

## (二) 宣誓に代わる保証をさせるための手続

債権者は、宣誓に代わる保証をさせるための期日の指定を、申立てにより、管轄のある執行裁判所に求める（ZPO八九九条、九〇〇条一項）。(9)

この期日指定の申立ては、同時にZPO八〇七条の財産開示の申立てを含む。司法補助官（Rechtspfleger）は、(10) 前述の宣誓に代わる保証の要件を職権で調査し、それが満たされるならば、宣誓に代わる保証をさせるための期日を指定して債務者を呼び出す。(11) 法人が宣誓に代わる保証をする義務を負う場合には、その代表者が開示保証をするので、(12) その者が呼び出される。

債務者表に抹消されていない登録がある場合には、司法補助官は、申立てを却下する代わりに、その登録の日付を債権者に通知し、手続は申立てをまって続行する（ZPO九〇〇条二項）。すなわち、債権者は、ZPO九〇三条（宣誓に代わる保証の再施）又はZPO九一四条（再拘留）に基づき債務者に開示義務が存在することを疎明するために、あるいは、その財産目録の補充・訂正のために、(13) 手続の続行を申し立てるか、または、期日指定の申立てを取り下げて、ZPO二九九条一項により、期日調書、財産目録を閲覧し、そして、その謄本又は抄本を執行裁判所に交付させることができる。(14)

司法補助官による呼出しの際には、通常、財産目録の提出を促すための書式が添付される。債務者は、その書式上に前もって印刷されている質問に回答することで、自分の財産状態を明らかにできる。また、債務者には、呼出状やそれに添付される手続説明書の中で、(15) 自分の財産状態を記入した財産目録の他にも、預金通帳（Sparbuch）や郵便預金通帳（Postsparbuch）、さらには、生命保険や銀行及び貯蓄銀行（Sparkasse）のジーロ口座（Girokonto）に関する書類等を期日に持ってくることが求められる。

宣誓に代わる保証をさせるための期日は非公開である。期日における債権者の出席は必要ではない（ZPO九〇〇条三項）[16]。期日は、ZPO九〇〇条三項四文及び九〇〇条四項により、取消し、変更及び延期の可能性はあるが[17]、期日に債務者が出席したかどうか、そして、債務者が宣誓に代わる保証をしたかどうかに応じて、次のような経過となる。

## （1）債務者が期日に出席し、異議を提起しない場合

債務者は、期日において、自分の内国及び外国にある財産の目録を提出しなければならない[18]。

司法補助官は、この財産目録について債務者と十分に論じなければならず、その際に、法律の専門家ではない者にとってしばしば理解し難い概念、例えば、所有権留保、期待権、譲渡担保等を債務者に説明し、債務者の供述が完全に行われるように努める義務を負う[19]。また、債務者は、多くの場合に、自分はどの銀行に口座を持っているのか、あるいは、土地はどこに所在するのかを思い出すことができない等と述べるようであるが、司法補助官は、債権者にとって全く価値のないこのような主張で納得してはならず、債務者に対してZPO九〇一条により拘留される恐れがあることを指摘するなどして、正確かつ完全に供述をさせるように努めなければならない[20]。すなわち、財産目録は、債権者がその満足のためにすぐに利用することができるように、正確かつ完全でなければならない。そして、それゆえに、債権者には質問権（Fragerecht）が与えられており[21]、債権者は、司法補助官を通じて債務者に対して、財産目録の書式上の質問以外の質問や、あるいは、書式上の質問をより詳しく問うこともできる[22]。債務者は、虚偽の宣誓に代わる保証をした場合における刑事罰（ＳｔＧＢ―刑法―一五六条・一六三条）についての教示を受けた後に、自分

は自らに要求された供述を誠意を尽くして正確かつ完全にしたことを、宣誓に代えて調書上に保証しなければならない（ＺＰＯ八〇七条二項）。なお、提出された財産目録の内容に虚偽がある場合には、債権者は、ＺＰＯ九〇三条の準用により、新しい手続の開始を求めることができるが[23]、財産目録が不正確又は不完全な場合には、債権者はその財産目録の補充・訂正のための新期日の指定を求めることになる[24]。

### （２）債務者が期日に出席し、宣誓に代わる保証をする義務に対して理由を示して異議（Widerspruch）を提起する場合

債務者が期日に出席し、理由を示した上で開示義務を争う場合には、司法補助官は、まず最初に、この異議について決定で裁判し、宣誓に代わる保証は、この裁判が確定した後に行われる（ＺＰＯ九〇〇条五項）[25]。異議は期日において訴訟代理人により提起されることもできるが、書面によることはできない[26]。この異議は、特別な法的救済手段として、手続の開始後は、ＺＰＯ七六六条の執行方法の異議及びＲｐｆｌＧ一一条よる法的救済を排除し、また、ＺＰＯ七六五条ａの執行制限も排除するので、通常これらの規定により主張される理由がこの異議において述べられる[27]。異議の理由としては、宣誓に代わる保証の要件の不存在、債権者による宣誓に代わる保証の実施の放棄、ＺＰＯ七七七条の十分な担保の存在、ＺＰＯ七七五条による強制執行の停止、さらには、債務者の健康状態ゆえに保証ができないこと等である[28][29]。これに対して、債権者の請求自体に関する異議（Einwendung）はＺＰＯ七六七条の請求異議の訴えにより、また、相続人の責任制限に基づく異議（Einwendung）はＺＰＯ七八五条の相続人の請求異議の訴えによらねばならない。執行文付与に対する異議（Einwendung）については、ＺＰＯ七三二条及び七六八条によって主張される。

異議（Widerspruch）についての裁判は、債権者を審尋した後に、決定により下され、この決定には理由がつけられる[30]。異議を認容する決定は、その瑕疵又は障害が治癒不可能な場合には、同時に債権者の申立てを却下し、手続は

決定が確定した後に終了する。障害が一時的なものにすぎない場合には[31]、申立てを却下することなく、期日を延期することができる[32]。異議が排斥されたが、債務者が依然として開示をしない場合には、期日は終了し、手続は、ＺＰＯ九〇〇条五項二文により、この決定が確定した後に[33]、職権により新期日が指定され、そして、債務者が呼び出されることで続行される。異議の提起の前に、ＺＰＯ九〇〇条四項により手続が延期された場合には、ＺＰＯ九〇〇条五項二文により、この異議が、最初の延期の申立ての時までに既に生じていた事実を理由として提起されたならば、異議を排斥する決定が確定する前であっても、宣誓に代わる保証が命じられる[34]。新期日において、債務者は、新たな異議を提起することができるが、最初の異議手続においてすでに主張された、あるいは、主張することができたすべての異議理由は排除され、最初の排斥決定の後に生じた理由だけを提出することができる[35]。この異議も排斥されるならば、ＺＰＯ九〇〇条五項二文により、排斥の決定が確定する前であっても、宣誓に代わる保証が命じられる。

### （３）債務者が期日に出席しない場合、あるいは出席するが、宣誓に代わる保証をする義務を争うことなくこれを拒絶する場合

債務者が出席しない場合、あるいは、出席するが、宣誓に代わる保証をする義務を争うことなく、これを拒絶する場合には、拘留の命令（Haftanordnung）を求める債権者の申立てに基づいて、記録が執行裁判所の裁判官に送付され、裁判官が拘留について裁判する（ＺＰＯ九〇一条、ＲｐｆｌＧ四条二項二号）。

債務者は、自然現象又はその他のやむを得ない事情により期日に出席できなかった場合には、ＺＰＯ三三七条の準用により、ＺＰＯ九〇一条の懈怠の効果を受けることなく、ＺＰＯ二二七条に基づいて新期日が指定される[36]。

債務者が、宣誓に代わる保証をする義務を争うことなく、これを拒絶する場合とは、債務者がなんの理由も述べることなく開示保証を拒絶する場合、あるいは、従前の異議（Widerspruch）が確定裁判により排斥されたことにより、提出が排除される異議理由に基づいて開示保証を拒絶する場合、さらには、債務者が財産目録の記載を拒

絶する場合、又は財産目録の個々の供述をより明確にせよとの司法補助官の要求を拒絶する場合、そして、自分の財産状態についてなにも知らないと陳述する場合等である[37]。債権者は、拘留の命令（Haftanordnung）を求める申立てを、すでに、期日指定の申立てとともに行うことができるが[38]、これを期日において初めて提起することもできる。裁判官は、ここにおいても、宣誓に代わる保証の要件が存在することを調査するが、その要件について、すでに異議（Widerspruch）の中で裁判され、その裁判が確定している場合には、それに拘束される[39]。拘留の命令（Haftanordnung）は、債務者を審尋した後に[40]、決定により下される。拘留を命じる決定が、ZPO三二九条三項により送達されねばならないかどうかについては争いがある。多数説は、拘留の命令の決定とZPO九〇八条の拘留命令（Haftbefehl）とは一体をなし、拘留命令（Haftbefehl）は、拘留の命令（Haftanordnung）を外観上明らかにして、その執行力ある正本としての効力を有するものであり、ZPO九〇九条二文の特別規定によって、拘留命令（Haftbefehl）は、拘留に際して、債務者に提示され、その謄本が交付されることから、それで十分であり、債務者に送達する必要はないとする[41]。拘留命令（Haftbefehl）には、債権者、債務者及び拘留の原因が記載される（ZPO九〇八条[42]）。

債権者は、拘留の命令（Haftanordnung）を拒絶する決定に対して、ZPO七九三条により即時抗告を提起できる。債務者も、拘留の命令に対して即時抗告を提起できるが、抗告期間は、債務者に拘留の命令の決定が送達された場合には、この送達の時点から、その他の場合には、ZPO九〇九条二文による債務者への拘留命令の提示により開始する[43]。債務者は、拘留の命令より前に異議（Widerspruch）を提起し、それが確定裁判により排斥された場合には、異議手続の中で主張することができた理由を即時抗告において提出することはできない[44]。しかし、異議（Widerspruch）が提起されなかった場合には、異議の対象となり得た理由であっても、即時抗告において主張することはできる[45]。なお、この即時抗告には拘留を延期する効力はない。

抗告期間の経過後に、新たな理由が発生した場合、例えば債務者が他の債権者のために開示保証を行った場合には、この理由は、拘留の命令がZPO七九四条一項三号による執行名義であることから、ZPO七九五条及び七六七条を類推して、その異議（Erinnerung）により主張されることができる。(46)

## (三) 拘留

拘留命令（Haftbefehl）は、債権者の申立てにより(47)、執行官が債務者を拘留することで執行される（ZPO九〇九条一文）。

債権者は、拘留の命令（Haftanordnung）が下された後は、原則として、この拘留命令（Haftbefehl）を執行させることができるだけである。しかし、債務者が開示保証を行うことに同意すれば、債権者は、新しい期日を新たに指定するように申し立てることができる。(48)すなわち、手続は拘留の命令（Haftanordnung）によって終了することはなく(49)、そして、この場合に、債権者は、拘留という強制手段を、期日への債務者の呼出しが繰り返し失敗することがないように、利用することができる。(50)また、債務者も、拘留される前に、自分に命じられた拘留を回避するために、ZPO八九九条の管轄裁判所に対して開示期日の指定を求めることができる。(51)

執行官は、拘留命令（Haftbefehl）の執行に際して、債務者がすぐに宣誓に代わる保証をする用意があると述べるならば、債務者を拘置所に収容することなく、GVGA一八七条三号により、手続が係属する執行裁判所に債務者を引致する。(52)この場合に、裁判所において、期日は直ちに指定され、債権者に即時に通知される。期日において、債務者が財産目録の提出を拒絶し、あるいは、不十分な供述をする場合には、債務者は、司法補助官の命令に基づき拘置所へ収容される。(53)なお、実務では、執行官は、GVGA一八七条一号二文により、債務者に逃亡の危険がなく、その財産を隠匿する恐れもないときには、拘留の前に、債務者に対して、書面により、手続の係属する裁判所において定められた時間に会うことを要求している。(54)執行官は、裁判所で、債務者を司法補助官に引致する。

執行官は、拘留命令の執行に際して、他の執行正本と同様に、拘留命令（Haftbefehl）に拘束されるので、拘留の命令（Haftanordnung）の要件を職権により調査することはない。執行官は、拘留命令（Haftbefehl）の他に、債務名義の執行正本を所持しなければならない。[55] 拘留の命令（Haftanordnung）及び拘留命令（Haftbefehl）は、債務者の拘留及びその後の拘置所への収容による債務者の人身の自由の制限を許可する。すなわち、執行官は、裁判官の捜索命令がなくとも、[56] 債務者を拘留するに際して、債務者の同意なしにその住居に立ち入り、ZPO七五八条二項により閉鎖した戸扉を開放することができる。[57] しかし、債務者を拘留することが捜索によってのみ可能な場合は、[58] 遅延の恐れがある場合を除いて、執行官は、裁判官の捜索命令なしに捜索を続けてはならない。[59] また、執行官は、債務者が拘留により健康を著しく害する危険があるかどうかについて職権で調査し、[60] 拘留不能と判断すれば、拘置所への収容及び引致を行ってはならない（ZPO九〇六条）。[61] なお、拘留に際して、執行官は、債務者に拘留命令（Haftbefehl）を提示し、かつ要求があれば謄本を交付しなければならない（ZPO九〇九条二文）。

債務者は、執行官による拘留命令の執行に際して、すぐには宣誓に代わる保証をする用意がない場合には、拘置所に収容される（GVGA一八七条一号四項）。収容された債務者は、いつでも拘留地の区裁判所に、宣誓に代わる保証を受理すべき旨の申立てをすることは可能であり、この申立ては、遅滞なく認容されなければならない（ZPO九〇二条一項）。宣誓に代わる保証がなされた後は、債務者は拘留を解かれ、債権者にその旨通知される（ZPO九〇二条二項）。拘留は六月を超えてはならず、六月が満了した後は、職権で債務者の拘留は解かれる（ZPO九一三条）。しかしながら、現実に拘置所に収容される債務者は極めて少なく、債務者は、通常、収容前に宣誓に代わる保証を行っており、遅くとも二日後には開放されている。[62][63]

## (四) 債務者表

執行裁判所は、その面前において宣誓に代わる保証をした者又は拘留を命じられた者の表、すなわち債務者表を作成する(ZPO九一五条一項一文)。

この債務者表には、拘留の執行が六月間継続した場合には、それについても付記される(ZPO九一五条一項三文)。債務者表への登録の詳細については、ZPO九一五条h一項により、一九九四年に発令された債務者表に関する命令(債務者表令 Schuldnerverzeichnisverordnung 以下では、SchuVOと略す)が規定する。(64)

債務者表は、これにより、契約の相手方の支払能力及び支払意思を迅速かつ安価に判断できることから、まず第一に、取引の安全及び金融機関の利益となり、また、債務者も、債務者表に登録されることで、宣誓に代わる保証の再施(ZPO九〇三条)及び再拘留(ZPO九一四条)から保護されることになる。(65)それゆえ、債務者表に登録されている個人情報を取得し、そして、これを利用することが必要となるが、この債務者表についての諸規定は、一九九〇年の連邦データ保護法の要請、(66)すなわち、情報提供における自己決定権を考慮して、一九九四年に改正されており、(67)これにより今日では債務者表における個人情報の取得及び利用については一定の制限が設けられている。

まず第一に、債務者表に登録されている個人情報は、強制執行の目的のため、経済的な信頼性を審査する法律上の義務を果たすため、公的給付の供与の要件を調査するため、又は債務者の支払義務不履行から生じる経済的不利益を避けるため、あるいは刑事訴追の目的のために必要な限りで取得し、利用することができる(ZPO九一五条二項一文)。(68)そして、このような目的で取得される個人情報については、データ保護の理由から、(69)その目的以外のために利用されてはならない(ZPO九一五条二項二文)。(70)すなわち、債務者表に登録される個人情報については、もはや従来のように、何人もなんの制限もなく報知を受けることはできなくなり、また、債務者表の一般的な閲覧も許されない。

また、債務者表の個人情報は、ＺＰＯ九一五条ｂ第一項により、何人も裁判所の書記官から報知を受けることができるが、[71]債務者表の複製（Abdruck）は、承認手続を経た上で、[72]特定の者だけがこれを取得することができる（ＺＰＯ九一五条ｄ第一項、同条ｅ第一項）。この複製を取得できる者は、第一に、公的機関（Kammer）であり、商工会議所、並びに手工業会議所や弁護士会、医師会のように構成員が特定の職業を有する公法上の団体（ＺＰＯ九一五条ｅ第一項ａ）、第二に、連邦レベルで、あるいは地方レベルで債務者表を作成し、それを使用するために複製を利用する者（ＺＰＯ九一五条ｅ第一項ｂ）、例えばＳｃｈｕｆａ（Schutzgemeinschaft für allgemeine Kreditsicherung）と呼ばれる個人信用情報機関、[73]そして第三に、銀行など、その他の正当な利益を有する者である（ＺＰＯ九一五条ｅ第一項ｃ）。この中で、商工会議所に代表される公的機関（Kammer）は、特に大きな信用があることから、[74]その構成員に対して報知を与えることが可能であり（ＺＰＯ九一五条ｅ第二項一文）、[75]さらに、その複製からリストを作成し（ＺＰＯ九一五条ｅ第三項）、それを構成員に配付することもできる（ＺＰＯ九一五条ｆ第一項）。[76]

一九九四年の改正法は、債務者表における登録の抹消についても変更を加えた。まず第一に、以前の規定とは異なり、抹消は、債務者保護のために、[77]債務者の申立てによることなく、すべて職権で行われることになった（ＺＰＯ九一五条ａ）。[78]登録は、宣誓に代わる保証がなされ、又は拘留が命じられ、あるいは、六月間の拘留の執行が終了した年の終了後三年が経過したときに抹消される（ＺＰＯ九一五条ａ第一項）。なお、債務者表の複製（ＺＰＯ九一五条ｅ）及びリスト（ＺＰＯ九一五条ｅ第三項、同条ｆ）等における個人情報についても、それらの取得者によって、債務者表における登録と同じ方法かつ同じ時点で抹消される（ＺＰＯ九一五条ｇ第一項）。[79]また、債務者表における登録は、この三年の期間が経過する前であっても、債務者の弁済を促すために、[80]債務者に対して宣誓に代わる保証をさせるための手続を追行した債権者の満足が証明された場合（ＺＰＯ九一五条ａ第二項一号）、[81]あるいは、登録理由の消滅が執行裁判所に知れた場合（同条第二項二号）にも抹消される。[82]この事前の抹消についても、複製を取得した者は、執行裁判所により、一月以内に知らせを受け、その者はさらに遅滞なくリストの取得者にこれを知らせなければならない（ＺＰＯ九一五条g第二項）。次に、一九九四年の改正法は、登録の抹消の擬制を規定した（ＺＰＯ九一五条b第二項）。ＺＰＯ九一五条a第一項によれば、登録期間は、登録が行われた年の終了をもって開始され、登録をもたらした原因がなされた日から開始されるのではない。これは、古い登録を一年よりもより短い期間内に整理分類した上で、これを抹消することは、裁判所の負担となり不可能とされるからである[83]。そこでＺＰＯ九一五条b第二項は、古くなった登録による不利益から債務者を保護するために[84]、登録をもたらした原因がなされた日から三年が経過したならば、その登録は抹消されたものとした。

---

（1）Rosenberg/Gaul/Schilken, Zwangsvollstreckungsrecht, 11. Aufl. S. 905; Baur/Stürner, Zwangsvollstreckungs-, Konkurs- und Vergleichsrecht, Band I, 12. Aufl. S. 551; Rauscher/Wax/Wenzel/Eickmann, Münchener Kommentar zur ZPO., 1. Aufl. § 807 Rdnr. 20.

（2）BVerfGE 48, 396.

（3）しかし、この点については争いがある。Vgl. Stein/Jonas/Münzberg, ZPO, 21. Aufl. § 900 Rdnr. 8.

（4）ＺＰＯ八一三条a、又は七六五条aにより換価が猶予される場合には不奏功との推定はなされない。Vgl. Stein/Jonas/Münzberg. a.a.O., § 807 Rdnr. 18. なお、外国に債務者の財産があり、これに対する強制執行が奏功する見込みがあるかどうかは考慮されない。OLG Frankfurt, JurBüro 1978, S. 131; Stein/Jonas/Münzberg, a.a.O., § 807 Rdnr. 21. これに対して、外国に十分な財産があればＺＰＯ八〇七条の権利保護の必要は消滅するとの見解がある。この見解によれば、外国での強制執行は、たしかに、困難であるので、債権者が債務者の外国にある財産について熟知しており、そして、そこにおいて強制執行が行われる見込みが大きい場合に限って、債権者の執行利益は否定される。そして、これについては、債務者が、ＺＰＯ九〇〇条五項の異議手続において説明する義務を負う。Heß, Auslandssachverhalte im Offenbarungsverfahren, Rpfleger 1996, S. 91f.

（5）Stein/Jonas/Münzberg, a.a.O., § 807 Rdnr. 20; Rosenberg/Gaul/Schilken, a.a.O., S. 905; Baur/Stürner, a.a.O., S. 550; MünchKommZPO/Eickmann, § 807 Rdnr. 15. さらに、債務者が国内に全く住居を所持していないか、あるいは、債務者の行動がその住居を隠匿するつもりであると認められることを疎明する場合 Stein/Jonas/Münzberg, a.a.O., § 807 Rdnr. 20. 、債務者が社会扶助の受給者であることを疎明する場合 MünchKommZPO/Eickmann, § 807 Rdnr. 15 でも十分とされる。

（6）Stein/Jonas/Münzberg, a.a.O., § 807 Rdnr.19; Rosenberg/Gaul/Schilken, a.a.O., S. 905; MünchKommZPO/Eickmann, § 807 Rdnr. 21.

（7）Jauernig, Zwangsvollstreckungs- und Konkursrecht, 19. Aufl. S. 126; Baur/Stürner, a.a.O., S. 550.

（8）Stein/Jonas/Münzberg, a.a.O., § 807 Rdnr. 10.

（9）債権者は、裁判所が債務者の開示義務の調査を容易に行うことができるために、申立てに執行名義及びその他の証書を添付しなければならない（九〇〇条一項二文）。この規定は、一八七七年のＣＰＯの制定当時から、申立ての際にすでに執行名義等の証書を提出すべきかどうかについて争われていたので、一九〇九年の改正法（RGBl. I, S. 475.）により立法的に解決が図られた。Vgl. Seuffert, Kommentar zur Zivilprozeßordnung, 2. Bd. 1911, § 901.

（10）これについては、前述第二節の注（1）を参照のこと。

（11）一八七七年のＣＰＯ七八一条によれば、手続は、開示宣誓をさせるために債務者を呼び出すことにより開始した。すなわち、呼出しは、ＣＰＯ一九一条により債権者が行わねばならなかった。Vgl. Struckmann/Koch, Civilprozeßordnung, 1883, § 781. その後、一九〇九年の改正法により現行の規定に変更された。

（12）例えば、有限会社の場合は業務執行者、それが解散する場合には清算人が代表者となる。代表者は、実際に会社の財産状態を開示できるために、開示期日の時点で代表者でなければならない。Rosenberg/Gaul/Schilken, a.a.O., S. 904f. MünchKommZPO/Eickmann, § 807 Rdnr. 31; Baur/Stürner, a.a.O., S. 552. 代表者が数人存在する場合には、すべての代表者が呼び出され、そして、開示保証を行わねばならない。ただし、一部の見解は、裁判所には、ＺＰＯ四五五条一項二文により準用されるＺＰＯ四四九条を準用して、開示保証をする者を定める権限が与えられると主張する。Rosenberg/Gaul/Schilken, a.a.O., S. 904; MünchKommZPO/Eickmann, § 807 Rdnr. 32. なお、この点については、MünchKommZPO/Eickmann, § 807 Rdnr. 32. が詳しく論じている。

(13) 債務者は、最近三年以内に宣誓に代わる保証を行い、そして、債務者表への登録がまだ抹消されていない場合には、すべての債権者に対して、重ねて宣誓に代わる保証をなす義務から免れる（ZPO九〇三条）。しかしながら、この免除の効果が発生するためには、債務者の財産目録は完全でなければならない。そして、その財産目録が不完全、不正確、あるいは、矛盾があると思われるならば、あらゆる債権者は、その疑いについての手がかりを説明した上で、何度でも、その財産目録の補充・訂正のための新期日の指定を求めることができる。これは外観上終了したにすぎない手続の続行を求めるものである。Vgl. Stein/Jonas/Münzberg, a.a.O., § 903 Rdnr. 4; Rosenberg/Gaul/Schilken, a.a.O., S. 908; Baur/Stürner, a.a.O., S. 556; MünchKommZPO/Eickmann, § 903 Rdnr. 18.

(14) Vgl. Stein/Jonas/Münzberg, a.a.O., § 903 Rdnr. 3.

(15) 手続説明書（Hinweise für Schuldner im Verfahren zur Abgabe der eidesstattlichen Versicherung）により、債務者は、手続についての一般的な教示を受け、そして、添付される財産目録の記載について、一般的及び個別的な説明を受けることになる。

(16) 期日における債権者の出席は必要かどうかについては、一八七七年のCPOには規定がなく、制定当時から争われていた。一八九八年の改正法（RGBl. I S. 256.）は、手続の簡素化及び迅速のために債権者の出席は必要ではないと規定した。Hahn/Mugdan, Materialien, Bd. VIII. S. 170.

(17) 一九五三年の執行措置法（Gesetz über Massnahmen auf dem Gebiete der Zwangsvollstreckung, BGBl. I, S. 952.）により、ZPO九〇〇条に四項が設けられ、「債務者が債権者の債権を三月の期間内に弁済するであろうことを疎明したときは、債務者は開示宣誓をするための期日を三月に至るまで延期することができる。債務者が新期日において債権の少なくとも三分の二を弁済したことを証明したときは、裁判所は期日を更に六週に至るまで延期することができる。期日を延期する決定に対しては即時抗告をすることができる。延期を認めない決定に対しては不服を申し立てることができない」と規定された。この疎明については、債務者の弁済用財産及び弁済意思が明かとなる事情についての具体的な供述が必要である。すなわち、弁済用財産については、例えば、商業上の帳簿（Geschäftsbuch）、口座残高明細書（Kontoauszug）及び銀行情報（Bankauskunft）等により、そして、弁済意思については、今日まで弁済がなされなかった理由を述べて、債権者に対して期日の前にすでに一部弁済したことを証明することにより疎明がおこなわれるStein/Jonas/Münzberg, a.a.O., § 900 Rdnr. 54.（なお、ZPO九〇〇条四項の期日の延期については、沖野・前掲一〇八一頁以下、石川・前掲一九三頁以下参照）。このような規定が設けられたのは、開示宣誓をすることから債務者を保護するためである。Vgl. Gaul, ZZP 108. S. 20; Jauernig, a.a.O., S. 128. 債務者は、これにより開示宣誓（宣誓に代わる保証）をすることを免れるのであるが、実際には、多くの債務者は、四項の「債権を三月の期間内に弁済する」ことは可能ではない。しかし、彼らは、より長期に及ぶ分割弁済を申し出て宣誓に代わる保証を免れようとする。Vgl. MünchKommZPO/Eickmann, § 900 Rdnr. 34; Stein/Jonas/Münzberg, a.a.O., § 900 Rdnr. 62. この場合にも、債務者が弁済の用意と弁済の意思を疎明すれば、債権者にとっては、債務者を拘留するよりは弁済の機会を与える方が自らの利益にもなることから、実務ではそのための手続、いわゆる、「不当な分割弁済手続 illegitimes Ratenzahlungsverfahren」が行われている。Vgl. MünchKommZPO/Eickmann, § 900 Rdnr. 34. これによると、債務者は、具体的な分割弁済の提供を行い、そして、自らの開示義務を免れるためには債権者の同意が必要であり、また、自らの分割弁済の提供は四項の要件を満たすものではなく、これは理由のない開示の拒絶とみなされることから、債権者は何時でも手続の続行を求めることができる旨を教示される。この教示は調書に記載され、その謄本が債権者に交付される。債権者は、その添付書面により、何時でも、すなわち、即時に、手続の続行を求めることができると知らされる。Vgl. MünchKommZPO/Eickmann, § 900 Rdnr. 35. これにより、手続は、債権者が、理由のない開示の拒絶ゆえに拘留の命令を求めると陳述するまでは中止されることになる。このような中止は法が規定するものではないが、一般に広く認められてきた。Koch, Offenbarungseid und Haft, 1965, S. 41; Stein/Jonas/Münzberg, a.a.O., § 900 Rdnr. 61ff; Rosenberg/Gaul/Schilken, a.a.O., S. 906f; MünchKommZPO/Eickmann, a.a.O., § 900 Rdnr. 36. その法的根拠については争いがあるが、今日では、一九七六年の簡素化法により、ZPO九〇〇条三項に四文が挿入され、裁判所は、債権者の同意があればその期日を取消し、又は変更し、又は弁論を延期することができることになったので、これに基づいて中止が認められるとされる。Oerke, Die Ausübung von Druck im Offenbarungsverfahren, DGVZ 1992, S. 131; MünchKommZPO/Eickmann, § 900 Rdnr. 36. この場合に、債権者の同意は明示的になされる必要はなく、債権者が調書の交付を受けた後になんの陳述もしないならば、債権者の同意があったと認められる。Vgl. MünchKommZPO/Eickmann, § 900 Rdnr. 36.

一九七六年の簡素化法（Gesetz zur Vereinfachung und Beschleunigung gerichtlicher Verfahren, BGBl. I, S. 3281.）

により、今述べたように、ZPO九〇〇条三項に四文が挿入された。理由書によれば、宣誓に代わる保証をすることは、もっぱら債権者のためであり、手続の促進についての公の利益は存在しないとされる。BT-Drucks.7/2729. S.111. 債務者が宣誓に代わる保証をしてその財産を開示し、ZPO九一五条により債務者表に登録されると、その後は、債権者が債務を取り立てることは困難となることが多いので、債権者のためにも開示を延期して債務者による弁済を促すことは適切であるとされる。Vgl. Stein/Jonas/Münzberg, a.a.O., § 900 Rdnr. 59.

(18)　債務者は、そのすべての積極財産について詳細に供述して、それを開示しなければならない。すでに他の債権者のために質権が設定されていたり、あるいは、差し押さえられていても供述は行われる（不動産に負担がついている場合には、例えば、抵当権が設定されている土地については所有者土地債務が生じうることから、そのような負担つき不動産は供述される。Vgl. Stein/Jonas/Münzberg, a.a.O., § 807 Rdnr. 24.）。債務者の財産上にある負担は、その財産の価値を減少させることから、それについては供述しなければならない。Vgl. Rosenberg/Gaul/Schilken, a.a.O., S. 908. 個々の財産が有する価値は開示義務とは関係はないが、明らかに全く価値がない財産については供述する必要はない（ZPO八〇三条二項の類推適用—例えば、債務者が、電気製品を割賦で購入したが、まだ一度も支払をしておらず、将来の支払も確実ではなく、そして、この電気製品は使用によりすぐに価値が減少する場合には、その所有権を取得できるという期待権を開示する義務はない。BayObLGSt, Rpfleger 1993, S. 301f.）。Vgl. Stein/Jonas/Münzberg, a.a.O., § 807 Rdnr. 24. 過去の財産について供述する必要はないが、例外的に、過去に行われた一定の譲渡行為は、取消法（Anfechtungsgesetz）による取消しを可能にするために供述される（ZPO八〇七条一項二文）。債務者が法律により秘密保持を義務づけられる事実については供述する必要はない。Vgl. Stein/Jonas/Münzberg, a.a.O., § 807 Rdnr. 34.

動産、不動産、さらに、債権及びその他の権利について供述される。債権は、未だ弁済期に至らず、又は条件が成就していない場合—とりわけ、生命保険上の請求権—であっても含まれ、将来債権も、それがすでに差押可能であれば供述される。Vgl. Stein/Jonas/Münzberg, a.a.O., § 807 Rdnr. 24. —なお、将来債権の差押可能性については、本書第二章第三節を参照。その他の権利としては、例えば、所有者土地債務を含む不動産担保権、組合財産に対する持分権、買取及び選択権、所有権留保の下で購入された物の期待権—残債務が現在の物の価格を超える場合でも供述される。Vgl. Stein/Jonas/Münzberg, a.a.O., § 807 Rdnr. 24. さらに、使用収益権、特許及び著作権等が含まれる。

債権については、その原因及び証拠方法を表示しなければならない（ZPO八〇七条一項一文）。これにより、債権者は、その債権が特定しており、その差押えが奏功する見込みがあるかどうかを知ることができる。ＺＰＯ八〇七条の目的から、第三債務者の住所も詳細に指摘する義務が発生する。Vgl. Stein/Jonas/Münzberg, a.a.O., § 807 Rdnr. 32. また、債務者は、その債権の差押可能性を判断するために基準となる債務者の生活領域内の事情も供述する。例えば、債務者の失業期間及び病気の期間は、支払済みの賃金税の返還、さらには失業手当又は失業扶助の請求権の発生並びにその金額に関して供述される。Vgl. Stein/Jonas/Münzberg, a.a.O., § 807 Rdnr. 33.

　もっとも、債権が実際に差し押さえられた後は、ＺＰＯ八三六条三項に基づいて、債務者は、債権者に対して債権の行使に必要な報知を与える義務を負う―これについては、本書第二章第七節参照。債権が、質権、譲渡担保、あるいは、保証によって担保されるときは、対象物ないし保証人の氏名及び住所も供述される。Vgl. Stein/Jonas/Münzberg, a.a.O., § 807 Rdnr. 33b; Rosenberg/Gaul/Schilken, a.a.O., S. 908. このことは、その他の権利及び所有権についても当てはまり、例えば、債務者は、物を保管する場所を供述しなければならない。その他、個人情報については―例えば、職業、扶養義務者である配偶者の所得―、債務者の財産状態の解明のために必要な場合に限って、正確に供述しなければならない。Vgl. Stein/Jonas/Münzberg, a.a.O., § 807 Rdnr. 32; Rosenberg/Gaul/Schilken, a.a.O., S. 908.

　財産権ではなく、それゆえ、独立して差し押さえができない財産は、開示される必要はない。しかし、差押禁止物（ＺＰＯ八一一条以下）及び差押制限のある労働所得（ＺＰＯ八五〇条以下）は、それが無価値でない限りで供述される。それというのも、差押禁止の判断は債務者が下すことではないからである。Vgl. Stein/Jonas/Münzberg, a.a.O., § 807 Rdnr. 28. しかしながら、ＺＰＯ八一一条一号及び二号により、明らかに差押えが禁止され、そして、ＺＰＯ八一一条ａの交換差押えが考慮されることがない物は、財産目録に記載される必要はない（ＺＰＯ八〇七条一項三文）。この規定は、財産目録を簡素なものとするために、一九七九年の改正法（BGBl. I. S. 127.）により導入された。Vgl. Seip, Die am 1. Juli 1979 in Kraft tretenden Änderungen zwangsvollstreckungsrechtlicher Vorschriften, DGVZ 1982, S. 34. 今日では、財産目録の書式において、その「衣服」についての質問の欄に、「債務者が個人的に使用する衣服は、債務者が職業上の活動のため、並びに、その負債に相応するつつましい生計を営むために必要ではない限りで、供述される。高価な物については、その種類、材質及び大きさを供述する」との注意書きが印刷されている。

　債務者の財産が外国にある場合には、その財産についても供述しなければならない。Vgl. Heß, a.a.O., S. 92; Stein/Jonas/Münzberg, a.a.O., § 807 Rdnr. 23. 債務者は、自分の財産を外国に移動させることで開示義務を免れることはできない。たしかに、国際強制執行には、伝統的に属地主義（Territoritätsprinzip）が適用されており、自国の国家機関が他国の領域内で現実に職務行為を行うことは禁止されていることから、外国にある財産を開示する必要はないとも考えられる。しかし、債権執行については、ＺＰＯ八二八条二項により、執行債務者が内国に普通裁判籍（ＺＰＯ一三条以下）を有するか、あるいは、普通裁判籍がないときは、執行債務者が内国に財産所在地の特別裁判籍（ＺＰＯ二三条）をもっていれば、第三債務者が外国に居住していてもドイツ裁判所に国際管轄はある。たしかに、債権は、その債務者、すなわち、第三債務者の住所に所在するものとされているので（ＺＰＯ二三条二文）、第三債務者が外国に住所を有するときは、差し押さえられる債権も外国に所在する。しかし、債権は観念的に存在するものであり、多数説によれば、内国で行われる裁判所の差押命令自体は国際法に違反せず適法とされる。Vgl. Thomas/Putzo, ZPO. 20. Aufl. § 829 Rnr. 4; Stein/Jonas/Brehm, a.a.O., § 829 Rdnr. 24; Heß, a.a.O., S. 92.

もっとも、債権の差押命令は、第三債務者に送達されて初めて効力を生じるのであるが、ドイツの司法行政実務は、外国に所在する第三債務者への差押命令の送達を拒絶している（その理由及びこれに対する学説の立場については、日比野泰久「債権差押えの国際管轄と差押命令の送達」名城法学四七巻一号一一五頁以下が詳しい。なお、送達の拒絶は、債権者の司法許与請求権（Justizgewährungsanspruch）を侵害するとの見解がある。Vgl. Geimer, Internationales Zivilprozeßrecht, 2. Aufl. Rdnr. 3224; Stein/Jonas/Brehm, a.a.O., § 829 Rdnr. 24.）。したがって、債権の差押えは、実務上は極めて困難となるが、第三債務者が国内の金融機関の場合は、外国にあるその支店で支払可能な債権であっても、国内の本店への送達が可能であるので、その債権を国内で差し押さえることができるとする見解がある。Gottwald, Die internationale Zwangsvollstreckung, IPRax 1991, S. 289f; Heß, a.a.O., S. 92. このように、国際強制執行においては属地主義が適用されるが、これにより外国にある債務者の財産に対する強制執行が不可能となるわけではなく、これらの財産についても、債務者は開示しなければならない。なお、イギリスでは、対外的効力を持つマレバ・インジャンクション（Mareva Injunction）により、債務者は、外国にある財産についても開示することが義務づけられているが、ドイツにおいても、ヘスは、これを参考にすべきであると示唆する（Heß, a.a.O., S. 92. マレバ・インジャンクションについては、長谷部由起子「イギリスにおける民事保全」『民事保全講座1』二〇八頁以下参照）。

(19)　Vgl. MünchKommZPO/Eickmann, § 900 Rdnr. 15; Stein/Jonas/Münzberg, a.a.O., § 807 Rdnr. 23; Baur/Stürner, a.a.O., S. 555. なお、期日において財産目録を債務者と論じる義務は、ＺＰＯ一三九条に基づく。

(20)　Vgl. MünchKommZPO/Eickmann, § 900 Rdnr. 15.

(21)　Vgl. Stein/Jonas/Münzberg, a.a.O., § 807 Rdnr. 23; Rosenberg/Gaul/Schilken, a.a.O., S. 908; Baur/Stürner, a.a.O., S. 555; MünchKommZPO/Eickmann, § 900 Rdnr. 16.

(22)　債権者は、期日指定の申立ての際に、すでに書面により質問を提出することができる。Vgl. Stein/Jonas/Münzberg, a.a.O., § 807 Rdnr. 23; MünchKommZPO/Eickmann, § 900 Rdnr. 16.

(23)　債権者が、財産目録の内容に虚偽があること—例えば、債権の種類・金額・第三債務者についての供述、あるいは、質問された財産についてその存在を明確に否定する供述が虚偽であること Vgl. Stein/Jonas/Münzberg, a.a.O., § 903 Rdnr. 6.—を疎明する場合には、ＺＰＯ九〇三条の準用により、債権者は、新たに宣誓に代わる保証手続の開始を求めることができる。Vgl. Baur/Stürner, a.a.O., S. 556; MünchKommZPO/Eickmann, § 903 Rdnr. 9. これにより、債務者は、宣誓に代わる保証の実施後三年の再施禁止期間内であっても新たに開示を行う義務を負い、また、ＺＰＯ九一五条ａの債務者表の抹消期間も新たに開始されることになる。債務者は、新たな期日において、その時点の財産状態を供述することから、自責及び刑事訴追の危険からかなり免れることとなり、虚偽の供述が反復される危険も少なくなる。Vgl. Finkelnburg, Die Vorführung des offenbarungswilligen Schuldners, DGVZ 1977, S. 7. 多数説は、このような利点を重視し、この場合の債権者の負担、すなわち新しい手続の開始により新たに生じる費用の負担、以前の手続からかなりの時間が経過している場合における新しい不奏功証明書の提出、さらには管轄の変更の可能性を甘受させる。Vgl. Finkelnburg, a.a.O., S. 7. もっとも、学説の中には、新しい手続の開始と考えるとしても、その間の処分についてはＺＰＯ八〇七条一項一～三号により供述が義務づけられたり、また、供述した財産をいつどのようにして獲得したのかについて調べられるならば、債務者は容易に矛盾に陥ることから、刑法上はたいして債務者の役に立たず、財産目録の不完全・不正確の場合と同様に、その補充・訂正のための新期日の指定を求めるべきであるとの見解がある。Stein/Jonas/Münzberg, a.a.O., § 903 Rdnr. 6a.

(24)　Vgl. Stein/Jonas/Münzberg, a.a.O., § 903 Rdnr. 4; Rosenberg/Gaul/Schilken, a.a.O., S. 908; Baur/Stürner, a.a.O., S. 556; MünchKommZPO/Eickmann, § 903 Rdnr. 18. なお、前出の注（13）参照のこと。

(25)　前述第二節の注（11）を参照のこと。

(26)　Vgl. Stein/Jonas/Münzberg, a.a.O., § 900 Rdnr. 34; Rosenberg/Gaul/Schilken, a.a.O., S. 908; Baur/Stürner, a.a.O., S.

556; MünchKommZPO/Eickmann, § 900 Rdnr. 18.

(27) Vgl. Stein/Jonas/Münzberg, a.a.O., § 900 Rdnr. 35, 57; Rosenberg/Gaul/Schilken, a.a.O., S. 908; Baur/Stürner, a.a.O., S. 556; MünchKommZPO/Eickmann, § 900 Rdnr. 20.

(28) 債務者が身体的又は精神的な健康状態の損傷ゆえに、自分の財産について関知せず、それゆえ、財産目録を作成できない場合には、ＺＰＯ八〇七条の宣誓に代わる保証をする義務は発生しない。Vgl. Stein/Jonas/Münzberg, a.a.O., § 900 Rdnr. 4a. なお、司法補助官が、債務者による開示保証の実施は一時的に不可能であるにすぎないと考えるならば、期日は延期される。その際に、提出された個人医の診断書では不十分と考えるならば、保険医の診断書の添付を求めてそのための期間を定め、期日を延期する。Vgl. Stein/Jonas/Münzberg, a.a.O., § 900 Rdnr. 4a; MünchKommZPO/Eickmann, § 900 Rdnr. 21. ところで、実務では、しばしば、開示保証により債務者の健康が著しく損なわれる危険があるとの理由で異議が提起されている。しかし、多くの場合、これは債務者を現実に拘留すること、すなわち、拘留の執行が不可能であるとの理由にすぎず、開示保証が不可能であることを意味しない（ＺＰＯ九〇六条参照）。したがって、この場合には、ＺＰＯ二一九条を類推して、債務者の住居又は病院で期日が開かれることになり、それにより債務者の利益は十分に保護される。Vgl. Stein/Jonas/Münzberg, a.a.O., § 900 Rdnr. 4b; MünchKommZPO/Eickmann, § 900 Rdnr. 21.

(29) Vgl. Stein/Jonas/Münzberg, a.a.O., § 900 Rdnr. 9, 10, 35; Rosenberg/Gaul/Schilken, a.a.O., S. 908; Baur/Stürner, a.a.O., S. 556f; MünchKommZPO/Eickmann, § 900 Rdnr. 20.

(30) この裁判は、期日において行われることが可能であり、その場合には決定は言い渡され（ＺＰＯ三二九条一項一文）、職権により送達される（ＺＰＯ三二九条三項・七九三条・二七〇条）。異議については、期日の後に、書面により裁判されることもできる。この場合にも、決定は職権で送達される。Vgl. Stein/Jonas/Münzberg, a.a.O., § 900 Rdnr. 37; MünchKommZPO/Eickmann, § 900 Rdnr. 23, 24. なお、異議について裁判する決定は期限付異議に服する（ＲｐｆｌＧ一一条一項二文）。

(31) 例えば、追完が可能な強制執行開始の一般的要件、あるいは、債務者の病気が障害となる場合（なお、前出の注(28)参照）。Vgl. MünchKommZPO/Eickmann, § 900 Rdnr. 25.

(32) Vgl. Stein/Jonas/Münzberg, a.a.O., § 900 Rdnr. 34a; MünchKommZPO/Eickmann, § 900 Rdnr. 25.

(33) 異議が、ＺＰＯ七六七条又は七三二条によって主張されるべき理由に基づく場合には、この異議は不適法却下となるが、開示保証をさせるための期日の指定は、その確定を待たねばならない。これに対して、異議が、執行債権の一部だけに関する場合には、財産開示手続は債務者の責任財産の顕出を目的とすることから、このような開示保証の拒絶はＺＰＯ九〇一条の意味する「理由なし」となり、ＺＰＯ九〇〇条五項二文によることなく、手続は続行される。Vgl. Stein/Jonas/Münzberg, a.a.O., § 900 Rdnr. 36.

（34） Vgl. Stein/Jonas/Münzberg, a.a.O., § 900 Rdnr. 43; MünchKommZPO/Eickmann, § 900Rdnr. 26.

（35） Vgl. Stein/Jonas/Münzberg, § 900 Rdnr. 40; Rosenberg/Gaul/Schilken, a.a.O., S. 909; Baur/Stürner, a.a.O., S. 557; MünchKommZPO/Eickmann, § 900 Rdnr. 27.

（36） Vgl. Stein/Jonas/Münzberg, a.a.O., § 900 Rdnr. 49, 50; Rosenberg/Gaul/Schilken, a.a.O., S. 909; MünchKommZPO/Eickmann, § 901 Rdnr. 5.

（37） Vgl. Stein/Jonas/Münzberg, a.a.O., § 901 Rdnr. 1; Rosenberg/Gaul/Schilken, a.a.O., S. 909; MünchKommZPO/Eickmann, § 901 Rdnr. 7, 8.

（38） 実務においては、通常、拘留の命令を求める申立ては、宣誓に代わる保証をさせるための期日指定の申立てと同時に行われている。筆者は、ドイツのボン（Bonn）に滞在中の一九九七年六月に、ボン地方裁判所長ファスベンダー（Faßbender）博士から、申立て代理人である弁護士は、通常、ハンス・ゾルダン財団（Hans-Soldan Stiftung）の書式を使用しており、これにより、拘留の命令の申立ては、期日指定の申立てと同時に行われている、との回答を得た。なお、沖野・前掲一〇九二頁以下参照。

（39） Vgl. Stein/Jonas/Münzberg, a.a.O., § 901 Rdnr. 3; MünchKommZPO/Eickmann, § 901 Rdnr. 7.

（40） 拘留の命令を求める申立てが、すでに期日の前になされており、呼出しの際に呼出状に添付される手続説明書の中で、ＺＰＯ九〇一条の拘留の命令について教示がなされており、そして、この申立てはすでになされているとの指摘があれば、すでに審尋はされたとものして、さらなる審尋をする必要はない。また、申立てが期日においてなされても、債務者は事前に渡される手続説明書により、期日に出席しない場合には通常は拘留の命令を求める申立てが行われることを考慮しなければならないので、さらなる審尋をする必要はない。Vgl. Stein/Jonas/Münzberg, a.a.O., § 901 Rdnr. 9. なお、前出の注（15）参照。

（41） Vgl. Stein/Jonas/Münzberg, a.a.O., § 901 Rdnr. 10. 反対説として、Thomas/Putzo, ZPO, § 901 Rdnr. 10; MünchKommZPO/

Eickmann, § 901 Rdnr. 11.

（42）　拘留命令には、手続が追行されるに至った金額（執行債権の全額、あるいは債権の一部の金額）も記載される。Vgl. Stein/Jonas/Münzberg, a.a.O., § 908 Rdnr. 3; MünchKommZPO/Eickmann, § 908 Rdnr. 4.

（43）　Vgl. Stein/Jonas/Münzberg, a.a.O., § 901 Rdnr. 14; Rosenberg/Gaul/Schilken, a.a.O., S. 909; Baur/Stürner, a.a.O., S. 558.

（44）　Vgl. Stein/Jonas/Münzberg, a.a.O., § 901 Rdnr. 20; Rosenberg/Gaul/Schilken, a.a.O., S. 910; Baur/Stürner, a.a.O., S. 559; MünchKommZPO/Eickmann, § 901 Rdnr. 16.

（45）　この場合には、拘留の命令は、債務者の開示義務についての初めての裁判であり、それゆえ、不服申立てにより、この義務の調査が可能とされねばならないからである。Vgl. MünchKommZPO/Eickmann, § 901 Rdnr. 16.

（46）　Vgl. Stein/Jonas/Münzberg, a.a.O., § 901 Rdnr. 17; MünchKommZPO/Eickmann, § 901 Rdnr. 17.

（47）　申立てには、拘留命令（Haftbefehl）、そして執行文及び送達証明が付与されている債務名義が添付される。Vgl. MünchKommZPO/Eickmann, § 909 Rdnr. 2.

（48）　Vgl. Stein/Jonas/Münzberg, a.a.O., § 902 Rdnr. 10.

（49）　Vgl. Stein/Jonas/Münzberg, a.a.O., § 901 Rdnr. 11, § 902 Rdnr. 10.

（50）　しかし、未だ執行されていない拘留命令（Haftbefehl）の発令後、数年が経過しているならば、拘留命令（Haftbefehl）の利用についての時間的限界論（Vgl. Stein/Jonas/Münzberg, a.a.O., § 909 Rdnr. 19.）に鑑みて、債権者が古い拘留命令（Haftbefehl）を破棄し、新たな開示手続の開始を申し立てることが可能であり、そして、より合目的である。Vgl. Stein/Jonas/Münzberg, a.a.O., § 902 Rdnr. 10.

（51）　Vgl. Stein/Jonas/Münzberg, a.a.O., § 902 Rdnr. 9; MünchKommZPO/Eickmann, § 902 Rdnr. 17.

（52）　Vgl. MünchKommZPO/Eickmann, § 902 Rdnr. 3. なお、債権者は、債務者が宣誓に代わる保証をする意思がある場合には、執行官に対して、債務者を拘置所への収容ではなく、開示保証のために裁判所に引致するように申し立てることがある。Vgl. Stein/Jonas/Münzberg, a.a.O., § 909 Rdnr. 1. しかしながら、債務者の引致を求める債権者の申立てについては法的根拠がないことから、執行官は、債務者の裁判所への引致を義務づけられることはなく、債務者が宣誓に代わる保証をする用意があると述べた場合に限り、債務者を引致すればよい。Vgl. AG München, DGVZ 1977, S. 175;

OLG Schleswig, Rpfleger 1976, S. 224.

（53）　Vgl. MünchKommZPO/Eickmann, § 902 Rdnr. 11.

（54）「ランデブーシステム Rendezvous-System」と呼ばれており、実務では広く行われている。Vgl. Stein/Jonas/Münzberg, a.a.O., § 902 Rdnr. 9; MünchKommZPO/Eickmann, § 902 Rdnr. 4.

（55）ＺＰＯ七五四条及び七五五条のためにである。Vgl. Stein/Jonas/Münzberg, a.a.O., § 909 Rdnr. 2a.

（56）ドイツでは、一九七九年四月三日の連邦憲法裁判所の決定（BVerfGE 51, 97）により、債務者の住居を債務者の同意なしに捜索するためには、裁判官の捜索命令が必要である。

（57）　Vgl. Stein/Jonas/Münzberg, a.a.O., § 909 Rdnr. 5.

（58）例えば、債務者がタンスや貯蔵部屋の背後の隠れていて、その障害物の除去が必要な場合。Vgl. Stein/Jonas/Münzberg, a.a.O., § 909 Rdnr. 6.

（59）　Vgl. Stein/Jonas/Münzberg, a.a.O., § 909 Rdnr. 6. なお、捜索命令は、債務者は開示保証をすることにより、いつでも拘留を回避できることから、通常は付与される。Vgl. Stein/Jonas/Münzberg, a.a.O., § 909 Rdnr. 6.

（60）　Vgl. Stein/Jonas/Münzberg, a.a.O., § 906 Rdnr. 2; Rosenberg/Gaul/Schilken, a.a.O., S. 911; MünchKommZPO/Eickmann, § 906 Rdnr. 3.

（61）なお、特定の範囲の者については拘留の制限ないし中断が認められている（ＺＰＯ九〇四条・九〇五条）。その他に、一般的に、拘留障害として拘留が行われないのは、以下の場合である。（a）債務者が、執行官に、名義から明かとなる金額のすべてを支払うか、あるいは、開示保証の申立てが債権の一部だけに基づくならば拘留命令（Haftbefehl）に記載されている金額を支払う場合、（b）ＺＰＯ七七五条四号及び五号を準用して、他の事件における開示保証についての調書を執行官に提出し、そして債権者が一時停止に反対しない場合、（c）債務者が刑事又は未決勾留（Straf- oder Untersuchungshaft）されている場合、（d）執行官が債務者に対する破産手続の開始を知る場合である。Vgl. Stein/Jonas/Münzberg, a.a.O., § 909 Rdnr. 10, 10a, 10b, 10c.

（62）　Vgl. Gaul, ZZP 108, S. 43. なお、筆者も、ボン地方裁判所長ファスベンダー博士から、同様の回答を得た。なお、前出の注（38）を参照のこと。

（63）なお、ＺＰＯ九一四条により、六月の拘留を執行された債務者であっても再び拘留されることがある。

(64) Verordnung über das Schuldnerverzeichnis vom 15. Dezember 1994, BGBl. I, S. 3822. 債務者表令一条によれば、債務者表への登録事項は、①執行手続の基礎をなす名義の中で記載される債務者の表示、②生年月日、但しこれが知れる限りにおいて、③宣誓に代わる保証をした年月日、ＺＰＯ九〇一条により拘留の命令が発せられた年月日、ＺＰＯ九一五条一項三文による拘留の執行、④執行事件の記録番号、執行裁判所又は執行官庁の表示である。

(65) Vgl. Stein/Jonas/Münzberg, a.a.O., § 915 Rdnr. 1; MünchKommZPO/Eickmann, § 915 Rdnr. 1.

(66) 一九九〇年一二月二〇日の連邦データ保護法 (Bundesdatenschutzgesetz, BGBl. I, S. 2954. 以下では、ＢＤＳＧと略す) と債務者表との関係については、坂田宏「裁判所がつくるブラックリスト――ドイツ民事訴訟法における債務者目録の制度改正と連邦データ保護法の影響」横浜経営研究一九巻一号五五頁以下が詳しい。

(67) Gesetz zur Änderung von Vorschriften über das Schuldnerverzeichnis vom 15. 7. 1994, BGBl. I, S. 1556.

(68) この制約は、具体的には、ＺＰＯ九一五条ｂ第一項により、個人情報を報知する場合、ＺＰＯ九一五条ｄにより、債務者表を複製する場合（ＳｃｈｕＶＶＯ二条二項）、ＺＰＯ九一五条ｅ第二項により、その複製から個人情報について報知する場合― Vgl. Stein/Jonas/Münzberg, a.a.O., § 915e Rdnr. 5; Baur/Stürner, a.a.O., S. 562; Gottwald, Zwangsvollstreckung, 2. Aufl. § 915e Rdnr. 13. ―、ＺＰＯ九一五条ｆ第一項により、その複製からまとめられたリストを配付する場合― Vgl. Stein/Jonas/Münzberg, a.a.O., § 915f Rdnr. 2. ―、さらに、ＺＰＯ九一五条ｆ第二項により、そのリストを取得した者がそこから個人情報を報知する場合― Vgl. Stein/Jonas/Münzberg, a.a.O., § 915f Rdnr. 5; Gottwald, a.a.O., § 915f Rdnr. 3. ―に加えられる。

(69) Vgl. Stein/Jonas/Münzberg, a.a.O., § 915 Rdnr. 4.

(70) 個人情報が伝達の目的以外のために利用されてはならないことは、個人情報がＺＰＯ九一五条ｂによる報知により取得される場合、ＺＰＯ九一五条ｄ及びｅによる複製及びそこからの報知により取得される場合、さらに、ＺＰＯ九一五条ｆによりリストの配付、及びそこからの報知により取得される場合のすべてに当てはまる。Vgl. Stein/Jonas/Münzberg, a.a.O., § 915 Rdnr. 4. この制約に違反する者は、ＢＤＳＧ四三条により処罰されうる。なお、目的外の利用禁止は、私人のような非公的機関に対しては特別に指示される（ＺＰＯ九一五条二項三文）。
　また、ＺＰＯ九一五条ｄ第二項によれば、複製は、秘密なものとして扱われ、第三者に入手させてはならない。また、ＺＰＯ九一五条ｅ第二項は、同条ｄを準用し、複製から個人情報について報知する場合に、その報知は秘密なものとして扱われ、第三者に入手させてはならない。さらに、ZPO九一五条f第一項も同条dを準用し、複製からまとめられたリストを取得した者は、このリストを秘密なものとして扱い、これを第三者に入手させてはならない。さらに、ZPO九一五条e第四項及び同条f第三項により、非公的機関が複写及びリストを取得する場合には、BDSG三八条による統制手続を受ける。また、SchuVVO一〇条一項によれば、複製は、これを取得する者に対して、封書により受領書と引換に付与されるか、あるいは、申し出により、手渡しされる。また、SchuVVO一三条二項によれば、リストは、これを取得する者に対して、封書により受領書と引換に付与されるか、あるいは、個人的に手渡しされる。

(71)　口頭でも、書面によっても報知を受けることができる。Vgl. Stein/Jonas/Münzberg, a.a.O., § 915b Rdnr. 2.
(72)　債務者表を作成した区裁判所の所長が、複製の取得の申立てについて裁判し、承認が得られた場合にだけ複製を取得できる（SchVVO二条以下の承認手続を参照）。
(73)　一九二七年に設立された個人信用情報機関である。信用取引を行う加盟企業から個人信用情報を受け、これを加盟企業に提供することを専門に行う機関である。後藤紀一＝Matthias Voth『ドイツ金融法辞典』二八〇頁参照。
(74)　Vgl. Gottwald, a.a.O., § 915e Rdnr. 17.
(75)　その他の者は、報知をなすことが日常の活動である場合に限って、報知をする権限を有する（ZPO九一五条e第二項二文）。
(76)　さらに、そのリストを取得した者は、法律又は契約により自分の利益を守らなければならない者に対してだけ、報知を与えることができる（ZPO九一五条f第二項）。例えば、弁護士会に属する弁護士が、金銭の支払を求める訴えを提起する依頼人に対して、債務者表にある相手方の登録を指摘する場合である。Vgl. BT-Drucksache 12/193, S. 12.
(77)　Vgl. BT-Drucksache 12/193, S. 9.
(78)　Vgl. Stein/Jonas/Münzberg, a.a.O., § 915a Rdnr. 1; Gottwald, a.a.O., § 915a Rdnr. 1.
(79)　Vgl. Gottwald, a.a.O., § 915g Rdnr. 2.
(80)　Vgl. Stein/Jonas/Münzberg, a.a.O., § 915a Rdnr. 3.
(81)　債権者の満足の証明は、債務者が自分に交付された執行力ある正本又はZPO七五七条二項による債権者の受取証を提出する場合になされる。Vgl. Stein/Jonas/Münzberg, a.a.O., § 915a Rdnr. 3; MünchKommZPO/Eickmann, § 915

Rdnr. 9; Gottwald, a.a.O., § 915a Rdnr. 4. さらに、ＺＰＯ七七五条四号及び五号による証書の提出でも十分である。Vgl. Rosen-berg/Gaul/Schilken, a.a.O., S. 913; Baur/Stürner, a.a.O., S. 561; Gottwald, a.a.O., § 915a Rdnr. 1. これに対して、ＺＰＯ七七五条四号及び五号の証書の提出では、債務者が債権者に対してその他の義務を負う場合もあることから十分ではなく、債権者は審尋されるべきであるとする見解がある。Vgl. Stein/Jonas/Münzberg, a.a.O., § 915a Rdnr. 3; MünchKommZPO/Eickmann, § 915 Rdnr. 9.

（82）　登録理由が消滅した場合に登録が抹消されることは、以前から認められており、この規定は、一九九四年の改正法により、これを立法において明確にしたものである。Vgl. Stein/Jonas/Münzberg, a.a.O., § 915a Rdnr. 4. 登録の抹消のためには、財産開示手続の実施の基礎をなす執行名義自体が取り消されたり、執行名義の仮執行力が取り消されたり、あるいは、執行名義による強制執行を許さないと宣言された場合（ＺＰＯ七七五条一項、七七六条一文）、さらにはＺＰＯ九〇〇条五項二文により、事後的な異議（Widerspruch）に基づき、又はＺＰＯ九〇一条の拘留の命令に対する即時抗告により、債務者には開示義務が存在しなかったという事情で十分である。Vgl. Stein/Jonas/Münzberg, a.a.O., § 915a Rdnr. 4; BT-Drucksache 12/193, S. 9. また、拘留の命令の登録は、拘留の命令が取り消された場合にも抹消される。Vgl. Stein/Jonas/Münzberg, a.a.O., § 915a Rdnr. 5. 抹消は、職権により行われる。裁判所は、登録理由の消滅を、通常は、公文書（正本、取り寄せられた記録）に基づいて知るにすぎない。なお、抹消理由を調査することは裁判所の任務ではないが、例えば、当事者の主張に基づき、消滅についての手がかりが存在するならば、証書の提出を促す。Vgl. Stein/Jonas/Münzberg, a.a.O., § 915a Rdnr. 5.

（83）　Vgl. BT-Drucksache 12/193, S. 9.

（84）　Vgl. BT-Drucksache 12/193, S. 9.

# 第二編

# 強制執行における執行債権者と執行債務者の利益

# 第一章　法人格否認の法理についての手続法上の問題

## 第一節　はじめに

法人格否認の法理とは、実質的には全くの個人企業と認められるにすぎないものが、法律上の形式の上でのみ株式会社の形態を備えたり、また会社の親子関係を創りだすことで主に取引上の責任を免れようとする場合に、正義と衡平の実現のためにその会社の法人格を否認することである。会社法はこの法理について明文の規定を置かないが、判例及び学説はこの法理を広く認めている(1)。もっとも、商法の学説では、従来から一般条項である法人格否認の法理に安易に依存すべきではなく、関連する法律や契約の解釈で妥当な解決を図ることができる場合が多く、またこの法理は不法行為等の一般私法や結合企業法、過少資本の法理などの会社法の法理や規制がまだ発展していない段階の過渡的な法理に過ぎないとの見解も主張されている(2)。しかし、平成二年の商法改正で導入された一〇〇〇万円の最低資本金制度により、その当時はこの制度によりこの法理の適用事例は少なくなると言われたが(3)、新会社法ではこの出資額規制は撤廃されることになり、これにより増加するであろう法人格濫用事例については法人格否認の法理によって対処しなければならない(4)。したがって、この法理がすぐに無用となることにはならないと思われる。

通説及び判例は、法人格否認の法理を実体法上の法律関係について適用するが、さらに手続法上の諸問題についても適用を認めるかについては見解が分かれている。とりわけ最高裁判所は、会社又は背後者の一方の受けた判決の既判力及び執行力を他方へ拡張することを一貫して否定しており[5]、学説の多くもこれに従う[6]。しかし、判決効の拡張が否定されることはこの法理の実際的効力を減少させることになり、社会的常識に合致した妥当な結論を導くことは困難となる[7]。また判例が挙げる手続の形式性・明確性の要請という論拠も確かなものではなく、判決効の拡張を認めるべきとする見解も有力である[8]。さらに、法人格を否認できる要件が存在する場合に、一方に対して開始された強制執行に対して他方が第三者異議の訴え（民事執行法三八条）を提起したときに、執行債権者は法人格否認を理由に第三者異議請求を棄却できるかについても争われており、通説及び近時の下級審判例は債務名義の執行力が拡張されないことを理由に第三者異議請求を認めている。しかし、最高裁判所は平成一七年七月一五日の判決で既判力及び執行力の拡張を否定しつつ第三者異議請求を棄却できるとする初めての判断を示した[9]。

このように法人格否認の法理についての手続法上の諸問題、とくに既判力及び執行力の拡張並びに第三者異議の訴えにおける法人格否認の抗弁については、従来から見解が対立しており、また新たな最高裁判決の登場も見た。そこで本稿では、これらの問題について学説及び判例を整理した上で、既判力及び執行力の拡張のための、そして第三者異議の訴えにおける法人格否認の抗弁許容のための理論構成について検討を加えることにしたい。

---

（1）　最高裁判所は、昭和四四年の判決で初めて法人格否認の法理の適用を認めた（最判昭和四四年二月二七日民集二三巻二号五一一頁）。

（2）　江頭憲治郎「法人格否認論の形成とその法構造（一）～（六）」法協八九巻一二号一頁―六六頁、同九〇巻一号六四頁―

一三一頁、同九〇巻二号一頁―八六頁、同九〇巻三号一―七八頁、同九〇巻四号五一～一一五頁、同九〇巻五号五二―一一一頁、同「法人格否認の法理」ジュリスト増刊『商法の争点』〔第二版〕三二頁、田中誠二「法人格否認法理の問題点（下）」商事法務五六三号七二九頁、森本滋「法人格否認の法理の新展開」『新実務民事訴訟講座7』三四九頁。なお、吉原和志＝黒沼悦郎＝前田雅弘＝片木晴彦『会社法1』〔第五版〕四六頁以下参照。

（3）森本滋「法人格の否認」別冊ジュリスト『会社判例百選』〔第六版〕一四九号一〇頁参照。

（4）相澤哲編『一問一答　新会社法』三三頁参照。

（5）最判昭和四四年二月二七日民集二三巻二号五一一頁、最判昭和四八年一〇月二六日民集二七巻九号一二四〇頁、最判昭和五三年九月一四日判時九〇六号八八頁。

（6）奥山恒朗「いわゆる法人格否認の法理と実際」鈴木忠一＝三ケ月章監修『実務民事訴訟講座（5）』一六七頁、蓮井良憲「会社法人格の否認」ジュリスト四五一号一〇三頁等。

（7）菊池博「商法五〇四条の研究―法人格否認論に及ぶ―」判タ二三八号五九頁、鈴木正裕「法人格否認と判決の効力」ジュリスト臨時増刊『昭和五三年度重要判例解説』一五四頁。

（8）この見解については「二　法人格否認の法理と既判力および執行力の拡張」において指摘する。

（9）最判平成一七年七月一五日民集五九巻六号一七四二頁。

## 第二節　法人格否認の法理と既判力および執行力の拡張

判例および通説は、会社又は背後者の一方の受けた判決の既判力及び執行力が、法人格否認の法理により他方に対して拡張されることを否定する。その論拠は、訴訟手続及び強制執行手続には、制定法主義を基調とする手続の形式性・明確性の要請が存在し、これにより訴訟手続上当事者として扱われ、判決にその名宛人として表示された者およびこれと特定の関係がある者で法律で特に定められた者にだけ判決の効力が及ぶと理解されることから、単に形式上の別人格で実質的に独立性がない、という理由だけでその者に判決の効力を濫りに拡張することは許されないことを挙げる。しかし、既判力及び執行力が拡張されなければ、法人格否認の法理も限界に突き当たり、その目的は十分に達成できず[1]、初めに述べたように、拡張の否定により新たな訴訟をかなりの月日をかけて行わねばならないことは、この法理の実際的効力を減少することになり、社会的常識に合致した妥当な結論を導くことはできない。また、学説の中には、制定法規の解釈は許されるはずであり、制定法規を合理的に解釈することにより法人格が否認されるべき場合に、会社又は背後者の一方の受けた判決の効力を他方にも及ぼす可能性は検討されるべきであり、制定法主義が採られているという理由から直ちに消極説を採ることは疑問であるし、手続の形式性や明確性についても既判力や執行力の拡張の要件を明確にすれば明文のある場合に限り拡張が認められるというように限定的に解する必要はなく[2]、執行力の拡張に関して言えば、執行力が拡張される者に対する執行文付与の段階でこの要請を十分に充たすことはできるとする見解がある[3]。このように、既判力および執行力の拡張により法人格否認の法理の目的は十分に達成されうること、また消極説自体の根拠も形式的で説得力がないことから、とくに手続法学者の中では既判力及び執行力の拡張を肯定する積極説が存在する。そこで以下では、この積極説の論拠について検討した上で、既判力及び執行力の拡張可能性について考察を行う。もっとも、既判力の拡張と執行力の拡張はその性質を同じくするものではなく[4]、積極説であっても両者の場合にその立場および理由づけを異にすることがあるので、まず初めに既判力の拡張についての見解を、続いて執行力の拡張についての見解を検討する。

## （二）既判力拡張についての積極説

法人格否認の要件が存在する場合に、既判力の拡張を認める見解は次の五説に分けることができる。

### (1) 単一体説

この説は、法人格否認の法理が適用されることにより、会社と背後者は訴訟過程においてすでに融合した単一体と評価され、一方に対する判決は他方に対するものでもあると考える。すなわち、既判力の第三者への拡張というよりは判決の名宛人自体であるとする考え方に近い。新堂教授は、かつて新旧両会社が商号のみならずその実質が前後同一と認められる場合に、そもそも訴訟手続上二つの当事者を観念するまでもなく、一つの実体としての会社が当事者であると解することができるとされていた(5)。また、住吉教授は法人格否認の要件が存在する場合に、新旧両会社は別個の訴訟主体として特定されるが、当初から同時に訴訟当事者の地位にあるものと特定することができるとされており(6)、この見解に近い。さらに仙台地裁昭和四五年三月二六日の決定は、会社とその支配企業である背後者は融合した単一体として法的評価を受けるのであり、会社に対する債務名義はその実体において背後者に対するものということができるとする(7)。

たしかに、法人格否認の法理により、特定の事案に限り法人格の独立性は否定され、会社と背後者は一体であるかのように取り扱われることになる。しかし、この法理により会社の法人格は全面的に剥奪されるわけではなく、形式的には別個に存在する両者を単一体と評価することは難しいのではないかと思われる。

## (2) 所持人説

この説は、民事訴訟法一一五条一項四号により、家族や使用人に建物明渡請求訴訟の判決の効力が及ぶのであるから、それと対比して、個人と代表者が全く同一人である法人の場合には、個人に対する判決の効力は法人にも及ぶべきであるとする。(8) この説に対しては、金銭や代替物の請求訴訟などの場合には、新たな構成が必要になるとの批判があるが、(9) 学説の中には、本条の「請求の目的物」という点にこだわることなく、「所持する者」と同様に、判決内容について固有の実質的利害をもたない者、すなわち実質的利益欠缺者であれば既判力の拡張を認めてもよく、ただ法人格の否認が問題となるのはこのような実質的利益の欠缺した場合だけではないから、この説ではすべての場合を説明できないとする見解がある。(10)

しかし、この見解のいう「判決内容につき固有の実質的な利害をもたない」場合の意味はそれほど明確ではない。例えば一人会社であれば十分なのか、(11) それともその会社の債権者と支配株主個人の債権者が競合しないことまでも必要とするのか。もしも後者であるとするならば、これを後訴で証明することは容易ではなく、やはり「請求の目的物の所持人」から類推するするのは困難ではないかと思われる。

## (3) 依存関係説

この説は、既判力拡張についての依存関係説を前提とし、この理論を法人格否認の事案に適用する。すなわち、法人格否認により一方が第三者に対して給付義務を負うときは他方も同一の給付義務を負うことになり、法人格否認の要件が存在する限り、一定の法律関係においては、一方の法的地位は他方の法的地位によって決定される。つまり、一方の地位は他方の地位に実体法上依存していることから、実体法上の依存関係による既判力拡張の原則により、一方に対する判決の効力は他方にも及ぶとする(12)。したがって、この見解では、前訴の当事者ではなかった会社に既判力を及ぼすためには、その会社に対する後訴において、前訴原告である債権者は法人格否認の要件が存在したことを主張立証すれば、この会社は、前訴基準時における前訴被告に対する債権者の債権の存在を争えないことになる。

この説に対して一部の学説は、実体法上の責任発生原因としての法人格否認の要件が存在すべき時期と、手続法上の既判力拡張のための法人格否認の要件が存在すべき時期は同じではないと主張する(13)。すなわち、前訴の訴訟物たる義務について責任を負わねばならないとされるために要求される否認要件と、既判力拡張を認めるために必要とされる依存関係を基礎づける否認要件とは区別して考えねばならず、前者については、法人格濫用型の場合には、原則として会社が義務違反に該当する行為と同一の行為をした時に、そして法人格形骸型の場合には、原則として問題となっている法律行為または事実行為の時に存在していなければならないが(14)、後者については前訴の時に存在すれば既判力は拡張されるとする。したがって、この依存関係説が既判力拡張のための依存関係は前訴のときに存在していなければならないとするならば、法人格否認の要件の存在を証明する時期が違うことになり、前訴の時に依存関係があるとしても、常に当然に実体法上の責任が存在することにはならないと主張する(15)。それゆえ、この批判によれば、前訴原告である債権者は、後訴において実体法上の法人格否認の要件と手続法上の法人格否認の要件の二つを主張立証しなければならないことになる(16)。

また、学説の中には、依存関係説では法人格否認の要件がすでに口頭弁論終結前に存在している通常の場合に、口頭弁論終結後の承継人への既判力拡張の規定を類推することは難しいとする批判もある(17)。

## （4）実質的当事者説

この説は、まず初めに第三者への既判力拡張とされている場合でも、形式的当事者によって訴訟を追行されたことにより手続上の地位の保障がなされて、実質的には形式的当事者と手続上の地位において同視できる第三者を「実質的当事者」とし、これらは民訴法一一五条一項一号の「当事者」と見るべきであるとする[18]。そして「請求の目的物を所持する者」（民訴法一一五条一項四号）は、当事者である権利主体と別個にその手続上の地位を保障する要請は存在しないし、また「訴訟担当の場合の本人」（民訴法一一五条一項二号）は、利益帰属主体である本人自ら訴訟を追行する代わりに、一定の要件を具備して当該請求との関係で当事者適格を認められた訴訟担当者により、訴訟が追行されているのであるから、本人自身が当事者となって訴訟を追行した場合と同様に、その手続上の地位は保障されたと見るべきであり、「実質的当事者」とする[19]。これに対して「口頭弁論終結後の承継人」（民訴法一一五条一項三号）は、本来は当事者と別個に手続権を保障されるべき者であるが、当事者との一定の関係を理由に、法的安定の要求を優先させるために、特に既判力が拡張された者であり、その範囲を口頭弁論終結後の承継人に限定したのは、第三者の手続権保障の要請と法的安定性の要請との調和点を示すものであるから、「第三者」となる[20]。そして、このような考え方を採ることにより、とりわけ法人格否認と既判力の問題について解決を図ることが可能となり[21]、法人格否認の法理が適用される場合の「法人格形骸型」、つまり一人会社を代表例とする形骸事例では、法人格が否認されることで、当事者となった一方の訴訟追行により他方の手続権保障の要求は充たされたとみるべきであり、「実質的当事者」として民事訴訟法一一五条一項一号の当事者に含まれて既判力は及ぶことになる[22]。

この説に対しては、「請求の目的物を所持する者」と「訴訟担当の場合の本人」とは手続保障を不要とする根拠が異なり、前者の場合は、もともと判決の内容について固有の実質的利害をまったくもたないことを理由としており、既判力拡張のための法人格否認の要件は後訴の時点で存在することが必要であり、かつそれで十分であるが[23]、後者の場合は、本人に代わって訴訟担当者が訴訟を追行したことが理由となり、既判力拡張のための法人格否認の要件である依存関係は、前訴の時に存在しなければならないとする批判がある[24]。

たしかに、実質的当事者説では依存関係説と同様に法人格否認の要件の存在を証明する時期に問題はあると思われるが、この説が法人格否認の法理について「法人格濫用型」と「法人格形骸型」を区別し、後者の場合にだけ既判力の拡張を認めることには疑問がある。つまり、この説は濫用事例と形骸事例とは会社と背後者相互間の独立性の程度が異なることを理由に、濫用事例では形骸事例とは異なり、形式的当事者となった者の訴訟追行によって他方の手続保障が代行・充足されて既判力拡張を肯定しうるという関係は認め難いとする[25]。しかしながら、この両者は常に明確に区別されることは可能ではなく、濫用事例は独立性が高いことを理由に、両者を分けて手続上の効果も分けることは適当ではない。すなわち、法人格の濫用は、背後者により法人格がその意のままに単なる道具として支配されているという支配の要件と、この支配者が法人格を違法または不当な目的のために利用しているという目的の要件が必要とされているが[26]、支配の要件が充たされるためには、株主・役員・新旧商号・営業目的・営業場所・設備などが同一であることなどの具体的な事情が必要とされており[27]、また目的の要件は、一般には会社設立の経緯や支配の態様等の客観的事実からその存在が推認されるので、支配の要件は二重の機能を果たすとされている[28]。そして、法人格の形骸化は、法人とは言うけれど、実質的には社員の個人営業、あるいは親会社の営業の一部門にすぎない状態であるとされるが、具体的にどの程度形骸化していれば法人格が否認されるかの基準は不明確であり[29]、一般には、法人格濫用の支配の要件だけでは不十分で、さらに個人財産と会社財産との混同、相互の取引業務活動の反復的継続的混同、明確な帳簿記載や会計の区分がないこと、さらに株主総会や取締役会を開催しないなど、会社として必要な手続を無視していることなどのうちのいくつかが存在する状態であるとされている[30]。したがって、法人格の濫用を証明するために、会社設立の経緯や支配の態様等の客観的事実の存在が必要となるならば、これは法人格の形骸化の要件とも結びつくことになる。実際にも、いわゆる「過少資本」、つまり会社の当初からの資金不足・無資産は会社の形骸化を示すとする見解と、[31] これは支配株主が自分の損害を他の債権者に負担させるという確定的な意欲の存在を示すと認められることから会社法人格の濫用とする見解がある。[32] また、前述の平成一七年七月一五日の最高裁判決は、本件は法人格濫用の事例であると述べるが、そこで示された「支配」については、会社とその背後者との間の営業所の同一や会計的区分の欠如など、「財産の混同」があることも挙げられており、法人格は形骸化しているとも判断できると思われる。

## （5）多元説

この説は、法人格否認には実質的利益欠缺型、訴訟代行型、濫用型など種々のものがあり、事案の違いに応じてその根拠と否認要件の存在時期を異にすることから、いずれか一つの根拠で既判力の拡張を説明することは問題であるとする。[33] そして、形骸事例では、実質的利益の欠缺を根拠として既判力の拡張を認め、訴訟代行型でもその拡張を認めるが、その他に濫用型として、債務者が自分の受けた給付判決による強制執行を免れるために、あるいは債権者の権利行使を困難にするために株式会社を設立し、自分の財産全部を出資した場合に、法人格の濫用ゆえに別個の手続権の保障が与えられない場合とみて既判力を拡張することを認める。

たしかに、法人格が否認される事案には種々のものがあり、既判力拡張の根拠と否認要件の存在時期も異なることになる。しかし、すでに述べたように判決内容について固有の実質的な利害をもたない場合とされる「実質的利益欠缺型」の意味は明確ではなく、また法人格濫用型について既判力が拡張されうることには賛成であるが、その実定法上の根拠についての検討が必要となろう。

## (二) 既判力拡張の理論構成

既判力拡張についての積極説は、このようにその要件および根拠を異にしており、それぞれに批判がある。しかし、依存関係説に対する批判が指摘するように、法人格否認の要件が前訴の時に存在していたことを後訴で主張立証することができれば、会社と背後者との間に「既判力拡張のための依存関係」が存在すると考え、つまり会社に実体法上の責任を発生させる時期ではないので、前訴の時点でこの要件が充たされても実体法上の義務（依存関係）は発生しないが、会社は民事訴訟法一一五条一項二号の訴訟担当における本人にあたるとして、それに既判力の拡張を認めてもよいと思われる。それというのも、背後者である前訴被告は、自らの給付義務について固有の適格により訴訟を追行すると同時に、依存関係が存在することにより、会社独自の法的利益についてもその訴訟を担当する適格をもつと考えることができるし[34]、それにより会社の手続保障の要求も充たされたことになるからである。したがって、前訴原告は、後訴において、手続法上の法人格否認の要件を主張立証して既判力を拡張し、さらに実体法上の法人格否認の要件を主張立証することになる。

それでは、前訴の時点でまだ実体法上の法人格否認の要件が存在しない場合、例えば強制執行を免れるために訴訟の終了後に財産を移転して会社を設立した場合に、この会社を民事訴訟法一一五条一項三号の承継人とすることは可能であろうか。学説の中には、財産の移転が口頭弁論終結後に行われ、その時点で法人格否認の要件の存在が証明されれば、実体法上、債務の承継があったと構成できるとする見解がある[35]。また、依存関係説では背後者と会社は法人格否認の要件が充たされれば実体法上の依存関係を築くとして、債権者は後訴においてこの要件が口頭弁論終結後に充たされたことを立証すれば既判力は拡張されることになる。たしかに、一般的には、特定の関係を有しない責任財産の譲渡と債務の承継とを同視することは困難であり[36]、立法による法人格否認の法理自体を根拠とする既判力拡張を認めることが望ましい。しかし、法人格否認の要件が財産の移転の時点に存在すれば、会社も前訴の訴訟物である実体法上の債務を負うことになるから、この場合に「承継」があったと構成し、さらにここでは会社は前訴被告である背後者と併存してその債務を引き受けることになるので、併存的債務引受も「承継」にあたると考えれば[37]、会社を「当事者の承継人」と見ることも不可能ではないと思われる。

## (三) 執行力拡張についての積極説

執行力の拡張は、会社又は背後者の一方に対する債務名義に基づき、執行文の付与を介してではあるが、他方に対して強制執行を行うことを可能にする。その際、法人格否認の要件が文書により証明されることはほとんどないことから、執行文付与の訴え（民執法三三条）が必要となる。しかし、ここでは既判力が拡張されて会社に対してあらためて新しい訴えを提起する場合と異なり、例えば前訴基準時以降の弁済などの請求異議事由を抗弁とすることはできない。

判例及び多数説は、既判力の拡張と同じ理由で執行力の拡張も認めていないが[38]、とくに手続法学者の間で既判力の拡張と同様に積極説も主張されている。

### (1) 単一体説・(2) 所持人説

既判力拡張についての単一体説及び所持人説は、執行力の拡張も肯定する。すなわち、単一体説では会社又は背後者の一方に対する債務名義は、その実体において他方に対するものとなり、所持人説も民事執行法二三条三項の規定からみて当然に執行力が拡張されるからである。

### (3) 依存関係説

既判力拡張についての依存関係説は、会社の法人格が否認される場合には、一方が給付義務を負う限り必ず他方も同じ義務を負うことから、既判力のみならず執行力の拡張も認めるべきであるとする(39)。

しかし、この説では、法人格否認の要件が、実体法上の責任を生じる時期に存在していなければならず、執行文の付与の際に、その時期を前訴の時とするならば実体法上の要件は存在しない場合があり、その場合には執行力は拡張されないことになる。もっとも、この説は、法人格の完全な形骸化の場合を念頭においており、法人格否認の要件の存在時期について明らかにされてはいない。また、既判力拡張の場合と同様に、執行力拡張の根拠をすべて民事執行法二三条一項三号の口頭弁論終結後の承継人とすることには問題があると思われる。

### (4) 折衷説

既判力拡張における「実質的当事者説」は、既判力拡張について、法人格の濫用事例と形骸事例を分けて考察するが、執行力の拡張についてもこの立場を維持する。そして、このような執行力拡張に関して両者を別にする見解は他にもあり、これらを「折衷説」として検討する。

この説は、法人格の形骸化事例では執行力は拡張されるが、その濫用事例では執行力は拡張されないと主張する(40)。その理由は、形骸化とされる場合は、例えば会社即個人・個人即会社の個人企業のように、背後者が会社を完全に支配しており、会社と背後者との間に財産ないし取引業務活動の継続的かつ反復的混同があり、株主総会や取締役会を開催しないなどの状態から、背後者について会社とは別に債務名義を要求する実質的意味はないが、法人格濫用の場合は、たとえ詐害行為的な新会社設立であっても、新会社自体は濫用主体とは別個に実在し、濫用に関係のない出資者や融資をした者の利益を無視することはできず、新会社に対する強制執行を許し、新会社に反対名義を作成させる負担を負わせることは当を得ないからである。そして、執行力拡張の実定法上の根拠としては、実質的当事者説では民事執行法二三条一項一号になると思われるが、他の見解では本条一項二号により、背後者である個人又は会社が二号でいう「他人」にあたるとする。(41) 要するに、この説は、背後者と会社の独立性が形骸事例では低く、濫用事例では高いことを理由に執行力の拡張について異なる結論を採る。

折衷説については、既に述べたように、法人格否認の法理において、法人格濫用の場合と法人格形骸化の場合とを明確に区別することはできない場合があり、両者を分けて執行力の拡張の有無という手続上の重大な効果をこれに拠らせることには疑問がある。たしかに、判決理由中ではどちらの場合であるかは指摘されるが、例えば濫用事例とされていても形骸化事例といえる場合があり、その際に形骸化事例であるから執行力は拡張されると常に後から判断し直すことは適切でなく、また可能でもない。さらに、たとえ善意の出資者や融資者がいたとしても、法人格が否認されることで、その利益は無視されて、彼らは別の方法で損害の回復その他の責任追及を図るしかないから、法人格濫用の要件の存在の証明により、執行文の付与を介して強制執行を実施すべきである。背後者と会社の独立性が形骸事例では低く、濫用事例では高いと断定することはできないと思われる。また、形骸化の事例で、背後者である個人又は会社が民事執行法二三条一項二号の「他人」にあたるとする理由についても明確ではない。

### (5) 多元説

既判力拡張における多元説は、実質的利益欠缺型では執行力の拡張を認めるべきであるが、訴訟代行型では執行力の拡張は認めるべきではなく、濫用型ではその濫用の程度や内容に応じて既判力のみを拡張すべきか、執行力まで拡

張すべきかを決めるべきであるとする。(42)

たしかに、訴訟代行型のときに、法人格否認の要件の存在が前訴の時に認められることにより、前訴被告と依存関係にあるとして民事執行法二三条一項二号により執行力の拡張が行われ、それにより強制執行を受けることになる債務者が、自ら請求異議の訴え（民執法三五条）を提起し、責任発生原因である否認要件の不存在ゆえに自分は実体法上の責任を負わないことを主張立証しなければならないことは問題である。(43)しかし、会社又は背後者が二号にいう「他人」にあたるとして、執行力を拡張するためには、前訴の時に法人格否認の要件の存在が認められて、手続上の依存関係があったというだけでなく、実体法上の法人格否認の要件が存在すべき時期にその要件が存在して、実体法上の依存関係があったということも必要であり、債権者はこの両者を主張立証できなければ執行文は付与されないと思われる。すなわち、執行力を他人に拡張できるのは、もしもその他人に対して新たな給付の訴えを提起するならば債務名義に表示された当事者の給付義務の成立にそれを付け加えて主張することで、その他人に対する請求を理由づけるために必要な事実でなければならず、(44)さらに会社又は背後者に対して強制執行を実施するのではなく後訴を提起する場合には、先に述べたように前訴原告である債権者は「実体法上の法人格否認の要件」について新たに主張立証しなければ勝訴できないことから、この場合に両要件の存在の立証は必要であると思われる。

## (四)　執行力拡張の理論構成

執行力の拡張は、既判力の拡張と同様に、第三者の訴訟担当構成を採ることで、会社又は背後者を民事執行法二三条一項二号の他人にあたるとすることができる。もっとも、既に述べたように、債権者が執行文の付与を受けるためには、前訴の時と、実体法上の義務を発生させる時に、法人格否認の要件が存在し依存関係があったことを主張立証しなければならない。それにより、執行文の付与が受けられて強制執行を開始することができる。次に、前訴の時点でまだ実体法上の法人格否認の要件が存在しない場合には、前訴の基準時以降にこの要件が充たされることで「承継」があったと構成するなどして、民事執行法二三条一項三号により、執行文付与の際に、この要件を立証することでその付与を受けることができると考える。

(1) 野田宏「最高裁判例解説」民事編昭和四四年度（上）四三六頁。
(2) 福永有利「法人格否認の法理に関する訴訟法上の諸問題」関大法学二五巻四＝五＝六号一一一二頁以下。
(3) 中野貞一郎『民事執行法』〔増補新訂六版〕一三三頁。
(4) 中野・前掲一七〇頁以下参照。
(5) 新堂幸司『新民事訴訟法』〔第三版補正版〕一二五頁。
(6) 住吉博〔判批〕民商七一巻三号五七三頁以下。なお、福永教授は、新堂説が訴訟手続上二つの当事者を観念するまでもないとしていることから、住吉説とは全く同じではないとして、この見解を複合的当事者説と呼ばれた。福永・前掲一一〇四頁。
(7) 仙台地決昭和四五年三月二六日判時五八八号五二頁。
(8) 菊池・前掲五九頁。
(9) 上田徹一郎『判決効の範囲』一四五頁、同〔判批〕判評二四五号三七頁。
(10) 福永・前掲一一一五頁。
(11) 一人会社といってもその範囲は必ずしも明確ではなく、いわゆる法人成りした会社で家族等を株主としている場合でも、経済的実質的に見れば支配者が全部の株式を所有していると見られることから一人会社と同様に考えられるとする見解がある。奥山・前掲一六九頁。また親会社が子会社の株式の全部またはそのほとんどを保有する場合にも一人会社と同様に考えられるとされる。星野雅紀「法人格否認と訴訟法および執行法上の問題点」判タ四一二号三八頁。

(12) 竹下守夫〔判批〕判評一六〇号三三頁、同〔判批〕判タ三九〇号二四九頁。
(13) 福永・前掲一一一六頁以下。
(14) 奥山・前掲一七〇頁及び一八八頁参照。
(15) 福永・前掲一一一八頁。
(16) 高橋宏志『重点講義民事訴訟法（上）』〔第二版〕七〇一頁参照。もっとも、福永教授によれば、法人成りした会社の場合には会社設立の時から形骸化がみられ、訴訟の時に「形骸」であるときは訴訟物たる義務発生時にも同様に「形骸」であるのが通常であり、依存関係の認定に際しては会社設立当初から「形骸」であった事実が認定されることが多いとされる。福永・前掲一一一七頁。
(17) 上田・前掲〔判決効の範囲〕一四六頁以下。
(18) 上田・前掲〔判決効の範囲〕一五九頁。
(19) 上田・前掲〔判決効の範囲〕一六二頁以下。
(20) 上田・前掲〔判決効の範囲〕一五九頁以下。
(21) 上田・前掲〔判決効の範囲〕一二八頁以下。
(22) 上田・前掲〔判批〕三七頁。
(23) 福永・前掲一一二〇頁以下。福永教授は、この場合に、判決効の拡張を受ける者自身が自ら責任を負うという点にも既判力を受けると解することもできるし、執行力を受けるのは当然とみることもできるとされる。
(24) 福永・前掲一一二〇頁以下。福永教授は、この場合に、前訴では会社が債務を負っているかどうかが問題となり、その債務について背後者が法人格否認の要件が存在することを理由に共に実体法上の責任を負うかどうかという点について審判の対象にはなっていないことから、法人格否認の要件についてまで背後者は実質的に訴訟を追行してもらっていたとみることはできず、これについて失権効を及ぼすことはできないし、ひいては執行力が拡張されるかどうかも検討しなければならないとされる。
(25) 上田・前掲〔判批〕三八頁。
(26) 大隈健一郎『会社法の諸問題』〔増補版〕三五頁、奥山・前掲一六九頁以下、蓮井・前掲一〇一頁以下など多数説。
(27) 星野・前掲三七頁以下参照。

(28)　蓮井・前掲一〇二頁、奥山・前掲一七〇頁。なお、蓮井教授は、熊本地裁八代支部判決（熊本地八代支判昭和三五年一月一三日下民集一一巻一号四頁）が、支配者である義務者が、法規または契約上の義務を回避するために会社を利用したという事実を権利者の側で証明しなければならないとしたことを行き過ぎであると批判される。

(29)　上柳克郎＝鴻常夫＝竹内昭夫編集代表『新版注釈会社法（1）』八〇頁〔江頭憲治郎〕、大森忠夫＝矢沢惇編集代表『注釈会社法』第一巻一四九頁参照〔竹内昭夫〕。

(30)　奥山・前掲一八七頁、江頭・前掲（法人格否認論の形成とその法構造（2））法協九〇巻一号一〇一頁。

(31)　大森＝矢沢編・前掲八五頁〔江頭〕。

(32)　奥山・前掲一七五頁。

(33)　福永・前掲一一二一頁。

(34)　吉村徳重「執行力の主観的範囲と法人格否認」大石忠夫＝岡田潤＝黒田直行編『民事執行訴訟法』一一三頁参照。

(35)　奥山・前掲一七四頁。

(36)　高橋・前掲七〇三頁。なお、江頭教授も、財産の承継を口頭弁論終結後の重畳的債務引受と同視するのは実態的にみても無理に無理を重ねる解釈であると批判される。江頭憲治郎「法人格否認の法理と判決効の拡張」石井追悼『商事法の諸問題』三九頁。

(37)　併存的債務引受の場合に訴訟物たる義務の承継を認めるかについて見解が分かれる。否定説は、併存的債務引受は新債務を設定するものであり、いかなる意味においても訴訟物たる権利関係の承継は認められないとする。上野泰男〔判批〕法学雑誌二一巻三号四四三頁、兼子一ほか『条解民事訴訟法』〔第二版〕五八一頁〔竹下守夫〕、中野貞一郎＝松浦馨＝鈴木正裕編『新民事訴訟法講義』〔第二版補訂二版〕四八四頁〔伊藤眞筆〕など。

(38)　最高裁判所は、前述の昭和五三年九月一四日判決において執行力の拡張を否定した。事案は、「株式会社上田養豚」に対してXは金銭債権について債務名義（確定判決）をもっていたが、この会社が経営不振となったために、その代表取締役がその義理の兄と相談した上で、その兄の出資を仰ぎ新たな会社である「上田養豚株式会社」を設立し、そこで養豚業を継続した。その際に、この新会社の「上田養豚株式会社」は旧会社である「株式会社上田養豚」の営業設備一切と飼育中の豚を無償で譲り受け、従業員も引き取っていた。それにより、この「株式会社上田養豚」は有名無実の状態となってしまったことから、Xはこれに対して強制執行をしても意味がなく、新会社の「上田養豚株式会社」対して執行文付与の訴えを提起した。この事件で最高裁は、「上田養豚株式会社」の設立は「株式会社上田養豚」の債務の支払を免れる意図の下にされたものであり法人格の濫用と認められるが、この場合においても権利関係の公権的な確定およびその迅速確実な実現をはかるために、手続の明確・安定を重んじる訴訟手続ないし強制執行手続においては、その手続の性格上「株式会社上田養豚」に対する判決の既判力および執行力の範囲を「上田養豚株式会社」にまで拡張することは許されないと判示した。

(39) 竹下・前掲〔判批〕判評一六〇号三三頁。
(40) 上田・前掲〔判批〕三九頁、中野・前掲一三三頁以下。
(41) 中野・前掲一三四頁。
(42) 福永・前掲一一二九頁。
(43) 福永・前掲一一二九頁。
(44) 中野教授は、承継執行文の付与に関してではあるが、このように主張されている。中野・前掲一三四頁以下参照。

## 第三節　法人格否認の法理と第三者異議の訴え

執行債権者は、会社又は背後者の一方に対して開始された強制執行に対して、その他方が提起した第三者異議の訴えにおいて、法人格否認の抗弁を主張することができるかについては、学説及び下級審判例は消極・積極に分かれている。最初に述べたように、通説および近時の下級審判例は、債務名義の執行力が拡張されないことを理由に第三者異議の訴えを認めていたが、最高裁判所は平成一七年七月一五日の判決で、第三者異議の訴えを棄却できるとする初めての判断を示した。

消極説は、それまでの最高裁判決が既判力および執行力の拡張を認めて来なかったことを引用して、第三者異議訴訟の被告である債権者に法人格否認の抗弁が認められるならば、第三者に対する債務名義の執行力の拡張を認めることになり、したがってこのような抗弁は許されないとする(1)。昭和五五年一二月一四日の東京地裁判決は(2)、第三者異議の訴えの原告が、執行債務者である会社と一体をなしており、独立した経済的地位を有しないことから法人格否認の法理が適用されるとしても、強制執行は判決によって確定された給付義務の内容を実現するものであり、その執行力の範囲は予め債務者との関係で確定されていなければならないので、判決効は原告には及ばず、債務名義の執行力の拡張を認めることはできないとして、原告の第三者異議請求を認容した。また、平成八年四月三〇日の東京高裁判決も、債務名義の執行力の範囲を第三者に及ぼすことはできないことを理由に、第三者異議請求を認めている(3)。さらに、一部の学説は、債権者はそもそもその第三者を共同被告として訴えることができたはずであり、訴訟の途中で実体を発見すれば別訴を提起して前訴と併合するなどの方法もあったはずであると指摘する(4)。

## （一）積極説

執行債権者は、強制執行に対して提起された第三者異議の訴えにおいて法人格否認の抗弁を主張できるとする積極説は、次の三説に分けることができる。

## （1）執行力拡張説

この説は、消極説とは全く反対に、第三者に対して執行力が拡張されることを理由とする。すなわち、執行力拡張についての単一体説は、執行債務者に対する債務名義はその実体において第三者異議の訴えの原告に対するものであるから、この原告は第三者に該当しないとする。(5) また、依存関係説では、第三者に債務名義の執行力が及ぶのであれば、この第三者が提起する第三者異議の訴えは訴えの利益がなく却下されるとする。(6) さらに実質的当事者説は、法人格否認の法理により、会社と背後者が同じ義務を負うことになり、依存関係説のいう「完全な依存関係」が認められることになるから、一方は他方の受けた判決に拘束される実質的当事者であり、第三者異議はなりたたないとする。(7)

このように執行力拡張説は、第三者異議の訴えにおいて、法人格否認の要件が存在すれば執行力が拡張されることを理由に、第三者異議請求は認容されないとする。たしかに、この第三者に対しては、執行文を付与することが可能であるから、第三者異議請求が認められずに第三者が強制執行を受けることになっても、その利益を不当に侵害することにはならないと思われる。しかし、この場合に、第三者は執行債務者としての通知や送達を受けていないことから、執行上の手続保障に欠けるのではないかとの疑問は残る。(8)

## （2）信義則説

この説は、法人格否認の法理の適用により、第三者が債務名義表示の請求権について自らも同一の給付義務を負うことになれば、信義則上、その執行の排除を求めることはできないのであり、第三者異議の訴えは棄却になるとする。(9) つまり、執行債権者は、この第三者に対して債務名義を有しなくても強制執行を実施できることになるが、これは第三者異議の訴えの中で第三者に対してわざわざ反訴（民訴法四六条）を要求するまでもなく、またそもそも第三者は執行によって実現される給付と同じ内容の給付を実現すべき義務を負っているのに、それを自ら履行しないだけでなく、たまたま執行債務者ではない第三者であるという地位を利用してその執行を阻止しようとしているのであるから、まさに信義則違背を冒しており、債務名義がなくても、同一内容の給付義務を負うというだけで第三者異議の訴えの抗弁事由になるとする。(10) また、大阪地裁昭和四九年二月一三日判決は、(11) 金銭執行により差し押さえられた目的物の第三者の所有権は、法人格否認の法理によって否定されることを理由に、第三者異議の訴えを棄却しているが、この判決が、法人格否認により、会社は背後者と同じ給付義務を負い、形式的には会社に属する財産でも、背後者の負う金銭債務の責任財産となって会社に対して強制執行ができるという意味であれば、この説と同じ立場と思われる。(12)

この説に対しては、法人格否認の法理と信義則との組合せは複雑であり、そこまでして第三者異議の訴えを棄却する必要はないし、そもそも判決の既判力や執行力が第三者に拡張されないという前提では結論に問題があるとする批判がある。(13) しかし、この説の問題は、債務名義がなくても第三者が同一内容の給付義務を負うというだけで第三者異議の訴えの抗弁事由になることにある。たしかに、第三者の給付義務の存否は判決手続である第三者異議の訴えにおいて審理することもできるが、第三者異議の訴えの訴訟物としてではなく、一つの防禦方法として、執行債務者の執行債権者に対する給付義務の存在及び実体法上の義務を発生させる時の法人格否認の要件の存在が審理されることは、第三者の手続保障の点で問題があり、(14) また、この手続はかなり重たくなると思われる。そうであれば、債権者は第三者異議の原告に対する反訴により債務名義を取得し、執行文の付与を受けて第三者に対する執行として執行行為の転換を図るべきであろう。(15)

### （3）執行受忍説

この説は、法人格否認を理由に第三者異議請求を棄却できるかどうかは、判決の執行力の拡張ができるかどうかではなく、特定の財産に対してすでに開始された強制執行による侵害を第三者が受忍すべき理由があるかないかでなければならないとする。(16) そして、執行攫取の対象となった財産について、所有権等を主張する第三者が債務者から独立した実質的利害関係をもたず、その法人格の形骸化が認められる場合に、形式的な権原に基づく執行の排除を認めれば、形骸化した法人格によって債務者の責任財産が形骸化されてしまうという不当が発生する。また、執行妨害を目的として濫用的に設立された法人の第三者異議を認容すれば、妨害の目的が達せられてしまう。したがって、第三者は形骸事例・濫用事例のいずれであっても債務者に対する強制執行を受忍すべき理由はあるとする。また、消極説の立場に立つと、法人格の形骸化や濫用がまさに執行妨害のための策動である場合が多いから、これに対する効果的な対応手段を採れず、正常な執行機能を阻害する結果となり、法人格否認の要件の審査については、執行力拡張による執行文付与の場合とは異なり、第三者自身がすでに提起した異議訴訟が存在するから、この要件の審査については当事者に対して十分な手続保障があるとする。さらに、このような理由から、先の信義則説のように、第三者異議の訴えの原告自らが債務名義に表示された請求権について同一の給付義務ないし責任を負う、ということを理論的媒介とする必要はないと述べる。

最高裁判所平成一七年七月一五日判決は、おそらくこの説に従ったものと思われる。(17) 本判決は、債権者による強制執行を妨害するという違法不当な目的で法人格が濫用されている場合に、判決の既判力及び執行力は第三者に拡張されないが、第三者異議の訴えは、原告である第三者が強制執行による侵害を受忍すべき地位にはないことを異議事由として強制執行の排除を求めるものであるから、第三者は強制執行の不許を求めることはできないとする。本件は、債務者が、債権者による強制執行を免れるために詐害信託と思える方法などを用いて関連会社に資産を移転し、さらに別の関連会社がその関連会社からその資産を賃借した上で、新たな会社と運営業務委託契約を締結したことから、債権者の差し押さえた動産は、この新たな会社の所有する動産であり、執行対象とはならないとして、第三者異議の訴えが起こされた事件である。すなわち、本件は明らかに強制執行の潜脱を目的としたかなり悪質と思われる法人格濫用の事例であり、最高裁判所は、このような事例において執行妨害を阻止することが必要かつ重要であると考え、そのためにこの執行受忍説を採ると判断したと思われる。

この説では、法人格否認の要件が存在する場合に、第三者異議請求が認容されれば執行妨害などの不当な結果が発生することになるから、第三者はこの執行を受忍しなければならないことになる。たしかに、信義則説のように、第三者は債務名義表示の請求権と同一の給付義務を負うということは言わないので、その説明においてより優れた見解ということはできる。

しかしながら、この説に従って第三者異議の訴えを棄却できるとしても、この第三者は既判力の拡張を受けていないから、本来ならば争えるはずの執行債権者に対する執行債務者の給付義務に基づいて強制執行されることになる。たしかに、第三者は自らのイニシアティブにより第三者異議の訴えを提起しているのであるから、法人格否認の要件の審査については十分な手続保障はあると思われる。しかし、この訴えの中で強制執行の実体的基礎を確保する執行債権の存否について争えないとするならば、やはり第三者の手続保障の点で問題はある。第三者は執行力の拡張を受けないことから、請求異議の訴え（民執法三五条）によりその債務名義の執行力を排除することもできない。

## （二）　第三者異議の訴えにおける法人格否認の抗弁許容のための理論構成

第三者異議の訴えは、特定の債務名義につき特定の財産に対する執行不許を宣言する判決を求める形成の訴えであり、訴訟物は特定の財産につき債務名義の執行力の対象的排除を求めうる地位にあるとの第三者の法的主張である(18)。すなわち、特定の財産対象に対する強制執行により第三者が自分の権利圏に侵害を受け、しかも債権者に対してその債務名義に表示された請求権との関係で自分がかかる侵害を受忍すべき法的な理由がない場合には、当該対象に対するその債務名義に基づく強制執行は実体法上許されないので、第三者はその対象に対する限度で債務名義の執行力の排除を求めることができる。そしてこの侵害受忍の理由の存否については、第三者と執行債権者との当該目的財産をめぐる関係がトータルに審判対象に取り込まれねばならない(19)。

執行受忍説は、この第三者の侵害受忍の理由について、執行債務者に対する執行債権に基づいて第三者の財産に対する強制執行を許さないとすると執行妨害などの不当な結果が発生することを挙げる。たしかに、法人格否認の法理の適用事例は強制執行の妨害の場合に多く、この見解は執行債権の確実で迅速な実現という強制執行の目的に適う。しかし、先に述べたように、第三者は執行債権者の執行債務者に対する執行債権の存在について争えないことにつき手続保障の点で問題がある。例えば一人会社であれば第三者が執行債権の存在を争うことはほとんど考えらないし、争うことが信義則上問題となることもあろう。しかし、法人格否認の法理が適用される事例には、社員権を通じて会社を利用する場合のほかに業務執行権を通じて会社を利用する場合もあり(20)、新旧会社が一体であるかのように取り扱われるとしても新会社が旧会社の債務の存否について争えないことには疑問がある。同じことは、債務名義を有しなくても強制執行を実施できるとする信義則説にもあてはまる。したがって、第三者異議の訴えにおける法人格否認の抗弁の許容のためには、第三者に対して執行力が拡張されることを論拠とすべきであり、そのための要件を主張・立証することで、第三者に執行力が拡張されれば、第三者は執行を受忍しなければならない。その場合に、第三者異議の訴えは棄却される。最高裁判所平成一七年七月一五日判決が、既判力および執行力の拡張を否定しつつ第三者異議請求を棄却できると示したことは、それが悪質な執行妨害事例であるとしても、第三者の手続保障の点で問題があると思われる(21)。

(1) 今中利昭「法人格否認論適用の限界」司法研修所創設三〇周年記念論文集一二一頁、服部栄三〔判批〕ジュリスト五七九号一一七頁、星野・前掲三六頁。
(2) 東京地判昭和五五年一二月二四日判時一〇〇六号七〇頁。本件は、原告個人が設立した個人会社の債権者がその会社の財産を差し押さえたところ、原告が、その財産は自分の所有に属するとして、債権者に対して第三者異議の訴えを提起した事件である。
(3) 東京高判平成八年四月三〇日判タ九二七号二六〇頁。本件は、YがAに対する債務名義（和解調書）に基づき法人格否認の法理によりXに対して強制執行の申立てをしたところ、執行裁判所がこれを認めたのでXは第三者異議の訴えを提起した。東京高裁は、権利関係の公権的な確定及びその迅速確実な実現をはかるために手続の明確・安定を重んじる執行手続においては、その性格上、その執行力の範囲はあらかじめ債務者との関係で確定されていなければならないものであり、仮にXがYの主張のように法人格を濫用して設立された会社であるとしても、YとAとの間の和解調書の執行力はXには及ばず、第三者異議の訴えにおいて法人格否認の理論を適用して、Aに対する債務名義の執行力の範囲をXにまで拡張することは許されないと述べた。
(4) 今中・前掲一二一頁。
(5) 仙台地決昭和四五年三月二六日判時五八八号五二頁。
(6) 竹下・前掲〔判批〕判評一六〇号三三頁。
(7) 上田・前掲（判決効の範囲）一五五頁。
(8) 中野・前掲三三五頁参照。
(9) 竹下・前掲〔判批〕判評一六〇号三二頁。
(10) 竹下・前掲〔判批〕判評一六〇号三二頁。
(11) 大阪地判昭和四九年二月一三日判時七三五号九九頁。
(12) 鹿児島地裁昭和四六年六月一七日判決〔判時六五二号八〇頁〕は、法人格否認の法理の適用によって第三者異議が認められなくなることは、債務者に対する債務名義で第三者に対する強制執行を事実上容認することになるけれども、このような事実的結果は法人格否認の法理の意図するところであり、また第三者異議の訴えにより、事柄を実質的に見て、個人と法人とを通じて一個の法人格しか存在しないとの実体的判断をすることは可能であると述べており、信義則説に近い立場と思われる。

(13)　服部・前掲一一八頁。
(14)　中野・前掲三三五頁参照。
(15)　中野・前掲三三五頁参照。
(16)　中野・前掲三二三頁以下。
(17)　本件の事実関係は次のとおりである。$Y_1$および$Y_2$2は、A社が開いたBゴルフ場に設けられたBゴルフクラブに入会し、それぞれ一二〇〇万円の会員資格保証金を預託していた。Yらは、入会契約に定められた預託金据置期間の経過後、このBゴルフクラブを退会して預託金の返還を求める訴えを提起して勝訴判決を得て、これを債務名義としてBゴルフ場で芝刈り機や現金などの動産を差し押さえた。A社は自らを委託者、取締役および監査役を同じくする関連会社D社（旧商号はC社）を受託者、同様な関連会社C社（旧商号はD社）を受益者とする信託契約を締結しており、すでに信託を原因としてBゴルフ場の土地や付属建物はD社に移転されていた。その後、C社とD社の商号交換を経て、C社はD社とBゴルフ場の不動産の短期賃貸借契約を締結した。さらに、A社と取締役や監査役は異にするX社が設立され、X社はC社とBゴルフ場の業務委託契約を締結し、これに基づいてBゴルフ場の管理・運営業務を行っていた。X社は、Yらが差し押さえた物件はこの委託契約に基づく運営業務の一環として、XがこのBゴルフ場において所有または占有しているものであると主張し、Yらに対して強制執行の不許を求める第三者異議の訴えを提起した。
　最高裁は、A社はX社をその意のままに道具として利用しうる支配的地位にあり、本クラブの多数の会員がA社に対して預託金の返還を求める訴えを提起してその勝訴判決に基づいて強制執行に及ぶことを予想し、これを妨害するという違法不当な目的でXの法人格を濫用していると述べて、Xの法人格を否認した。
(18)　中野・前掲三〇〇頁（新形成訴訟説）。第三者異議の訴えの性質及び訴訟物についてはこの他にも諸説あり、論議は錯雑している。
(19)　中野・前掲三〇二頁。
(20)　蓮井・前掲一〇二頁、奥山・前掲一七〇頁参照。

(21)　たしかに、いずれの説でも第三者は執行債務者として通知や送達を受けていないことは手続保障の点で問題となるが、この点については執行妨害のための策動を阻止して正常な執行機能を維持するためにはやむを得ないというべきであろう。

## 第四節　おわりに

本稿は、会社又は背後者の一方の受けた判決の既判力及び執行力が、法人格否認の法理により他方に対して拡張されるための理論構成と、一方に対して開始された強制執行に対して他方が第三者異議の訴えを提起したときに、法人格否認の抗弁を許容するための理論構成について検討した。既判力の拡張については、法人格否認の要件が前訴の時に存在していたことを後訴で主張立証することができれば、会社と背後者との間に既判力拡張のための依存関係が存在すると考えて、民事訴訟法一一五条一項二号の訴訟担当における他人にあたるとして既判力の拡張を認めることができる。また、前訴の時にまだ実体法上の法人格否認の要件が存在しない場合には、民事訴訟法一一五条一項三号の類推により承継人にあたるなどとして既判力の拡張を考えるべきである。そして、執行力の拡張についても、既判力の拡張と同様に、第三者の訴訟担当構成を採ることで民事執行法二三条一項二号の他人にあたるとすることができるが、執行文の付与を受けるためには、前訴の時と実体法上の義務を発生させる時に法人格否認の要件が存在し、依存関係があったことを主張立証しなければならない。また、前訴の時にまだ実体法上の法人格否認の要件が存在しない場合には、民事執行法二三条一項三号を類推して承継があったと構成するなどして、執行文付与の際にこの要件を立証してその付与を受けることができるとすべきである。さらに、第三者異議の訴えにおける法人格否認の抗弁許容のための理論構成には、第三者に対して執行力が拡張されることを論拠とする必要がある。

最高裁判所は、平成一七年七月一五日の判決で、既判力及び執行力の拡張は否定したものの、法人格否認の抗弁を認めて第三者異議請求を棄却した。たしかに、悪質な執行妨害に対処するために効果的な手段をとることは強制執行の実効性の確保に必要不可欠であり、その意味でこの判決は評価できる。しかし、それまでの下級審判例は、執行力を第三者に及ぼすことができないことを理由に第三者異議請求を認めており、執行受忍説についても既判力拡張との関係で問題がある。今後の判例及び学説の動向に注目したい。

# 第二章　執行官による分割弁済の許容

## 第一節　はじめに

動産執行は、強制執行の原点であり、かつては最も簡易迅速にしかも最大の実効を収めることができる唯一の執行形態であった[1]。しかし、今日では、消費財貨の大量生産と不断の技術革新により動産の交換価値は低落し、たとえ換価にまで進んだとしても[2]、執行債権が十分な満足を得ることは難しい。もっとも、このことは執行官による動産執行は完全に機能不全に陥り、これにより執行債権の回収を図ることは不可能となったということを意味しない。例えば、ドイツでは、わが国と同様に動産執行において換価に至ることは極めて少ないが[3]、実務では従来から、執行官は債務者が分割弁済の提供による執行債権の弁済を申し出る場合に、債権者の同意があればこれを認めて各回の分割弁済金を取り立てており、このような執行官による分割弁済金の取立ては動産執行において債権者の満足を達成する唯一の可能性であるとされていた[4]。そして、この実務は一九九九年から施行された第二次強制執行改正法により[5]、ドイツ民事訴訟法（Zivilprozessordnung 以下ではＺＰＯと略す）において法律上の根拠を得るに至った。

わが国においては、執行官による差押えの実施の際に、執行官が債務者に対して分割弁済による債権者との示談を促したり、あるいは債権者の側から差押えを契機にして分割弁済による示談を図ることが行われており、多くの事件は示談成立による取下げで終了するとされる。(6) たしかに、これにより、執行債権の回収が行われ、動産執行の機能は維持されているとも言えるが、動産執行の機能的賦活を図り、債務者の経済的な破綻を阻止しつつ執行の実効性を確保するためには、ドイツ法のように執行官が債権者と債務者との間の仲介人として債務者の分割弁済により執行債権を取り立てる方法は必要と思われる。また、動産執行における執行不能は、財産開示の要件でもあることから（民執法一九七条一項一号）、この場合に債務者が執行官に分割弁済の提案をして執行官が債権者の合意を得て分割弁済金を取り立てることができれば、債務者にとって負担となる財産開示手続を回避することができるであろう。

もっとも、このような執行官による分割弁済金の取立てには多くの問題があり、例えばこれは法律上の規定を必要とするのか、債務者の分割弁済による弁済の確実性はどのように判断するのか、分割弁済はいつまでに終了しなければならないのか、また債権者の同意はどのような形式で行われ、同意をすれば債務者の他の財産への執行はできなくなるのか、さらには複数の債権者が存在する際にはどのように処理されるかなどである。そこで本稿では、ドイツ法の状況を参考にしながら、わが国において、執行官による分割弁済の許容による執行の和解的解決は、動産執行の実効性を上げる効果的な方法であるかについて検討を行う。

(1)　中野貞一郎『民事執行法』〔増補新訂六版〕六一二頁。

(2)　東京地裁では、動産執行の申立事件のうちの半分近くが執行不能であるとされる。東京弁護士会編『民事執行をめぐる実務上の問題点』〔専門講座講義録〕二一七頁以下〔橋村春海〕。また、大阪地裁でも差押えから売却に至る事件は全体の一八パーセントに過ぎないとされる。浦野雄幸＝竹下守夫＝橋村春海＝堀龍兒＝宮本護三郎＝鈴木正裕＝松田延雄

＝大石忠生＝米津稜威雄「民事執行実務の諸問題（7）」判タ五二七号五四頁〔松田延雄発言〕。
（3）ドイツにおいても、執行事件の半数は執行不能と考えられ、差押えがされた場合であっても、そのうち換価に至るのは三～五パーセントにすぎないとされる。Polizius, Der Gerichtsvollzieher in der modernen Industriegesellschaft, DGVZ 1971, 147; Behr, Immer wieder aktuell: Ratenzahlungsbewilligung durch den Gerichtsvollzieher, DGVZ 1977, 163.
（4）Polizius, a.a.O., S. 148.
（5）Zweites Gesetz zur Änderung zwangsvollstreckungsrechtlicher Vorschriften（2. Zwangsvollstreckungsnovelle）, BGBl. I S. 3039.
（6）東京弁護士会編・前掲二一八頁以下〔橋村〕、浦野等・前掲五四頁〔松田発言〕。

# 第二節　ドイツ法の状況

## （一）第二次強制執行改正法以前の状況

ドイツでは、先に述べたように、一九九九年から第二次強制執行改正法が施行され、それにより規定されたＺＰＯ八〇六条ｂは、執行官が差押可能な対象を見出さない場合に、債務者が債務を短期間に分割弁済により弁済する旨の信用できる保証をするならば、執行官は債権者の同意があれば、この分割弁済金を取り立てるとした。しかし、ＺＰＯ八〇六条ｂの制定以前にも、実務ではこのような執行官による分割弁済金の取立ては一部で行われていた(1)。実務によれば[2]、執行官は、強制執行の実施の際に、現在は執行債権額を弁済することはできないが、その後にこれを分割弁済により返済する意思をもっており、その見込みもある債務者にしばしば遭遇する。このような債務者は、通常は債権者と直接交渉することに不安をもっており、例えば大口債権者との交渉には不慣れであって心配があることから、執行官が債権者と債務者との間に仲介人として組み込まれる必要がある。それというのも、執行官は不奏功に終わった差押実施により、あるいはそれ以前の執行により債務者の経済状況は熟知しており、他方で、債権者からの強制執行の委任により債権者の利益となるように実施することから、中立な職務の担い手として独立して自己責任により行動する執行官はこの役割に適しているからである。このようなことから、実際に執行官による分割弁済金の取立ては行われていたのであり、ドイツ執行官連盟（Deutscher Gerichtsvollzieherbund）も、社会法治国家では基本的に債務者のもつ支払意思を促進し、これを利用するように強制執行を形成することが可能とならねばならず、執行手続のあらゆる段階で分割弁済は許容されるべきであると主張していた[3]。そして、この実務は多くの学説の支持を受けていたが[4]、法律上の規定を欠いていたことから、執行官の職務行為に対する勤務監督として、一般に司法行政庁は差押えが不奏功に終わった後の分割弁済の許容は認められないとの立場を採っていた[5]。

たしかに、司法行政庁の見解では動産執行の実効性は挙がらず、かえってその硬直化を招くだけであると批判されたが[6]、実務によるこの手続はいくつかの重要な問題を抱えていた。まず第一に、このような執行官による分割弁済金の取立てについてはＺＰＯに規定がなく、また行政規則であり、執行官に対してＺＰＯの理解を手助けするという性格をもち、その遵守が職務上義務づけられる執行官事務処理規則（Geschäftsanweisung für Gerichtsvollzieher 以下ではＧＶＧＡと略す）にも規定がない[7]。したがって、執行官は債務者のもとで分割弁済金を取り立てることはできないはずである。これに対して、学説は、法律上の根拠はＺＰＯ七五四条であり、本条は執行官に支払その他の給付を受領する権限を与えているが、一回的な支払いと分割弁済とを区別しておらず、執行官は、確実に定期的な現金収入はあるが、任意に弁済しない債務者に対して、新たな中立てなしに債権者の満足に至るまで継続的に執行を続行しなければならないのことから、この債務者に支払意思があれば執行官は毎回その債務者のもとで取立てをすることになる。そして執行官のこの分割弁済金の取立てをなす権限及び義務はＺＰＯ七五四条により基礎づけられると述べていた。(8) また、この分割弁済手続は債権者の意思に反して行われることはないから、執行官の法律上の権限は債権者の処分権主義に帰着するとし、ＺＰＯに規定がなくともその基礎にある価値や原則を顧慮すれば、執行の実効性を挙げるこの手続はＺＰＯと対立することはなく、これを実施できるとする見解もあった。(9)

次の問題は、執行官は差し押さえうる物を見出さないときには強制執行は終了するから、終了の後に債務者から分割弁済金を取り立てることはできないのではないかという批判である。(10) これに対しては、執行が終了するのはその目的が完全に達成されたか、あるいはさらなる執行処分が奏功する見込みが完全にない場合であり、執行官が債権者に名義を返還し、そして不奏功証明書を手交するのは、執行官が近い将来に差押えは奏功せず、任意の支払いも期待できないと判断する場合であって、分割弁済手続は通常の場合とは異なり実施することは可能であるとの見解があった。(11) また、執行官は債権者から事前に債務者との猶予の合意及び分割弁済の合意をするための授権を必要とするとの指摘に対しては、(12) 債権者は通常は債務者の給付能力を評価できないし、差押えが不奏功に終わってから分割弁済を受け入れることが多いので、この指摘は実際的ではなく、またＧＶＧＡ一四一条によれば債権者の同意は明示される必要はないとする反論があった。(13)

第三の問題として、債務者が任意に分割弁済金を支払うことができるのであれば、この分割弁済金はその他の債権者によって差し押さえることができるのではないかとの批判が考えられた。(14) これに対しては、強制執行では、まず最初に債務の目的である給付が任意に提供されれば、その間に強制的な取立てはできないのであり、任意給付は強制執行に優先するから任意に提供される分割弁済金を差し押さえることはできないとの主張、(15) さらには、このような危険や弱点は分割弁済手続には常に存在するから、債権者はその判断に際してこのことを熟慮しなければならないのであり、この批判はそれを示すに過ぎないとの見解もあった。(16) もっとも、この問題は分割弁済手続が立法化された現在においても存続しており、この手続の実効性に関わることから議論は続いている。

ところで、分割弁済手続の許容性の問題は、このように執行官による執行が不奏功に終わった場合について主に論じられていたが、学説の中には、執行官による差押えが一部分だけ奏功したがその評価額では執行債権の全額を弁済できない場合においても、その残額について分割弁済手続は実施できるとする見解があった[17]。この見解によれば、執行は、差押えの一部奏功によって終了することはないから、前述の疑問は発生しないことになる。もっとも、ドイツには換価中止制度があり、執行裁判所は、債務者の申立てにより、債権者の同意を必要とすることなく、債務の支払期間を定めてその間の分割弁済により差押物の換価を一時中止することができる（ZPO旧八一三条a）[18]。そして、この換価の中止は執行官による差押えが一部分だけ奏功する場合にも認められ、動産に対する差押えが、現実には物を保有する債務者の主観的利益の差押えであり、換価により債務者にその物を失わせることなく、そして債務者のその後の支払意思の消滅を回避して分割弁済による債権者の満足をもたらすことから、大きな意義をもつ[19]。しかし、実際には、執行裁判所による換価の中止は債務者によりほとんど申し立てられなかったのであり、それというのも、債務者は執行裁判所へ行くことにより自分の勤務時間を失いたくないし、債務者はしばしば競売期日の数日前になって初めて申立てを行うが、申立ては差押え後二週間以内になされない場合には、実質的な審査を経ずに却下されてしまうので（ZPO旧八一三条a二項）、換価中止の可能性は原則として排除されていたからである[20]。そこで実務では、GVGA旧一四一条二号に基づき、もっぱら執行官が、債権者の同意を得て、債務者の財産状態を斟酌して債務者に対しその執行債務の分割弁済を許容し、差押物の換価を中止していた[21]。執行官は、執行裁判所とは異なり、債務者の人物及び給付能力をよく判断できるし、債務者にとって最初の交渉相手は、競売期日の直前であってもその支払いを斟酌できるからであった[22]。もっとも、GVGA旧一四一条二号による執行官による分割弁済の許容については、この規定自体が分割弁済期間を六か月間と短かくしていたこと、さらには分割弁済期間に応じて競売期日を予め変更しておくことを許さなかったために、差し迫った競売期日の圧力を利用することができなかったことなどが批判されていた[23]。

このように、執行官による差押えが不奏功に終わった場合に、執行官は債権者の同意により、分割弁済を許容して分割弁済金を取り立てており、また差押えが一部分だけ奏功した場合にも、残額について分割弁済金を取り立てることができるとする見解があった。さらに、差押えが一部奏功した場合には、執行裁判所による換価の中止により執行債務の分割弁済は可能であったが、ここにおいても実際には執行官が債権者の同意を得たうえで、分割弁済を許容していた。しかし、このような執行官による分割弁済金の取立ては、法律上の根拠をもたなかったために前述のような批判を受け、またその内容が明確でないことから執行官による統一的な処理が難しく、債権者もこの手続について十分な知識をもつことができなかった。そこで、この手続の立法化が望まれるようになった[24]。

## (二)　第二次強制執行改正法による分割弁済金の取立て

一九九九年一月一日から施行された第二次強制執行改正法により、ＺＰＯに八〇六条ｂが挿入され、「執行官は、強制執行手続のあらゆる段階で、和解的及び迅速な解決を目指さなければならない。執行官が差押可能な対象を見出さないが、債務者が債務を短期間に分割弁済により弁済する旨の信用できる保証をするならば、執行官は債権者が同意すれば分割弁済金を取り立てる。弁済は原則として六月以内に行われねばならない」と規定された[25]。本条により、それまで実務で行われてきた手続が法律上認められることになり、また執行官は執行当事者間の仲介人としてその地位が強化されることとなった[26]。

もっとも、この規定は、当初の改正法草案にはまだ含まれておらず、それどころか草案の理由書では[27]、動産執行は不奏功により終了しており、差押物がなければその差し迫った換価により分割弁済の遵守を促すこともできないし、現在の所得から分割弁済金が拠出されれば、これはその他の債権者により差し押さえられる危険を負うから、差押えが不奏功に終わった場合には財産開示手続によりできるだけ迅速に給与の差押えを行い、債務者はこの開示手続の中で、分割弁済により強制執行を回避することになると説明されていた。この規定が立法過程に現れたのはその後に連邦議会の法律委員会の推奨を受けたからであるが、そこでの説明は、それまでの執行官実務は適切であり、今後はこれが法律上許容されることになるという短いものであった。(28)

## (1) 執行官による分割弁済金の取立てのための要件

### (a) 執行官による差押えの不奏功

ZPO八〇六条bにより、執行官が分割弁済金を取り立てるためには、まず初めに、執行官が債権者の申立てにより執行を実施したが、債務者のもとで差押可能な対象を見出せずに、差押えが不奏功に終わったことを要件とする。執行官による分割弁済金の取立ては執行を回避するための法律上の手段ではなく、差押えは債権者のために実施されねばならない。(29)したがって、債権者は分割弁済金の取立てだけを執行官に委任することはできない。(30)本条の文言によれば、差押えは完全に不奏功でなければならないが、差押えが一部分だけ奏功し、その評価額では執行債権の全額を弁済できない場合においても分割弁済金を取り立てることはできる。(31)この場合に、本条の目的からこの取立てを排除する理由はないし、本条一文が規定する和解的解決にも相応するからである。(32)

ところで、差押えが一部奏功する場合には、すでに述べたように、執行裁判所による換価中止制度が十分な機能を果たさなかったことから、実務では執行官による分割弁済金の取立てによる差押物の換価中止が行われていた。そしてこの実務も第二次強制執行改正法により立法化され、新しく換価の延期としてZPO八一三条aとして規定され、(33)それまでの八一三条aは一部改正されて八一三条bとなった。八一三条a第一項によれば、『債権者が分割弁済を拒絶しなかったならば、執行官は、債務者が債権者の満足及び執行費用の償却に必要な金額を一年以内に支払うことが義務づけられるときは、差押物の換価を延期することができるのであり、これについて、執行官は分割弁済の金額及び時期を定めることができる。執行官は、換価期日を次回の弁済期日の以降の時期に定めることができ、すでに定めた期日をこの時期に変更することができる」。これにより、執行官は分割弁済期間に応じて競売期日を変更しておくことができるようになった。もっとも、本条は、差押物の換価の回避を目的とし、執行官による差押えが奏功して見込まれる換価売得金が執行されるべき金額を完全に弁済するときにも適用され、また優先主義を採るドイツ法では債権者は差押えにより差押質権を取得し（ZPO八〇四条三項）、すでに担保を得ていることから、八一三条aの手続は八〇六条bに比べてより柔軟であるという特質をもつ。[34]

### (b) 債務者による短期間での分割弁済の保証

ZPO八〇六条bによれば、債務者は名義上の債務に費用と利息を加えた金額を短期間に支払うことを保証しなければならない。そのために、債務者は、執行官に対して、分割弁済が可能である旨の信用できる説明をしなければならず、具体的に、いかなる資金により、いついかなる金額で弁済するのかを、できる限り文書を提出して説明しなければならない。[35] この場合に、ZPO二九四条の疎明の規定は適用されず、分割弁済をするつもりであるとの単なる宣誓に代わる保証だけでは十分でない。[36] また、分割弁済のための資金については、必ずしも債務者自身のもつ財源である必要はなく、例えばその家族や親族からの弁済であっても、それが信じるに足ると見込まれるのであれば斟酌される。[37] 執行官は、債務者の真剣さ、支払いの現実性、そして債権者の受入可能性を基にして判断することになるが、[38] 第一回の分割弁済金を即時に支払うことは債務者の説明の信頼性を増すことになる。[39]

ZPO八一三条aでは、債務者の分割弁済に関する提案をもとに、執行官が分割弁済の時期及び金額を定めることになり、債務者には分割弁済の保証は要求されていないが、この分割弁済のための資金源は執行官の判断に際してとくに重要であることから、八〇六条bと同様に、債務者は分割弁済の可能性について信用できる説明をし、執行官は前述の基準により分割弁済の可能性について判断するとの見解がある。[40]

分割弁済の期限については、八〇六条b第二文では要件として規定されておらず、二文の当為規定の中で六月以内とされている。それゆえ、これは短期間かどうかを判断するための指針にすぎず、[41]執行官は、執行債権額が高額であったり、あるいは債務者の弁済は確実であるが、より長い期間の弁済に待たねばならないときには、六月を上回ることができる。[42]なお、ZPO八一三条aでは弁済期限を一年以内と定めており、この期限を超えることは許されない。[43]債権者が執行官に対して一年以上の猶予を与えることを許し、債務者がこれに応じる場合には、執行官は債務者に対して分割弁済金を直接に債権者に支払わせねばならず、したがって、一年を超える分割弁済の許容の際には執行官は分割弁済金の取立てについて責任を負わない（GVGA一四一条一〇号）。

## （c）債権者の同意

執行官による分割弁済金の取立てのためには債権者の同意が必要である。ZPO八〇六条bはこれを明示し、債権者はこの同意を予め執行委任の際に付与しておくか、あるいは事後に追認として付与することもできる。[44]その場合には、執行官はさしあたり二文による手続を実施し、その後遅滞なく債権者の同意を得るように努める。[45]これに対してZPO八一三条aでは、債権者が当初から分割弁済を拒絶していない限りで、その同意は推認される。[46]これは、執行官が執行委任に際して債権者に換価延期の同意をとっておくことは実際には期待できないし、差押物には差押質権が取得されるから、差押えが一部しか奏功しないときにも差押物の換価の延期はもっぱら債権者の利益となるからである。[47]もっとも、学説の中には、八〇六条bの場合においても、GVGA一一四条a第五号二文が「債権者が委任の際にまだ自らの同意を表明していなかったときは、執行官は、差押実施が不奏効に終わったことの報告及び債務者により提供される分割弁済の状況に対しての債権者の回答があるまでは、まず初めに債権者は同意するものと仮定することができる」と規定していることから、これはZPO八一三条a第二項が類推適用されることを明らかに示すものであり、[48] ＧＶＧＡのこの規定により執行官は債権者には黙示の同意があったとしてよいとする見解がある。[49] また、債権者はその処分権により、自分の同意に条件をつけることができるので、差押えが一部奏功した場合に、八〇六条ｂによりその残額について分割弁済による取立てに同意することができる。[50]

ところで、執行官が、債権者の同意を得て、債務者の分割弁済の提案に応じる限りで、両当事者はそのような合意をしたことになる。ＺＰＯ八〇六条ｂの規定は、一方では債務者の分割弁済による弁済の提供と、他方では債権者によるその同意を要求しており、執行官の仲介による執行制限契約が締結されると考えられている。[51] 執行契約と構成しても、それが必然的に支払猶予となって弁済期や遅滞を排除することはなく、継続する遅滞ゆえに増加した利息を取り立てることはできるし、またＺＰＯ七七五条四号により強制執行が停止されることもない。[52] しかし、ＺＰＯ八一三条ａによる換価延期の命令は、たしかにこれは債権者と債務者との意思の一致を基礎として契約に類似するのであるが、執行官による高権的な換価延期の命令であると解されている。[53]

八〇六条ｂにおいて、両当事者の合意により執行制限契約が締結された場合には、債権者は、債務者が合意どおりに適時に弁済する限りで、さらなる強制執行を行うことはできない。[54] しかし、八一三条ａについては、このような執行契約上の拘束は引用されないので、その後の執行を阻止することはできないとの見解があるが、[55] この場合にも、許されない権利行使の観点からこれを不適法とする見解もある。[56] また、債権者は、債務者が合意どおりに弁済する場合に、自分の行った同意を撤回できるかが問題になるが、八一三条ａについては二項二文の文言から撤回は排除されており、[57] 八〇六条ｂについても和解的解決という規範目的を考慮すれば撤回は認められないとする見解もある。[58]

## （２）執行官による分割弁済金の取立てとその終了

ＺＰＯ八〇六条ｂによる分割弁済手続により、強制執行は差押不能によって終了せず、債権者が分割弁済金の取立てに同意するならば、差押委任は休止する（ＧＶＧＡ一一四条ａ第六号）。執行官は分割弁済金を取り立て、費用を控除して債権者に引き渡す。債務者の弁済が完全に終われば強制執行は終了し、債務者は執行官から執行力ある正本を渡される。債権者は、債務者が分割弁済を期間どおりに支払わないことを執行官から知らされた場合には、合意にはもはや拘束されないと解されるので、自分の同意を撤回することができ、これにより手続の休止は取り消され（ＧＶＧＡ一一四条ａ第七号）、さらなる強制執行が可能となる。[59] ＺＰＯ八一三条ａの換価延期は、債権者の異議及び債務者の支払いの遅滞によって終了する。ここでは債権者の同意が推認されることから、債権者が執行委任の際に分割弁済に同意していなかったならば、執行官は換価の延期及び定められた分割弁済金額について遅滞なく債権者に通知しなければならず、債権者はその際に異議を述べることができる（八一三条ａ第二項一・二文）。異議は執行官に対して明確に陳述されねばならないが、口頭でも可能であり、理由は必要ではない。[60] 執行官はこの異議を債務者に通知し、それにより延期は終了する（同条二項三文）。また、換価延期は、債務者が一項により定められた支払いを遅滞する場合にも終了する（同条二項四文）。[61]

## （3）複数債権者の際の分割弁済手続

執行官は、債務者に対して数人の債権者のために執行したり、執行の開始後に同じ債務者に対して別の債権者による委任を受けることがある。そこで、このような複数の債権者の場合に、執行官は分割弁済手続をどのように処理するかは問題となる。しかし、ＺＰＯはこれについては何の規定も置かず、ＧＶＧＡが一一四条ａで手がかりとなる規定を置くにとどまる。

**(a) 同時執行の場合**

執行官が、数人の債権者のために同時に執行したが不奏功に終わり、債務者はすべての債権者の債権を期間内に分割弁済により支払うことを保証するならば、すべての債権者がこれに同意する限りで、それぞれの債権者について分割弁済手続が実施される(62)。この場合に債権者は同順位であり、通常は、取り立てられるべき債権額に応じた割合で分割弁済金が合意される場合に、その実施に至る(63)。

これに対して、債権者の一人でも債務者の提案に同意しない場合には分割弁済手続は行われない(64)。もっとも、学説の中には個別執行であることを考慮し、あらゆる債権者は自分で債務者の分割弁済の提案を受け入れるかどうかを判断することから、複数の債権者がそれぞれこれに同意するのであれば、執行官はそれらの者のために分割弁済金を取り立てるとする見解がある(65)。この見解によれば、同意しない債権者は開示保証手続を行うことになるが、執行官により給付されている分割弁済金を差し押さえることはＺＰＯ八〇六条ｂのもつ保護観念から許されず、さらにこの分割弁済金は債務者の差押可能な財産からではなく、差押えを免れる財産からもたらされるとする(66)。

なお、債務者が分割弁済の合意を遵守しない場合、例えば債権者の一人だけに弁済を行わない場合には、原則としてすべての分割弁済の合意は無効となる(67)。また、成立した分割弁済の合意が、ＺＰＯ七六六条の執行方法の異議により、一人の債権者について取り消される場合にもすべての合意は無効となり、これにより一人の債権者が他の債権者よりも有利となることが回避される(68)。

**(b) 異時執行の場合**

執行官は、分割弁済手続の実施中に新たな債権者が加わる場合、その債権者の執行委任の前にすでに当初の債権者のために自らに提供された分割弁済金を差し押さえることはできない(69)。このことはＺＰＯ八〇六条ｂの意義と目的、そして優先主義から導かれる(70)。

異時執行の場合にも、新たな債権者と債務者が分割弁済の合意をすることはできるが[71]、その際には当初の債権者に今後も分割弁済を実施できなければならず、新たな合意の中でその金額を引き下げることはできない[72]。

債務者が新たな債権者に対してもはや分割弁済金を提供することができず、合意ができない場合には、新たな債権者は一般的な原則に従い執行することができる[73]。この場合に、当初の債権者の地位が悪化する可能性があるので、新たな債権者との分割弁済の合意が成立しない場合は、当初の債権者についても、分割弁済金の支払のための根拠がもはや存在しないことから、当初の債権者のために執行手続は続行される[74]。もっとも、これに対しては、新たな債権者が執行申立てを行っても、当初の債権者との分割弁済手続に影響を与えず、執行官は当初の債権者のために、その合意に従い分割弁済金を取り立てることができるという見解もある[75]。

なお、ZPO八一三条aの場合で、差押えが一部奏功しているときには、新たな債権者は分割弁済金を差し押さえることはできないが、差押物が換価されることがあり、その際には換価の延期は終了することになる[76]。

## (三) 二〇〇九年の「強制執行における事案解明の改革についての法律」による変更

二〇一三年一月一日から施行された「強制執行における事案解明の改革についての法律」により、宣誓に代わる保証（開示保証）を中心とする強制執行法の規定が大きく変更され[77]、分割弁済による和解的解決を規定するZPO八〇六条b、そして換価の延期を規定するZPO八一三条a、さらに開示保証の手続が開始された後の債務者の分割弁済を規定するZPO九〇〇条三項はすべて廃止され、これらは、和解的解決及び支払合意による執行停止を規定する新しいZPO八〇二条bにまとめられた[78]。

### ZPO八〇二条b〔和解的解決、支払合意による執行停止〕

① 執行官は、手続のあらゆる段階で、和解的解決に配慮しなければならない。

② 債権者が支払合意を拒絶しなかった場合には、執行官は、債務者が金額および時期の確定された支払を実行できる旨の信用できる説明をしたときに限り、債務者に対して、支払期限を認めまたは一部履行（分割払い）による弁済を許すことができる。前文の規定に基づく支払計画が確定された場合には、執行は猶予される。弁済は、一二月以内に完結するものとする。

③ 執行官は、前項の規定に基づいて定められた支払計画および執行猶予を遅滞なく債権者に通知する。債権者が遅滞なく異議を申し立てた場合には、支払計画は、債務者への通知とともに効力を失い、それと同時に執行猶予は終了する。債務者が定められた支払の全部または一部を二週間以上遅滞しているときも、同様とする。

この規定の第一項は、動産執行では和解的解決、つまり互譲による解決が実務上ますます重要になっていることから、これが指導的考えであることを示すものであり、これを条文の最初に置く[79]。このことは同時に規定されたZPO八〇二条aからもうかがえる。すなわち八〇二条a第二項一文は、「執行官は、当該の執行申立ておよび執行力のある正本に基づき、それ以上の管轄にかかわりなく、次の権限を有する。一　事件の和解的解決（八〇二条b）を試みること、二　債務者の財産開示（第八〇二条c）を求めること、三　債務者の財産についての第三者の開示（第八〇二条l）を求めて得ること、四　動産の差押えおよび換価を行うこと」と規定し、さらに二文は「これらの措置は、執行申立てにおいて表示されなければならないが、前文第一号の措置は、申立てがこれに限定される場合に限る」と規定する。すなわち、債権者からの申立てを受けた執行官は、まず初めに事件の和解的解決を試みるのであり、通常は、そのための特別な申立てを必要としない。立法理由書によれば、一文の各号は通常の執行経過の順序に従うものであり[80]、これによれば、動産の差押えよりも前に和解的解決が試みられ、これにより執行官は、債権者の金銭債権が完全な満足を得られるように努めることになる。

八〇二条b第一項は、執行官は強制執行のあらゆる段階で和解的解決に配慮するとしており、したがって、これは財産開示の申立てから債務者表への債務者の登録までとなる。[81] 今までは、動産執行が不奏功に終われば開示保証が実施されうることから（ZPO旧八〇七条一項、九〇〇条一項・二項）、債務者は、自分にとってかなりの負担となる開示保証を回避するために、八〇六条bによる執行制限契約を債権者と締結した上で、債権者による開示保証の申立てを阻止していた。[82] また、債権者は、動産執行が不奏功に終わった後に、即時に債務者に開示保証をさせるために、予め執行委任と同時に開示保証を申し立てており、これにより執行の不奏功の後すぐに開示保証が実施されることから[83]、債務者は、これを回避するために、ZPO旧九〇〇条三項による分割弁済による開示期日の延期を行っていた。

しかし、改正法により、財産開示の申立ては動産執行の不奏功を要件とすることなく（ZPO八〇二条c・f）、八〇二条a第二項が示すように、まず初めに債務者の財産開示が行われて、その差押可能な財産が発見されてから動産執行にとりかかることになった。したがって、和解的解決は、債権者がそれだけを申し立てない限りで、通常は財産開示の申立てのときから行われることになる。[84]

## （1）執行官による猶予の許可のための要件

ZPO八〇二条b第二項一文は、猶予の許可のための要件を定める。この規定の文言は、実体法上の猶予の許可（支払期間又は分割弁済の認容）とその手続法上の効果（執行猶予）の二種類が区別されることを明確にする。

### （a）債務者による一二月以内の弁済の説明

債務者は、債権を一二月以内に支払うことができる旨の信用できる説明をすることが必要である。ZPO八〇六条b第三文及び九〇〇条三項では、支払期限は六月とされていたが、執行実務はこの期限を短すぎると指摘する。[85]

なお、この規定は当為規定であり、執行官はその裁量により例外としてさらに弁済期間の延長を許可することができる[86]。債務者は、支払うことができる能力及び支払の用意があることを、執行官がしっかりと納得できる程度に主張しなければならず、場合によっては証明しなければならない[87]。ＺＰＯ二九四条の形式的な証明規定は適用されない[88]。

八〇二条b第二項一文後段によると、執行官は支払期限及び分割弁済の際の支払の額及び回数を定めて支払計画を確定する。

### (b) 債権者の同意

猶予の許可は、債権者の同意を要件とするが、ＺＰＯ八〇二条a第一文により、同意は推定されることから、執行官は、執行委任に基づき、債権者がその申立てにおいてこの種の措置を明確に拒絶しない場合に、猶予を許可する権限をもつ[89]。なお、債権者は、その同意を最低分割弁済額及び最長期限を限定した上ですることができるのであり、執行官はこれに拘束される[90]。

## (2) 猶予の許可の効果及び執行猶予の終了

八〇二条b第二項二文は、猶予の許可の手続法上の効果である執行猶予を規定する。執行猶予が行われる限りで、執行は続行されてはならない[91]。執行官は、すでに定められた財産開示期日又は差押物の換価を次期の支払期限後の時期まで延期しなければならない[92]。

本条三項一文により、執行官は、債権者に遅滞なく支払計画及び執行猶予を通知することが義務づけられる。これにより、債権者は、執行官が許可した執行猶予に異議を申し立てる機会を得る。そして、本条三項二文前段により、債権者が異議を申し立てれば、この異議は債務者に通知され、それが到達したときに執行猶予は終了する。また、本条三項三文によれば、債務者が本条二項一文により確定された支払を二週間以上遅滞するときも執行猶予は終了する。債務者は、通常は、分割払いの弁済期の前にすでに、自分の支払義務を遵守できるかどうかを見極めることができるので、遵守できない場合は、分割弁済の合意を修正するために債権者と連絡を取らなければならない。期限は規定されているが、両当事者は、場合によっては、その支払の合意を変更し、そしてこれにより執行猶予を受け続けることを可能にすることができる。なお、本条三項三文は、それまでの実体法上の債務者遅滞の必要を排し、法律状態を明確に、そして後の審査も容易にするため、単なる支払遅滞と規定した。したがって、支払ができないことに債務者の過失がないとしても、猶予は終了することになる(93)。

ドイツでは、このように動産執行における執行官による和解的解決が近年特に重要とされ、改正法では、分割弁済の許容はもはや動産執行の不奏功を要件としない。これにより、分割弁済が用いられる場面が拡大することになり、金銭債権の確実な取立てが可能となる。もっとも、その背景にはこの改正法による財産開示手続の補充性の撤廃及びその機能の強化があり(94)、今後は財産開示を恐れる債務者により、この活用がさかんになることが予想される。たしかに、新しいＺＰＯ八〇二条ｂにより、分割弁済の要件及び効果はより明確になったが、複数債権者による分割弁済手続など難しい問題もあり、今後の学説及び判例の動向に注目したい。

---

（1）　Vgl. BT-Drucksache 13/9088, S. 23.

（2）　Vgl. Schilken, Der Gerichtsvollzieher als Vermittler zwischen Gläubiger und Schuldner bei der Realisierung titulierter Geldforderungen, DGVZ 1989, S. 162.

（3）　Vgl. Bundesvertretertag des DGVB 1987 in Konstanz, DGVZ 1987, S. 132; Eich/Lübbig, Teilerfolg und Effektivität der Zwangsvollstreckung „Die Bewilligung von Teilzahlungen", DGVZ 1991, S. 34.

（4）Rosenberg/Gaul/Schilken, Zwangsvollstreckungsrecht, 11. Aufl., S. 445; Eich/Lübbig, a.a,O., S. 36; Wieser, Rateninkasso des Gerichtsvollziehers, DGVZ 1991, S. 129 ff.; Oerke, Ratenweise Forderungseinziehung trotz erfolgloser Pfändung, DGVZ 1992, S. 161ff.; Polzius, Aufgabengebiet und Systemfrage des Gerichtsvollziehers über das Jahr 2000 hinaus, DGVZ 1993, 104f.; Schilken, a.a.O., S. 163f.; Pawlowski, Die rechtlichen Grundlagen der „ratenweisen Vollstreckung", DGVZ 1991, S. 179f; Uhlenbruck, Das Bild des Gerichtsvollziehers, DGVZ 1993, S. 100f.

（5）Vgl. Wieser, a.a.O., S. 129ff.; Oerke, a.a.O., S. 161ff.; Uhlenbruck, a.a.O., S. 100. ウーレンブルックによれば、ノルトライン・ヴェストファーレン州の司法大臣は、一九九二年一月二三日に、このような実務は拒絶されると述べているが、同年の八月二〇日にザールラントの司法大臣は、債権者が書面により分割弁済に同意したことを明確に表示し、そして分割弁済は差押えの実施から一年を超えることのない期間でなされるのであれば、実務上の必要を考慮して、この手続は認められると述べていた。なお、執行官は、司法行政庁により、一般的な公務員法上の勤務監督に服し、これにより関連する諸規定の遵守が促され、将来のための指示を受けることもある。また、執行官は各個の執行事件においては、ＺＰＯ七六六条により執行裁判所による事件監督に服する。Vgl. Gaul, Der Gerichtsvollzieher－ein organisationsrechtliches Stiefkind des Gesetsgebers, ZZP 87, S. 241ff.; Kissel, Gerichtsverfassungsgesetz, 3. Aufl., S. 1023ff.; Gaul/Schilken/Becker-Eberhard, Zwangsvollstreckungsrecht, 12. Aufl., § 25 Rdnr. 16.

（6）Oerke, a.a.O., S. 164.

（7）執行官は、ＧＶＧＡを遵守することを職務上義務づけられており（ＧＶＧＡ一条）、遵守しない場合には職務責任（基本法 Grundgesetz 三四条、民法 Bürgerliches Gesetzbuch 八三九条）を負うこともある。Vgl. Gaul/Schilken/Becker-Eberhard, a.a.O., § 25 Rdnr. 11.

（8）Wieser, a.a.O., S. 129f.

（9）Oerke, a.a.O., S. 164.

（10）Schilken, a.a.O., S. 163; Pawlowski, Die Wirtschaftlichkeit der Zwangsvollstreckung－Eine besondere Aufgabe des Gerichtsvollziehers－, ZZP 90, S.357f. なお、ＧＶＧＡ六三条一号は、執行官は強制執行が不奏功に終わるであろうとの根拠のある手がかりをもつならば、債権者に対して債務名義を相応な証明書を付けて遅滞なく返還し、その際に執行官は、不必要な出費を避けるために委任は撤回されたものとして考慮した旨を債権者に通知すると規定している。

(11) Oerke, a.a.O., S. 162; Wieser, a.a.O., S. 130.
(12) Schilken, a.a.O., S. 162f.
(13) Oerke, a.a.O., S. 165.
(14) 実際にこの点を批判されたことはなかったようである。Vgl. Wieser, a.a.O., S. 130.
(15) Wieser, a.a.O., S. 130.
(16) Oerke, a.a.O., S. 166.
(17) Schilken, a.a.O., S. 164.
(18) ＺＰＯ旧八一三条ａの換価の中止については、石川明『ドイツ強制執行法研究』五五頁が詳しい。
(19) Mümmler, Bewilligung von Teilzahlungen durch den Gerichtsvollzieher, DGVZ 1972, 49f.
(20) Mümmler, a.a.O., S. 50; Eich/Lübbig, a.a.O., S. 34f; Behr, a.a.O., S. 163f; Seip, Die Verlegung des Versteigerungstermins unter Bewilligung von Teilzahlungen druch den Gerichtsvollzieher, DGVZ 1974, S. 18. なお、石川明『ドイツ強制執行法の改正』四七頁参照。
(21) Vgl. BR-Drucksache 134/94, S. 77; Seip, a.a.O., S. 18.
(22) BR-Drucksache 134/94, S. 77; Zeiss, Vollstreckungsautomat oder Entscheidungs Träger?—Ein Beitrag zum Beurteilungsspielraum des Gerichtsvollziehers—, DGVZ 1987, S. 149; Werner, Erschweren rechtliche Schranken den Vollstreckungserfolg? (II), DGVZ 1986, S. 66; Holch, Ratenzahlung statt Pfandverwertung, DGVZ 1990, S. 133f.
(23) Vgl. Behr, a.a.O., S. 167; Mümmler, a.a.O., S. 51. 分割弁済期間は、一九九〇年の改正により一二月に延長された。
(24) Oerke, a.a.O., S. 167; Schilken, a.a.O., S. 164f. ところで、ＧＶＧＡ旧一四一条二項の手続をＺＰＯに導入するにあたっては、ＺＰＯ八一三条ａを廃止して、その手続を執行官に委ね、競売期日の取消しではなく、分割弁済と引換えに期日を延期する権限を与えようとする提案と、そのような権限を執行官に与えることとは別に、ＺＰＯ八一三条ａによる執行裁判所の換価中止制度も残すべきであるとする提案があった。ここでは執行官の裁判権限についても議論されていた。なお、この点に関する文献については、連邦参議院の第二次強制執行改正法草案の理由書（BR-Drucksache 134/94, S. 77.）を参照のこと。

(25) また、本条の適用に関して、同年五月一日にＧＶＧＡに一一四条ａが新たに挿入された。

(26) Rauscher/Wax/Wenzel/Gruber, Münchener Kommentar zur ZPO., 3. Aufl., § 806b Rdnr. 1; Schuschke/Walker/Walker, Vollstreckung und vorläufiger Rechtsschutz, 4. Aufl., § 806b Rdnr. 1.

(27) BR-Drucksache 134/94, S. 83f.

(28) BT-Drucksache 13/9088, S. 23.

(29) Vgl. Stein/Jonas/Münzberg, ZPO, 22. Aufl., § 806b Rdnr. 3; MünchKommZPO/Gruber, § 806b Rdnr. 4; Schuschke/Walker/Walker, a.a.O., § 806b Rdnr. 5.

(30) Schilken, Die Einziehung von Teilbeträgen durch den Gerichtsvollzieher gemäß §§ 806b, 813a, 900 Abs. 3 ZPO n. F., DGVZ 1998, S. 146; Harnacke, Rateninkasso durch den Gerichtsvollzieher unter Berücksichtigung der neuen GVGA, DGVZ 1999, S. 82.

(31) Stein/Jonas/Münzberg, a.a.O., § 806b Rdnr. 3; MünchKommZPO/Gruber, § 806b Rdnr. 4; Schuschke/Walker/Walker, a.a.O., § 806b Rdnr. 5. 学説の中には、この場合は、差押質権がすべての債権者につき成立することから、ＺＰＯ八一三条ａによってのみ手続が行われるとする見解がある。Zöller/Stöber, ZPO, 28. Aufl., § 806b Rdnr. 7.

(32) Schilken, a.a.O., DGVZ 1998, S. 146; MünchKommZPO/Gruber, § 806b Rdnr. 4.

(33) ＺＰＯ八一三条ａの制定過程の議論については、前出注（23）を参照。また、本条の導入により、その適用に関してＧＶＧＡ一四一条が改正された。ＺＰＯ八一三条ａの規定は以下のとおりである。

**ＺＰＯ八一三条ａ〔換価の延期〕**

① 債権者が分割弁済を拒絶しなかったならば、執行官は、債務者が債権者の満足及び執行費用の償却に必要な金額を一年以内に支払うことが義務づけられるときは、差押物の換価を延期することができるのであり、これについて、執行官は分割弁済の金額及び時期を定めることができる。執行官は、換価期日を次回の弁済期日の以降の時期に定めることができ、すでに定めた期日をこの時期に変更することができる。

② 債権者が執行委任をする際にまだ分割弁済に同意していなかったならば、執行官は、換価の延期及び定められた分割弁済の金額について、遅滞なく債権者に通知しなければならない。この場合に、債権者は換価の延期に異議を述べることができる。執行官は債務者に異議を通知し、それにより延期は終了する。債務者が弁済を全部又は一部遅滞する

場合も同様である。

（34）　Schilken, a.a.O., DGVZ 1998, S. 148f; Harnacke, a.a.O., S. 84.

（35）　Vgl. MünchKommZPO/Gruber, § 806b Rdnr. 5; Stein/Jonas/Münzberg, a.a,O., § 806b Rdnr. 4; Schuschke/Walker/Walker, a.a.O., § 806b Rdnr. 6. なお、ＧＶＧＡ一一四条ａ第二号参照。

（36）　Schuschke/Walker/Walker, a.a.O., § 806b Rdnr. 6; Zöller/Stöber, a.a.O., § 806b Rdnr. 3.

（37）　Schilken, a.a.O., DGVZ 1998, S. 147; Stein/Jonas/Münzberg, a.a.O., § 806b Rdnr. 4. なお、その際に、ミュンツベルクは、特別の注意を必要とすると述べる。

（38）　Harnacke, a.a.O., S. 82.

（39）　Harnacke, a.a.O., S. 82; Stein/Jonas/Münzberg, a.a.O., § 806b Rdnr. 4.

（40）　Harnacke, a.a.O., S. 84. なお、債務者には換価延期を得るための形式的な申立ては必要ではなく、これは通常は債務者の分割弁済の提供の中に見ることができるとされる（ＧＶＧＡ一四一条五号）。Vgl. BR-Drucksache 134/94, S. 82; Schilken, a.a.O., DGVZ 1998, S. 149.

（41）　Stein/Jonas/Münzberg, a.a.O., § 806b Rdnr. 4.

（42）　Schilken, a.a.O., DGVZ 1998, S. 148; MünchKommZPO/Gruber, § 806b Rdnr. 6; Schuschke/Walker/Walker, a.a.O., § 806b Rdnr. 6.

（43）　Stein/Jonas/Münzberg, a.a.O., § 813a Rdnr. 3; MünchKommZPO/Gruber, § 813a Rdnr. 3; Harnacke, a.a.O., S. 85.

（44）　Schilken, a.a.O., DGVZ 1998, S. 147; MünchKommZPO/Gruber, § 806b Rdnr. 7.

（45）　Schilken, a.a.O., DGVZ 1998, S. 147; Stein/Jonas/Münzberg, a.a.O., § 806b Rdnr. 5; Schuschke/Walker/Walker, a.a.O., § 806b Rdnr. 7.

（46）　これが「法律上の推定」かどうかは争われている。改正草案の理由書はこれを「法律上の推定」と説明したが（BR-Drucksache 134/94, S. 81f.）、学説の中には、これが「法律上の推定」であれば、債権者が本来すべき自分の同意を証明しなくてもよいことになるが、その債権者自身の異議によりこの推定が破られるのであるから、債権者のために証明責任が転換されたと捉えるのは適切ではないとする見解がある。Schilken, a.a.O., DGVZ 1998, S. 149; Stein/Jonas/Münzberg, a.a.O., § 813a Rdnr. 2.

(47) Vgl. BR-Drucksache 134/94, S. 81f; Schilken, a.a.O., DGVZ 1998, S. 149.

(48) Harnacke, a.a.O., S. 83.

(49) Schuschke/Walker/Walker, a.a.O., § 806b Rdnr. 7; Brox/Walker, Zwangsvollstreckungsrecht, 8. Aufl., Rdnr. 342a.

(50) Schilken, a.a.O., DGVZ 1998, S. 147; MünchKommZPO/Gruber, § 806b Rdnr. 7. 差押物については、ＺＰＯ八一三条ａにより換価の延期をすることができる。Vgl. Schilken, a.a.O., DGVZ 1998, S. 146. なお、ミュンツベルクは、差押えが一部奏功した場合に、八〇六条ｂにより債権者はこの差押物の換価を一時行わないことを同意できるとしており、これにより執行債権額の分割弁済となれば八一三条ａと同じこととなるが、後述のように、八一三条ａではさらなる執行を阻止できないとするので、この場合に八〇六条ｂを八一三条ａと並んで適用する必要があると述べる。Stein/Jonas/Münzberg, a.a.O., § 806b Rdnr. 3, 5. なお、ＧＶＧＡ一一四条ａ五号及びＧＶＧＡ一四一条二号参照。

(51) Schilken, a.a.O., DGVZ 1998, S. 147; MünchKommZPO/Gruber, § 806b Rdnr. 9; Stein/Jonas/Münzberg, a.a.O., § 806b Rdnr. 5. これに対して、債務者の分割弁済の保証と債権者の同意は、執行官に対してなされる手続上の意思表示であり、これは執行官が分割弁済金を取り立てるために手続上必要なのであり、執行契約は成立しないとする見解がある。Zöller/Stöber, a.a.O., § 806b Rdnr. 6.

(52) Vgl. Schilken, a.a.O., DGVZ 1998, S. 147, 150. 改正草案の理由書は、ＺＰＯ八一三条ａについてではあるが、このことから換価延期の命令は執行契約とすることはできないと説明していた（BR-Drucksache 134/94, S. 79f.）。

(53) MünchKommZPO/Gruber, § 813a Rdnr. 11; Schilken, a.a.O., DGVZ 1998, S. 150; Stein/Jonas/Münzberg, a.a.O., § 813a Rdnr. 1; BR-Drucksache 134/94, S. 79f.

(54) Vgl. Schilken, a.a.O., DGVZ 1998, S. 147; Stein/Jonas/Münzberg, a.a.O., § 806b Rdnr. 5. これに対しては、契約構成を採らない立場からは、さらなる強制執行を可能とする。Zöller/Stöber, a.a.O., § 806b Rdnr. 6.

(55) Stein/Jonas/Münzberg, a.a.O., § 813a Rdnr. 8.

(56) Schilken, a.a.O., DGVZ 1998, S. 152; Harnacke, a.a.O., S. 86.

(57) 八一三条ａ二項二文の「この場合に」おいては、債権者は異議によってだけ延期を終了させることができるからである。Vgl. Schilken, a.a.O., DGVZ 1998, S. 150.

(58) Harnacke, a.a.O., S. 83. これに対して、執行制限契約は発生しないことから、あるいは八一三条ａ第二項二文の文言のような表現がないことから撤回を可能とする見解もある。Zöller/Stöber, a.a.O., § 806b Rdnr. 6; Schuschke/Walker/Walker, a.a.O., § 806b Rdnr. 8; Musielak/Becker, ZPO, 7. Aufl., § 806b Rdnr. 3.

（59）　Vgl. Stein/Jonas/Münzberg, a.a.O., § 806b Rdnr. 9.

（60）　Vgl. Schilken, a.a.O., DGVZ 1998, S. 151; MünchKommZPO/Gruber, § 813a Rdnr. 16; Stein/Jonas/Münzberg, a.a.O., § 813a Rdnr. 11f. なお、債権者は一度陳述した異議を撤回して換価の延期に変更できるのかという問題がある。シルケンは、債権者の異議によりたしかに債権者は分割弁済での支払いを拒否したことになるが、同意の撤回とは異なり、これにより債務者は差押物の換価を免れ、分割弁済により執行の実効性は挙がり、債権者は今や自分で陳述した同意に拘束され、債務者の支払いは続行されるのであるから、法的に不安定になることもなく、債権者の処分権についての利益を考慮すれば、異議の撤回可能性について検討すべきであるとする。Schilken, a.a.O., DGVZ 1998, S. 151.

（61）　この「遅滞」が民法（ＢＧＢ）二八六条四項の意味で有責性を必要とするかどうかは問題となる。学説は、これを必要とせず、遅滞とは単に適時の支払いがなされなかったということにとどめるべきであるとする。そうでないと、有責性に争いがあればその判断に時間がかかり、手続の迅速性及び実効性は損なわれるからである。Vgl. Schilken, a.a.O., DGVZ 1998, S. 151f. Stein/Jonas/Münzberg, a.a.O., § 813a Rdnr. 1.

（62）　Vgl. Stein/Jonas/Münzberg, a.a.O., § 806b Rdnr. 6; MünchKommZPO/Gruber, § 806b Rdnr. 12; Harnacke, Rateninkasso bei Gläubigermehrheit, DGVZ 2002, S. 110. なお、ＧＶＧＡ一一四条ａ九号参照。

（63）　Stein/Jonas/Münzberg, a.a.O., § 806b Rdnr.6; MünchKommZPO/Gruber, § 806b Rdnr. 12 Harnacke, a.a.O., DGVZ 2002, S. 110. 少額債権で、分割弁済手続において按分比例によることが不相応な出費となるときは、先行して満足が与えられるべきである。Oerke, a.a.O., S. 166; Harnacke, a.a.O., DGVZ 2002, S. 110.

（64）　Schilken, a.a.O., DGVZ 1998, S. 148; MünchKommZPO/Gruber, § 806b Rdnr. 12; Stein/Jonas/Münzberg, a.a.O., § 806b Rdnr. 7; Schuschke/Walker/Walker, a.a.O., § 806b Rdnr. 7. ＧＶＧＡ一六八条一項によれば、すべての委任は同時なものとして扱われ、差押えは全ての債権者のために同時に行われねばならない。

（65）　Helwich, Ratenzahlungsvereinbarung bei Gläubigermehrheit, DGVZ 2000, S. 107.

（66）　Helwich, a.a.O., S. 107. なお、ＧＶＧＡ一一四条ａ第八号は、休止中の手続中に提供される支払いは、債務者の所得の中で差押えを免れる金額から支払われると規定する。

(67) MünchKommZPO/Gruber, § 806b Rdnr. 12.

(68) MünchKommZPO/Gruber, § 806b Rdnr. 12.

(69) Schilken, a.a.O., DGVZ 1998, S. 148; MünchKommZPO/Gruber, § 806b Rdnr. 14; Stein/Jonas/Münzberg, a.a.O., § 806b Rdnr. 7.

(70) Schilken, a.a.O., DGVZ 1998, S. 148; Brox/Walker, a.a.O., Rdnr. 342a; LG Wiesbaden, Beschl. v. 12. 11. 2001, DGVZ 2002, 73f. また、ＧＶＧＡ一一四条a八号も引用されている。

(71) Schilken, a.a.O., DGVZ 1998, S. 148; Harnacke, a.a.O., DGVZ 2002, S. 111; Helwich, a.a.O., S. 107.

(72) Vgl. Harnacke, a.a.O., DGVZ 2002, S. 111; Helwich, a.a.O.,S. 107; Schilken, a.a.O.,DGVZ 1998, S. 148.

(73) MünchKommZPO/Gruber, § 806b Rdnr. 14.

(74) MünchKommZPO/Gruber, § 806b Rdnr. 14; Harnacke, a.a.O., DGVZ 2002, S. 111; Oerke, a.a.O., S. 166. なお、当初の債権者が分割弁済の合意を堅持する際には執行官に知らせることが要求され、執行官は、なおも自分のところにもたらされる分割弁済金については当初の債権者に引き渡し、この分割弁済金は新たな債権者により差し押さえることはできない。Harnacke, a.a.O., DGVZ 2002, S. 111.

(75) Zöller/Stöber, a.a.O., § 806b Rdnr. 9; Helwich, a.a.O., S. 107. ただし、債権者の同意がある場合に限って変更することができる。Zöller/Stöber, a.a.O., § 806b Rdnr. 9.

(76) Vgl. Schilken, a.a.O., DGVZ 1998, S. 152; Helwich, a.a.O., S. 109. なお、売得金は優先主義により差押順位に従って配当されることになる。

(77) これについては、本書第一編第一章第三節を参照のこと。

(78) Vgl., BT-Drucksache 16/10069, S. 24.

(79) Vgl., BT-Drucksache 16/10069, S. 24.

(80) Vgl., BT-Drucksache 16/10069, S. 24.

(81) Vgl., BT-Drucksache 16/10069, S. 24.

(82) Schilken, a.a.O., DGVZ 1998, S. 147; Stein/Jonas/Münzberg, a.a.O., § 806b Rdnr. 10.

(83) Harnacke, a.a.O., S. 82.

(84) もっとも、債権者は従来通りにまず最初に動産執行を実施することはできるのであり（ZPO八〇七条）、その場合には、執行申立てのときから和解的解決が図られることになろう。
(85) Vgl. BT-Drucksache 16/10069, S. 25.
(86) Vgl. BT-Drucksache 16/10069, S. 25.
(87) Vgl. BT-Drucksache 16/10069, S. 25. 執行官はこれについて自由に評価することができる。
(88) Vgl. BT-Drucksache 16/10069, S. 25.
(89) Vgl. BT-Drucksache 16/10069, S. 24.
(90) Vgl. BT-Drucksache 16/10069, S. 24.
(91) Vgl. BT-Drucksache 16/10069, S. 24.
(92) Vgl. BT-Drucksache 16/10069, S. 24f.
(93) Vgl. BT-Drucksache 16/10069, S. 25.
(94) これについては、本書第一編第一章第三節を参照のこと。

## 第三節　わが国における執行官による分割弁済の許容

強制執行は、執行機関による法定手続の迅速で厳正な実施により執行債権の完全な満足を導かねばならない。しかし、これが十分な満足をもたらさないときは、強制執行の経済性の観点が斟酌されねばならず[1]、とりわけ経済的意味での換価性が一般に著しく減退している動産執行では、その改革が必要である。先に述べたように、ドイツでは動産執行の経済性を上げるために、執行官による分割弁済手続の導入を行い、現在では、このような和解的解決を試みることは、執行官が最初になすべきことである。たしかに、わが国においても各個の具体的事案に応じた執行官の実際的判断に従う換価延期ないし分割弁済の裁量的許容を積極的に推進し、動産執行機能の活性化を図るべきとの見解があり、(2) また冒頭で述べたように、実務では執行官が債務者に対して分割弁済による債権者との示談を促したり、あるいは債権者の側から差押えを契機にして分割弁済による示談を図ることがある。さらに、債権者が強制換価を回避して当初から債務者の分割弁済による満足を求めるのであれば、債務者との間で契約を結ぶこともできる。このように、動産執行が経済的に実効性を挙げる方途はいくつか考えられるが、ドイツ法のように、執行官が債権者と債務者との間の仲介人として分割弁済により執行債権を取り立てることを可能とし、さらにこの手続を立法化して執行官の手続上の地位を強化することは、わが国においても動産執行の実効性を挙げる効果的な方法の一つと思われる。この点につき以下では、分割弁済手続の必要性と可能性、そして仲介人としての執行官の可能性とその適性について検討し、その後、この手続の立法化の問題について述べることにする。

## （一）分割弁済手続の必要性及び可能性

給料生活者が多数を占める社会は、債務の弁済を分割で行うことを必要としており、このことは個別執行においても債務の分割弁済を要求する。しかしながら、強制執行法はここから出発してはいない。強制執行は、債権者に対する執行債権の迅速で確実な満足を目的としており、強制換価に比べて分割弁済は明らかに遅く、その目的にそぐわない。しかし、ドイツ法は迅速な解決を要求する一方で和解的解決も重視しており、ZPO八〇二条bは第一項で「執行官は、手続のあらゆる段階で、和解的解決に配慮しなければならない」と規定している。そして、この和解的、つまり互譲による解決の例が二項以下に規定される分割弁済手続である。両者の関係を見ると、新法によりZP

〇八〇二条aが施行される前でも、執行官は差押着手に先立って債務者に任意の弁済を催告しており（ZPO七五四条）、差押え・換価による強制的な実現よりも和解的解決が優先されていた。もちろん、他方で執行官は、債権者のもつ自己の債権の満足についての正当な利益を軽んじてはならず、ZPO八〇六条bにおいても、執行官の仲介作用が成果をもたらさないのであれば、迅速な執行についての債権者の利益が優先するとされていた。[3]わが国においても、民執法一二二条二項はZPO七五四条と同様に執行官の任意弁済受領権を認めており、動産執行においてその和解的解決により債権者の権利の実現をもたらすことは可能である。[4]さらに、債務者の資力が債権者の債権を一括して弁済することを困難としている現代社会においては、分割弁済による和解的解決の必要性は高い。

## （二）仲介人としての執行官

分割弁済手続では、執行官は債務者の提案する短期間での債務の分割弁済が信用できるかどうかを、債務者の真剣さ、支払いの現実性、債権者による受入可能性などを基準として判断する。すなわち、執行官は仲介人としてそのイニシアチブにより債権者と債務者との間で執行制限契約を締結するのである。このように、執行官が仲介人として行動できることは、執行官は裁判所構成機関であり、国家公務員であるから、すべての関係者に対して中立な立場を保てること、債権者の代理人として取立てを行うわけではなく、債権者の経済的利益と並んで債務者の経済的かつ社会的利益も斟酌しなければならないことから認められるし、この手続は裁判として形成されておらず、両当事者の同意を要件としていることから、執行法の基本概念の変更が問題となることもない。そして、ドイツでそうであったように、強制執行の実施に際して、債務者は執行官を仲介人として債権者との間に組み入れる必要がある。本来、債権者は債務者の経済状況を詳細に知っていることは少ないし、執行実施に至って債務者が債権者と直接に弁済方法について交渉することは容易なことではない。債務者にとっては、強制執行のために現実に現れた執行官を交渉相手とし、執行官を信頼して分割弁済の提案をすることになるであろう。また執行官は、執行を申し立てた債権者の代理人ではなく、その利益のためだけに取立てを行うのではないし、債務者と直接接することでその経済的な状況を知ることが可能となり、自分に寄せる信頼からその提案について自分の見解が十分に反映される可能性も大きい。実際にも、差押えの現場で債務者が執行官に一部弁済をしたうえで、執行官が債権者と連絡を取り執行の一時留保を促す場合には、債務者からの全面的な信頼があると言われている(5)。このことは債権者にもあてはまり、動産執行による強制換価が見込めない状況では、執行官が債務者と協議して分割弁済手続に入ることができれば自分の債権が実現される方途が開けるのである。

## （三）分割弁済手続の立法化

それでは、このような分割弁済手続はわが国においても立法化が必要であろうか。たしかに、ドイツにおいては立法化以前にも実務でこの手続は行われていたし、わが国でも執行官の実際的判断による換価実施の延期ないし分割弁済の裁量的許容を認める見解もある(6)。しかし、すでに述べたように、ドイツでは法的根拠をもたない分割弁済手続は、とくに差し押さえるべき物が見当たらず執行不能として事件を完結する場合に問題があり(7)、また執行官による分割弁済金の受領が執行官の任務であるのかについても疑問が残る。やはりわが国においてもこの手続の実施のためには立法化が必要であろう。もっとも、すでに述べたように、債権者は債務者と分割弁済による債務の弁済について執行官を介さずに直接に契約を結ぶことはできるし、また、実務では執行官が債務者に対して分割弁済にすることを債権者と示談するよう促したり、あるいは債権者の側から差押えを契機にして分割弁済による示談を図ることが行われている。これらの方法によっても執行債権の回収は可能である。しかし、立法化により執行官による分割弁済手続が分割弁済金の取立てに至るまで規定されることは、執行官の手続上の地位を強化しつつ和解的解決が強制換価による迅速な解決と並んで重要な機能をもつことを明らかにする。そして、実際にも債権者と債務者が直接に交渉することは困難であること、さらに実務で行われる方法によれば執行債権の現実の実現が民事執行法の規制の及ばないところで行われ、その実効性ないし債務者に過酷な負担を強いていないか疑問が残ることを考えれば、立法化により執行官の地位を押し上げ、この手続の広汎な利用により、債務者の経済的な破綻を阻止しつつ執行の実効性が確保できることになる。これらのことから、分割弁済手続の立法化は行われる必要がある。

また、執行官による分割弁済手続は、ZPO八〇二条a・bが規定するように、従来のような動産執行が不奏功に終わってから初めて開始されるのではなく、金銭執行の実効性から考えても、この手続のみの申立てを認めるべきである。そのために、ZPO八〇二条a第二項のような規定が必要である。

## (1) 執行官による分割弁済手続の内容

執行官による分割弁済手続の要件は、ZPO八〇二条b第二項に基づくことができる。債権者の同意については、分割弁済は債権者に確実な満足をもたらすことができるし、前述のように執行官は債務者の支払能力及び支払の用意について判断できることから、債権者が支払合意を拒絶しなかった場合には、執行官はすでに分割弁済を試みることができる。

債務者は、執行官に対して、分割弁済が可能である旨の信用できる説明をしなければならず、具体的に、いかなる資金により、いついかなる金額で弁済するのかをできる限り文書で説明しなければならない。弁済期限はドイツ法のように一二月と規定しつつ、執行官がその裁量により例外としてさらに弁済期間の延長を許可できるようにすべきである。

そして、これにより債務者の支払計画が確定された場合には、執行は猶予されることになる。すでに着手された、あるいはされていない動産執行に限らない。

執行官は、債権者に遅滞なく支払計画及び執行猶予を通知することが義務づけられ、これにより、債権者は、執行官が許可した執行猶予に異議を申し立てることができる。債権者が異議を申し立てれば、この異議は債務者に通知され、それが到達したときに執行猶予は終了する。ドイツ法は、債務者が確定された支払を二週間以上遅滞するときも、執行猶予は終了すると規定しており、債権者の利益を考慮すれば妥当と思われる。

債権者の異議がない場合には、執行官は分割弁済金を取り立て、費用を控除して債権者に引き渡す。債務者の弁済が完全に終われば執行は終了する。

なお、動産執行が一部奏功する場合に、わが国は債権者平等主義を採っていることから、債権者が差押物の換価を先に行いそれに引き続いて、あるいはそれと同時に残額について分割弁済手続を実施することがある。したがって、その場合には、執行官は差押実施後に債権者に対して債務者の状況等を説明した上で、差押物の換価を実施するか、あるいは差押物の換価を停止して執行債権額について分割弁済手続を実施するかの同意を得るように努めることになろう。その際には、債権者は換価後に債務者が残額債務を任意に支払うかどうかについて慎重な判断を行う必要がある。

## (2) 財産開示手続との関係

動産執行が不奏功に終われば、民執法一九七条一項又は二項により、債権者の申立てに基づき、執行裁判所は財産開示の実施を決定することができる。しかし、分割弁済手続が開始されれば、執行猶予により債権者は財産開示の申立てをすることは認められない。債権者は、分割弁済手続を拒絶して、財産開示により債務者の執行可能な財産を発見して満足を得るか、あるいは分割弁済手続を利用して満足を求めるかを選択することになる。この場合に、債権者は、財産開示による債務者の財産の発見可能性とその差押えによる満足の可能性、そして分割弁済手続による完全な満足の見込み、さらには財産開示実施後の債務者による任意弁済の可能性などを総合的に判断して決することになる。

### (3) 債権者多数の際の分割弁済手続

当初から複数の債権者のために同一の動産を差し押さえる共同執行の場合では、差押えから換価まで執行手続は一個のものとして進行するから[8]、複数の債権者全員が債務者の分割弁済に同意するならばそれぞれの債権者について分割弁済手続は実施される。しかし、一人でも同意しない場合には、この手続は行われない。

分割弁済手続が進行している際に、別の債権者がこの債務者に対する動産執行の申立てを行う場合、新たな債権者にも分割弁済金が提供できるならば、その債権者も分割弁済手続に含めることは可能である。反対に、分割弁済金を提供できない場合、あるいはその債権者が分割弁済手続を拒絶する場合には、その債権者による分割弁済金の差押えを禁止することは困難である。当初の債権者は、分割弁済手続に基づき、債務者が執行官に提供した分割弁済金を執行官は金銭の差押えに準ずる執行行為として受領すると考えれば[9]、新たな債権者の執行申立ては配当要求効を生じることから(民執法一二五条三項)、その債権者との配当手続による配当額分について弁済金を受け取ることになる。わが国はドイツ法のように優先主義を採っておらず、分割弁済手続の意義及び目的からこれを差押禁止とすることは難しい。

分割弁済手続中に新たな債権者が強制執行を申し立てたならば[10]、分割弁済手続を終了するかどうかの判断は当初の債権者に委ねられるべきであり、債権者はこれを理由に同意を撤回し、分割弁済手続を終了させることを認めるべきであろう。

(1) 中野・前掲三三六頁以下参照。
(2) 中野・前掲六一二頁以下、ジュリスト増刊『民事執行セミナー』二四〇頁以下〔三ケ月章発言〕。
(3) MünchKommZPO/Gruber, § 806b Rdnr. 3.
(4) 中野・前掲六〇頁参照。
(5) 東京弁護士会・前掲二六〇頁以下〔浦野雄幸・吉良重治発言〕。
(6) 中野・前掲書三三七頁以下参照。
(7) わが国においても同様である。竹田稔『民事執行の実務Ⅱ』三〇三頁参照。
(8) 鈴木忠一＝三ケ月章編『注解民事執行法（4）』一四一頁参照〔南新吾・坂本倫城〕。
(9) 中野・前掲六二頁参照。
(10) 例えば、当初の債権者が、動産執行が一部奏功する場合に、差押物の換価を停止して分割弁済手続を実施している場合、他の債権者の動産執行の申立てによる差押えは、先行事件が執行停止中であることから、阻止されることはできないであろう。香川保一監修『注釈民事執行法（5）』三〇五頁参照〔富越和厚〕。

## 第四節　おわりに

このような分割弁済手続による執行事件の和解的解決は必要であり、動産執行の換価性が著しく減退している状況では、この手続の導入こそが動産執行の活性化につながるであろう。この手続を立法化して、執行官の手続上の地位を強化し、執行の実効性を確保すべきである。もっとも、すでに述べたように、複数の債権者が存在する場合の処理など解決されねばならない問題もあり、手続の立法化にあたり十分な検討が必要であると考える。

# 第三章　将来債権の被差押適格

## 第一節　はじめに

近代社会において、金銭執行の一形態である権利執行は大きな意味を持つに至った。経済活動の高度化が、債権その他の財産権に不動産にも劣らぬ重要な財産価値を与え、債務者の責任財産の中での債権の地位を押し上げたからである。近年、権利執行の対象はその範囲を大きく広げつつあり、[1]これらの無形の財産を的確に捕捉し、金銭化の実効を挙げることが要請されている。したがって、権利執行の対象適格の把握は重要であり、かつ困難な問題となっているが、その一つに、将来債権の被差押適格の問題がある。

将来債権は、その発生要件事実が後の時点で満たされる債権であり、条件付あるいは期限付債権とは異なる。しかし、法取引において頻繁に発生し、独立の財産的価値を持つ権利として、執行の方法により摑取しうる利益及び必要性を有し得る。その反面、将来の財産の換価は、債務者による財産の完全な獲得に至るまで静観すべきであって、換価の実効性も確保されない場合が多く、債務者の現在の債権者のために将来の財産を奪い取ることは債務者の自由の過剰な制限となり、さらには、債務者の将来の財産は将来の債権者も処分できるはずである、との指摘もなされており、[2]その適格については多くの問題を内包する。外国の中には将来債権の被差押適格を原則として否定する例を見る。[3]

　わが国では、一般に、将来債権は差押えの対象になるとされているが、その要件及び範囲については争いがあり、例えば、将来の退職金債権あるいは診療報酬債権等につき従来から議論されている。本稿では、この問題につきドイツの議論を概観しながら、わが国において将来債権の差押えは認められるのか、その要件、範囲はいかなるものかにつき考察を加えてゆくことにする。

---

（1）　保管振替機関に預託された株券その他の有価証券（預託株券等）、半導体集積回路に関する回路配置利用権などが認められている。鈴木忠一＝三ケ月章編『注解民事執行法（4）』三六二頁以下〔稲葉威雄〕参照。

（2）　Bruns, Die Vollstreckung in künftige Vermögensstücke des Schuldners, AcP 171, S. 358ff.

（3）　スイスでは破産法上の例外規定を除き将来の財産を差し押えることはできない。Vgl. Bruns a.a.O., S. 358ff.

## 第二節　ドイツにおける将来債権の被差押適格

ドイツ民事訴訟法（Zivilprozessordnung 以下ZPOと略す）は、将来債権の差押えについて直接規定していない。ZPO八五一条一項は、債権は譲渡できる限りにおいてのみ差し押えることができる、として、その譲渡可能性により差押可能性は推定されるが、この規定は譲渡不可能な債権を差押えから排除する意味であり、譲渡しうる債権は全て差し押えうるわけではない。(1) もっとも、譲渡可能性と差押可能性との距離はできる限り小さくとどめるべきであるとの基本的価値はみてとれるし、条件付債権と将来債権との区別の不明確さを考えれば、ZPOが将来債権の差押えを全く認めないとは解されない。(2) ZPO八〇四条三項の差押質権の優先についても、差押えの後に権利が発生しても、質権は差押えにより根拠づけられ、将来の権利の二重差押えの場合に、質権は差押えの順序に従って異なる順位が確保されると考えることができるし、同様に、権利の拘束（Verstrickung）も、権利の発生の場合に差押えの時点に遡って効力を生じると解することができる。(3) したがって、将来債権の差押えについて法形式上は障害は存しないとされる。

ドイツでは、実際、その差押可能性は以前から認められてきている。ライヒ裁判所は一九〇四年の判決において、ZPOは条件付、期限付等の取立ての困難な債権（八四四条）、及び俸給債権又はこれに類する継続的収入債権の差押え（八三二条）についてのみ規定するものの、将来債権の差押えを認めることに反対する規定を有しないと述べ、その差押えを認めた。(4) その後のライヒ裁判所の立場に変更はない。(5) 学説は、ドイツ民法（Bürgerliches Gesetzbuch 以下ではBGBと略す）制定後、BGB三九八条により将来債権を譲渡することはできないと考え、よって、その差押可能性を否定する見解があったが、(6) 一般には、その差押えを認めていた。(7) 現在に至っても、連邦通常裁判所

(Bundesgerichtshof 以下ＢＧＨと略す）及び学説において差押えは認められている。[8]
もっとも、将来債権の差押えについては、発生が考えられうるあらゆる債権の差押えを認めるならば、債務者及び第三債務者にしばしば過重な負担を強いることになり、裁判所は、発生が全く不確実な債権の執行にたずさわることにもなる。そこで、このような事態を避けるために、ドイツでは以前から将来債権につき特定可能性を必要とし、そのために、以下の要件を論じてきた。

### （一）将来債権につきその発生原因及び債務者（第三債務者）が特定していること

債権額は未だ特定していなくともよい。[9] しかし、債権差押えにおいては、第三債務者への差押命令の送達は差押えの有効要件であるから（ＺＰＯ八二九条二項・三項）、差押時に第三債務者は存在していなければならない。したがって、未だ知られていない将来の賃借人を第三債務者とする賃料債権の差押えはできず、[10] また、賃金債権を差し押える場合は、後に職場が代わり使用者が代わればその差押えは無効となる。[11]

### （二）将来債権の発生の基礎となる法律関係が差押えの当時すでに存在していること

将来債権の差押えにつき、その発生が一般に考えられるだけでなく、法律関係の存在を要求する見解は、すでに一九〇四年のライヒ裁判所判決で示されていた。即ち、ライヒ裁判所は、執行債務者と第三債務者との契約関係の中に、十分な法律上の基礎が形成されている将来債権の差押えは許されると述べた。[12] その後、一九一三年のライヒ裁判所判決は、先の判決を引用し、和解金支払いのための公正証書の作成直前になされたこの債権の仮差押えを認めた。[13] さらに、ライヒ裁判所は、既に成立している交互計算関係から生じる将来債権の差押えを可能とした。[14] この立場はＢ

ＧＨに受け継がれ、将来債権の譲渡の効力が問題となった一九五五年及び一九五六年判決の中で、その差押えにつき将来債権を特定しうる法律関係が既に存在することが必要であると述べた。[15] その後のＢＧＨの見解に変更はない。また、学説も以前から判例を支持するものが多く、[16] したがって、一般にその差押えは譲渡に比べてより狭い要件の下で認められている。[17]

これにより、債務者が、差押後に初めて締結する法律行為から生じる請求権は排除される。例えば、弁護士が、将来、救助弁護士として付添う（Beiordnung）際に、国庫に対して有するその手数料請求権を差し押えることはできない。[18] しかし、学説の中には、債務者と第三債務者との間で相当以前から頻繁に取引が行われている場合には、そのつど別個の法律行為により独立した債権が根拠づけられるとしても、この状態の終了を明示する手がかりが存しないならば、将来債権として差し押えることができるとするものがあり、[19] また、将来の給料債権の差押えにつき、特定の使用者との間に基礎的法律関係として雇用契約が成立していなければならないのか、あるいは、契約締結のための交渉段階で足りるのかについては争いがある。[20] したがって、将来債権の発生の基礎となる法律関係の内容については必ずしも明確ではない。また、基礎となる法律関係が存在すれば、一般に債権が発生するかどうかは重要ではないが、[21] 学説の中には、債権が発生するであろうという単なる期待だけでは十分ではなく、また遠い将来にようやくその発生が期待されるものであってはならないとする見解がある。[22] もっとも、この見解は、いつの時点から差押えが可能になるかの判断は、個々の場合の具体的事情による他ないとする。[23]

ところで、判例及び通説は、このように、従来から将来債権の特定のために基礎となる法律関係の存在を要件としてきたが、一部の学説は、これを余剰なものとする。[24] すなわち、債権の発生が全く不確実な場合には、第三債務者を煩わす国家の執行処分につき権利保護の必要を欠くとして不適法とすれば足りるのであり、このことは基礎的法律関係の存在や特定可能性の程度とは無関係であると主張する。[25] これによれば、前述の弁護士費用の償還請求権は差し押えられ、[26] また、契約締結のための具体的な準備交渉段階において、そこから生じうる将来債権も差し押えが可能となる。[27]

将来債権の差押えは、債権の地位が経済活動の発展により上昇し、執行対象範囲も広がりつつあることから大きな意義をもち、議論も進んでいる。以下では、ドイツにおいて差押可能な将来債権として特に挙げられる例を示して、その対象範囲を考察する。

### （1）債務者の労務給付あるいは勤務給付に基づく報酬請求権（労働所得）

労働所得のような継続的収入債権については、ＺＰＯ八三二条により、差押えの効力は後に弁済期の到来する額にも及ぶことから、将来の収入を明示して差し押える必要はない。また、ＺＰＯ八五〇条ｄ第三項は予備差押え（Vorratspfändung）について規定し、これはＺＰＯ七五一条とは異なり、未だ弁済期の到来しない扶養請求権についての執行の際に、将来の労働所得を差押えの対象とすることを認める。他方で両規定とは異なり、将来の労働所得だけを差し押えうるかは問題である。この点につき、学説は、すでに発生している給料債権は支払われて消滅しているのが通例であり、将来の給料債権だけを差し押えることはその性質上意味があり、八三二条は将来債権のみの差押えを禁じてはおらず、また予備差押えは、その特質を弁済期未到来の債権についての差押えを許すという点に置いていることから、将来債権のみの差押えは排除されないと述べる。[28]したがって、将来の労働所得を、例えば、「〇〇年四月一日から」という形式で差し押えることは許される。[29]

### （2）交互計算関係から生じる将来債権

ドイツ商法（Handelsgesetzbuch　以下ＨＧＢと略す）は、交互計算期間中の残額債権に対する差押えを認める。すなわち、ＨＧＢ三五七条により、現在の残額債権、つまり差押命令の送達により交互計算が終了し、その時点で超過額として生じるものを差し押さえることができる（送達残額 Zustellungssaldo）。

また、将来の残額債権、すなわち交互計算期間終了の際に生じうる残額債権の差押えについても以前から認められている。ライヒ裁判所は、一九三二年及び一九三三年の判決において、交互計算関係は将来の残額債権の発生の基礎となる法律関係であり、十分に特定しているとして、その差押えを認めた。(30) その後の判例及び学説もこれに従う。(31) しかし、この場合に差押えは、最初の借方残高（Aktivsaldo）に限られるか、あるいは、債権者の完全な満足に至るまで全ての将来の借方残高に及ぶのかについては議論があった。一部の学説も、制限を設けなければ差押えが際限なく続行する差押えは特定性を欠くために不適法であると判示した。(32) ライヒ裁判所は、最初の残高に制限し、それを超えるとして判決を支持する。(33) これに対し、多くの見解は、差押えの後、最初に生じる債務者の残額は全ての将来の残額と比べて特定性の程度に何らの差異もなく、債権者の完全な満足に至るまで差し押えることができるとし、(34) ＢＧＨも、一九八一年判決において、差押時と決算との時間的隔離は定期的に新しく生じる決算残高につき一度認められた特定可能性に対して何らの影響を及ぼすものではないとした。(35) 今や将来残額の差押えにつき争いはない。(36)

ところで、交互計算においては、計算中の各債権は交互計算不可分の原則上これを差押えることはできない。しかし、交互計算を約定するも、銀行とその顧客との間のジーロ契約（Girovertrag）により、顧客は決算と決算の間で生じる残額、いわゆる日々の残額（Tagssaldo）の継続的払戻しを求める請求権を有することから、債権者はこれを差し押えることができる。たしかに、この請求権の差押可能性については議論はあったが、(37) ＢＧＨは、一九八二年の二つの判決においてこれを認めるに至った。(38) すなわち、債権者としては、送達残額及び将来残額の差押えが空振りに終わる危険を有し、この払戻請求権の差押えが認められないならば、毎日、差押及び移付命令を得て送達残額を確保しなければならず、その執行手続には経費を要するし、(39) また、将来の日々の残額を差し押さえた場合、第三債務者たる銀行にかかる負担は、例えば、将来の給料債権の差押えと比べて要求できないほど重くなく、送達残額の差押えが毎日行われるより経費がかさむことはない[40]、とする。この判決以降、学説もこれに従い、日々の残額の払戻請求権の差押えは一般的に認められている[41]。

## （3）将来の社会給付請求権

社会給付の差押えについては、ドイツ社会法典（Sozialgesetzbuch 以下ＳＧＢと略す）第一編五四条が規定する。本条によれば、一回的金銭給付請求権は事件の事情により衡平に合致するかぎりで（同条二項）、そして継続的給付請求権は労働所得と同様に（同条四項）、差し押えることができる。そして、この規定は、すでに発生している請求権だけでなく、将来債権についても妥当する[42]。差し押えうる将来の一回的金銭給付債権としては、ＳＧＢ第六編二一〇条の保険料償還（Beitragserstattung）請求権が挙げられる。すなわち、すでに保険加入義務が消滅していれば、償還の申立てを行うことにより発生する償還請求権を、衡平が認められる限りで、将来債権として差し押えることができる[43]。判例は、この衡平の審査は、審査と債権の成立との間が短期間であれば判断の基準となる事情に本質的な変化は生じないので行うことができるとする[44]。また、将来の継続的社会給付請求権を差し押さえるためには、債務者が、例えば年金保険又は疾病保険に加入することにより、将来債権の発生を可能にするための法律上の基礎を存在させておかねばならない[45]。それというのも、請求権の将来の発生が現在の状況から可能であり、それが特定できなければならないからである。それゆえ、就業中の債務者に対する執行において、法律上の年金保険である将来の老齢年金を差し押さえることは可能であるが[46]、社会疾病保険に加入する以前の疾病手当は単なる期待であり、これを差し押さえることはできない[47]。

### （4）将来の租税還付請求権

租税還付請求権は、公課法（Abgabenordnung）四六条六項によれば、これが発生する前には税務署において差し押さえることはできない。所得税は歴年税（Jahressteuer）であり、課税期間である歴年の経過によって発生することから（所得税法 Einkommensteuergesetz 以下ではＥＳｔＧと略す。三六条一項）、還付請求権はそれ以降に初めて差し押さえることができる[48]。したがって、未だ発生していない還付請求権を将来債権として差し押さえることはできず[49]、ＺＰＯ八四五条の先行差押え（Vorpfändung）も、還付請求権が発生していないときは許されない[50]。

これに対して、使用者がＥＳｔＧ四二条ｂにより賃金税の年末調整を行う場合には、公課法四六条六項の制限を受けることなく、それにより生じる将来の還付請求権も差し押えることができる[51]。これにより、債権者は、使用者が調整年の経過を待たずに、つまり一月一日より前に調整を行うことで、差押えの時期を逸し、空振りに終わる危険を免れることができる[51]。また、将来の還付請求権は、無制限の納税義務を負担する者が、その労働所得から継続的に税金が控除されているという点に、その差押可能性についての十分な基礎があるとされる[52]。

（1）　A. Blomeyer, ZPR. Vollstreckungsverfahren, § 54 II 2; Gaul/Schilken/Becker-Eberhard, Zwangsvollstreckungsrecht, 12. Aufl. § 54 Rdnr. 9.

（2）　Stein/Jonas/Brehm, Kommentar zur ZPO., 22. Aufl. § 829 Rdnr. 4; Gaul/Schilken/Becker-Eberhard, a.a.O., § 54 Rdnr. 9.

（3）　Stein/Jonas/Brehm, a.a.O., § 829 Rdnr. 5; Stöber, Forderungspfändung, 13. Aufl., Rdnr. 30.

（4）　RG 29. 4. 1904, JW 1904, 365.

（5）　RG 2. 5. 1913, RGZ 82, 227; RG 5. 2. 1932, RGZ 135, 139; RG 4. 4. 1933, RGZ 140, 219.

（6）　Vgl. Hellwig, System des Deutschen Zivilprozessrechts, Teil II.（1919）, S. 355.
なお、将来債権の譲渡可能性をめぐる議論につき、Heuer, Ist die Abtretung zu künftiger Forderungen nach dem BGB. möglich?, DJZ 1903, 28f. Tuhr, Verfügung über Forderungen, DJZ 1904, 425ff.

（7）　Vgl. Hellwig, a.a.O., S. 355.

（8）　BGH 5. 1. 1955, NJW 1955, 544; BGH 29. 2. 1956, BGHZ 20, 127; BGH 24. 3. 1959, Repfleger 1959, 273; BGH 29. 10. 1969, BGHZ 53, 29; Stein/Jonas/Brehm, a.a.O., § 829 Rdnr. 4; A. Blomeyer, a.a.O., § 54 II 2; Gaul/Schilken/Becker-Eberhard, a.a.O., § 54 Rdnr. 9; Zöller/Stöber, ZPO, 28. Aufl. § 829 Rdnr. 2; Stöber, a.a.O., Rdnr. 27.

（9）　Zöller/Stöber, a.a.O., § 829 Rdnr. 2; Stöber, a.a.O., Rdnr. 27.

（10）　Brox/Walker, Zwangsvollstreckungsrecht, 8. Aufl., Rdnr. 509.

（11）　Vgl. A. Blomeyer, a.a.O., § 54 II 2.

（12）　JW 1904, 305. 裁判所は、プロイセンの実務が将来債権の譲渡につき基礎となる法律関係の存在を要求していたことを範とする。

（13）　RGZ 82, 227.

（14）　RGZ 135, 139; 140, 219.

（15）　NJW 1955, 544; BGHZ 20, 127.

（16）　Vgl. Hellwig, a.a.O., S. 355; Stein/Jonas/Brehm, a.a.O., § 829 Rdnr. 6; A.Blomeyer, a.a.O., § 54 II 2b; Zöller/Stöber, a.a.O., § 829 Rdnr. 2; Stöber, a.a.O., Rdnr. 27;Brox/Walker, a.a.O., S. 509; Rauscher/Wax/Wenzel/Smid, Münchener Kommentar zur ZPO, 3. Aufl., § 829 Rdnr. 13.

（17）　Vgl. Stein/Jonas/Brehm, a.a.O., § 829 Rdnr. 6; MünchKommZPO/Smid, § 829 Rdnr. 13.

（18）　OLG Dresden 19. 12. 1933, JW 1934, 706; Stein/Jonas/Brehm, a.a.O., § 829 Rdnr. 6. その他、判例の中に、第一次大戦による損害によりドイツ帝国に対して有する将来の補償請求権は、この請求権の根拠となる大戦損害終結法

（Kriegsschadenschlußgesetz）の発布以前は差し押えることはできない、とするものがある。RG 30. 10. 1931, RGZ 134, 225.

（19）　例えば、かなり以前から第三債務者のためにトラック運送を行っているトラック所有者が、次の運送の際に有する将来の報酬債権。Stöber, a.a.O., Rdnr. 27.

（20）　特定の使用者と雇用について具体的な交渉をしており、雇用が予定される場合は将来の給料債権を差し押えることができるとする説がある。Baur, Einige Bemerkungen zur Pfändung künftiger Lohnforderungen, DB 1968, 251ff ; Stöber, a.a.O., Rdnr. 949f.; Zöller/Stöber, a.a.O., § 850 Rdnr. 18; Gaul/Schilken/Becker-Eberhard, a.a.O., § 54 Rdnr. 9. 契約締結交渉は必ずしも締結に至るとは限らないが、雇用契約が成立しても債務者が労務の提供をしないこともあるので、そのことは差押えを不適法とはしないとされる。Baur, a.a.O., S. 253. 債務者が、数人の使用者と同時期に交渉をしている場合は差押えは認められず、Stein/Jonas/Brehm, a.a.O., § 829 Rdnr. 7. 使用者が特定していても、債務者がその企業に就職したいと述べているだけでは差押えはできない。Stöber, a.a.O., Rdnr. 950. 債務者と第三債務者とが職業再教育関係（Umschulungsverhältnis）にある場合は、後に生じうる給料債権は基礎的法律関係たる労働関係が未だ成立していないので差し押えることができないが、LG 15. 10. 1969, MDR 1970, 770; Stein/Jonas/Brehm, a.a.O., § 829 Rdnr. 7. 職業再教育関係は、後の労働関係から生じる債権を特定しうる法的基礎を与えうるとする見解もある。Stöber, a.a.O., Rdnr. 950.

（21）　Zöller/Stöber, a.a.O., § 829 Rdnr. 2; Stöber, a.a.O., Rdnr. 27; Musielak/Becker, ZPO., 7. Aufl., § 829 Rdnr. 6; Thomas/Putzo/Seiler, ZPO., 32. Aufl., § 829 Rdnr. 10a.

（22）　Musielak/Becker, a.a.O., § 829 Rdnr. 6; Thomas/Putzo/Seiler, a.a.O., § 829 Rdnr. 10a.

（23）　Thomas/Putzo/Seiler, a.a.O., § 829 Rdnr. 10a. ミュンツベルクは、以前に、この判断は、「債権者のチャンスと第三債務者の迷惑との間の利益衡量」にかかると述べていた。Vgl. Stein/Jonas/Münzberg, Kommentar zur ZPO., 19. Aufl. § 829 I.

（24）　古くは、将来債権の譲渡可能性と同一視して、Heuer, a.a.O., S. 28f.; Tuhr, a.a.O., 425ff. 近年では、Gaul/Schilken/Becker-Eberhard, a.a.O., § 54 Rdnr. 9.

（25）　Gaul/Schilken/Becker-Eberhard, a.a.O., § 54 Rdnr. 9. たしかに、これにより債務者が未だ差し押えることのできない債権を任意の債権者に譲渡するとの危険は回避できるが、法律関係の存在を要件としないと、特に第三債務者は将来の法律関係の発生を容易に阻止できるので、その結果、執行は対象を失い、功を奏しないとの批判がある。A. Blomeyer, a.a.O., § 54 II 2.

(26) Bartels, Anmerkung zu OLG Dresden Beschl. v. 19. 23. 1933, JW 1934, 706f.

(27) Gaul/Schilken/Becker-Eberhard, a.a.O., § 54 Rdnr. 9.

(28) Baur, a.a.O., S. 253.

(29) Baur, a.a.O., S. 253. なお、将来の給料債権の差押えについては、石川明『強制執行法研究』〔一九七七年〕二三一頁以下参照。

(30) RGZ 135, 139; 140, 219.

(31) LG Hamburg 12. 1. 1965, DB 1965, 249; LG Berlin 20. 4. 1971, MDR 1971, 766; LG Detmold 9. 12. 1977, Rpfleger 1978, 150; BGH 13. 3. 1981, MDR 1981, 730; Sprengel, Die Pfändung und Überweisung von Forderungen aus dem Bankkontokorrent, MDR 1952, 8ff; Stein/Jonas/Brehm, a.a.O., § 829 Rdnr. 11; A. Blomeyer, a.a.O., § 54 III 2; Gaul/Schilken/Becker-Eberhard, a.a.O., § 54 Rdnr. 12; Zöller/Stöber, a.a.O., § 829 Rdnr. 33; Stöber, a.a.O., Rdnr. 163; Thomas/Putzo/Seiler, a.a.O., § 829 Rdnr. 47. なお、将来の残額債権の差押えは、従来は差押命令の中で明確にされねばならず、vgl. Zöller/Stöber, a.a.O., § 829 Rdnr. 33; Stöber, a.a.O., Rdnr. 163. 通常は、現在の残高が存しない場合に備えて、その差押えと併せてなされていた。Vgl. Behr, Erweiterung des Kontenschutzes gem. 850k Abs. 1 ZPO, Rpfleger 1989, 53. しかし、二〇〇九年七月七日の「口座の差押制限の改正についての法律」により、新しく口座預金の差押えの範囲を定めたＺＰＯ八三三条ａが規定され、今後は「預金」の差押えで、交互計算期間終了時の残高も含む将来の残高債権を差し押さえることができるようになり、手間がかからなくなった。BT-Drucksache 16/7615, S. 17. これについては、本書第二編第五章第二節（五）（２）を参照。

(32) 最初の決算が残額を生じない場合には、それを生じる決算が到来するまで差押決定の効力は継続する。RGZ 140, 219.

(33) Scherer, Die Pfändung von kontokorrentansprüchen, NJW 1952, 1397; Sprengel, a.a.O., S. 11.

(34) LG Hamburg DB 1965, 249; LG Berlin MDR 1971, 766; Herz, Pfändung von Forderungen aus dem Bankkontokorrent, DB 1974, 1851; Stein/Jonas/Brehm, a.a.O., § 829 Rdnr. 11; A. Blomeyer, a.a.O., § 54 III 2; Gaul/Schilken/Becker-

(35)　Eberhard, a.a.O., § 54 Rdnr. 12; Zöller/Stöber, a.a.O. § 829 Rdnr. 33; Stöber, a.a.O., Rdnr. 163; Thomas/Putzo/Seiler, a.a.O., § 829 Rdnr. 47.

(36)　BGH 13. 3. 1981, BGHZ 80, 172.

(37)　Vgl. Stöber, a.a.O., Rdnr. 164.

(38)　Vgl. BGH 30. 6. 1982, BGHZ 84, 325. なお、ペーター・アーレンス「１９８２—１９８４年のドイツ連邦共和国における民事訴訟および破産法の新たな展開について」日独法学一〇号一二七頁〔山本弘訳〕参照。

(39)　BGH 30. 6. 1982, BGHZ 84, 325; BGH 8. 7. 1982, BGHZ 84, 371.

(40)　BGHZ 84, 325.

(41)　BGHZ 84, 371.

(42)　Stein/Jonas/Brehm, a.a.O., § 829 Rdnr. 12; Gaul/Schilken/Becker-Eberhard, a.a.O., § 54 Rdnr. 12f.; Zöller/Stöber, a.a.O. § 829; Rdnr. 33; Stöber, a.a.O., Rdnr. 166. なお、経済用語の訳については、東畑精一監修・四宮恭二編「独和経済語辞典」〔一九六〇年〕（有斐閣）に従った。

(43)　Stöber, a.a.O., Rdnr. 1335, 1368; OLG Karlsruhe 27. 9. 1983, Repfleger 1984, 155; KG 11. 2. 1986, Repfleger 1986, 230.

(44)　Stöber, a.a.O., Rdnr. 1335; OLG Karlsruhe, Repfleger 1984, 155; LG Lübeck, 11. 7. 1984, Repfleger 1984, 474; KG, Repfleger 1986, 230. なお、債務者の申立権は、独立性のない従たる権利として、主たる権利である還付金支払請求権とともに差し押えうる。Vgl. LG Lübeck, Repfleger 1984, 474.

(45)　OLG Karlsruhe, Repfleger 1984, 155. 裁判所は、六か月の期間を審査可能と判断した。

(46)　Stöber, a.a.O., Rdnr. 1368. そのような法律上の基礎がなければ、今後の社会給付請求権は単なる期待にすぎず、差し押さえることはできない。

(47)　Stöber, a.a.O., Rdnr. 1369; Zöller/Stöber, a.a.O. § 850i Rdnr. 27; Musielak/Becker, a.a.O., § 850i Rdnr. 24. しかし、裁判例の中には、債務者がまだ比較的若いときには（二四歳）、将来の年金請求権を差し押さえるための権利保護の必要は存在しないとするものがある。LG Heilbronn Rpfleger 1992, 187. 前述のように、将来債権の発生のための基礎となる法律関係が存在していても、このような場合にはその差押えを認めるべきではないということであろう。

(48)　Stöber, a.a.O., Rdnr. 1369a; Stein/Jonas/Brehm, a.a.O., § 850i Rdnr. 71.

（48）　Vgl. Stöber, a.a.O., Rdnr. 360.

（49）　Stein/Jonas/Brehm, a.a.O., § 829 Rdnr. 9; Gaul/Schilken/Becker-Eberhard, a.a.O., § 54 Rdnr. 16; Stöber, a.a.O., Rdnr. 356; MünchKommZPO/Smid, § 829 Rdnr. 15. なお、ＡＯ四六条六項によれば、差押及び移付命令は請求権が発生する前に発令されるときは無効である。また、この命令が請求権の発生後に第三債務者である税務署に送達されても有効とはならない。Vgl. Stöber, a.a.O., Rdnr. 370; BT-Drucksache 8/3648 vom 8. 2. 1980, S. 34.

（50）　Stein/Jonas/Brehm, a.a.O., § 829 Rdnr. 9; Stöber, a.a.O., Rdnr. 356. なお、先行差押えの禁止はＡＯ四六条六項の文言にはないが、立法の経緯から認められるとされる。

（51）　LG Landau 9. 9. 1981, Repfleger 1982, 31; Alish/Voigy, Ausgewählte Probleme zur Pfändung von Steuererstattungsansprüchen, Repfleger 1980, 10ff; Stein/Jonas/Brehm, a.a.O., § 829 Rdnr. 9; Gaul/Schilken/Becker-Eberhard, a.a.O., § 54 Rdnr. 16; Stöber, a.a.O., Rdnr. 377ff.

（52）　Stöber, a.a.O., Rdnr. 383.

## 第三節　わが国における将来債権の被差押適格

債権その他の財産権が、重要な財産的価値を有する状況にあって、将来債権は、法取引において頻繁に発生し、独立の財産的価値を持つことから、執行の方法により摑取しうる利益及び必要性が認められる。しかし、わが国においても、民事執行法及び旧民事訴訟法を通じて、将来債権の差押えについて直接の規定は存在しない。[(1)] もっとも、判例は以前からその差押えを認めており、大審院は、昭和九年の判決で、民事訴訟法六一三条は将来債権の差押えも認めるもので、債権者は債権の発生後に取立命令又は転付命令を得てその執行を完了しうると述べ、公務員の年末賞与金請求権の、その発令通知前の差押えを認めた。(2) また、昭和一一年判決では、六一三条は換価方法を命じうる場合の規定にすぎず、将来債権の差押えを規定していないとするも、道路改修工事の必要上建物の移転を求められた場合の移転補償料給付請求権の、その通知前の差押えを認め、(3) さらに翌年には、大学教授の定年退職功労金の辞令交付前の差押えを認めた。(4) その後、判例の立場に変更はない。(5) 学説も、かつては、差押えの目的たるには差押当時すでに成立させる譲渡性ある財産権でなければならないとする見解があったが、(6) 一般的には、その差押えは、従来から認められている。(7)

もっとも、発生が考えられるあらゆる債権の差押えが認められないことは、ドイツと同様であり、従って、わが国においても将来債権につき特定可能性が必要とされる。

## （一）将来債権につきその発生原因及び債務者（第三債務者）が特定していること

債権差押命令は、第三債務者への送達により効力を生じるので（民執法一四五条三・四項）、差押時に第三債務者の存在は必要である。従って、ドイツと同じく、未だ知られていない将来の賃借人を第三債務者とする賃料債権の差押えはできず、また、賃金債権を差し押える場合に、後に使用者が代われば差押えは無効となる。(8) 債権額の特定は必要ではない。(9)

## (二) 将来債権の発生の基礎となる法律関係が差押えの当時既に存在していること

わが国においても、基礎的法律関係の存在は要求される。[10] すでに大審院は、前述昭和一一年判決において、契約の申込をもって将来の発生を期待すべき債権を差し押えることは認められないと判示し、[11] 基礎となる契約の成立を要求した。その後の判例もこの要件を掲げて、医師の将来の診療報酬請求権、児童福祉法所定の措置費請求権[12]等の差押えを認める。さらに、学説は、将来の退職金債権や株主総会の配当決議前の利益配当請求権等の差押えを認めている。[13]

もっとも、わが国においても、基礎的法律関係として契約が未だ成立していなくとも、特定の第三者との間で契約締結のための交渉をしておれば、その段階で既に差押えることができるとする見解がある。[14] たしかに、契約成立後であっても、債務者が義務の履行をなさないこともあり、起こりうる契約交渉決裂はその差押えを不適法とはしないと考えることもできようが、[15] 将来債権の発生可能性は、契約締結のステップを踏まなければより低下し、そのような債権の差押えのために執行手続をすすめることは問題であるし、また第三債務者の負担ともなろう。交渉段階での差押えを認めるべきではない。[16]

ところで、法律関係が存在する場合であっても、将来債権が発生するか否かが全く不確実なことがある。この場合に差押えを認めることは、ドイツの学説が指摘するように、許すべきではない。将来債権はその発生につき相当程度の蓋然性のあることが要求されるのであり、[17] その判断は個々具体的事情による。中野教授は、ミュンツベルクを引用されて、「債権者のチャンスと第三債務者の迷惑との間の利益衡量」にかかると指摘する。[18] 例えば、性質上その発生が近い将来には全く期待できない権利は、その財産的価値もほとんど認められず、差押えは許されるべきではない。一部の学説が述べるように、発生時期までの時間差が少ないもの、例えば、所得税の年末調整による還付金請求権

（所得税法一三八条以下）や株主総会の配当決議前の利益配当請求権は当然に被差押適格は認められるが、遠い将来の退職金債権については認められず[19]、判例の中にも、この時間差を問題にするものがある[20]。この見解も主張するように、遠い将来に発生する請求権を今から差し押えるのは、執行手続が耐え難い長期に及ぶことになり、換価の実行も確保されないほか、将来の債権者のための一般担保を減少させることになる場合もあり、さらには、債務者に対する人格的圧迫となりうる点で問題がある[21]。

将来債権の差押えは、このように大きな意味を有するが、多くの問題をも内包する。以下では、従来から議論がなされる例を示して、その問題点を検討する。

## （1）給料債権

給料その他の継続的給付債権に対する差押えの効力は、差押え後に受ける給付にも及ぶ（民執法一五一条）。将来の債権に及ぶことを明示して差し押える必要はない。また、ドイツ同様、わが国においても将来債権のみの差押えは認められ、金額または時期により限度を画して行われる[22]。

ところで、給料債権として本条の継続的給付に含まれないものに、退職金債権があり、退職は債務者の自由意思にかかる行為であるが、債務者の逸機の恐れがあり、原則として退職前であっても被差押適格が肯定される[23]。しかし、その差押えの時期については、債務者が就職し、将来退職の際に退職金の支給をうける地位を取得したときに、退職の時期及び理由が不明であっても差し押えることができるのか[24]、あるいは、債務者が近い将来に退職する可能性が相当程度強いということが要求されるのか[25]、従来から争いがある。既に述べたように、性質上その発生が近い将来全く期待できない権利は、財産的価値をほとんど持たないので差押えを認めるべきでなく、従って、数十年先の退職金を差押えることは許されない。実務においても、債権者に対し、債務者が近く退職する可能性のあることを文書にして、例えば、債務者は既に辞表を出し辞令も出る予定であるとの証明書又は多数の債権者から給料の差押えをうけており、すぐに退職するということを認めうる資料等を、提出させて差押えを認める例を見る。[26]確かに、執行裁判所は、債務者及び第三債務者を審尋することなく（民執法一四五条二項）、申立書の記載に従い、将来の退職金債権の被差押適格を調査して、差押命令を発しうる。従って、債務者としては、不服のある場合に、差押命令に対する執行抗告（同条五項）によりその違法を主張することになる。

### （2）将来の診療報酬債権

将来の診療報酬債権の被差押適格については、従来から見解が分かれている。診療報酬債権は、個別的には、診療の都度、各保険者に対して発生するが、保険制度上は支払基金への各保険者の支払委託を通じて、各保険医につき各月分の請求ごとに一括され、基金からまとめて支払われており、集合的には、支払基金を債務者として継続的に発生する。[27]従って、診療報酬債権は、支払基金と保険医との単一の法律関係に基づいて継続的に発生するといってよく、少なくとも、給付を継続する基本関係は存在するので、民執法一五一条所定の継続的給付債権としての差押えを認めるべきであり、また、その時期・金額を限定した将来債権として差押可能となる。[28]

しかし、従来から、有力説は、保険医が基金から支払をうける報酬は、被保険者に対して有する個々の診療報酬債権の集合したものであり、毎月の患者数や疾病の種類により債権額の変動が著しく、平均的固定収入を客観的に予測することは困難であるから、継続的給付とは言いがたいとする。[29]そして、時期を画して将来債権として差し押えることさえ認めない見解もあり、[30]実務も、昭和五三年の最高裁判決が将来の診療報酬債権の譲渡を認めるまで、[31]そうであった。[32]たしかに、将来の診療報酬債権額は不安定であるが、通常は診療報酬の総額に大きな変化はなく、また、今日の賃金体系には歩合制の要素の強いものもあり、不安定というだけで継続的給付にあたらないということはできず、収入額が不安定なだけにかえって包括差押えを認める必要がある。

今日の実務は、昭和五八年の東京高裁管内民事執行事務協議会において、将来一年分程度の診療報酬債権につき差押えの対象になるとされたことから[33]、差押命令発令時から一年間の限度で差押えを肯定している[34]。また、従来の判例の中には、その旨を示して一年後の分につき原決定を取り消したものがあった[35]。しかし、平成一五年の民事執行法の改正により民事執行法に一五一条の二が設けられた後、最高裁は、平成一七年一二月六日の決定により、これを本条の規定する「継続的給付に係る債権」に当たるとした[36]。これにより、今後は、将来債権としてもより長期に差押えを行うことが可能となるであろう。

### (3) 交互計算関係から生じる将来債権

わが国の商法は、交互計算期間中の残額債権に対する差押えにつき直接の規定を持たない、確かに、古典的交互計算理論では、計算期間経過後に一方の当事者に生じる残額債権のみを請求可能な債権として扱うことから、期間中の差押えは不可能に思われる。しかし、交互計算概念の拡大によるその担保的機能の後退により、当事者間の継続的取引関係よりも当事者の債権者の利益の保護が重視され、さらに、当事者間の合意で執行禁止財産を作らせないために、その差押えを認める見解があり[37]、賛成できる。

一方、このような現在の残額債権だけでなく、計算期間経過後に生じうる残額債権の差押えも認められる。交互計算関係は、将来の残額債権の発生の基礎となる法律関係であり、十分に特定しうるからである。そして、その範囲は、発生が確実であれば、ドイツと同様、長期に及んでも差し支えない。

交互計算においては、交互計算不可分の原則から、計算中の各債権の差押えはできない。しかし、段階的交互計算理論による、あるいは、当座預金のように毎日残高を出している場合には、計算期間にとらわれず、その都度生じる残額債権を、送達残額に限らず将来債権として時期を画して差し押えることは、差押債権者の利益にもなり、原則として認められる。しかし、将来債権の発生の蓋然性につき問題を含み、差押命令発令の際には慎重な考慮が必要となろう。

(1)　ZPO八五一条に相当する規定も存しないが、法令上の差押禁止のない債権であっても、その性質上他人に譲渡できないものは被差押適格を有しない。兼子一『増補強制執行法』一九二頁、宮脇幸彦『強制執行法（各論）』一〇六頁、中野貞一郎『民事執行法』〔増補新訂六版〕六五四頁参照。

(2)　大判昭和九年七月九日民集一三巻一二九三頁。

(3)　大判昭和一一年一一月二六日民集一五巻二〇九一頁。

(4)　大判昭和一二年一二月二二日民集一六巻二〇六四頁。

(5)　近年では、東京高決昭和五四年九月一九日下民集三〇巻九～一二号四一五頁、東京高決昭和五九年一二月一四日判時一一四三号八六頁、札幌高決昭和六〇年一〇月一六日判タ五八六号八二頁等が挙げられる。

(6)　松岡義正『強制執行法要論（中）』一〇三八頁。

(7)　兼子・前掲一九一頁、菊井維大『民事訴訟法（二）』一六六頁、宮脇・前掲・一〇頁、中野・前掲六四九頁、鈴木＝三ケ月編・前掲三六八頁〔稲葉〕。

(8)　鈴木＝三ケ月編・前掲四八三頁〔稲葉〕。

(9)　中野・前掲六四九頁参照。

(10)　これを明言するものとして、宮脇・前掲一〇頁、中野・前掲六四九頁。兼子博士は、将来債権の原因が差押えの当時すでに確立していること、と言われ（兼子・前掲一九一頁）、判例の多くもこれによるが、その意味内容に差異はない。石川・前掲二四八頁参照。

(11) 大判昭和一一年一一月二六日民集一五巻二〇九一頁。
(12) 東京高決昭和五九年一二月一四日判時一一四三号八六頁。
(13) 鈴木＝三ケ月編・前掲三七二頁以下〔稲葉〕、中野・前掲六四九頁以下参照。
(14) 例えば、不動産の売買交渉をしている段階での将来の売買代金請求権、あるいは、雇用契約締結のための交渉段階での将来の給料債権の差押え。石川・前掲二四八頁、二五三頁。
(15) 石川・前掲二五四頁。
(16) 同様に、債務者と第三債務者が、相当以前から頻繁な取引関係にある場合でも、そのつど独立して生じる債権を将来債権として差し押えることを認めるべきではない。
(17) 兼子・前掲一九一頁、中野・前掲六四九頁、鈴木＝三ケ月編・前掲三六八頁〔稲葉〕、石川・前掲二五二頁、京都地判昭和四二年二月四日判タ二〇五号一七〇頁、東京高決昭和五四年九月一九日下民集三〇巻九～一二号四一五頁、東京高決昭和五九年一二月一四日判時一一四三号八六頁、札幌高決昭和六〇年一〇月一六日判タ五八六号八二頁参照。
(18) 中野・前掲六四九頁。
(19) 中野・前掲六五〇頁、鈴木＝三ケ月編・前掲三七三頁〔稲葉〕。
(20) 東京高決昭和五四年九月一九日下民集三〇巻九～一二号四一五頁、札幌高決昭和六〇年一〇月一六日判タ五八六号八二頁。
(21) 中野・前掲六四九頁。
(22) 中野・前掲六七一頁、石川・前掲二三二頁、鈴木＝三ケ月編・前掲四八三頁参照〔稲葉〕。石川教授によれば、差押命令において、将来の給付債権が例えば、「〇〇年七・八月分」と表示され、特にその期間に限定する趣旨が明らかな場合を除き、執行債権額を限度にその後に収入すべき金額にも及ぶ、とされる（石川・前掲二五六頁）。継続的給付債権の特則的性格を考慮すれば、そのような形式の差押えは認められる。
(23) 執行債権額からみて退職時期の不確かな退職金債権の差押えを許さないとした判例がある。高松高決昭和三九年九月一五日判時四一八号四四頁。
(24) 宮脇・前掲一七頁、朝岡智幸「将来発生すべき退職金債権を差し押えることができるか」判タ一八二号一一四頁。
(25) 中野・前掲六五〇頁、鈴木＝三ケ月編・前掲三七三頁〔稲葉〕。

(26) 岩野徹＝岩松三郎＝兼子一＝吉川大二郎＝三ケ月章＝宮脇幸彦＝村松俊夫「民訴セミナー――強制執行を中心に」ジュリスト二三八号四〇頁以下参照。
(27) その仕組みについては、中野「高裁民訴判例研究」民商六三巻六三〇頁参照。
(28) 中野・前掲（民執法）六九二頁。中野教授は、旧法下の解釈として、債権額が固定しないことを理由に消極説をとっておられたが、新法では文言も変わり、各期の収入額の一定性・予測可能性の存否は統一的規準たりえない、とされて、改説された。於保不二雄（判批）判評七五号一五頁、田倉整「将来の診療報酬債権に対する差押の可否」判タ一八二号一一六頁、上谷清「診療担当者の社会保険診療報酬支払基金に対する将来の診療報酬債権の差押の可否」判タ二二八号六七頁、石川・前掲二四三頁、福岡高決昭和五三年一一月一三日金商五七九号三三頁。
(29) 鈴木＝三ケ月編・前掲四八二頁〔稲葉〕、宮脇・前掲一二三頁、東京高判昭和四三年二月二三日高民集二一巻一号八二頁、福岡高決昭和五四年一月一六日金商五七九号三四頁。
(30) 宮脇・前掲一二三頁。
(31) 最判昭和五三年一二月一五日判時九一六号二五頁。
(32) 篠田省二「将来の診療報酬債権の差押えの限度」金法一一四八号一三頁以下参照。
(33) 「民事執行事件に関する協議要録」民事裁判資料一五八号一五〇頁。
(34) 阿部正幸「将来の診療報酬債権の差押性」藤田耕三＝河村卓哉＝林屋礼二編『民事執行法の基礎（実用編）』一七四頁以下参照。
(35) 札幌高決昭和六〇年一〇月一六日判タ五八六号八二頁。
(36) 民集五九巻一〇号二六二九頁。なお、本決定の批評として、内山衛次（判批）民商一三四巻六号一〇二一頁参照。
(37) 前田庸「交互計算残高に対する差押の可否」私法二五号一七五頁以下、同「計算期間中の交互計算残高に対する差押」『商法の争点（第二版）』二一二頁、中野・前掲（民執法）六六〇頁以下参照。

## 第四節　おわりに

将来債権は、その有する財産的価値ゆえに一般に被差押適格が認められる。今日、金銭執行における権利執行の比重は、信用取引、金融取引の増加、拡大により、大きなものとなっており、執行対象の範囲は、急速に広がっている。このような情況にあって、将来債権の差押えの研究は、今後ますます大きな意味を持ち、その必要性を増すであろう。もっとも、権利執行においては、不動産執行及び動産執行と異なり、執行債権者、執行債務者、第三債務者の三者間での利害調整が問題となり、とりわけ、第三債務者の利益をいかに保護するかは重要な課題となっていることから、これを十分考慮したうえで、これらの無形の財産の的確な捕捉に努めてゆかねばならない。

# 第四章　給料債権の差押制限

## 第一節　はじめに

近代の執行法は、早くから社会政策的配慮に基づき、債権の種類及び範囲を画して差押えを禁止し、債務者の最低生活の保障を図ってきた。とくに、最近の消費者信用の広汎な拡大及び普及にともない、多くの場合に、債務者の唯一の責任財産である給料等の労働所得債権に対する差押えが急激に増加しつつあることから、そこに機能すべき差押禁止の意義と比重は増大するばかりである(1)。そして、差押禁止は、権利の実現を求める債権者と生活の維持を要求する債務者との間の相反する利益の調整であり、法適用の明確及び斉一と具体的妥当を期すべく、シェーマ化と個別化とを共に必須とすることから(2)、給料債権の差押えをどのような限度で禁止し、どのような限度で許容するのかは、消費者信用の発達した先進自由主義諸国の執行制度にとって、もっとも重要な現代的課題の一つとなっている(3)。

わが国の民事執行法は、一五二条一項において、給料債権（退職年金・賞与等を含む）については、その支払期に受けるべき給付の四分の三に相当する部分（ただし、月給の場合は、四分の三に相当する部分が三三万円を超えるときは、三三万円の部分。一五二条一項括弧書き・民執法施行令二条一項一号）を差押禁止としており、また、一五三条は、執行裁判所が、当事者の申立てにより、債務者及び債権者の生活状況その他の事情を考慮して、差押禁止範囲を拡張又は減縮できると定めている。これにより、一五二条では差押禁止にあたらない部分についても差押命令が取り消されることになり、執行手続の合理化のために画一的に法定された差押禁止範囲が、各個の具体的事案への妥当な適応のために変更されうることになる。すなわち、民事執行法による給料債権の差押禁止は、一五二条により原則として一律に四分の一だけを差押可能とし、後に、一五三条で具体的な調整を図るというものであり、民事訴訟法旧六一八条が、給料債権の金額にかかわらず一律に四分の一に限って差押えを認め、裁判所の許可により二分の一まで差押えを増加することができるとしていたのに比べて合理的であり、近代的な規定である。(4)

しかしながら、一部の学説は、民事執行法のこの給料債権差押禁止制度は、給料生活者たる債務者の保護の制度としてはなお不十分であり、さらなる改善が必要であると主張する。(5)この見解は、第一に、一五三条による差押禁止額の調整のためには債務者の申立てが必要であるが、通常の債務者にそれだけの知識をもって適切な申立てをなすことを期待することはできず、結局、債務者は本来与えられるべき保護を実際には受けられない危険が大きいこと、第二に、一五二条一項括弧書きにより、差押禁止の最大限度は定められているが、逆にこの金額までは絶対的に差押禁止となる最小限度額は規定されておらず、債務者の生活が十分に保障されないことを指摘する。(6)そして、このような事態を回避し、債務者を公正に処遇するためには、執行裁判所が差押命令を発する段階から、少なくとも債務者の扶養家族数を顧慮して差押えの範囲を定めるべきであり、また、その他の事情あるいはその後の事情を職権で顧慮して差押命令の変更をなすことを可能にすべきであると主張する。(7)

たしかに、給料生活者である債務者の保護は十分に図られねばならず、苛烈酷薄な強制執行は債務者の人権問題（憲法二五条）ともなりうるし、一債権者の満足のために債務者救済上の国家及び社会の負担が生じるのは必ずしも当をえない。(8)しかし、差押禁止の内容を、例えば、債務者の家族構成、地域差、収入などの多くの要素を加味して詳細に規定し、債権者が申立ての段階でそれらについての資料を揃えねばならないとすることは、迅速な差押えを必要とする債権執行手続の機能を非常に低下させることにもつながる。(9) したがって、この問題は執行制度に内在する最大の課題の一つとして、わが国だけに限らない各国共通のテーマとなっており、今日、多くの立法例や法改正例をみる。そこで、本稿では、民事執行法上の給料債権の差押禁止制度について、債務者保護の観点からなんらかの改善が必要であるのか、また、必要であるならばその内容はいかにあるべきかについて、わが国よりもかなり詳細な差押制限規定を設けているドイツ法を手がかりとして、検討を加えることとしたい。

(1) 中野貞一郎『民事執行法』〔増補新訂六版〕六五五頁、鈴木忠一＝三ケ月章編『注解民事執行法（4）』四九〇頁〔五十部豊久〕。
(2) 中野・前掲六五五頁。
(3) 竹下守夫『民事執行法の論点』〔一九八五年〕二二四頁。
(4) 浦野雄幸『条解民事執行法』六五二頁。なお、債権差押禁止の立法的沿革及び制度的概観については、鈴木＝三ケ月編・前掲四九〇頁以下〔五十部〕に精細な論述がある。
(5) 竹下守夫「民事執行法の成立と将来の課題」竹下守夫＝鈴木正裕編『民事執行法の基本構造』〔一九八一年〕三三頁以下。
(6) 竹下「民事執行法の成立と将来の課題」三三頁以下。
(7) 竹下「民事執行法の成立と将来の課題」三三頁。
(8) 中野・前掲九頁。
(9) ジュリスト増刊『民事執行セミナー』二八〇頁〔浦野雄幸発言〕。

# 第二節　ドイツにおける給料債権の差押制限

## (一)　差押制限法の発展

ドイツでは給料債権の差押制限について古くから規定を設けており、すでに一七九三年のプロイセン諸国家の一般裁判所法（Allgemeine Gerichtsordnung für die preußischen Staaten）では、公務員の俸給及び恩給は、原則として半額だけが差し押さえられ、さらに退役将校については、その恩給ないし休職給から年間四〇〇ターレルが差押禁止額として保留されていた[1]。すなわち、プロイセンでは、国家秩序及び公共の利益が重視され、債務者個人の人格の保護は考慮されなかったために、国王の奉仕者である国家の役人のために差押制限が与えられたのであった[2]。その後、保護を受ける者の範囲は徐々に拡大され、保護の理由においても社会政策上の考慮が現れるようになり、一八六九年六月二一日に公布された北ドイツ連邦の労賃又は賃金の差押えに関する法律（Gesetz, betreffend die Beschlagnahme des Arbeits- oder Dienstlohnes）では、私的職務に継続して従事する債務者にも年間四〇〇ターレルが差押禁止額として保留されることになり（四条四号）、これにより、債務者は、自己及び自己の家族の扶養のために必要な労働所得の差押えを免れるとの原則が採り入れられた[3]。この法律は、今日のドイツ賃金差押法の起源であり、また、これによる労働所得の差押制限はドイツ社会立法のもっとも古い成果であるとされているが[4]、プロイセンにおける賃金の差押制限の要求は、プロイセン等族国家において政治的基盤を持たなかった労働者により行われたのではなく、工業化時代の幕開けの中で賃金の全額の差押えにより、債務者である労働者との雇用関係の継続が困難になることを恐れた使用者が、自らの利益のために起こしたものであった[5]。

この差押禁止額は、一八七七年の民事訴訟法（Civilprozeßordnung）により一五〇〇マルクまで引き上げられたが（七四九条三項）、公法上の給与及び扶助料との差押制限の統一は未だ行われず、公務員の勤務所得、恩給等は年間の合計額一五〇〇マルクを超える額の三分の一だけが差押えに服した（七四九条一項七号・八号、同条二項）。これは、私的職務に就く者の差押制限は人道主義的考慮に基づくが、公務員の場合には職務執行についての公の利益が存在するとされたからであった。(6) その後、一八九七年の、労賃又は賃金の差押えに関する法律及び民事訴訟法の変更のための法律により、(7) それまで認められていた扶養債権者の差押特権について一定の制限が加えられ、扶養債権者であっても、いわゆる裸の差押え（Kahlpfändung）は禁止されることが初めて認められた。(8)

差押制限法のこのような発展は、第一次世界大戦以降の経済的に困難な時期に制定された多数の強制執行緊急法（Zwangsvollstreckungsnotrecht）によって大きなものとなった。(9) すなわち、一九一七年一二月一三日の連邦参議院命令は、(10) 固定された差押禁止限度額を廃止し、公務員の場合にすでに行われていた可動的差押禁止限度額の制度を採り入れ、二〇〇〇マルクの差押禁止基礎額を超える労賃を、(11) 債務者の扶養権者の数に応じて最高一〇分の五まで差押禁止とした。そして、この二〇〇〇マルクの差押禁止基礎額に対応するように、三六〇〇マルクを超える労賃については無制限な差押えを認めた。さらに、一九一九年六月二五日の賃金差押えに関する命令では、(12) 債務者の法律上の扶養義務を差押禁止基礎額の算定の際にも斟酌し、法律上の扶養義務を有する債務者の差押禁止基礎額は二五〇〇マルクに引き上げられた。その後、一九二〇年代、三〇年代の世界的な経済恐慌の中で多数の立法が作られたが、(13) とりわけ、一九三四年一〇月二四日の強制執行に関する規定を変更するための法律は、(14) 一八六九年の賃金差押法を廃止し、賃金の差押制限についての規定を民事訴訟法の中に採り入れ、また、扶養債権者になおも認められていた裸の差押えを完全に排除し、債務者に常に必要的扶養を保留させたことで重要であり（ＺＰＯ八五〇条三項、八五〇条b第四項）、また、一九四〇年一〇月三〇日の賃金差押令は、(15) ライヒの領土拡大により旧ライヒのみに適用される民事訴訟法とは別個の立法となったが、(16) 公務員に認められていた特権を取り除いて差押制限の単一化を実現し、さらに、差押禁止給与（三条）と条件付で差し押さえうる給与（四条）及び制限的に差し押さえうる給与（五条）とを峻別して体系化を図り、また、差押禁止額の算定に際して総所得（Bruttolohn）の代わりに純所得（Nettolohn）を基礎としたことなどで、現行法と広く一致する基本的な改革をもたらした[17]。

戦後になっても差押制限法の改革は続き、一九五二年四月二二日の労働所得のための差押制限に関する諸規定の変更のための法律は[18]、差押禁止基礎額を月額一六九マルクに引き上げ、さらに、差し押さえることができない額を労働所得が超える場合に、その超過額に関する最初の扶養権者のための差押禁止部分を、それまでの一〇分の一から一〇分の二に拡大した。そして、一九五三年八月二〇日の強制執行の分野における措置に関する法律により[19]、それまで強制執行緊急法又は執行保護法として発展してきた多数の特別法が整理され、差押制限規定は民事訴訟法典自体の中に再び組入れられた（ＺＰＯ八五〇条乃至八五〇条i）。この新しい賃金差押法は、一九五九年二月二六日の差押禁止限度の変更に関する法律により初めて改正され[20]、これにより差押禁止限度額が引き上げられ、さらに、債務者の扶養義務が差押禁止基礎額の確定の際にも斟酌されることになり（ＺＰＯ八五〇条c第一項二文[21]）、また差押実務の簡素化のために公式の賃金差押付表が導入され、複雑な計算手続を行う必要がなくなった（八五〇条c第二項・三項）。その後、現在に至るまで数度にわたり改正が行われているが[22]、重要な点としては、差押禁止限度額の引上げにおいて社会国家原則が引用され、限度額が連邦社会扶助法（Bundessozialhilfegesetz 以下ではＢＳＧＨと略す）の基準額（Regelsatz）を下回らないように配慮されたこと[23]、また、差押禁止限度額の算定に際して扶養権者として考慮される者の固有の所得が斟酌されるようになったこと（八五〇条c四項[24]）、さらには、給料が金融機関の債務者の口座に振り込まれる場合にその預金債権についても差押制限が認められたこと（八五〇条k、八五〇条l[25]）、などが挙げられる。

## （二）給料債権の差押制限の基本的意義

ドイツにおける給料債権の差押制限は、このように長い歴史を通して発展を続けており、現行民事訴訟法（Zivilprozessordnung 以下ＺＰＯと略す）は、八五〇条以下にこれに関する詳細な規定を置く。すなわち、ＺＰＯは、現在ないし従前の職務関係又は労務関係から金銭で支払われる報酬で、本法八五〇条以下の差押制限に服するものを労働所得（Arbeitseinkommen）として、[26]回帰的な労働所得については八五〇条から八五〇条ｈまでの規定により、一回的な労働所得については八五〇条ｉにより、差押えを制限する。そして、現金によらない支払取引の増加にともない債務者の口座に振り込まれる労働所得についても八五〇条ｋ及び八五〇条ｌにより保護を与える。

このような労働所得の差押制限は、ＺＰＯ八一一条以下の差押禁止物と同様に、公の利益である社会的な理由に基づく債務者の保護を目的としており、一般には、これにより、国家の執行権が基本法（Grundgesetz 以下ＧＧと略す）二〇条及び二八条による社会国家原則（Sozialstaatsprinzip）並びにその他の基本権に基づいて直接的に制限されると考えられている。[27]すなわち、労働所得の差押制限は、社会国家原則の保護思想を具体化する強制的な公法上の執行制限であり、社会政策上の規定として理解される。これに対して、一部の学説は、差押制限は、基本法一条による執行債務者の人間の尊厳の保護のために執行債権者の権利行使を制限するものであって、国家の執行権を制限するものではないと主張する。[28]すなわち、この見解は、執行保護規範を私法上の性質を有するものと評価し、権利の実現を求める債権者の利益と、執行摑取から自らの主観的権利を保護し、責任客体としての機能を排除しようとする債務者の利益とは対立するので、執行保護は私権の制限を目的とし、基本法一条による債務者の人間の尊厳の保護がそのための規準を与えるとする。[29]しかしながら、この見解に対しては、債権者の権利行使は国家の執行機関を通して行われるにすぎず、執行保護によりまず最初に国家の執行機関の侵害権限が制限されることから、国家は強制執行を行うても、それは実体法上の請求権の本質的特徴を示すのではなく、訴訟可能性及び執行可能性として訴訟法により初めて与えられるので、執行保護の実体法上の評価は導かれない[31]、との批判が加えられている。

このように、労働所得の差押制限は、社会国家原則の保護思想を具体化するものであり、人間の尊厳にふさわしい最低生活を債務者に保障することを国家に対して義務づけるものである。しかし、このような義務は、第一には、社会扶助を規定する社会法典（ＳＧＢ）第一二編により実現される。すなわち、ＳＧＢ第一二編一条によれば、社会扶助の任務は、扶助受給者が人間の尊厳にふさわしい最低生活を営むことをできるようにすることであり、労働所得の差押制限と同様に、社会国家原則の保護思想に基づくからである。したがって、社会扶助と差押制限は相互に同調して憲法上の要請に十分に応えねばならず、差押禁止限度額は社会扶助基準額と関わることになる[32]。そして、債務者が強制執行により人間に値する生活を営むことができる金額を自分の所得から奪われることにより、社会扶助請求権を得ることになれば、国庫から、すなわち、納税者の費用により私的な債務が支払われることになり、このような事態は回避しなければならないことから、この点において両者は調整を図る必要がある[33]。

ところで、社会扶助法と労働所得の差押制限規定は、このように、人間の尊厳に値する生活の遂行を可能にして最低限の生活を確保するという共通の目的をもつものであるが、その追求のための構造は従来から大きく異なっていた。すなわち、差押禁止限度額は、大量に進行する強制執行の機能を損なわないように連邦で統一して確定されるのであるが、社会扶助給付は、需要調査の後に連邦の各ラントで決められる基準額と、個々の場合に関して実際に生じた費用の額での追加的な一時給付との複合制度を基礎とし、扶助を必要とする者の事情に応じて個別的に算定されたからであった[34]。したがって、差押禁止限度額と社会扶助基準額とを完全に一致させること、あるいは禁止限度額の社会扶助基準額への自動的な接続を行うことはできないのであり[35]、これにより差押制限が地域的に又は個人の事情により異なることになれば、債権者の権利の実現は困難となり、これは債権者の執行可能性を保障する国家の公法上の義務に反することになる。(36)そこで、立法者は、数度に及ぶ戦後の改正法において、当時のＢＳＨＧ二二条の基準額の上昇を主な理由として、差押禁止限度額を連邦で統一して引き上げてきており、(37)これにより社会扶助の発生の回避に努めてきた。

しかし、社会扶助法は、二〇〇五年にこのような個別の需要に応じた給付原則を変更し、需要の定型化及び包括化をすすめ、ＳＧＢ第一二編による新制度では、基準額の対象外であった一時給付を基準額に含めることによって、それまでの基準額が総需要を満たすようになった。(38)そして、基準額は、所得・消費抽出調査の後、毎年七月に改定されており、各ラントはこれと異なる基準額を定めない限り、連邦により算定されたこの基準額が直接適用されることになった。(39)

そして、継続して上昇する社会扶助の基準を労働所得の差押禁止額が下回るという事態から執行債務者を保護するために、(40)二〇〇一年一二月一三日の差押禁止限度の変更に関する第七法律は、(41)ＺＰＯ八五〇条ｃに新たに二項ａを規定し、これにより差押禁止額は二年ごとに定期的に調整され、債務者に社会扶助法上の最低生活の需要が保障されることになった。(42)また、それ以前の一九九二年四月一日の差押禁止限度の変更に関する第六法律は、(43)ＺＰＯ八五〇条ｆ第一項ａ号を改正し、債務者が、差押禁止限度額がＢＳＨＧの第二章にいう自分及び自分が扶養しなければならない者のための必要的生活扶助を充足しないことを証明するのであれば、執行裁判所は、債権者の重要な利害に反しない限りで、その労働所得のうちの差押可能な部分について一部を保留することができるとした。この未充足の証明については、理由書によれば、(44)債務者は、その地域を管轄する社会事務所が地域的に異なる需要基準をもっとも良く調査できる状況にあることから、その作成する証明書を提出して行うことができるとする。(45)さらに、執行裁判所は、債権者の重要な利害に反するときは、新たな差押禁止額を全額あるいは一部分につき拒否することが可能であり、これは債権者と債務者の利益を均しく衡量した上で、とくに請求権の満足が債権者の最低限の生活の保障に役立つというような特別な場合に限り、債権者の利益を優先するものである。(46)

このように、労働所得の差押制限は、社会国家原則の保護思想を具体化する強制的な公法上の執行制限であり、また、今日では、同じ目的を持つ社会扶助法と緊密に関係することによって執行債務者が差押えにより社会扶助を利用することがないように配慮を行っている。

### (三) 給料債権の差押制限

現行法における労働所得の差押制限は、通常の債権者が差押えを行う場合と特権債権者が差押えを行う場合とに分けて規定されている。

#### (1) 通常の債権者による労働所得の差押えにおける差押制限（八五〇条c）

通常の金銭債権、すなわち、扶養請求権あるいはこれに類する特権的金銭債権（八五〇条f第二項）以外の債権のための差押えにおいて摑取できる回帰的な労働所得の部分は、八五〇条cにより特定される。

##### (a) 支払時期による特定

債務者に保留される給料の差押禁止部分は、給料の支払が行われる支払時期に応じて特定される。この支払時期は債務者の報酬請求権を根拠づける勤務又は労務契約関係により定まるのであり、執行裁判所はこれを確定できないので、差押えの際には、月払い、週払い、あるいは、日払いの場合において、法律上差押えが禁止される労働所得を示すことだけが可能であり、この中の一つを選択することを執行裁判所に対して要求することはできない(47)。そして、この支払時期は、たとえ一か月間、あるいは、一週間毎日働かなくとも差押禁止部分の算定の基準となるのであり(48)、例えば、債務者が支払時期の終了以前にその仕事を終えたとしても、現実に給付された労働日に対応して差押禁止部分が定まるのではなく、債務者が引き続いて新たな仕事につかない場合には、支払時期全体について計算される禁止額が債務者に保留されることになる(49)。また、労働所得の金額に変更がある場合にも、差押禁止部分はその支払時期において支払われる給料により定まるのであり、多数の期間にわたる調整計算を法は規定していない(50)。

給料の一部が前払いされる場合には、最終的に給料が支払われて初めて差押禁止部分が特定されるので、第三債務者は、前払いの際にすでに債権者に差押可能と考えられる部分を支払うと、その後になって、例えば、債務者の病気や仕事の短縮により給料が予定された額より少額になったときに、すでに債権者に支払った差押禁止額を債務者に対して再度支払わねばならないという危険を負う(51)。したがって、第三債務者は、給料の一部前払いの場合には債権者はその支払を求める権利を有しないことから、支払を行わないことができるし、また、そうしなければならない(52)。これに対して、未払いの給料が後払いされる場合には、それが対価として給付される計算期間において斟酌されるのであり、それが現実に支払われた期間においてではない(53)。したがって、斟酌される時期の経過前にすでに給料の差押えがなされ、債務者及び債権者に支払われている場合には、新たな計算により生じる修正金額が後払いの中から支払われることになる。また、この時期の経過後に初めて給料の差押えが発効する場合にも、後払い請求権はその間に有効となった差押えに含まれるのであり、その部分は、すでに債務者に支払われた金額と合算して決められる差押禁止額を超える額である(54)。

### (b) 差押禁止額

八五〇条c第一項は、債務者自身についての差押禁止基礎額と債務者が法律上の扶養義務を履行する場合に増額される差押禁止基礎額を規定する。

このような基礎額の増額により、債務者は自分の扶養義務を規定に従って履行することが可能となる。また、扶養を受ける最初の者についての禁止額が他の扶養権者のための禁止額を超えるのは、最初の扶養権者として一般には配偶者が考えられるので、その扶養の必要及び生計を営むための特別に多額な費用が保障されるべきであるとの考慮に基づく。[55] また、労働所得が日払いの場合に、差押禁止基礎額が他と比べて高率となっているのは、日給制の労働者は一般に恒常的な労務関係にはなく、仕事の無い日のための生活費も日給から支払わねばならないことを斟酌したからである。[56] そして、このような差押禁止額の算定について五人までの扶養権利者に限定されているのは、それが債務者の信用能力のためになるからであり、[57] これにより債務者の利害が適切に斟酌されない場合には、八五〇条f第一項cにより個別事情に応じた調整が行われうる。

債務者の労働所得が八五〇条c第一項の差押禁止基礎額を超える場合には、八五〇条c第二項の計算基準により、さらに差押禁止となる金額が発生する。このように超過所得にまで差押禁止部分を設けるのは、債務者に労働意欲を持たせてその所得を上昇させるためであり、[58] この場合には、一定の金額ではなく割合によって新たな差押禁止額が定められる。

債務者の労働所得が月額三一五四・一五ユーロ（週額七二五・八九ユーロ、日額一四五・一八ユーロ）を超える場合には、その部分は差し押さえができない額の計算について斟酌しない（八五〇条c第二項二文）。このような上限設定は、改正法により著しく上昇する差押禁止基礎額、及び所得の上昇によりかなり高額となる禁止額を考慮して、このような高額所得者である債務者には、それらの差押禁止額を保留することで十分であることに基づく。[59] なお、八五〇条f第三項によれば、月額三一一七・五三ユーロ（週額七〇八・八三ユーロ、日額一三七・〇八ユーロ）以上の労働所得については、執行裁判所は債権者の申立てにより債権者及び債務者の利害を斟酌して自由裁量により差押えができる範囲を定めることができる。

ところで、新たに規定された八五〇条c第二項aにより、同条一項及び二項二文に掲げられる差押禁止額は二年ごとに定期的に調整される。この調整は、債務者の最低生活の需要に合わせるものであり、この最低生活の需要は、所得税法（Einkommensteuergesetz 以下ではＥＳｔＧと略す）三二条ａ第一項一号による税制上の基礎控除額で表現される。(60)それというのも、連邦憲法裁判所（Bundesverfassungsgericht）の判例によれば、(61)所得税を免れるべき最低生活水準（Existenzminimum）は、社会扶助法において立法者が国家の給付により援護しなければならない最低生活の需要を下回ってはならないとされたからである。(62)そして、本条二項ａがこの税制上の基礎控除額の変動割合を強制執行法上の差押禁止額に関連させることを選んだのは、法制度上、所得税法では労働所得の差押えの際と同様に、国家は高権的に行動し、社会国家原則に基づき、所得ある者に最低生活に必要な需要を満たすために使われる分の所得をその者に委ねることが義務づけられるからである。(63)

本条二項ａ第一文によると、差押禁止額は、所得税法（ＥＳｔＧ）三二条ａ第一項一号の基礎控除額をその前年同期と比較し、変動した割合に応じて二年ごとの七月一日に改正される。もっとも、前年同期との比較では、その前年の変動が次の差押禁止額の算定に考慮されないことから、「前年同期」と規定される比較期間は、この規定の文脈、目的及び制定の経緯から、最後の改正の公告から二年間と解されている。(64)なお、連邦司法省は差押禁止額を適時に官報に公告し（八五〇条ｃ第二項ａ第二文）、これにより初めて金額が知られることになり、利用できることになるが、公告は法律としての性格をもつものではなく、本条の要件が存在しない場合には、差押禁止額の変更をもたらすことはできない。(65)

ところで、八五〇条ｃ第二項による労働所得の差押禁止部分の計算は容易ではないことから、八五〇条ｃ第三項は、同条二項二文により差押可能な額を控除した後、本法に付録として添付された付表（Tabelle）に示すとおり、(66)月単位の支払については一〇ユーロ、週単位の支払については二・五ユーロ、日単位の支払については五〇セントにより除し得る額に従い端数を切り捨てることで計算の簡略化を図っており、月額三一五四・一五ユーロまでの差押可能な部分はこの付表により明らかとなる。そして、差押命令はこの付表の引用で十分であり（八五〇条ｃ第三項二文）、第三債務者は付表に基づいて債務者の扶養義務を斟酌した上で差押可能な部分を自ら確定することになる。

### （c）債務者の扶養義務

労働所得の差押禁止部分は、このように債務者の扶養義務により変動する。そして、差押禁止部分の算定の際に斟酌される者は、法律上の扶養義務を履行する債務者が金銭で、あるいは現物で実際に扶養を行う者に限られる。[67] 法律上の扶養権者は、債務者の配偶者、従前の配偶者及び直系親族（嫡出子又は非嫡出子、孫、両親及び祖父母）であり、また、非嫡出子の母の扶養請求権及びその者への扶養給付（BGB一六一五条l・同条n）も法律上の扶養義務に含まれる。[68] 兄弟姉妹及び継父母のようなその他の親族は、たとえそれらの者が債務者と生計を共にしていても扶養権者とはみなされない。[69] また、自ら扶養できる親族は扶養請求権を有しないので（BGB一六〇二条一項）、債務者の子がすでに十分な所得を得ている場合には扶養権者として斟酌されることはない。[70] 債務者の成年の子が困窮する場合には、法律上の扶養義務は、債務者が給付を行い、そして、それにより、自らの相応な扶養が危険とならない限りで債務者により履行されるのであり（BGB一六〇三条一項）、これによりその子は差押禁止額の算定の際に斟酌されることになる。[71] また、扶養給付は、「扶養する」との法律上の文言から明確であるように、債務者によって実際に行われねばならないが、各扶養権者に対して支払われる金額の正確な確定は八五〇条cの適用に際して実務上の困難をもたらすことから必要ではなく、したがって、差押禁止額が個々の場合に現実の扶養給付を上回ることもある。[72]

債務者の家族が固有の所得を有する場合に、債務者がその者に対して扶養義務を負い、そして、実際に扶養をなす場合にはその者は扶養権者として斟酌される。しかし、この場合に、八五〇条c第四項により、申立てに基づいて、執行裁判所はその者を完全にあるいは部分的に斟酌しないとすることができる。すなわち、債務者の配偶者が固有の所得を有するとしても、それにより債務者は配偶者に対する自らの扶養義務を免れるわけではなく、債務者が家族の扶養を行うならば（BGB一三六〇条）、差押禁止額の算定の際にはその配偶者を斟酌しなければならない。[73] つまり、配偶者が自分の就業活動による所得から家族を扶養する場合に、配偶者のその所得が債務者の所得を超えるか否かにかかわらず、配偶者は扶養権者として斟酌されるのであり、[74] このことは、配偶者の所得が八五〇条c第一項一文の差押禁止基礎額を超える場合でも変わらない。[75] その調整は、八五〇条c第四項による執行裁判所の決定によってのみ可能である。それというのも、執行におけるすべての関係者、とりわけ、第三債務者及び債権者は、債務者の労働所得のいかなる部分が差押可能であるのかを容易に確定できなければならず、扶養権の実体的問題を第三債務者が調査し明らかにする必要はなく、執行裁判所が八五〇条c第四項の柔軟な規定により個々の事情を斟酌した上で、これについて評価をすることが法的明確性及び実用性の原則に合致するからである。[76] また、配偶者双方の労働所得が差し押さえられる場合には、他方配偶者に対する一方配偶者の扶養義務により上昇する免除額は個別執行の原則に基づいて双方に帰属するのであり、その調整は八五〇条c第四項に委ねられる。[77]

### (d) 白地差押命令及び第三債務者による差押禁止額の算定

差押命令は、労働所得の額、支払時期及び債務者の扶養義務に基づき確定されうる差押可能な額を具体的に示す必要はなく、最初から判明している扶養権者についての差押禁止額だけを記載し、八五〇条c第三項二文による付表の引用によって、差押禁止額の範囲を抽象的に定めるだけでよい。このような差押命令は白地差押命令(Blankettpfändungsbeschluß)と呼ばれている。たしかに、差押命令には、債権者、債務者及び第三債務者という直接の関係者のためだけでなく、差押えを求めるその他の債権者のためにも法的安定性及び取引の安全の観点から特定性が必要とされているが、[78] 差押禁止の範囲は八五〇条cの付表及び第三債務者の有する事実によって特定することができるのであり、差押禁止部分の算定のための具体的な事情について通常知識を持たない執行裁判所及び債権者ではなく、より簡単に、そして、より確実に情報を獲得できる第三債務者に白地命令によって算定させることが一般に認められている。[79] そして、このような白地命令は、債務者の扶養義務の変更の際に、執行裁判所による差押命令の変更を必要とすることなく、すぐに対応できることから実用的であるとされている。[80]

このように、労働所得の差押えにおいては、白地差押命令により、債務者の使用者である第三債務者が債務者の扶養義務を調査して、差押可能な労働所得の部分を具体的に確定しなければならない。そして、そのために第三債務者は、賃金税算出データ認定カード（Lohnsteuerkarte）及び従業員の個人資料を利用することができる。[81]もっとも、この賃金税カードは、税法上の規定に基づくものであって税法における家族関係について考慮するものであり、これにより八五〇条cにより斟酌される家族が公に確定されるわけではない。[82]また、このカードには子の人数が記入されるのではなく、児童控除（Kinderfreibetrag）の数だけが記入される。[83]さらに、すでに固有の所得を有する一八歳未満の子及び法律上の扶養が与えられない子についても記入されることから、通常、第三債務者はこのカードの記載に従うことはできず、その記載が実際の法律上の扶養義務を正確に示していることになんの疑いも存在しない場合にだけこれによることができる。[84]したがって、通常、第三債務者は、その他の資料により必要な確定を行わねばならず、例えば、債務者の家族状況や子の数について記載されている個人資料や賃金台帳、債権者の申出、債務者への質問、あるいは、その他の者からの情報等により調査しなければならないのであり、これを怠り誤った計算をした場合には、債権者あるいは債務者に対して履行責任を負い、また、ZPO八四〇条により債権者から陳述を求められたときは、損害賠償責任を負うことにもなりうる。[85]もっとも、第三債務者のこの調査義務の範囲は必ずしも明確ではなく、連邦労働裁判所（Budesarbeitsgericht）は、第三債務者が、債務者から自分は結婚しており、一定数の未成年の子を扶養していることを知らされたときは、なんの調査をすることなくその人数の扶養権者がいるものとして扱うことができるとする。[86]学説も、第三債務者は要求できる可能な範囲で調査して差押禁止額の算定をすればよく、賃金税カードや債務者の個人資料の利用と並んで事前に債務者に質問をすることで債権者及び債務者に対する義務は履行され、第三債務者は債務者の主張が虚偽であると知っている場合に限ってこれによることはできないとする。[87]そして、債務者が扶養権者を実際にも扶養しているのかどうかについての調査は、第三債務者には要求されず、実際には扶養していないとの債権者の根拠のある手がかりが示されたときに調査をすればよい。[88]学説の中には、債務者が情報の提供を拒否し、第三債務者がその他の情報源を利用しえない場合には、債務者は独身であり子供がいないものとして処理することができるとする見解もある[89]。

差押えが行われている間に事情の変更があった場合、例えば、新たな子の誕生、あるいは扶養義務の消滅などの場合には、第三債務者はこれを自ら斟酌しなければならないが、変更のあった事情を知ることができなかったときは、第三債務者への変更通知は債権者のなすべきことであるから、第三債務者が新たな給付義務を負うことはない[90]。この場合に、債務者及び債権者は八五〇条gによる差押命令の変更を求めてその後の執行についてのより確実な根拠を得ることができる[91]。

このように、第三債務者は労働所得の差押禁止額を算定しなければならないのであるが、疑問のある場合には供託所に供託することもできる（ＢＧＢ三七二条）。

## (2) 特権債権者による労働所得の差押えにおける差押制限(八五〇条d及び八五〇条f第二項)

八五〇条ｄは、扶養請求権についての強制執行における差押制限の特例を規定しており、これにより、債務者の労働所得は、執行裁判所により八五〇条ｃに掲げられる制限なしに差し押さえることができる。また、八五〇条ｆ第二項は、故意にされた不法行為に基づく債権、例えば、横領、窃盗、身体侵害による債権についての強制執行においても、八五〇条ｃの制限なしに債務者の労働所得が差し押さえられると規定する[92]。もっとも、この場合に、債務者の労働所得は無制限に差し押さえられるのではなく、債務者にはその必要的扶養のため及びその当期の法律上の扶養義務の履行のために必要な額は保留される（八五〇条ｄ第一項二文、八五〇条ｆ第二項）。

特権債権者は、このような八五〇条ｃの制限のない差押えを申立てによってのみ求めることができるのであり、この申立ての中で、債権者は、自分が特権債権者であり、また、債務者の扶養需要の確定にとって重要な事実、例えば、債務者が独身であるか、あるいは、扶養権者たる優先的な又は同順位の家族がいるのか否かについて、執行裁判所が差押可能部分を特定できるように提出しなければならず[93]、これが行われないときには、八五〇条cだけが適用されることになる[94]。この申立てに基づき、執行裁判所は八五〇条d及び八五〇条f第二項により差押えが禁止される額を特定し、そして、これを差押命令の中で明らかにしなければならず[95]、例えば、給料は毎週又は毎月〇〇ユーロを超える限りで差し押さえられる、あるいは、〇〇ユーロが債務者に保留される、というようにである。したがって、八五〇条cにおけるような白地差押命令を発することはできない。また、この命令に対しては、債務者、不利益を受ける扶養権者及び第三債務者にZPO七七六条の異議が認められる[96]。

## （3）差押制限額の変更（八五〇条f第一項及び八五〇条g）

債務者の労働所得の差押えにおいて、債務者の個別的な事情により追加的な差押制限が必要となる場合があり、そのような保護は八五〇条f第一項により与えられる。すなわち、債務者が、八五〇条cによる差押制限額では、自ら及び自らが扶養しなければならない者のためのSGB第一二編三章及び一一章又はSGB第二編三章の意味する必要的生活扶助を充足しないことを証明する場合（八五〇条f第一項a号）、あるいは個人的若しくは職業上の理由に基づく債務者の特別な必要（同条同項b号）、または債務者の法律上の扶養義務の特別な範囲、特に扶養権利者の数（同条同項c号）が追加的な保護を要請する場合において、それらすべての場合に債権者の重要な利害に反しない場合に限り、新たな保護が認められる。債務者の個人的もしくは職業上の理由に基づく特別な必要としては、特に債務者が病気であるときに、その健康回復のために必要な特別な給養や車椅子のような特別な補助器具の購入のための経費、あるいは職業上必要な電話料金や衣服の購入のための費用等が挙げられる[97]。また、債権者の重要な利害に反する場合とは、追加的な保護により債権者に生じる不利益が債務者のそれよりも大きいと判断される場合であり、債権者の個人的な事情、例えば、健康状態とか扶養負担及び債権者の経済的な事情が考慮されることになる[98]。

このような追加的な差押制限は、債務者及び追加される禁止額を利用できる扶養権者による申立てによってのみ認められ、執行裁判所は裁判を行う前に債権者を審尋しなければならず、裁判は差押命令を変更して追加的に保留される差押禁止額を特定して示さねばならない[99]。

ところで、八五〇条f第一項の申立ては、このような事情が差押前あるいは差押後に発生し、そして、差押えの際にこれが斟酌されなかった場合に行うことができるが[100]、八五〇条gは、差押命令の発令後に労働所得の差押禁止額を特定する諸事情の変更があった場合、例えば、扶養権者である家族の人数の増減等があった場合に限り差押命令の変更を認めるものであり、差押命令の発令の際の事実の正当性を争うものではない[101]。そして、八五〇条gによる変更の場合にも申立てが必要であり、執行裁判所による変更決定は債権者、債務者及び第三債務者に送達され、第三債務者はこの送達を受けるまでは従前の差押命令の内容に従い免責の効果をもって給付をすることができる（八五〇条g第二文）。

---

（1）　Allgemeine Gerichtsordnung für die preußischen Staaten（Th. I 24. §§ 106 ff.）. Vgl. Lippross, Grundlagen und System des Vollstreckungsschutzes. (1983), S. 20.
（2）　Vgl. Lippross, a.a.O., S. 22.
（3）　Vgl. Lippross, a.a.O., S. 30.
（4）　Arnold, Der neue Pfändungsschutz für Arbeitseinkommen und für Gehaltskonten, BB 1978, 1315; Lippross, a.a.O., S. 30.
（5）　Vgl. Lippross, a.a.O., S. 28f.
（6）　Hahn, Die gesammten Materialien zur Civilprozeßordnung, 2. Aufl., S. 852, 1120.

（7）　RGBl. S. 159.

（8）　一八七七年の民事訴訟法（ＣＰＯ）七四九条三項では、債務者の妻及び嫡出子の当期の扶養を求める請求権に差押特権が認められていたが、一八九七年の変更法は、この範囲をすべての親族、現在及び従前の配偶者、非嫡出子に拡大する一方で（賃金差押法四条三号・四号、民事訴訟法七四九条四項）、非嫡出子の差押特権は、債務者が自らの必要的扶養のため、及び自分のその他の法律上の扶養義務を履行するために必要としない額に制限された。Vgl. Lippross, a.a.O., S. 42.

（9）　これ以前の時期においても、差押制限の改革の要求はあり、とくに、ドイツ銀行員協会（Deutsche Bankbeamten-Verein）は、一般の被用者にも公務員と同様な可動的な差押禁止規定を設けるべきであると主張したが、使用者階級の反対にあい、さらには、労働者階級も、当時の大多数の労働者が年間一五〇〇マルクの所得を得ていなかったために積極的な運動を展開しなかったので、立法には至らなかった。もっとも、実務では、被用者及びその家族の生活を確保するために、差押前に予め一五〇〇マルクを超える所得を自分の妻に譲渡する、いわゆる一五〇〇マルク契約（1500-Mark-Vertrag）が認められていた。Vgl. Lippross, a.a.O., S. 44f.

（10）　RGBl. S. 1102.

（11）　一九一五年五月一七日の連邦参議院命令（RGBl. S. 285）は、三五年以上一五〇〇マルクであった差押禁止基礎額を、大戦開始後の著しいインフレに対応させるために二〇〇〇マルクに引き上げた。Vgl. Lippross, a.a.O., S. 49.

（12）　RGBl. S. 589.

（13）　一九二〇年代のインフレの拡大は、賃金差押命令の度重なる変更をもたらし、一九二〇年八月一〇日の法律（RGBl. I S. 1572）で四〇〇〇マルクに倍増された差押禁止基礎額は、一九二三年一〇月二六日の法律（RGBl. I S. 806）では一二〇〇〇マルクにまで引き上げられ、さらに急激な物価の上昇に差押禁止基礎額を対応させるために、この金額を法規命令によって確定することがライヒ政府に授権された。Vgl. Lippross, a.a.O., S. 52.

（14）　RGBl. I S. 1070.

（15）　RGBl. I S. 1451.

（16）　Vgl. Lippross, a.a.O., S. 67.

（17）　その他にも、賃金差押法の中心概念に、公務員の給料、俸給、退職金と並んで「債務者の取得行為の全部又は重要な部分を用いて行うあらゆる種類の勤務給付に対するその他の報酬」を採り入れ（一条二項）、また、債務者の家族状況を考慮してその扶養家族のための差押禁止額を月額一五ライヒスマルクから五〇ライヒスマルクの範囲内で引き上げた（五条二項）。Vgl. Lippross, a.a.O., S. 66f.

(18) Gesetz zur Änderung von Vorschriften über den Pfändungsschtz für Arbeitseinkommen, BGBl. I S. 247.

(19) Gesetz der Massnahmen auf dem Gebiete der Zwangsvollstreckung, BGBl. I S. 952.

(20) Gesetz zur Änderung der Pfändungsfreigrenzen, BGBl. I S. 49.

(21) 一九一九年の賃金差押令を範とした。Vgl. Lippross, a.a.O., S. 74.

(22) 一九六五年八月九日の差押禁止限度の変更に関する第二法律（BGBl. I S. 729）、一九七二年三月一日の同第三法律（BGBl. I S. 221）、一九七八年二月二八日の同第四法律（BGBl. I S. 333）、一九八四年三月八日の同第五法律（BGBl. I S. 364）、一九九二年四月一日の同第六法律（BGBl. I S. 745）、二〇〇一年一二月一三日の同第七法律（BGBl. I S. 3638）などである。

(23) Vgl. Begründung des Entwurfs in BT-Drucksache IV/3303 vom 14. 4. 1965, S. 15; Begründung des Regierungsentwurfs in BT-Drucksache 8/693; Arnold, a.a.O., S. 1315f; Lippross, a.a.O., S. 75ff. 一九九二年の第六法律により、八五〇条f第一項が変更されて、差押禁止限度額が連邦社会扶助法二章にいう必要的扶養を下回ることを阻止できるようになった（八五〇条f第一項a）。

(24) 一九七八年の第四法律により新しく規定が設けられた。

(25) 一九七八年の第四法律により新たに規定され、二〇〇九年七月七日の口座の差押制限の改正についての法律によりＺＰＯ八五〇条kは全面的に改正された。また、同法により新たに規定されたＺＰＯ八五〇条lは、内容を変更した上で二〇一二年一月一日から施行されている。これについては、本書第二編第五章第二節（五）を参照。

(26) 労働所得（Arbeitseinkommen）は、経済的な概念ではなく、差押禁止額を決めるための技術的な概念である。この点につき、岩野徹＝岩松三郎＝兼子一＝吉川大二郎＝三ケ月章＝宮脇幸彦＝村松俊夫＝我妻栄『債権の差押』（強制執行セミナー（3））一一三頁参照。

(27) Stein/Jonas/Münzberg, Kommentar zur ZPO., 22. Aufl. § 811 Rdnr. 2, § 850 Rdnr. 1; Gaul/Schilken/Becker-Eberhard, Zwangsvollstreckungsrecht, 12. Aufl. § 52 Rdnr. 10; Hornung, Säumnisfolgen für die Billigkeitsprüfung bei

Pfändung von Sozialgeldansprüchen ?, Rpfleger 1979, 89; Lippross, a.a.O., S. 118ff.

（28）　Henckel, Prozeßrecht und materielles Recht.（1970）, S. 349ff; A. Blomeyer, ZPR. Vollstreckungsverfahren.（1975）, § 27 II 4.

（29）　Henckel, a.a.O., S. 349ff.

（30）　Lippross, a.a.O., S. 97.

（31）　Lippross, a.a.O., S. 88ff.

（32）　Rauscher/Wax/Wenzel/Wenzel, Münchener Kommentar zur ZPO., 3. Aufl. § 850 Rdnr. 5.

（33）　Stein/Jonas/Münzberg, a.a.O., § 811 Rdnr. 3; Arnold, a.a.O., S. 1316.; Hartmann, Der Schuldnerschutz im Vierten Pfändungsfreigrenzengesetz, NJW 1978, 609.

（34）　Vgl. Hornung, Änderung der Pfändungsfreigrenzen, Rpfleger 1992, 332; Arnold, a.a.O., S. 1316; BT-Drucks. IV/3303 vom 14. 4. 1965.

（35）　Arnold, a.a.O., S. 1316.

（36）　Hornung, a.a.O., S. 332.

（37）　Vgl. Hornung, a.a.O., S. 332.

（38）　斎藤純子「最低生活水準とは何か――ドイツの場合」レファレンス平成二三年九月号一二一頁以下による。斎藤論文は特に二〇〇五年以降のドイツの最低生活保障制度について詳細に論じており、本書もこれによる。

（39）　斎藤・前掲一二九頁以下参照。

（40）　Schuschke/Walker/Kessel-Wulf, Vollstreckung und Vorläufiger Rechtsschutz, 4. Aufl., § 850c Rdnr. 6f.

（41）　BGBl. I S. 3638.

（42）　Vgl. Stein/Jonas/Brehm, Kommentar zur ZPO., 22. Aufl. § 850c Rdnr. 1.

（43）　BGBl. I S. 745. 以前にも、八五〇条 f 第一項 a 号の旧規定にいう個人的な苛酷理由として、差押えによる社会扶助需要の発生を考慮し、債務者に対して、さらに所得部分を保留することができるとする見解もあった。Vgl. Hornung, a.a.O., S. 334.

（44）　BT-Drucks. 12/1754 vom 5. 12. 1991.

（45）　社会官庁は、以前から書式を作成しており、これにより帰属する社会給付は証明される。この証明書は、社会扶助需要の場合に考慮されるＢＳＨＧ第二章にいう債務者及びそれが扶養しなければならない者に対する生活扶助のための給付を種類と金額に分けて明らかにする。Vgl. Hornung, a.a.O., S. 335.

（46）　Gegenäußerung der Bundesregierung zur Stellungnahme des Bundesrats zu Nr. 2 (BT-Drucks. 12/1754) S. 20; Hornung, a.a.O., S. 335. 連邦参議院は、草案に対する意見の中で、債務者の最低限の生活の確保を債権者の利害よりも高く評価すべきであるとしていた。Stellungnahme des Bundesrats unter Nr. 2 (BT-Drucks. 12/1754) S. 19.

（47）　Zöller/Stöber, ZPO, 28. Aufl., § 850c Rdnr. 3; Stöber, Forderungspfändung, 13. Aufl., Rdnr. 1039; LG Bochum, Rpfleger 1985, 370. ボーフム地裁は、一九八五年の決定の中で、執行裁判所は第三債務者に対して週払いについての付表により差押禁止額を計算せよとの命令をなす権限を有しないと述べた。これに対して、一部の学説はこのような命令であっても事情によっては勧められるとする。Baumbach/Lauterbach/Albers/Hartmann, ZPO, 68. Aufl., § 850c Rdnr. 9.

（48）　Stein/Jonas/Brehm, a.a.O., § 850c Rdnr. 13; Stöber, a.a.O., Rdnr. 1038; Zöller/Stöber, a.a.O., § 850c Rdnr. 3; ArbG Münster, BB 1990, 1708.

（49）　この見解に対しては、差押禁止額の保護に与るのは働く債務者だけであってこれでは怠惰な債務者が不当に優遇されることになるとの批判もあるが（Bischoff/Rochlitz, Lohnpfändung, 3. Aufl., S. 157; Boewer, Die Lohnpfändung in derbetrieblichen Praxis, (1972), S. 230.）、八五〇条ｃの意義及び目的によれば、それぞれの支払時期における債務者の生活扶助の保障が求められており、これは八一一条八号からも明らかになるとされる（Stein/Jonas/Brehm, a.a.O., § 850c Rdnr. 13; Stöber, a.a.O., Rdnr. 1038; Zöller/Stöber, a.a.O., § 850c Rdnr. 3; ArbG Münster, BB 1990, 1708.）。なお、債務者がすぐに新たな仕事につく場合には、八五〇条ｅ二号による多数の所得の必要的合算による調整が行われることになる。

（50）　Stöber, a.a.O., Rdnr. 1038; Zöller/Stöber, a.a.O., § 850c Rdnr. 3; OLG Dresden, JW 1936, 3489. これに対して、ヨナスは、例えば、週払いの場合に、債務者が経営上の理由などから三週間連続して働いて一週間休むことは、四週間の間毎日数時間づつ同じように労働時間を短縮して働くことと変わりはないので、差押禁止部分の算出に際しては、三週間分の所得を四週間分の所得とみなすべきであると主張する。Jonas, JW 1936, 3490.（Anmerkung）.

（51）　Stöber, a.a.O., Rdnr. 1041.

(52) Stöber, a.a.O., Rdnr. 1041.
(53) Stein/Jonas/Brehm, a.a.O., § 850c Rdnr. 9; Stöber, a.a.O., Rdnr. 1042; Zöller/Stöber, a.a.O., § 850c Rdnr. 3.
(54) Stein/Jonas/Brehm, a.a.O., § 850c Rdnr. 9; Stöber, a.a.O., Rdnr. 1042;Zöller/Stöber, a.a.O., § 850c Rdnr. 3. なお、同じことは、遡及する協約上の昇給ないし昇進による後払いについても該当する。Stein/Jonas/Brehm, a.a.O., § 850c Rdnr. 9; Stöber, a.a.O., Rdnr. 1042. また、月々の決まった時期における労働所得に加えて、月給の全額ないしは一部分の金額で新たな労働所得が支払われる場合には（一三回目、一四回目の月給のように）、この追加的所得は、それが八五〇条aにいう休暇手当やクリスマス手当ではない限りで、以前の計算時期に対する後払いと同様に差押えに服する。Stöber, a.a.O., Rdnr. 1042. 追加的な所得が特定の支払時期に算入されないならば、それらはすでに生じた純所得額に加算されて一年の期間で計算される。Stein/Jonas/Brehm, a.a.O., § 850c Rdnr. 10; Stöber, a.a.O., Rdnr. 1042.
(55) Stöber, a.a.O., Rdnr. 1043; Zöller/Stöber, a.a.O., § 850c Rdnr. 4a.
(56) Stöber, a.a.O., Rdnr. 1043; Zöller/Stöber, a.a.O., § 850c Rdnr. 4a.
(57) Zöller/Stöber, a.a.O., § 850c Rdnr. 4a.
(58) Stöber, a.a.O., Rdnr. 1043; Zöller/Stöber, a.a.O., § 850c Rdnr. 4.
(59) Stöber, a.a.O., § 850c Rdnr. 1046.
(60) Vgl. Schuschke/Walker/Kessel-Wulf, a.a.O., § 850c Rdnr. 7; Musielak/Becker, ZPO, 7. Aufl., § 850c Rdnr. 6a.
(61) BVerfGE 87, 153, 170f.
(62) Vgl. Schuschke/Walker/Kessel-Wulf, a.a.O., § 850c Rdnr. 7.
(63) Vgl. Schuschke/Walker/Kessel-Wulf, a.a.O., § 850c Rdnr. 7.
(64) BGHZ 166, 48; Musielak/Becker, a.a.O., § 850c Rdnr. 6a; Schuschke/Walker/Kessel-Wulf, a.a.O., § 850c Rdnr. 8.
(65) Vgl. Schuschke/Walker/Kessel-Wulf, a.a.O., § 850c Rdnr. 8; Kindl/Meller-Hennich/Wolf, Gesamtes Recht der Zwangsvollstreckung, 1. Aufl., § 850c Rdnr. 14.
(66) 一九九二年四月一日の差押禁止限度の変更に関する第六法律（BGBl. I S. 745）による。
(67) Stein/Jonas/Brehm, a.a.O., § 850c Rdnr. 16; Stöber, a.a.O., Rdnr. 1047; Zöller/Stöber, a.a.O., § 850c Rdnr. 5. なお、法律上の扶養義務だけが斟酌されるのではあるが、法律上の扶養義務が契約の形態であってもよい。Stöber, a.a.O., Rdnr.

1047; Zöller/Stöber, a.a.O., § 850c Rdnr. 5.

(68) ＢＧＢ一六一五条l第二項の特別な要件の下で、この扶養義務は出産の前四か月から出産後少なくとも三年間斟酌される。

(69) Stein/Jonas/Brehm, a.a.O., § 850c Rdnr. 15; Stöber, a.a.O., Rdnr. 1047; Zöller/Stöber, a.a.O., § 850c Rdnr. 5.

(70) Stein/Jonas/Brehm, a.a.O., § 850c Rdnr. 15; Stöber, a.a.O., Rdnr. 1047.

(71) Stöber, a.a.O., Rdnr. 1047; Zöller/Stöber, a.a.O., § 850c Rdnr. 5; BAG, NJW 1987, 1573.

(72) Stein/Jonas/Brehm, a.a.O., § 850c Rdnr. 16; Stöber, a.a.O., Rdnr. 1047.

(73) Stöber, a.a.O., Rdnr. 1049; Zöller/Stöber, a.a.O., § 850c Rdnr. 6. しかしながら、ベルリン州労働裁判所は、配偶者が債務者とほぼ同額の所得を有する場合には、ＢＧＢ一六〇二条の意味からその配偶者は債務者に対する扶養権限を有しないと判示した。LAG Berlin, DB 1976, 1114.

(74) Zöller/Stöber, a.a.O., § 850c Rdnr. 6; BAG NJW 1966, 903; BAG MDR 1983, 788.

(75) Stöber, a.a.O., Rdnr. 1049; BAG, MDR 1975, 695. 連邦労働裁判所の判例によれば、八五〇条ｃの差押禁止基礎額は立法者により実用性の観点から固定的に確定されたものであり、この金額の範囲内でのみ扶養がなされるということを命じるものではないとする。

(76) Stöber, a.a.O., Rdnr. 1049; Zöller/Stöber, a.a.O., § 850c Rdnr. 6; BAG MDR 1983, 788.

(77) Stöber, a.a.O., Rdnr. 1050; Zöller/Stöber, a.a.O., § 850c Rdnr. 7. なお、嫡出子の扶養請求権は両親に対して認められるので、八五〇条ｃの禁止額は両者に帰属するのであり、これによる不衡平は同条第四項により、子に与えられる扶養給付を「固有の所得」として計算することで考慮される。Stein/Jonas/Brehm, a.a.O., § 850c Rdnr. 18; Stöber, a.a.O., Rdnr. 1053; Zöller/Stöber, a.a.O., § 850c Rdnr. 7.

(78) Stöber, Rpfleger 1974, 77. (Anmerkung).

(79) Stein/Jonas/Brehm, a.a.O., § 850c Rdnr. 21; Stöber, a.a.O., Rdnr. 1054; Zöller/Stöber, a.a.O., § 850c Rdnr. 9; Rewolle, Muß der Drittschuldner in der Lohnpfändung die Unterhaltsverpflichtung des Schuldners feststellen ?, BB 1968, 1387; Rixecker, Der Irrtum des Drittschuldners über den Umfang der Lohnpfändung, JurBüro 1982, 1761; LArbG DB 1968, 649. これに対する異論としては、Quardt, Wem obliegt in der Lohnpfändung die Unterhaltsverpflichtung des

Schuldners ?, BB 1967, 251. がある。この見解は、たしかにＺＰＯ八五〇条以下の規定には差押禁止額の算定を誰が行うのかについて具体的に明示されていないが、八五〇条ｇの文言から執行裁判所がこの任務を行うことは明らかであり、これを第三債務者に委ねるべきではなく、従って、白地差押命令は無効であると主張する。そして、債権者の差押申請の中に債務者の家族状況についてなんの記載もなく、また、その他の手がかりもない場合には、債務者を独身で子供はいないものとして処理すればよく、差押禁止額の拡大を求める債務者はＺＰＯ七六六条の執行方法の異議により差押命令の変更を求めることができるとする。しかしながら、この見解に対しては、八五〇条ｇの規定から執行裁判所が具体的に差押禁止額を算定することにはならず、また、第三債務者に期待できない危険な任務を委ねることにはならないし、さらに、債務者を独身で子供がいないものとして扱うことは給料差押制限の原則に反し、また、多くの異議手続を生じることから、執行裁判所の負担になるだけであるとの批判がある。Stöber, a.a.O., Rdnr. 1054; Rixecker, a.a.O., JurBüro 1982, 1761.

(80)　Stöber, Rpfleger 1974, 77.

(81)　Stein/Jonas/Brehm, a.a.O., § 850c Rdnr. 21; Stöber, a.a.O., Rdnr. 1054a; Zöller/Stöber, a.a.O., § 850c Rdnr. 9; Rixecker, a.a.O., JurBüro 1982, 1761.

(82)　所得税法（ＥＳｔＧ）三九条。Stöber, a.a.O., Rdnr. 1054a; Zöller/Stöber, a.a.O., § 850c Rdnr. 9; Quardt, a.a.O., BB 1967, 252.

(83)　すなわち、債務者について児童控除が斟酌される場合には、あらゆる子は「〇・五」人と記入されるが、児童控除は夫婦の他方への移動も可能なことから、「一」人とは二人の子について分担される控除と一人の子だけについての全部の控除を示すことになる。この点については、Vgl. Stein/Jonas/Brehm, a.a.O., § 850c Rdnr. 21; Stöber, a.a.O., Rdnr. 1054a; Zöller/Stöber, § 850c a.a.O., Rdnr. 9.

(84)　Stein/Jonas/Brehm, a.a.O., § 850c Rdnr. 21; Stöber, a.a.O., Rdnr. 1054a; Zöller/Stöber, a.a.O., § 850c Rdnr. 9.

(85)　Vgl. Liese, a.a.O., S. 2067.

(86)　BArbG, NJW 1987, 1573. この判例は、債務者が成年の子あるいは既婚の子又はその他の家族を斟酌しようとする場合にだけ調査しなければならないとする。この判例に賛成する見解として、Stein/Jonas/Brehm, a.a.O., § 850c Rdnr. 21.

(87) Stein/Jonas/Brehm, a.a.O., § 850c Rdnr. 22; Stöber, a.a.O., Rdnr. 1055; Liese, a.a.O., S. 2068.

(88) Stein/Jonas/Brehm, a.a.O., § 850c Rdnr. 22; Stöber, a.a.O., Rdnr. 1054a; Zöller/Stöber, § 850c a.a.O., Rdnr. 9; Liese, a.a.O., S. 2069; ArbG, BB 1965, 333.

(89) Stöber, a.a.O., Rdnr. 1055; Liese, a.a.O., S. 2068.

(90) Stein/Jonas/Brehm, a.a.O., § 850c Rdnr. 22; Stöber, a.a.O., Rdnr. 1055; Zöller/Stöber, § 850c a.a.O., Rdnr. 9.

(91) Zöller/Stöber, § 850c a.a.O., Rdnr. 9.

(92) Stein/Jonas/Brehm, a.a.O., § 850f Rdnr. 10.

(93) Stein/Jonas/Brehm, a.a.O., § 850d Rdnr. 40; Stöber, a.a.O., Rdnr. 1116.

(94) Stein/Jonas/Brehm, a.a.O., § 850d Rdnr. 40; Stöber, a.a.O., Rdnr. 1116.

(95) Stein/Jonas/Brehm, a.a.O., § 850d Rdnr. 45; Stöber, a.a.O., Rdnr. 1121, 1196.

(96) Stein/Jonas/Brehm, a.a.O., § 850d Rdnr. 46. なお、執行裁判所が債権者の申立てを却下した場合には債権者にも異議が認められる。

(97) Stein/Jonas/Brehm, a.a.O., § 850f Rdnr. 4; Stöber, a.a.O., Rdnr. 1177, 1178.

(98) Stein/Jonas/Brehm, a.a.O., § 850f Rdnr. 7; Stöber, a.a.O., Rdnr. 1182.

(99) Stöber, a.a.O., Rdnr. 1187; Zöller/Stöber, a.a.O., § 850f Rdnr. 9.

(100) Stein/Jonas/Brehm, a.a.O., § 850f Rdnr. 20. なお、八五〇条ｆによる差押命令を事情の変更ゆえに変更する場合には八五〇条ｇによることになる。

(101) Stein/Jonas/Brehm, a.a.O., § 850g Rdnr. 1.

# 第三節　わが国における給料債権の差押制限の課題

## （一）わが国における給料債権の差押制限

わが国の民事執行法は、ドイツのＺＰＯとは異なり、債務者の給料債権の差押制限については詳細な規定を設けず僅か二箇条を置くのみである。すなわち、民事執行法一五二条一項は、給料債権についてはその支払期に受けるべき給付の四分の三に相当する部分（ただし、月給の場合は四分の三に相当する部分が三三万円を超えるときは三三万円の部分。一五二条一項括弧書き・民執法施行令二条）を差押禁止とし、一五三条は、執行裁判所が、当事者の申立てにより、債務者及び債権者の生活状況その他の事情を考慮して差押禁止範囲を拡張又は減縮できるとだけ規定する。たしかに、これらの規定は、給料債権を原則として一律に四分の一だけ差押可能とし、後に個々の場合に応じた具体的な調整を図るというもので、旧法よりは合理的かつ近代的な規定とされているが、すでに述べたように、この差押禁止制度は給料生活者たる債務者の保護の制度としてはなお不十分であるとの批判もある。

もっとも、民事執行法の立案段階では、すでにより細かな差押禁止規定を設けるべきかについての検討も行われていた。例えば、差押禁止の内容を五段階ぐらいに区分して、何万円までは四分の一、何万円から何万円までは三分の一、何万円を超える分については残額全部を差押可能とするなどの細かなランク分けや[1]、国税徴収法のように生活保護法の生活扶助（生活保護法一二条）の基準額をもとにして差押禁止の最小限度額つまり差押禁止基礎額を定めることも考えられていたが[2]、いずれも新法では採りあげられなかった。その理由としては、細かなランク付けをして、例えば、債務者の家族構成・地域差・収入など多くのものを加味して差押禁止額を決定することは妥当ではあるが、債権者が給料債権を差し押さえようとする場合に、申立ての段階で債務者のそのような資料を取り揃えねばならないことは、逆に迅速な差押えを要する債権差押えの機能を非常に低下させること、(3)また差押禁止基礎額を家族構成の違いに応じて定めることは国税の場合のように自力執行権を有し、かつ広範囲な財産調査権を持たないことから困難であることなどが挙げられていた。(4)そこで民事執行法は、差押えの入口の段階ではなるべく画一的にしておき、しかも中身はできるだけ具体的妥当性、ケース・バイ・ケースで判断するために一五二条及び一五三条という簡潔な規定を設けたのであった。

たしかに、給料生活者である債務者の保護は十分に図られねばならないが、そのために迅速な差押えを必要とする債権執行手続の機能を低下させることはできないのであり、この問題は、執行制度に内在する最大の課題の一つとなっている。民事執行法は、執行手続の合理化のために画一的に法定された差押禁止制度を導入し、各個の具体的事案への妥当な適応のために事後に調整を行うことにしたのであるが、一部の学説からは、(5)通常の債務者に一五三条の申立てを期待することはできず、結局は債務者は本来与えられるべき保護を実際には受けられない危険が大きいとの批判を受けている。たしかに、給料債権の差押えにおいては、債務者の個別的な事情により追加的な差押制限が必要となる場合は必ず存在することから、一五三条のような差押禁止債権の範囲の変更のための規定は必要であり、ドイツ法においてもZPO八五〇条f・gが調整を行っているのであるが、このような調整は本来は特殊例外的な事例についてなされるべきであり、通常の事例で調整が必要になることは、この学説が主張するように債務者の保護の点でかなり問題がある。そこで以下では、一五二条の差押禁止債権の規定をより詳細に、すなわち学説が指摘するように、差押禁止基礎額を設け、また、債権執行手続の機能を損ねることなく、債務者の扶養家族数を差押命令の発令の時点で顧慮することが可能であるかについて検討する。

## （二）給料債権の差押制限の課題

給料債権の差押制限において、ドイツ法のような詳細な規定を設けることは、民事執行法の立案の段階では困難とされたが、その理由については疑問があるように思われる。そこで以下では、差押禁止基礎額の導入の可能性、債務者の扶養家族数に応じた差押禁止限度額の設定可能性、第三債務者による差押禁止部分の特定、さらに差押禁止額の変更について検討する。

### （1）差押禁止基礎額の導入——生活保護法との関係

ドイツにおける労働所得の差押制限は、国家の執行権を基本法に基づいて直接的に制限するものであり、社会国家原則の保護思想を具体化する強制的な公法上の制限であって、社会政策上の規定とされている。わが国では給料債権の差押制限の基本的な意義について十分な議論がなされてはいないが、従来からこの規定は社会政策的配慮に基づき債権の種類・範囲を画して差押えを禁止し、債務者の最低限度の生活の保障を図るものとされており[(6)]、その基礎には憲法二五条の生存権の保障があると考えられる。したがって、わが国においても、ドイツのように、給料債権の差押制限は、同様に国民の最低限の生活を保障する生活保護法と密接に関係するのであり、生活保護法の生活扶助基準額（生活保護法一一条）を基礎とした差押禁止基礎額を設けるべきである。また、これを設けず債務者が生活扶助を受けることになれば、国庫から、すなわち、納税者の費用により私的債務が支払われることになり全く当をえない。たしかに、このことは事後的に差押禁止額の変更によっても回避できるが、差押命令の発令時にすでに差押禁止となっていれば債務者の保護としてもより適当である。

もっとも、このような差押禁止基礎額を設けることが債権執行の機能を著しく低下させてはならないのであり、その規定内容は生活保護法とは当然に異なることになる。すなわち、生活保護基準は、要保護者の年齢別、性別、世帯構成制、所在地域別及びその他保護の種類に応じた必要な事情を各考慮事由として決定されるのであり（生活保護法八条二項）、これは保護給付が要保護者の事情に応じて個別的に算定されるからであるが、差押禁止基礎額を地域別に、あるいは、債務者個人の事情により細かく区分することは、債権者の執行可能性を侵害することになり認められないからである。従って、差押禁止基礎額を生活保護基準と完全に一致させることはできず、ドイツ法のように、税制上の基礎控除額（所得税法八六条）を基準とすることが考えられる。さらに、ZPO八五〇条c第二項ａのような基礎控除額とのスライド制度も考慮すべきであろう。

## （2）債務者の扶養家族数に応じた差押禁止限度額

民事執行法一五二条は、債務者の給料債権の差押禁止について扶養家族数に応じた区分を設けずに一律に原則として四分の三を差押禁止と規定する。これにより、扶養家族数の多い債務者が差押えにより生活が困難となる場合、あるいは、扶養家族数の少ない債務者で差押可能な範囲を拡張する場合には、債務者ないし債権者は一五三条の差押禁止範囲の変更の申立てをしなければならない。この場合に、学説が指摘するように、債務者に適切な申立てをなすことを期待できないならば債務者の保護は図られず、差押禁止制度としては不十分である。そこでドイツ法のように債務者の扶養家族数に応じた差押禁止限度額の設定が考えられ、民事執行法の立案段階でも債務者の家族構成・地域差・収入などの要因から差押禁止限度額を決めることは妥当であるとされていた。たしかに、債務者の扶養家族数に応じた差押禁止限度額を設定すること自体は、生活保護基準が例年四月に改訂・実施されていることから見ても困難であるとは考えられず、先に述べたようにその金額も逐次改正できると思われるが、問題となるのは、債権者が、差し押さえるときに債務者の家族状況を調査し、明らかにしないと差押えができないことにある。これでは債権執行の機能は損なわれることとなり、このような区分は不可能となる。したがって、債務者の家族状況の調査を誰が行い、そして、誰が差押禁止額を特定するのかが大きな問題となる。

### （3）第三債務者による差押禁止部分の特定

債権者が債務者の家族状況の調査を事前に行うことができないとすると、この任務は、ドイツ法のように、より簡単に、そしてより確実に情報を獲得できる第三債務者に委ねることが考えられる。すなわち、第三債務者には、債務者の家族状況や差押禁止額についての具体的な金額が記載されていない差押命令が送達され、第三債務者自らが調査をし、支払わねばならないことになる。したがって、その場合にこのような調査義務が第三債務者に対して要求できない負担となるのか、さらにこれにより債権執行の機能が低下しないのかが問題となる。

債務者の使用者である第三債務者は、従業員である債務者の家族状況については、例えば、税法上の年末調整関係資料や保険関係資料、さらには、給料の一部として配偶者手当や扶養家族手当が支給される場合には、そのような個人関係資料により知ることは可能であり、また、債務者への質問を行うこともできる。たしかに、ドイツ法においてもこの調査義務の範囲は必ずしも明らかではないが、第三債務者に対して要求できないことを負う義務はなく、要求できる可能な範囲で調査し確定すればよいのであって、具体的には前述のように第三債務者の手持ち資料及び債務者への質問を行えば義務は履行されると解される。そして、債務者が情報の提供を拒否し、第三債務者もその他の資料を利用できない場合には、ドイツの学説のように、債務者は独身であり子供がいないものとして処理することも考えられる。また、第三債務者の計算を容易にし、迅速な債権執行をなすためには、ドイツ法のように公式の付表を作成し、差押命令においてこれを引用すればよい。たしかに、差押命令においては、被差押債権の特定が必要とされるが、特定に必要な事項を確知することを中立債権者に期待できない種類の債権については、差押命令において被差押債権の特定基準を具体的に措定することによって間接的に被差押債権を特定することが許されており[7]、いわゆる白地差押命令でも特定性は認められるであろう。このように、第三債務者に債務者の扶養家族数を調査させて差押禁止限度額を算定させることは要求できるものであり、また、これにより迅速な債権執行について特に大きな障害は発生しないと思われる。

## （4）差押禁止額の変更

債務者の給料債権の差押制限をこのようにより詳細に規定するとしても、債務者あるいは債権者の個別的な事情により新たな差押制限が必要となる場合はあり、また、扶養家族の変動があった場合にも[8]、当初の差押命令の変更が必要となる。債務者及び債権者の個別的な事情としては、債務者の病気や職業上の理由に基づく出費、例えば、高額な通勤費や被服費、あるいは債権者が扶養料請求権者であること、または故意にされた不法行為に基づく債権者であることなどが挙げられ、さらに、斟酌される扶養家族が固有の所得を有する場合にも変更は認められることになろう。このような事情による差押禁止額の変更については、ドイツ法のように、民事執行法一五三条による申立てを必要とすべきであろう。

このように、わが国の給料債権の差押制限は、現在では債務者の保護を十分に図っているとはいえず、差押禁止基礎額の設定、債務者の扶養家族数に応じた差押制限を行うべきであり、それにより債権執行の機能が損なわれることにはならないと思われる。

(1)『民事執行セミナー』二八〇頁〔浦野発言〕。
(2)『民事執行セミナー』二八〇頁〔宇佐見発言〕。
(3)『民事執行セミナー』二八〇頁〔浦野発言〕。
(4)『民事執行セミナー』二八〇頁〔宇佐見発言〕。
(5)竹下「民事執行法の成立と将来の課題」三三頁。
(6)宮脇幸彦『強制執行法（各論）』一〇一頁、中野・前掲六五五頁、鈴木＝三ケ月編・前掲四九〇頁〔五十部豊久〕。
(7)中野・前掲六六九頁。
(8)白地差押命令の場合には、第三債務者は債務者の扶養家族の人数に変更があったことを知ったならば、それに従った新たな計算を行えばよい。

## 第四節　おわりに

債務者の給料債権の差押えをどのような限度で禁止し、どのような限度で許容するのかは消費者信用の発達した先進自由主義諸国の執行制度にとって最も重要な現代的課題であり(1)、権利の実現を求める債権者と生活の維持を要求する債務者との間の相対立する利益の調整は容易なことではない。わが国の民事執行法上の差押制限規定も、たしかに旧法よりは合理的で近代的であり、迅速な差押えを必要とする債権執行手続の機能を損なうことはないと思われるが、その反面、給料生活者である債務者の保護の制度としてはなお不十分であり、改善が必要である。ドイツをはじめ諸外国の立法例や法改正例を参考にして、わが国においても早急に立法の整備をすべき時期に来ていると言えよう。

---

（1）　竹下『民事執行法の論点』二二四頁。

# 第五章　預金債権の差押制限

## ＺＰＯ八五〇条ｋを手がかりとして

### 第一節　はじめに

民事執行法一五二条は、社会政策的配慮に基づき、債務者の最低生活の保障を図るため、差押禁止債権を規定する。すなわち、給料等の継続的給与債権、退職手当債権及び給与以外の継続的必須収入債権は、一定の範囲で差し押さえることができない。そして、この差押えの禁止は、とりわけ、給料債権が、近年の消費者信用の急速な膨張の中で唯一の責任財産となっていることから、そこに機能すべき意義と比重を増大させている(1)。

ところで、近年では、現金によらない支払取引の普及により、給料は、多くの場合、給料生活者の預金口座に振り込まれる。これにより、給料債権じたいは消滅し、新たに金融機関に対する預金の払戻請求権が発生するので、債権の法的性質を形式的に考える限りでは、この預金債権には元の債権の差押禁止は及ばない。しかし、差押禁止規定の目的は、債務者の生活維持にあり、その者への給料等の支払の保障ではないので(2)、振込により目的が達成されたわけではなく、差押禁止の保護利益を確保する必要がある。そのために、学説及び判例は、差押禁止債権の範囲の変更に関する民事執行法一五三条の規定に基づき、債務者は、預金が給料の振込によって生じたことを証明して、差押禁止額に対応する限度で預金債権に対する差押命令の一部取消を求めることができると主張する。(3) 本条は、画一的に法定された差押禁止債権の範囲を、各個の具体的事案に適応させるために裁判による変更の余地を認めたものであるから、(4) 給料債権じたいについて差押えの範囲を変更するだけでなく、預金債権についても変更されうることに異論は見られない。しかし、学説の中には、債務者の変更申立てをまって変更決定がなされるのはいかにも迂遠であり、銀行等により差押債権者に払渡しがなされてしまうと差押禁止規定の意図する債務者保護の趣旨が実現されない危険があることから、立法上の手当が必要であるとする指摘があり、(5) また、一部取消の範囲についての問題、さらには、振り込まれた給料をいったん引き出して再び積んだ場合や複数の給与所得がある場合、また、給料の一部が現金で支払われる場合の取扱いについての問題等もある。そこで以下では、預金債権の差押制限について、一九七八年に立法による解決を図ったドイツ民事訴訟法（Zivilprozessordnung 以下ではＺＰＯと略す）八五〇条ｋを手がかりとして、わが国における預金債権の差押制限についての問題を考察してゆくことにする。

---

（1）　中野貞一郎『民事執行法』〔増補新訂六版〕六五五頁参照。

（2）　フェンゲ（Fenge, Die Pfändbarkeit von Renten der Sozialversicherung und Kriegsopferversorgung nach ihrer Überweisung auf Bankkonten, BB 1969, 634.）は、社会保険及び戦争犠牲者援護による定期金給付請求権の差押禁止に関して（ライヒ保険法 Reichsversicherungsordnung 一一九条一項・連邦援護法 Bundesversorgungsgesetz 六七条）、差押禁止規定の目的は、債務者への金銭の支払の確保であり、現金による、あるいは、銀行口座への振込による支払によりその保護目的は達成され、その後は、もはやこの規定は適用されることはできないと主張した。現在では、社会法典（Sozialgesetzbuch）第一編五五条により保護が与えられる。

（3）　鈴木忠一＝三ケ月章編『注解民事執行法（4）』五三八頁〔五十部豊久〕、三ケ月章＝中野貞一郎＝竹下守夫編『新版

民事訴訟法演習2』二六九頁〔上原敏夫〕、竹下守夫『民事執行法の論点』（一九八五年）二二九頁、ジュリスト増刊『民事執行セミナー』二八六頁〔浦野雄幸発言〕、東京高決平成二年一月二二日金法一二五七号四〇頁。

（4）　中野・前掲六五九頁参照。

（5）　鈴木＝三ケ月編・前掲五一三頁〔五十部〕。

## 第二節　ドイツにおける預金債権の差押制限

ドイツにおいても、現金によらない支払取引の増加により、給料は金融機関に振り込まれるようになり、法の予定しなかった預金債権に対する差押制限の問題が発生した。すなわち、これは、給料債権に対する差押制限を預金債権にも及ぼそうとするものであり、すでに述べたように、給料債権の差押制限に与えられる保護利益の確保を目的とするものである。そこで以下では、最初に、この預金債権の保護の基礎をなす給料債権の差押制限について概観したうえで、立法制定にまで至った預金債権の差押制限の議論を見てゆくことにする。

### （一）給料債権の差押制限

給料債権の差押制限については、ドイツでは古くから規定を設けて債務者の保護を図ってきた。すなわち、すでに一七九三年のプロイセン諸国家の一般裁判所法（ＡＧＯ）は、公務員の俸給及び恩給の差押えを、原則として半額に制限していた。(1) もっとも、プロイセンでは、このような保護は、当初は国王の奉仕者である国家の役人のためにだけ与えられ、そこでは、国家秩序及び公共の利益が前面に現れ、債務者個人の人格の保護は考慮されていなかった。(2) その後、保護を受ける人的範囲は拡大され、保護の理由においても社会政策上の考慮がなされ、一八六九年の労賃又は賃金の差押えに関する法律（Gesetz, betreffend die Beschlagnahme des Arbeits- oder Dienstlohnes）では、私的職務に継続して従事する債務者は、自ら及びその家族の扶養のために必要な労働所得の差押えを免れるとの原則が採り入れられた。(3) しかし、公法上の給与及び扶助料と私法上の労働賃金及び俸給との差押制限の統一は、一八七七年のドイツ民事訴訟法（Civilprozessordnung）によっても、私的職務に就く者の差押制限は人道主義的考慮によるが、公務員の場合には職務行使についての公の利益が存在する、(4) との理由から行われなかった。(5) 公務員の特権が除去され、差押制限の単一化が図られたのは、一九四〇年の賃金差押令（Lohnpfändungsverordnung）以降である。(6) また、ドイツでは、当初から、一定の金額までは絶対的に差押禁止となる最小限度額が設けられ、(7) その額は社会経済状態に応じて逐次改正されており、さらに、債務者の扶養家族数に応じた差押制限も第一次大戦中の強制執行緊急法（Zwangsvollstreckungsnotrecht）で導入され、(8) 今日に至っている。

現行のドイツ民事訴訟法（ＺＰＯ）は、給料債権の差押制限について八五〇条以下に詳細な規定を置く。すなわち、現在ないし過去の職務関係又は労務関係から金銭で支払われる報酬で、八五〇条以下の差押制限に服するものを労働所得（Arbeitseinkommen）として、回帰的な労働所得は八五〇条から八五〇条ｈまでの規定による差押制限を、一回的な労働所得は八五〇条ｉによる差押制限を受ける。これにより、回帰的に支払われる給料は、債務者の扶養家族数に応じて一定の金額までは差押えが禁止され（ＺＰＯ八五〇条ｃ第一項）、その額を超える分についても同じく扶養家族数に応じて差押えが制限される（ＺＰＯ八五〇条ｃ第二項）。そして、労働所得の支給形態（月給・週給・日給）ごとに、扶養家族数に応じた差押可能額が支給額ごとに一覧表で詳細に示されており、差押命令においてはこの付表の引用で足りる（ZPO八五〇条c第三項二文）。もっとも、債務者自身の特別な必要、あるいは債務者が特別に広範囲な法律上の扶養義務を負うために、[9] ZPO八五〇条cが予定する平均的な事例に当てはまらない場合には、債務者は、申立てにより差押制限の範囲の拡張を求めることができるし（ZPO八五〇条f）、また、差押命令発令後に、差押禁止部分の量定の前提となる事項に変更が生じたならば、[10] 申立てにより差押命令はこれに応じて変更される（ZPO八五〇条g）。

このように、ドイツにおける給料債権の差押制限は、長い歴史を通して発展しており、[11] 現行法では、差押命令が発せられる段階で、すでに給料生活者である債務者の具体的事情を考慮することから、この制度は執行債務者の保護を十分に配慮するものであると言える。[12]

また、このような差押制限について、一部の学説は、これは、ドイツ基本法（Grund-gesetz 以下ではGGと略す）一条による執行債務者の人間の尊厳の保護のために、執行債権者の権利行使を制限するものであると主張するが、[13] 一般には、国家の執行権を、GG二〇条及び二八条による社会国家原則（Sozialstaatsprinzip）並びにその他の基本権に基づいて直接的に制限するものと考えられている。[14] この社会国家原則の内容は必ずしも明確ではないが、連邦憲法裁判所の判例によれば、社会国家原則は、社会的に対立する利益の調整を行うことで公正な社会秩序の維持を図る国家の義務を根拠づけ、執行保護規律の形成に際して立法者に幅広い余地を与え、[15] そして、この形成の余地は、相当性の原則（Grundsatz der Verhältnismäßigkeit）により限界づけられ、基本権により保護される債務者の所有権への侵害はこの原則に相応しなければならないとされる。[16] 学説の中には判例に賛成するものもあるが、[17] 強制執行においては債権者の基本権の保護は債務者のそれに優先するので、債務者の最低限の生活の確保のために、債権者の権利が制限されるにすぎず、相当性の原則を引用することはできないとする見解も主張されている。[18]

## (二) ＺＰＯ八五〇条ｋ制定以前の預金債権の差押制限

ドイツにおける給料債権の差押制限は、このように、基本法に基づく社会国家原則の保護思想を具体化するものであり、給料生活者である執行債務者の保護を十分に配慮するものであるが、ドイツでは、この給料債権の差押制限を基礎として、預金債権についても差押制限を認めることができるかについては、以前から見解が別れていた。差押制限が認められるとする見解は、ＺＰＯ八一一条八号が、給料等の継続的収入について差押えから次期の支払日までの期間に対する収入で、差押えに服しない部分に相当する金額を差押禁止とすることから、これを預金債権の差押えについても準用しようとした。すでに一九二九年のベルリン上級地裁の決定では、銀行に振り込まれた公務員の退職金は、直接現金で支払われた場合と同様な差押制限を受けるとされ[19]、一九三三年にはハンブルク上級地裁も、給与又は退職金の銀行口座への振込はその支払であり、銀行に対する債権は現金として扱われるので、八一一条八号は当然に準用されると述べた[20]。さらに、翌年のベルリン地裁の決定も、郵便小切手口座（Postscheckkonto）に振り込まれた公務員の扶助料について、法律上は郵便小切手局（Postscheckamt）に対する払戻請求権と国家に対する請求権とは異なるが、経済上は同じ価値を有するので、この規定は準用されると指摘した[21]。学説においても、ヨナス（Jonas）は、経済的に見れば、保護される金額を現金で所持することと銀行預金の形で持っていることとは全く同じであり、八一一条八号の準用により、債務者は、異議の方法で差押制限を求めることができると主張した[22]。

預金債権の差押制限を認めるこのような見解に対して、しかしながら、すでにその当時、いくつかの判例は反対していた。一九三一年にベルリン上級地裁は、ライヒ扶助法により差押えが禁止される扶助料が、郵便小切手口座に振り込まれて法律上別の債権となったならば、両者が経済上同じ性質を有するからといって、例外規定である差押禁止規定を拡大して適用することは許されないとの決定を行い[23]、キール上級地裁も、一九三三年の決定において、八一一条八号の規定だけでなく、食料等の二週間分の供給に必要な金額の差押えを禁止する八一一条二号の規定も、物の差押えに関する規定であり、適用できないとしたうえで、銀行預金の差押えが禁止されれば、民法（Brügerliches Gesetzbuch　以下ではＢＧＢと略す）三九四条により相殺が禁止されるので、交互計算取引及びその約定ができなくなり、また、口座に多数の入金がある場合に、それぞれの法律原因ごとにその残高を別々に取り扱わねばならず、これは銀行及び貯蓄銀行（Sparkasse）の取引業務の原則に反することになると述べた。(24) 一九三四年のアルトナ地裁の決定もこれに従う。(25)

そして、このような見解の対立は、戦後になってもさらに続いた。ＺＰＯ八一一条八号の準用を認める判例及び学説は、(26) 今日の現金によらない支払取引の普及により、支払事務の簡略化のために、使用者等の給付主体から銀行口座あるいは貯蓄銀行口座の開設が勧められており、差押制限において預金が現金と同様に扱われないのであれば、立法者により採り入れられた債務者保護は全く機能しないことになると主張し、(27) さらに、準用が認められても、多くの銀行は、給料又は定期金だけが毎回振り込まれる特別な給与口座及び定期金口座を設けており、振込証明書により、差押時に残高が、八一一条八号により算定される差押禁止限度額を上回るか否かを確定することは可能であるし、場合によっては、その限度額の算定の際に債務者に家族状況を照会することもできるので、第三債務者たる銀行に特別な負担をかけることはないと述べた。(28) また、その差押限度額の計算の際には、銀行は、債務者は現金を全く所持していないと考えればよく、これにより、債務者は十分な保護を受けることができるし、起こり得る債務者の過剰な保護に対しては、債権者が債務者の労働所得をすでに使用者の下で差し押さえて、債務者の口座へのその振込を阻止すればよく、さらに、このことは、執行官による物の差押えにおいて、債務者に八一一条八号により現金が保留されても、債務者は、なおも差し押えられていない債権を取り立てて、八一一条八号を上回る所得を得ることができることからも認められると主張した。(29) そして、従来から批判されていた差押禁止債権の譲渡及び相殺の禁止については、ＢＧＢ四〇〇条について、連邦通常裁判所（Bundesgerichtshof　以下ではＢＧＨと略す）が、(30) 差押禁止債権であっても、譲受人が差押禁止債権額を前払いした場合には常に譲渡することができると判示したことから、銀行は、期待される給与の振込に基づき前払いをした場合には、口座所有者の払戻請求権と超過引出しにより生じる債権とを相殺することができると述べた[31]。

これに対して、準用に反対する判例及び学説は[32]、三〇年代の判例を引用して、債務者の銀行口座への振込により法律上は別の債権が発生し、労働所得に対する差押制限及び物の差押えに関するZPO八一一条八号の規定を適用することはできず、また、差押禁止債権は、譲渡及び相殺が禁止されることを挙げた[33]。そして、この見解は、差押えを免れる金額は、現金さらには口座預金として二重に債務者に保留されるべきではないので、その金額の算定の際には、現金と預金とを合算しなければならず、これは銀行にとって極めて困難であり、また、ZPOの個別執行の制度にも反すると主張した[34]。また、準用を認める立場では債務者は現金を全く所持していないことを前提とするが、これは現実の生活では考えられず、債務者の利益を債権者の犠牲のうえに一方的に優遇するものであると批判した[35]。そして、専ら給与又は定期金の振込により記帳がなされる口座だけは保護されるとの見解に対しては、八一一条八号は現在の現金がいかなる原因に基づくものかを全く問題としないので、この規定を準用しようとするならば、同様に、振込の原因は無視されるはずであると述べた[36]。

このように、ドイツでは、預金債権に対しても差押制限を認めることが可能であるかについて、従来から見解が対立しており、とりわけ判例の態度は明確ではなかった。その大きな原因は、債務者の口座に給与振込以外の入金がある場合、あるいは、債務者の所持する現金を合算する場合に、銀行等の金融機関は、差押えを禁止される金額を算定することが極めて困難であるということ、また、そもそも金融機関は、債務者の使用者ではないので、債務者の給料及び家族状況についての情報を直接持っていないことにあった。したがって、これらの問題が解決され預金債権に対する差押制限が認められるためには、新たな規定を設けることが必要であった。

## (三)　ZPO八五〇条kの制定

このような状況において、預金債権に対する差押制限は、差押制限が認められないことにより給料の口座振込が困難となる使用者により、さらには、顧客の保護を必要とする金融機関により強く要求された[37]。そして、ドイツ連邦議会は、ついに、一九七二年三月一日の「差押免除限度の変更に関する第三法律」の審議においてこの要求を取り上げ[38]、当時すでに預金債権の差押制限を規定していた社会法上の諸規定を範として、差押制限規定を決定した[39]。しかし、この規定は、給料の振込により発生する債権の差押えをその記帳後七日間禁止するものであったので[40]、債務者の利益が債権者の犠牲により一方的に保護されるとの連邦参議院の異議により、法律には至らなかった。そこで連邦議会は、連邦政府に対して早急に新たな規定を提案するように要請し、これに応えて、連邦政府は、一九七七年の「差押免除限度の変更に関する第四法律」の草案において預金に対する差押制限の規定を提案し、この案は、僅かな変更の後に[41]、翌年の第四法律によりZPO八五〇条kとして施行された[42]。

**ZPO八五〇条k［銀行預金に対する差押制限］**

①　八五〇条ないし八五〇条bで挙げられた種類の回帰的な収入が金融機関の債務者の口座に振り込まれる場合には、預金の差押えは、債務者の申立てにより、預金が、差押えから次期の支払期日までの間、差押えに服しない所得部分に相当する限度で執行裁判所により取り消される。

②　執行裁判所は、預金の差押えを、債務者がその必要的扶養を支出するため及び債権者に優先する権利者に対する当期の法律上の扶養義務の履行のために又は債権者と同順位の権利者の平等の満足のために次期の支払期日までに緊急に必要とする分について先に取り消す。

先に免れる預金の部分は、一項により債務者に保留が見込まれる額を超えてはならない。
債務者は、八五〇条ないし八五〇条bで挙げられた種類の回帰的な収入が口座に振り込まれたこと及び一文の諸要件が存在することを疎明しなければならない。
債権者の審尋は、それによる延期が債務者に要求されない場合には行われない。
③　その他、執行裁判所は七三二条二項に挙げられる処分を発する権限を有する。

また、八五〇条k第一項による申立てを行う時間的余裕を債務者に与えるために、同時に、八三五条三項に二文が追加された。

**ＺＰＯ八三五条三項二文**

自然人である債務者が金融機関に持っている預金が差し押さえられて債権者に移付された場合には、移付命令が第三債務者へ送達された後二週間を経過した後でなければ、その預金から債権者に給付し、あるいは、その額を供託することはできない。

このように、新しく制定された八五〇条k及び八三五条三項二文は、現行のドイツ社会法典（Sozialgesetzbuch 以下ではＳＧＢと略す）第一編五五条が規定する七日間の差押禁止を導入せず[43]、ＺＰＯ八一一条八号及び八五一条b第一項を範とする。それというのも、この七日間の保護は、労働所得に比べてきわめて限定された要件の下で差押えが認められるにすぎない社会給付請求権に特有のものであって、労働所得に対しては適切ではないと考えられたからであった[44]。

## （四）ＺＰＯ八五〇条ｋによる預金債権の差押制限

八五〇条ｋにより、預金債権の差押制限は、債務者の申立てにより、執行裁判所により行われ、第三債務者である金融機関が差押禁止限度額を調査して確定する必要はなくなった。すなわち、銀行は、特別な給与口座を開設し、あるいは、口座に給料だけが振り込まれ、借方残高（Aktivsaldo）がもっぱら給料支払による記帳に基づくか否かを即時に確定し、管理することはきわめて困難であり、また、差押禁止限度額の算定に際して、そのために必要な資料を使用者とは異なり自由に使用することはできないことから、執行裁判所にその判断が委ねられたのである。(45)これにより、執行裁判所は、金融機関における債務者の口座への労働所得（八五〇条ないし八五〇条ｂ）の振込の有無を調査し、(46)そして、労働所得の差押制限についての諸規定（八五〇条以下）に基づいて、差押えから次期の支払期日までの所得の差押えに服しない部分にあたる金額を算定し、その金額を差押不可能であると宣言しなければならない。その際に、裁判所は、差押えの時点における口座の借方残高が、労働所得の振込により発生しているか否かを調査する必要はない。それというのも、理由書によれば、(47)債務者の預金は、八一一条八号による現金と同様に、預金がいかなる振込に基づくのかを考慮することなしに差押制限を受けるとされるからである。また、八一一条八号と八五〇条ｋとによる重畳的な差押制限を回避するために、差押禁止限度額の算定の際に債務者の所持する現金又はその他の預金を斟酌することも、立法の準備段階では考慮されたが、この判断は、裁判所に著しい困難をもたらすものであり、また、債務者は容易に自己に有利な操作を行うことができることから、立法には至らなかった。(48)

このように、八五〇条ｋは、それまでの八一一条八号の準用の際に生じた問題を考慮に入れたうえで、預金債権の差押制限を規定するものであり、このような規定を持たないわが国にとって参考となる。そこで以下では、八五〇条ｋによる預金債権の差押制限の要件、保護の範囲、手続及び裁判、二項による予行保護について概説する。

## （１）差押制限の要件

**（ａ）金融機関の債務者の口座に、[49]八五〇条ないし八五〇条ｂの意味の回帰的収入が振り込まれるか、あるいは、その他の方法で、[50]直接口座にもたらされること**

金融機関は、銀行、貯蓄銀行（Sparkasse）、郵便ジーロ局（Postgiroamt）及び郵便貯蓄局（Postsparkassenamt）であり、債務者の口座には、ジーロ口座（Girokonto）及び郵便ジーロ口座（Postgirokonto）などがある。[51]口座は、前述のように、特別な給与口座である必要はなく、当期の支払期間内に回帰的な給付が現実に入金されるならば、差押えの効力発生時における預金の発生原因は問題とはならない。したがって、債務者が、預金差押えの効力の発生前に、すでに差押えを免れる部分の金額を引き出したとしても、本条による差押制限を受ける。[52]また、回帰的な収入に含まれない一回的収入は、本条ではなくＺＰＯ七六五条ａにより保護を受ける。[53]

**（ｂ）債務者の口座預金が、第三債務者たる金融機関への差押命令の送達により差し押さえられること**

執行裁判所は、差し押さえられる預金が八五〇条ないし八五〇条ｂの回帰的な収入の振込によることを知っている場合にも、差押えを命じなければならない。

**（ｃ）債務者の申立て**

八五〇条ｋによる差押制限は、執行裁判所に対する債務者の申立てにより与えられる。債務者の扶養家族及び第三債務者に申立権はない。申立ては、特定の数額を示して行われることもできるが、一項の範囲での預金差押えの一般的な取消しを求めることでよい。[54]申立てに時間的な制約はないが、預金が、取立命令あるいは転付命令に基づきすでに取り立てられ、金融機関により債権者に支払われていないことが必要である。[55] また、債務者は、金融機関に対して、これらの要件を証明して預金の一部を自由に処分することはできない。[56]

## (2) 口座預金の保護範囲

預金の差押えは、預金が、差押えから次期の支払期日までの間、差押えに服しない所得部分に相当する限度で取り消される。すなわち、まず初めに、八五〇条e第一号により債務者の純所得（Nettoeinkommen）が特定され、次に、振り込まれた所得を債権者が債務者の使用者の下で差し押さえたならば、支払期間につき債務者に保留されるであろう金額が確定される。つまり、通常の債権者による差押えであれば八五〇条cにより、扶養債権者（八五〇条d）又はその他の特権債権者（八五〇条f第二項）による差押えの場合には八五〇条d又は八五〇条fにより確定され、事情によっては、金額の引上げ（八五〇条f第一項）あるいは引下げ（八五〇条c第四項）も行われる。また、八五〇条a及び八五〇条bにより差し押さえることができないすべての回帰的な給与はこの金額に算入される。[57] このようにして確定された金額を基礎として、支払期間全体に対する次期の支払期日までの期間の時間的な割合に相当する金額が、差押えの一部取消により債務者に保留される。

また、すでに同一のあるいは別の債権者により、債務者の労働所得自体が差し押さえられ又は譲渡されており、[58] 当初から差押禁止部分だけが口座に振り込まれる場合には、預金差押えの効力発生から次期の支払期日までの期間に相当する限度で差押えが取り消される。[59]

さらに、債務者の労働所得の一部だけが口座に振り込まれ、残りは現金であるいは別の口座に振り込まれていることが債務者又は債権者の審尋から判明した場合には、すべての所得が職権により又は債権者の申立てにより合算され（八五〇条e第二号の準用）、それに基づいて算定された債務者に保留される部分に、その口座に振り込まれないことで差し押さえられていない所得が算入される。(60) もっとも、債務者が、その現金あるいは別の口座の預金も差し押さえられたことを証明するならば、八一一条八号又は八五〇条kにより債務者に保留された金額が現在の口座差押えにおいて計算される保留金額に算入される。(61) また、口座預金が多数の労働所得からなる場合(62)、あるいは、多数の労働所得が別個の口座に振り込まれ、一つの口座預金だけが差し押さえられた場合にも、合算による同様な処理が行われる。(63)

ところで、口座預金の保護は、預金の差押えの効力が将来の入金により生じる預金に及ぶ場合に、その拡張を必要とする。すなわち、債務者のジーロ口座は交互計算に組み入れられているので、現在の残高債権の差押え（送達残高 Zustellungssaldo）と併せて、交互計算期間終了の際に生じる残高債権の差押え、つまり、将来の預金の差押えを行うことが可能であり(64)、さらに、債務者は、ジーロ契約（Girovertrag）に基づき、計算期間中に生じる残高、いわゆる日々の残高（Tagssaldo）の継続的払戻を求める請求権を有することから、この差押えも可能とされ、通常同時に行われている。(65) また、郵便ジーロ口座においても、将来の記帳により生じる預金の差押えが認められている。(66) そこで、このような将来の預金の差押えにおいてもその保護が必要となるが、学説及び判例は、八五〇条kの規定の目的から、この預金に対しても差押制限を求めることはできると主張する。(67) そして、この取消しの申立ては、八五〇条k第一項の文言に従い各支払期間について新たに行われる必要はなく、現在の支払期間における所得が将来においても期待され、少なくとも、より少額にならないことが予測されるのであれば、差押えの後にすぐに行うことができるとされる。(68) それというのも、この規定は、債務者の労働所得の振込による預金の差押えを労働所得自体の差押えと全く同様に制限しようとするものであり、また、同じ申立てを短い期間で何度も繰り返すことは債務者及び執行裁判所にとって負担となるからである。(69) そして、この申立ては、債務者の労働所得自体がすでに差し押さえられており、差押禁止部分だけが口座に振り込まれる場合であっても、将来の預金の保護のためになされることができる。(70)

ところで、日々の預金の払戻請求権が差し押さえられると、銀行は債務者に現金による支払及び第三者への振込委託（Überweisungsauftrag）を行ってはならず、また、現在あるいは将来の入金との充当計算のために新たに当座貸越（Kontokorrentkredit）又は当座過振り（Überziehungskredit）を供与することもできなくなるので、[71]債務者の口座が貸越残高（Debetsaldo）であり、そこに労働所得が振り込まれる場合、とりわけ、その記帳後も貸越残高を示す場合には、債務者は払戻や貸付を受けることができなくなる。この場合に、八五〇条k一項の意味の預金は存在しないと考えて取消しの申立てが拒絶されるのであれば、債務者は執行保護を受けることができず、労働所得自体の差押えと比べて著しい不利益を被るばかりか、通常の所得を得ていることから社会扶助も受けることはできない。そこで一部の学説は、八五〇条k第一項の預金は貸越残高の口座への入金記帳の場合にも存在するとして、本条による取消しの申立て、すなわち、移付後に債権者による取立を可能にする差押えだけではない債務者の処分を排除する差押えの取消を求めることができると主張する。[72]

## (3) 手続及び裁判

債務者は、差押えの取消を求める申立てを行わなければならない。ZPO八三五条三項二文は、そのための期間を確保するために、預金の差押後二週間を経過してからでないと給付又は供託ができないと規定する。もっとも、この規定による二週間の停止は、自然人の持つすべての預金について認められるので、八五〇条kの意味の回帰的な収入が振り込まれる口座預金に限定されることはない。これは、立法の過誤ではなく、[73]金融機関に労働所得が振り込まれる口座を特別に扱うことを要求できないことによる。[74]

債務者は、差押制限の諸要件を説明し、必要な場合には振込証明書の提出等により立証しなければならない。すなわち、支払期間内の回帰的な収入の金額、支払期日、扶養権利者の数、そして、扶養債権者による差押えの場合には、債務者自身の必要及びその他の扶養権者の必要のために要する金額の算定のための事実（八五〇条d第一項二文）等である。[75]

申立てについては、執行裁判所（司法補助官 Rechtspfleger）が[76]、債権者を審尋した後に決定により裁判する[77]。決定により預金の差押えを取り消す場合には、その金額を明示しなければならない。すなわち、金融機関にこの金額の計算を任せられないので、八五〇条c三項二文の付表を引用することはできない[78]。決定は、債権者、債務者及び第三債務者に送達され、これにより預金差押えの取消しは即時に有効となり、その限りで債権者の差押質権は消滅する。それゆえ、取消裁判の効力をその確定に至るまで停止する旨決定の中で命じるべきであるとされる[79]。また、八五〇条kの申立ては、執行停止の効力を有しないので、二週間の期間内に裁判を行うことができないときには、裁判所は、ZPO七三二条二項によりこの期間をさらに延長することができる（八五〇条k第三項）。

## （4）二項による予行保護

裁判所は、八五〇条k第一項による申立てを即時に裁判することはできないので、その間の債務者及びその家族の生活の必要を確保するために、二項により差押えを予め取り消すことができる。これにより取り消される部分は、次期の支払期日までに必要とする分であり、これは一項により保留が見込まれる金額を超えてはならない。もっとも、二項は、その算定に八五〇条dの必要的扶養の概念を用いているので、扶養債権者による差押えの場合には、一項による終局裁判と同じ結果となり、終局裁判は形骸化し、債権者は審尋なしに最終的な裁判を受けることになるが、学説は、この場合にも債権者は取り消された分を争うことができるし、債務者も将来の預金差押えの取消しを求めることができるので、終局裁判が予行取消しの確認及び執行保護手続の終了宣言にすぎないとしても、これを排除することはないと主張する[80]。

予行裁判は、一項による保護手続の開始があれば、同じ目的の裁判であり、そのための特別な申立てを必要とはしない[81]。裁判所は、債務者が、一項の諸要件及び二項一文の要件、すなわち必要的扶養の支出のために要する金額並びに一項による裁判に至るまでその他の資産を利用できないことの疎明を行うならば[82]、債権者を審尋したうえで決定により差押えを一部取り消す。但し、債権者の審尋は、それによる延期が債務者に要求されない場合、例えば、電話による審尋がすぐには可能でない場合には行われない[83]。決定は、債権者、債務者及び第三債務者に送達され、即時に効力を発する。一項の決定とは異なり、債務者の必要をすぐに確保させるため、ここでは確定に至るまでの効力の停止は問題にはならない[84]。

## （五）二〇〇九年口座差押制限改正法による改正

### （1）ZPO八五〇条kによる差押制限

ZPO八五〇条kは、二〇〇九年七月七日の「口座の差押制限の改正についての法律」により全面的に改正され[85]、二〇一〇年七月一日から新たに差押制限口座（Pfändungsschutzkonto）の規定として施行されている[86]。

この規定の特徴は、まず第一に、債務者は新たに開設した「差押制限口座」の預金については、その扶養義務に応じた差押禁止額の全額について差押えを免れること、次に、この差押禁止額については、第三債務者である金融機関により計算され、差押えを制限するために執行裁判所の裁判を必要としないこと（自動的差押制限）、さらに、この口座に入金される金員が労働所得によるものか、あるいはその他の収入源によるものかも問題にならないことにある[87]。

このような改正が行われたのは、立法理由書によれば[88]、近年増加しているジーロ口座預金の差押えにより、金融機関がジーロ口座関係の解約を行うことで、債務者は、現代の経済生活において重要な支払方法であるカード払いのような現金を用いない支払ができなくなり、これは債務者を侵害するだけでなく、社会全体にとっても負担となること、また特定の場合に銀行口座の所有者に与えられる差押制限は、収入がどのような種類のものであるかにより異なっており、適切ではないこと、さらに差押制限を得るための執行裁判所における手続には費用がかかり、またこれにより債務者は常に適時に保護されていないことにある。そこで改正法は、現行の口座差押制限規定を改革し、債務者の生活を確保するために用いられる収入がいわゆる差押制限口座に入金されるならば、債務者は、労働所得に対する差押禁止限度の範囲内で、日常生活における取引行為である賃料や水道料金の支払を差押えがあっても行うことができるようにすること（ジーロ口座の機能維持）、さらに自営業者など雇用関係にない者も、そのあらゆる種類の収入に対して、労働所得の差押えについて規定される範囲内で差押制限を受けることを図った。(89)

### (a)「自動的」差押制限（一項及び二項）

新しい差押制限の基本的な考えは、「差押制限口座」において、労働所得及びその他の所得の差押えに対して適用される一月分の差押禁止基礎額（ZPO八五〇条c第一項）を自動的に、つまり債務者の特別な申立てを必要とすることなく、暦月の間、債務者に与えることにある。(90)

債務者が差押制限口座の所有者であり、この口座の預金が差し押さえられたときは、ZPO八五〇条c第一項一文による月額の差押禁止基礎額（九八五・一五ユーロ）は、債務者が自由に使うことができる（八五〇条k第一項一文）。この金額は差押えには含まれず、預金が定期的な収入源によるものか、あるいは一回的なそれによるかは問題ではない。(91) 差押禁止基礎額は、実務をより簡素にすべきとの理由から、差押命令及び移付命令が暦月のいつ送達されたかにかかわらず、その暦月の間、全額が債務者に与えられる。(92) 差押えが将来の預金にも拡張するならば（ZPO八三三条a）、翌月以降においても差押禁止基礎額は与えられる。(93) なお、債務者が差押えが行われた月内に差押禁止基礎額を使い切らなかったときは、その分は翌月に持ち越され、これは差押えには含まれないが（八五〇条k第一項二文）、債務者がこの分を翌月にも使い切らなかったときは、債権者が利用することになる。[94]

債務者が差押制限口座を所有していないが、自らの口座預金が差し押さえられたときには、第三債務者への移付命令の送達後四週間以内であれば、ジーロ口座を差押制限口座に切り替えて、本条一項の効果を得ることができる（八五〇条k第一項三文）。

差押禁止基礎額は二項により自動的に増額され、三項及び四項により執行裁判所は差押禁止額を定めることができる。

債務者が実際に履行する法律上の扶養義務は、ZPO八五〇条c第一項二文に基づいて、差押禁止基礎額の増額をもたらす（八五〇条k第二項一文一号a）。なお、差押禁止基礎額を超える額でも、その一部分だけ差し押さえることができるとする八五〇条k第二項一文一号aは適用されないことから、この超過分の差押可能性の制限を考慮する八五〇条cの付表は利用されることはできない。[95]また、債務者が、第三者、すなわち社会法典（SGB）第二編七条三項の意味での共同生活をしている者、あるいはSGB第一二編一九条・二〇条・三六条一文または四三条での意味の共同生活をしている者を法律によることなく扶養することが義務づけられ、そしてこれらの者のために相応な給付を受け取る場合にも、差押禁止基礎額の増額がもたらされる（八五〇条k第二項一文一号b）。同様に、SGB第一編五四条二項の意味の一時的社会給付及びSGB第一編五四条三項三号の意味の金銭給付が振り込まれることによっても差押禁止基礎額の増額がもたらされる（八五〇条k第二項一文二号）。さらに、育児手当（Kindergeld）または子のためのその他の金銭給付は、子の扶養請求権によりこれが差押えられない限りで、その全額分につき一項の差押禁止基礎額の増加がもたらされる（八五〇条k第二項一文三号）。

もっとも、口座を開設している金融機関は、通常は債務者の親族関係や生活状況について正確な知識をもっていないことから、債務者はそれについて証明しなければならず、これにより、これらの金額について債務者に対する金融機関の給付義務が発生する（八五〇条k第五項二文）。

### (b) 執行裁判所の命令（三項、四項及び五項四文）

差押制限口座の預金が扶養請求権により差し押さえられる場合に（ZPO八五〇条d）、執行裁判所は、申立てにより、差押禁止額を決定するのであり、その金額は一項による差押禁止基礎額及び二項一文一号による差押禁止基礎額に代わるものである（八五〇条k第三項）。また、八五〇条k第四項により、執行裁判所は、申立てにより、本条一項、二項一文一号及び三号とは異なる差押禁止額を決定することができる。

債務者が、自ら法律上の扶養を行い、あるいはSGB第二編またはSGB第七編による給付を行い、あるいは育児手当を得ていることの証明に成功しない場合には、執行裁判所は、債務者の申立てにより、差押禁止額を確定する（八五〇条k第五項四文）。すなわち、「自動的」差押制限が許容される場合に、その要件の存在が金融機関に明白でないときに問題となる。

### (c) 債務者への預金払戻義務（五項）

金融機関は、口座預金の差押禁止部分について債務者に給付することが義務づけられる（八五〇条k第五項一文）。これには払戻だけでなく、振込や引落なども含まれる。本条二項により、執行裁判所の介入なく差押禁止基礎額が増額されうる場合には、金融機関に費用のかかる調査を負担させるべきではなく[96]、本条五項に挙げられる証明書により証明がなされる場合にのみ給付義務が発生する（八五〇条k第五項二文）。この証明書が不正である場合、金融機関がこのことを知らず、また知らないことにつき重過失がないならば、金融機関は債務者への給付について免責される（八五〇条k第五項三文）。

### (d) 充当計算（Verrechnung）の排除（六項）

交互計算において、SGBあるいは育児手当による金銭給付が差押制限口座に入金されることで生じる債権との充当計算は、振込による入金の後の一四日間は原則として排除される（八五〇条k第六項一文）。これにより、債務者はこれらの給付を引き出すことができるし、生活を維持するための金額との充当計算を免れることができる。

### （e）差押制限口座の合意（七項）

差押制限口座は、自然人だけが開設することができる（八五〇条k第七項一文）。金融機関においてすでにジーロ口座を開設している顧客は、いつでもこの口座を差押制限口座として開設することを要求することができる（八五〇条k第七項二文）。

### （f）一名につき一つの差押制限口座（八項及び九項）

すべての者は一つの差押制限口座だけを開設できるのであり、このことを金融機関に保証しなければならない（八五〇条k第八項一文・二文）。この保証は、金融機関との契約上の約定の一部であり、これに違反する場合には民法上の損害賠償請求権が発生する（BGB二八〇条[97]）。なお、複数の差押制限口座の開設は刑事罰をもたらす（刑法Strafgesetzbuch二八八条・二六三条[98]）。

差押制限口座の所有者となりうるのは一名に限られる[99]。なぜならば、複数の口座所有者に対して金融機関が自動的差押制限を行うことは当該金融機関に多くの出費を強いることになり、これは当該金融機関に対して要求できないからである[100]。なお、複数の者によりジーロ口座が開設されている場合は、それらの者は自分固有の差押制限口座を要求できる[101]。したがって、配偶者などと共同して差押制限口座を開設してはならないが、当該口座の処分権を他の者に与えることは可能である[102]。

金融機関は、債務者がすでに差押制限口座を所有しているかどうかについて、SCHUFA（個人信用情報機関）に問い合わせる権限をもち、SCHUFAは情報提供を義務づけられる（八五〇条k第八項三文）。情報提供は、差押

制限口座が存在するか否かに限定されるのであり、それ以外の差押制限口座の基本情報の提供は許されない。(103)

他方で、金融機関は差押制限口座開設の事実をSCHUFAに通知する権限をもつ（八五〇条k第八項四文）。

このような通知や問い合わせ、さらには保証にもかかわらず、複数の差押制限口座が開設されるならば、執行裁判所は、債権者の申立てにより、この申立てにおいて債権者が選んだジーロ口座だけを債務者の差押制限口座とすることを命じる（八五〇条k第九項一文）。執行裁判所の裁判は関係するすべての金融機関に送達され（八五〇条k第九項四文）、これにより、選択されなかったすべての口座についてはもはや差押制限口座の効果は認められない（八五〇条k第九項五文）。今後はこれらの口座は通常のジーロ口座となる。

## （2）ZPO八五〇条lによる差押禁止

二〇〇九年七月七日の「口座の差押制限の改正についての法律」により、新しく口座預金の差押えの範囲とその取消しを定めたZPO八三三条aが規定された。(104)　ZPO八五〇条lは、この八三三条a第二項の内容をほぼ踏襲し、八五〇条kの差押制限口座と関連させた上で、その直後の条文として規定された。本条は、二〇一二年一月一日から施行されており、これにともない八三三条a第二項は削除された。

ZPO八五〇条lは、債権者が債務者の差押制限口座を差し押さえたとしても満足を得ることが考えられない場合に、この口座の預金の差押えを禁止することを規定する。立法理由書によれば、このような場合に、口座を開設している金融機関に生じる費用を斟酌すれば、債権者に満足をもたらすことを全く期待できない、あるいはほとんど期待できない差押えをそのまま維持することは正当化されず、この場合には、口座差押えは、債務者の申立てにより執行裁判所により禁止される。(105)

執行裁判所は、債務者の申立てにより、債務者がこの申立ての前の六か月間、差押不可能な金額だけが差押制限口座に主に入金されたことを証明し、そして申立ての後の一二か月間でも差押不可能な金額だけが主に入金されるであろうことを疎明する場合には、一二か月の間、この差押制限口座の預金を差し押さえることができない旨を命じることができる（八五〇条l第一文）。したがって、債務者は、まず申立ての前の六か月間にもっぱら差押不可能な金額だけが口座に入金されたことを証明しなければならず、そのためには、例えば口座残高明細書の提出が求められる。[106] また、今後一二か月間も差押不可能な金額だけが主に入金されるであろうことの疎明には、例えば、債務者が就業不能であり、健康状態の改善が中期にわたり見込まれないことが挙げられる。[107]

命令は、債権者の重要な利益に反する場合には拒否することができるし（八五〇条l第二文）、その要件がもはや存在せず、あるいは債権者の重要な利益に反する場合には、債権者の申立てにより、命令は取り消される（八五〇条l第三文）。立法理由書によれば、債権者の重要な利益は、何よりもまずＺＰＯ八五〇条ｄに挙げられる扶養請求権などの債権のための執行であり、この場合に、債権者は特に保護される必要があり、たとえ金額が少額であっても債権者はこれを当てにすることができるとされる。[108]

---

（1） Allgemeine Gerichtsordnung für die preußischen Staaten（Th. I 24. Tit. §§ 106ff.）. Vgl. Lippross, Grundlagen und System des Vollstreckungsschutzes.（1983）, S. 19ff.

（2） Vgl. Lippross, a.a.O., S. 22.

（3） Gesetz vom 21. 6. 1869, BGBl. 1869, 242. Vgl. Lippross, a.a.O., S. 30. プロイセンでは、賃金の差押制限の要求は、プロイセン等族国家において政治的基盤を持たなかった労働者により行われたのではなく、差押えにより、債務者たる労働者との雇用関係が継続できなくなることを恐れた使用者が、自らの利益のために起こしたものであった。Vgl. Lippross, a.a.O., S. 28f.

（4）Hahn, Die gesammten Materialien zur Civilprozeßordnung, 2. Aufl., (1881), S. 852, 1120. Vgl. Lippross, a.a.O., S. 32.

（5）ＣＰＯ七四九条によれば、私的職務に継続して従事する者の給与は、年間の合計額が一五〇〇マルクを超える場合にのみ差し押さえられ（七四九条三項）、公務員の勤務所得、恩給等は年間の合計額一五〇〇マルクを超過する額の三分の一だけが差押えに服した（同条一項七号・八号、同条二項）。Vgl. Lippross, a.a.O., S. 32. 一九〇〇年代に入ると、被用者にも公務員と同じように差押禁止限度額について可動的な規定を導入すべきであるとの要求が、ドイツ銀行員団体（Deutsche Bankbeamten-Verein）により起こされたが、使用者階級の反対に会い、さらには、労働者階級も、当時の大多数の労働者が年間一五〇〇マルクの所得を得ていなかったことから積極的な運動を展開しなかったので、すぐには立法化されなかった。そこで実務では、被用者及びその家族の生活を確保するために、差押前に予め一五〇〇マルクを超える所得を自分の妻に譲渡する、いわゆる一五〇〇マルク契約（1500-Mark-Vertrag）が認められていた。Vgl. Lippross, a.a.O., S. 44f.

（6）Verordnung vom 30. 10. 1940, RGBl. I S. 1451. この命令は、第二次世界大戦による領土の拡大にともなう賃金差押法の統一の必要に応えたものであるが、差押制限の単一化の他にも、現行法と広く一致する基本的な改革をもたらした。すなわち、賃金差押法の中心概念に、公務員の給料、俸給、退職金と並んで、「債務者の取得行為の全部又は重要な部分を用いて行うあらゆる種類の勤務給付に対するその他の報酬」も採り入れ（一条二項）、さらに、差押禁止給与（三条）と条件付きで差し押さえうる給与（四条）及び制限的に差し押さえうる給与（五条）を峻別し、また、債務者の家族状態を考慮してその扶養家族のための差押禁止限度額を月額一五ライヒスマルクから五〇ライヒスマルクの範囲内で引き上げた（五条二項）。そして、差押禁止額の算定に際しては、債務者の総所得（Bruttolohn）の代わりに純所得（Nettolohn）を基礎とした（七条）。Vgl. Lippross, a.a.O., S. 66f.

（7）プロイセンの一般裁判所法では、退役将校の恩給または休職給は、年額四〇〇ターレルまで差押えを免れ、債務者に保留された（一〇八条）。Vgl. Lippross, a.a.O., S. 20.

（8）一九一七年一二月一三日の連邦参議院命令（RGBl. S. 1102）により、二〇〇〇マルクを超える賃金は、債務者の扶養権者の数に応じた割合で、一〇分の五まで差押えを免れ、また、一九一九年六月二五日の賃金差押令（RGBl. S. 589）は、債務者の法律上の扶養義務を差押禁止限度額の算定の際にも斟酌した。Vgl. Lippross, a.a.O., S. 49f.

(9) 本書第二編第四章第二節(三)(3)参照。債務者自身の特別な必要としては、債務者の病気、廃疾等の個人的な理由、及び極めて高額な通勤費や職業上の再教育による特別の出費等の職業上の理由が挙げられる。また、特別に広範囲な法律上の扶養義務としては、八五〇条cで斟酌される扶養権者よりもより多くの者を扶養しなければならないこと、あるいは、扶養負担が病気や子供の教育等による特別な出費によって平均以上となること等が挙げられている。Vgl. Stein/Jonas/Brehm, Kommentar zur ZPO., 22. Aufl. § 850f Rdnr. 4; Stöber, Forderungspfändung, 13. Aufl. Rdnr. 1177, 1178.

(10) 本書第二編第四章第二節（三）（3）参照。例えば、扶養権利者である家族の人数の増加又は減少等である。Vgl. Stein/Jonas/Brehm, a.a.O., § 850g Rdnr. 1.

(11) 一九五三年八月二〇日の執行措置法(Gesetz über Massnahmen auf dem Gebieteder Zwangsvollstreckung, BGBl. I S. 952.) による改正の後も、賃金差押えに関する諸規定は、差押禁止限度額の変更をはじめ、預金債権の差押制限等数次にわたり改正されている。Vgl. Lippross, a.a.O., S. 70ff.

(12) ドイツ法に比べて、わが国の民事執行法による給料債権の差押制限制度は、給料生活者である債務者の保護にはなお不十分であるとの指摘がある（竹下守夫「民事執行法の成立と将来の課題」竹下守夫＝鈴木正裕編『民事執行法の基本構造』三二頁以下）。債権者の利益や第三債務者の負担なども慎重に検討したうえで、早急に解決しなければならない問題である。

(13) Henckel, Prozeßrecht und materielles Recht. (1970), S. 349ff. A. Blomeyer, ZPR. Vollstreckungsverfahren (1975), 27 II 4. ヘンケルは、執行保護規範を私法上の性質を有するものと評価する。彼によれば、権利の実現を求める債権者の利益と、執行摑取から自らの主観的権利を保護し、責任客体としての機能を排除しようとする債務者の利益は対立するので、執行保護は、私権の限界づけに役立ち、そのための規準を、ＧＧ一条による債務者の人間の尊厳の保護に求める。すなわち、執行保護のテーマは、債務者の人間の尊厳の保護のための主観的な権利の制限であり、国家の執行権の制限ではなく、したがって、執行保護の形成にあたり経済政策上の観点が重視されてはならず、立法者の形成の余地は制限されることになる。

(14) 本書第二編第四章第二節（二）参照。リプロスは、執行保護規範は債権者の権利行使の限界であるとするヘンケルの見解について、債権者の権利行使は、国家の執行機関を通してなされるにすぎず、執行保護により、まず最初に国家の執行機関の侵害権限が制限されるのであって、国家は、強制執行を行う際に公法上の利益も斟酌できることは当然であり（Lippross, a.a.O., S. 97.）、また、執行保護法により請求権の強制可能性が制限されるとしても、それは実体法上の請求権の本質的特徴を示すのではなく、訴訟可能性及び執行可能性として訴訟法によって初めて与えられるので、執行保護の実体法上の評価は導かれない（Lippross, a.a.O., S. 88ff.）、と主張する。そして、執行保護の歴史的発展を見れば、経済政策上の観点がその形成に大きな影響を及ぼしてきたことは明らかであり、今日でも、一九七八年二月二八日の差押免除限度の変更についての第四法律（BGBl. I S. 333）の草案の理由の中で、連邦政府は、社会国家原則の保護観念に基づいて金額の引上げを行っていると指摘する（Lippross, a.a.O., S. 103f., 119f.）。

（15）BVerfGE 18, 257, 273; 22, 180, 204; 27, 253, 283; 29, 221, 235; 35, 202, 235.

（16）BVerfGE 52, 214, 219.

（17）Lippross, a.a.O., S. 172ff.

（18）Gaul/Schilken/Becker-Eberhard, Zwangsvollstreckungsrecht, 12. Aufl. § 52 Rdnr. 10.

（19）KG JW 1930, 3562.

（20）OLG Hamburg JW 1933, 1846.

（21）LG Berlin JW 1935, 814.

（22）Jonas, JW 1935, 812. ヨナスによれば、その際に、債務者は、説明及び証明責任を負うが、八一一条八号の要件が存在するのであれば、口座残高明細書によりこれを立証することは困難ではない、とする。

（23）KG JW 1932, 183.

（24）OLG Kiel JW 1933, 1847.

（25）LG Altona JW 1935, 812.

（26）OLG München NJW 1951, 808; LG Stuttgart MDR 1957, 557; LG Aurich NJW 1970, 55; HansOLG Hamburug MDR 1969, 1018; Jonas/Pohle, Zwangsvollstreckungsnotrecht, 16., Aufl. S. 92; Stein/Jonas/Münzberg, Kommentar zur ZPO., 19. Aufl. § 811 IV 8; Schönke/Baur, Zwangsvollstreckungs- und Vergleichsrecht, 10., Aufl. § 22 II; A. Blomeyer, a.a.O., § 56 II 7.

（27）HansOLG Hamburug MDR 1969, 1018; LG Aurich NJW 1970, 55.

（28）LG Stuttgart MDR 1957, 558; LG Aurich NJW 1970, 55.

（29）LG Stuttgart MDR 1957, 558; LG Aurich NJW 1970, 55.

（30）BGHZ 4, 153; 13, 360.

（31）LG Stuttgart MDR 1957, 559; LG Aurich NJW 1970, 55.

（32）LG Stuttgart MDR 1957, 302; OLG Celle NJW 1960, 1015; LG Berlin MDR 1961, 510; AG Bocholt MDR 1967, 222; Fenge, a.a.O., S. 634.

（33）OLG Celle NJW 1960, 1015; AG Bocholt MDR 1967, 222; Fenge, a.a.O., S. 634.

（34）AG Bocholt MDR 1967, 223; Fenge, a.a.O., S. 635.

（35）Fenge, a.a.O., S. 635.

（36）Fenge, a.a.O., S. 635.

（37）Vgl. Arnold, Der neue Pfändungsschutz für Arbeitseinkommen und für Gehaltskonten, BB 1978, 1319.

（38）BGBl. I S. 221. Vgl. Arnold, a.a.O., S. 1319; Hornung, Viertes Gesetz zur Änderung der Pfändungsfreigrenzen, Repfleger 1978, 360; Lippross, a.a.O., S. 75.

（39）Vgl. Arnold, a.a.O., S. 1319; Hornung, a.a.O., S. 360. 一九六九年には、社会給付の口座振込による預金債権の差押制限について、ライヒ保険法（ＲＶＯ）一一九条三項及び雇用促進法（Arbeitsförderungsgesetz）一四九条二項が制定された。すなわち、ライヒ保険法一一九条三項は、「金銭給付が、金融機関における受給権者の口座に振り込まれる場合には、それにより生じる債権は、当該振込の記帳後七日間を経過しなければ、これを差し押さえることができない。金融機関における預金債権の差押えは、第一文に掲げる債権の額については、そこに定める期間内は、その預金債権に及ばないものとしてなされたものとみなす。この場合、受給権者は当該金融機関に第一文の要件が存する旨を証明しなければならない。」と規定した。そして、これらの規定は、一九七六年に施行されたドイツ社会法典（ＳＧＢ）第一編より削除され（第二部三条及び四条）、代わって、ＳＧＢ第一編五五条が預金債権の保護を以下のように規定した。「（一）金銭給付が金融機関の受給権者の口座に振り込まれる場合には、その記帳により発生する債権は、振込の記帳後七日間は、これを差し押さえることができない。預金の差押えは、それが七日の間、第一文に掲げる債権額を含まない範囲で宣言されたものとみなす。（二）金融機関は、七日の間、債務者に対して第一項第二文により預金口座から差押えに服しない給付を行う義務を負うが、これは、債務者が当該預金が差押えに服しない旨を証明するか、またはそうでなくとも、金融機関がこれを知っていた場合に限られる。金融機関が第一文により給付を行った限度で第一項第二文はこれを適用しない。(三) 金融機関が、七日の間に、第一項第二文により差押えに服さない預金から債権者に対してなした給付は、債務者に対し無効とする。供託についてもまた同じ。(四) 当期の金銭給付の受領者の、第一項に掲げる記帳後七日を経た債権及び現金は、その額が差押えから次期の支払期日までの間、給付の差押禁止部分に相当する限度で差押えに服しない。」。これにより、預金には七日間の保護が与えられ、その期間内の差押えは社会給付を差し引いた預金を含む範囲で宣言されたものとみなされ、債務者は、社会給付を自由に処分できる。Vgl. Stein/Jonas/Münzberg, Kommentar zur ZPO., 20. Aufl., § 850i Rdnr. 117ff.

(40) Vgl. Hornung, a.a.O., S. 360.

(41) ZPO八五〇条kと同時に導入されたZPO八三五条三項二文につき、政府草案では、移付命令の効力発生が二週間延期されていたが、債権者に対する制限をできる限り少なくしようとの連邦議会の法務委員会の要請により、規定のように変更された。これにより、転付命令が発せられた場合には、被転付債権は執行債権者に移転し(八三五条二項)、その後、執行裁判所が差押えを取り消す限りで、債権者へ移転した債権は債務者に再び帰属することになる。Vgl. Arnold, a.a.O., S. 1319f; Hornung, a.a.O., S. 360.

(42) BGBl. I S. 333.

(43) 前出注(39)参照。

(44) Vgl. Schroeder, Die neuen Pfändungsfreigrenzen ab 1. April 1978, JurBüro 1978, 470; Arnold, a.a.O., S. 1319; Hornung, a.a.O., S. 360.

(45) Vgl. Arnold, a.a.O., S. 1320.

(46) 裁判所は、例えば、給与振込証明書により調査をすることができるとされる。Vgl. Arnold, a.a.O., S. 1320.

(47) Vgl. Begründung, BT-Drucks. 8/693, unter B zu Nummer 10; Arnold, a.a.O., S. 1320.

(48) Vgl. Arnold, a.a.O., S. 1320.

(49) 口座は、八三五条三項二文により明らかなように、自然人の口座に限られる。Stein/Jonas/Brehm, a.a.O., § 850k Rdnr. 5; Zöller/Stöber, ZPO., 28. Aufl. § 850k Rdnr. 2; Stöber, Forderungspfändung, 13. Aufl., Rdnr. 1282.

(50) 例えば、小切手の交付(Scheckeinreichung)による方法でもよい。Stein/Jonas/Brehm, a.a.O., § 850k Rdnr. 6;

Zöller/Stöber, a.a.O., § 850k Rdnr. 2.

(51)　ジーロ口座は、わが国の当座預金口座に相当するが、ドイツでは、広く一般市民の生活用の支払のために利用されている。また、この口座には、当座貸越契約による当座貸越がついており、交互計算により決済される。給料は、通常この口座に振り込まれるが、財産の貯蓄ないし投資目的で金銭を蓄えるために利用される貯蓄口座（Sparkonto）に振り込まれることもある。さらに、“Oder”-Konto（単独払戻特約付連名預金口座：名義人の一人の署名で引き出せる口座）及び“Und”-Konto（共同払戻特約付連名預金口座：名義人の全員の署名がないと引き出せない口座）も、債務者個人の口座と同様の保護が与えられる。Stein/Jonas/Brehm, a.a.O., § 850k Rdnr. 5; Stöber, a.a.O., Rdnr. 1282. なお、金融法用語の訳については、後藤紀一＝Matthias Voth『ドイツ金融法辞典』〔一九九三年〕（信山社）に従った。

(52)　Vgl. Stein/Jonas/Brehm, a.a.O., § 850k Rdnr. 6; Zöller/Stöber, a.a.O., § 850k Rdnr. 3; Stöber, a.a.O., Rdnr. 1283; Arnold, a.a.O., S. 1320. なお、口座へのこの種の振込は、以前から定期的に行われる必要はないが、通常の間隔での最低二回の振込が必要であるとする見解（Baumbach/Lauterbach/Hartmann, ZPO., 68. Aufl., § 850k Rdnr. 3; Stöber, a.a.O., Rdnr. 1282）と、本条の文言及び意味から最初の振込がすでに保護を受けるとする見解（Stein/Jonas/Brehm, a.a.O., § 850k Rdnr. 8; Zöller/Stöber, a.a.O., § 850k Rdnr. 3.）が対立する。

(53)　Vgl. Stein/Jonas/Brehm, a.a.O., § 850k Rdnr. 10; Zöller/Stöber, a.a.O., § 850k Rdnr. 5; Stöber, a.a.O., Rdnr. 1282. 一部の判例は、ＺＰＯ八五〇条ｂ第一項四号に挙げられる疾病金庫からの一回的な給付についても、八五〇条ｋによる差押制限を認めるが（LG Oldenburg 2. 9. 1982, JurBüro 1983, 778.）、一般には、八五〇条ｋの文言及び成立の経緯から適用は否定される（Stein/Jonas/Brehm, a.a.O., § 850b Rdnr. 18; Zöller/Stöber, a.a.O., Rdnr. 5; BGH 30. 5. 1988, NJW 1988, 2670.）。

(54)　Vgl. Zöller/Stöber, a.a.O., § 850k Rdnr. 8.

(55)　Vgl. Stein/Jonas/Brehm, a.a.O., § 850k Rdnr. 3. 差押命令と共に転付命令が発せられる場合に、八三五条三項二文の期間の経過により、転付命令の譲渡効果及び満足効果から本条の保護を受けられないとする見解（Stein/Jonas/Brehm, a.a.O., § 835 Rdnr. 48ff.）と、本条の保護目的から、未だ取立を了していない間は本条が適用されるとする見解（Stöber, a.a.O., Rdnr. 1289.）がある。従って、この対立は、転付命令の効力発生後の不服申し立ての許容性の問題と関連する。なお、この点については、堤龍弥「ドイツ転付命令法の史的素描」神戸学院法学二〇巻三・四号六三五頁以下が詳しい。

（56）　Vgl. Zöller/Stöber, a.a.O., § 850k Rdnr. 7. なお、ＳＧＢ第一編五五条二項はこれを認める。前掲注（39）参照。

（57）　例えば、超過勤務手当（八五〇条ａ第一号）。八五〇条ｂについては、債権者により主張される同条二項の要件が存在しない場合である。Vgl. Stein/Jonas/Brehm, a.a.O., § 850k Rdnr. 13; Stöber, a.a.O., Rdnr. 1291a.

（58）　債務者の預金を差し押さえた場合でも、その後に将来の給料が他の債権者によりＺＰＯ八三二条により差し押さえられたり、あるいは、債務者がその口座を閉鎖したり、今後の給料を現金で受け取ったり又は他の金融機関の口座に振り込ませることは可能であり、その限りで債権者は労働所得自体の差押えも不可欠である。Vgl. Stein/Jonas/Brehm, a.a.O., § 850k Rdnr. 2.

（59）　Vgl. Stein/Jonas/Brehm, a.a.O., § 850k Rdnr. 9; Zöller/Stöber, a.a.O., § 850k Rdnr.9; Stöber, a.a.O., Rdnr. 1290.

（60）　Vgl. Stein/Jonas/Brehm, a.a.O., § 850k Rdnr. 8; Münzberg, ZZP 98, 359.（Buchbesprechung）; Stöber, a.a.O., Rdnr. 1282a.

（61）　Vgl. Stein/Jonas/Brehm, a.a.O., § 850k Rdnr. 8.

（62）　この場合に、債務者が八五〇条ｋによる申立てを多数の労働所得の中の一つの記帳により生じる預金についてだけ行うならば、ＺＰＯ三〇八条一項により、執行裁判所は多数の所得を自ら職権で合算せず、差押えはこの所得に基づいて取り消される。Vgl. Stöber, a.a.O., Rdnr. 1292a.

（63）　Vgl. Stein/Jonas/Brehm, a.a.O., § 850k Rdnr. 12; Stöber, a.a.O., Rdnr.1292a.

（64）　これについては、本書第二編第四章第二節（二）（2）を参照。

（65）　Vgl. Behr, Erweiterung des Kontenschutzes gem. § 850k Abs. 1 ZPO, Repfleger 1989, 53. この請求権の差押可能性については議論があったが、連邦通常裁判所（Bundesgerichtshof）も一九八二年の判決でこれを認めるに至った。この点につき、本書第二編第四章第二節（二）（2）を参照。

（66）　Vgl. Stöber, a.a.O., Rdnr. 278, 1297.

（67）　Stein/Jonas/Brehm, a.a.O., § 850k Rdnr. 20f; Zöller/Stöber, a.a.O., § 850k Rdnr. 4; Stöber, a.a.O., Rdnr. 1297; Hornung, a.a.O., S. 360; Behr, a.a.O., S. 52; LG Oldenburg JurBüro 1983, 778; LG Hannover JurBüro 1986, 1886; LG Bad Kreuznach Repfleger 1990, 216. なお、将来の預金の差押えの取消のためには規定の変更が必要であるとの見解もある。Baumbach/Lauterbach/Hartmann, a.a.O., § 850k Rdnr. 4.

(68) Stein/Jonas/Brehm, a.a.O., § 850k Rdnr. 21; Zöller/Stöber, a.a.O., § 850k Rdnr. 4; Stöber, a.a.O., Rdnr. 1297a; Hornung, a.a.O., S. 360; Behr, a.a.O., S. 52; LG Bad Kreuznach Repfleger 1990, 216. なお、将来の所得に金額の変更が生じたときにはＺＰＯ八五〇条gが準用される。Stein /Jonas/Brehm, a.a.O., § 850k Rdnr. 20. Fußn. 57, Rdnr. 21 Fußn. 65; Behr, a.a.O., S. 52.

(69) Behr, a.a.O., S. 52; LG Bad Kreuznach Repfleger 1990, 216.

(70) Zöller/Stöber, a.a.O., § 850k Rdnr. 11; Stöber, a.a.O., Rdnr. 1297d; LG Bad Kreuznach Repfleger 1990, 216; LG Hannover JurBüro 1990, 1059; LG Bielefeld JurBüro 1990, 1365. このように差押禁止部分だけが将来口座に振り込まれる場合に、執行裁判所による取消決定は、取り消される部分を数額で明示する必要はなく、金融機関は送付用振込依頼書（Überweisungsträger）を所持することから、特定の依頼者（使用者）による特定の利用目的（賃金の支払）のための振込による預金の差押えを取消すとの内容でよいとする判例がある。LG Bad Kreuznach Repfleger 1990, 216. これに対して、労働所得自体を差し押さえた債権者が口座預金も差し押さえる場合を除いて、数額により明示することを必要とする判例も見られる。LG Hannover JurBüro 1990, 1059; LG Bielefeld JurBüro 1990, 1365. 見解の違いは、使用者が労働所得の差押禁止限度額の計算を誤った場合に、口座預金の差押債権者を労働所得の差押債権者よりも保護する必要があるか否かに基づく。

(71) Vgl. Stöber, a.a.O., Rdnr. 166d, 1284a.

(72) Stein/Jonas/Brehm, a.a.O., § 850k Rdnr. 6; Musielak/Becker, ZPO., 7. Aufl., § 850k Rdnr. 11; Stöber, a.a.O., Rdnr. 1284a; Behr, a.a.O., S. 53. なお、実務では、貸越残高を示す口座の場合には、一項の意味の預金は存在しないとして執行保護を認めないケイスが増えている。Vgl. Behr, a.a.O., S. 53.

(73) 立法上の誤りであると指摘する見解もある。Hartmann, Der Schldnerschutz im Vierten Pfändungsfreigrenzengesetz, NJW 1978, 610.

(74) Vgl. Meyer ter Vehn, Pfändungsschutz bei Gehaltskonten, NJW 1978, 1240; Hornung, a.a.O., S. 360; Behr, Gläubigervorteile und Schuldnerschutz nach dem 4. Gesetz zur Änderung der Pfändungsfreigrenzen, JurBüro 1979, 305. なお、シュテーバーは、回帰的な収入の振込にほとんど用いられることのない貯蓄口座及び郵便貯蓄口座（Spar- und Postsparkonto）は八三五条三項二文の適用を受けないとする。Stöber, a.a.O., Rdnr. 1286.

（75）　Vgl. Stein/Jonas/Brehm, a.a.O., § 850k Rdnr. 16; Zöller/Stöber, a.a.O., § 850k Rdnr. 10; Hornung, a.a.O., S. 361. また、八五〇条ｆの申立ても行う場合には、その要件を説明し、立証しなければならない。

（76）　司法補助官法（Rechtspflegergesetz）二〇条一七号。

（77）　審尋により、債権者は、自分が特権的債権者であること、あるいは、債務者の扶養家族が固有の所得を有すること（八五〇条ｃ四項）等を明らかにすることができる。Vgl. Stein/Jonas/Brehm, a.a.O., § 850k Rdnr. 17; Zöller/Stöber, a.a.O., § 850k Rdnr. 10; LG Münster Repfleger 1989, 294. また、第三債務者の審尋を行う必要はないが、事情によっては合目的であるとされる。Vgl. Stein/Jonas/Brehm, a.a.O., § 850k Rdnr. 16; Zöller/Stöber, a.a.O., § 850k Rdnr. 10. 裁判は、通常、口頭弁論を経ずに行われる（ＺＰＯ七六四条三項）。

（78）　Vgl. Baumbach/Lauterbach/Hartmann, a.a.O., § 850k Rdnr. 6; Zöller/Stöber, a.a.O., § 850k Rdnr. 11; Stöber, a.a.O., Rdnr. 1288; LG Köln 15. 1. 1985, JurBüro 1985, 1272; LG Dormstadt Repfleger 1988, 419; LG Osnabrück Repfleger 1989, 248.

（79）　ＺＰＯ五七三条三項を準用すべきであるとする。Stöber, a.a.O., Rdnr. 1288; Hornung, a.a.O., S. 361.

（80）　Behr, a.a.O., JurBüro 1979, 313; Hornung, a.a.O., S. 361.

（81）　Vgl. Stein/Jonas/Brehm, a.a.O., § 850k Rdnr. 22; Zöller/Stöber, a.a.O., § 850k Rdnr. 13; Stöber, a.a.O., Rdnr. 1294; Hornung, a.a.O., S. 361.

（82）　Vgl. Stein/Jonas/Brehm, a.a.O., § 850k Rdnr. 22; Zöller/Stöber, a.a.O., § 850k Rdnr. 13. 必要的扶養のための支出が否定された例として、債務者の口座に振り込まれた疾病金庫からの一回的給付（八五〇条ｂ第一項四号）により支払われる医療費の支払いが挙げられている。LG Oldenburg, JurBüro 1983, 778; Stöber, a.a.O., Rdnr.1282, 1295. なお、前出注（53）参照。

（83）　債権者の審尋が行われなくとも、基本法一〇三条一項には違反しないとされるが（Vgl. Stein/Jonas/Brehm, a.a.O., § 850k Rdnr. 23; Hornung, a.a.O., S. 361.）、一部の学説は、裁判所が、債務者の説明に少しでも疑問を持つ場合には、とくに、家族状況及び扶養権者の人数については、使用者、住民登録課、労働官署あるいはその他の官庁への電話による尋問により調査すべきであり、疑問が大きければ債権者を短期間審尋することは排除されないと主張する。Behr, a.a.O., JurBüro 1979, 313.

(84) Hornung, a.a.O., S. 362. なお、将来の支払期間については二項は適用されない。 Vgl. Stein/Jonas/Brehm, a.a.O., § 850k Rdnr. 25.

(85) Gesetz zur Reform des Kontopfändungsschutzes vom 7. Juli. 2009. BGBl. I S. 1707.

(86) 改正法により、それまでの八五〇条kは従来の内容で二〇一一年一二月三一日まではＺＰＯ八五〇条lとして規定されていたが、二〇一二年一月一日からは、八五〇条lは差押制限口座の預金の差押えを免れるための申立手続の規定へとその内容が変更され、これより従来の八五〇条kはＺＰＯの条文から完全に姿を消すこととなった。

(87) Vgl. Kindl/Meller-Hennich/Wolf, Gesamtes Recht der Zwangsvollstreckung. 1. Aufl., § 850k Rdnr. 1; Gaul/Schilken/Becker-Eberhard, Zwangsvollstreckungsrecht, 12. Aufl., S. 1037.

(88) BT-Drucksache 16/7615, S. 1; BT-Drucksache 16/12714, S. 1.

(89) BT-Drucksache 16/7615, S. 2; BT-Drucksache 16/12714, S. 2.

(90) BT-Drucksache 16/7615, S. 18.

(91) Kindl/Meller-Hennich/Wolf, a.a.O., § 850k Rdnr. 8.

(92) BT-Drucksache 16/7615, S. 18.

(93) BT-Drucksache 16/7615, S. 18. Vgl. Kindl/Meller-Hennich/Wolf, a.a.O., § 850k Rdnr. 8.

(94) BT-Drucksache 16/12714, S. 19.

(95) Vgl. Kindl/Meller-Hennich/Wolf, a.a.O., § 850k Rdnr. 18.

(96) BT-Drucksache 16/7615, S. 20.

(97) 例えば、供託費用あるいは金融機関が債権者にほとんど支払をせず、それゆえ請求される場合に生じる費用について。 Vgl. Kindl/Meller-Hennich/Wolf, a.a.O., § 850k Rdnr. 37.

(98) BT-Drucksache 16/7615, S. 21.

(99) BT-Drucksache 16/7615, S. 20. Vgl.Kindl/Meller-Hennich/Wolf, a.a.O., § 850k Rdnr. 38.

(100) BT-Drucksache 16/7615, S. 20.

(101) BT-Drucksache 16/7615, S. 20. Vgl. Kindl/Meller-Hennich/Wolf, a.a.O., § 850k Rdnr. 38.

(102) BT-Drucksache 16/7615, S. 20f. Vgl. Kindl/Meller-Hennich/Wolf, a.a.O., § 850k Rdnr. 38.

(103) BT-Drucksache 16/7615, S. 21. 理由書によれば、この規定はデータ保護法による要請を考慮しているとされる。
(104) 八三三条a第一項は、「金融機関における口座預金の差押えは、差押命令の送達日に金融機関にある預金並びに差押え以降の日々における日々の預金を含む」と規定する。この規定により、従来は口座預金の差押えに際して、送達残高、交互計算期間終了時の残高、さらに日々の残高とそれぞれにつき差押・移付命令が必要であったが、今後は「預金」の差押えで、交互計算期間終了時の残高も含む将来の残高債権を差し押さえることができるようになり、手間がかからなくなった。BT-Drucksache 16/7615, S. 17.
(105) BT-Drucksache 16/7615, S. 17. この理由書は、ZPO八三三条a第二項についてである。
(106) BT-Drucksache 16/7615, S. 17.
(107) BT-Drucksache 16/7615, S. 17.
(108) BT-Drucksache 16/7615, S. 17.

## 第三節　わが国における預金債権の差押制限

### (一) 旧法下での預金債権の差押制限

わが国においても、現金によらない支払取引の増加により、給料が金融機関に振り込まれるようになり、預金債権に対する差押制限の問題が発生した。すなわち、学説は、すでに旧法下において、給料が債務者の口座に振り込まれたときも給料債権の差押制限に与えられる保護利益を確保するために、その預金債権の差押制限を認めていた。つまり、ドイツにおける以前の見解と同様に、預金債権自体は法律上の債権差押禁止規定の適用を受けないが、給料の口座振込は現金による支払と区別すべき実質的理由はないので、動産差押禁止規定である民事訴訟法旧五七〇条一項第六が適用され、債務者は、差押命令に対する異議（民訴法旧五四四条一項）により、差し押さえられた預金債権が差押禁止の金銭の預入れによることを証明してその取消を求めることができると主張した。[(1)] また、債権差押禁止規定がそのまま預金債権に適用されるとする見解もあり、これによれば、債務者は、同じく執行方法に関する異議により差押禁止を主張することができ、その禁止範囲は差押えの日から次期の支払日までの日割計算による（民訴法旧五七〇条一項第六但書の類推）とされた。[(2)]

そして、この問題は、強制執行法案要綱案（第一次試案）第百四十差押禁止債権の範囲における検討事項の中で採り上げられ、差押禁止債権が預金債権に転化した場合にも、当該預金債権につき第一項及び第二項の差押禁止規定が適用されるべきか、また、この場合に、預金債権のうち給料等に基づくものについての差押禁止額は、差押えの日から次期の収入の支払の日までの日数に応じて計算した額に限るべきかについて検討を要するとされた。そして、その後の第二次試案では規定に盛り込まれ、同案第二百十七の4は「給料等の弁済として当該債権につき債務者の預金口座に払い込まれた場合においては、その預金債権のうち差押えの日から次期の給料等の支払の日までの日数に応じて計算した金額に相当するものは、差し押さえることができないものとすること」とした。立案者の解説によれば、給料の口座振込金については解釈上差押禁止規定が準用されるとする説もあるが、給料債権と預金の払戻債権とは別異のものであり、差押禁止とするには明文の規定を要し、また、その場合には、預金の差押えを受けた債務者が当該預金が給料の払込分であることを主張して差押命令の一部取消を求める、とのことであった。[(3)]

しかし、このような特別な規定は、ドイツでは同時期にZPO八五〇条kが制定されたにもかかわらず、ついに民事執行法には採り上げられなかった。[(4)] 立案者の説明では、預金が確実に振り込まれた給料によるものであればよいが、いったん銀行振込されたものを下ろしてまた積んだ場合にはその処理について技術的な問題が発生し、要綱案のような差押制限規定を設けても十分な保護が図れないとされたからであった。すなわち、ドイツにおいても議論されてきた差押えの効力発生時における預金の発生原因が問題とされたのであり、口座に多数の入金がある場合にそれぞれの法律原因ごとにその残高を別異に扱うことは困難であるから、差押制限の立法化が見送られたのであった。

## （二）民事執行法による預金債権の差押制限

このように、民事執行法では預金債権に対する差押制限の規定は制定には至らなかったが、立案者によれば、(5) 給料の振込による預金は元の給料と同様に保護されるべきであり、預金を差し押さえられた債務者は、民執法一五三条（差押禁止債権の範囲の変更）に基づき、預金が給料の振込によって生じたことを証明して民執法一五二条による保護、つまりその差押えの取消を求めることができるとされた。学説及び判例も、(6) 最初に述べたように、一五三条による預金債権の差押制限を認めており、特に異論はみられない。しかしながら、一五三条の差押禁止債権の範囲の変更は、執行裁判所が債権者・債務者双方の事情を総合的・実質的な裁量に従って決定し、挙証責任の所在や証明の必要の程度も必ずしも明確ではないことから、(7) 預金債権の差押制限の要件及び保護の範囲等は明かではなく、十分な検討もされていない。たしかに、民事執行においては、執行裁判所が債権者側の事情と債務者側の事情との双方を衡量して、個別の事件ごとに最適の執行を実施していくことが要請されるのではあるが、(8) 一五二条を基礎にするとはいえ、預金債権の差押制限は、債権者の民事上の権利の実質を決定し、債務者の最低限の生活の保障を図るものであるから、その基本的な内容は明確にされるべきであり、また、一部の学説が主張するように、やはり立法による保護手続の確定が行われるべきである。(9) そこで以下では、預金債権の効果的な差押制限について、一五三条を基本としつつ、新たな立法論も含めて検討を行うこととする。

## （1）預金債権の差押制限の要件

### （a）金融機関の債務者の口座に民執法一五二条に掲げられる収入が振り込まれること[10]

預金債権の差押制限の要件としては、まず第一に、金融機関の債務者の口座に、民執法一五二条に掲げられる収入が振り込まれることである。振込によらずに、小切手の交付によりその収入が直接口座にもたらされてもよい。問題となるのは、差押えの効力発生時における口座の借方残高が給料等の振込により発生していることが必要とされるかである。前述のドイツにおける議論のように、これが必要とされるならば、預金者は、金融機関に対して、口座に多数の入金がある場合にそれぞれの法律原因ごとにその残高を別々に取り扱うよう要請しなければならず、これは金融機関の取引業務の原則に反することから受け入れられないであろうし、また、民事執行法制定の際の立案者が指摘するように、振り込まれた給料をいったん全額引き出して再び入金した場合には保護を受けられなくなる。やはり、今日のドイツでの一致した見解と同様に、預金の発生原因を問題とすることなく、次期の支払期日までの生活費の確保を重視すべきである。また、このような解釈は、民執法一三一条三号が、債務者の所持する現金のうち標準的な世帯の二か月間の必要生計費を勘案して政令で定める額、つまり六六万円を差押禁止としていることにも対応するものであり、それというのも、この金銭の差押禁止は、実質的には、債務者の給料債権のうち差押禁止とされる部分についてそれが現金で支払われた場合にも債務者のためにその現金を確保する効果を有するからである。[11]したがって、東京高裁が、[12]差押禁止債権である退職年金等の給付が債務者である年金受給者の預金口座に振り込まれて預金債権となった事例につき、「その普通預金債権は、その受給権について差押が禁止されている前記各年金の振込により発生したものが大部分であることになるから、本件についても、特段の事情がないかぎり、差押命令は取り消される」と理由づけたことは正当ではない。もっとも、預金の発生原因を問題としないことは、債務者に一五二条に規定される以上の保護を与えることを意味するものではなく、後の現金の差押えにおいて、債権者は一三二条の差押禁止動産の範囲の変更を求めることができる。

## （b）債務者の口座預金が第三債務者たる金融機関への差押命令の送達により差し押さえられること

## （c）債務者の申立て

一五三条に基づく預金債権の差押制限のためには債務者の申立てが必要である（一五三条一項）。

しかし、差押制限の要件として、この「債務者の申立て」を必要とするかについては従来から議論がある。一部の学説は、[13]債務者の変更申立てをまって変更決定がなされるのはいかにも迂遠であり、銀行等により差押債権者に払渡しがなされてしまうと差押禁止規定の意図する債務者保護の趣旨が実現されない危険があるので、立法による手当が必要であると主張する。また、一五三条について、学説の中には、[14]執行裁判所は債務者の申立てなしに、その扶養家族数等を考慮して差押禁止範囲を拡張した差押命令を発しうるとする見解もある。このように、わが国では、債務者の保護申立ての必要性について争われているが、差押禁止は債権者の民事上の権利の実質を決めるものであり、差押禁止範囲の変更においては債権者及び債務者の双方に審尋の機会が与えられねばならず、また、債権執行では差押えの申立てがあれば審尋しないで迅速に差押命令を発することから、申立ては必要であるとする見解が有力である。[15]とりわけ、給料振込による差押制限の場合には、第三債務者である金融機関に差押禁止部分の具体的な計算を任せることは使用者と異なり大きな負担となることから、預金債権の差押制限においては債務者の申立てを不要とすることはできないように思われる。もっとも、預金が、取立てにより、あるいは転付命令に基づきすでに債権者に支払われた後は申立てを行うことはできないが、後述のように、債務者には差押命令送達後一週間の申立期間があり、その後も取消裁判の確定に至るまで債権者への支払を停止できることから、債務者に特に不利益が及ぶものでもないと言える。

しかし、最近になり中野教授は、この申立ては画一的な差押禁止範囲を各個具体的な事案における債権者・債務者の事情に即して変更するものであり、画一的な差押禁止規定の適用じたいを実現する目的には適さず、また実際にも一般の消費者である債務者にとってこの救済手段の利用は容易ではないことから、振込給与の差押禁止の保護利益を確保するために、執行裁判所がその執行手続のなかで被差押債権が差押禁止債権にあたるかどうかを判断し、仮に給与振込がなされた預金債権に対して給与等の差押禁止範囲に当たる部分を残さないで差押命令を発令すれば、この命令は違法となり、執行債務者はそれを理由として執行抗告により是正を求めることができると説く。[16]

たしかに、口座預金が差し押さえられた後に、債務者のイニシアチヴにより差押禁止範囲にあたる部分を取消すことは実効性のある債務者の救済をもたらさない。一五三条一項の申立ては差押命令・転付命令の確定を遮断する効力をもたず、後述のように、支払禁止命令（一五三条三項）を得て執行抗告をしなければならないが、もし取立完了あるいは転付発効に至れば、その後は不当利得の返還請求をする他ない。[17] またドイツにおけるZPO八五〇条kの改正は、まさに差押制限を得るための債務者の申立てが債務者に適時の保護を与えていないことを主たる理由とするものであった。したがって、預金債権の効果的な差押制限を実現するためには、預金債権の差押命令発令の段階ですでに執行裁判所に預金債権の一部を差押禁止とすることを許すか、あるいはドイツ法の自動的差押制限のように、執行裁判所の裁判を必要とせず、第三債務者である金融機関に差押禁止部分を計算させるかのいずれかを採るべきである。もっとも、そのためには、前者による場合であってもその手続には立法化が必要であろうし、また、わが国の給与の差押制限はドイツ法とは異なり差押禁止基礎額をもたず、差押制限口座による債務者の保護についても、ドイツの状況を確認した上で慎重な考慮が必要である。今後の課題としたい。

### （2）口座預金の保護範囲

債務者の口座に給料等の継続的な収入が振り込まれる場合に、預金の差押えは、わが国の要綱案によれば、預金が差押えから次期の支払期日までの間、差押えに服しない所得部分に相当する限度で取り消される。学説も[18]、債務者の生計維持という目的から、振込後相当期間を経過してもなお預金が残っている場合には、差押えを認めても債務者の生活に差し支えないとして、この範囲での差押えの取消しを主張しており、特に異論はない。これにより、まず初めに、債務者の支払期に受けるべき給付、すなわち、使用者から給料が支給される場合には、その給料（基本給と諸手当、ただし通勤費、出張旅費等の実費支給金は含まない）から源泉徴収される給与所得税、住民税及び社会保険料を差し引いた手取額が特定され[19]、そして、債権者及び債務者の側からの一五三条の申立てによる範囲の変更がなければ[20]、その手取額の四分の三に相当する部分を基礎にして[21]、支払期間全体に対する次期の支払期日までの期間の時間的な割合に相当する金額が、差押えの一部取消により債務者に保留される[22]。なお、この保護範囲を確定するにあたり、重畳的な差押制限を回避するために、債務者の所持する現金あるいはその他の預金を斟酌することも考えられるが、個別執行の原則、さらには、この判断の困難による債務者保護の遅延から認めることはできない。

また、すでに同一のあるいは別の債権者により、債務者の収入自体が差し押さえられ、当初から差押禁止部分だけが口座に振り込まれる場合には、預金差押えの効力発生から次期の支払期日までの期間に相当する限度で差押えは取り消される。

さらに、債務者の収入の一部だけが口座に振り込まれ、残りは現金であるいは別の口座に振り込まれていることが債務者又は債権者の審尋により判明した場合には、すべての収入は合算され、それに基づいて算定された債務者に保留される部分に、その口座に振り込まれないことで差し押さえられていない所得が算入される[23]。また、口座が多数の収入からなる場合、あるいは、多数の収入が別個の口座に振り込まれ、一つの口座預金だけが差し押さえられた場合にも、合算による同様な処理が行われる[24][25]。

なお、一五二条二項の退職手当等の一時金が口座に振り込まれる場合には、一項の場合と同様に、その四分の三に相当する部分を基礎にして、執行裁判所が、金額、支払日から差押時までの期間、債務者・債権者双方の側の事情等を総合的・相関的に考慮して保護範囲を決定しなければならない[26]。

## (3) 手続及び裁判

一五三条に基づく口座預金の差押制限では、債務者が差押えの取消しを求める申立てを行うことになるが、債務者の扶養家族及び第三債務者も申立てをなし得る[27]。申立てのための期間については、一五五条一項により取立権の効力発生まで一週間が確保されることから、その間に債務者は一五三条による取消申立てを行うことが可能であり、その後は、一五三条三項により、この期間を延長することができる[28]。また、差押命令だけでなく転付命令が発令されたときは、債務者は、一五三条一項により差押命令の一部取消を申し立てたうえで、同条三項により第三債務者に対する支払禁止命令を得て、その正本を執行裁判所に提出すれば、一五九条六項を類推して転付命令に対して執行抗告をなすことができ、抗告がなされたときは、抗告裁判所は、他の理由により転付命令を取り消す場合を除き、預金債権差押命令の取消申立てについての裁判があるまで執行抗告についての裁判を留保しなければならないとされる[29]。

債務者は、差押制限の諸要件、すなわち、給料等の金額、支払期日等を陳述し、立証しなければならない。執行裁判所は、当事者双方を審尋したうえで[30]、決定により裁判する。決定により、預金の差押えを取り消す場合には、第三債務者である金融機関に金額の計算による負担をかけないように、取り消される部分の金額は具体的に明示されるべきである。

(1)　鈴木忠一＝三ケ月章＝宮脇幸彦編『注解強制執行法(2)』四一三頁〔戸根住夫〕。
(2)　宮脇幸彦『強制執行法(各論)』一〇四頁。
(3)　浦野雄幸「強制執行法案要綱案(第二次試案)」ジュリスト五五四号九三頁以下。
(4)　『民事執行セミナー』一八六頁〔宇佐見孝男発言〕。
(5)　『民事執行セミナー』一八六頁〔浦野雄幸発言〕。
(6)　鈴木＝三ケ月編・前掲五三八頁〔五十部豊久〕、浦野雄幸『条解民事執行法』六五八頁、竹下守夫＝上原敏夫＝野村秀敏『ハンディコンメンタール民事執行法』三四六頁〔上原〕、三ケ月ら『新版民事訴訟法演習2』二六九頁〔上原敏夫〕、竹下守夫『民事執行法の論点』(一九八五年)二二九頁。東京高決平成二年一月二二日金融法務事情一二五七号四〇頁。
(7)　鈴木＝三ケ月編・前掲五三八頁以下〔五十部〕。
(8)　竹下守夫「民事執行法の成立と将来の課題」鈴木正裕＝竹下守夫編『民事執行法の基本構造』一八頁。
(9)　竹下ら『ハンディコンメンタール』三四七頁〔上原〕。
(10)　債務者の口座には、普通預金口座、当座預金口座以外にも、個人の家計性取引の中核として位置づけられる総合口座が含まれる。一般の総合口座は、定期預金を担保に当座貸越を行うものであり、昭和四七年八月から取扱いが行われている。この点につき、加藤一郎＝吉原省三編『銀行取引(第五版)』四一頁以下参照。
(11)　竹下・論点二二六頁以下参照。現金の差押禁止は、旧法下では民事訴訟法旧五七〇条一項第六において「第六百十八条第一項第五号及ヒ第六号ニ掲クル収入ニシテ差押ヲ受ケサル金額」とされていたが、この場合にも、現在手元にある金銭がその収入からきた金銭である必要はなく、この規定は、六一八条五号・六号の収入がある債務者に対して適用があり、どこから得た金銭であれ次の給料を受け取るまでの生活費の確保を目的とするものであった。岩野徹＝岩松三郎＝兼子一＝吉川大二郎＝三ケ月章＝宮脇幸彦＝村松俊夫＝我妻栄『債権の差押』(強制執行セミナー(3))一六一頁以下参照。
(12)　東京高決平成二年一月二二日金融法務事情一二五七号四二頁。
(13)　鈴木＝三ケ月編・前掲五一三頁〔五十部〕。

(14)　竹下「民事執行法の成立と将来の課題」三三頁。
(15)　鈴木＝三ケ月編・前掲五一三頁〔五十部〕、『民事執行セミナー』二八六頁〔浦野雄幸発言〕など多数説であり、実務もこれによる。東京高決平成二二年六月二二日判タ一三四〇号二七六頁、東京高決平成四年二月五日判タ七八八号二七〇頁など。
(16)　中野・前掲六五七頁。ここにおいて中野教授はそれまでの見解を改められた。
(17)　中野・前掲六五七頁。
(18)　三ケ月ら『新版民訴演習』二六九頁以下〔上原〕。
(19)　通説である。中野・前掲六五五頁、鈴木＝三ケ月編・前掲五一二頁〔五十部〕。
(20)　債務者側の事情としては、債務者が多数の扶養家族を有すること、債務者自身のあるいは扶養家族の病気や教育による特別な出費が挙げられ、債権者側の事情としては、扶養請求権者あるいは故意にされた不法行為の被害者であること等が挙げられるであろう。なお、前出の東京高裁平成二年決定では、執行債権が、差押えが禁止される年金収入により支払われることを前提に審判された婚姻費用分担金の六か月分であることを特段の事情として、差押命令の取消を否定した。
(21)　民事執行法一五二条参照。
(22)　学説の中には、債務者が月末等の特定の一時期にまとめて生活費の支払をするといった特別の事情があるときは、支払期日から相当日数経過後であっても、日割計算によらずに、全額につき差押えを取り消すのが妥当であるとの主張がある。竹下ら『ハンディコンメンタール』三四六頁〔上原〕。なお、債務者は、給料と共に振り込まれた通勤費等の実費支給金について、一五三条により差押えの取消を求めることができる。
(23)　もっとも、債務者が、その現金あるいは別の口座の預金も、差し押さえられたことを証明するならば、一三一条又は一五三条により債務者に保留された金額が現在の口座差押えにおいて計算される保留金額に算入される。
(24)　第二次試案第二百十七の3では、複数の給料を同時に差し押さえた場合、差押禁止の範囲はその合算額を基準とするとしていた。現行法には明文の規定はないが、同様に合算すべきであるとされている。鈴木＝三ケ月編・前掲五二〇頁〔五十部〕。
(25)　預金の差押えの効力が将来の入金により生じる預金に及ぶ場合には、口座預金の保護も拡張しなければならない。例えば、当座預金のように毎日残高を出している場合には、この日々の残高を将来債権として時期を画して差し押えることは可能と考えられるので、この将来の収入による預金に対する差押制限も認められる。そして、この取消申立ては、各支払期間においてその都度新たに行われる必要はなく、現在の支払期間における収入が将来においても期待され、少なくとも、より少額にならないことが予測されるのであれば差押えの後にすぐに行うことができるであろう。なお、本書第二編第四章第三節（3）参照。

(26)　債務者側の事情としては、退職後再就職しておらず退職金を生活費として使用していること、債権者側の事情としては、扶養請求権者や故意にされた不法行為の被害者であることなどが挙げられる。

(27)　預金債権の差押制限は、実質的には、法定の差押禁止に違背する差押命令に対する執行抗告と同じであるから、執行債務者の他、差押制限の保護を受けるその家族、第三債務者も申立てが可能である。なお、鈴木＝三ケ月編・前掲五三二頁参照〔五十部〕。

(28)　ZPO八三五条三項二文との関係については、『民事執行セミナー』三一〇頁参照〔中野貞一郎発言〕。

(29)　竹下・論点二三一頁以下参照。なお、預金債権の差押制限について新たな規定を設ける際にも、このような手当が必要となる。

(30)　民事執行セミナー二八七頁〔中野発言・南新吾発言〕は、差押禁止範囲の変更は、直接当事者の利害にかかわることから、双方を呼び出して審尋するなり、裁判所に判断資料を提出する機会を双方に与えるべきであるとする。また、このような二当事者が対立する場合には弁論主義の適用があり、従って、職権証拠調べは許されず、当事者尋問以外は参考人を当事者の証拠申出により証人として尋問すべきである。

# 第四節　おわりに

預金債権の差押制限については、わが国では特別な規定を設けておらず、民執法一五三条により処理されているが、今日では給料等の口座振込が一般的となっており、先に検討したように、実効性のある救済のためには新たな手続の立法化が必要である。たしかに、預金債権の差押制限については解決すべき問題も多く、強制執行法案要綱案で示された規定も立法には至らなかったが、ドイツにおける近時の大幅な改革も参考にした上で早急な法整備を行う必要があろう。

# 第六章　継続的給付債権の差押えにおける配当要求と配当の実施

## 第一節　はじめに

民事執行法一五一条は、給料債権のように、同一の基本関係から時を隔てて継続的に現実化する多数債権につき、執行債権及び執行費用の額を限度として、包括差押えを認める。これは、個別的差押えの煩を避けるとともに、各債権が現実化した際に逸早く債務者がそれを処分したり他の債権者が差押え・転付を受けてしまう危険から差押債権者を保護する趣旨であり、(1)差押えの効力の及ぶ範囲を差押発効時の目的債権の全額及び従たる権利にとどめた原則に対する特則をなす。

すなわち、本条は、債権者平等主義法制の下において、包括差押えによる手続の簡略化及び差押債権者の保護のために差押えの効力の拡張を認めるものであり、ドイツ法のように、差押債権者に対して執行手続に参加する他の債権者よりも優先的な執行上の満足まで与えるものではない。したがって、わが国では、継続的給付債権が差し押さえられた後に、他の債権者が配当要求を行った場合、民執法一五一条が「差押債権者の債権及び執行費用の額を限度として」と規定していることから、差押えの効力はその分拡張されず、これにより差押債権者の利益が害されることになるのか、あるいは、本条の趣旨である差押債権者の保護及び手続の簡略化を斟酌して、差押効を拡張すべきであるのか、という問題が発生する。さらに、配当を実施する際に、配当計算の基礎となる債権額は、当初の債権額から先の配当により満足を得た額を控除した額でなければならないのか、あるいは、本条は差押債権者に差押えの反覆実施の煩を省いたのであるから、配当額の計算に当たっても逐次の配当による減額をそのつど織り込む必要はないのか、という問題も生じる。たしかに、これらの問題は、以下に述べるように、もともと本条が優先主義法制を採っているドイツ民事訴訟法を範としたことから発生したのであり、それゆえ解決も容易ではないが、本稿では、これについての学説及び判例の理論状況を考察したうえで、解決の方法を検討する。[2]

（1）　中野貞一郎『民事執行法』〔増補新訂六版〕五三二頁、石川明『強制執行法研究』〔一九七七年〕二三一頁、三ケ月章『民事執行法』三八二頁、鈴木忠一＝三ケ月章編『注解民事執行法（4）』四八〇頁〔稲葉威雄〕。

（2）　継続的給付債権の差押えについては、この他にも、継続的給付債権の概念について見解の対立がある。ドイツでは、給付が確実に連続して発生し、その発生が単一の法律関係あるいは単一の債務原因等単一の基本関係に基づく債権であって、この単一性の存在は、法的観点から形式的に判断されるのではなく、経済的な観点、すなわち、社会生活上の取引観念により判断される、とする（Vgl. Stein/Jonas/Brehm, ZPO., 22. Aufl., § 832 Rdnr. 1; Rauscher/Wax/Wenzel/Smid, MünchenerKommentar zur ZPO., 3. Aufl., § 832 Rdnr .6; Zöller/Stöber, ZPO., 28. Aufl., Rdnu. 3.）。これに対して、わが国では、単一性の判断につき経済的な観点を排しているが（兼子一『増補強制執行』二〇〇頁、菊井維大『民事訴訟法（二）』一七五頁、宮脇幸彦『強制執行法（各論）』一一八頁、鈴木＝三ケ編・前掲四八〇頁〔稲葉威雄〕等）、私見は、継続的給付債権とは、取引観念上単一の関係に基づき確実に連続して発生する給付についての債権でよいと解しており（同旨、石川・前掲二三二頁以下、中野・前掲五三三頁）、通説・判例とは見解を異にする。なお、これについては、内

山衛次「継続的給付債権の差押え―民執法第一五一条の要件―」大阪学院大学法学研究一七巻一号三七頁参照。

## 第二節　民執法一五一条の制定過程

民事執行法一五一条は、民事訴訟法旧六〇四条を受け継いだものであり、さらにこれは一八七七年のドイツ民事訴訟法（Civilprozeßordnung 以下ではＣＰＯと略す）七三三条を源とする。ドイツでは、すでに一八七〇年のいわゆる北ドイツ草案（sog. norddeutscher Entwurf）において、継続的給付債権の差押えについて規定を設けており[1]、その後、この規定は、第一ドイツ草案（Erster deutscher Entwurf）[2]、第二ドイツ草案（Zweiter deutscher Entwurf）[3]、第三ドイツ草案（Dritter deutscher Entwurf）[4]を経て、ＣＰＯ七三三条に受け継がれ[5]、現在では、ドイツ民事訴訟法（Zivilprozeßordnung 以下ではＺＰＯと略す）八三二条において、継続的収入の差押えの範囲が規定されている。ＺＰＯ八三二条は、「俸給債権又はこれに類する継続的収入債権の差押えによって取得される質権は、差押え後に弁済期の到来する額にも及ぶ」と規定しており、この規定は、優先主義法制を採るドイツにおいて、差押債権者が有する差押質権（ＺＰＯ八〇四条）の範囲を画するものである。

民事訴訟法旧六〇四条は、このような優先主義法制を採っているドイツ民事訴訟法（ＣＰＯ）七三三条を範として定められた。わが国は、民事訴訟法典編纂過程において、当初はドイツ法に倣って優先主義をとっており、初期の草案では、継続的給付債権の差押えについてＣＰＯの文言をそのまま翻訳引用し、「俸給ノ債権又ハ之ニ類スル継続収入ノ債権ノ差押ニ依リ得取スル質権ハ差押後支払期限ノ到来スル金額ニモ亦及フモノトス」（民事訴訟法草案議案第五八五条）と規定していた。しかし、旧民法が、債権者平等主義の原則を確立したために突如平等主義への転向を余儀なくされ、また、帝国議会発足前に法案を元老院に提出しなければならないという時間的制約もあって、文言を僅かに変更しただけの規定「俸給ノ債権又ハ之ニ類スル継続的収入ノ債権ノ差押ハ差押後支払期限ノ到来スル金額ニモ亦及フモノトス」（民事訴訟法草案第七編第二章以下ノ調査案・旧案第六六六条）へと代わり、その後、若干の表現上の修正が施され、さらに、「債権額ヲ限トシ」という文言が加えられて、民事訴訟法六〇四条「俸給又ハ此ニ類スル継続収入ノ債権ノ差押ハ債権額ヲ限トシ差押後ニ収入ス可キ金額ニ及フモノトス」が規定されたのである(6)。そして、このような平等主義への急な変更は、差押優先権の範囲と平等主義下での差押えの効力の及ぶ範囲という異質な概念を、文言を僅かに修正しただけの規定により同様に扱ったので、前述のように、執行参加の場合に問題を生じ、見解の対立を招くことになった(7)。

そこで、民事執行法の制定にあたり、継続的給付債権の差押え後に配当要求があった場合の差押効の範囲について立法的な解決を図るべく、強制執行法案要綱案（第一次試案）第一二七第二項において「……その差押えに執行参加があつたときは、各債権者の債権及び執行費用を弁済するのに必要な数額に達するまで差押えの範囲が拡張されるものとすること」との規定が置かれた。そして、強制執行法要綱案（第二次試案）第二二六においても「俸給その他の継続的収入の債権に対する差押えにつき執行参加があつたときは、当該差押えの効力は、各債権者の債権及び執行費用を弁済するのに必要な限度まで及ぶものとすること」と規定されたのであるが、成法においてこの規定が削除されたために、立法による解決がなされず、今日でも見解の対立は続いている。

（1）草案九九五条は、「俸給債権又はこれに類する債務者の人物に基づく継続的収入債権の差押えによって取得される質権は、差押え後に弁済期の到来する額にも及ぶ」と規定しており、現行規定とほぼ一致する。質権のこのような拡張は、草案作成委員会の記録によれば、雇用契約に基づいて俸給の支払を求める一つの権利が得られ、それは現実の債権であって、将来の財産取得を求める単なる期待とは異なり差し押さえることは可能であるし、また、職務上の収入を全体として差し押さえることにより、最も熱心な債権者を優先させることができ、執行エネルギーも強化されることから、差押債権者を不当に優遇するものでもないとの認識に基づくものと思われる（Vgl. Protokolle der Kommission zur Ausarbeitung des Entwurfs einer Civilprozeßordnung für die Staaten des Norddeutschen Bundes, S. 2084f.）。なお、内山・前掲四五頁参照。

（2）第一ドイツ草案六四七条。

（3）第二ドイツ草案六六八条。現行規定と同一文言となる。

（4）第三ドイツ草案六八一条。

（5）ＣＰＯの理由書によれば、この規定は差押質権の優先の原則から導かれるとする（Hahn, Die gesammten Materialien zur Civilprozeßordnung, S. 433.）。

（6）宮脇幸彦「強制執行における平等主義規定の生成」兼子一還暦『裁判法の諸問題（下）』二〇一頁以下参照。

（7）宮脇・前掲「強制執行における平等主義規定の生成」二三七頁以下。

# 第三節　配当要求による差押効の拡張

## （一）旧法下での理論状況

継続的給付債権の差押えの後に配当要求がなされた場合、当初の差押えの効力は拡張されるかについては、旧法下において見解は大きく対立していた。

拡張説を採る学説は、単一の債権差押えの場合では、とくに数額を制限しないかぎり、差押えの効力は債権の全額に及ぶのであり、これは、一回の執行でできるだけ多くの債権者を満足させるという強制執行制度の目的によるものであるから、集合的な一個の財産権の差押えとしての性質を持つ継続的給付債権の差押えについても、配当要求があったときは、その債権額を限度に差押えの効力を拡大することが制度の目的に合致するし、(1) また、六〇四条の趣旨である包括差押えによる手続の簡略化及び債権者の保護にも適うとした。(2) そして、この見解は、六〇四条が「債権額ヲ限トシ」というのは、配当要求のない債権者一人の原則的な場合についていうものであり、差押えの範囲が無制限ではなく、執行債権者の満足の範囲に止まるという当然のことを表現しただけであって、少なくとも、配当要求がなされた場合にまで、差押債権額に限定されるとの趣旨に解さねばならない理由はなく、また、差押効を拡張することで、債権者平等主義法制の下において差押債権者の利益を害することなしに配当要求債権者に満足を与えることができるとした。(3) そして、拡張されるとしても、執行債務者はそれだけの債務を負っている以上これを甘受すべきであり、また、第三債務者には裁判所により配当要求の送達がなされるので（民訴法旧六二〇条三項）、これにより差押えの範囲を計算上知ることが可能であり、不利益を被ることはないとされた。(4) もっとも、この場合に、混乱を防ぐために、継続収入債権の差押命令の表現に工夫を加え、「差押債権額（および配当要求があったときはその額との合計額）に充つるまで」という記載に改めるべきであるとの提案もなされていた。(5) さらに、執行債務者から既に未差押部分の処分を受けた第三者についても、配当要求による差押効の拡張によりその権利が侵害されることはないので、(6) 拡張説は、関係人間の利害衡量の上でも妥当な結論を得ることができるとされた。また、判例の中にも拡張説を採るものがあり、東京地裁昭和五四年四月五日判決は、(7) 賃料債権の差押え後の配当要求により差押えの効力は拡張されるとして、「民訴法六〇四条の法意は、本件賃料のような継続収入債権につき差押がなされた場合、その将来の収入全部について当然に差押の効力が及ぶとすることが不相当、不合理であるため、差押の範囲を債権額を限度として執行債権者が満足を得るために必要な額に限定したにすぎないのであるから、継続収入債権に対する差押につき仮差押、差押、配当要求がなされた場合、金銭執行につき他の債権者の仮差押、差押、配当要求を肯認する平等主義をとる現行の強制執行法制に鑑みると、差押の範囲の拡張を認めることが公平かつ妥当な取扱いであると言うべきである」とした。そして、実務の多くは拡張説に従っていたようである。(8)

これに対して、非拡張説を採る学説は、民事訴訟法では、配当要求と差押えとは明確に区別されていることを理由とした。すなわち、配当要求は差押えではなく、その証拠に、配当要求は、執行力ある正本を有しない債権者もこれを行うことができるし（民訴法旧五八九条、同法旧六二〇条一項、同法旧六四七条三項）、「配当要求ノ効力」と「差押ノ効力」は明瞭に区別されており（民訴法五八七条、同法六二〇条三項、同法六四五条二項参照）、また配当要求の効力を生じる照査手続のさいにも追加差押がなされる（民訴法旧五八六条二項）ことを挙げる。(9) そして、六〇四条の「債権額ヲ限トシ」というのは、差し押さえられた単一の債権についての差押限度の問題ではなく、継続的に発生する複数の債権について、差押えの対象となる将来の債権の範囲を画する趣旨であり、単なる配当要求によって、それまで差し押さえられていなかった債権が当然に執行対象になるわけはないと主張した。(10) また、拡張説を採る一部の学説が提案する差押命令の表現上の工夫は、ある債権者の申請に基づく差押えによって、将来現れてくるか否かも未だ明らかでない不特定の配当要求債権者のために、予めその債権額だけの差押拡張を宣言することであり、配当要求債権者に関する限り、執行の申立てなしに強制執行をすることになるから、全く許されないとした[11]。そして、配当要求の出現により差押債権者の利益が害されることは、継続収入債権の差押えの場合に限ってみられる現象ではなく、超過差押えを禁止しつつ平等主義を貫くわが執行法に通有の欠陥であって、ここだけ拡張説による修正をはかろうとするのは無理であると説いた[12]。さらに、判例の中にも、非拡張説に従うものがあり、東京高裁昭和四三年二月二三日判決は[13]、保険医の社会保険診療報酬支払基金に対する診療報酬債権が継続収入債権に当たるかが争われた事件で、傍論ではあるが、「拡張説はこれをとりえないと考えている（でないと、たとえば、先行の執行債権額からすれば三箇月分の給料債権の差押にとどまると考え、その後の給料債権につき差押および転付命令を得たところ、その後、先行の差押につき配当要求がなされたために差押の範囲が拡張され、転付にかかる給料債権もその範囲にはいり、転付命令はその効力を失うという不都合を生ずる）」と示した。もっとも、この理由づけについては、非拡張説をとる学説からも、配当要求があるまでに、三箇月分を超えるその後の給料債権は、第二の債権者が差押転付を受けてこれを取得し、債務者の責任財産には属さなくなっているので、拡張説の障害とはなりえないとして批判されていた[14]。

## （二）現行法下での理論状況

旧法の下でのこのような見解の対立は、前述のように、差押効の拡張が民事執行法の中で明文化されなかったために、今日でも続いている。もっとも、新法は、旧法と異なり、配当要求権者を有名義債権者及び文書により先取特権を有することを証明した債権者に限定したので（民執法一五四条一項。なお、これらの債権者はいずれも債権差押えをすることができる。民執法二二条、同法一九三条）、非拡張説の有力な論拠であった債務名義なしでの強制執行の認容という批判は解消されることになった。そして、拡張説は、このように、無名義債権者の配当要求による差押効拡張の不当性が新法では存在しなくなったこと、(15)動産執行と同じく追加差押えを強制しても、継続的給付債権についての追加差押えは、その効果が画一的で、執行債権額及び執行費用の合算額の限度まで差押えの効果が拡大するだけであり、無駄であること、(16)さらに、拡張を認めることで、満足限度までの包括差押えを認めた民執法一五一条の趣旨に適うし、第三債務者や未差押部分の譲渡を受けた第三者の利益を侵害することもないこと、(17)を論拠に挙げる。また、この説の中には、新法が差押効の拡張について規定していないのは、拡張を認めないという趣旨ではなく、拡張するというのが解釈上当然であるという前提に立っているためであるとの主張もある。(18)

しかし、新法の下においても、配当要求と差押えとは明確に区別されることから、差押効の拡張を認めるべきではないとする非拡張説も存在する。すなわち、配当要求は、既になされている差押えの効力に便乗するだけで、独立に差押えの効力をもつわけではなく、配当要求がなされたことによって、それまで差し押さえられていなかった部分の継続的給付債権まで当然に差押えに服するというのでは、差押えと配当要求との区別はなくなってしまうと主張する。(19)そして、一部の学説は、拡張説を採るならば、第三債務者の義務供託額についての民執法一五六条二項の規定、すなわち、「配当要求があった旨を記載した文書の送達を受けたときは差し押さえられた部分に相当する金銭」との関係でも問題が生じると指摘する。(20)もっとも、この点については、「差し押さえられた部分に相当する金銭」の意義を、拡張後の被差押金額と解すれば何ら矛盾するものではなく、(21)また、実務上疑義の生じる恐れを解消するために、裁判所において、第三債務者への配当要求通告書送達の際に、配当要求の結果被差押金額が拡張する旨の注記をすれば十分であるとする見解がある。(22)

このように、拡張説と非拡張説は、それぞれ有力な論拠をもって対立している。したがって、いずれの見解を採るべきかの判断は、前述のように、この規定が優先主義法制を採るドイツ法を範として制定されたという事情もあり、必ずしも容易ではない。

しかし、現行の民事執行法は、そのような制定過程を経た旧法と同内容の規定を継受しており、このことは、債権者平等主義の下にあっても、継続的給付債権の差押えについては、包括差押えを認めて手続の簡略化と差押債権者の保護を図るべきであるとの要請に基づくものであり、解釈にあたってはこの規定の趣旨を十分に考慮すべきであろう。したがって、配当要求があった場合にも差押効の拡張を認めることで、差押債権者による差押えの反復を避けて手続の簡略化と差押債権者の保護を実現すべきであると思われる。たしかに、非拡張説が主張するように、差押えと配当要求とを混同してはならないが、新法になって配当要求権者が制限され、その者は自らも差押えをすることができるし、配当要求の手続自体、差押手続に準じて扱われていると言えることから、[23]拡張説に対する大きな障害はもはや存在しない。また、配当要求があれば、第三債務者には通告書が送達されるので（民執法一五四条二項）、第三債務者は差押えの範囲を計算により知ることができるし、この送達の際に、配当要求の結果、被差押金額が拡張される旨の注記がなされるのであれば、第三債務者が不利益を被ることはない。さらに、拡張説を採っても、最初の差押債権者が、その後この執行手続に参加する配当要求権者よりも優先的に執行上の満足を受けることはないので、債権者平等主義に反することもない。以上のことから、現行法の下では拡張説に従うべきである。なお、今日の実務は拡張説による取扱いをしているようであるが、[24]いずれにせよ、立法において、差押効の拡張について明確に規定しておくべきであったと思われる。

---

（1）　清水湛「継続収入の債権の差押と配当要求」兼子一編『民事訴訟法（実例法学全集）下』一二二頁。

（2）　上谷清「継続的収入の債権に対する差押事件について配当要求がなされた場合、差押の範囲はどうなるか。またこの場合の配当の手続、ことに一部債権者の取立届または事情届がなされた場合の手続はどうすべきか」判タ一八二号一二八頁。

(3)　清水・前掲一二三頁、上谷・前掲一二八頁、上谷清「(一) 診療担当者の社会保険診療報酬支払基金に対する将来の診療報酬債権の差押の可否（この債権は民訴法六〇四条の継続収入の債権にあたるか）(二) 継続収入の債権に対する差押えにつき配当要求がなされた場合に差押えの範囲は拡張されるか」判タ二二八号七〇頁、宮脇・前掲『強制執行法』二二九頁、岩野徹＝岩松三郎＝兼子一＝吉川大二郎＝三ケ月章＝宮脇幸彦＝村松俊夫＝我妻栄『債権の差押』（強制執行セミナー（3））七頁。

(4)　清水・前掲一二三頁、上谷・前掲（判タ一八二号）一二九頁、上谷・前掲（判タ二二八号）七〇頁、宮脇・前掲『強制執行法』二二九頁。なお、宮脇・前掲『強制執行法』二二九頁は、第三債務者は、配当要求の通知があれば、二重差押の送達があった場合（民訴法五八九条三項）と同じく、各債権者の請求債権の合計額に達するまで債務額の支払を留保し、又はその債務額の供託（同法六二一条）をするだけでよいとする。また、配当要求は、執行裁判所に対する申立てにより直ちに効力を生じるので、それが第三債務者に送達されるまでに若干の時間的隙間が生じ、その間に債務者へ弁済したときの弁済の効力が問題となるが、この場合には民法四八一条は適用されず、実体法上弁済を有効として救済しうるとする見解がある。清水・前掲一二七頁、上谷・前掲（判タ一八二号）一二九頁。

(5)　上谷・前掲（判タ一八二号）一二九頁。

(6)　宮脇・前掲『強制執行法』二二九頁。その理由としては、未差押部分の処分により、当該部分は債務者の責任財産に属していないことが考えられるが、上谷判事は、差押えの相対的効力の理論を徹底することで債務者の処分を有効なものにできるとされる。また、同判事は、たとえ差押後配当要求前の債務者の処分が無効となるとしても、これは民訴法六〇四条がもともとこれを是認したとも考えられるので、拡張説に対する決定的な反論とはならないとされる。上谷・前掲（判タ二二八号）七〇頁以下。

(7)　下級民集三〇巻一～四号一七一頁。

(8)　「強制執行制度関係裁判官会同要録」民事裁判資料八五号九一頁以下参照。

(9)　中野貞一郎「高裁民訴判例研究」民商六三巻四号六三三頁。もっとも、中野教授は「拡張説を、現行法の解釈として採ることができるならば、超過差押禁止の原則をとりつつ平等主義の要請を満たし、差押債権者の利益を害することなしに配当要求債権者に満足を与えることができ、その結果の妥当には疑問の余地がない」とされていた。中野・前掲「高裁民訴判例研究」六三二頁。

(10) 中野・前掲「高裁民訴判例研究」六三三頁。
(11) 中野・前掲「高裁民訴判例研究」六三三頁。
(12) 中野・前掲「高裁民訴判例研究」六三三頁。
(13) 高裁民集二一巻一号八二頁。
(14) 中野・前掲「高裁民訴判例研究」六三二頁。
(15) 鈴木＝三ケ月編・前掲四八五頁〔稲葉威雄〕、松山恒昭「継続的債権における差押えの効力の及ぶ範囲」大石忠生＝岡田潤＝黒田直行編『民事執行訴訟（裁判実務大系）7』三九〇頁、中野・前掲『民執法』六七一頁以下、藤田耕三＝河村卓也＝林屋禮二編『民事執行法の基礎〔実用編〕』二一一頁、稲葉威雄「債権執行の競合」鈴木忠一＝三ケ月章監修『新・実務民事訴訟講座（12）』四〇四頁。
(16) 鈴木＝三ケ月編・前掲四八〇頁〔稲葉威雄〕。
(17) 中野・前掲『民執法』六七一頁以下、松田・前掲三九〇頁、鈴木＝三ケ月編・前掲四八六頁〔稲葉威雄〕、藤田ほか編・前掲二一一頁。
(18) 山口繁「差し押えた債権の取立てと転付」竹下守夫＝鈴木正裕編『民事執行法の基本構造』四四四頁。
(19) ジュリスト増刊『民事執行セミナー』〔一九八一年〕二七七頁〔浦野雄幸発言〕、浦野雄幸『条解民事執行法』六四九頁、竹田稔『民事執行の実務Ⅱ』四〇七頁、竹下守夫＝上原敏夫＝野村秀敏著『ハンディコンメンタール民事執行法』三七二頁、鈴木＝三ケ月編・前掲四五二頁〔藤井一夫〕。
(20) 鈴木＝三ケ月編『前掲注解民執法（4）』四五二頁〔藤井一夫〕。
(21) 松田・前掲三九一頁。
(22) 鈴木＝三ケ月編・前掲四八九頁〔稲葉威雄〕。
(23) 松田・前掲三九〇頁。
(24) 東京地方裁判所民事執行センター実務研究会編著『民事執行の実務（債権執行編下）〔第2版〕』二八頁参照。

## 第四節　配当の実施方法

民執法一五一条の規定は差押えの特則に止まり、換価及び配当については、複数の債権を差し押さえた場合と同様に、各個の支分債権ごとに、あるいは適宜に併合して手続を実施する。配当等を受けるべき債権者の範囲や債権額等についても各支分債権ごとに定まる。(1) すなわち、配当は、支分給付の供託（民執法一五六条）あるいは売得金の提出（同法一五六条）がなされるごとに行われ、(2) 配当に与る債権者は、各供託時等までに競合して差押え・仮差押えの執行・配当要求をした者であり（同法一六五条）、これに遅れる差押えや配当要求がなされたときは、その債権者は次回から配当に与ることになる。そして、配当は、債権者のそれぞれの債権額に応じて按分され、配当計算の基礎となる債権額は、当初の債権額から、先の配当により満足を得た額を控除した額であるとされる。(3) したがって、配当を受ける債権者は増加する一方であり、元来の執行債権はそれまでの配当により逓減しているため、配当すべき金銭はほとんど大部分が新たな債権者に配当されることになり、競合債権者の全員が満足を受け終わるまで強制執行は終了しない。また、毎回の各債権者の執行債権額の差異に応じて配当計算をするので、その手数も多大の煩を加えることになる。この点につき、学説及び実務は、従来からわが国は平等主義法制を採っており、一人の債権者が先に全額配当を受けて手続から抜けることは許されず、最後に一〇円余ってもこれを割らねばならないとしてきた。(4)

これに対して、一部の学説は、民執法一五一条は差押債権者に差押えの反覆実施の煩を省いたのであるから、配当額の計算に当たっても、執行債権の元本額（利息・損害金等を別として）は、当初の執行申立書・配当要求書に記載した請求債権額によるべく、逐次の配当による減額をそのつど織り込む必要はないと主張する。(5) この見解によれば、当初からの差押債権者であっても、常にいくらかの満足未了分が残るという事態は回避できるし、また、配当計算における手間や費用を軽減できることになるので、本条の趣旨に沿った妥当な結論を導くことができる。

たしかに、民執法一五一条による継続的給付債権の差押えは、平等主義法制を採るわが国では差押えの効力の拡張を意味するにすぎず、差押債権者に優先的な執行上の満足まで与えるものではない。したがって、執行参加があった場合には、差押債権者の保護は実質的には後退し、差押えの繰り返しと同じことになってしまう。配当計算においてこのような工夫を行うことが現行法の解釈論として採ることができるのであれば、本条の趣旨により適うことになろう。

もっとも、この見解に対しては、本条は、平等主義の下において手続を簡略化し、差押債権者を保護することであって、多少なりとも優先的な満足を与えようというものではないし、新たな債権者が差押えあるいは配当要求を行えば、差押えの効力は拡張されて現実に何度も差押えをなす必要はないので、その上さらに差押債権者を保護することは本条の意図することではないとの批判が考えられる。しかしながら、この方法は、最初の差押債権者だけをその執行手続に参加した他の債権者よりも優先的に満足させるということではなく、当初の執行債権額を配当の実施に際して維持してゆくことであるから、明らかに平等主義に反するということにはならない。また、差押効の拡張により、執行債権者の債権額は最終的には満足を得ることができる。たしかに、この方法によると、当初からの執行債権者、とくに、債権額の大きい債権者は、先に手続から抜けることになり、残った債権者は不利益を被るようにも見えるが、配当が遅れたことで、例えば、給料債権差押えの場合における退職のような、その後の事情に変化によって最終的な満足が得られなくなったとしても、被差押債権発生の基本たる法律関係自体の処分は常に認められるのであるから、とくにこの場合にだけ著しい不利益とはならない。それよりも、逐次の配当による減額をそのつど織り込んで配当計算を行う手数を省くべきである。したがって、現行法の下であっても、この方法を採ることは可能であるし、そうすべきである。また、残存債権額の少なくなった債権者については、債権者の配当協議（民執法一六六条二項、同法八五条五項）により、その債権者に全部配当を受けさせて逐次に消去するということが提案されており(6)、極めて妥当であると思われる。

（1）　中野・前掲『民執法』六七二頁参照。
（2）　一回の供託額等が少額でその間隔が短期間であるときは、数回分の給付をまとめて実施することもできる。しかし、その場合でも、観念的には数個の配当手続が併合して行われるのであって、配当に与る債権者が異なることもある。鈴木＝三ケ月編・前掲四八七頁〔稲葉威雄〕。なお、実務では、執行裁判所の負担を軽減するために、三か月ないし六か月分の給付をまとめて配当する取扱いである。東京弁護士会編『民事執行をめぐる実務上の問題点（専門講座講義録）』二八二頁参照〔浦野雄幸〕。
（3）　清水・前掲一二五頁以下、上谷・前掲（判タ一八二号）一二九頁、『民事執行セミナー』二七八頁〔南新吾発言〕、鈴木＝三ケ月編・前掲四八七頁〔稲葉威雄〕、東京弁護士会編・前掲二八一頁等。
（4）　清水・前掲・一二五頁以下、上谷・前掲（判タ一八二号）・一二九頁、鈴木忠一＝三ケ月章編・前掲四八七頁〔稲葉威雄〕、東京弁護士会編・前掲・二八一頁等。
（5）　中野・前掲「民執法」七三八頁。
（6）　東京弁護士会編・前掲・二八一頁、鈴木＝三ケ月編・前掲四八七頁〔稲葉威雄〕。なお、中野教授も、このような処置は有用かつ妥当なものであると評される。中野・前掲『民執法』七二八頁。

## 第五節　おわりに

継続的給付債権の差押えにおける配当要求及び配当の実施に当たっては、このように困難な問題が発生する。これは、この規定が優先主義法制を採るドイツ法を範として制定されたことから生じるのであるが、これまで述べたように、規定の趣旨である手続簡略化及び差押債権者の保護を十分に斟酌して解釈に当たるべきである。私は、平等主義法制を採るわが国においても、配当要求による差押効の拡張は認められるし、また、配当の実施に際しては、逐次の配当による減額をそのつど考慮する必要はないと考える。この点について、裁判所がいかなる判断をするのか注目される。

継続的給付債権の差押えについては、この他にも、いかなる債権が継続的給付債権に該当するのかが、盛んに議論されてきており、裁判例も増加の傾向にある。このことは、経済活動の高度化による信用取引及び金融取引の増加・拡大が、債権に不動産にも劣らぬ重要な財産価値を与え、債務者の責任財産の中での債権の地位を押し上げたからであり、継続的給付債権の差押えのような権利執行は民事執行の中において重要性を増してきている。これからは、これらの無形の財産を的確に捕捉し、金銭化の実効を挙げることに努めてゆかねばならない。

# 第七章　債権執行における執行債務者の報知義務

## 第一節　はじめに

債権執行では、金銭債権の差押えによりその効力が発生すると、執行債務者は被差押債権であるこの金銭債権についての証書を差押債権者に引き渡さなければならない（民事執行法一四八条一項）。また、第三債務者は差押債権者の申立てにより、被差押債権の存否・種類・金額、弁済の意思等につき差押債権者に陳述しなければならない（民執法一四七条一項、民事執行規則一三五条一項一号〜五号）。これらの義務は、公示のない無形の存在である被差押債権について差押債権者に情報を得させて差押債権者の取立てに資することを趣旨とする。(1) 債権執行においては、執行債権者は差押命令の申立てに際して被差押債権の存否・内容、先行手続の有無等について必ずしも確認することはできず、執行機関も、差押命令の発令前に債務者及び第三債務者を審尋しない（民執法一四五条二項）。したがって、差押債権者は被差押債権につき、執行債務者及び第三債務者から情報を収集しなければ被差押債権を容易にかつ確実に取り立てることはできず、また執行債務者に対して強制執行をし直すかどうかの判断もできなくなる。そこで、民事執行法は執行債務者に債権証書引渡義務、第三債務者に陳述義務を課すのであるが、被差押債権の取立てのためにはその債権につき最も良く認識している執行債務者から情報を得ることが必要である。すなわち、被差押債権の金額・原因・証拠方法、さらには第三債務者の抗弁事由についての防禦となる事実等は債権の行使にとって極めて重要である。しかしながら、民事執行法は執行債務者のこのような報知義務についてなんら規定を置いていない。

これに対して、わが国の強制執行制度の範であるドイツ法では、執行債務者の債権証書引渡義務と並んでその報知義務を規定する（民事訴訟法 Zivilprozeßordnung 以下ではＺＰＯと略す。八三六条三項）。差押債権者は、これに基づいて債権の取立てを行い、取立ての遅滞により執行債務者に損害が発生すれば損害賠償義務を負う（ＺＰＯ八四二条）。

わが国は、執行債務者から被差押債権について十分な情報を得るための手段を用意することなく、債権の行使を怠った場合には、やはり損害賠償義務を課す（民執法一五八条）。たしかに、債権については第三債務者から情報を得ることはできるが、第三債務者は自分の領域内において認識可能な事実についてだけ陳述するのであり、執行債務者の報知とはその範囲及び性質を異にするはずである。そもそも、強制執行に突然に組み込まれた第三債務者に対して陳述義務を課すのであれば、執行当事者である執行債務者に報知義務を課すことが執行債務者に特に苛酷な負担となるとは思えない。執行債務者は必要な情報を容易に提供できることから、その積極的な協力を期待できるはずである。

本稿では、このような執行債務者の報知義務について、わが国における導入の可能性及び必要性を検討し、さらにその義務の範囲及び強制方法についてドイツ法を参考にして考察を行う。

（1）　中野貞一郎『民事執行法』〔増補新訂六版〕六七四頁以下、兼子一『増補強制執行法』二〇一頁以下、宮脇幸彦『強制執行法（各論）』一三六頁、鈴木忠一＝三ケ月章編『注解民事執行法（4）』四三四頁〔大橋寛明〕・四四六頁〔稲葉威雄〕、香川保一監修『注釈民事執行法（6）』一七三頁〔近藤崇晴〕。

## 第二節　ドイツ法における報知義務（ＺＰＯ八三六条三項）

ＺＰＯ八三六条三項によれば、債務者は債権者に対して債権の行使に必要な報知（Auskunft）を与える義務を負う。この報知義務は、ドイツ民法（Bürgerliches Gesetzbuch 以下ではＢＧＢと略す）が債権譲渡の際に、旧債権者は新債権者に対して債権の行使に必要な報知を与える義務を負うと規定したことから（ＢＧＢ四〇二条）、これを範として一八九八年の改正法により導入された[(1)]。これにより、債務者は債権について存在する証書を引き渡す義務を負うとともに、債権の行使に必要な報知を与える義務を負う。また、債権者は第三債務者に対してこの債権に関する一定の事項について報知を要求することができる（ＺＰＯ八四〇条）。

## （一）報知義務の要件及び範囲

報知義務は、差押命令及び取立命令（Überweisung zur Einziehung）又は転付命令（Überweisung an Zahlungs Statt）が第三債務者に送達されて効力を生じることにより発生する[2]。したがって、先行差押え（Vorpfändung ＺＰＯ八四五条）、保全執行（Sicherungsvollstreckung ＺＰＯ七二〇条ａ）及び仮差押え（ＺＰＯ九三〇条）の段階では報知義務は発生しない[3]。

債務者は、債権者に対して債権の行使に必要な報知を与える義務を負う。債務者は、債権の取立て及びその従たる権利（Nebenrecht とりわけ担保権）の実行のために必要なすべての事実について詳細に指摘しなければならず[4]、これにより、債権者は第三債務者に対して精確に数額表示できる有理性のある訴えを提起することが可能になる[5]。したがって、報知義務の範囲は各個の具体的事案に応じて決まることになるが[6]、一般には債務者は被差押債権の額及び証拠方法、給付の時期及び場所、第三債務者の抗弁事由及びそれに対する防禦方法などを報知しなければならず、これらが差押命令の発令後、第三債務者への送達前に発生した場合も同様である[7]。

例えば、労働所得（Arbeitseinkommen）の差押えの際には、債務者は差し押さえられた所得の額の計算にとって規準となる事実について詳細に報知しなければならない[8]。ドイツ法は、労働所得の差押制限につきＺＰＯ八五〇条以下に詳細な規定を置いており、労働所得の差押禁止部分の計算は複雑で容易ではない。そこで、ＺＰＯに付録として添付された付表（Tabelle）が利用されており、差押命令はこの付表の引用で十分である（ＺＰＯ八五〇条ｃ第三項二文）。すなわち、差押命令では、差押禁止額の範囲は具体的に定められることはなく、差押禁止部分の計算は、債権者や執行裁判所よりも確実に情報を取得できる第三債務者が債務者の扶養義務等を調査して行う[9]。したがって、債権者はこの労働所得の行使に際して、自らも債務者から報知を得て差押禁止部分、すなわち差押可能な所得額の算出を行うことになる。これにより、債務者は支払時期における所得の総額（Bruttoeinkommen）、ZPO八五〇条e第一号により算入されない給与、差し押さえることのできない額の計算のための扶養義務について報知しなければならない。[10] さらに、ZPO八五〇条c第四項が、債務者が法律上の義務により扶養する者が固有の所得を有する場合に、執行裁判所は、債権者の申立てにより、その者を労働所得の差し押さえることのできない部分の計算に際して、衡平な裁量により、全部又は一部分を斟酌しないでおくことができるとすることから、債務者はその者の所得についても供述しなければならない。[11] また、ZPO八五〇条h第二項により、隠ぺいされた労働所得が差し押さえられる場合に、債務者は債務のある報酬を量定するために必要な供述、すなわち自らの勤務又は労務の種類及び量について供述しなければならず、[12] 債権者はこれに基づき自らに支払われるべき額を特定することが可能となる。[13]

公課法（Abgabenordnung 以下ではAOと略す）四六条一項により租税還付請求権（Steuererstattungsanspruch）が差し押さえられた場合における債務者の報知義務の範囲については争いがある。ドイツでは、一九九二年の税法変更法（Steuerrechtsänderungsgesetz）により、[14] 税務署による賃金税年末調整（Lohnsteuerjahresausgleich）は廃止され、代わって、被用者は、とりわけ源泉徴収された賃金税が高すぎる場合に、所得税のための査定を所得税申告により課税期間の経過後二年以内に申し立て（所得税法 Einkommensteuergesetz 以下ではEStGと略す。四六条二項八号）、税務署は税額決定（AO一五五条一項一文）により確定した過剰に徴収された所得税を還付する。[15] 被用者の還付請求権は被用者による所得税申告がまだ行われず、そして税務署による税額決定による確定の前であっても、課税要件が満たされることにより抽象的にはすでに発生しており、差し押さえられる。[16] ただし、未だ発生していない還付請求権を将来の請求権として差し押さえることは禁止されており（AO四六条六項）、還付年の経過後に初めて差押えは可能となる。還付請求権が差し押さえられたならば、被用者である債務者は、ZPO八三六条三項により、この請求権が現実に発生しているのか、あるいは発生する可能性があるかについて報知する。[17]

しかし、債務者の還付請求権を差し押さえた債権者は、還付請求権の実現のために、債務者の代わりに自ら所得税の申告を行う権限をもち、そして申告にあたり必要な債務者の税法上の重要なデータ、すなわち債務者の所得・必要経費・特別支出などをZPO八三六条三項により債務者から報知を受け、さらに債務者の賃金税カード（Lohnsteuerkarte）の引渡しをうけることができるかについては争いがある。従来の通説及び一部の判例は、これを肯定し、還付請求権の差押えには還付の実施を求める申立権が含まれ、これだけを分離することはできず、また八三六条三項により、必要な報知を受け、賃金税カードなどの引渡を求めることができるとしていた。(18) これに対して、一部の学説及び判例は、債務者の所得税申告は一身専属的な意思表示であり、債務者自身がこれを行わねばならず、債務者はそのための報知及び賃金税カードを引渡す義務はないとしていた。(19) そして、このような状況にあって、一九九八年に連邦財政裁判所（Bundesfinanzhof）は、差押債権者は自ら債務者のために所得税申告書を作成してこれに署名し、それにより債務者の代わりに所得税の査定を申し立てる権限をもはやもたないと判示した。(20) それ以降、多くの学説はこれに従う。(21) もっとも、この見解に対しては以前から批判があり、すなわち債権者は債務者が自ら申告を行って債権者に協力することを期待するか、あるいは税務署がAO九〇条・九三条・一四九条以下により、事実関係を職権で調査するために債務者に対して所得税の申告をすることを求め、そして必要な場合にはこれを強制することに期待をかけることになるが、債務者が債権者に協力して情報を与えることは実際には考えられず、また税務署が債務者に協力させるかどうかはその裁量に委ねられており、税の減額をもたらす供述などが問題となる場合に税務署がその裁量を行使することは現実には起こりえないことから、租税還付請求権の差押えにおいて、債権者が所得税申告を行うことができないとすれば、還付請求権の実現は債務者のイニシアチブによることになり、債務者が沈黙することでもはや差押えは不奏功に終わると主張する。(22)

## (二) 第三債務者の陳述義務（ZPO八四〇条）との関係

ZPO八四〇条は債権執行における第三債務者の陳述義務を規定する。この規定はわが国の民事執行法一四七条に相当し、第三債務者は債権者の要求に基づいて差押命令送達の日から二週間以内に所定事項、すなわち被差押債権の存否・原因・額、弁済の意思・範囲、優先権者の表示、執行競合の有無などを陳述しなければならない。債権者は、これにより被差押債権についての情報を得ることができるので、ZPO八三六条三項によって債務者から受ける報知をすでに獲得することもできる。

しかし、ドイツでは、債権者が第三債務者から債権について情報を得る可能性があるとしても、債務者の報知義務が排除されることはなく、第三債務者の陳述義務と債務者の報知義務は別個に独立して存在して両者の間に優先順位はない。(23) たしかに、債権者に対して債権についての情報を提供するという点で共通するが、債務者及び第三債務者はそれぞれが自己の領域内において認識可能な事実についてだけ陳述をすることが求められるのであり、その範囲及び性質は異なる。(24) 例えば、債務者は差押えの効力が債務者に対する送達とはかかわらないので（ZPO八二九条三項）、自分の債権が他の債権者によりすでに差し押さえられていることを知らない可能性があり、他方で第三債務者は債務者には知らせなかった抗弁事由で債権者に対抗する可能性がある。また、債務者は第三債務者の抗弁事由に対する防禦方法を報知する。(25) そして、第三債務者の陳述義務が債務者の報知義務とは異なり、形式的に有効な差押えだけを要件としており、移付命令の効果として初めて発生するものではないことから、債務者の報知義務は債権者に第三債務者に対する訴えを具体化するための手段を与えるが、(26) 第三債務者の陳述義務は、これにより債権者が債権に対する抗弁を知ることでその満足可能性について判断し、債務者に対して新たな執行をし直すかどうかを決定する判断資料を提供する。(27) したがって、両者の義務は独立かつ並存するが、これらの義務は総合して初めて債権についての包括的な

判断が可能となり、相互に密接に関連する。(28)

## (三) 報知義務の強制方法

債務者が債権者に対して任意に報知を付与しない場合には、債務者は債権者の申立てにより、執行官の調書上で報知をなし、そしてその報知を宣誓に代えて（an Eides Statt）保証することが義務づけられる（ZPO八三六条三項二文）。

この宣誓に代わる保証の実施は、今まではZPO八九九条以下の手続の準用により実施されると規定されていたが（ZPO八九九条一項）、具体的に八九九条から九一五条hまでのどの規定が準用されるかについては明示がなかった。(29)しかし、二〇〇九年に公布された「強制執行における事案解明の改革についての法律」により、(30)ZPO八三六条三項に新たに三文と四文が追加され、(31)準用規定が明らかとなった。これにより、二〇一三年からは、ZPO八〇二条eにより管轄を有する執行官が、債務者に報知をさせ、そして宣誓に代わる保証をさせるための期日及び場所を指定して債務者を呼び出し（ZPO八三六条三項三文）、その報知を調書に記載した上で、それを誠意を尽くして正確かつ完全にしたことを宣誓に代えて保証させることになる。(32)そして、八三六条三項四文により、ZPO八〇二条f第四項が準用され、報知期日の呼出しは債務者に代理人がいる場合であっても債務者本人に送達されねばならず、また債権者に通知しなければならない。さらに、拘留についての規定である八〇二条g乃至八〇二条i、八〇二条j第一項及び第二項が準用されることになり、これにより、債務者が期日に出頭しない場合、又は出頭しても報知義務を争うことなく報知を拒絶する場合には、執行裁判所はこれを強制するために、債権者の申立てに基づいて、債務者に対し拘留命令を発する（ZPO八〇二条g第一項）。この拘留命令の執行は発令から二年以内に（八〇二条h第一項）執行官により行われ（八〇二条g第二項）、拘留された債務者はいつでも拘留地の区裁判所の執行官に対して報知を受理すべきことを要求することができる（八〇二条i第一項）。なお、拘留は六月を超えてはならず、六月が経過した後は職権で債務者の拘留は解かれ（八〇二条j第一項）、再拘留は認められない（八〇二条j第二項）。

ところで、このような宣誓に代わる保証による債務者の報知の強制は、一九九七年の第二次強制執行改正法により、それまでの八三六条三項に新たに現行の二文が追加されて、一九九九年から実施されたものである[33]。それまでは、債権者は債務者に対して報知を求める訴えを提起し、報知義務はその判決を名義として、ＺＰＯ八八八条により執行されていた[34]。改正法により、債権者は新たな名義を取得しなくとも、ＺＰＯ八九九条以下の手続を開始することができるようになったので、従前の報知を求める訴えは余剰となり、今やこの訴えに権利保護の利益はない[35]。

たしかに、報知の訴えを必要とすることは、報知の実現までに時間と費用がかかり、その上でさらに債権者が第三債務者に対して取立訴訟を提起しなければならないとなると、報知の訴えは明らかに債権者の二重負担である[36]。そこで、ドイツ司法補助官連盟（Bund Deutscher Rechtspfleger）は、一九八三年に、ＺＰＯ八三六条三項に新たに三文として、「債務者が第一文により要求される報知をなすことを拒絶するか、あるいは債務者の報知が不正確又は不完全であることにつき理由のある手がかりが存在するならば、債務者は債権者の申立てにより、求められる報知を調書上に行い、そしてその報知が完全かつ真実であることを宣誓に代えて保証する義務を負う」を挿入することを提案した[37]。しかし、この提案に対しては、報知義務を強制的に実現するための名義が存在せず、またそれゆえに債務者にいかなる内容の報知が義務づけられるのかが特定されないこと、そして実体法上の報知請求権（ＢＧＢ二五九条・二六〇条）がＺＰＯ八八八条又は八八九条により実現されることと比較して、ＺＰＯ内部に矛盾を抱えることになること、さらには報知の訴えを不要としても、債務者が宣誓に代わる保証を拒絶する場合には裁判所が拘留について裁判することになり、その際の債務者の審尋を考えれば、特別に新たな執行方法を導入する価値はないことが指摘された[38]。もっとも、この批判に対しては、当時の立法者はＢＧＢ四〇二条を範として債務者の実体法上の報知義務を考えていたかもしれないが、立法者は当初から二段構成を採っており、証書の引渡義務は執行法上の構造を示すことから、債務者の報知義務も訴訟法上の義務とすることができるし、また報知を必要とする債権はすでに差押・移付命令により特定されていて、これが報知義務の執行のための名義となり、さらにはＺＰＯ八八八条により命じられる強制金（Zwangsgeld）では、金銭執行において効果を発揮することは少ないとの指摘があった[39]。この見解は、債務者の報知義務は債権者の債権差押えの申立てにより発生する公法上の執行法律関係の中にすでに組み入れられており、これは移付命令により具体的に発生し、債務者は債権者に対してだけでなく国家に対しても報知義務を負い、債務者が報知を拒絶する場合に期日に呼び出されて宣誓に代わる保証をさせられ、そして、裁判所により強制手段が命じられることは、報知義務が国家の侵害関係にもかかわることを示すものであると主張した[40]。このような状況において、一九九七年第二次強制執行改正法は、ＺＰＯ八九九条以下の手続による報知義務の実現は迅速な強制執行をもたらすものであり、また差押・移付命令がその執行のための名義となることから執行制度上なんら問題はなく、さらに強制手段としては強制金よりも拘留命令の方がより適切であることから、ＺＰＯ八三六条三項に二文を挿入した[41]。この規定により、債務者の報知は債務者の財産開示が債権差押後まで拡張されたものと考慮されることになり[42]、その後は財産開示手続の制度と関係することになった。

---

（1）　最初の法典である一八七七年の民事訴訟法典（Civilprozeßordnung）は、七三七条二項において、執行債務者の債権証書引渡義務だけを規定していた。報知義務は、一八九八年の改正法（RGBl. I. S. 2）により、執行についてＢＧＢ四〇二条に相当する規定による補充が不可欠であるとして導入された。Vgl. Hahn, Die gesammten Materialien zu den Reichsjustizgesetzen, S. 156; Gaup/Stein, Zivilprozeßordnung, 1913, S. 669; Struckmann/Koch, ZPO, 9. Aufl. 1910, S. 812.

（2）　Vgl. Zöller/Stöber, ZPO, 28. Aufl., § 836 Rdnr. 9; Stöber, Forderungspfändung, 13. Aufl., Rdnr. 621. なお、抵当権付債権の差押えの場合には、ＺＰＯ八三〇条一項による抵当証券の債権者への引渡し又は土地登記簿への差押えの登記が必要である。Vgl. Zöller/Stöber, a.a.O., § 836 Rdnr. 9. シュテーバーによれば、差押命令は、被差押債権が存在し、それが債務者に帰属するときに法律上の効果を発揮することになるから、債権者の「申立てによる（angeblich）」にすぎない債権が実際には存在せず、その差押えが法律上の効果を実際に発揮することなく空振りに終わる場合には、債務者の報知義務は発生しない。Vgl. Zöller/Stöber, a.a.O., § 836 Rdnr. 9; Stöber, a.a.O., Rdnr. 621. なお、強制執行が停止した後は報知義務は発生しない。Zöller/Stöber, a.a.O., § 836 Rdnr. 9.

（3）　Vgl. Zöller/Stöber, a.a.O., § 836 Rdnr. 9; Stöber, a.a.O., Rdnr. 621.

（4）　Vgl. Rauscher/Wax/Wanze/Smid, Münchener Kommentar zur ZPO, 3. Aufl., § 836 Rdnr. 11; Gottwald, Zwangsvollstreckung, 5. Aufl., § 836 Rdnr. 6; Musielak/Becker, ZPO, 7. Aufl., § 836 Rdnr. 6; Zöller/Stöber, a.a.O., § 836 Rdnr. 10; Stöber, a.a.O., Rdnr. 621a.

（5）　Vgl. Musielak/Becker, a.a.O., § 836 Rdnr. 6.

（6）　Vgl. Zöller/Stöber, a.a.O., § 836 Rdnr. 10; Stöber, a.a.O., Rdnr. 621a; Musielak/Becker, a.a.O., § 836 Rdnr. 6.

（7）　例えば、差押えの後であるが、第三債務者への差押命令の送達前になされた支払等。Vgl. Zöller/Stöber, a.a.O., § 836 Rdnr. 10; Stöber, a.a.O., Rdnr. 621b; Musielak/Becker, a.a.O., § 836 Rdnr. 6. なお、すでに債権が差し押さえられており、取立てのために移付されていても、その債権をさらに差し押さえることは可能であり、その債権の行使のために先行する差押えについて知ることは必要である。したがって、報知は先行する差押えにおける執行債権者、執行債権、執行裁判所について、そして第三債務者への送達の時期についても与えられる。Vgl. Stöber, a.a.O., Rdnr. 621a.

（8）　Vgl. Zöller/Stöber, a.a.O., § 836 Rdnr. 10; Stöber, a.a.O., Rdnr. 945a.

（9）　労働所得の差押制限については、本書第二編第四章を参照。

（10）　Vgl. Zöller/Stöber, a.a.O., § 836 Rdnr. 10; Stöber, a.a.O., Rdnr. 945a.

（11）　Vgl. Zöller/Stöber, a.a.O., § 836 Rdnr. 10; Stöber, a.a.O., Rdnr. 945a.

（12）　債権者と第三債務者がその金額につき一致できない場合には、訴訟裁判所での取立訴訟により特定される。Vgl. MünchKommZPO/Smid, § 850h Rdnr. 25; Gottwald, a.a.O., § 850h Rdnr. 13.

（13）第三債務者が差押えの後に賃金清算票（Lohnabrechnung）を債権者に付与した場合のように、債権者がすでに供述について確実に認識しているときには、債務者の報知は債権の行使に必要ではなく、権利保護の利益は存在しないとの見解がある。Vgl. Zöller/Stöber, a.a.O., § 836 Rdnr. 11; Stöber, a.a.O., Rdnr. 621e, 945a.

（14）BGBl. I. 1992, S. 297.

（15）一九九二年の税法変更法の施行後の税還付請求権の差押えについては、David, Tips zur Pfändung von Steuererstattungsansprüchen, MDR 1993, S. 412f. を参照。

（16）Vgl. Stöber, a.a.O., Rdnr. 357.

（17）Vgl. Zöller/Stöber, a.a.O., § 836 Rdnr. 10.

（18）Vgl. Stein/Jonas/Münzberg, ZPO, 21. Aufl. § 829 Rdnr. 9, § 836 Rdnr. 14; Behr, Pfändung und Durchsetzung von Lohnsteuererstattungsansprüchen, NJW 1994, S. 3257; LG Berlin, NJW 1994, S. 3303; LG Dortmund, Rpfleger 1995, S. 32; LG Stuttgart, Rpfleger 1995, S. 264; LG Koblenz, Rpfleger 1995, S. 307.

（19）Zöller/Stöber, a.a.O., § 836 Rdnr. 10; Stöber, a.a.O., 387ff. 621d; David, a.a.O., S. 413; LG Koblenz, DGVZ 1994, S. 57; LG Marburg, Rpfleger 1995, S. 32; LG Krefeld, MDR 1995, S. 414.

（20）BFH 18. 8. 1998, BFHE 187, 1.

（21）Vgl. Stein/Jonas/Brehm, ZPO, 22. Aufl. § 829 Rdnr. 9, § 836 Rdnr. 14; Zöller/Stöber, a.a.O., § 836 Rdnr. 10; Stöber, a.a.O., 387ff. 621d; MünchKommZPO/Smid, § 836 Rdnr. 14; Gottwald, a.a.O., § 836 Rdnr. 13. これに対して、この判例では債権者の地位が著しく損なわれるなどとして反対する見解もある。Schuschke/Walker/Schuschke, Vollstreckung und Vorläufiger Rechtsschutz 4. Aufl., Anh. § 829 Rnr. 33, § 836 Rdnr. 9.

（22）Vgl. Behr, a.a.O., S. 3258.

（23）Vgl. Stein/Jonas/Brehm, a.a.O., § 836 Rdnr. 18; Gaul/Schilken/Becker-Eberhard, Zwangsvollstreckungsrecht, 12. Aufl., § 55 Rdnr. 19; Thomas/Putzo/Seiler, ZPO, 32. Aufl., § 836 Rdnr. 14; Musielak/Becker, a.a.O., § 836 Rdnr. 6; MünchKommZPO/Smid, § 836 Rdnr. 18. この場合に、権利保護の利益が欠けるとする見解として、LG Hammover, JurBüro 1986, 320; AG Bonn, Rpfleger 1963, 126.

（24）Vgl. Lindgen, Die Dritschuldner-Haftung, 1991, S. 35.

（25）　Vgl. Lindgen, a.a.O., S. 35.

（26）　Vgl. MünchKommZPO/Smid, § 836 Rdnr. 18; Gaul/Schilken/Becker-Eberhard, a.a.O., § 55 Rdnr. 19.

（27）　Vgl. Gaul, Zur Rechtsstellung der Kreditinstitute als Drittschuldner in der Zwangsvollstreckung, Festschrift 50 Jahre Sparkassenakademie, S. 36; MünchKomm/ZPO-Smid, § 836 Rdnr. 18.

（28）　Vgl. Lindgen, a.a.O., S. 35.

（29）　八三六条三項についての立法草案理由書によれば、九〇〇条三項、九〇三条、九一五条以下の準用はないとされていた。Vgl. BR-Drucksache 134/94, S. 106.

（30）　これについては、本書第一編第一章第三節を参照のこと。

（31）　それまでの三文は五文として規定される。文言に変更はない。

（32）　Vgl. Drucksache 16/10069, S. 35.

（33）　一九九七年第二次強制執行改正法（Zweites Gesetz zur Änderung zwangsvollstreckungsrechtlicher Vorschriften, BGBl. I S. 3039）は、強制執行法の規定の多くが時代に適合しておらず、法律の状態と執行の実情が一致していない上に、強制執行手続は複雑で遅く分かりにくいとされたことから、手続の簡素化と迅速化を図り、執行裁判所の負担を軽減して執行官の権限を拡張することを目的とした。Vgl. BT-Drucksache 13/9088, S. 1. そして、宣誓に代わる保証の実施は、それまでの司法補助官から執行官の権限へと移動し、これによりＺＰＯ八九九条以下の手続は重要な点で変更されることになった。これについては、本書第一編第二章第二節（四）を参照のこと。

（34）　Vgl. Stein/Jonas/Münzberg, ZPO, 21. Aufl., § 836 Rdnr. 12; Rauscher/Wax/Wanze/Smid, Münchener Kommentar zur ZPO, 1.Aufl. § 836 Rdnr. 11; Gottwald, Zwangsvollstreckung, 2. Aufl. § 836 Rdnr. 6.

（35）　Vgl.Musielak/Becker, ZPO, 1. Aufl., § 836 Rdnr. 6.

（36）　Vgl. Gaul, Neukonzipierung der Sachaufklärung in der Zwangsvollstreckung, ZZP 108. S. 41; Schilken, Vereinfachung und Beschleunigung der Zwangsvollstreckung, Rpfleger 1994, S. 146; BR-Drucksache 134/94, S. 104.

（37）　RpflBl 1983, S. 51.

（38）　Münzberg, Reform der Zwangsvollstreckung in das bewegliche Vermögen, Rpfleger 1987, S. 273; MünchKommZPO/Smid, 1. Aufl., § 836 Rdnr. 11.

(39) Gaul, a.a.O., ZZP 108. S. 41; Schilken, a.a.O., Rpfleger 1994, S. 146.
(40) Gaul, a.a.O., ZZP 108. S. 41; Schilken, a.a.O., Rpfleger 1994, S. 146.
(41) Vgl. BR-Drucksache 134/94, S. 103ff.
(42) Vgl. BR-Drucksache 134/94, S. 105.

## 第三節　わが国への報知義務規定の導入

ドイツでは一八九八年のＣＰＯ改正法により債務者の債権証書引渡義務と並んで債務者の報知義務が規定された。そして、この報知義務はその強制手段につき立法により改革を続けている。これに対してわが国は、旧民事訴訟法及びその後の民事執行法においてもこの規定を継受することはなかった。

たしかに、わが国の民法は、ドイツにおいて報知義務規定導入の原因となったＢＧＢ四〇二条に相当する条文をもたない。しかし、債権譲渡に際して債務者が債権の行使に必要な報知をなし、かつその占有する債権証書を引き渡す義務があることは債権譲渡契約に付随する義務として考えられているし(1)、民事執行法一四八条の債権証書引渡義務に対応する民法上の規定が存在しないことは、債権差押えと債権譲渡を必ずしも直接結びつけて考察する必要はないことを示す。すでに述べたように、債務者の報知義務は第三債務者の陳述義務とはその範囲及び性質を異にすることから、これらの義務が総合して初めて債権についての包括的な判断が可能となる。しかるに債務者の報知義務だけが規定されなかった理由は、債務者の財産開示制度がわが国において最近になるまで全く継受されなかったように[2]、わが国は当初から強制執行において債務者が協力するという事態を基本的に考えていなかったことが挙げられよう[3]。そのために債務者の報知義務について学説において論じられる機会もまた極めて少なかった[4]。

## （一）報知義務規定導入に対する障害

債務者に報知義務が課せられるならば、債務者は強制執行に際して受動的な地位に留まらずに積極的に協力することが義務づけられる。たしかに、被差押債権についての情報は民事執行法一四七条の第三債務者の陳述義務により得ることができるが、すでに述べたように、第三債務者の陳述義務と債務者の報知義務はその範囲及び性質を異にし、両者の義務は独立かつ並存しつつ相互に密接に関連し、それらが総合して初めて被差押債権についての包括的な判断が可能となる。したがって、債権執行の実効性を確保するためには報知義務規定は必要である。

それではわが国にこの規定を導入することに対して大きな障害は存在するのであろうか。たしかに、執行方法としては直接に執行の目的である利益状態を実現する直接強制が最も直接かつ効果的で人格尊重の理想に適するとされ、直接強制のできる債務については代替執行及び間接強制は近年まで許されてこなかった。報知義務は債務者の意思を圧迫して被差押債権の取立てを容易にすることから、金銭執行に間接強制の要素が混入することになる。しかし、今日では、間接強制は、性質上、直接強制の可能な債務にも適用できるとされ[5]、民事執行法も一六七条の一五・一六において金銭債権につき間接強制による強制執行を認める。また、債権者の執行債権の存在及び内容は債務名義によりほぼ確定しているのに、債務者による被差押債権についての報知がなければその取立てに重大な影響を及ぼすことがあり、さらには債務者が自己の領域内において認識可能な事実についてだけ陳述をすることは債務者にとって困難で苛酷な要求とは言えない。責任財産の原則を考慮しても債務者は積極的に協力すべきである。そして、報知義務規定を導入して債権者に被差押債権についての情報を債務者からも入手させることは、本来、自力救済を禁止した国家が積極的に行うべきことであり、同様な制度である財産開示制度がわが国にも導入された以上、報知義務規定の導入についてもはや大きな障害は存在しないと思われる。

## (二) 導入されるべき報知義務

それでは、わが国に債務者の報知義務を導入する場合に、その要件・範囲及び強制方法はどのようにすべきであろうか。これについて、今まで述べてきたドイツ法を参考にして考察してみたい。

### (1) 報知義務の要件及び範囲

ドイツ法では、債務者の報知義務は第三債務者に対する取立訴訟を提起することを可能にし、移付命令の効果として初めて発生する。わが国の民事執行法は民事訴訟法旧六〇〇条及び六〇二条の取立命令を廃止し、取立権は差押命令により直接発生し、その送達後一週間の経過が取立権の効力発生の始期となる（民執法一五五条一項）。そして、取立権が発生すれば、第三債務者に対して取立て及び取立訴訟が提起できることから、これを報知義務の要件とすることが考えられるが、取立てのために必要な情報の入手を取立権が発生するまで待つ必要はなく、事前に報知を得て準備ができるように、差押えの発効を報知義務の要件とすべきである。そして、このことは債権証書引渡義務（民執法一四八条）の要件と共通することになる(6)。

債務者は債権の取立てのために必要なすべての事実について詳細に指摘しなければならず、その具体的範囲は各個の具体的事案に応じて決まる。したがって、条文ではＺＰＯ八三六条三項のように、一般的に「債権の行使のために必要な報知を与える義務を負う」とすべきである。これにより、一般には、債務者は債権の額及び証拠方法、給付の時期及び場所、第三債務者の抗弁事由及びそれに対する防禦方法などを報知しなければならない。例えば、給料債権の差押えにおいては、わが国はドイツ法とは異なり民事執行法一五二条が給与手取月額四四万円以下でその四分の三を差押禁止とし、四四万円を超える場合には三三万円を超える部分の全部を差し押さえることができるとだけ規定しており、差押最小限度額の定めがなく、具体的事案への妥当な適応は執行裁判所による差押禁止範囲の変更に委ねている（民執法一五三条）。したがって、給料債権を差し押さえた債権者は、差押可能な部分を算出するために、債務者から給料の総額以外にも「債務者の生活の状況」（民執法一五三条一項）に該当する事実、例えば債務者が扶養する義務者の数、その者が固有の所得を有するかどうかについて報知を受け、これを基にして、必要であれば差押禁止範囲の縮減を申し立てて、変更の裁判を得て給料債権を取り立てることになる。(7)

## （2）報知義務の強制方法

債務者が債権者に対して任意に報知を付与しない場合に、現行のドイツ法のように、特別な債務名義を必要とすることなく、宣誓に代わる保証により報知を強制することができるかについては、わが国が財産開示手続（民執法一九六条以下）を導入するまでは難しい問題であった。しかし、債務者の報知義務と財産開示義務はその基本的な構造を同じくし、債務者の報知はまさにその財産開示の債権差押後への拡張と考えられることから、報知義務の強制手段としては財産開示手続を利用すべきである。かつてのドイツのように、債権者に対して報知を求める訴えを提起し、その判決を債務名義として不代替的作為義務の強制執行によることは、債務者に報知義務の実現までに多くの負担をかけることになり、適切ではない。財産開示手続と同様に、報知義務規定を導入して債権者に被差押債権についての情報を債務者からも入手させることは自力救済を禁止した国家が自ら積極的に取り組むべきことであり、早急な立法化が望まれる。

(1)　我妻栄『新訂債権総論〔民法法講義Ⅳ〕』五二〇頁、石川明『ドイツ強制執行法研究』一〇五頁。
(2)　これについては、本書第一編第二章第三節を参照のこと。
(3)　三ケ月章『民事訴訟法研究』二巻一六六頁以下参照。
(4)　石川明教授は第三債務者の陳述義務についての論考の中で、債務者の陳述義務はわが国の現行実体法及び手続法において解釈論として認められると述べておられる。石川・前掲一〇五頁。
(5)　中野・前掲一一頁。
(6)　田中康久『新民事執行法の解説』〔増補改訂版〕三一五頁、鈴木一＝三ケ月編・前掲四四七頁〔稲葉威雄〕、中野・前掲六七二頁参照。
(7)　民事執行法の立法当時から民事執行法一五三条による差押禁止範囲の変更は債権者又は債務者が相手方の具体的事情について十分な知識を持たない限り法の予定する機能を果たすことはできないとの指摘があった。竹下守夫「民事執行法の成立と将来の課題」竹下守夫＝鈴木正裕編『民事執行法の基本構造』三三頁。

## 第四節　おわりに

債権執行においては、執行債権者は差押命令の申立てに際して、被差押債権の存否・内容、先行手続の有無等について必ずしも確認することはできず、また執行機関も差押命令の発令前に債務者及び第三債務者を審尋しない。したがって、債権者は被差押債権につき執行債務者及び第三債務者から情報を収集しなければ被差押債権を容易にかつ確実に取り立てることはできず、また執行債務者に対して強制執行をし直すかどうかの判断もできなくなる。そのためにその債権につき最も良く認識している執行債務者から情報を得ることは必要である。債務者からその債権について報知を求めることは債務者にとって苛酷な負担ではなく、かえって債務者の協力を得られずに債権の取立てに障害が発生することは債権者に著しい不利益をもたらす。そして、国家は債権者に自力救済を禁止したのであるから、債権者が債務者から報知を得ることができて債権の取立てを容易にかつ確実に行い、その執行債権を満足させるように努めなければならない。すでに述べたように、わが国に報知義務規定を導入することに対して大きな障害はない。それどころか、債務者の報知義務により債権の行使のために必要な情報を得ることができない債権者に、その債権の行使を怠った場合の損害賠償義務（民執法一五八条）を課すことは問題である。また、差押禁止範囲の変更（民執法一五三条）の規定も、債務者の報知により情報を得ることができなければ十分に機能しない。近年では、このようなことから、執行債務者も、信義則に従い、差押債権者に対して、被差押債権の存否・額・発生原因・証拠方法など、その取立てに必要な情報を提供する手続上の義務を負うとする見解もある。(1)私としては、この報知義務を明らかにするためにも、民事執行法に早急に規定が導入されることを望みたい。

（1）　中野・前掲六七三頁。

【著者略歴】

内山　衛次（うちやま・えいじ）
1959 年　新潟県新潟市に生まれる。
1988 年　大阪大学大学院法学研究科博士後期課程単位修得退学
2001 年　大阪学院大学法学部教授
2004 年　関西学院大学法学部教授
現　在　関西学院大学法学部教授

【主要業績】（本書初出論文のほか）
「消費者団体訴訟の諸問題―西ドイツの議論を中心として―」阪大法学 140 号（1986 年）、「ムスタ訴訟の諸問題―西ドイツの議論を中心として―」大阪学院大学法学研究 15 巻 1・2 号（1989 年）、「民事訴訟と行政訴訟」中野貞一郎先生古希祝賀・判例民事訴訟法の理論（上）（1995 年・有斐閣）、「将来の給付の訴え」鈴木正裕先生古希祝賀・民事訴訟法の史的展開（2002 年・有斐閣）、アクチュアル民事訴訟法（共著、2012 年・法律文化社）

関西学院大学研究叢書　第 156 編

財産開示の実効性
執行債権者と執行債務者の利益

2013 年 2 月 20 日初版第一刷発行

著　者　内山衛次

発行者　田中きく代
発行所　関西学院大学出版会
所在地　〒 662-0891
兵庫県西宮市上ケ原一番町 1-155
電　話　0798-53-7002

印　刷　石川特殊特急製本株式会社


Printed in Japan by Kwansei Gakuin University Press
ISBN 978-4-86283-129-3